科学出版社"十三五"普通高等教育本科规划教材

# 遗 传 学

（第二版）

程罗根　主编

科学出版社

北　京

## 内容简介

本书在第一版的基础上进行了较大幅度的修订。全书分成16章，内容主要包括绪论，孟德尔遗传定律，基因的连锁与交换，性别决定与性相关遗传，染色体畸变与核型分析，基因的结构、功能与定位，基因突变，基因表达的调控，基因组与基因组学，蛋白质组与蛋白质组学，核外遗传，数量性状与多基因遗传，群体遗传与进化，发育的遗传控制，保护遗传学，遗传工程等。本书在保持遗传学特色体系的同时，既突出了重点又注重基础知识，将实用性和科学性融为一体。

本书可作为综合、师范、农林和医学类院校的本科遗传学教材，也可作为从事本领域研究或教学的研究生、教师及科研人员的参考资料。

### 图书在版编目（CIP）数据

遗传学/程罗根主编. —2版. —北京：科学出版社，2018.1
科学出版社"十三五"普通高等教育本科规划教材
ISBN 978-7-03-055988-3

Ⅰ. ①遗… Ⅱ. ①程… Ⅲ. ①遗传学–高等学校–教材 Ⅳ. ①Q3

中国版本图书馆 CIP 数据核字（2017）第 314824 号

责任编辑：刘　畅／责任校对：杜子昂　孙婷婷
责任印制：张　伟／封面设计：迷底书装

**科学出版社** 出版
北京东黄城根北街 16 号
邮政编码：100717
http://www.sciencep.com

保定市中画美凯印刷有限公司印刷
科学出版社发行　各地新华书店经销

\*

2013 年 6 月第　一　版　开本：787×1092　1/16
2018 年 1 月第　二　版　印张：25 3/4
2026 年 1 月第七次印刷　字数：659 200

**定价：88.00 元**
（如有印装质量问题，我社负责调换）

# 《遗传学》（第二版）编委会名单

主 编 程罗根

编 委（按姓氏笔画排序）

　　　　许晓风　严　洁　金　萍　周　学　周　洲

　　　　顾曙余　程罗根

# 前　言

遗传学的知识体系是在遗传学不断发展的历史进程中，将其中一些里程碑式的知识点凝练而形成的学科体系，它将随着遗传学及其相关学科的发展而不断完善。遗传学作为生物学科本科阶段的一门专业必修课程，与生物专业的细胞生物学、生物化学、分子生物学、微生物学、动物学、植物学等专业课程有着密切的联系，遗传学的教学在生命科学各专业课程的教学中占有十分重要的地位。在各学科不断交叉融合的过程中，遗传学的教学内容如何既能保持遗传学的学科特色，又能与细胞生物学、生物化学、分子生物学、微生物学等教学内容相衔接，是遗传学教材内容体系必须优先考虑的问题。

本书的第一版自 2013 年由科学出版社出版发行以来，遗传学科又取得了极大的发展；在本书使用的 3 年中，任课老师、学生及其他读者对本书的内容体系提出了许多合理的建议，并发现和反映了本书中存在的一些问题和错误之处，因此我们决定对本书第一版进行修订。本版的修订内容主要集中在如下方面：①进一步优化教材体系，将原来的 18 章合并重组为 16 章，具体规划是第三章与第六章合并，第七章与第九章合并；②补充和更新了第二章、第十章、第十一章和第十八章的内容；③完善了第十六章的内容；④将"基因表达的调控"调整到"基因突变"之后；⑤将第十六章更名为遗传工程，并对相关内容进行补充和整合；⑥根据研究进展，对其他章节内容进行了适当的补充和更新；⑦更正了在本书使用过程中发现的错误和不规范之处。

虽然本书在第一版的基础上进行了优化和完善，但是由于编者知识水平的局限，书中不当之处在所难免，诚恳地希望广大读者和同行不吝批评和指正，使本书不断成熟和完善。

编　者

2017 年 11 月

# 致　　谢

本书得到了下列基金项目和相关单位的大力资助。
1）国家基础人才培养基金（J1103507）。
2）江苏省高校优势学科（生物学）建设工程（二期）。
3）"十三五"江苏省高等学校重点教材。
4）南京师范大学遗传学课程群教学团队。
5）南京师范大学动物学国家重点学科。
6）江苏省生物多样性与生物技术重点实验室。
7）江苏省高校品牌专业建设工程资助项目。

科学出版社对本书的出版和发行给予了大力的支持和帮助，各位编辑为本书的编辑、校对、版面设计等付出了大量的心血、劳动与智慧。研究生英晓莉、柏骞、刘雅慧、陈露，本科生贺阳对本书的图表和专业名词进行了校对与修订。

本书引用了来自其他教材、杂志和网络上各位作者的文献资料，我们对相关引用资料的出处都尽可能地在每章的后面进行了注释，但是仍难免有遗漏之处，真诚地欢迎原文作者批评指正。

在本书的修订过程中，周长发教授、杨光教授、曹祥荣教授、路遥老师和李燕老师等专家学者提出了许多宝贵建议。

在此向所有关心、支持和帮助本书出版发行的专家、同行和机构表示诚挚的谢意！

# 目 录

前言
致谢

## 第一章　绪论 ·················································································1
### 第一节　遗传与变异 ···········································································1
### 第二节　遗传学的诞生与发展 ·······························································2
### 第三节　遗传学与其他学科的关系 ·························································8
### 第四节　遗传学在国民经济中的意义 ······················································8
主要参考文献 ·······················································································10
思考题 ·······························································································10

## 第二章　孟德尔遗传定律 ··································································11
### 第一节　分离定律 ············································································12
### 第二节　自由组合定律 ······································································19
### 第三节　遗传学数据的统计处理 ···························································22
### 第四节　孟德尔遗传定律的细胞学基础 ··················································26
### 第五节　孟德尔遗传定律的补充和发展 ··················································28
主要参考文献 ·······················································································40
思考题 ·······························································································40

## 第三章　基因的连锁与交换 ································································45
### 第一节　基因的连锁与交换定律 ···························································45
### 第二节　重组率及其测定 ···································································52
### 第三节　连锁分析与连锁遗传图 ···························································55
### 第四节　细菌和噬菌体的连锁遗传分析 ··················································60
### 第五节　真菌的连锁遗传分析 ·····························································74
### 第六节　交换和重组的主要类型 ···························································80
主要参考文献 ·······················································································94
思考题 ·······························································································94

## 第四章　性别决定与性相关遗传 ··························································100
### 第一节　性染色体与性别决定 ·····························································100
### 第二节　性相关遗传 ·········································································107
### 第三节　性染色体畸变引起的人类性别异常 ············································112
主要参考文献 ·······················································································116
思考题 ·······························································································117

## 第五章　染色体畸变与核型分析 ································ 119
### 第一节　染色质和染色体 ···································· 119
### 第二节　染色体结构的改变与遗传 ···························· 124
### 第三节　染色体数目的改变与遗传 ···························· 137
### 第四节　核型分析 ·········································· 144
### 第五节　染色体的分带 ······································ 146
### 第六节　人类染色体命名国际标准化 ·························· 149
### 主要参考文献 ·············································· 154
### 思考题 ···················································· 154

## 第六章　基因的结构、功能与定位 ································ 157
### 第一节　病毒的基因结构 ···································· 157
### 第二节　原核生物的基因结构 ································ 158
### 第三节　真核生物的基因结构 ································ 161
### 第四节　基因的微细结构 ···································· 164
### 第五节　基因的功能 ········································ 168
### 第六节　基因定位 ·········································· 173
### 主要参考文献 ·············································· 186
### 思考题 ···················································· 187

## 第七章　基因突变 ·············································· 191
### 第一节　基因突变的类型 ···································· 191
### 第二节　基因突变的特点 ···································· 194
### 第三节　基因突变的分子机理 ································ 197
### 第四节　DNA损伤及其修复 ·································· 203
### 第五节　基因突变的检出 ···································· 206
### 主要参考文献 ·············································· 211
### 思考题 ···················································· 211

## 第八章　基因表达的调控 ········································ 213
### 第一节　基因表达的概念与特点 ······························ 213
### 第二节　原核基因表达的调控 ································ 215
### 第三节　真核基因表达的调控 ································ 221
### 第四节　表观遗传调控 ······································ 229
### 主要参考文献 ·············································· 233
### 思考题 ···················································· 234

## 第九章　基因组与基因组学 ······································ 235
### 第一节　基因组 ············································ 235
### 第二节　人类基因组计划 ···································· 245
### 第三节　基因组学 ·········································· 252
### 第四节　生物信息学在基因组学中的应用 ······················ 260
### 主要参考文献 ·············································· 265
### 思考题 ···················································· 266

## 第十章 蛋白质组与蛋白质组学 267
### 第一节 蛋白质组与功能基因组 267
### 第二节 蛋白质组学的概念及其发展史 269
### 第三节 蛋白质组学技术方法概述 271
### 第四节 蛋白质组生物信息学 278
### 第五节 蛋白质组学的应用 280
### 主要参考文献 283
### 思考题 284

## 第十一章 核外遗传 286
### 第一节 母性影响 286
### 第二节 真核生物的核外遗传 288
### 第三节 植物的雄性不育 296
### 主要参考文献 298
### 思考题 299

## 第十二章 数量性状与多基因遗传 300
### 第一节 数量性状的多基因遗传 300
### 第二节 分析数量性状的统计学方法 304
### 第三节 遗传力 305
### 第四节 近交与杂种优势 309
### 主要参考文献 313
### 思考题 313

## 第十三章 群体遗传与进化 316
### 第一节 群体中的遗传平衡 316
### 第二节 影响群体中基因频率的因素 322
### 第三节 遗传负荷 330
### 第四节 生物进化 330
### 主要参考文献 339
### 思考题 339

## 第十四章 发育的遗传控制 341
### 第一节 细胞质在个体发育中的作用 341
### 第二节 细胞分化的可逆性 346
### 第三节 细胞核在个体发育中的作用 347
### 第四节 细胞核和细胞质在个体发育中的相互依存 349
### 第五节 基因对个体发育的控制 349
### 主要参考文献 354
### 思考题 354

## 第十五章 保护遗传学 355
### 第一节 保护遗传学的兴起和主要研究内容 355
### 第二节 保护遗传学的主要研究技术 356
### 第三节 保护遗传学研究的意义 362

主要参考文献……………………………………………………………………………………363
　思考题………………………………………………………………………………………………365
**第十六章　遗传工程**……………………………………………………………………………366
　第一节　细胞工程………………………………………………………………………………366
　第二节　染色体工程……………………………………………………………………………368
　第三节　基因工程………………………………………………………………………………371
　主要参考文献……………………………………………………………………………………387
　思考题………………………………………………………………………………………………388
**专业词汇中英文对照表**…………………………………………………………………………390

# 第一章 绪 论

遗传学（genetics）是一门研究生物的遗传与变异的科学。遗传学与人类的关系非常密切，遗传学的理论和技术在农、医、牧、林、渔、工业、制药和环保等领域具有广泛的应用，遗传学与众多的学科具有广泛的交叉与融合，各学科的发展推动了遗传学的快速发展。

## 第一节 遗传与变异

生物与非生物的本质区别之一就是生物体能进行自我复制，从而构成生命的连续系统。在生物的繁育过程中，通过遗传使后代与亲代相似，体现了生物界的稳定性。但是，这种稳定性是相对的，后代的表现只是和亲代相似而不可能相同。

### 一、遗传和变异的概念

#### （一）遗传

生物通过各种生殖方式繁衍种族。低等的单细胞生物通过简单的细胞分裂来繁殖，较高等的多细胞生物通过无性生殖或有性生殖来繁殖。无论动物还是植物，高等的还是低等的，复杂的还是简单的，生物都能通过各种生殖方式产生与自己相似的后代，保持世代间的连续，以绵延其种族，这种子代与亲代个体之间的相似性称为"遗传"（heredity）。早在中国古代，人们就发现了子代和亲代相似的遗传现象。俗话说"种瓜得瓜，种豆得豆"，就是对遗传现象的简单说明。因此，遗传是维持物种稳定性的因素，是生命活动的一个基本特征。

#### （二）变异

各种生物的亲代和子代之间及子代的不同个体之间都只是相似，而不会完全相同。同一物种个体之间的差异在遗传学上称为变异（variation）。根据引起变异的原因不同，变异分为两种类型：一是由于遗传物质的改变而引起的变异。例如，镰状细胞贫血（sickle cell anemia）是正常血红蛋白的遗传物质发生改变的结果，因此是可以遗传的变异（heritable）。二是由于环境因素引起的变异。例如，锻炼所获得的强壮体魄及意外事故引起的伤残等，这些变异只在特征上发生改变而没有遗传物质的改变，因此不能遗传给子代，是不可遗传的变异（non-heritable）。

#### （三）遗传学

遗传与变异现象在生物界普遍存在，是生命活动的基本特征之一。遗传学就是一门试图弄清生物之间相互关系的学科，是试图解释生物为什么与双亲相像而又有区别的科学。它是分辨什么是可遗传的、什么是不可遗传的科学。因此，遗传学是研究基因的结构、功能、变异、传递和表达规律的学科。简单地说，遗传学是研究生物的遗传和变异的科学。

## 二、遗传和变异的关系

遗传和变异是生物的基本属性，是生命活动的基本特征之一。遗传和变异现象在生物界普遍存在，从地球上出现原始生命开始，直到进化出最高级的生物，都具有遗传和变异，都受控于生物的遗传和变异规律。因为有遗传，生命才能自我复制，生物的种族才能延续；因为有变异，它们的子孙与亲代之间在性状上具有了差异，才促进了物种的变化与发展，产生了生物的多样性。如果没有变异，生物界就失去了进化的素材，遗传只能是简单的重复；如果没有遗传，变异不能累积，变异就失去了意义，生物也不能进化。正是因为生物具有遗传性与变异性，在生命演化发展的漫长历史长河中，生物既保持了自己的稳定性，又产生了可变性，出现新类型，形成新物种。

遗传和变异是相互对立、相互联系的。变异是在遗传的范围内发生的，遗传也受变异的制约，只能使后代和亲代之间相似而不相同；遗传是相对的，变异是绝对的，在遗传的过程中始终存在着变异。遗传和变异构成了生物体内的一对矛盾，在这对矛盾的斗争和转化中，生物不断地发生变异，不断地通过遗传把某些变异在后代中巩固下来，构成一幅进化的图景。因此，遗传与变异过程是一对相互对立而又统一的过程，也是生物进化发展的过程。遗传和变异这对矛盾不断地运动，经过自然选择，形成形形色色的物种。同时经过人工选择，培育成适合生产需要的各种品种。所以说，遗传、变异和选择是生物进化和新品种选育的三大要素。

## 三、遗传学的研究任务

遗传学的研究不但要阐明生物遗传和变异的现象及其表现规律，深入探索遗传和变异的原因及其物质基础，而且要运用这些规律和研究成果，能动地改造生物，指导动植物和微生物的育种实践，预防和治疗遗传性疾病等，使之成为改造生物的有力武器，更好地为人类服务。

# 第二节　遗传学的诞生与发展

与所有其他学科一样，遗传学也是在人类的生产实践活动中产生和发展起来的。遗传学的形成是一个连续的过程，为描述方便，将遗传学的发展人为划分成若干阶段。

## 一、古代遗传学知识的积累

人类在新石器时代就已经在驯养动物和栽培植物了，在早期的农业生产和家畜饲养过程中认识到遗传和变异现象的存在，并通过选择，育成了优良品种。我国农业历史悠久，是许多作物和家畜的起源中心之一。中国人很早就开始进行作物育种工作，并积累了宝贵的经验。春秋时代有"桂实生桂，桐实生桐"，战国末期又有"种麦得麦，种稷得稷"的记载。东汉王充曾写道："万物生于土，各似本种"，并进一步指出"嘉禾异种……常无本根"，认识到了变异的现象。此后，古书中还有"橘逾淮而北为枳""牡丹岁取其变者以为新"等的记载；古巴比伦人和亚述人早就掌握了人工授精方法。公元前 5 世纪，古希腊医师希波克拉底（Hippocrates）提出了第一个遗传理论，认为子代具有亲代特性是因为在精液或胚胎里集中了来自身体各部分的微小代表元素（element）。这些都说明古人对遗传和变异现象有了粗浅的认识，但由于种种原因没能形成一套遗传学理论。

直到 19 世纪才有人尝试把积累的材料加以归纳、整理和分类，并用理论加以解释，对遗传和变异现象进行系统研究。

## 二、近代遗传学的奠基

（1）拉马克

拉马克（Jean-Baptiste Lamarck，1744～1829 年）是法国博物学家，生物学伟大的奠基人之一。他最先提出生物进化的学说，认为所有的生物都不是上帝创造的，而是经过漫长的过程进化来的，并且肯定环境对进化的影响，所有生物变异都是可以遗传的，并在生物世代间积累。他提出了两个著名的原则，即"用进废退"和"获得性遗传"。前者指经常使用的器官就发达，不用则会退化。例如，长颈鹿的长脖子就是它经常吃高处树叶的结果；分布于墨西哥地下河流的焦氏丽脂鲤（*Astyanax jordani*），因为生活在地下洞穴，长期进化导致眼睛退化。后者指后天获得的新性状有可能遗传下去。

（2）达尔文

英国的进化论学者、博物学家达尔文（Charles Robert Darwin，1809～1882 年），通过对野生和家养动植物的详细调查研究，修正了拉马克的"用进废退"和"获得性遗传"学说，在 1859 年发表了《物种起源》著作，提出了自然选择和人工选择的进化学说，认为生物是由简单到复杂、由低级到高级逐渐进化的。

达尔文在解释生物进化时也对生物的遗传、变异机制进行了假设，1868 年他提出了"泛生论"假说（hypothesis of pangenesis），认为遗传物质是存在于生物器官中的"泛子/泛生粒"（pangen），可以分裂繁殖，流动到生殖器官，形成生殖细胞。受精卵发育成成体时，泛生粒就进入各器官发挥作用而表现亲代的性状。如果亲代的泛生粒发生变异，则子代表现为变异。限于当时的科学水平，他还不能对复杂的遗传变异现象做出科学的解释。虽然如此，但达尔文学说的产生促使人们重视对遗传学和育种学的深入研究，为遗传学的诞生起到了积极的推动作用。

（3）魏斯曼

1883 年，德国动物学家魏斯曼（August Weismann，1834～1914 年）提出有名的"种质连续学说"（continuity of germ plasm）。种质论主张，生物体由质上根本相异的两部分——种质（germ plasm）和体质（somatoplasm）组成。种质是指生殖细胞，负责生命的遗传与种族的延续，种质在世代间连续。体质是指体细胞，负责营养活动，是由种质派生的，随个体死亡而消亡，因而是临时性的、不连续的。遗传是由具有一定化学成分和一定分子性质的物质（种质）在世代间传递实现的。

魏斯曼用切去小鼠尾巴的实验来证明他的理论。他做了连续 22 代剪断小鼠尾巴的实验，共用老鼠 1592 只，结果发现，剪断尾巴的老鼠交配所生的后代仍然长尾巴。种质是"潜在的"，世代相传，不受体质和环境的影响，所以获得性状不能遗传；体质由种质产生，不能遗传。魏斯曼的种质论使人们对遗传和不遗传的变异有了深刻的认识，在遗传学方面产生了重大而广泛的影响。但是，这样把生物体绝对地划分为种质和体质是片面的，这种划分在植物界一般是不存在的，而在动物界仅仅是相对的。

（4）高尔顿

英国博物学家高尔顿（Francis Galton，1822～1911 年）采用定量分析的方法研究遗传学问题，他是第一个强调统计分析在生物学上重要性的人。他用数理统计的方法研究人类智力的遗传，发表了《天才遗传》（*Hereditary Genius*），认为亲代的遗传成分在子代中各占一半并彻底融合，而后表现，即"融合遗传论"（blending inheritance）。其根据是，子女的许多特性均表现为双亲的中间类型。虽然融合遗传的基本观点适合数量性状，不能作为遗传的普遍规律，但是在这一基础上所创建的一系列生物数学分析方法，为数量遗传、群体遗传的产生和发展奠定了基础。

## 三、遗传学的诞生

孟德尔（Gregor Johann Mendel，1822～1884 年）于 1822 年 7 月 22 日生于奥地利的海因策道夫（今捷克的海恩塞斯）。1840 年毕业于特罗保的预科学校，并进入奥尔米茨哲学院学习。1843 年因家贫而辍学，同年 10 月到奥古斯丁修道院做修道士，1847 年被任命为神父。1851～1853 年在维也纳大学学习物理、化学、数学、动物学和植物学。1853 年，他从维也纳大学毕业回到修道院，利用修道院内的后花园栽培豌豆（*Pisum sativum*）、菜豆（*P. vulgaris*）、玉米（*Zea mays*）和草莓（*Fragaria ananassa*）等植物，并经常进行各种植物的杂交试验。孟德尔的著名豌豆实验是在 1856～1864 年进行的。孟德尔首先从种子商那里买来了 34 个品种的豌豆，从中挑选出 22 个品种用于实验。这些品种都具有某种可以相互区分的稳定性状，如红花或白花、灰色种皮或白色种皮等。孟德尔于 1865 年在布隆自然研究协会（Naturforschender Verein）上报告了他的研究结果。1866 年整理成长达 45 页的 *Versuche über Pflanzenhybriden*（《植物杂交试验》）论文，发表在《布隆自然科学会志》第 4 卷上。孟德尔应用统计方法分析他的实验结果，提出了假设，又设计出严密的试验验证了他的假设，这是人类对遗传现象的认识从单纯的描述第一次推进到了科学的分析验证。遗憾的是，孟德尔的思想和理论远远超越了时代，使得他的工作在当时没有得到世人应有的重视，以致被埋没了 30 多年。

1900 年，荷兰阿姆斯特丹大学的教授德佛里斯（Hugo Marie de Vires，1848～1935 年）写了两篇论文，一篇是用法语写的《关于杂种的分离定律》，另一篇是用德语写的《杂种的分离》。第一篇论文发表时文中没有提到孟德尔，但是在他的第二篇论文交付印刷之际，他匆忙赶到印刷厂，要求在文中增加有关孟德尔工作的说明。另一位德国学者，图宾根大学的教授科伦斯（Carl Erich Correns，1864～1933 年）在他的实验工作基本结束准备撰写论文结论时才知道孟德尔的论文，并且把他的论文题目确定为《关于种间杂种后代行为的孟德尔的定律》。在这之后不久，柏林的植物学会又收到了奥地利维也纳农业大学讲师切尔迈克（Eric Tschermark，1871～1962 年）的论文《豌豆的人工杂交》，这篇论文也像刚刚收到的科伦斯的报告一样，在好几处提到了孟德尔。因此，1900 年孟德尔遗传定律的重新发现，被公认为是遗传学建立和开始发展的第一年。但是，遗传学作为一个学科的名称，乃是贝特森（William Bateson）于 1906 年在伦敦召开的第三次国际植物杂交大会上首先提出的。在贝特森的提议下，genetics 这一单词得以广泛使用于描述关于遗传的研究中。

## 四、遗传学的发展

遗传学是一门新兴的、发展非常迅速的学科，已经成为生物科学领域中一门十分重要的基础学科，其发展历程大致可以划分成以下三个阶段。

### （一）细胞/经典遗传学时期（1900～1940年）

1903年，萨顿（Walter Sutton）和博韦里（Theodor Boveri）首先发现了染色体（chromosome）的行为与遗传因子的行为很相似，提出了染色体是遗传物质的载体的假设，即染色体学说，从而将孟德尔遗传定律与细胞学研究结合了起来。

1908年，英国数学家哈迪（Godfrey Harold Hardy）和德国医生温伯格（Wilhelm Weinberg）分别推导出群体遗传平衡定律（Hardy-Weinberg equilibrium）。

1909年，丹麦的生物学家约翰逊（Wilhelm Ludwig Johannsen）发表《纯系学说》，并提出"基因"（gene）的概念，以代替孟德尔所谓的"遗传因子"。此外，他还创立了基因型（genotype）和表现型（phenotype）的概念，把遗传基础和表现性状科学地区别开来。

1910年，摩尔根（Thoman Hunt Morgan）和他的学生斯特蒂文特（Alfred Henry Sturtevant）、布里吉斯（Calvin Blackman Bridges）和缪勒（Hermann Joseph Muller）等用黑腹果蝇（Drosophila melanogaster）为材料研究性状的遗传方式，得出了连锁交换定律，同时证明了基因直线排列在染色体上。这样，以遗传的染色体学说为核心的基因论就诞生了，经典的遗传学理论体系得以建立。用果蝇为材料，研究性状的遗传方式，进一步证实了孟德尔遗传定律，并把孟德尔所假设的遗传因子（后称为基因）具体落实在细胞核内的染色体上，从而建立了著名的基因学说（gene theory）。他们还得出连锁互换定律，确定基因直线排列在染色体上。摩尔根所确立的连锁互换定律与孟德尔的分离和自由组合定律共称为遗传学的三大基本定律。此后的遗传学就以基因学说为理论基础，进一步深入各个领域进行研究，建立了众多的分支和完整的体系，并日趋复杂和精密。

原子能的发现和利用，发展了辐射遗传学。1927年，缪勒在果蝇中、斯塔德勒（Lewis John Stadler）在玉米中各自用X射线成功地诱导基因突变，使遗传学的研究从研究遗传的规律转变到研究变异的起源，开始了人工诱变的工作，进一步丰富了遗传学的内容，为育种实践提供了更多的依据。此外，在统计学发展的基础上，建立了群体遗传学。

### （二）微生物遗传和生化遗传时期（1941～1952年）

20世纪40年代以后，遗传学的研究开启了新的转折，主要表现在两个方面：一是物理、化学方法诱变；二是普遍以微生物作为研究对象来代替过去常用的动植物材料，由细胞遗传学时期进入微生物遗传学时期。

1940年以后，比德尔（George Wells Beadler）与其同事在红色面包霉（Neurospora crassa）上做了大量工作，系统地研究了生化合成与基因的关系，提出了"一个基因一种酶"（one gene-one enzyme hypothesis）的理论，证明基因通过它所控制的酶决定着生物代谢中的生化反应步骤，进而决定着遗传性状。

1944年，埃弗里（Oswald Theodore Avery）等从肺炎双球菌（Diplococcus pneumonia）转化试验中发现转化因子是DNA而不是蛋白质。

1951年，麦克林托克（Barbara McClintock）发现了跳跃基因（jumping gene）。她在研究

玉米行为遗传学时发现，玉米粒上有色素和斑点的变化，因此提出在生物体基因中有可移动的控制因子（controlling element）。这些控制因子相连接的基因往往不稳定。遗憾的是，当时的世界正处于 DNA 双螺旋的热潮之中，沃森（James Dewey Watson）和克里克（Francis Harry Compton Crick）提出的 DNA 右手双螺旋结构模型，侧重阐明的是基因的稳定性与两链的严格互补关系，人们对麦克林托克的基因可移动的观点很不理解，所以她的观点在当时并不受重视。直到 1967 年，夏皮罗（James Shapiro）从大肠杆菌（*Escherichia coli*）中发现了转座子之后，麦克林托克的理论才引起重视，她本人也于 1983 年获得诺贝尔生理学或医学奖。

1952 年，赫尔歇（Alfred Day Hershey）和蔡斯（Martha Chase）证明噬菌体（phage）感染大肠杆菌时，只有 DNA 进入细胞内，而蛋白质是不进入细菌细胞内的。这些研究证明，DNA 是真正的遗传物质。

### （三）分子遗传学时期（1953 年至今）

1953 年，美国分子生物学家沃森和英国分子生物学家克里克根据 X 射线衍射分析，提出了著名的 DNA 右手双螺旋结构模型，更清楚地说明了基因组成成分就是 DNA 分子，它控制着蛋白质的合成过程。基因的化学本质的确定，标志着遗传学又进入了一个新阶段——分子遗传学发展的新时代。

1957 年，法国遗传学家本泽尔（Seymour Benzer）以 $T_4$ 噬菌体为材料，在 DNA 分子结构的水平上，分析研究了基因内部的精细结构，提出了顺反子（cistron）学说。顺反子的概念打破了过去经典遗传学关于基因是突变、重组、决定遗传性状差别的"三位一体"的概念，把基因具体化为 DNA 分子上的一段核苷酸序列，它负责遗传信息的传递，是决定一条多肽链的、完整的功能单位。但它又是可分的，它内部的核苷酸组成或排列，可以独自发生突变或重组，而且基因与基因之间还有相互作用，随着排列位置的不同，会产生不同的效应。所有这些结论都是对基因概念的重大发展。

1961 年，法国分子遗传学家雅各布（Francois Jacob）和莫诺（Jacques Lucien Monod）在研究大肠杆菌乳糖代谢的调节机制中还发现了结构基因和调节基因的差别，发现原核生物"开"和"关"的机制，提出了操纵子（operon）学说，从而更深刻地揭示了基因的活动。生物就是通过一整套相互制约的基因，使其在不同的环境中表现出不同的遗传特性，以适应各种复杂的环境条件。

自 1961 年开始，美国生化学家尼伦伯格（Marshall Warren Nirenberg）和印度血统的美国生化学家科拉纳（Har Gobind Khorana）等逐步弄清了基因是以每三个核苷酸编码一个氨基酸的，并于 1967 年完成了全部 64 个遗传密码的破译工作。遗传密码的发现，把生物界统一起来，遗传信息的概念把基因的核酸密码和蛋白质的合成联系起来，从而提出了遗传信息传递的中心法则（central dogma），揭示了生命活动的基本特征。

1968 年，史密斯（Hamilton Othanel Smith）、阿伯（Werner Arber）和内森斯（Daniel Nathans）等发现了能切割 DNA 分子的限制性内切酶（restriction enzyme），为基因拼接工作铺平了道路。

1970 年，美国病毒学家特明（Howard Martin Temin）在劳斯肉瘤病毒（Rous sarcoma virus, RSV）体内发现一种能以 RNA 为模板合成 DNA 的酶，称为反转录酶（reverse transcriptase），这一发现不但对研究人类癌症具有重要意义，而且进一步发展和完善了"中心法则"。

1973 年，美国遗传学家伯格（Paul Berg）第一次把两种不同生物的 DNA（SV40 和 λ 噬菌体的 DNA）人工重组在一起，首次获得了杂种分子，建立了 DNA 重组技术。

1981年，我国科学工作者完成了酵母丙氨酸tRNA的全合成工作，这是世界上首次人工合成的具有生物活性的RNA分子。

1986年，美国的杜尔贝科（Renato Dulbecco）首次提出了"人类基因组工程"计划，1990年正式启动国际人类基因组计划（Human Genome Project，HGP），经过美、英、法、德、日、中6个国家的16个中心共上千名科学家的共同努力，于2000年6月26日宣布完成人类基因组草图的绘制工作。2001年，中、美、日、德、法、英等国科学家在 Nature（2月15日）和美国塞莱拉公司在 Science（2月16日）各自公布人类基因组图谱和初步分析结果。2006年6月20日宣布了人类基因组计划"工作构架图"。2008年11月6日，世界著名的科学杂志 Nature 以封面文章的形式，介绍了中国科学家独立自主地完成的第一个中国人基因组序列图谱（定名"炎黄一号"）的绘制和分析工作。人类基因组计划的顺利实施为其他生物基因组测序和基因组学研究奠定了良好的理论和技术基础。1997年9月23日，在新加坡举行的植物分子生物学国际会议上，一致同意成立世界性水稻基因组测序组织，实施国际水稻基因组测序计划（International Rice Genome Sequencing Project，IRGSP），1998年2月5日，中、日、美、韩的代表共同草拟了组织议程，迄今，已有11个国家参与IRGSP，并且在水稻12条染色体上划分了各自的测序范围。中国科学家在2002年11月的 Nature 上报道了中国负责完成的4号染色体的测序工作，并在同年4月的 Science 上发表了中国栽培稻9311的基因组测序草图。2002年，国际鳞翅目学会商定，由中国和日本科学家牵头，于2003年中期启动国际合作家蚕基因组计划，2003年11月15日，经过400多名科研人员5个多月的努力，中国率先完成家蚕基因组"框架图"绘制工作。

在基因组测序工作中积累了大量不知道任何功能信息的序列，进一步要做的工作就是继续发展能对大量的基因进行功能分析的方法。对基因功能进行大规模分析，即通常所说的基因组后研究，已有很多提法，目前主要有：①基因克隆计划；②基因组多样性计划；③cDNA 计划；④蛋白质组计划；⑤细胞计划。目前认为，基因组含有两类遗传信息：一类是传统意义上的遗传信息，即 DNA 序列所蕴含的遗传信息，它提供生命的编码信息；另一类是表观遗传学信息，它包含了决定何时、何地、以何种方式去应用遗传信息的指令。自1986年提出人类基因组计划之后，1999年欧洲就成立了人类表观基因组协会（Human Epigenome Consortium，HEC），2003年10月，该协会宣布开始实施人类表观基因组计划（Human Epigenome Project，HEP），人类表观基因组计划是要绘制出不同组织类型和疾病状态下的人类基因组甲基化可变位点（methylation variable position，MVP）图谱。2009年10月，美国科学家在 Nature 上发表了两种人类细胞表观基因［甲基化（methylation）］组图谱，这是人类表观基因研究史上第一个表观基因组图谱，也是表观遗传学研究的一个巨大飞跃。近年来，表观遗传学已成为基因表达调控的研究热点之一。

1997年，英国爱丁堡罗斯林研究所科学家维尔穆特（Ian Willmut）领导的研究小组利用克隆技术，从一只成年母羊的乳腺细胞成功克隆出一只与该羊一致的小绵羊，取名为"多莉"（Dolly），这标志着高等动物单性繁殖的研究取得了重大进展。

总之，三联体密码的确定、中心法则的建立及蛋白质和核酸的人工合成、基因内部精细结构的揭示、基因活动的调节和控制原理的发现、突变分子基础的阐明等，特别是基因组学（genomics）、蛋白质组学（proteomics）和生物信息学（bioinformatics）等相关学科的兴起和发展，使遗传学的发展走在了生物科学的前列。同时，它的影响也渗透到生物学的每一个学科之中，成为生物科学和分子生物学的中心学科。

## 第三节 遗传学与其他学科的关系

遗传学作为一门学科从诞生到现在只不过 100 多年，但是，由于其应用范围广泛，与日常生活和国民经济的关系非常密切，因此与生命科学的其他学科及非生命学科之间广泛交叉和融合，形成了许许多多的分支学科。

### 一、遗传学与生命科学其他分支学科的关系

遗传学是生命科学中非常重要的基础学科，所有生物的生、老、病、死都和遗传有着密切的关系，遗传学为生命科学其他分支学科的研究提供了框架，其他学科的研究成果又进一步推动了遗传学的发展。遗传学与许多学科相互结合、交叉融合，促进了一些边缘学科的形成，建立了许多分支学科。例如，将遗传学的原理和方法应用于家畜、鱼类、鸟类、昆虫等与人类有关的各种动物的遗传规律和品种改良的研究，产生了动物遗传学（animal genetics）的分支学科；以研究植物在繁殖过程中的遗传和变异表现及其规律为主要目标的遗传学分支学科称为植物遗传学（plant genetics）；微生物遗传学（microbial genetics）是以病毒、细菌、小型真菌及单细胞动植物等微生物为研究对象的遗传学分支学科；人类遗传学（human genetics）是探讨人类正常性状与病理性状的遗传现象及其物质基础的学科；发育遗传学（developmental genetics）研究基因如何控制生长、形态、分化等内容，分析基因和性状发育之间的关系；行为遗传学（behavioral genetics）研究控制人类和动物行为的基因及其作用机制；免疫遗传学（immunogenetics）是研究抗原、抗体、补体及干扰素等免疫活性物质的遗传控制，以及正常和异常免疫反应遗传机制的一门学科；群体遗传学（human population genetics）是研究生物群体的遗传结构及其变化规律的学科。

### 二、遗传学与非生命学科之间的关系

遗传学与数学、物理、化学、体育、地理、社会科学等学科之间的关系也非常密切，形成了多个边缘和分支学科。例如，将数理统计和数学分析方法应用于数量性状遗传的研究形成了数量遗传学（quantitative genetics）；群体遗传学则是将群体调查和系谱分析获得的资料经过数学处理，测定某些性状或疾病基因的分布频率，了解其传递规律及与种族、群体、环境、迁移、婚配方式之间的关系；运动遗传学（sports genetics）是研究人体运动机能的遗传与变异及其规律，并将研究成果应用于运动训练和科学选材的学科；群体遗传学与生态学相结合形成生态遗传学（ecological genetics），研究生物群体对生存环境的适应及其对环境改变所做出反应的遗传机制。此外，还有辐射遗传学（radiation genetics）、生化遗传学（biochemical genetics）等。

## 第四节 遗传学在国民经济中的意义

遗传学的发展，不仅对探索生命的本质和起源、研究生物的进化历程、促进整个生物科学的发展起着巨大的推动作用，还对国民经济有着极为重大的意义。

## 一、遗传学与农牧业的关系

遗传学理论是指导生产实践的主要理论基础之一。要想提高农畜产品的产量，改进农畜产品的品质，最直接有效的手段就是培育优良品种。改良品种，甚至创造新的品种，人们都是依据遗传学原理，利用诱变、杂交、细胞工程、基因工程等方法来实现的。优良品种是农牧业的重要生产资料，对改进耕作和饲料管理制度、减轻或避免自然灾害的损失等起着十分重要的作用。

例如，杂交水稻、小黑麦等的出现不仅大大地提高了产量，也提高了品质；以基因工程的方法培养的抗虫棉花、抗除草剂的作物等，大大降低了农业损失。另外，人们还期望把固氮基因转入非豆科的粮食作物，以节省肥料并提高产量；通过培养高光效植物，来充分利用光能。克隆羊的成功给无性繁殖优良家畜带来了曙光。

## 二、遗传学与工业的关系

遗传学的发展使工业生产技术发生了革命性变革，特别是使医药工业有了较大的突破，不断培育高产菌种生产抗生素，利用遗传工程技术生产胰岛素、生长激素释放因子、干扰素等药品，大大降低了药品的价格。人们还想把蜘蛛丝蛋白基因克隆出来，用于生产高强度的丝纤维。

## 三、遗传学与医学的关系

人类群体中 20%～25%的人都患有各种不同种类、不同程度的遗传相关疾病。人类遗传学研究表明，每个人平均携带 5～6 种有害基因，并且会把这些有害基因传递给自己的子孙后代，因此对遗传病遗传规律、诊断与治疗（基因制剂与基因疗法）方法等的研究，维系着家庭幸福、民族兴旺和人类的进步与发展。

恶性肿瘤是当今世界人类的主要死因之一，因肿瘤而死亡的人数每年达 200 万～300 万。肿瘤是一类疾病的总称，在临床上分为良性肿瘤和恶性肿瘤。大量资料表明，肿瘤的发生与环境有着密切的关系。环境中能诱发肿瘤的因素主要有 3 类：①物理致癌因素，如紫外线、X 射线等；②化学致癌因素，包括人体摄入、吸入的各种致癌的化学物质；③生物致癌因素，如各种致肿瘤病毒、某些霉菌等。但是，在相同的致癌因子的作用下，并非人人都得肿瘤，说明肿瘤的发生需要一定的遗传基础。环境中的致癌因子或许只对具有特殊遗传素质的人有致癌作用。环境中各种致癌因子只有通过改变人体遗传物质的结构或功能，才能使正常细胞转化为癌细胞。因此，从遗传学的角度研究癌症的发病机理，才能深化对肿瘤的认识，为防治肿瘤提供可能的途径。

## 四、遗传学与能源开发和环境保护的关系

利用工程菌可以降解植物的茎秆，产生乙醇，变废为宝；利用工程菌来富集废水中的重金属，不仅可以节约资源、清除污染，还可以用于三次采油，以及消除海洋中的原油污染等。利用 Ames 法、染色体畸变、姐妹染色单体交换、微核技术及果蝇 ClB 等系列技术等，可以检测致癌、致畸和致突变物质。

此外，遗传学还与国防（原子武器、化学武器、生物武器等）、病原物（细菌、病毒）致病的遗传机理及其防治、法律上亲子鉴定、犯罪嫌疑人的排查、考古中 DNA 的鉴定、体育人才的选拔等有着密切的关系。

## 主要参考文献

李难. 1985. 生物进化论. 北京：人民教育出版社

李惟基. 2002. 新编遗传学教程. 北京：中国农业大学出版社

刘祖洞，乔守怡，吴燕华，等. 2013. 遗传学. 3 版. 北京：高等教育出版社

全国科学技术名词审定委员会. 2006. 遗传学名词. 北京：科学出版社

苏智先. 2001. 新世纪生命科学的希望与未来. 成都：四川科学技术出版社

王亚辉，吴志纯. 1992. 走向 21 世纪的生物科学. 北京：华夏出版社

Avery OT，MacLeod CM，McCarty M. 1994. Studies on the chemical nature of the substance inducing transformation of pneumococcal types：Induction of transformation by a desoxyribonucleic acid fraction isolated from pneumococcus type Ⅲ. *Journal of Experimental Medicine*，79（1）：137-158

Bateson W. 1907. The progress of genetic research. *In*：Wilks W. Report of the Third 1906 International Conference on Genetics：Hybridization（The Cross-Breeding of Genera or Species），the Cross-Breeding of Varieties，and General Plant Breeding. London：Royal Horticultural Society

Hershey AD，Chase M. 1952. Independent functions of viral protein and nucleic acid in growth of bacteriophage. *The Journal of General Physiology*，36：39-56

## 思考题

1. 解释名词：

1）遗传学

2）遗传

3）变异

2. 如何理解遗传与变异的对立统一关系？

3. 遗传学的发展大致可以分成几个主要阶段？举例说明各阶段的主要成果及其对遗传学发展的影响。

4. 概述遗传学与其他学科的关系。

5. 根据你所掌握的信息，谈谈遗传学与医学的关系。

6. 遗传学对农业的发展具有哪些重要影响？

# 第二章 孟德尔遗传定律

1856～1871 年，孟德尔（图 2.1）曾以豌豆、菜豆、玉米、山柳菊为材料进行了杂交试验。他的著名的豌豆（图 2.2）杂交试验是在 1856～1864 年进行的，花了长达 8 年的时间，选择了 7 对差别明显的简单性状进行实验和理论分析，提出了遗传因子假说及其分离定律和自由组合定律，后人称之为孟德尔遗传定律（Mendel's laws of inheritance）。他的研究结果分别于 1865 年 2 月 8 日和 3 月 8 日在布隆自然研究协会例会上宣读发表；1866 年整理成长达 45 页的《植物杂交试验》一文，发表在《布隆自然科学会志》第 4 卷上。

图 2.1 格里哥·约翰·孟德尔（Gregor Johann Mendel，1822～1884 年）

扫一扫 看彩图

图 2.2 豌豆

在孟德尔之前，许多科学家也进行过植物杂交和动物杂交试验，然后观察子代和亲代之间的相似性，但是他们都没有找到亲代和子代之间的遗传规律。孟德尔在总结前人的研究经验和教训时指出，这些试验都缺乏统计分析，既没有对后代出现的类型进行统计，也没有分析各类型之间的数量关系。因此，他清楚地认识到，在他的实验中必须克服这些缺陷。孟德尔的成功，首先应该归功于他卓越的洞察力和正确的方法学。他遵循由简单到复杂的原则，每次试验只注意单一的性状，在弄清楚单一性状的遗传规律之后，再观察两对性状。他研究工作的另一个重要特点是采用了定量研究方法（quantitative approach）。他不仅统计了杂交后代出现的类型，还将各个类型分别计数，从而得出了 3∶1 和 9∶3∶3∶1 等典型分离比。除了成功的方法学以外，孟德尔在构思理论框架时具有高度的独创性，他用假设的理论来阐明实验结果，又设计了合适的实验来验证假设。

> 豌豆作为遗传学研究材料的主要优点：①豌豆是严格自花传粉（闭花授粉）植物，不会受到外来花粉的混杂；②豌豆的花朵比较大，便于人工去雄和授粉；③具有明显的、易于区分的性状，如花色的红与白、子叶的黄与绿等；④豌豆的荚成熟后籽粒都留在豆荚内，便于进行各种类型籽粒的准确计数；⑤容易栽培，生长周期比较短。

# 第一节 分离定律

孟德尔从 34 个品种的豌豆中挑选出 22 个品种进行实验，这些品种都具有某种可以相互区分的稳定性状，如高茎或矮茎、红花或白花等。孟德尔从不同品种的豌豆中，选择了 7 对不同且明显成对的性状进行了详细观察，这些品种的性状都很稳定，是真实遗传的。

## 一、孟德尔试验

### （一）基本概念

1）性状：生物体或其组成部分表现出的形态特征和生理特性称为性状（character/trait）。

2）单位性状：孟德尔把植株性状的总体区分为各个单位，称为单位性状（unit character），即单位性状是生物体被区分开的每一个具体性状，如花的颜色、种子的形状、花的着生位置等。

3）相对性状：不同生物个体在单位性状上存在不同的表现，这种同一单位性状的相对差异称为相对性状（contrasting character）。例如，花的颜色这个单位性状中有红花、白花等不同颜色，红花和白花是花的颜色这个单位性状的相对差异，所以它们是一对相对性状。

孟德尔以选择的 7 对相对性状（表 2.1）的纯系（homozygote）豌豆作为亲本（parental generation），分别进行了杂交试验。

表 2.1 孟德尔试验的 7 对相对性状

| 单位性状 | 相对性状 |
| --- | --- |
| 种子的形状 | 圆滑和皱缩 |
| 子叶的颜色 | 黄色和绿色 |
| 花的颜色 | 红花和白花 |
| 成熟豆荚的形状 | 饱满和不饱满 |
| 未成熟豆荚的颜色 | 绿色和黄色 |
| 花的着生位置 | 腋生和顶生 |
| 茎蔓的高度 | 高茎（2m 及以上）和矮茎（小于 0.5m） |

### （二）试验方法

1. 杂交

在最初进行豌豆杂交时，孟德尔用人工方法将选择的 7 对相对性状成对地相互杂交，所用的两个亲本都只相差一个单位性状，或者更精确些说，不论其他性状的差异如何，他都只把注意力集中于一个清楚的性状差异，即一对相对性状。试验时在开花植株上选一朵或几朵花，在花粉未成熟时，用镊子除去全部雄蕊，在花朵外面套上纸袋。一天之后，从具有相对性状差异的另一朵花上取成熟花药进行授粉（图 2.3）。

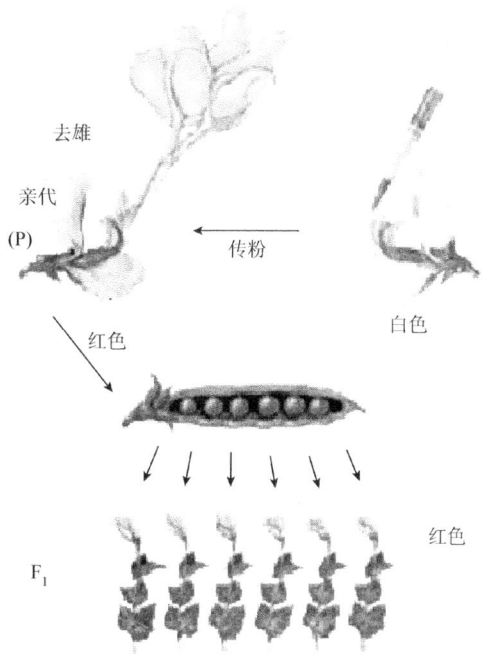

图 2.3 豌豆的人工杂交试验

**2. 正反交（互交）**

孟德尔在做每对性状的杂交试验时，设计了两个杂交，在一个杂交中作父本的类型在另一杂交中作母本。例如，一个杂交组合是红花作为母本、白花作为父本，即红花（♀）×白花（♂）；另一杂交组合则以白花作为母本、红花作为父本，即白花（♀）×红花（♂），通常人们将这两种杂交组合方式之一称为正交（direct cross），另一种则称为反交（reciprocal cross）。

### （三）试验结果

**1. 显性和隐性**

通过观察和分析后发现，成对的两种性状杂交第一代（first filial generation，$F_1$）个体只表现一种性状（表2.2），孟德尔把杂交 $F_1$ 代表现出来的性状称为显性性状（dominant character），在杂交 $F_1$ 代中被显性性状掩盖而没有表现出来的性状称为隐性性状（recessive character）。

表 2.2 豌豆的 7 个单位性状及其相对性状

| 显性 | 隐性 | 显性 | 隐性 |
|---|---|---|---|
| 圆滑 | 皱缩 | 绿色 | 黄色 |
| 黄色 | 绿色 | 腋生 | 顶生 |

续表

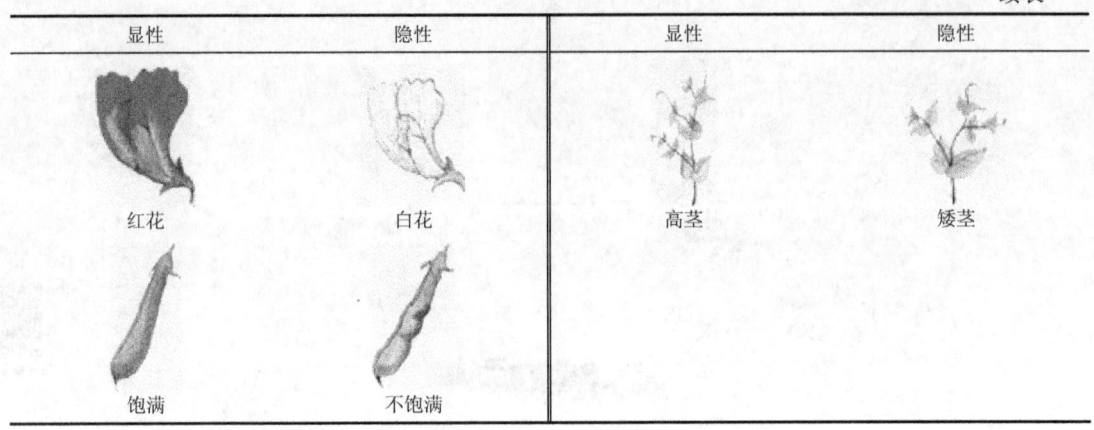

| 显性 | 隐性 | 显性 | 隐性 |
| --- | --- | --- | --- |
| 红花 | 白花 | 高茎 | 矮茎 |
| 饱满 | 不饱满 | | |

## 2. 分离现象

具有相对性状差异的两个亲本杂交，$F_1$ 代全部表现显性性状。$F_1$ 代自交产生的杂交第二代（second filial generation，$F_2$）中，两种性状同时存在。亲代的一对相对性状在 $F_2$ 代中同时表现出来，即 $F_1$ 代被掩盖的隐性性状在 $F_2$ 代又重新出现的现象称为性状分离（character segregation）。统计分析结果表明，在 $F_2$ 代中，表现显性性状的个体与表现隐性性状个体的比例接近 3∶1（图 2.4）。

扫一扫 看彩图

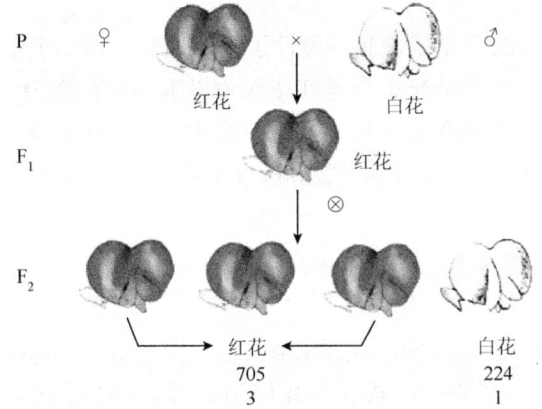

图 2.4　豌豆的一对相对性状的杂交结果

孟德尔对选择出来的 7 对相对性状分别进行了上述的杂交试验，得出的结果基本一致，即 $F_1$ 代只表现显性性状，$F_2$ 代显性性状和隐性性状的分离比接近 3∶1（表 2.3）。而且，每对性状的反交试验结果与正交完全一致，即 $F_1$、$F_2$ 的性状表现不受亲本组合方式的影响，与哪一个亲本作母本无关。

表 2.3　7 对相对性状的杂交试验结果

| 性状 | 杂交组合 | $F_1$ 表型 | $F_2$ 表型 | | 比例 |
| --- | --- | --- | --- | --- | --- |
| | | | 显性 | 隐性 | |
| 花色 | 红花×白花 | 红花 | 705 红花 | 224 白花 | 3.15∶1 |
| 种子形状 | 圆粒×皱粒 | 圆粒 | 5474 圆粒 | 1850 皱粒 | 2.96∶1 |
| 子叶颜色 | 黄色×绿色 | 黄色 | 6022 黄色 | 2001 绿色 | 3.01∶1 |

续表

| 性状 | 杂交组合 | F₁表型 | F₂表型 | | |
|---|---|---|---|---|---|
| | | | 显性 | 隐性 | 比例 |
| 豆荚形状 | 饱满×不饱满 | 饱满 | 882 饱满 | 299 不饱满 | 2.95∶1 |
| 未熟豆荚色 | 绿色×黄色 | 绿色 | 428 绿色 | 152 黄色 | 2.82∶1 |
| 花着生位置 | 腋生×顶生 | 腋生 | 651 腋生 | 207 顶生 | 3.14∶1 |
| 植株高度 | 高×矮 | 高 | 787 高 | 277 矮 | 2.84∶1 |

## 二、孟德尔假说

### （一）孟德尔遗传因子假说的核心内容

在孟德尔时代，许多学者都支持达尔文在1868年提出的融合遗传（blending inheritance）理论，认为两个亲代的相对性状在杂种后代中融合，成为新的性状而出现，子代的性状是亲代性状的平均结果。但是，孟德尔通过豌豆杂交试验发现，无论是哪一对相对性状杂交，$F_1$只表现出显性性状，$F_2$代中显性与隐性的比例为3∶1，由此他感悟到"遗传中的某些特征可看作不可分割和显然不变的单元"。为了解释他在豌豆的杂交试验中获得的结果，孟德尔提出了遗传因子（inherited factor/determinant，hereditary determinant/factor）分离假说，该假说的主要内容如下。

1）遗传性状是由遗传因子决定的。

2）在体细胞中一对相对性状的遗传因子是成对存在的，一个来自父本，另一个来自母本。

3）在形成配子（gamete）时，成对的遗传因子发生分离，结果使每个生殖细胞中只含有成对遗传因子中的一个（图2.5）。

4）受精时，雌配子和雄配子以随机而又均等的机会结合形成合子，使个体中成对的遗传因子又恢复成双（表2.4）。

5）每对遗传因子有显性（dominant）和隐性（recessive）之别，在成对存在时，显性遗传因子掩盖隐性遗传因子的表现。因此，$F_2$代中显性性状和隐性性状的分离比是3∶1（表2.4）。

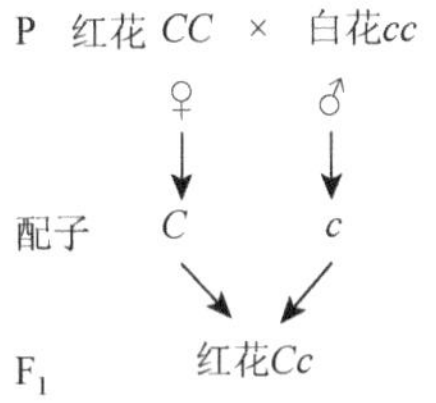

图2.5 个体和配子中的遗传因子

表2.4 $F_1$代的配子类型和组合方式

| 遗传因子 | 1C | 1c |
|---|---|---|
| 1C | 1CC | 1Cc |
| 1c | 1Cc | 1cc |

### （二）颗粒式遗传

分离现象表明：体细胞中成对的遗传因子并不是相互融合的，而是保持相对稳定，并且相对独立地传递给后代；父本性状和母本性状在后代中还会分离出来。因此，分离现象的出现，否定了融合（混合）遗传的观念，确立了颗粒遗传（particulate inheritance）的观念。

### （三）基因

丹麦生物学家约翰逊发现，孟德尔的遗传因子在作用上与德佛里斯提出的泛子很相似，因而在1909年建议将泛子（pangen）这个字简化为 gene（基因），用来表示遗传性状的物质基础，并提出了基因型和表现型两个概念。

### （四）基因型

生物个体的基因组合称为基因型（genotype）。基因型表示生物个体的遗传组成，又称遗传型。基因型是肉眼看不到的，可以通过杂交试验来鉴定。一般用符号来表示，大写符号代表显性基因，小写符号代表隐性基因。例如，豌豆高茎的基因型可用 $DD$ 或 $Dd$ 表示；矮茎可用 $dd$ 表示。

### （五）表现型

表现型（简称表型）（phenotype）是指生物个体的性状表现，是具有特定基因型的个体在一定环境条件下所表现出来的性状特征的总和。它包括基因的产物（如蛋白质和酶），各种形态特征和生理特性，甚至各种动物的习性和行为等。但在杂交试验中，表现型仅指与分离有关的性状，如豌豆的圆粒和皱粒、果蝇的长翅和残翅等。

### （六）纯合基因型与纯合体

具有一对相同基因的基因型称为纯合基因型（homozygous genotype），如 $CC$ 和 $cc$；这类生物个体称为纯合体（homozygote）。

### （七）杂合基因型与杂合体

具有一对不同基因的基因型称为杂合基因型（heterozygous genotype），如 $Cc$；这类生物个体称为杂合体（heterozygote）。

## 三、孟德尔假说的验证

### （一）分离现象的实质

孟德尔假说的实质就是体细胞中控制相对性状的一对基因，在杂合状态时互不污染，保持其独立性，在配子形成过程中彼此分离，互不干扰，并独立地分配到不同的性细胞中去，因此配子中只具有成对基因中的一个。大量的试验证明，孟德尔的假设是正确的，而且具有普遍性。因此，后人将孟德尔的遗传因子分离假设称为分离定律（law of segregation）。

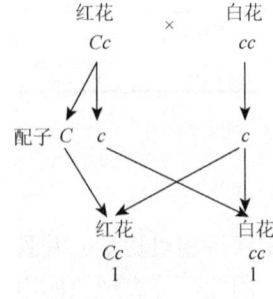

图 2.6 红花杂合体与白花测交结果

### （二）分离定律的验证方法

（1）测交法

测交（test cross）是把被测验的个体与隐性纯合的亲本杂交。因为隐性纯合体只能产生一种含隐性基因的配子，它们和含有任何基因的某一种配子结合，子代都只能表现出那一种配子所含基因的表现型。所以，测交子代表现型的种类和比例正好反映了被测个体所产生的配子种类和比例（图2.6）。

（2）$F_1$ 花粉鉴定法

一些基因在二倍孢子体水平和配子体水平都会表现。例如，玉米、水稻、高粱、谷子等禾谷类细胞中，基因 $Wx$（非糯性）对 $wx$（糯性）为显性，它不但控制籽粒的淀粉粒性状，而且控制花粉粒的淀粉粒性状。含 $Wx$ 基因的花粉粒具有直链淀粉，而含 $wx$ 基因的花粉粒具有支链淀粉,用稀碘液对花粉粒进行染色,含直链淀粉的花粉粒显示蓝黑色,含支链淀粉的花粉粒遇稀碘液时呈现碘液的红棕色。因此,根据显微镜下花粉粒的显色情况就可以判断花粉粒的基因型。用稀碘液处理玉米(糯性×非糯性)$F_1$($Wxwx$)植株花粉,在显微镜下观察,结果表明:花粉粒呈现两种不同颜色的反应,蓝黑色:红棕色≈1:1(图2.7)。

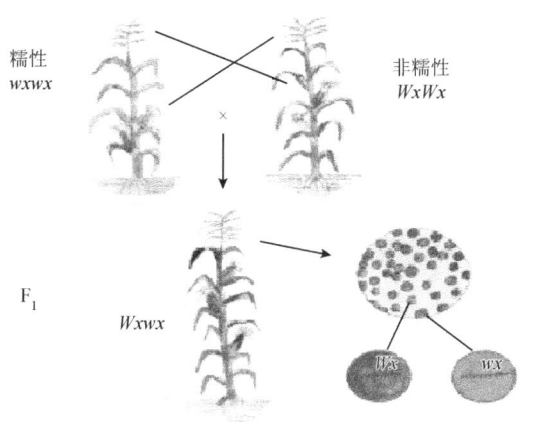

图2.7 杂合体($Wxwx$)玉米的花粉粒用稀碘液染色的显色反应

(3)后裔鉴定

孟德尔将$F_2$代显性(红花)植株按单株收获、分装。将各株系分别种植,考察其性状分离情况。结果表明:发生性状分离现象的株系数与没有发生性状分离现象的株系数之比总体上趋向于2:1。表现出性状分离现象的株系来自杂合($Cc$)$F_2$个体,未表现性状分离现象的株系来自纯合($CC$)$F_2$个体(图2.8)。

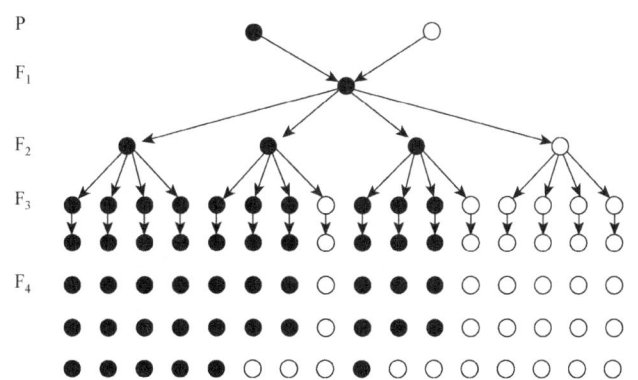

图2.8 孟德尔一对因子杂交$F_1$、$F_2$和$F_3$代自交后代性状分离模式图

黑色圆圈代表显性性状,白色圆圈代表隐性性状

## 四、分离的普遍性

分离定律对研究植物、动物、微生物和人类的遗传都具有普遍意义。人类所有单基因控制的正常性状或遗传病,都是按照分离定律向后代传递的。其中由显性基因控制或起主导作用的遗传表现称为显性遗传(dominant inheritance),受隐性基因控制的遗传表现称为隐性遗传(recessive inheritance)。例如,人耳的形态是多种多样的,大体可分为长耳、短耳、宽耳、狭耳、招风耳等。有的人有耳垂(图2.9),有的人无耳垂。据有关资料表明,长耳、宽耳对

短耳、狭耳是显性的，有耳垂对无耳垂是显性的。控制这些性状的基因均按照分离定律在世代间传递与表现。短指症（brachydactyly，BD）是人类较常见的手（足）部畸形（图 2.10）。由于指骨或掌骨变短，或指骨缺如，致使手指（趾）变短，图 2.11 是法拉比（Williams Curtis Farabee）于 1903 年报道的短指症家族的系谱。从系谱分析（pedigree analysis）可知，男女都可发病，与性别无关，所以本病是由某对常染色体上的显性基因决定的。

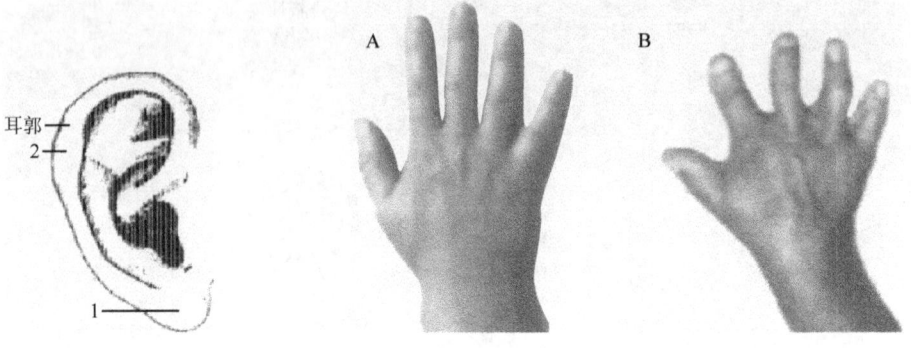

图 2.9　耳郭　　　　　图 2.10　正常手（A）与短指症手（B）

1. 耳垂；2. 达尔文结节

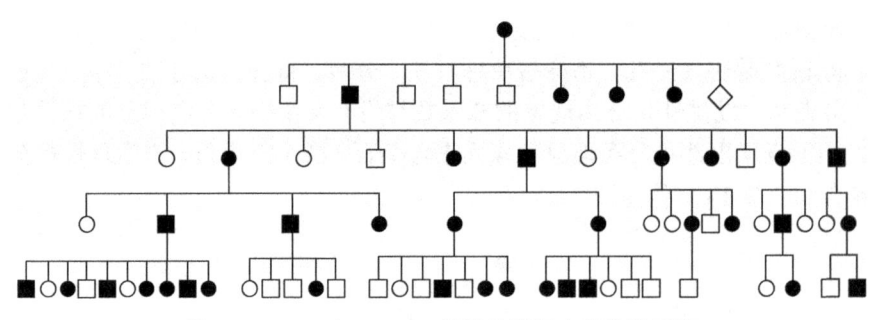

图 2.11　1903 年 Farabee 报道的短指症家族的系谱

> 系谱分析（详见第六章）是指通过调查某病患者（先证者，proband，propositus）的家庭成员患病情况，绘制成图谱（系谱），经过回顾性分析，确定该病遗传方式的一种手段。系谱分析首先有助于区别遗传病和非遗传病、单基因病和多基因病。其次，有助于遗传异质性疾病的发现。

## 五、分离定律的意义

分离定律揭示了一对基因杂合体在配子形成过程中的分离及在后代中传递的实质，因此具有重要的理论意义和实际指导作用。

（1）形成了颗粒遗传的正确遗传观念

分离定律表明：体细胞中成对的遗传因子并不相互融合，而是保持相对稳定，并且相对独立地传递给后代；父本性状和母本性状在后代中还会分离出来。

（2）解释了生物变异产生的部分原因

由于杂合基因的分离，可能会在亲代、子代之间产生明显的差异，这就是变异产生的原因之一。

（3）分离定律也是医学和优生学的理论基础

单基因遗传病在人群中的发病率约为 3.5%（不包括先天性红绿色盲）。应用分离定律可以探索这类遗传病的发病特点，以便做出准确诊断和采取相应的防治措施。

（4）对生物遗传改良工作有重要的指导意义

杂交育种就是用不同亲本材料杂交，从后代中选择更为优良的个体加以繁殖作为生产品种。在杂交育种中，常常需要多代选择和自交，以便得到所需基因型的纯合类型。

# 第二节 自由组合定律

孟德尔在总结一对相对性状遗传规律的基础上，按照由简单到复杂、由分析到综合的研究思路进一步研究两对性状的遗传。

## 一、孟德尔试验

### （一）试验结果

孟德尔将具有两对相对性状差异的亲本（如子叶黄色圆粒豌豆和子叶绿色皱粒豌豆）杂交，$F_1$ 代全部表现显性性状（黄圆），$F_1$ 代自交产生的 $F_2$ 代则出现性状的分离（图 2.12）。在 $F_2$ 代出现的 4 种类型的个体中，有两种是原有的亲本组（黄圆与绿皱），称为亲组合（parental combination）；另外两种是亲本所没有的组合（黄皱和绿圆），称为重组（recombination）。在这个杂交试验中，黄和绿是一对相对性状，圆和皱是另一对相对性状。

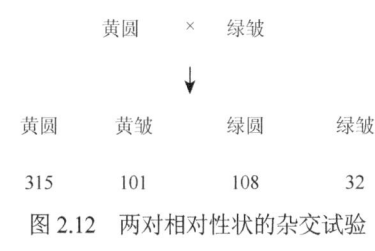

图 2.12 两对相对性状的杂交试验

### （二）试验结果分析

对每对相对性状进行分析发现，它们仍然符合 3∶1 的性状分离比。

黄色∶绿色 =（315 + 101）∶（108 + 32）= 416∶140 ≈ 3∶1
圆粒∶皱粒 =（315 + 108）∶（101 + 32）= 423∶133 ≈ 3∶1

这说明子叶颜色和籽粒形状彼此独立地传递给子代，两对相对性状在从 $F_1$ 传递给 $F_2$ 时，是随机组合的。统计分析结果表明，在 $F_2$ 代中两种亲组合黄圆与绿皱分别占 9/16 和 1/16，两种重组合黄皱和绿圆各占 3/16（图 2.13）。

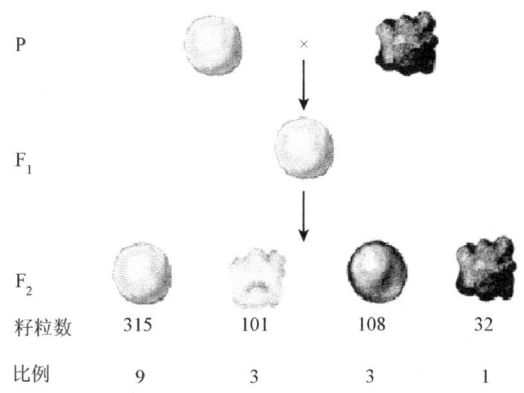

扫一扫 看彩图

图 2.13 两对相对性状杂交 $F_2$ 代分离比

### （三）试验结果的解释

为了解释上述结果，孟德尔提出遗传因子自由组合（独立分配）假说：不同对的遗传因子在形成配子时的分离是独立的，它们彼此的组合是自由搭配的（表2.5）。

表 2.5  豌豆两对相对性状杂交分离比

| 雌配子 | 雄配子 | | | |
|---|---|---|---|---|
| | 1/4 RY | 1/4 Ry | 1/4 ry | 1/4 rY |
| 1/4 RY | 1/16 RRYY 黄圆 | 1/16 RRYy 黄圆 | 1/16 RrYy 黄圆 | 1/16 RrYY 黄圆 |
| 1/4 Ry | 1/16 RRYy 黄圆 | 1/16 RRyy 黄皱 | 1/16 Rryy 黄皱 | 1/16 RrYy 黄圆 |
| 1/4 ry | 1/16 RrYy 黄圆 | 1/16 Rryy 黄皱 | 1/16 rryy 绿皱 | 1/16 rrYy 绿圆 |
| 1/4 rY | 1/16 RrYY 黄圆 | 1/16 RrYy 黄圆 | 1/16 rrYy 绿圆 | 1/16 rrYY 绿圆 |

## 二、自由组合假设的验证

### （一）测交验证

孟德尔采用测交法验证两对基因的独立分配与自由组合。他用 $F_1$ 与双隐性纯合体测交。当 $F_1$ 形成配子时，不论雌配子还是雄配子，都有 4 种类型，即 YR、Yr、yR、yr，比例为 1∶1∶1∶1（图2.14）。

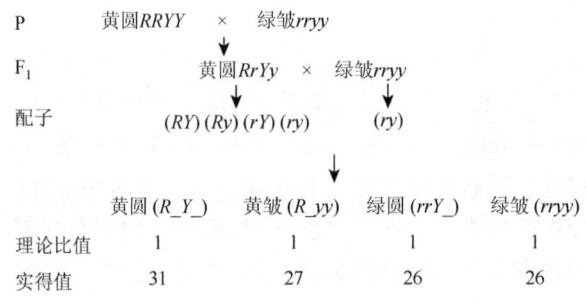

图 2.14  两对遗传因子独立分配、自由组合的测交验证

图 2.14 的结果表明，测交结果符合理论预期，从而证明理论假设正确。

### （二）后裔鉴定

按照分离和独立分配的理论推断，由纯合的 $F_2$ 植株（如 RRYY、RRyy、rrYY、rryy）自交产生的 $F_3$ 代，不会出现性状的分离，这类植株在 $F_2$ 群体中应各占 1/16。由一对基因杂合的植株（如 RRYy、RrYY、Rryy、rrYy）自交产生的 $F_3$ 代，一对性状是稳定的，另一对性状将分离为 3∶1 的比例，这类植株在 $F_2$ 群体中应各占 2/16。由两对基因都是杂合的植株（RrYy）自交产生的 $F_3$ 代，将分离为 9∶3∶3∶1 的比例，这类植株在 $F_2$ 群体中应占 4/16（表2.6）。从表 2.6 所示结果可以看出，后裔鉴定的实得结果符合理论假设。

表 2.6 后裔分离的验证

| $F_2$ | $F_3$ | 实验结果 |
| --- | --- | --- |
| 绿皱 1$rryy$ | 不分离 | 34 |
| 绿圆 1$RRyy$ | 不分离 | 35 |
| 2$Rryy$ | 全绿，圆分离 | 67 |
| 黄皱 1$rrYY$ | 不分离 | 28 |
| 2$rrYy$ | 全皱，黄分离 | 68 |
| 黄圆 1$RRYY$ | 不分离 | 38 |
| 2$RrYY$ | 全黄，圆分离 | 60 |
| 2$RRYy$ | 全圆，黄分离 | 60 |
| 4$RrYy$ | 黄圆、绿皱全分离 | 138 |

## 三、两对相对性状的自由组合

### （一）自由组合定律

两对基因在杂合状态时，保持其独立性，互不污染。形成配子时，同一对基因各自独立分离，不同对基因则自由组合。后人将孟德尔有关两对性状的分离与自由组合理论称为自由组合定律（law of independent assortment）。

### （二）自由组合定律的实质

现代遗传学研究认为，自由组合定律的实质是：两对或两对以上的等位基因位于非同源染色体上时，在生殖细胞形成过程中，同源染色体上的等位基因分离，非同源染色体上的非等位基因自由组合，以均等的机会组合到同一个生殖细胞中，从而形成了 $F_2$ 代不同比例的表现型。

## 四、自由组合的普遍性

大量研究证明，自由组合定律不仅表现于豌豆，还表现在包括人类在内的所有真核生物，因此它是一个普遍遗传规律，这一规律也可以用于 3 对或 4 对甚至更多对基因的遗传分析（表 2.7）。

表 2.7 杂合体自交或互交时所产生的各种基因型和表型数及分离比

| 基因对数 | $F_1$ 配子类型 | $F_1$ 配子组合 | $F_2$ 基因型 | $F_2$ 表型 | 分离比 |
| --- | --- | --- | --- | --- | --- |
| 1 | 2 | 4 | 3 | 2 | $(3+1)^1$ |
| 2 | 4 | 16 | 9 | 4 | $(3+1)^2$ |
| 3 | 8 | 64 | 27 | 8 | $(3+1)^3$ |
| 4 | 16 | 256 | 81 | 16 | $(3+1)^4$ |
| … | … | … | … | … | … |
| $n$ | $2^n$ | $4^n$ | $3^n$ | $2^n$ | $(3+1)^n$ |

### 五、自由组合定律的意义

孟德尔的自由组合学说揭示了两对或两对以上基因的遗传规律，不仅解释了比较复杂的遗传现象，还具有重要的指导意义。

1）解释了生物性状变异产生的另一个重要原因，即非等位基因间的自由组合。通过双亲中控制不同性状基因的自由组合，就会在后代中出现各种不同于亲代的新类型。

2）可以通过有目的地选择、选配杂交亲本，通过杂交育种将多个亲本的目标性状集合到一个品种中；或者对受多对基因控制的性状进行育种选择，达到培养优良品种的目的。根据基因的分离与自由组合，人类能够有目的地选用优缺点互补的双亲，将双亲优点综合于杂种后代，得到具有双亲优点、克服双亲缺点的优良杂种后代。例如，将丰产但不抗倒伏的小麦品系和不丰产但抗倒伏的小麦品系杂交，通过基因的自由组合和连续几年的选育，就可以获得丰产抗倒伏的优良小麦新品种。

3）可以预测杂交后代分离群体的基因型、表型，确定适当的杂种后代群体种植规模，提高育种效率。

例如，假设有两个番茄品种，一个是抗病的黄果肉（$ssrr$）、双隐性，另一个是感病的红果肉（$SSRR$）、双显性。问：如何培育 10 个抗病的、红果肉的纯合品种（$ssRR$）？

根据自由组合定律，在 $F_1$ 中不会有抗病红果肉植株出现，$F_2$ 中抗病红果肉的表现型比例为 3/16，在这 3/16 中，只有 1/3 是 $ssRR$ 纯合体，2/3 是 $ssRr$ 杂合体，在表现型上无法区分，只有分别种植 $F_3$ 代再来选择。纯合体 $ssRR$ 在 $F_3$ 代不分离，杂合体 $ssRr$ 在 $F_3$ 代则继续分离，要想在 $F_3$ 代中得到 10 个稳定的抗病红果肉的纯合株系个体，那么 $F_3$ 代至少应种植 30 个株系，也就是说至少要在 $F_2$ 代中选择 30 株抗病红果肉的植株，供 $F_3$ 代株系鉴定。

4）在医学实践中，根据基因的自由组合定律分析家系中两种或多种遗传病同时发生的情况，并且推断出后代的基因型和表型及它们出现的概率，为遗传病的预测和诊断提供理论依据。

## 第三节 遗传学数据的统计处理

孟德尔对杂交后代出现的不同类型分别计数，得出了 3：1 和 9：3：3：1 等典型分离比。但是要得到这样的分离比必须满足一定的条件。例如：①$F_1$ 代个体产生的两种配子数目相等，而且生活力相同；②$F_1$ 代两种配子结合的机会相等；③$F_2$ 代中各基因型个体的存活机会到观察时相同；④每对遗传因子之间完全显性。孟德尔等还发现，即使满足了这些条件，杂交后代中不同类型的分离比也只是近似某个比例，而且只有在个体数较多时才接近，个体数较少时常有明显的波动。那么这样的波动是机遇性波动还是真正的例外呢？这就需要用统计学的方法加以解决。

### 一、概率原理与应用

在数学中将事件出现的可能性称为概率（probability）。在遗传学中可以通过概率的性质和定理来推算遗传比例。

## （一）概率的定义

1. 古典概型

在这种概率模型下，随机实验所有可能的结果是有限的。如果实验的基本事件总数为 $n$，随机事件 A 所包含的基本事件数为 $m$，则 A 事件的概率为

$$p(A) = \frac{m}{n}$$

2. 统计概型

$n$ 次试验中，A 事件出现 $\mu$ 次，则 $\mu/n$ 称为 A 事件的频率。多次试验中，$\mu/n$ 逐渐接近一个常数，则此常数就是 A 事件的概率。

$$p(A) = \frac{\mu}{n}$$

## （二）概率的基本定理

1. 乘法定理

两个独立事件（independent event）A 和 B 同时发生的概率等于各个事件发生概率的乘积。

$$p(A \cdot B) = p(A) \times p(B)$$

例如，杂合体 $YyRr$ 在产生配子时，$Yy$ 的分离与 $Rr$ 的分离是相互独立的，在 $F_1$ 代的配子中，具有 $Y$ 的概率是 1/2，$y$ 的概率也是 1/2；具有 $R$ 的概率是 1/2，$r$ 的概率也是 1/2。而同时具有 $Y$ 和 $R$ 的概率则是两个独立事件（具有 $Y$ 和 $R$）概率的乘积：$1/2 \times 1/2 = 1/4$。

2. 加法定理

两个互斥事件（exclusive event）（在一次试验中，某一事件出现，另一事件即被排斥，也就是互相排斥的事件）同时发生的概率是各个事件各自发生的概率之和。

$$p(A或B) = p(A) + p(B)$$

例如，杂种 $F_1$ 代（$Cc$）自交，$F_2$ 代中显性表型的基因型为 $CC$ 或 $Cc$，两者的概率分别为 1/4 和 2/4，因此 $F_2$ 表现为显性性状的概率为两者概率之和：1/4+2/4=3/4。

## （三）概率的基本性质

1）必然事件的概率：$p(\mu) = 1$。
2）不可能事件的概率：$p(v) = 0$。
3）随机事件的概率：$0 \leqslant p(A) \leqslant 1$。

## （四）概率的计算和应用

根据概率的定义和基本原理，可以采用棋盘法（punnet square）或分支法（branch method）计算杂交后代中某种基因型或表型的概率。

1. 棋盘法

将每一个亲本产生的配子及配子的概率分别放在表格的第一行和第一列，然后根据配子间的自由组合，在每一个空格中写出它们后代的基因型，每个空格中合子的概率就是两个配子概率的乘积。例如，将红花（$CC$）豌豆与白花（$cc$）豌豆杂交，$F_1$ 代（$Cc$）开红花，$F_1$ 代产生的配子类型和概率为：$1/2C$ 和 $1/2c$。$F_1$ 代自交后代中各基因型的类型和概率则可通过棋盘法（表 2.8）求解。

表 2.8  $F_1$ 代产生的配子类型和概率

| 雌配子 | 雄配子 | |
| --- | --- | --- |
|  | 1/2C | 1/2c |
| 1/2C | 1/4CC | 1/4Cc |
| 1/2c | 1/4Cc | 1/4cc |

所以，$F_2$ 代中，基因型 *CC*、*Cc* 和 *cc* 的概率分别是 1/4、2/4 和 1/4，红花表型和白花表型的概率为 3/4 和 1/4。

2. 分支法

分支法是从分离定律入手，对每对基因分别进行分析，然后将几对基因产生配子的种类和概率相乘，相乘的积就是杂交后代的基因型及其概率。例如，求 $AAbbCc \times aaBbCc$ 杂交后代基因型和表型的概率。

所以，杂交后代中基因型类型和概率分别是 1/8*AaBbCC*、2/8*AaBbCc*、1/8*AaBbcc*、1/8*AabbCC*、2/8*AabbCc*、1/8*Aabbcc*（图 2.15）；表型类型和概率分别为 3/8ABC、1/8ABc、3/8AbC、1/8Abc。

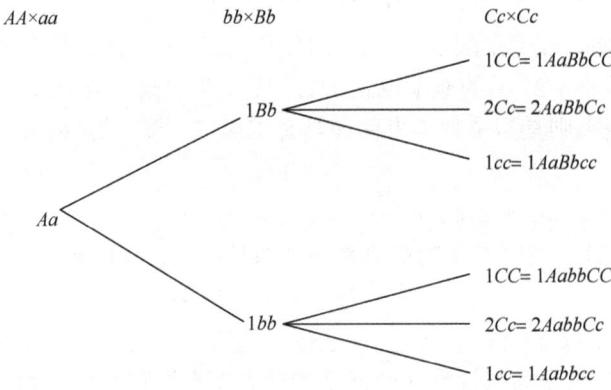

图 2.15  分支法计算 *AAbbCc* 和 *aaBbCc* 杂交后代基因型的概率

## 二、二项式展开

二项式是只有两项的多项式，即两个单项式的和。二项式法是运用二项式的展开式来计算不同基因型和表型的概率。设 $p=$ 某一事件出现的概率，$q=$ 另一事件出现的概率，$p+q=1$，$n=$ 估测其出现概率的事件数。二项式展开的公式为

$$(p+q)^n = p^n + np^{n-1}q + \frac{n(n-1)}{2!}p^{n-2}q^2 + \frac{n(n-1)(n-2)}{3!}p^{n-3}q^3 + \cdots + q^n$$

当 $n$ 较大时，二项式展开的公式过长。为了方便，如仅推算其中某一项事件出现的概率，可用以下通式计算。

$$\frac{n!}{r!(n-r)!}p^r q^{n-r}$$

式中，$r$ 是某事件（基因型或表型）出现的次数；$p$ 是该事件（基因型或表型）出现的概率；$n-r$ 是另一事件（基因型或表型）出现的次数；$q$ 是该事件（基因型或表型）出现的概率。

例如，在三对基因杂种 $YyRrCc$ 的 $F_2$ 群体中，试问两显性性状和一隐性性状个体出现的概率是多少？即 $n=3$，$r=2$，$n-r=3-2=1$。则可按上述通式求得

$$\frac{n!}{r!(n-r)!}p^r q^{n-r} = \frac{3!}{2!(3-2)!}\left(\frac{3}{4}\right)^2\left(\frac{1}{4}\right) = \frac{3\times 2\times 1}{2\times 1\times 1}\left(\frac{9}{16}\right)\left(\frac{1}{4}\right) = \frac{27}{64}$$

### 三、好适度的测验

好适度（goodness of fit）是指实际数和理论数的符合程度。在遗传学试验中，由于种种因素的干扰，实际获得的各项数值与其理论上按概率估算的期望数值常具有一定的偏差。如果对实验条件严加控制，而且群体较大，试验结果的实际数值就会接近预期的理论数值。如果两者之间出现偏差，究竟是属于试验误差，还是真实的差异，这就需要确定一个合理的偏差范围，从而判断这次试验结果是否可用这个理论比数来说明，还是必须抛弃这个理论比数，认为另有其他理论比数，或者这次试验根本不能用孟德尔遗传定律来说明。

那么，什么样的数据才被认为不符合理论比数呢？这要从两方面考虑：一方面，尽可能将否定假设的概率（$p$）水平定低一些，使错误地否定原本正确的分离比的概率变小；另一方面，否定假设的概率水平又不能定得太低，否则将不敢否定原本是错误的假设，从而错误地接受了不正确的分离比。在权衡这两方面的得失之后，确定了如下的偏差范围。

$p>0.05$：结果与理论数无显著差异，实得值符合理论值。
$p<0.05$：结果与理论数有显著差异，实得值不符合理论值。
$p<0.01$：结果与理论数有极显著差异，实得值非常不符合理论值。

### 四、$\chi^2$ 检验及应用

$\chi^2$ 检验（chi square test）是一种统计假设检验：先作统计假设（一个无效假设和一个备择假设），然后根据估计的参数（$\chi^2$）来判断应该接受其中哪一个选择。

通常先计算衡量差异大小的统计量（$\chi^2$），根据查 $\chi^2$ 值表得知概率的大小，从而可以判断偏差的性质。进行 $\chi^2$ 检验时可利用以下公式，即

$$\chi^2 = \sum \frac{(O-E)^2}{E}$$

式中，$O$ 是实测值（observed value）；$E$ 是理论值（expected value）；$\sum$（sigma）是总和的符号，是许多上述比值的总和的意思。

求出 $\chi^2$ 值后，确定自由度（degree of freedom, df）。df = $k-1$（$k$ 为子代类型数），然后从 $\chi^2$ 表（表 2.9）查出 $p$ 值。

表 2.9　$\chi^2$ 表

| df | $p$ | | | | | | | | | | |
| --- | --- | --- | --- | --- | --- | --- | --- | --- | --- | --- | --- |
|  | 0.99 | 0.95 | 0.90 | 0.80 | 0.70 | 0.50 | 0.30 | 0.20 | 0.10 | 0.05 | 0.01 |
| 1 | 0.000 16 | 0.04 | 0.016 | 0.064 | 0.148 | 0.455 | 1.074 | 1.642 | 2.706 | 3.841 | 6.635 |
| 2 | 0.020 1 | 0.103 | 0.211 | 0.446 | 0.713 | 1.386 | 2.408 | 3.219 | 4.605 | 5.991 | 9.210 |
| 3 | 0.115 | 0.352 | 0.584 | 1.005 | 1.424 | 2.366 | 3.665 | 4.642 | 6.251 | 7.815 | 11.345 |
| 4 | 0.297 | 0.711 | 1.064 | 1.649 | 2.195 | 3.357 | 4.878 | 5.989 | 7.779 | 9.488 | 13.277 |
| 5 | 0.554 | 1.145 | 1.610 | 2.343 | 3.000 | 4.351 | 6.064 | 7.269 | 9.236 | 11.070 | 15.086 |

续表

| df | p | | | | | | | | | | |
|----|------|------|------|------|------|------|------|------|------|------|------|
|    | 0.99 | 0.95 | 0.90 | 0.80 | 0.70 | 0.50 | 0.30 | 0.20 | 0.10 | 0.05 | 0.01 |
| 6  | 0.872 | 1.635 | 2.204 | 3.070 | 3.828 | 5.345 | 7.231 | 8.588 | 10.645 | 12.592 | 16.812 |
| 7  | 1.239 | 2.167 | 2.833 | 3.833 | 4.671 | 6.346 | 8.783 | 9.803 | 12.017 | 14.067 | 18.475 |
| 8  | 1.646 | 2.733 | 3.490 | 4.594 | 5.527 | 7.344 | 9.524 | 11.030 | 13.362 | 15.507 | 20.090 |
| 9  | 2.088 | 3.325 | 4.168 | 5.380 | 6.393 | 8.343 | 10.656 | 12.242 | 14.684 | 16.919 | 21.666 |
| 10 | 2.558 | 3.940 | 4.865 | 6.179 | 7.627 | 9.342 | 11.781 | 13.442 | 15.987 | 18.307 | 23.209 |

例如，用 $\chi^2$ 检验测验本章第二节中孟德尔两对相对性状的杂交试验结果，列于表 2.10 中。

表 2.10  孟德尔两对相对性状杂交试验结果的 $\chi^2$ 检验

| 计算过程 | 黄圆 | 绿圆 | 黄皱 | 绿皱 | 总数 |
|---------|------|------|------|------|------|
| 实测值（$O$） | 315 | 108 | 101 | 32 | 556 |
| 理论值（$E$） | 312.75 | 104.25 | 104.25 | 34.75 | 556 |
| ($O-E$) | 2.25 | 3.75 | −3.25 | −2.75 | 0 |
| $(O-E)^2$ | 5.06 | 14.06 | 10.56 | 7.56 | |
| $\dfrac{(O-E)^2}{E}$ | 0.016 | 0.135 | 0.101 | 0.218 | |
| $\chi^2 = \sum \dfrac{(O-E)^2}{E}$ | | $\chi^2 = 0.016 + 0.135 + 0.101 + 0.218 = 0.47$ | | | |

由表 2.10 求得 $\chi^2$ 值为 0.47，自由度为 3，查表 2.9 即得 $p$ 值为 0.90～0.99，$p>0.05$，说明实际值与理论值差异发生的概率在 90% 以上，因而样本的表现型比例符合 9∶3∶3∶1。

$\chi^2$ 检验不能用于百分数，如果遇到百分数，应根据总数把它们转化成具体的数值进行计算。例如，在一个实验中得到雌果蝇为 44%，雄果蝇为 56%，总数是 50 只，现在要测验一下这个实际数值与雌雄 1∶1 的理论数值是否相符。首先要将各项的百分数换算成具体数值，即 50×44% = 22 只，50×56% = 28 只，然后按照 $\chi^2$ 检验公式求 $\chi^2$ 值。

## 第四节　孟德尔遗传定律的细胞学基础

孟德尔对杂交试验结果的遗传分析都用假设的遗传因子来表示，但是没有明确遗传因子的化学本质及其在细胞中的定位。在 1900 年以前，生物学家就记录了细胞分裂时在显微镜下可以观察到的一系列变化，并且详细地描述了细胞分裂和受精过程中染色体的行为。1900 年，孟德尔遗传定律被重新发现后，Walter S. Sutton（1877～1916 年）和 Theodor Boveri（1862～1915 年）就注意到杂交试验中遗传因子（基因）的行为跟配子形成和受精过程中染色体的行为完全平行，他们在 1903 年提出遗传的染色体学说（chromosome theory of inheritance），认为孟德尔假设的遗传因子或基因位于染色体上。这个从细胞学研究得出的结论，圆满地解释了孟德尔遗传定律。

### 一、分离定律的细胞学基础

分离定律的实质是，一对基因杂合体在形成配子时，两个基因分别进入不同配子，产生的两种配子数目相等。假定控制豌豆子叶颜色的一对基因是 $Y$ 和 $y$，$Y$ 基因控制黄色，$y$ 基因控制绿色，$Y$ 和 $y$ 位于某对同源染色体上。$Yy$ 杂合体在产生配子的减数分裂过程中，带有 $Y$ 基因的染色体和带有 $y$ 基因的染色体在减数分裂后期分开，进入不同的配子，因此杂合体 $Yy$ 产生两种配子，分离比是 1∶1（图 2.16）。

## 二、自由组合定律的细胞学基础

在孟德尔的两对遗传因子的杂交试验中，每对遗传因子（基因）在配子形成过程中分开，分别进入不同配子，不同对的基因自由组合，因此 $F_1$ 代杂合体能够产生 4 种配子，而且数目相等。而在形成配子的减数分裂过程中，每对同源染色体也是相互分开，非同源染色体自由组合。由于基因的行为与染色体的行为完全一致，因此认为，每对基因均位于同源染色体上，在细胞分裂过程中，随着同源染色体的分离而分开；不同对的基因位于非同源染色体上，在细胞分裂过程中随着非同源染色体的随机分离而自由组合。假定控制两对性状的基因是 $A$，$a$ 和 $B$，$b$，分别位于不同对的染色体上，在产生配子的减数分裂过程中，带有 $A$ 基因的染色体和带有 $a$ 基因的染色体在减数分裂后期分开，进入不同的配子；带有 $B$ 基因的染色体和带有 $b$ 基因的染色体在减数分裂后期也分开，进入不同的配子，而带有 $A$（$a$）基因的染色体和带有 $B$（$b$）基因的染色体在减数分裂后期可以自由组合，因此杂合体 $AaBb$ 产生 4 种配子，分离比是 1∶1∶1∶1（图 2.17）。

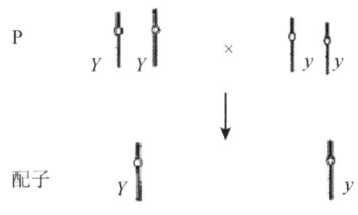
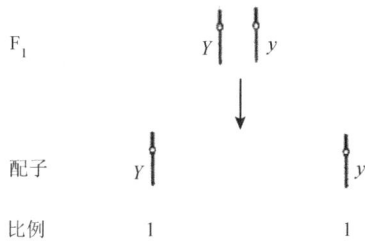

图 2.16 根据遗传的染色体学说，一对基因杂合体的形成及其产生的配子类型和比例

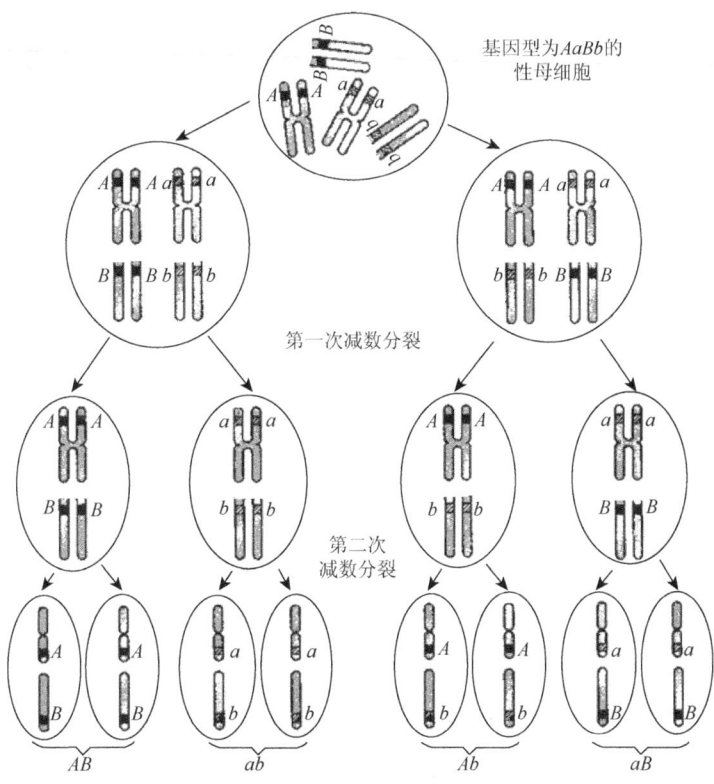

图 2.17 根据遗传的染色体学说，两对基因杂合体的形成及其产生的配子类型和比例

# 第五节　孟德尔遗传定律的补充和发展

孟德尔在分析豌豆的杂交试验结果时,假定性状是由遗传因子(后称为基因)决定的,每对遗传因子决定一对相对性状。但是,基因和表型之间的关系远远不是一对一的关系,某一基因的存在,不一定总有某一表型的出现,在基因和基因之间及基因和环境之间存在着广泛的相互作用和相互影响。

## 一、环境与基因作用的关系

生物的一切生命活动都离不开环境,性状的发生也不例外。生物的表型是基因型与环境相互作用的结果。

### 1. 基因是发育的内因

基因型不同,决定了生物对各种环境会发生不同的反应。但是,基因型只是提供了性状发生的可能性,这种可能性只有在一定的环境条件下才能成为现实。

例如,喜马拉雅白兔(Himalayan rabbit)在25℃时,在体温较低的部位(如肢端、吻端、耳尖、尾端等)长出的体毛都是黑色的,其余部分全为白色;在30℃以上的环境里长出的体毛全为白色的;如果将剃去白毛的部位人为控制温度在25℃以下,则重新长出的体毛是黑色的(图2.18)。但是,白兔体毛都是白色的。

图 2.18　喜马拉雅白兔在不同温度条件下的表型

A. 25℃时正常的喜马拉雅白兔；B. 高于30℃,体毛全是白色；C. 剃去白毛的部位控制在25℃以下时长出的黑色斑块

有一种太阳红玉米,红色对正常绿色为显性,但是红色只有在直射阳光下才能表现出来,若遮盖起来,就不表现出红色,仍为绿色。这说明此显性基因只有在阳光直射的条件下才表现。但是,如果没有这个显性基因,即使有直射阳光的条件,也不能表现出红色。

### 2. 环境是发育的外因

生物性状的表现不仅受基因的控制,也受外部环境条件和生物体内生理条件的影响。任何生物都不能脱离外部环境而生存。

(1) 外部环境

光照和温度对生化反应有重要影响,也必然影响到表型效应,以致改变显隐性关系。相同基因型的个体处于不同外界环境中,可能产生不同的性状表现。

例如,藏报春(*Primula sincnsis*)(图2.19)在20℃时花为红色,在30℃时花为白色。

金鱼草(*Antirrhinum majus*)(图2.20)红花品种与象牙色花品种杂交,其 $F_1$ 如果培育在低温、强光照的条件下,花为红色;如果在高温、遮光的条件下,花为象牙色。

(2) 内部环境

同一种基因型,处于不同的遗传背景(其他各对基因的组成)和生理环境下,可能会表现出不同的性状,等位基因间的显隐性关系也可能发生改变。

图 2.19 报春花科藏报春

图 2.20 玄参科金鱼草

例如，30 岁之前花样秃头（斑秃）（图 2.21）是由一对基因控制的。在男性中只要有一个基因存在就表现出秃头。但在女性中，不论有一个还是两个基因存在都不会表现出秃头，由此看来秃头这个性状可能受性激素的影响。

从顶中央开始　　从太阳穴开始　　整个头顶变秃

图 2.21 男子的各式花样秃头

控制绵羊有角还是无角的基因也受性激素调节。$HH$ 基因型的个体，无论母羊还是公羊都有角；$hh$ 基因型的个体，无论是母羊还是公羊都无角；而杂合体（$Hh$）的公羊表现为有角，母羊则表现为无角。

3. 表现度和外显率

既然基因的表现受到环境及其他基因的影响，那么同一基因在不同条件下及不同个体中的表现就会出现差异。描述某一基因在个体和群体表达差异的两个基本概念是表现度（expressivity）和外显率（penetrance）（图 2.22）。基因的作用作为个体表现型所出现的程度称为表现度。例如，引起果蝇翅膀横脉缺失的基因，在不同个体中有不同的表现，从横脉全缺到横脉正常，各级类型都有。而外显率是种群的特征，是指某一基因型个体显示其预期表型的比率。例如，果蝇变形腹基因在纯合子时只有 15% 的个体表现变形腹，那么这个突变型在种群中的外显率就是 15%。

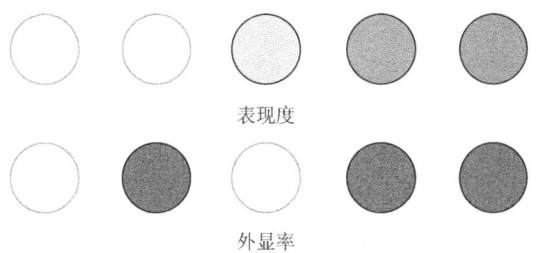

图 2.22 表现度和外显率模式图

4. 反应规范

在一系列环境条件下，由于发育的可塑性，同一个基因型可表达出一系列连续的表型，这一系列连续的表型叫作反应规范（norm of reaction）。由于环境的变化是复杂多样的，因此：①不可能全部测出某一基因型的反应规范；②任何环境变异，均不超出反应规范；③对反应规范了解越多，越有利于人们控制生物体的发育。

5. 拟表型

环境改变所引起的表型变化，有时与由某基因引起的表型变化很相似，称为拟表型（phenocopy），也称为表型模写。例如，用一定的高温处理残翅果蝇（$vgvg$）幼虫，羽化出的成虫翅膀接近野生型。将该果蝇与残翅果蝇杂交，后代全部是残翅类型。这说明在高温条件下果蝇的基因型未变，只是模拟了正常果蝇而出现长翅。

6. 基因型、环境和表型

通过上面的描述和实例分析可以看出，基因和基因之间及基因与环境之间存在着广泛的相互影响与相互作用。生物体的基因型是发育的内因，环境条件是发育的外因，表型是发育的结果。生物体没有一个性状的发育与遗传无关，也没有一个性状的发育与环境无关，性状是基因型和环境相互作用的结果。

## 二、显隐性关系的相对性

孟德尔选择的 7 对相对性状都是完全显性（complete dominance）的，但是后来的研究发现，相对性状之间的显隐性关系也是比较复杂的，有些相对性状之间是不完全显性的，有些相对性状之间的显隐性关系还随人为标准而改变。

### （一）不完全显性

不完全显性（incomplete dominance）是指杂合子的性状介于相应的两种纯合子性状之间或是不同于两个亲本的新类型的现象。$F_2$ 则表现为父本类型、中间类型（新类型）和母本类型三种，呈 1∶2∶1 的比例。表现型和基因型的种类和比例相对应，从表现型可推断其基因型，如紫茉莉（*Mirabilis jalapa*）花色的遗传（图 2.23）。

扫一扫 看彩图

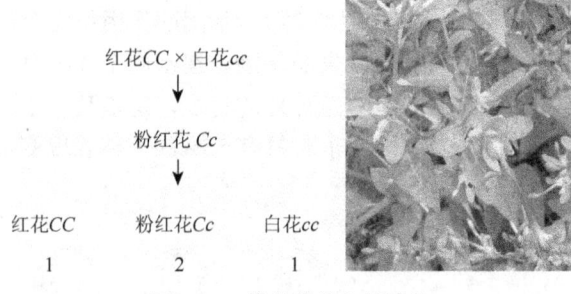

红花 $CC$ × 白花 $cc$
↓
粉红花 $Cc$
↓
红花 $CC$　粉红花 $Cc$　白花 $cc$
　1　　　　2　　　　1

图 2.23　紫茉莉花色的遗传

### （二）共显性

杂合子的一对等位基因各自都具有自己的表型效应，称为共显性（codominance）。两个纯合亲本杂交，$F_1$ 代同时出现两个亲本性状；$F_2$ 代也表现为三种表现型，其比例为 1∶2∶1。表现型和基因型的种类和比例也是对应的。

例如，人类 MN 血型的遗传。人类的 MN 血型是继 ABO 血型之后被检出的第二种与 ABO 血型独立遗传的血型。M 血型个体的红细胞表面有 M 抗原，由 $L^M$ 基因决定，N 血型个体的红细胞表面有 N 抗原，由 $L^N$ 基因决定，而 MN 血型个体的红细胞表面既有 M 抗原又有 N 抗原，$L^M$ 与 $L^N$ 基因共显性（图 2.24）。

### （三）镶嵌显性

双亲的性状在后代的同一个体不同部位表现出来，形成镶嵌图式，这种显性现象称为镶嵌显性（mosaic dominance）。在镶嵌显性中，一个等位基因影响身体的一部分，另一个等位基因则影响身体的另一部分，而在杂合体中两个部分都受到影响。这是我国遗传学家谈家桢（1909~2008 年）首先发现的一种特殊的遗传现象。1946 年，在美国《遗传学》杂志发表的《异色瓢虫色斑遗传中的嵌镶显性》论文中，他提出了亚洲瓢虫色斑镶嵌显性遗传理论。

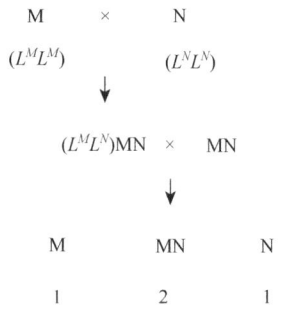

图 2.24　人类 MN 血型的遗传

异色瓢虫（*Harmonia axyridis*）鞘翅的底色为黄色，鞘翅上有很多色斑变异。例如，黑缘型（$S^{Au}S^{Au}$）鞘翅的前缘呈黑色，均色型（$S^E S^E$）鞘翅的后缘呈黑色。当 $S^{Au}S^{Au}$ 型瓢虫与 $S^E S^E$ 型瓢虫杂交后，$F_1$（$S^{Au}S^E$）既不是黑缘型，也不是均色型，而是出现一种在鞘翅的前缘和后缘均是黑色的新类型，就好像是两个亲本鞘翅上的黑色斑纹叠加在一起一样（图 2.25）。

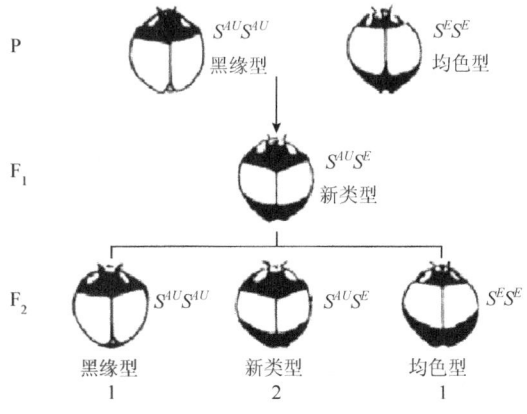

图 2.25　异色瓢虫鞘翅色斑的遗传

### （四）标准不同，显隐性不同

在有些场合，性状之间的显隐性关系是相对的。例如，正常人红细胞呈碟形，镰状细胞贫血患者的红细胞呈镰刀形（图 2.26）。

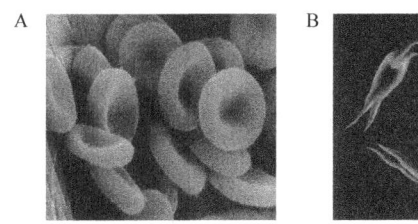

扫一扫　看彩图

图 2.26　正常人红细胞（A）和镰状细胞贫血患者的红细胞（B）

显性纯合体、隐性纯合体和杂合体的红细胞类型、临床表现等如表 2.11 所示。从临床角度分析，基因型 $Hb^AHb^S$ 和 $Hb^AHb^A$ 个体临床表现都正常，说明 $Hb^S$ 对 $Hb^A$ 是隐性；从血液中有没有镰状红细胞分析，基因型 $Hb^SHb^S$ 和 $Hb^AHb^S$ 个体的血液中都有镰状红细胞，说明 $Hb^S$ 对 $Hb^A$ 是显性；从血液中镰状红细胞的数量分析，基因型 $Hb^SHb^S$ 个体的红细胞基本都是镰刀形，基因型 $Hb^AHb^S$ 的个体只有部分红细胞是镰刀形，说明 $Hb^S$ 对 $Hb^A$ 是不完全显性；从电泳结果分析，杂合体中同时出现 HbA 和 HbS 两条带（图 2.27），说明 $Hb^S$ 和 $Hb^A$ 是共显性。

表 2.11 镰状细胞贫血显隐性的相对性

| 基因型 | 临床表现 | 镰状细胞 | 镰状细胞数 | 含 $Hb^S$ 量/% | 电泳 |
|---|---|---|---|---|---|
| $Hb^AHb^A$ | 正常 | 无 | 无 | 0 | HbA 一条带 |
| $Hb^AHb^S$ | 正常 | 有 | 1/3 | 20～40 | HbA、HbS 两条带 |
| $Hb^SHb^S$ | 贫血 | 有 | 绝大多数 | 90 | HbS 一条带 |
| 遗传定律 | $Hb^S$ 隐性 | $Hb^S$ 显性 | $Hb^S$ 不完全显性 | $Hb^S$ 不完全显性 | $Hb^A$、$Hb^S$ 共显性 |

扫一扫 看彩图

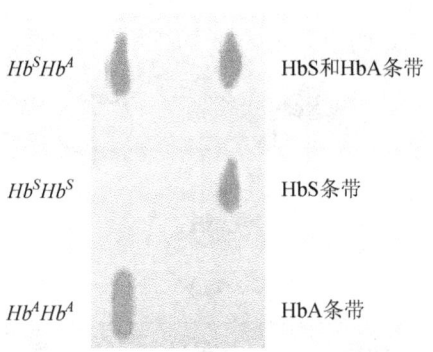

图 2.27 不同基因型个体血红蛋白电泳图谱

### （五）不同环境条件对显隐性的影响

例如，金鱼草（*Antirrhinum majus*）红花品种与淡黄色花品种杂交，其 $F_1$ 如果培育在低温、强光照的条件下，花为红色；如果在高温、遮光的条件下，花为淡黄色；如果在温暖、强光照的条件下，花为粉红色。

## 三、复等位现象

孟德尔在研究豌豆遗传时，假定每对相对性状是由一对遗传因子决定的。其实后来人们发现，一个基因可以有很多等位形式（allelic form）。例如，控制果蝇眼睛颜色的基因就有几十个。一个基因存在多种等位基因的形式，就称为复等位现象（multiple allelism）。这组基因数目在两个以上，作用类似，都影响同一器官的形状和性质，称为复等位基因（multiple allele）。但是，任何一个二倍体个体只存在复等位基因中两个不同的等位基因，所以复等位基因并不是存在于同一个体中，而是存在于同一种生物的不同个体，即种群中。

1. 人类血型的遗传

1900 年，兰德斯坦纳（Karl Landsteiner）在把人的血液相互混合时发现，有时混合得很好，有时则发生凝聚现象。因此，他认为人的血液不止一种，而是有不同的类型，称为血型（blood type）。迄今为止，在人类中已经发现了 23 个遗传上互相独立的血型系统，共计 160 余种血型。

（1）ABO 血型

ABO 血型（ABO blood type）系统是正常人血清中已知唯一存在天然抗体的血型系统。按照国际命名法则规定，以红细胞膜上的抗原类型或抗原的有无作为分类血型的依据。在 ABO 血型系统中，凡红细胞膜上含有 A 抗原的人，其血型为 A 型；含有 B 抗原的人，其血型为 B 型；红细胞膜上既有 A 抗原又有 B 抗原的人，其血型为 AB 型；红细胞膜上两种抗原都没有的人，其血型为 O 型。

ABO 抗原物质由三个等位基因（$I^A$、$I^B$、$i$）决定，$I^A$ 基因形成 A 抗原决定簇，$I^B$ 基因形成 B 抗原决定簇。$I^A$、$I^B$ 均为显性基因，$i$ 基因则为隐性基因（无编码产物）。$I^AI^B$ 基因型的个体表现出共显性，既有 A 抗原，也有 B 抗原，形成 AB 型血型。$ii$ 基因型的个体既无 A 抗原，也无 B 抗原，形成 O 型血型；$I^AI^A$ 和 $I^Ai$ 形成 A 型血型；$I^BI^B$ 和 $I^Bi$ 形成 B 型血型（表 2.12，图 2.28）。

表 2.12　ABO 血型系统的基因型及其表型

| 血型表型 | 基因型 | 抗原（在细胞膜上） | 抗体（在血清中） | 基因产物 |
| --- | --- | --- | --- | --- |
| A | $I^AI^A$、$I^Ai$ | A | β（抗 B） | N-乙酰半乳糖胺转移酶 |
| B | $I^BI^B$、$I^Bi$ | B | α（抗 A） | D-半乳糖转移酶 |
| AB | $I^AI^B$ | A、B | — | 二者兼有 |
| O | $ii$ | — | α、β | — |

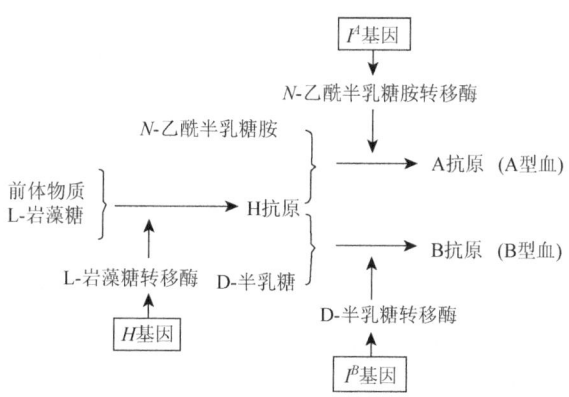

图 2.28　ABO 血型系统抗原合成途径示意图

从图 2.28 可以看出，A 抗原和 B 抗原的前体都是 H 抗原。因此，当 $H$ 基因突变不能产生 H 抗原时，即使有 $I^A$ 基因或 $I^B$ 基因，也不能合成 A 抗原或 B 抗原，所以当用 α 抗体或 β

抗体检测血型时，$I^AI^A$、$I^Ai$、$I^BI^B$ 和 $I^Bi$ 个体的表现与 O 型血相同，不会发生凝聚反应，这种现象最初是在印度的孟买（Bombay）发现的，因此称为孟买血型。

由于 ABO 血型既有抗原，也有自身抗体，因此输血时要谨慎。一般的输血原则是：同血型者可以输血；O 型血者可以输给任何血型的个体；AB 型的人可以接受任何血型的血液；AB 型的血液只能输给 AB 型的人。在临床上决定输血后果时，血红细胞的性质比血清的性质更为重要，即要确保输入的血液进入受体内不凝固。因为输入的血液，血浆中的抗体一部分被不亲和的受血者的组织吸收，另外输入的血液可被受血者的血浆稀释，从而使供血者抗体的浓度被很大程度地降低，不足以引起明显的凝血反应。

（2）Rh 血型

1940 年，兰德斯坦纳和威纳（Alexander S. Wiener）将恒河猴（*Macacus rhesus*）的红细胞注入家兔体内，这些兔血清可使恒河猴红细胞发生凝集反应，说明恒河猴的红细胞含有某种抗原，称为 Rh 因子，经其免疫的家兔血清中则含有 Rh 抗体。经检查发现 85% 的白种人红细胞可以被兔抗恒河猴血清所凝集，说明这些人具有 Rh 因子，称为 Rh 阳性（$Rh^+$）。其余 15% 的白种人红细胞则不被凝集，为 Rh 阴性（$Rh^-$）血型。我国各民族中：99% 为 $Rh^+$，约 1% 为 $Rh^-$，其中汉族仅占 0.34% 左右，维吾尔族占 4.9%，贵州的侗族和苗族的比例略高些。

Rh 血型是输血和临床医学中与 ABO 血型同样重要的血型系统，也是造成新生儿溶血症的重要抗原。与 ABO 血型系统不同的是，Rh 抗原没有天然抗体，只有当输血或妊娠时胎儿 $Rh^+$ 的红细胞进入母体循环中发生免疫作用后，才能产生抗体。因此，当 Rh 阴性的孕妇妊娠 Rh 阳性的胎儿时，可由于接触 Rh 阳性胎儿红细胞而被致敏，母体所产生的抗体经胎盘进入胎儿体内，导致新生儿溶血症（hemolytic disease of newborn）。

Rh 血型系统的遗传机制长期以来是一个争议的问题，以前主要有以 Fisher-Race（CDE）和 Wiener（RH-Hr）为代表的两种不同命名法和遗传假说。直到 20 世纪 80 年代，由于分子克隆和测序技术的应用才解开了 Rh 遗传之谜。编码 Rh 抗原的基因位于 1 号染色体短臂（1p36.2-p34），Rh 基因座位由两个相关的结构基因 *RHD* 和 *RHCE* 组成。*RHD* 和 *RHCE* 两个基因紧密连锁，单倍型排列有 8 种形式，即 *Dce*、*dce*、*DCe*、*dCe*、*DcE*、*dcE*、*DCE* 和 *dCE*，均为共显性基因。有研究报道，*d* 基因实际上是 *D* 基因的突变或缺失，为无效基因。在发现的 5 种抗原中，D 的抗原性最强，其次为 E、C、c、e。Rh 阳性个体既有 *RHD* 基因，也有 *RHCE* 基因，而 Rh 阴性个体仅有 *RHCE* 基因。

2. 自交不亲和

多数雌雄同株（植物）或雌雄同体（动物）生物能正常地进行自花授粉或自体受精，也有少数生物是自交不育的。自交不育与遗传有关。例如，烟草（*Nicotiana tabacum*）至少有 15 个自交不亲和基因：$S_1$、$S_2$……$S_{15}$，构成一个复等位基因序列。当花粉落到柱头时，如果花粉的基因与柱头的基因相同时，则花粉受到阻抑，不能参与受精，导致不育；如果花粉的基因与柱头的基因不同，则花粉能够参与受精（图 2.29，表 2.13）。自交不亲和性（self-incompatibility，SI）是植物防止自体受精，促进远缘杂交的一种遗传机制。

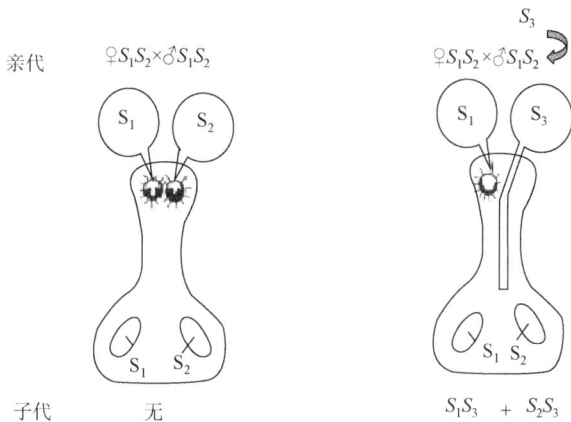

图 2.29　花粉与花柱细胞间的相互作用

表 2.13　烟草不亲和基因的作用

| 雄配子 | 雌配子 | | |
|---|---|---|---|
| | $S_1S_3$ | $S_1S_2$ | $S_2S_3$ |
| $S_1S_3$ | — | $S_1S_3$，$S_2S_3$ | $S_1S_2$，$S_1S_3$ |
| $S_1S_2$ | $S_1S_2$，$S_2S_3$ | — | $S_1S_2$，$S_1S_3$ |
| $S_2S_3$ | $S_1S_2$，$S_2S_3$ | $S_1S_3$，$S_2S_3$ | — |

## 四、致死基因

1905 年，法国学者居埃诺（Lucien Cuenot）在研究小鼠时发现了一只黄色小鼠（*Mus musculus*），并做了如下研究（图 2.30）。

从第一个交配结果看，黄鼠很像是杂种。如果黄鼠是杂种，则黄鼠与黄鼠交配，子代的分离比应该是 3：1，可是从第二个杂交结果看，分离比是 2：1。以后的研究发现，在黄鼠×黄鼠的杂交后代中，每窝小鼠数比黄鼠×黑鼠大约少了 1/4，表明有一部分个体（纯合体黄鼠）在胚胎期死亡了（图 2.31）。

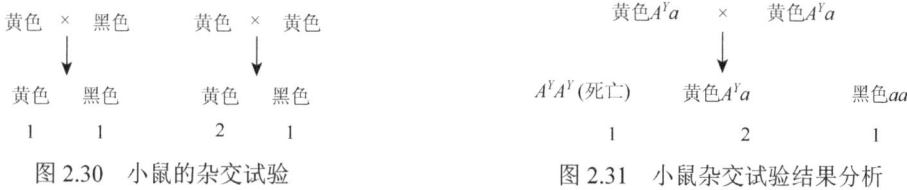

图 2.30　小鼠的杂交试验　　　　图 2.31　小鼠杂交试验结果分析

这说明 $A^Y$ 基因除控制黄色外，还能导致小鼠死亡，像这种使生物体不能存活的等位基因叫作致死基因（lethal allele）。致死基因有以下两种作用方式。

1）隐性致死（recessive lethal）基因：隐（或显）性基因在杂合时不影响个体的生活力，但在纯合状态有致死效应的基因叫作隐性致死基因，如小鼠的 $A^Y$ 基因、植物中的隐性白化基因等。

2）显性致死（dominant lethal）基因：杂合状态即表现致死作用的基因，如显性基因 *Rb* 引起的视网膜母细胞瘤（retinoblastoma）等。

## 五、非等位基因间的相互作用

在分离定律和自由组合定律中,孟德尔都是假定一对基因控制一个单位性状,其实基因和性状远远不是一对一的关系。有些单位性状并不是受一对基因控制,而是受两对甚至许多对基因控制。两对或两对以上的非等位基因相互作用控制同一个单位性状的现象叫作基因互作(interaction of genes)。

### (一)互补基因

(1)鸡冠形状的遗传

不同对的两个基因相互作用,出现了新的性状。其中不同对的两个显性基因互补产生一种新性状,不同对的两个隐性基因互补产生另一种新性状。所以:①子代 $F_1$ 的性状不像任何一个亲本,而是一种新的类型。② $F_1$ 代自交得到的 $F_2$ 代中,有4种类型,其比例为 $9:3:3:1$,$F_2$ 代出现两种新的类型。例如,控制鸡冠形状的两对基因互作,在 $F_2$ 代形成了玫瑰、豌豆、单冠和胡桃等不同类型的鸡冠(图2.32),其中胡桃冠是显性基因 $R$、$P$ 基因互作产生的新类型,单冠是隐性基因 $r$、$p$ 基因互作产生的新类型,这种作用称为互补效应(complement effect)。

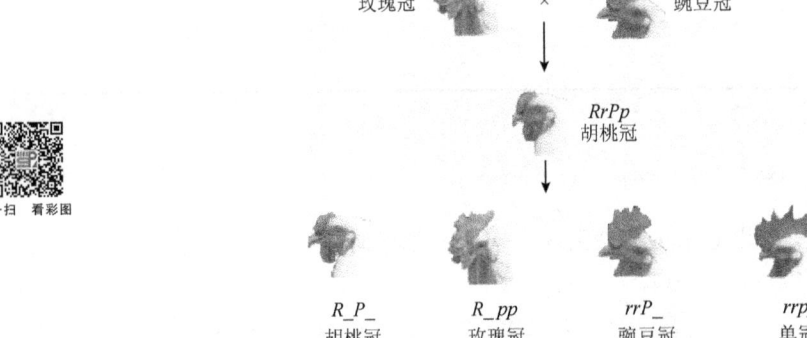

图2.32 控制鸡冠形状的互作基因

(2)香豌豆花色的遗传

在香豌豆中存在另一种基因互补现象。香豌豆(*Lathyrus odoratus*)有多种花色品种,其中白花品种 A 和白花品种 B 分别与红花品种杂交时,$F_1$ 代都是开红花,$F_2$ 代中红花和白花的分离比是 $3:1$。如果让白花品种 A 与白花品种 B 杂交,则 $F_1$ 代是红花,$F_2$ 代中红花和白花的分离比是 $9:7$(图2.33)。

图2.33 香豌豆的杂交试验

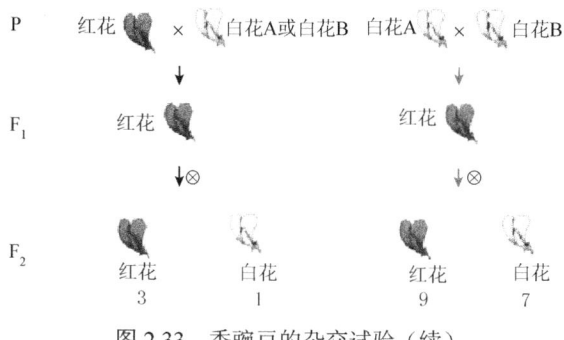

图 2.33　香豌豆的杂交试验（续）

试验结果表明，白花品种 A 和白花品种 B 是由不同的隐性基因控制的，当各自对应的显性基因同时存在时开红花，单独存在或没有显性基因时均开白花，从而出现 9∶7 的分离比。

### （二）修饰基因

有些基因可影响其他基因的表型效应，这些基因称为修饰基因（modifier gene）。其中，能加强其他基因表型效应的称为强化基因（enhancer gene），有减弱其他基因表型效应的称为限制基因（restriction gene）；有完全抑制其他基因表型效应的称为抑制基因（suppression gene）。

抑制基因可以完全抑制其他非等位基因的表型效应，但本身不能独立地表现任何可见的表型效应。例如，家蚕（*Bombyx mori*）品系中，有的结黄茧，有的结白茧，结白茧的家蚕有欧洲品种和亚洲品种。将结黄茧的品种与结白茧的亚洲品种交配，$F_1$ 代全是结黄茧的（图 2.34），说明亚洲品种的白茧是隐性的；将结黄茧的品种与结白茧的欧洲品种交配，$F_1$ 代全是结白茧的（图 2.35），$F_2$ 代中有的家蚕结白茧，有的结黄茧，表型分离比为 13 白茧∶3 黄茧，这说明有两对基因控制家蚕茧的颜色。根据上述分析，设控制黄色的基因为 $Y$，另一显性基因为 $I$，由于 $I$ 抑制 $Y$ 的表现，只要基因型中有 $I$ 基因，无论有没有 $Y$ 基因，家蚕都是结白茧的。

亚洲白茧 $iiyy$　×　黄茧 $iiYY$

↓

黄茧 $iiYy$

↓ 互交

黄茧 $iiY_$　　白茧 $iiyy$

3　　1

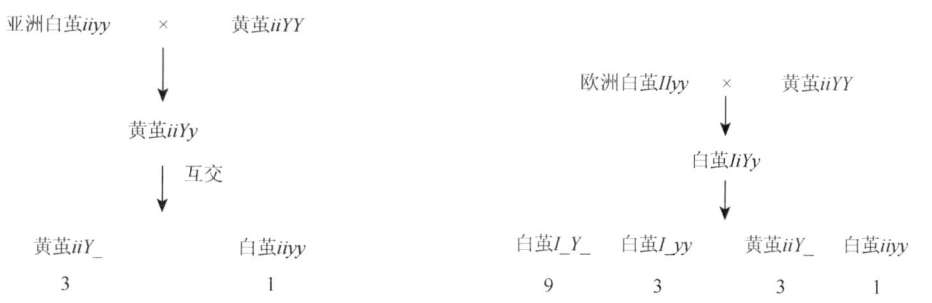

图 2.34　家蚕的结黄茧品种与结白茧的亚洲品种交配结果

欧洲白茧 $IIyy$　×　黄茧 $iiYY$

↓

白茧 $IiYy$

↓

白茧 $I_Y_$　　白茧 $I_yy$　　黄茧 $iiY_$　　白茧 $iiyy$

9　　3　　3　　1

图 2.35　家蚕的结黄茧品种与结白茧的欧洲品种交配结果

### （三）上位效应

一对基因中的显性基因受到另一对非等位基因的抑制或遮掩，这种作用称为上位效应

（epistatic effect）。起抑制作用的基因称为上位基因（epistatic gene），被抑制的基因称为下位基因（hypostatic gene）。

（1）隐性上位

一对隐性基因对另一对基因起阻碍作用时称为隐性上位（recessive epistasis）。其遗传特点是：一对等位基因（$C$、$c$）中隐性基因（$c$）可掩盖另一对非等位基因的显性（$R$）和隐性基因（$r$）的表现。$F_2$有三种表型，其分离比为 9：3：4。

例如，黑色家鼠（$RRCC$）与白化家鼠（$rrcc$）杂交，$F_1$代全是黑色，$F_2$代有黑色、黄色和白化三种不同类型，分离比是 9：3：4（图 2.36）。

```
P    黑色RRCC × 白化rrcc
              ↓
F1        黑色RrCc
              ↓ 互交
F2   黑色   黄色   白化   白化
     R_C_   rrC_   (R_cc  rrcc)
      9      3       4
```

图 2.36  小鼠毛色的隐性上位效应

上例中，在基因 $C$ 存在时，基因 $R$ 控制黑色，基因 $r$ 控制黄色；如果基因型中只有 $c$ 基因，无论另一对基因是 $R\_$还是 $rr$，则都是白化类型。这说明隐性基因 $c$ 能控制另一对基因 $R$、$r$ 的表现，所以称为隐性上位。

（2）显性上位

一对基因中的显性基因阻碍了其他基因的作用。其遗传特点是：一对等位基因（$B$、$b$）中的显性基因（$B$）可掩盖另一对非等位基因中的显性基因（$Y$）和隐性基因（$y$）的表现，所以称为显性上位（dominant epistasis）。$F_2$出现三种表型，其比值为 12：3：1。

例如，褐色狗与白色狗杂交，$F_1$代是白色狗，$F_2$代有白色、黑色和褐色三种类型狗，分离比为 12：3：1（图 2.37）。

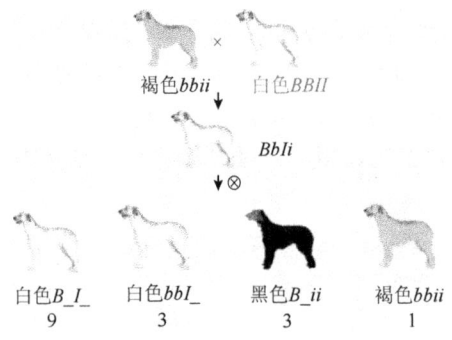

图 2.37  狗毛颜色的显性上位遗传方式

## （四）累加效应

累加效应（adititive effect）是指当两对或两对以上基因互作时，显性基因对数积累越多，性状表现越明显的现象。其遗传特点是：一对等位基因（$A$、$a$）中的显性基因（$A$）与另一对非等位基因中的显性基因（$B$）作用相同，$F_2$出现三种表型，其比值为 9：6：1。

例如，南瓜有长形、球形和扁形等不同形状（图 2.38）。将扁形瓜与长形瓜杂交，$F_1$代全是扁形瓜，$F_2$代的瓜有扁形、球形和长形三种类型，分离比为 9：6：1（图 2.39）。这说明显性基因 $A$ 和 $B$ 的作用是使瓜形缩短，当基因型中没有 $A$ 或 $B$ 时，瓜是长形；当基因型中有 $A$ 或 $B$ 时，瓜是球形；当基因型中同时有 $A$ 和 $B$ 时，瓜是扁形。

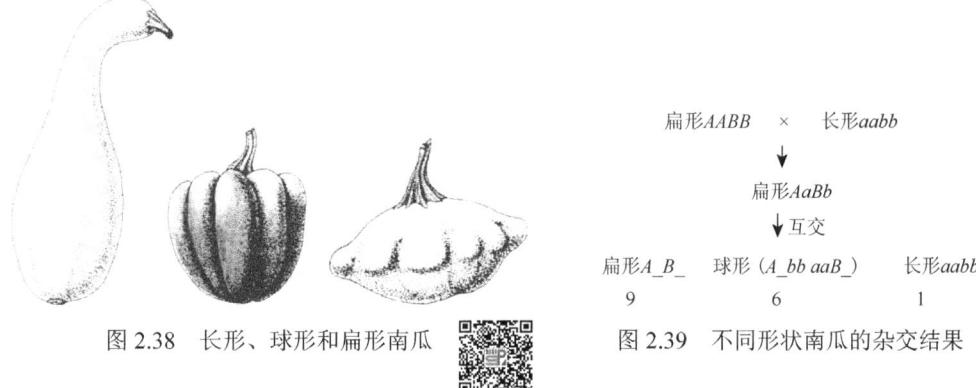

图 2.38　长形、球形和扁形南瓜

扫一扫　看彩图

扁形 $AABB$ × 长形 $aabb$

↓

扁形 $AaBb$

↓互交

扁形 $A_B_$　　球形（$A_bb$ $aaB_$）　　长形 $aabb$

9　　6　　1

图 2.39　不同形状南瓜的杂交结果

### （五）重叠作用

两对独立遗传的基因决定同一单位性状，当两对基因同时处于显性纯合或杂合状态时，与它们分别处于显性纯合或杂合状态时，对表型产生相同的作用，这种现象称为重叠作用（duplicate effect）。产生重叠作用的基因称为重叠基因（duplicate gene）。$F_2$ 出现两种表型，其比值为 15∶1。当三对重叠基因决定同一单位性状时，$F_2$ 将分离为 63∶1。在这里显性基因的作用相同，但并不表现累积效应。例如，荠菜蒴果有的呈筒状，有的呈三角形。三角形蒴果由 $T$ 基因控制，筒状蒴果由 $t$ 基因控制，凡是有一个或一个以上 $T$ 基因的荠菜均是三角形蒴果，没有 $T$ 基因的则是筒状蒴果（图 2.40），说明 $T$ 基因的作用是重叠的。

P　　三角形 × 筒形

$T_1T_1T_2T_2$ ↓ $t_1t_1t_2t_2$

$F_1$　　三角形

$T_1t_1T_2t_2$

↓互交

$F_2$　　三角形　　三角形　　三角形　　筒形

（$T_1_T_2_$　　$T_1_t_2t_2$　　$t_1t_1T_2_$）　　$t_1t_1t_2t_2$

15　　1

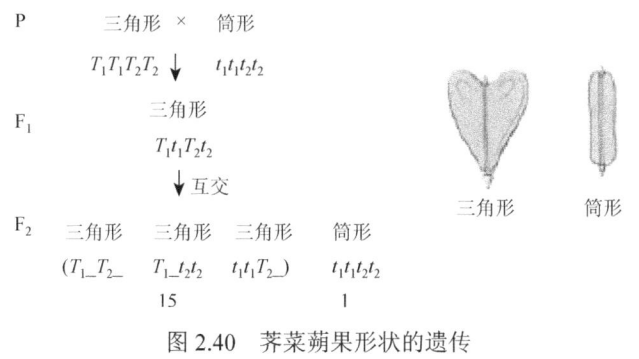

图 2.40　荠菜蒴果形状的遗传

## 六、基因的作用与性状的表现

上述基因互作的实例说明，一个单位性状的遗传并不都是受一对基因控制，而经常会受到许多对基因的影响。多个基因影响同一单位性状的现象称为多因一效（multigenic effect），这种多因一效现象在生物界很普遍。例如，玉米糊粉层的颜色涉及 7 对等位基因，玉米叶绿素的形成至少涉及 50 对等位基因，果蝇眼睛的颜色受 40 多对等位基因的控制。但是，控制同一性状的不同基因，对性状的影响是有差异的，有的起主要作用，有的作用很小。

另外，一个基因也可以影响许多性状的发育，称为一因多效（pleiotropism）。例如，豌豆中控制花色的基因，也控制种皮的颜色和叶腋有无黑斑：红花豌豆，种皮有色，叶腋有大黑斑。家鸡中有一个卷羽（翻毛）基因，是不完全显性基因，杂合时，羽毛卷曲，易脱落，体温容易散失，因此卷毛鸡（图2.41）的体温比正常鸡的低。体温散失快又促进代谢加速来补偿消耗，这样一来又使心跳加速，心脏扩大，血量增加，继而使与血液有重大关系的脾脏扩大。同时，代谢作用加强，食量必然增加，又使消化器官、消化腺和排泄器官发生相应变化，代谢作用又影响肾上腺、甲状腺等内分泌腺体，使生殖能力降低。由一个卷毛基因引起了一系列的连锁反应，这是一因多效的典型实例。

扫一扫 看彩图

图2.41　卷毛鸡

## 主要参考文献

程罗根. 2013. 人类遗传学导论. 北京：科学出版社

戴灼华，王亚馥. 2008. 遗传学. 2版. 北京：高等教育出版社

河北师范大学，新乡师范学院，北京师范大学，等. 1982. 遗传学. 北京：人民教育出版社

贺竹梅. 2011. 现代遗传学教程. 2版. 北京：高等教育出版社

刘祖洞，乔守怡，吴燕华，等. 2013. 遗传学. 3版. 北京：高等教育出版社

石春海. 2007. 现代遗传学概论. 杭州：浙江大学出版社

朱军. 2002. 遗传学. 北京：中国农业出版社

## 思考题

1. 解释名词：

   1）性状，单位性状，相对性状，显性性状，隐性性状

   2）互交，测交

   3）基因型，纯合基因型，杂合基因型

   4）纯合体，杂合体

   5）好适度

   6）表现度

   7）外显率

   8）反应规范

   9）表型模写

   10）复等位现象

   11）上位效应

   12）多因一效，一因多效

2. 分离定律和自由组合定律对于指导育种实践有何意义？

3. 已知鸡的毛腿与光腿为常染色体遗传的性状。但有一群鸡，有些为毛腿，有些为光腿，你怎样证明毛腿对光腿为显性？

4. 两个纯合的褐色籽粒的小麦品种杂交（$RR \times BB$），$F_1$ 为红色籽粒，$F_2$ 有红色、褐色、白色三种籽粒，分离比为 9∶6∶1，请问：怎样得到纯合的红色和白色籽粒小麦？

5. 某种羊的黑毛 $b$ 对白毛 $B$ 为隐性，携带黑毛基因的白毛羊互相交配，然后用子代中的白毛羊与亲本羊回交，预期后代中黑毛羊的比例为多少？

6. 两个绿色种子的植物品系，定为 $X$、$Y$。各自与一纯合的黄色种子的植物杂交，在每个杂交组合中，$F_1$ 都是黄色，再自花授粉产生 $F_2$ 代，每个组合的 $F_2$ 代分离如下。

$X$：产生的 $F_2$ 代，27 黄∶37 绿

$Y$：产生的 $F_2$ 代，27 黄∶21 绿

请写出每一交配中两个绿色亲本和黄色植株的基因型。

7. 两种黑色豚鼠交配，后代黑∶白 = 3∶1，问：①亲本的基因型是什么？②若后代黑色和白色个体随机交配，下面一代的表型比为多少？

8. 纯合的褐色眼果蝇和猩红色眼果蝇杂交，$F_1$ 为红眼，$F_1$ 互相交配，$F_2$ 出现褐色眼、猩红色眼、红色眼和白色眼 4 种眼色，已知褐色眼基因 $bw$ 和猩红色眼基因 $st$ 位于不同的染色体，请解释上述结果并写出亲本、$F_1$ 和 $F_2$ 的基因型。

9. 人的白内障 $ca$ 和骨质疏松症 $fr$ 为两种常染色体显性遗传病，决定这两种性状的基因 $ca^+$ 和 $fr^+$ 自由组合。一个父亲正常的白内障男人和一个父亲正常的白内障女人结婚，请图示三代人的基因型及上下代关系，并注明子女中基因型和表型的预期比。

10. 盘形南瓜和长形南瓜杂交，$F_1$ 为盘形瓜，$F_2$ 的类型和分离比为 9 盘形∶6 球形∶1 长形，请对这一试验结果做出解释。

11. 墨西哥无毛狗基因 $M$ 对有毛基因 $m$ 为显性，但无毛基因又是隐性致死基因，现让无毛狗与无毛狗交配，$F_1$ 随机交配，后代预期基因型和表型比为多少？

12. 豌豆的黄色对绿色为显性，饱满对皱缩为显性，两对基因自由组合，纯合的黄色饱满豌豆和绿色皱缩豌豆杂交，$F_2$ 中有 4 种表型，若人为地使 $F_2$ 中的黄色饱满豌豆随机交配，预期后代中不同表型及比例为多少？

13. Duroc Tersey 猪中，已知有两对互作的基因 $R$ 和 $S$。①红色×红色有时得到的 $F_1$ 代中的表型比为 9 红色∶6 淡茶色∶1 白色，这里每一种表型的基因型是什么？②指出下列每一种杂交组合的亲本基因型。

| | P | $F_1$ | $F_2$ |
|---|---|---|---|
| 1） | 红色×红色 | 全部红色 | 全部红色 |
| 2） | 红色×红色 | 3 红色∶1 淡茶色 | 无结果（共 4 种可能组合） |
| 3） | 红色×白色 | 全部红色 | 9 红色∶6 淡茶色∶1 白色 |
| 4） | 淡茶色×淡茶色 | 全部红色 | 9 红色∶6 淡茶色∶1 白色 |
| 5） | 淡茶色×淡茶色 | 1 红色∶2 淡茶色∶1 白色 | 无结果 |

14. 小麦无芒基因 $A$ 为显性，有芒基因 $a$ 为隐性。写出下列各杂交组合中 $F_1$ 的基因型和表现型。每一组合的 $F_1$ 群体中，出现无芒或有芒个体的机会是多少？

① $AA \times aa$；② $AA \times Aa$；③ $Aa \times Aa$；④ $Aa \times aa$；⑤ $aa \times aa$。

15. 设小麦的毛颖和抗锈为显性性状，下表是不同小麦品种杂交后代产生的各种不同表现型的比例，试写出各个亲本基因型。

| 亲本组合 | 毛颖抗锈 | 毛颖感锈 | 光颖抗锈 | 光颖感锈 |
|---|---|---|---|---|
| 毛颖感锈×光颖感锈 | 0 | 18 | 0 | 14 |
| 毛颖抗锈×光颖感锈 | 10 | 8 | 8 | 9 |
| 毛颖抗锈×光颖抗锈 | 15 | 7 | 16 | 5 |
| 光颖抗锈×光颖抗锈 | 0 | 0 | 32 | 12 |

16. 基因型为 $AaBbCcDd$ 的 $F_1$ 植株自交，设这 4 对基因都表现为完全显性，试述 $F_2$ 群体中每一类表现型可能出现的频率。在这一群体中，每次任取 5 株作为一样本，试述 3 株全部为显性性状、2 株全部为隐性性状，以及 2 株全部为显性性状、3 株全部为隐性性状的样本可能出现的频率各为多少？

17. 假定某个二倍体物种含有 4 个复等位基因（如 $a_1$、$a_2$、$a_3$、$a_4$），试决定在下列三种情况下可能有几种基因组合？①一条染色体；②一个个体；③一个群体。

18. 如果两对基因 $A$ 和 $a$，$B$ 和 $b$ 是独立分配的，而且 $A$ 对 $a$ 是显性，$B$ 对 $b$ 是显性。①从 $AaBb$ 个体中得到 $AB$ 配子的概率是多少？②$AaBb$ 与 $AaBb$ 杂交，得到 $AABB$ 合子的概率是多少？③$AaBb$ 与 $AaBb$ 杂交，得到 $AB$ 表型的概率是多少？

19. 纯质的紫茎番茄植株（$AA$）与绿茎的番茄植株（$aa$）杂交，$F_1$ 代植株是紫茎。$F_1$ 代植株与绿茎植株回交时，后代有 482 株是紫茎的，526 株是绿茎的。问上述结果是否符合 1∶1 的回交比例。用 $\chi^2$ 检验。

20. 真实遗传的紫茎、缺刻叶植株（$AACC$）与真实遗传的绿茎、马铃薯叶植株（$aacc$）杂交，$F_2$ 结果如下：紫茎缺刻叶∶紫茎马铃薯叶∶绿茎缺刻叶∶绿茎马铃薯叶 = 247∶90∶83∶34。

1）在总共 454 株 $F_2$ 中，计算 4 种表型的预期数。

2）进行 $\chi^2$ 检验。

3）这两对基因是否是自由组合的？

21. Nilsson-Ehle 用两种燕麦杂交，一种是白颖，另一种是黑颖，$F_1$ 是黑颖。$F_2$（$F_1 \times F_1$）共得 560 株，其中黑颖 418、灰颖 106、白颖 36。

1）说明颖壳颜色的遗传方式。

2）写出 $F_2$ 中白颖和灰颖植株的基因型。

3）进行 $\chi^2$ 检验。实得结果符合你的理论假定吗？

22. 已知佩尔杰（Pelger）异常为杂合子。当有 Pelger 异常的兔子相互交配时，得到的下一代中，223 只正常，439 只显示 Pelger 异常，39 只极度病变。极度病变的个体除了有不正常的白细胞外，还显示骨骼系统畸形，几乎生后不久就全部死亡。这些极度病变个体的基因型应该怎样，为什么只有 39 只，你怎样解释？

23. 在小鼠中，已经知道黄鼠基因 $A^Y$ 对正常的野生型基因 $A$ 是显性，另外还有一短尾基因 $T$，对正常野生型基因 $t$ 也是显性。这两对基因在纯合态时都是胚胎期致死，它们相互之间是独立分配的。①两个黄色短尾个体相互交配，下代的表型比率怎样？②假定在正常情况下，平均每窝有 8 只小鼠，这样一个交配中，你预期平均每窝有几只小鼠？

24. 黑腹果蝇的红眼对棕眼为显性，长翅对残翅为显性，两性状为独立遗传：①以一双因子杂种果蝇与一隐性纯合体果蝇测交，得 1600 只子代。写出子代的基因型、表现型和它们的比例。②以一对双因子杂种果蝇杂交，也得 1600 只子代，那么可期望各得几种基因型、表现型？比例如何？

25. 水稻中有芒对无芒是显性，抗稻瘟病是显性，它们的控制基因位于不同的染色体上且都是单基因控制，现以有芒抗病的纯合品种和无芒感病的纯合品种杂交，希望得到稳定的无芒抗病品系，问：

1）所需的表现型在第几代开始出现？占多大比例？到第几代才能予以肯定？

2）希望在 $F_3$ 获得 100 个无芒抗病的稳定株系，$F_2$ 最少应种多少株？$F_2$ 最少应选多少株？

26. 两个开白花的香豌豆（*Lathyrus odoratus*）杂交，$F_1$ 代全开紫花。$F_1$ 代随机交配产生了 96 株后代，其中 53 株开紫花，43 株开白花。问：①$F_2$ 代接近什么样的表型分离比例？②涉及哪类基因互作？③双亲的可能基因型是什么？

27. 下面家系的个别成员患有极为罕见的病，已知这病是以隐性方式遗传的，所以患病个体的基因型是 *aa*。

1）注明Ⅰ-1、Ⅰ-2、Ⅱ-4、Ⅲ-2、Ⅳ-1 和Ⅴ-1 的基因型。Ⅰ-1 表示第一代第一人，余类推。

2）Ⅴ-1 个体的弟弟是杂合体的概率是多少？

3）Ⅴ-1 个体两个妹妹全是杂合体的概率是多少？

4）如果Ⅴ-1 与Ⅴ-5 结婚，那么他们第一个孩子有病的概率是多少？

5）如果他们第一个孩子已经出生，而且已知有病，那么第二个孩子有病的概率是多少？

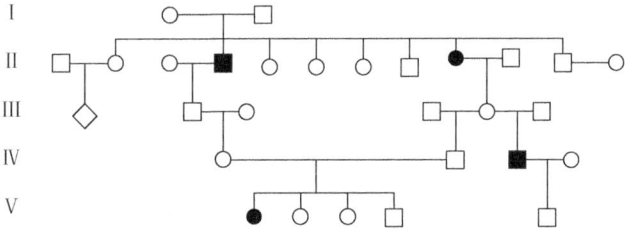

28. 在下面的家谱图里，黑色方框或圆圈表示的性状是由一个隐性基因控制的，试计算下列姑表婚姻的后代中出现这种性状的概率。

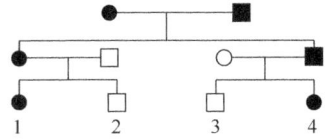

29. 如果两对基因 *A* 和 *a*、*B* 和 *b* 是独立分配的，而且 *A* 对 *a* 是显性，*B* 对 *b* 是显性。

1）从 *AaBb* 个体中得到 *AB* 配子的概率是多少？

2）*AaBb* 与 *AaBb* 杂交，得到 *AABB* 合子的概率是多少？

3）*AaBb* 与 *AaBb* 杂交，得到 *AB* 表型的概率是多少？

30. 如果父亲的血型是 B 型，母亲是 O 型，有一个孩子是 O 型，问第二个孩子是 O 型的机会是多少？是 B 型的机会是多少？是 A 型或 AB 型的机会是多少？

31. 在家蚕中，一个结白茧的个体与另一结白茧的个体杂交，子代中结白茧的个体与结黄茧个体的比例是 3：1，两个亲本的基因型怎样？

32. 在豌豆中，高茎（*D*）对矮茎（*d*）为显性，黄色种子（*G*）对绿色种子（*g*）为显性，圆种子（*W*）对皱缩种子（*w*）为显性，现有两个纯合亲本，一个是高茎、绿色、圆形种子，另一个是矮茎、黄色、皱缩种子。问：①画出两个亲本的杂交并写出每个亲本产生的配子及

$F_1$ 的基因型和表现型；②用叉线分支法简述 $F_1$ 自交的预期表现型频率。

33. 假定同一天某医院中有 4 个婴儿出生，请问：①一男三女的概率是多少？②4 个全为女婴的概率为多少？③4 个婴儿中男与女之间最有可能有什么样的比例？为什么？④假如某夫妇已经有了 4 个女儿，那么第五个婴儿仍为女孩的概率为多少？

34. 两种不同花纹的瓢虫杂交，$F_1$ 是两种花纹镶嵌，这是一种什么遗传现象？$F_1$ 互相交配，$F_2$ 有几种表型，比例如何？

# 第三章　基因的连锁与交换

孟德尔的论文被重新发现之后，孟德尔的工作受到了广泛的重视，许多生物学家开始用其他的动植物等生物材料进行杂交试验。但是他们在进行两对相对性状的杂交试验时发现，并不是所有的结果都符合基因的自由组合定律。于是曾有人对孟德尔提出的遗传定律产生了怀疑。美国的遗传学家摩尔根及其同事用黑腹果蝇（$Drosophila\ melanogaster$）作为试验材料，进行了大量的研究工作，研究结果不仅证实了基因的分离定律和自由组合定律的正确性，还揭示出了遗传的第三个基本规律，即基因的连锁与交换定律，科学地解释了孟德尔遗传定律所不能解释的遗传现象。

## 第一节　基因的连锁与交换定律

### 一、连锁与交换现象的发现

1906年，英国学者贝特森（William Bateson）（1861～1926年）（图3.1）和潘耐特（Reginald C. Pannett）（1875～1967年）（图3.2）在研究香豌豆（$Lathyrus\ odoratus$）的两对性状遗传时，首先发现了连锁现象。

图3.1　贝特森

图3.2　潘耐特

贝特森等选择香豌豆中花的颜色（紫花、红花）和花粉形状（长形、圆形）两个单位性状进行了杂交试验（图3.3），其中紫花基因（$P$）对红花基因（$p$）为显性，长形花粉基因（$L$）对圆形花粉基因（$l$）为显性。

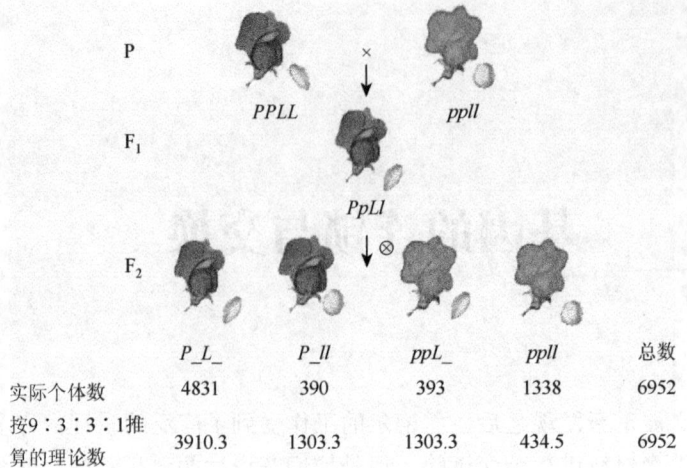

图 3.3　香豌豆杂交试验（1）

在上述结果中，$F_2$ 代也出现 4 种表型，但是亲本型性状组合的实际数明显多于理论数，而重组类型（红长和紫圆）却明显少于理论数，性状分离比不符合两对性状自由组合 9∶3∶3∶1 的比例，因此很难用自由组合定律来解释。于是，贝特森又设计了另外一种组合的杂交试验（图 3.4）。

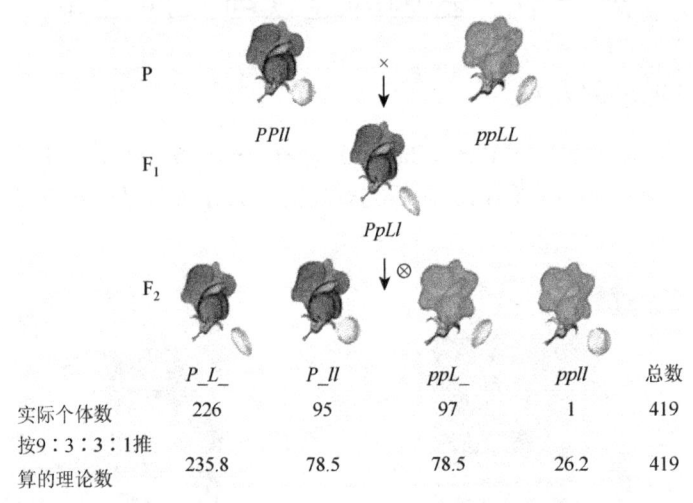

图 3.4　香豌豆杂交试验（2）

试验结果与前一结果相似，与 9∶3∶3∶1 的理论比值比较，$F_2$ 群体中仍然是亲本型（紫圆、红长）的实际数多于理论数，重组型（紫长、红圆）的实际数少于理论数。

在上述的两个杂交组合中，第一个杂交组合是两个显性性状集中于一个亲本，两个隐性性状集中于另外一个亲本；而第二个杂交组合的每个亲本中都有一个显性性状和一个隐性性状。遗传学上把第一种杂交组合称为相引相（coupling phase），把第二种杂交组合称为相斥相（repulsion phase）。试验结果表明，原来为同一亲本的两个性状，在 $F_2$ 中常常有联系在一起的倾向，这说明来自同一亲本的基因，有较多的机会同时传递给后代。但是贝特森和潘耐特未能对此做出科学的解释。

## 二、摩尔根的试验

### (一) 试验结果

摩尔根（Thomas Hunt Morgan）（1866~1945 年）（图 3.5）等用纯种灰身长翅果蝇与纯种黑身残翅果蝇交配，发现 $F_1$ 代果蝇都是灰身长翅，由此推断果蝇的灰身（$B$）对黑身（$b$）为显性；长翅（$V$）对残翅（$v$）为显性。所以，亲代纯种灰身长翅果蝇的基因型与纯种黑身残翅果蝇的基因型应该分别是 $BBVV$ 和 $bbvv$，$F_1$ 代的基因型应该是 $BbVv$（图 3.6）。

摩尔根将 $F_1$ 代的雄性果蝇（$BbVv$）与双隐性的雌性果蝇（$bbvv$）进行测交，按照自由组合定律，测交后代应该出现 4 种不同类型，即灰身长翅、灰身残翅、黑身长翅和黑身残翅，数量比例应该为 1∶1∶1∶1。但是摩尔根发现，测交的结果与预测结果完全不同，在测交后代中只出现两种和亲本完全相同的类型，即灰身长翅（$BbVv$）和黑身残翅（$bbvv$），在数量上各占 50%（图 3.6 测交 1），很明显，这个测交的结果是无法用基因的自由组合定律来解释的。

图 3.5　摩尔根

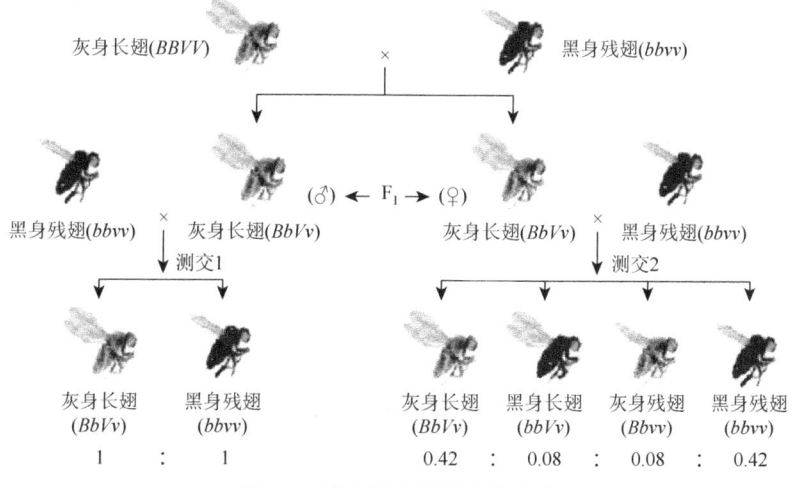

图 3.6　摩尔根的果蝇杂交试验

摩尔根等还做了另一组试验，他们让 $F_1$ 代的雌性果蝇（$BbVv$）与双隐性的雄性果蝇（$bbvv$）测交，发现测交后代的表型与基因自由组合定律中测交的结果一样，有灰身长翅、灰身残翅、黑身长翅和黑身残翅 4 种类型。

但是，它们之间的数量关系并不符合自由组合定律中的 1∶1∶1∶1，而是与亲本表现型相同的类型所占比例高（占总数的 84%），与亲本表现型不同的类型所占比例小（占总数的 16%）（图 3.6 测交 2）。

### (二) 试验结果的分析

为了解释上述的试验结果，摩尔根提出假说，认为果蝇的灰身基因（$B$）和长翅基因（$V$）

位于同一条染色体上，黑身基因（$b$）和残翅基因（$v$）也位于同一条染色体上（图 3.7）。在 $F_1$ 代雄果蝇产生配子时，原来位于同一条染色体上的两个基因（$B$ 和 $V$、$b$ 和 $v$）连在一起向后代传递，不能分离。因此，当 $F_1$ 雄果蝇与黑身残翅的雌果蝇交配后，只能产生灰身长翅（$BbVv$）和黑身残翅（$bbvv$）两种类型后代，在数量上各占 50%。像这样，位于一对同源染色体上的两对（或两对以上）等位基因在向下一代传递时，同一条染色体上的不同基因连在一起不发生分离的现象叫作连锁（linkage）。在上述雄果蝇的测交试验中，由于只有基因的连锁，没有基因之间的交换，因此，这种连锁是完全连锁（complete linkage）。在完全连锁遗传中，后代只表现出亲本类型。目前仅在雄性果蝇和雌性家蚕等少数生物中发现了完全连锁现象。

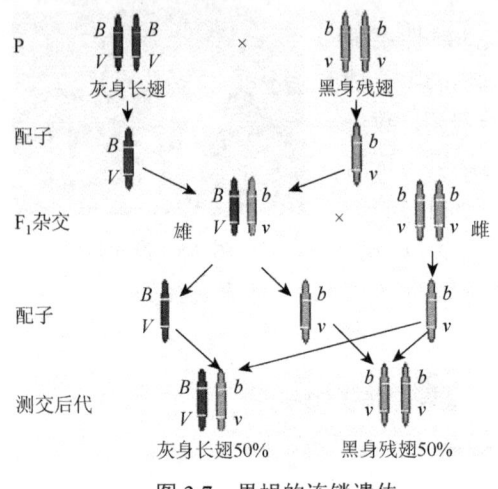

图 3.7 果蝇的连锁遗传

对于第二个测交试验结果，摩尔根认为，位于同一条染色体上的两个基因的连锁关系有时是可以改变的。在细胞进行减数分裂形成配子时，如果同源染色体中来自父本的染色单体与来自母本的染色单体相互交换了对应节段，在交换区段上的等位基因就会发生交换（crossing over），这种交换可以产生新的基因组合。所以测交后代中产生与亲代表型相同类型的同时，也产生了与亲代表型不同的新类型。但是，$F_1$ 代在形成配子时，位于同一染色体上的基因（具有连锁关系）倾向于连在一起传递，因而生成的 $BV$ 配子和 $bv$ 配子特别多（各占 42%），只有一小部分配子中的两个基因因为交换（交叉点正好位于基因 $B$ 与 $V$、$b$ 与 $v$ 之间）而产生了新的组合，生成 $Bv$ 配子和 $bV$ 配子很少（各占 8%）。因此，测交后代中：灰身长翅和黑身残翅各占 42%，灰身残翅和黑身长翅各占 8%。在上述雌性果蝇的测交试验中，基因在向下一代传递的过程中，不仅有连锁，还出现了交换，这种遗传方式称为不完全连锁（partial linkage）遗传。

## 三、基因连锁与交换定律

摩尔根和布里吉斯（1889~1938 年）等通过对果蝇的大量杂交试验和分析，于 1910 年提出了连锁与交换定律（law of linkage and crossing over），这被后人誉为遗传的第三定律。连锁与交换定律的基本内容是：位于同一染色体上的两个或两个以上的基因在遗传时，联合在一起的频率大于重新组合的频率，即 $F_2$ 代中亲本类型比预期数多，重组合类型比预期数少。重组类型的产生是配子形成过程中，同源染色体的非姐妹染色单体的对应节段交换的结果。

## 四、基因连锁与交换定律的实质

在进行减数分裂形成配子时，位于同一条染色体上的不同基因常常连在一起进入配子；在减数分裂形成四分体时，位于同源染色体上的非等位基因之间有时会随着非姐妹染色单体的交换而发生交换，因而产生了基因的重组（图 3.8）。

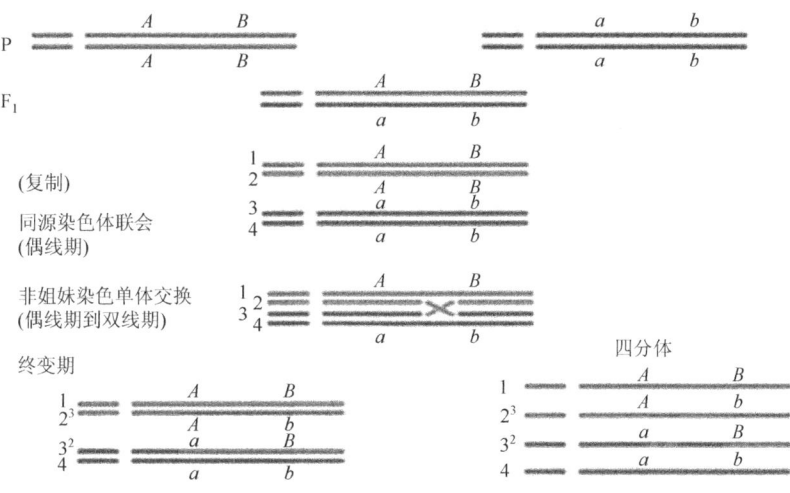

图 3.8　基因的连锁与交换

应当说明的是，基因的连锁与交换定律和基因的自由组合定律并不矛盾，它们是在不同情况下发生的遗传规律：位于非同源染色体上的两对（或多对）基因，是按照自由组合定律向后代传递的，而位于同源染色体上的两对（或多对）基因，则是按照连锁与交换定律向后代传递的。连锁与交换的重组称为染色体内重组（intra-chromosomal recombination），染色体自由组合而产生的重组称为染色体间重组（inter-chromosomal recombination）。

## 五、基因重组与染色体交换的证据

1931 年，麦克林托克（1902～1992 年）和她的女博士生克赖顿（Harriet B. Creighton）（1909～2004 年）（图 3.9）以玉米为材料进行了一项试验，为染色体交换导致遗传重组提供了第一个有力的证据。

图 3.9　麦克林托克（A）和克赖顿（B）

玉米的每一条染色体都可以辨认。在某一个玉米品系中，第 9 染色体的一端有一个显著的染色节［纽结（knob）］，另一端有较长的一段由第 8 染色体易位而来的片段，控制种子颜色的有色基因（$C$）和无色基因（$c$）及种质非糯性基因（$Wx$）和糯性基因（$wx$）位于第 9 染色体有染色节的臂上（图 3.10）。在杂交子代中，可以一方面观察遗传性状之间的组合，另一方面观察染色体形态的改变。麦克林托克和克赖顿在杂交试验中发现，凡是基因发生了重组的子代，它的染色体的形态也不同于双亲（图 3.11），从而直观地说明基因重组来源于同源染色体间的交换。

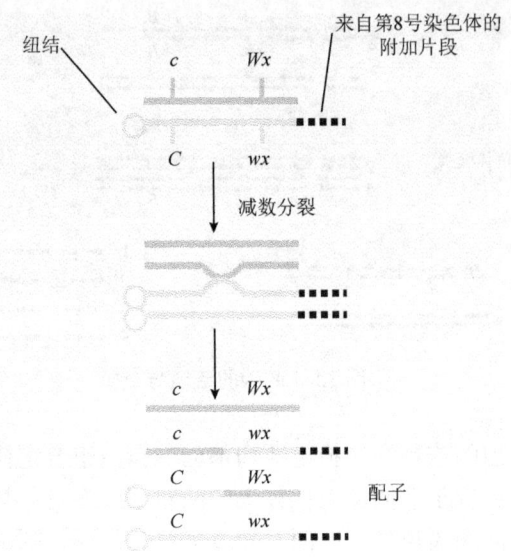

图 3.10 玉米品系及其配子

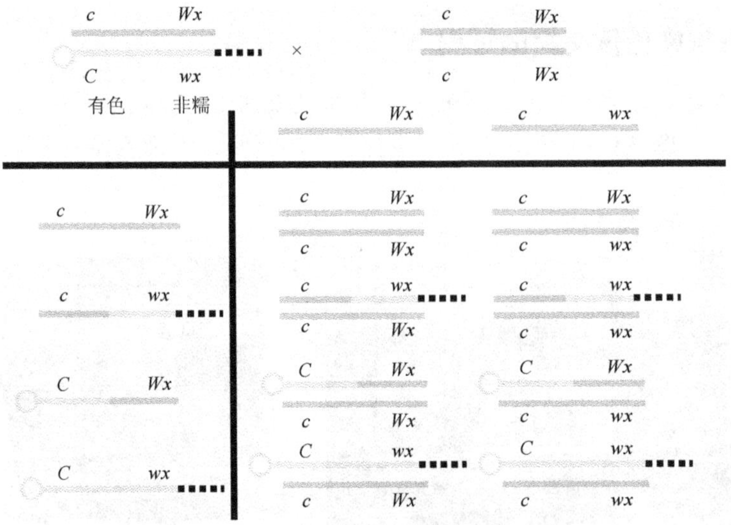

图 3.11 玉米杂交后代中性状组合与染色体形态

在麦克林托克和克赖顿的结果发表没几周，斯特恩（Curt Stern）（1902～1981 年）（图 3.12）在果蝇中也获得了染色体交换导致基因重组的证据。果蝇的 X 染色体上有两对基因：*car*（carnation，粉红眼），隐性基因，正常眼是红色；*B*（bareye，棒状眼），显性基因，正常眼是椭圆形。

在果蝇的一个特殊品系中，一条 X 染色体上带有来自于 Y 染色体的易位片段，另一条 X 染色体上有缺失（图 3.13）。

图 3.12 斯特恩

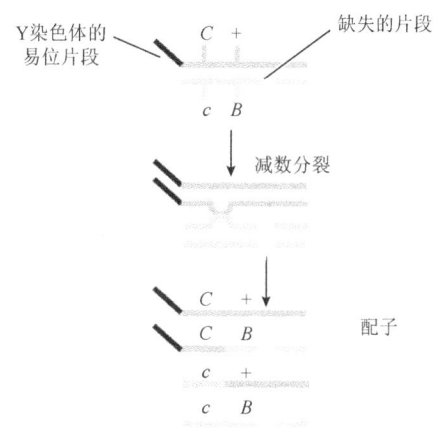

图 3.13 斯特恩的果蝇品系

斯特恩将该果蝇与雄性果蝇交配，结果发现，凡是发生了基因重组的后代，染色体的类型也发生了变化（图 3.14），这再次证明了基因重组是染色体交换的结果。

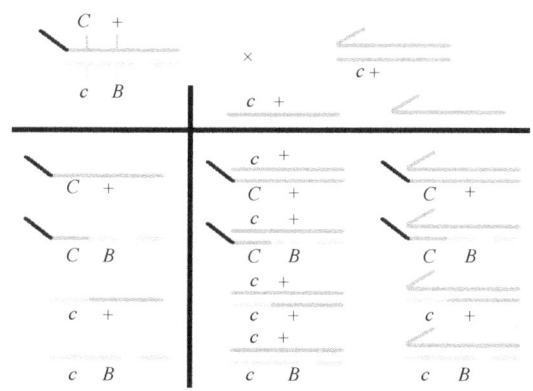

图 3.14 果蝇的杂交试验结果

## 六、连锁与交换定律的实践意义和理论意义

基因的连锁与交换定律在动植物育种工作和医学实践中都具有重要的应用价值。

1. 实践意义

（1）指导育种实践

在育种工作中，将不同品系的优良特性通过杂交和基因的重新组合而集中到同一品系中时，必须考虑基因之间的连锁关系。如果几个有利性状的基因连锁在一起，对育种工作就很有利。如果不利性状与有利性状的基因连锁在一起，就要采取措施打破基因连锁，促成基因间的交换，让人们所需要的基因重组在一起，从而培育出优良品种来。但是，如果要求组合在一起的两个基因的座位连锁紧密，则通过交换得到符合要求的配子数量就很少，这就需要培育较多的子代，才有可能从中选取所要求的基因组合。根据已知的连锁关系，可以预测在多大的子代群体中才能发现所要求的基因组合，从而减少育种工作中的盲目性。

作物育种的另一个重要方面是通过远缘杂交从野生植物中引进耐干旱、抗虫、抗病等基因。但是由于长期的自然选择和进化，栽培植物和来自同一祖先的野生植物的染色体只是部分同源，不易发生交换，因此必须研究促进部分同源染色体交换的技术和方法才能取得预期的效果。

（2）产前诊断

在医学实践中，人们可以利用基因的连锁与交换定律来推测某种遗传病在胎儿中发生的可能性。例如，指甲髌骨综合征是人类的一种显性遗传性疾病。患者的主要症状是指甲发育不良，髌骨缺少或发育不良。致病基因（用两个大写字母 $NP$ 表示）与 ABO 血型的基因（$I^A$、$I^B$ 或 $i$）位于同一条染色体上。在患这类疾病的家庭中，$NP$ 基因与 $I^A$ 基因往往连锁，而 $NP$ 的正常等位基因 $np$ 与 $I^B$ 基因或 $i$ 基因连锁，并且已知 $NP$ 和 $I^A$ 之间的重组率为 10%。因此可以认为，患者的后代只要是 A 型或 AB 型，一般将患指甲髌骨综合征，不患这种病的可能性只有 10%。因此，这种病的患者在妊娠时，应及时检验胎儿的血型，如果发现胎儿的血型是 A 型或 AB 型，最好采取流产措施，以避免生出指甲髌骨综合征患儿。

2. 理论意义

基因的连锁与交换定律不仅在生产实践和日常生活中具有重要的指导意义，在遗传学的发展和相关理论的确立等方面也具有重要意义，主要包括以下几方面。

1) 特定的基因与特定染色体之间的连锁关系，证明了基因位于染色体上的遗传染色体学说。

2) 连锁基因之间交换值的数量关系，证明基因在染色体上是按一定顺序和距离呈直线排列的。

3) 连锁基因的交换，丰富了亲本双方遗传物质重组的内容，增加了变异的多样性。

4) 根据连锁图上的交换率可以预测杂交后代中，我们所需要的新性状组合类型出现的概率。

5) 根据一个性状而推断另一个性状，特别是早期性状与后期性状之间的基因连锁关系，及早地选择所需要的新类型。

## 第二节　重组率及其测定

位于同一条染色体上的基因，非姐妹染色单体对应节段的交换导致非等位基因之间的重组，不同基因之间交换重组的机会是不一样的。

### 一、交换值与重组率

交换值与重组率是两个密切相关但又本质不同的概念。连锁基因的重组是交换的结果，但并不是所有的交换都能导致重组。

交换值（crossing over value）是指同源染色体两个连锁基因的非姐妹染色单体之间发生交换的频率，一般利用重新组合配子数占总配子数的百分率进行估算。交换值为 0~50%。当交换值越接近 0 时，连锁强度越大，两个连锁的非等位基因之间交换越少；交换值越接近 50% 时，连锁强度越小，两个连锁的非等位基因之间交换越多。

$$交换值 = \frac{重组合配子}{配子总数(亲组合配子+重组合配子)} \times 100\%$$

重组率（recombination frequency）是重组型配子占总配子数的比例。交换值和重组率是两个相互关联又有区别的概念。如果所研究的两个基因之间的距离很近，或者说人们所关注的染色体片段很短，重组率就等于交换值。如果人们所研究的两个基因相距较远，或者说所关注的染色体片段比较长，其间可能发生双交换（double crossing over）甚至多次交换，遗传学方法测定出来的重组率往往小于交换值。我们用遗传学方法所测出来的只是重组率，而不是交换值。

## 二、重组率的测定

（1）测交法

要想了解重组型配子和亲本型配子的数目，首先应该用测交法。因为测交后代群体中，表现型的种类和比例正是被测个体产生配子的种类和比例的直接反映。例如，玉米籽粒的糊粉层有色基因 $C$ 对无色基因 $c$ 为显性，饱满基因 $Sh$ 对凹陷基因 $sh$ 是显性。两对基因连锁，通过测交法测定两对基因间的重组率（图3.15）。

图 3.15　玉米两对基因的测交试验结果（1）

在测交后代中：

$$亲本型性状组合 = \frac{(4032+4035)}{8368} \times 100\% = 96.4\%$$

$$重组型性状组合 = \frac{(149+152)}{8368} \times 100\% = 3.6\%$$

如果两个亲本各具有一个显性性状和一个隐性性状，杂交 $F_1$ 再与双隐性植株测交。所得结果仍然是亲组合类型比预期数多，重组合类型比预期数少（图 3.16）。

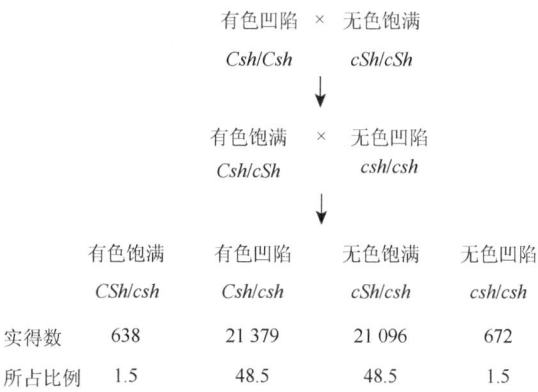

图 3.16　玉米两对基因的测交试验结果（2）

测交后代中：

$$亲本型 = \frac{(21\,379 + 21\,096)}{43\,785} \times 100\% = 97.01\%$$

$$重组型 = \frac{(638 + 672)}{43\,785} \times 100\% = 2.99\%$$

两组测交结果说明，亲本所具有的 *C* 和 *c*、*Sh* 和 *sh* 这两对非等位基因不是自由组合的。在相引相中，*C* 和 *Sh* 连在一起遗传，*c* 和 *sh* 连在一起遗传，因此 $F_1$ 产生的配子中，亲本型的（*CSh* 和 *csh*）占大多数，重新组合型的（*cSh* 和 *Csh*）数量偏少。在相斥相中，*c* 与 *Sh*、*C* 与 *sh* 连在一起遗传，亲本型配子 *cSh* 和 *Csh* 明显多于 50%，重组型 *CSh* 和 *csh* 明显少于 50%。

在一个孢母细胞中，交叉可以发生在 *Sh-C* 之间，也可以发生在 *Sh-C* 之外，一般地说这是随机的。假设有一个小孢子母细胞中的交叉发生在 *Sh-C* 之间，最后形成 4 个雄配子，其中两个是亲本型，另两个是重组型。所以，即使所有的小孢子母细胞中在 *Sh-C* 之间都发生交叉（交换），也就是说 100%的小孢子母细胞都在 *Sh-C* 之间发生交换，最多也只能形成 50%的重组型配子。实际上交叉的发生部位基本上是随机的，不可能 100%的孢母细胞都在 *Sh-C* 之间发生交换，即重组型配子不会达到 50%。只有两对基因独立遗传时，重组型配子才是 50%。在大孢子母细胞中，减数分裂产生的四分孢子只有一个发育成雌配子，但是哪一个发育成雌配子则是随机的。因此，从统计学的角度考虑，重组型的雌配子也不会超过 50%。重组型配子比例是发生交换的孢母细胞比例的一半，并且两种重组型配子的比例相等，两种亲本型配子的比例相等。

（2）自交法

有些作物如玉米，授粉方便，测交比较容易，一次授粉能得到大量种子。但是有些作物如小麦、水稻等自花授粉作物，不但去雄和授粉比较困难，而且一次杂交只能得到很少量的种子，不宜用测交的方法测定重组率。

自花授粉作物可以采用自交法，根据 $F_2$ 群体的资料估算重组率。图 3.3 和图 3.4 是香豌豆两对性状的连锁遗传分析。

## 三、影响交换值的因素

在正常情况下，交换值具有相对的稳定性，所以通常用交换值表示两个基因在同一染色体上的相对距离，称为遗传距离（genetic distance）。其数值以交换值的数值去掉%表示，单位是"重组单位"或 centimorgan（cM）。例如，*A-B* 之间的交换值为 2.5%，表示它们在染色体上相距 2.5 重组单位或 2.5cM。距离越近，重组率越小，反之亦然。

但是，交换值也受内外条件的影响而发生变化。例如，性别、年龄、温度、水分、营养、射线、化学药品等条件对某些生物连锁基因间的重组率都会产生影响。测定重组率时总是以正常条件下生长的生物为材料，并从大量资料中求得比较准确的结果。

（1）性别

植物及绝大多数的动物，连锁基因的交换值在雌、雄两性中是差不多的。但也有极少数的动物，雌性和雄性的交换值有差别。人们经过研究发现，雄性果蝇和雌性家蚕完全连锁，目前尚未发现染色体片段的交换。实际上凡是性别为性染色体所控制的生物，异配性别个体中一般总是较少发生交换。早在 1922 年，英国生理学家兼遗传学家霍尔丹（John Burdon Sanderson Haldane）（1892～1964 年）提出了一条定律：凡是较少发生交换的个体必定是异配性别个体，这一定律称为霍尔丹定律（the law of Haldane）。

（2）温度

温度也是影响某些生物基因交换值的因素之一。例如，早在 1917 年就报道了温度对果蝇交换的影响，发现 22℃中饲养的雌性果蝇的交换频率最低，温度低于 22℃或高于 22℃时交换频率都显著提高。另外，家蚕第二对染色体上 $PS\text{-}Y$（$PS$ 为黑斑、$Y$ 为幼虫黄血）基因之间的交换值也随饲养温度的差别而略有波动（表 3.1）。

表 3.1　不同饲养温度下家蚕基因的交换值

| 饲养温度/℃ | 交换值/% | 饲养温度/℃ | 交换值/% |
| --- | --- | --- | --- |
| 30 | 21.48 | 23 | 24.98 |
| 28 | 22.34 | 19 | 25.86 |
| 26 | 23.55 | | |

（3）基因位于染色体上的部位

染色体不同部位的结构特性对基因的交换有着明显的影响。例如，着丝粒能降低其附近区域基因交换的频率，基因离着丝粒越近，其交换值越小。

（4）其他因素

年龄、染色体畸变等也会影响交换值。一般来说，年龄越大，交换值越小。在果蝇中已经证明倒位杂合体中，倒位能有效地抑制倒位区域内的交换（详见第五章）。

# 第三节　连锁分析与连锁遗传图

基因在染色体上有一定的位置，基因在染色体上位置的确定叫作基因定位（gene location/localization）。1911 年，摩尔根提出设想（这个设想可以用试验的方法验证），认为基因之间重组值（交换值）的大小是由它们在染色体上的距离决定的。因此，计算各基因之间的交换值即可确定连锁基因之间的距离和顺序。

## 一、连锁分析

1. 两点测验

两点测验是基因定位的最基本方法，它通过一次杂交和一次测交来确定两对基因是否连锁及它们之间的距离。前面所讲的测交法实际上就是两点测验法。但是，仅凭一次两点测验结果，不能确定连锁基因在染色体上的顺序（即方向）。例如，如果要确定三对基因的位置，就需要获得三个交换值，因此要做三次两点测验才能完成。设有 $Aa$、$Bb$ 和 $Cc$ 三对基因，其定位的具体步骤如下。

1）通过一次杂交和一次测交，求出 $Aa$ 和 $Bb$ 之间的交换值，根据交换值确定它们是否连锁。

2) 再通过一次杂交和一次测交，求出 Bb 和 Cc 之间的交换值，根据交换值确定它们是否连锁。

3) 通过同样的方法确定 Aa 和 Cc 是否连锁。

4) 根据三个交换值的大小，确定这三对基因在染色体上的位置（排列顺序）。

例如，玉米籽粒有色（C）对无色（c）显性，饱满（Sh）对凹陷（sh）显性，非糯性（Wx）对糯性（wx）显性，为了明确这三对基因是否连锁，曾有人做过三个两点测验。结果如下。

（1）有色饱满×无色凹陷

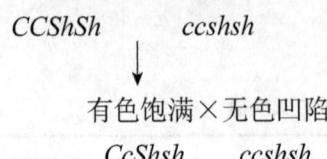

测得 Cc 基因和 Shsh 基因之间的交换值为 3.6%。

（2）饱满糯性×凹陷非糯

ShShwxwx　　shshWxWx
↓
饱满非糯×无色凹陷
ShshWxwx　　wxwxshsh

测得 Shsh 基因和 Wxwx 基因之间的交换值为 20%。因此，三对基因的位置关系有两种可能性（图3.17）。

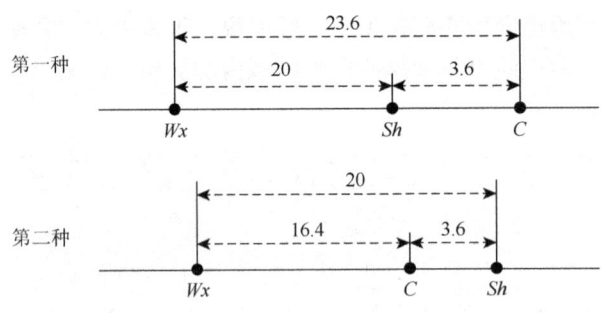

图 3.17　三对等位基因可能的位置关系

（3）非糯有色×糯性无色

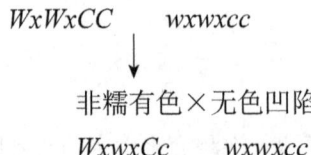

测得 Wxwx 基因和 Cc 基因之间的交换值为 23.6%。

因此，可以确定三个基因之间的顺序为：Wx、Sh 和 C，即第一种位置顺序可能是正确的。但是，两点测验法有两大缺点：①工作量大。要给三个基因定位必须做三次杂交和三次测交，才能求出三个交换值，不但工作量大，而且由于三个交换值是在不同的杂交和测交试验中获得的，难免会出现误差。②如果基因之间的距离较远，很可能发生双交换或多次偶数交换，而两点测交不能发现双交换的存在，因此会影响测定结果的精确性。后来，摩尔根和他的学生斯特蒂文特（Alfred H. Sturtevant）（1891～1970 年）（图 3.18）发明了三点测交（three point test cross）方法，只需一次试验就可以求出三个连锁基因的三个重组值，不仅提高了效率，还克服了三次两点测验的缺陷。

2. 三点测验

三点测验是基因定位最常用的方法。通过一次杂交和一次测交，能同时确定三个非等位基因间的排列顺序和遗传距离，而且结果也比较精确。仍以玉米 $C/c$、$Sh/sh$ 和 $Wx/wx$ 三对基因连锁分析为例，在描述时用"＋"代表各基因对应的显性基因，下面介绍三点测验的具体步骤。

图 3.18　斯特蒂文特

1）用三对性状差异的两个纯系作亲本进行杂交、测交。

P　　　　凹陷非糯性有色×饱满糯性无色
　　　　　shsh　++　++　++　wxwx　cc
　　　　　　　　　　　↓
$F_1$ 及测交　　饱满非糯性有色×凹陷糯性无色
　　　　　　　+sh　　+wx　　+c　　shsh wxwx cc

2）考察测交后代的表现型，进行分类统计。由于 $F_1$ 每个发生交换的性母细胞最多只能产生一半重组型配子，另一半是亲本型配子。因此，$F_1$ 测交后代重组类型明显少于亲本类型。测交后代的类型也因用于遗传分析的双亲基因数量和连锁基因之间的交换方式不同而不同，如果是双杂合体测交，后代则为两两相等、比值不同的 4 种表型后代；三杂合体如发生两个单交换，其测交后代为两两相等、比值不同的 6 种表型后代；三杂合体个体如发生两个单交换、一次双交换，其测交后代为两两相等、比值不同的 8 种表型后代，其中双交换个体占比值最少。

3）按各类表现型的个体数，对测交后代进行分组（表 3.2）。

表 3.2　测交后代的分类统计

| 测交后代的表现型 | $F_1$ 配子种类 | 粒数 | 交换类别 |
| --- | --- | --- | --- |
| 饱满糯性无色 | + wx c | 2708 | 亲本型 |
| 凹陷非糯有色 | sh ++ | 2538 | |
| 饱满非糯无色 | ++ c | 626 | 单交换 |
| 凹陷糯性有色 | sh wx + | 601 | |
| 凹陷糯性无色 | sh + c | 113 | 单交换 |
| 饱满糯性有色 | + wx + | 116 | |
| 饱满非糯有色 | +++ | 4 | 双交换 |
| 凹陷糯性无色 | sh wx c | 2 | |
| 总数 | | 6708 | |

4）分析三对基因在染色体上的排列顺序。用两种亲本型配子与两种双交换型配子比较，双交换配子与亲本型配子中排列位置不同的基因位于中间。例如，+ wx c 与 sh wx c 相比只有 sh 位点不同，因此可以断定 sh 位点位于 wx 和 c 之间；同理，sh ++ 与 +++ 相比也只有 sh 位点不同，也表明 sh 位点位于 wx 和 c 之间。

5）计算基因间的重组值。

$$双交换值 = \frac{(4+2)}{6708} \times 100\% = 0.09\%$$

$$wx 和 sh 间的重组值 = \frac{(601+626)}{6708} \times 100\% = 18.29\%$$

$$sh 和 c 间的重组值 = \frac{(116+113)}{6708} \times 100\% = 3.41\%$$

由于每个双交换是由两个单交换组成的，因此在估算两个单交换时，必须分别加上双交换值，才能正确地反映实际发生的单交换频率。所以：

$$wx 和 sh 间的交换值 = \frac{(601+626)}{6708} \times 100\% + 0.09\% = 18.4\%$$

$$sh 和 c 间的交换值 = \frac{(116+113)}{6708} \times 100\% + 0.09\% = 3.5\%$$

6）绘制连锁遗传图。根据大量的杂交试验结果，摩尔根的学生斯特蒂文特首次提出基因的直线排列原理，即任何 3 个距离较近的 a、b、c 连锁基因，若已分别测得 a、b 和 b、c 间的距离，那么 a、c 间的距离就必然等于前二者距离的和或差。上述三对基因的连锁遗传图（linkage map）（图 3.19）也表明：基因在染色体上是呈线性排列的。

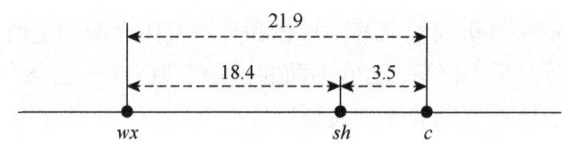

图 3.19  wx、sh 和 c 基因的连锁遗传图

## 二、干扰和并发系数

如果两个单交换的发生是彼此独立的，双交换的频率就应该是两个单交换频率的乘积。上例中，理论双交换值应该是：$0.184 \times 0.035 = 0.0064 = 0.64\%$，而实际双交换值只有 0.09%。可见：一个单交换发生后，在它附近再发生第二个单交换的机会就会减少一些，这种现象叫作染色体干扰（干涉）（chromosomal interference）。一般用并发（符合）系数（coefficient of coincidence or coincidence）来表示干扰的大小。

$$符合系数 = \frac{实际双交换值}{理论双交换值}$$

上例中，符合系数 $= \frac{0.09}{0.64} = 0.14$；干扰 $= 1 -$ 符合系数 $= 1 - 0.14 = 0.86$。

符合系数越大，表示干扰越小。符合系数等于 1，表示无干扰；符合系数为 0，表示完全干扰，即某一点发生交换后，其邻近的另一点就不再发生交换；符合系数大于 0 小于 1 时，表示正干扰（positive interference）；符合系数大于 1 时，表示负干扰（negative interference）。

## 三、遗传连锁图

（1）连锁群

基因在染色体上呈线性排列。位于同一对同源染色体上的基因组成一个连锁群（linkage

group），它们具有连锁遗传的关系。1913年，美国遗传学家斯特蒂文特首先在果蝇中测定了6个基因在X染色体上的排列顺序，获得了第一个连锁群，奠立了遗传的染色体学说。根据这个学说，可以预期连锁群数等于单倍染色体数。在深入研究过的生物中，都证实了这一假设。例如，小鼠、黑腹果蝇的染色体数分别是（38，XY）和（8，XY），它们的连锁群数都和单倍染色体数相符，分别是19和4；玉米、水稻、豌豆的染色体数分别是20、24和14，它们的连锁群数分别是10、12和7；大肠杆菌是单倍体生物，只有一个环状的染色体，它的连锁群数是1。连锁群的数目不会多于染色体的对数，但由于研究资料不足，可能暂时少于染色体的对数。

（2）连锁图

把一个连锁群的各个基因之间的顺序和距离标记出来，称为连锁图（linkage map），又称为遗传学图（genetic map）（图3.19）。

连锁图是大量实践资料的简明总结，是遗传研究工作和育种工作的重要参考资料。基因在连锁图上有一定的位置，这个位置叫作座位（locus）。一般以先端的基因位置定为0，但随着研究工作的不断深入，发现新的基因位于0座位外侧时，把0点让给新的基因，其余基因的位置依次类推，做相应移动。应注意，0点并不是染色体的端点。

两基因之间的重组值为0～50%，不会超过50%，但是连锁图上的距离常常超过50，这是多次累加的结果（图3.20）。要从图上数值查出基因间的重组值只限于邻近的基因座位之间。位于同一染色体上的两个基因也可以表现为独立遗传，那是因为它们之间发生了多次交换的缘故。

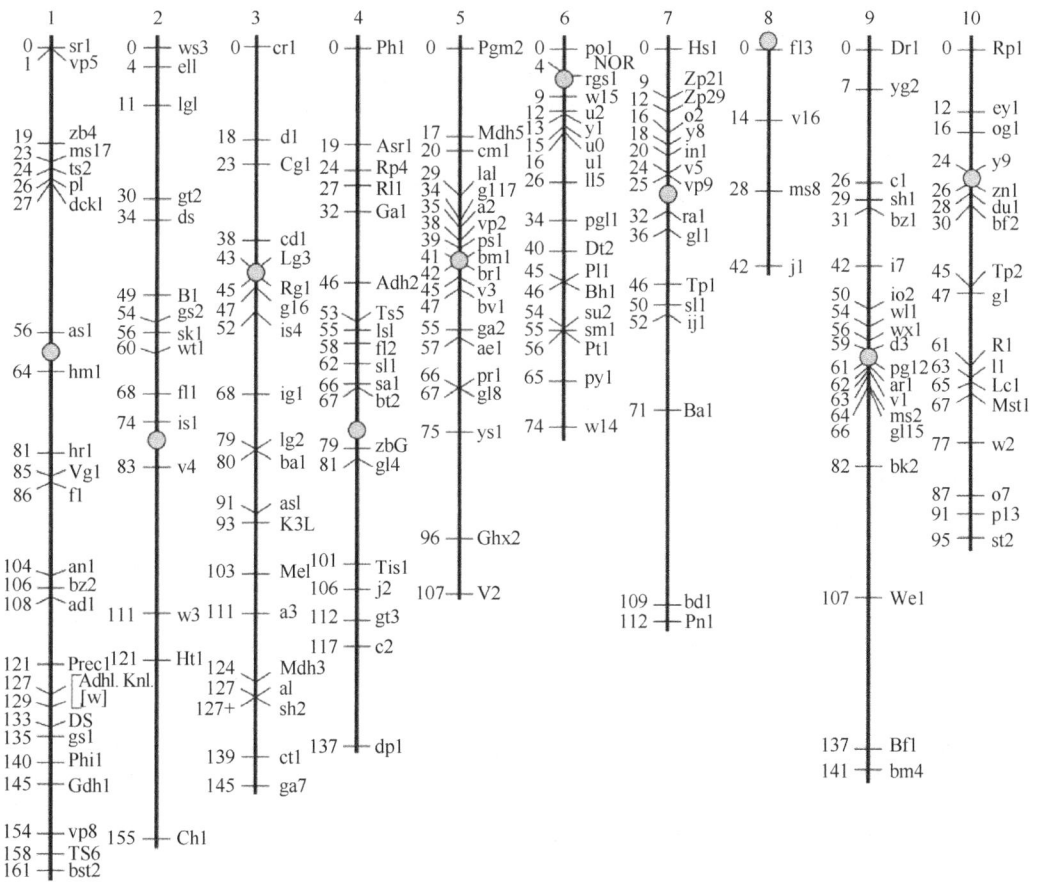

图3.20　玉米的连锁遗传图

## 四、染色单体干涉

在某一长度范围内，同一染色体如果出现两个交叉，邻接两个交换的关系有三种：两条染色单体的二线双交换（图3.21A）、三条染色单体的三线双交换（图3.21B和C）和4条染色单体的四线双交换（图3.21D）。

如果不存在染色单体干涉（chromatid interference），那么二线双交换、三线双交换和四线双交换的频率之比应该是 1∶2∶1。如果发生染色单体干涉，则正的染色单体干涉提高四线双交换的频率，负的染色单体干涉则可提高二线双交换的频率。

必须注意：染色单体干涉是指两条同源染色体的 4 条染色单体参与多线交换机会的非随机性。而染色体干涉（染色体干扰）是指染色体每发生一次单交换都会影响它邻近发生另一次单交换的现象。因此，染色体干涉影响基因间的交换值，而染色单体干涉则影响交换发生的形式。

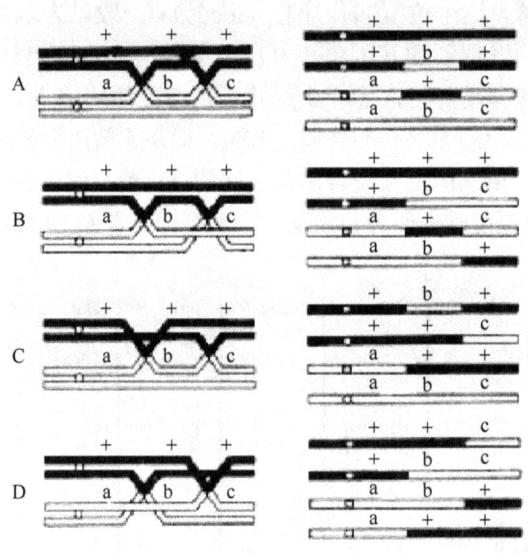

图 3.21 三种双交换模式

# 第四节 细菌和噬菌体的连锁遗传分析

细菌细胞比较小，长 1~2μm，宽 0.5μm。细菌的大部分遗传信息位于一条环状、双链 DNA 分子上，称为细菌染色体，位于细胞内一个称为"拟核"（nucleoid）的区域中。这个 DNA 分子裸露，无蛋白质结合，也不形成核小体，易于接受带有相同或不同物种基因或 DNA 片段的插入。有些细菌还含有质粒（plasmid），这是一种小的、可自我复制的环状 DNA 分子。

噬菌体（bacteria phage）没有细胞结构，仅含一种核酸（DNA 或 RNA）和一个蛋白质外壳。蛋白质外壳保护遗传物质，并参与感染宿主细胞的过程。

## 一、细菌的连锁遗传分析

### （一）细菌的突变型

（1）营养缺陷型

1907 年，马西莫（Merighi Massim）首先分离出了 6 个大肠杆菌（*Escherichia coli*）

的突变品系，它们由于代谢上的缺陷而不能发酵乳糖（lactose）。这种代谢上的缺陷只要利用特定的培养基就很容易被发现。能发酵乳糖的正常细菌在含伊红（eosin）和亚甲蓝（methylene blue）的培养基（EMB）上长成的菌落是红色的，不能发酵乳糖的细菌则长成白色菌落。这种能把野生型和突变型明显地区分开来，便于人们进行选择的培养基称为选择培养基（selection medium）。利用 EMB 培养基还分离出了不能利用阿拉伯糖、甘露糖、木糖、麦芽糖等作为碳源的一批大肠杆菌突变型。由于它们在营养代谢上是有缺陷的，因此统称为营养缺陷型（auxotroph），而把正常的野生型称为原养型（prototroph）。

原养型大肠杆菌对培养基中营养成分的要求很简单，只要有葡萄糖和一些无机盐就能生活了。这种能保持野生型生活的最低限度的培养基称为基本培养基（minimal medium）。而营养缺陷型由于基因突变失去了自己制造某种物质（氨基酸、维生素、嘌呤或嘧啶等）的能力，因此在营养上产生了特殊的要求，只有在基本培养基中补加它们所不能合成的某些物质才能生长、繁殖。这种补加一些营养物质的基本培养基称为补充培养基（additive medium）。

因此，把营养缺陷型细菌接种在一系列分别添加各种氨基酸、维生素、嘌呤或嘧啶的基本培养基上，就可以判断出每种营养缺陷型细菌生长所需要的物质，从而进一步探知是控制哪一种物质合成的基因发生了突变。为简明起见，这些突变型的基因型可用它不能合成的物质名称来表示，取前三个字母并在右上角加一负号"-"或正号"+"。"-"代表不能合成该物质的缺陷型，"+"表示能合成该物质的野生型。例如，$thr^-$、$pro^-$、$ade^-$、$trp^-$ 分别代表苏氨酸、脯氨酸、腺嘌呤和色氨酸的缺陷型，而 $thr^+$、$pro^+$、$ade^+$、$trp^+$ 则表示相应的野生型。

（2）抗药型

野生型细菌通常会被一定剂量的某种药物杀死，所以称为药物敏感型（sensitive）。21世纪初在利用药物治疗细菌性疾病之后不久，就发现把一种细菌培养物用致死剂量的药物处理后，往往还有一些细菌不受药物的影响而存活下来，这是由于在原来的药物敏感型中，有一些细菌已转变为抗药型（resistance）了。20世纪40年代，随着各种抗生素（青霉素、链霉素等）的广泛应用，细菌对药物发生抗性的现象越来越普遍。以后用青霉素和链霉素作选择因素，在大肠杆菌中筛选出了一批抗青霉素和链霉素的抗药性突变型。它们的基因符号可用该药物名称的前三个字母并在右上角附加"r"来表示，如 $pen^r$（抗青霉素基因）、$str^r$（抗链霉素基因）；与之相应的药物敏感型可写成 $pen^s$ 和 $str^s$。

（3）抗噬菌体型

在大肠杆菌中还发现有抗噬菌体突变型，它的细胞壁上由于没有 $T_1$ 噬菌体赖以附着的接受点，因此能抗 $T_1$ 噬菌体而不会被它杀死。它的基因型符号是 $ton^r$。而野生型的大肠杆菌由于细胞壁上具有 $T_1$ 噬菌体的接受点，使噬菌体颗粒得以附着在它的壁上，因而能被侵入细胞内的噬菌体杀死，所以称为 $T_1$ 噬菌体敏感型（$ton^s$）。

## （二）细菌的遗传重组

原核生物的遗传重组实质上是指受体（receptor）中插入来自供体（donor）的遗传性不同的 DNA 片段，并把这种 DNA 片段或它的复本整合为受体基因组的一部分。受体的遗传重组可以通过三种途径来实现：①转化（transformation），游离的细菌 DNA 片段被吸收到不同的细菌细胞（受体）内；②接合（conjugation），通过供体与受体细胞之间的接触而传递 DNA；③转导（transduction），一种细菌的 DNA 片段经过温和的或有缺陷的噬菌体传递给另一种细菌。

1. 转化

已经发现不少属的细菌可以转化，如链球菌属（*Streptococcus*）、嗜血杆菌属（*Haemophilus*）、芽胞杆菌属（*Bacillus*）、奈瑟球菌属（*Neisseria*）、假单胞菌属（*Pseudomonas*）及大肠杆菌属（*Coliforms*）等。能吸取 DNA 分子而被转化的细菌细胞称为感受态细胞（competent cell）。在某一细菌群体中，只有极少数细胞是感受态的，它们具有感受因子，可能是细胞表面的一种蛋白质或是一种转化酶，参与了 DNA 的吸收。转化过程可分为以下几个步骤（图 3.22）。

1）双链 DNA 分子和细胞表面感受位点可逆性结合。
2）供体 DNA 片段被吸入受体细胞。
3）侵入受体细胞的供体双链 DNA 转变成单链形式，其中的一条链被降解。
4）未被降解的一条链，部分或整个插入受体细胞的 DNA 链中，形成杂合的 DNA 分子。
5）这种杂合的 DNA 复制后，形成一个亲代类型（受体）的 DNA 和一个重组类型（供体和受体）的 DNA 并导致转化细胞的形成与表达。

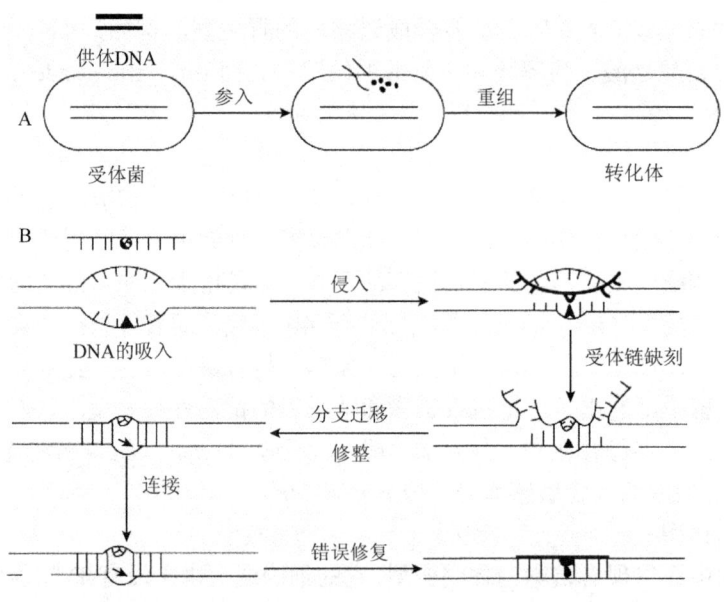

图 3.22 细菌转化过程

A. 供体 DNA 双链吸附、单链吸入并整合到受体，然后插入；B. 单链供体 DNA 整合的假说机制

遗传转化的转化因子一般为 10 000~20 000bp，基因之间距离越近，它们被同时转化（共转化）的频率越高。因此，测定两基因共同转化的频率，可以评估基因之间的相对距离。例如，内斯特（Eugene W. Nester）利用枯草杆菌（*Bacillus subtilis*）$trp_2^+ his_2^+ tyr_1^+$DNA 为供体，对基因型为 $trp_2^- his_2^- tyr_1^-$ 的受体菌进行转化，结果如表 3.3 所示。

表 3.3 枯草杆菌转化实验中转化体类别和重组值计算

| 座位 | 转化体类别 | | | | | | |
|---|---|---|---|---|---|---|---|
| $trp_2$ | + | − | − | − | + | + | + |
| $his_2$ | + | + | − | + | − | − | + |
| $tyr_1$ | + | + | + | − | − | + | − |
| | 11 940 | 3 660 | 685 | 418 | 2 600 | 107 | 1 180 |
| | 亲本型（++） | | 重组型（+−）和（−+） | | | 重组值（重组体数/总数） | |
| $trp_2^- his_2^-$ | 11 940 + 1 180 = 13 120 | | 2 600 + 107 + 3 660 + 418 = 6 785 | | | $\frac{6\,785}{19\,905} = 0.34$ | |
| $trp_2^- tyr_1^-$ | 11 940 + 107 = 12 047 | | 2 600 + 1 180 + 3 660 + 685 = 8 125 | | | $\frac{8\,125}{20\,172} = 0.40$ | |
| $his_2^- tyr_1^-$ | 11 940 + 3 660 = 15 600 | | 418 + 1 180 + 685 + 107 = 2 390 | | | $\frac{2\,390}{17\,990} = 0.13$ | |

根据表 3.3 结果，绘制的 $trp_2$、$his_2$ 和 $tyr_1$ 基因的连锁图如图 3.23 所示。

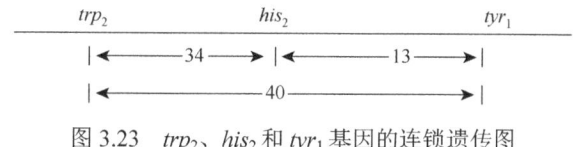

图 3.23 $trp_2$、$his_2$ 和 $tyr_1$ 基因的连锁遗传图

## 2. 接合

在原核生物中，接合是指遗传物质从供体菌转移到受体菌的过程。

**（1）F 因子**

1946 年，莱德伯格（Joshua Lederberg）（1925～2008 年）和泰特姆（Edward Lawrie Tatum）（1909～1975 年）发现，大肠杆菌 $K_{12}$ 菌株的 A（$met^-bio^-$）和 B（$thr^-leu^-$）两个营养缺陷型品系都不能在基本培养基上生长繁殖，但将二者混合之后则能在基本培养基上长出原养型菌落（colony）。这种原养型菌落可能产生于：①亲本细菌 A 或 B 发生了回复突变；②两品系细胞通过培养基交换养料——互养作用；③两品系间发生了转化作用；④发生细胞融合，形成了异核体或杂合二倍体。

为了分析这些原养型菌落产生的原因，进行了一系列的研究和分析。

1）莱德伯格和泰特姆采用双营养缺陷型菌株进行试验，已基本排除 A 或 B 品系发生回复突变产生原养型细菌的可能。这是因为单基因回复突变的频率很低，约为 $10^{-6}$，双基因回复突变的频率则更低，约为 $10^{-12}$，但试验中产生原养型菌落的频率非常高。

2）营养互补性检测：选择基因型分别为 $A^-B^+T_1^S$（$met^-bio^-thr^+leu^+T_1^S$）（A 品系）和 $A^+B^-T_1^R$（$met^+bio^+thr^-leu^-T_1^R$）（B 品系）的菌株混合接种在基本培养基表面，短时间后喷 T1 杀死 A 品系，使其不能持续产生 Thr 和 Leu 供 B 品系持续生长。结果发现，在基本培养基上仍然长出了原养型菌落。结果表明，互养并非是原养型菌落出现的原因。

3）把品系 A 的培养液经加热灭菌，加入 B 品系的培养物中，未能得到原养型菌落。结果表明，原养型菌落也不可能是由转化作用产生的。

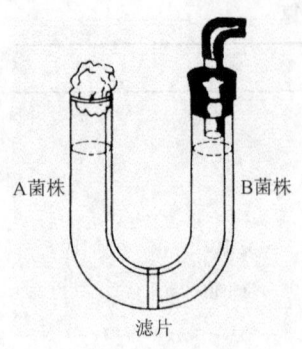

图 3.24　U 形管试验

4）1950 年，戴维斯（Bernard Davis）设计了著名的 U 形管试验。先在 U 形管底部放入滤片，该滤片可阻止细菌通过，但不影响大分子（DNA 和营养物质）流过。在左管中加入 A 菌株，用棉塞塞紧；右管中加入 B 菌株，并与抽进气管相连（图 3.24）。右管轮流加压或抽气使左右管的大分子充分混合。然后将左右管的菌株分别涂布在基本培养基上，结果都没有出现原养型。

上述这些实验结果说明，细胞直接接触是原养型细菌产生的必要条件。

在真核生物中，基因分离、自由组合及连锁交换都是通过有性过程实现的。但是细菌没有有性生殖过程，细菌细胞之间是如何进行遗传物质交流的呢？1953 年，海斯（William Hayes）做了如下的杂交试验。

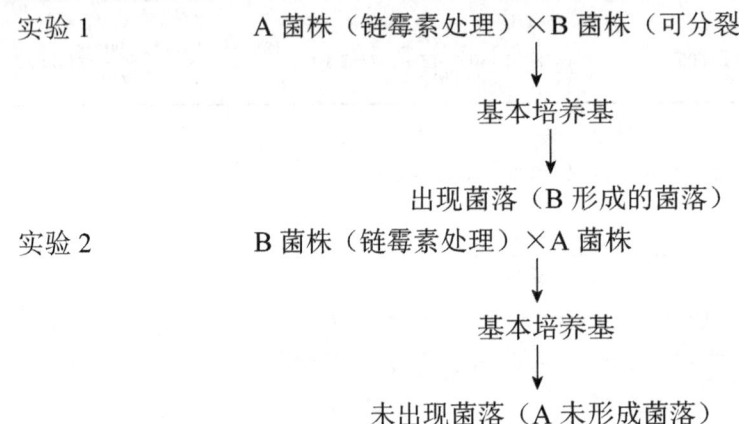

链霉素可以阻止细胞分裂，继而杀死细胞，但它还能使交配持续较短时间。上述实验结果表明，A 品系在交配后被杀死，仍可以将遗传物质转移给受体 B，B 接受 A 的基因后，可以分裂并在培养基中形成菌落。说明 A 类似雄性动物，交配后被杀死，不会影响后代。而 B 品系像是一种受体，可以接受 A 的基因，和雌性动物一样，受孕后被杀死的话，就无法产生后代。据此，海斯认为细菌的接合是异宗配合（heterothallism）过程，两个亲本在杂交中所起的作用不同，有供体和受体之分，相当于"雄性"和"雌性"。海斯等进一步研究发现，大肠杆菌在接合中做供体的能力受细胞内一种致育因子（fertility factor，F 因子；sex factor，性因子）控制。

F 因子是独立于细菌染色体之外、可以复制的环状 DNA 分子，相对分子质量约为 $45 \times 10^6$，全长约为 $9 \times 10^4$ bp，大约为大肠杆菌环状染色体全长的 2%。F 因子的遗传结构包含 3 个区域（图 3.25）：①原点（origin），它是 F 因子转移的起点；②致育基因（fertility gene），这些基因使它具有感染性，其中一些基因编码生成 F 菌毛（F pilus）或称为性伞毛（sex pili）的蛋白质；③配对区（pairing region），与细菌染色体中多处核苷酸序列相对应，因此 F 因子可以分别地与染色体上这些同源序列配对，通过交换整合到染色体中成为细菌染色体的一部分。像这种既可存在于染色体之外作为一个独立的复制子，也可以整合到细菌染色体中作为细菌复制子一部分的遗传因子称为附加体（episome）。有 F 因子的细菌称为 $F^+$，细菌增殖时可以把 F 因子传递给后代；没有 F 因子的细菌称为 $F^-$，$F^+$ 细菌经吖啶橙处理丢失 F 因子后，即成为 $F^-$。

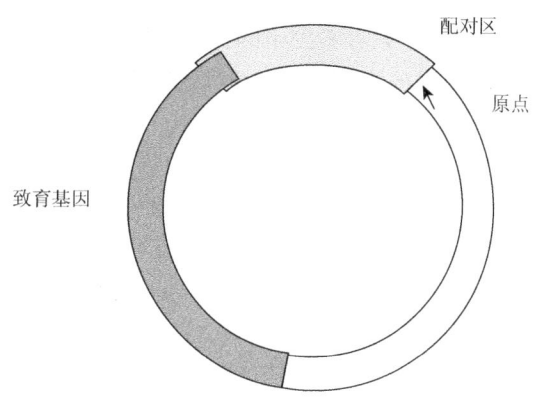

图 3.25　F 因子的结构示意图

（2）F⁻菌与F⁺菌的接合转移

F⁺细胞和F⁻细胞接触时，F菌毛在两个细胞间形成细胞质桥，即接合管（conjugation tube）（图3.26），F因子的双链DNA分子中的一条链打开一个缺口，从5′-磷酸基团单链尾巴开始，通过接合管先进入受体F⁻，并在F⁻中复制形成一个完整的F因子，使F⁻细胞转变成F⁺细胞；另一条没有缺口的完整链留在F⁺细胞内作为模板进行复制，也形成一个完整的F因子，使细菌细胞仍然是F⁺细胞（图3.27）。

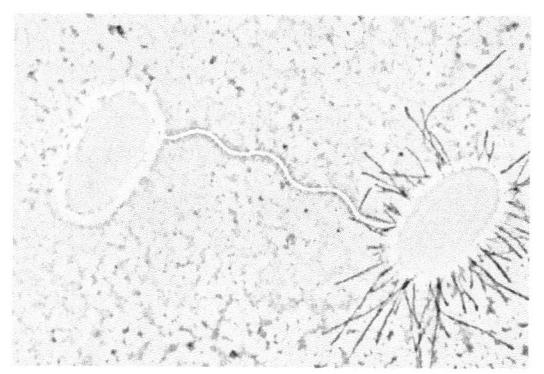

图 3.26　F⁺大肠杆菌细胞和F⁻大肠杆菌细胞的结合

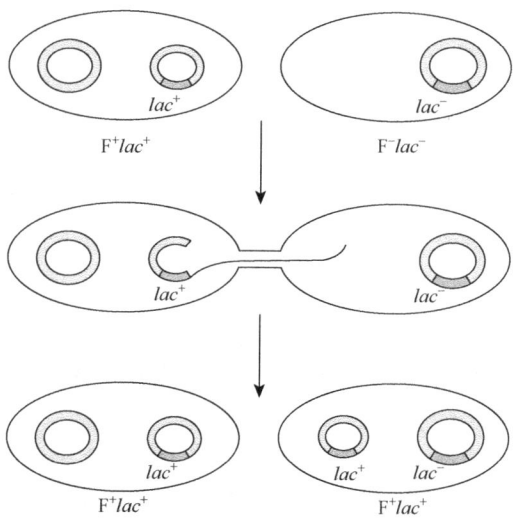

图 3.27　F⁺与F⁻的杂交结果

由于 $F^+$ 与 $F^-$ 之间的结合过程中只有 F 因子的传递,而没有交换细菌的染色体,因此杂交后代都是 $F^+$,出现重组后代的频率很低,大约是 $10^{-7}$,因此 $F^+$ 品系称为低频重组(low frequency recombination,Lfr)菌株。

(3) $F^-$ 菌与 Hfr 菌的结合

1951 年,卡法里(Luca Cavalli-Sforza)用氮芥(nitrogen mustard)处理 $F^+$,然后将处理后的 $F^+$ 和 $F^-$ 杂交,得到 $10^{-4}$ 的重组子,重组频率大大高于 $F^-$ 和 $F^+$ 的杂交,故将这种 $F^+$ 称为高频重组(high frequence recombination,Hfr)菌株。Hfr 中的 F 因子整合在细菌染色体上,当 Hfr 细胞与 $F^-$ 细胞接合后,可以将供体染色体的一部分或全部传递给 $F^-$ 受体,当供体和受体的等位基因带有不同标记时,在它们之间就可以发生重组。F 因子可整合在大肠杆菌不同的部位,由于整合的部位不同,方向不同,则形成了不同的 Hfr 菌株。杂交过程中也形成接合管,遗传物质的转移顺序为:原点→配对区→大肠杆菌基因→配对区→致育基因。在转移过程中,结合管很容易断裂,往往只有靠近原点的一部分供体基因进入受体(全部转移需温和条件 120min),形成部分二倍体(partial diploid)(由一个完整的基因组和一个不完整的基因组所构成的二倍体)。其中受体的基因组称为内基因子,供体的基因组称为外基因子(图 3.28A)。外基因子转移到受体以后,或以游离状态存在,随着细胞分裂代数的增加被稀释而消失;或与内基因子发生交换。如果交换次数是奇数,便形成一个线状分子,在大肠杆菌中不能复制,导致细胞死亡(图 3.28B);如果是偶数交换,则同时形成线状分子(不能复制,消失)和环状分子(图 3.28C)。大肠杆菌复制时,DNA 复制酶只能识别环状分子,其中的原点有 273bp,富含 AT,首先解旋成"眼"状结构,然后双向复制;形成的线状分子不能复制,最终消失。

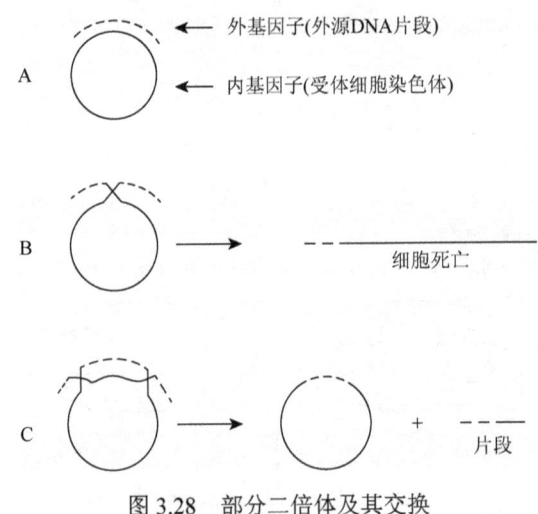

图 3.28　部分二倍体及其交换

(4) 细菌的交换和重组特点

综上所述,细菌的交换重组与真核生物的交换重组具有明显的差别,表现出明显的特点。

1) 基因重组发生在部分二倍体中(自然状态下很难把供体基因全部转移到受体细胞中)。

2) 奇数交换无效,偶数交换有效。

3) 杂交后代只出现一种重组子(真核生物出现 4 种杂交后代)。

4) 在 $F^+ \times F^-$ 中,结果使 $F^-$ 变为 $F^+$,很少发生基因重组。因为 $F^+$ 细胞中的 F 因子大部分是游离的,只有个别的细胞是整合状态。只有整合状态才能转移供体基因,进行基因重组。

5）在 Hfr×F⁻ 中，基因重组频率比较高，但是致育基因没有被转移，因此 F⁻ 很少能变成 F⁺。

（5）大肠杆菌的基因定位——中断杂交法

1954年，雅各布（Francois Jacob）和沃尔曼（Elie Wollman）设计了一个著名的中断杂交试验（interrupted mating experiment）。他们采用的菌株基因型为

Hfr：$thr^+leu^+azi^s ton^s lac^+gal^+str^s$

F⁻：$thr^-leu^-azi^r ton^r lac^-gal^-str^r$

将两种细胞混合培养，每隔一定时间取样，把菌液放在搅拌器内搅拌，以中断接合。将中断接合的细菌接种到含有链霉素的几种不同培养基上，测定形成了什么样的重组体（链霉素可杀死所有的 Hfr 供体细胞）（图 3.29）。实验结果表明：Hfr 菌株的基因是从原点开始按一定的线性顺序依次进入 F⁻ 菌株的，因此基因位点离原点越近，进入 F⁻ 细胞越早，所能达到的重组频率也越高；离原点越远的基因，进入受体细胞的时间越晚，所能达到的重组频率也越低（图 3.30）。由于 F 因子离原点最远，转移频率很低，因此很少使 F⁻ 变成 Hfr 或 F⁺。

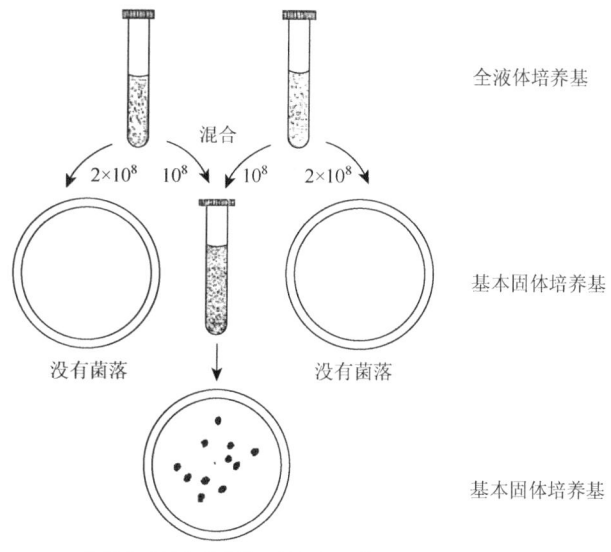

图 3.29　大肠杆菌的中断杂交试验

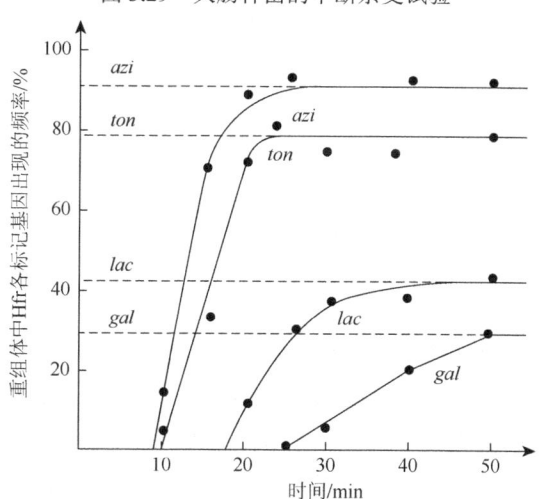

图 3.30　中断杂交后，重组体中 Hfr 各基因出现的频率

因此，根据中断杂交试验结果，用 Hfr 各基因在 F⁻ 细胞中出现的时间为单位，可以绘制大肠杆菌的遗传连锁图（图 3.31）。像这种人为地中断大肠杆菌的杂交过程而进行基因定位的方法叫作中断杂交法。

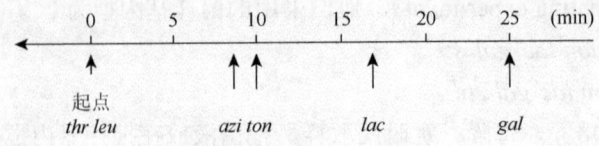

图 3.31　中断杂交法作图

不同 Hfr 菌株进行中断杂交试验，基因转移的顺序、起点和转移方向各不相同（表 3.4）。因此，推断大肠杆菌的染色体为环形，F 因子在细菌染色体上有许多插入位点，不同菌株中 F 因子的插入方向各不相同（图 3.32）。

表 3.4　用中断杂交法确定的几个 Hfr 菌株的基因顺序

| Hfr 菌株 | 基因转移顺序 |
| --- | --- |
| HfrH | 0　*thr　pro　lac　pur　gal　his　gly　thi* |
| 1 | 0　*thr　thi　gly　his　gal　pur　lac　pro* |
| 2 | 0　*pro　thr　thi　gly　his　gal　pur　lac* |
| 3 | 0　*pur　lac　pro　thr　thi　gly　his　gal* |
| AB312 | 0　*thi　thr　pro　lac　pur　gal　his　gly* |

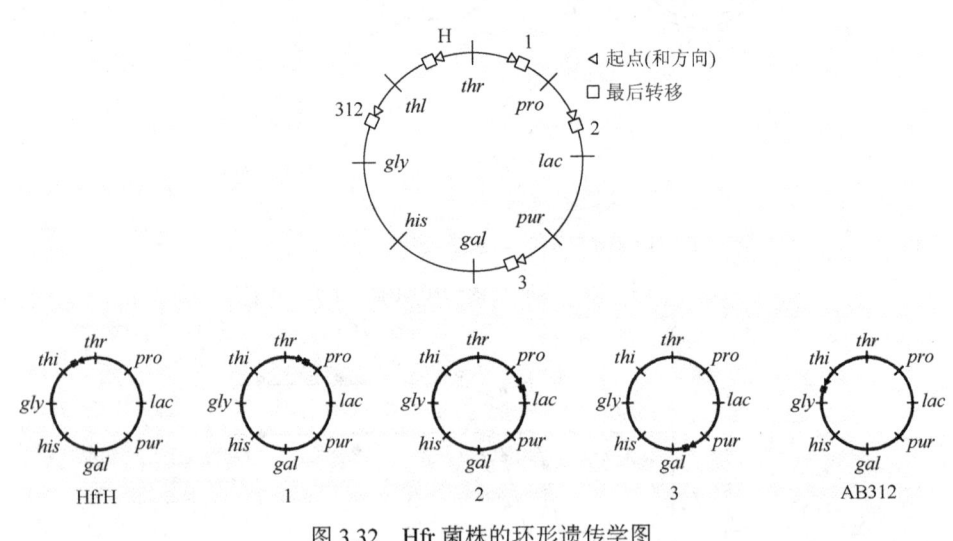

图 3.32　Hfr 菌株的环形遗传学图

（6）重组作图

如果两个基因间的转移时间小于 2min，用中断杂交法获得的图距就不太可靠，应该采用传统的重组作图法（recombination mapping）。例如，有两个紧密连锁的基因：$lac^+$ 和 $ade^-$，两者相继进入 F⁻ 的时间相距很短，难以准确界定，所以只能根据产物确定。将 Hfr $lac^+ade^+$×F⁻$lac^-ade^-$杂交，用完全培养基但不加腺嘌呤，可以选出 F⁻$ade^+$的菌落。由于 $ade$ 进入 F⁻ 细胞的顺序比 $lac$ 较晚些，因此，当 $ade$ 进入 F⁻ 细胞时 $lac$ 自然也已经进入。如果选

出 $ade^+$，同时也是 $lac^+$，表明 $lac$、$ade$ 间没有发生过交换；如果是 $lac^-$，说明两者之间发生过交换（图 3.33）。根据统计结果计算 $lac$ 和 $ade$ 两基因间的重组值：

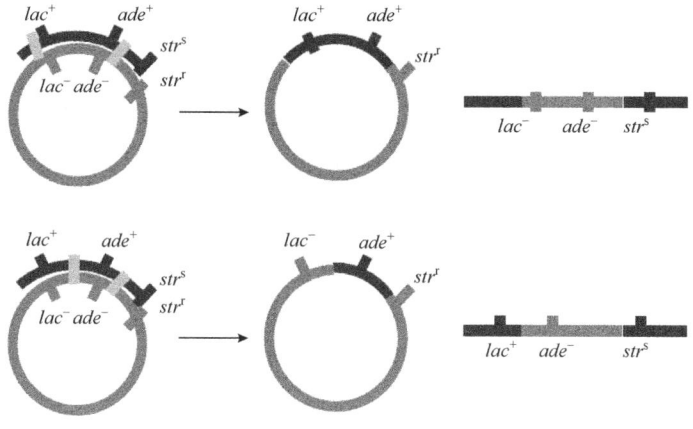

图 3.33　重组子的产生

$$\frac{lac^- ade^+}{(lac^+ ade^+)+(lac^- ade^+)} \times 100\% = \frac{lac^- ade^+}{ade^+} \times 100\% = 22\%$$

两个位点之间的时间单位约为 1min，可见 1 个时间单位（min）大约相当于 20%的重组值。

（7）F′因子与性导

整合到细菌中的 F 因子也可以重新离开染色体，成为独立的环。这个过程是整合的逆过程，称为环出（looping out）。

F 因子在环出过程中并不是完全准确无误的，往往连同部分染色体片段一同离开。部分染色体 DNA 与 F DNA 的杂合环称为 F′因子（图 3.34）。

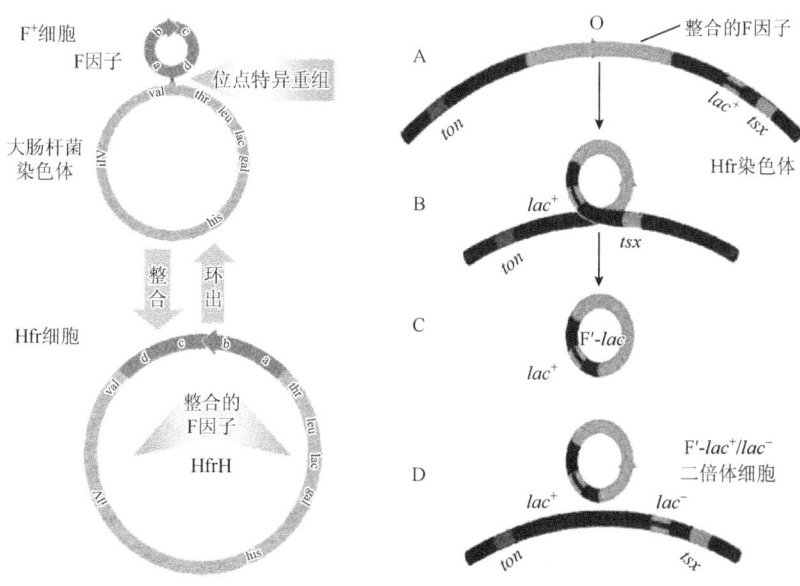

图 3.34　F 因子的整合和环出

F′因子有极高的自整合率，而且整合在一定的座位上，因为它有与细菌染色体同源的区段。F′因子以极高的频率转移它所携带的基因。F′因子转入受体细胞后，由于引入供体细胞的部分基因，从而形成部分二倍体，这种利用 F′因子将供体细胞的基因导入受体形成部分二倍体的过程称为性导（sexduction）。

3. 转导

1952 年，莱德伯格（Joshua Lederberg）和辛德（Norton Zinder）在鼠伤寒沙门菌（*Salmonella typhimurium*）的研究中发现了转导现象。以噬菌体作为媒介，把某一细菌的 DNA 转移到另一细菌细胞进行基因重组的过程称为转导。提供基因的细菌细胞称为供体，接受基因的细菌细胞称为受体。携带供体基因的噬菌体称为转导噬菌体；接受了基因的受体称为转导子。

（1）转导频率的计算

转导频率可用以下方法来计算。

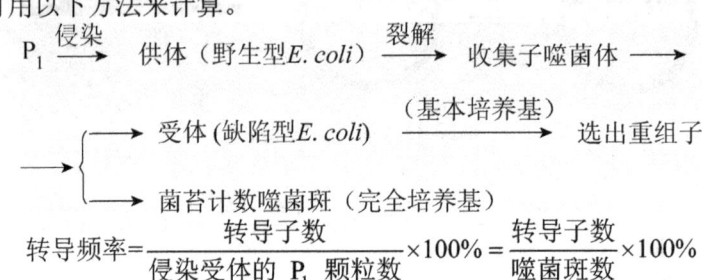

$$\text{转导频率} = \frac{\text{转导子数}}{\text{侵染受体的 } P_1 \text{ 颗粒数}} \times 100\% = \frac{\text{转导子数}}{\text{噬菌斑数}} \times 100\%$$

（2）共转导

两个基因一起被转导称为共转导（co-transduction）。共转导的频率越高，表明两个基因在染色体上的距离越近，连锁越紧密；相反，如果两个基因的共转导频率很低，就说明它们之间距离较远。因此，通过观察两因子转导（two factor transduction），计算并比较每两个基因之间的共转导频率，就可以确定三个或三个以上基因在染色体上的排列顺序。例如，在 $P_1$ 转导试验中，*leu* 基因与 *azi* 基因的共转导频率很高，和 *thr* 基因的共转导频率也很高，而 *thr* 和 *azi* 很少或完全不在一起转导（表 3.5），因此这三个基因的次序就应为 *thr-leu-azi*（图 3.35）。

表 3.5　$P_1$ 的共转导试验结果

| 选择性标记 | 非选择性标记 |
| --- | --- |
| $leu^+$ | 50%-$azi^r$，2%-$thr^+$ |
| $thr^+$ | 3%-$leu^+$，0%-$azi^r$ |
| $leu^+ thr^+$ | 0%-$azi^r$ |

```
thr            leu      azi
―――――――――――――――――――――――
```

图 3.35　基因 *thr*、*leu* 和 *azi* 的排列顺序

（3）局限性转导

通过温和噬菌体（temperate phage）（如 λ、MU、MB 噬菌体）的介导，仅能转移少数特定基因（只能转移整合部位两侧的基因）的转导称为局限性（特异性）转导（restricted transduction)。例如，λ噬菌体感染大肠杆菌后，整合进大肠杆菌染色体中的固定位点上，这个位点在 gal（半乳糖代谢基因）和 bio（生物素合成基因）之间，该位点称为 BOB'，它与λ的附着位点（attachment site，att）POP'有相同的核心序列区，长 15bp（GCTTTTTTATACTAA），它们通过同源单交换发生整合，形成溶原菌。整合状态的噬菌体称为原噬菌体（或前噬菌体）(prophage)，或称为没有侵染能力的噬菌体。原噬菌体离开细菌染色体时，偶尔会发生不正常环出（abnormal looping out），将细菌的基因（如 gal 基因）带入噬菌体的基因组而自身的一部分 DNA 却留在细菌染色体上，从而形成一种部分缺陷的噬菌体（defective phage）。这种混杂的 DNA 片段由噬菌体外壳包装，就形成了特殊性转导颗粒，能把细菌的基因由一个细胞转移到另一个细胞。局限性转导仅限于靠近原噬菌体附着点的基因，如λ专门转导大肠杆菌的 gal 和 bio 基因，带有 gal 或 bio 基因的转导噬菌体记为 λdgal 或 λdbio。所以这种转导称为特殊性转导或局限性转导（图3.36）。

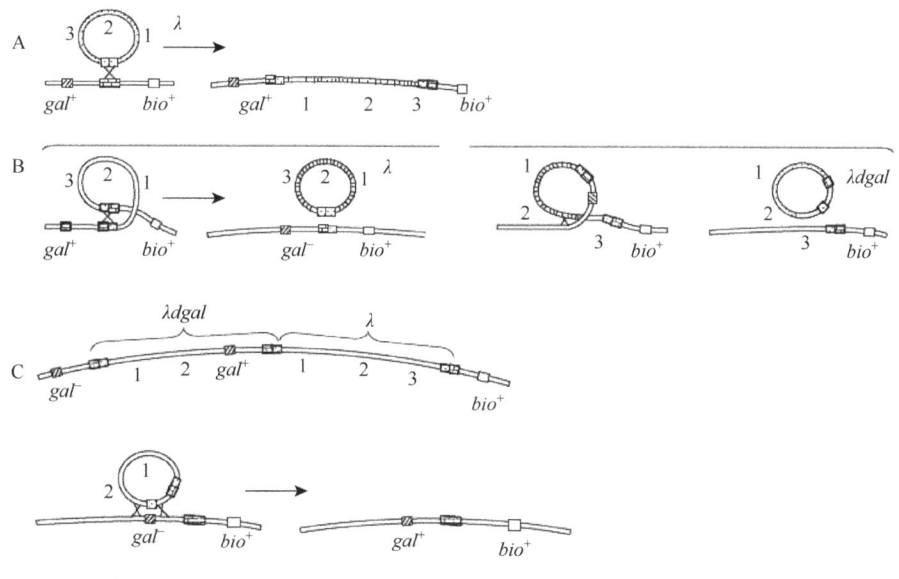

图3.36 λ噬菌体局限性转导机制

A. 溶原性形成：λDNA 整个插入细菌染色体形成溶原性细菌。B. 裂解：λDNA 正常地环出产生λ噬菌体或偶尔不正常地环出形成转导噬菌体 λdgal。C. 转导：产生溶原性转导子或通过重组产生转导子

在 Hfr×F⁻杂交中，当供体菌株带有可诱导的原噬菌体，而受体菌株对噬菌体敏感时，染色体从供体到受体正常地转移，直到带有原噬菌体的染色体部位进入无免疫的 F⁻细胞，这时原噬菌体立即从染色体部位上脱落下来进入自主繁殖，最终使合子裂解，释放出游离噬菌体，这种现象称为合子诱导（zygotic induction）。

（4）普遍性转导

烈性噬菌体（virulent phage）的 DNA 进入大肠杆菌细胞后环化，噬菌体 DNA 复制并合成噬菌体蛋白，细菌 DNA 则被降解为小片段。在噬菌体组装过程中，合成的噬菌体外壳蛋白偶尔会误包装细菌的一段 DNA，形成含细菌基因的转导噬菌体。当这种噬菌体再浸染其他细菌细胞时，来自供体菌的基因就会与受体菌的基因发生交换，使受体菌的表型发生变化。在这种转导方式中，供体的任何一个基因都可能被转移，而且概率相等，因此称为普遍性转导（generalized transduction）（图3.37）。

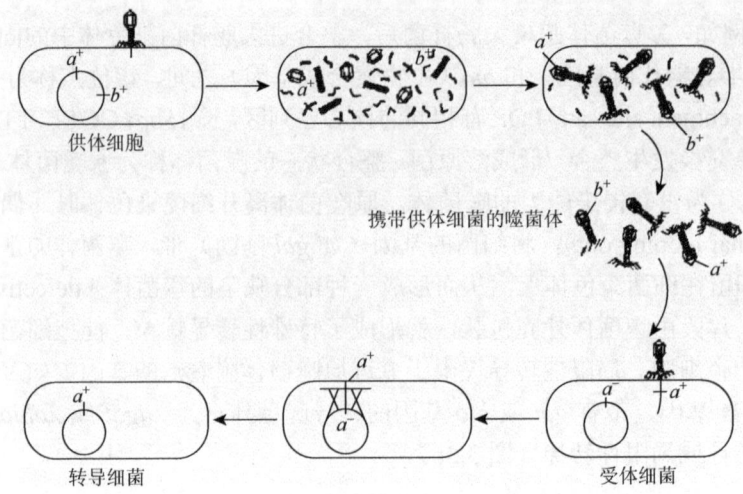

图 3.37 普遍性转导机制示意图

## 二、噬菌体的连锁遗传分析

噬菌体（bacteria phage or phage）是指浸染细菌、放线菌及真菌的病毒。其没有细胞结构，由一个蛋白质外壳包围一段 DNA 或 RNA（烟草花叶病毒为 RNA 病毒）。遗传学上应用最广泛的是大肠杆菌的 T 系列噬菌体（$T_1 \sim T_7$）。

根据噬菌体 DNA 在宿主细菌内的特点，将噬菌体分为两类。

1）烈性噬菌体：烈性噬菌体（virulent phage）的遗传物质进入宿主细胞后，破坏宿主细胞原有的遗传物质，合成大量的噬菌体遗传物质和蛋白质，组装成许多新的子噬菌体，最后使细菌裂解（lysis）。

2）温和噬菌体：温和噬菌体（temperate phage）具有溶原性（lysogeny）的生活周期，即在噬菌体侵入后，细菌细胞并不裂解。λ噬菌体和 $P_1$ 噬菌体可代表略有不同的溶原性类型：①λ噬菌体通过交换而整合到细菌染色体上，位于大肠杆菌染色体的 *gal* 和 *bio* 位点之间。整合的噬菌体称为原噬菌体(prophage)。此时它会阻止其他λ噬菌体的超数感染(superinfection)（一个细菌受一个以上噬菌体所感染的现象）。原噬菌体通过紫外线（UV）照射、温度改变、与非溶原性细菌的接合等方式诱导（induction），使阻遏物失活，噬菌体繁殖并进入裂解周期。②$P_1$噬菌体感染大肠杆菌以后，不整合到细菌 DNA 上，而是独立地存在于细胞内。$P_1$ DNA 可以复制，但不裂解宿主细胞，也不影响宿主细胞的正常代谢。$P_1$ 的复制可以使宿主的子细胞中也会有 $P_1$ DNA，而且可以多于一个拷贝。受 $P_1$ 噬菌体感染的细菌也可以因诱导而进入裂解周期。

### （一）噬菌体突变型

噬菌体很小，只有在电子显微镜下才能观察到。但是噬菌体的有些性状仍可以进行遗传学研究。例如，不同基因型的噬菌体产生的噬菌斑（plaque）可以是大的或小的，边缘清晰的或模糊的等；另一些遗传上可以分析的噬菌体性状是宿主范围。某些细菌菌株不受噬菌体的吸附，而噬菌体能感染和裂解的细菌菌株也不同。

（1）快速溶菌突变型

噬菌体裂解寄主的过程称为溶菌。少量 T 系列噬菌体（如 $T_2$）和大量大肠杆菌混合，涂于固体平板，噬菌体进入大肠杆菌细胞繁殖并导致细胞裂解产生噬菌斑。噬菌体裂解速度越快，出现的噬菌斑越大。野生型 $r^+$ 噬菌斑小，快速生长突变型 $r^-$ 噬菌斑大。

（2）寄主范围突变型

野生型 $T_2$ 只能浸染 B 菌株，不能感染 $B_2$ 菌株（用 $h^+$ 表示）；$T_2$ 突变为 $T_2^-$，产生抗性突变，既能浸染 B 菌株，也能浸染 $B_2$ 菌株（用 $h^-$ 表示）。当在含有 $B/B_2$ 的固体培养基上接种 $h^+$ 后，出现半透明的噬菌斑；而接种 $h^-$ 后，出现透明的噬菌斑（图 3.38）。

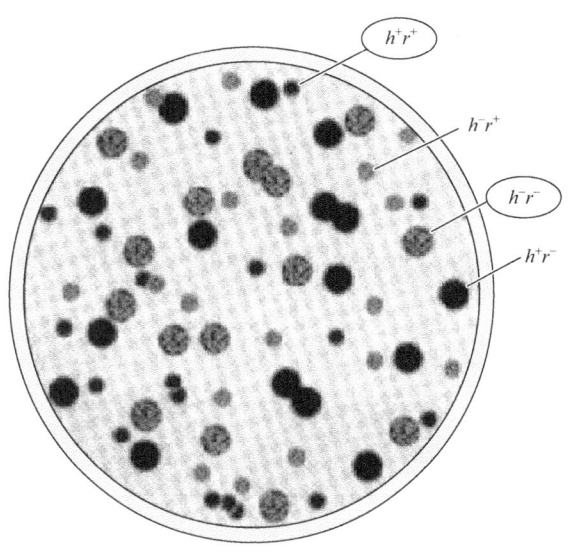

图 3.38　$h^+r^-\times h^-r^+$ 混合感染产生的噬菌斑类型

### （二）噬菌体的基因重组

两个基因型不同的噬菌体同时感染一个宿主细胞，叫作混合感染（mixed infection）或双重感染（double infection）。共同生存在同一个宿主细胞中的两个噬菌体的 DNA 也可以发生交换，产生基因重组。

将大量噬菌体 $h^+r^-$ 和大量噬菌体 $h^-r^+$ 加入含有大肠杆菌 B 的完全培养基，两种噬菌体混合造成复感染（一个大肠杆菌中同时进入两种噬菌体）。收集噬菌体（加三氯甲烷振荡），将少量噬菌体再涂于含有大肠杆菌 B 和 $B_2$ 菌株的固体培养基中，除了预期的半透明大噬菌斑（$h^+r^-$ 浸染造成）和透明小噬菌斑（$h^-r^+$ 浸染造成）外，还出现了半透明小噬菌斑和透明大噬菌斑两种表型（图 3.38，表 3.6）。

这是因为 $T_2$ 噬菌体为烈性噬菌体，当两种 $T_2$ 噬菌体复感染大肠杆菌 B 时，不和大肠杆菌染色体整合，而在两种噬菌体的 $h$ 和 $r$ 基因之间和一个基因外侧发生了双交换（单交换后形成一个环，不能复制而死掉），结果形成 4 种噬菌体 $h^+r^-$、$h^-r^+$、$h^+r^+$ 和 $h^-r^-$（后两种为重组类型），分别产生不同类型的噬菌斑（表 3.6）。统计不同类型噬菌斑的数量，按照下列公式计算 $h$ 和 $r$ 基因之间的重组值。

$$重组值=\frac{h^+r^+ + h^-r^-}{总噬菌斑数}\times 100\%$$

表 3.6　$h^+r^-\times h^-r^+$ 混合感染大肠杆菌 B 和 $B_2$ 的结果

| 噬菌斑类型 | 推导的基因型 |
| --- | --- |
| 透明，小 | $h^-r^+$ |
| 半透明，大 | $h^+r^-$ |
| 半透明，小 | $h^+r^+$ |
| 透明，大 | $h^-r^-$ |

### （三）$T_2$ 的环形遗传图

$T_2$ 的不同快速溶菌突变型的表型不完全相同，分别记为 $r_1$、$r_7$ 和 $r_{13}$ 等，将溶菌突变型和宿主范围突变型杂交，结果如表 3.7 所示。根据表 3.7 的结果可以判断基因 $r_1$、$r_7$、$r_{13}$ 和 $h$ 有 4 种可能的排列顺序（图 3.39），但要确定正确的排列顺序还缺条件。例如，要知道 $r_7$、$r_{13}$ 和 $h$ 的顺序，需要进行 $r_7^+r_{13}^-\times r_7^-r_{13}^+$ 杂交，结果发现 $r_7$ 与 $r_{13}$ 之间的距离大于 $r_7$ 与 $h$ 之间的距离，说明 $h$ 位于 $r_7$ 与 $r_{13}$ 之间。至于 $r_1$ 是靠近 $r_{13}$ 还是靠近 $r_7$，两种答案都是正确的，因为 $T_2$ DNA 是环状的。

表 3.7　$T_2\ h^-r^+\times h^+r^-$ 杂交结果

| 杂交 | 各种基因型的百分比/% | | | | 重组率/% |
| --- | --- | --- | --- | --- | --- |
| | $h^+r^+$ | $h^-r^+$ | $h^+r^-$ | $h^-r^-$ | |
| $h^-r^+\times h^+r_1^-$ | 12 | 42 | 34 | 12 | 24 |
| $h^-r^+\times h^+r_7^-$ | 5.9 | 56 | 32 | 6.4 | 12.3 |
| $h^-r^+\times h^+r_{13}^-$ | 0.74 | 59 | 39 | 0.94 | 1.68 |

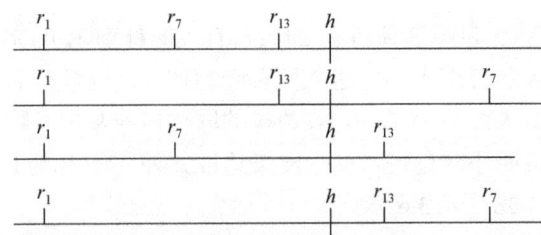

图 3.39　基因 $r_1$、$r_7$、$r_{13}$ 和 $h$ 的 4 种可能排列顺序

## 第五节　真菌的连锁遗传分析

粗糙脉孢菌（*Neurospora crassa*）和酵母菌（*Saccharomyces*）都是真菌，属于低等真核生物，是遗传分析的常用材料。

## 一、着丝粒作图

### （一）四分子与四分子分析

粗糙脉孢菌是一种丝状真菌，生殖方式通常是无性的，由菌丝体长出无性孢子，叫作分生孢子（conidia）。当两个不同交配型菌株一起生长时，粗糙脉孢菌也能进行有性生殖，脉孢菌减数分裂的 4 个产物保留在一起，称为四分子（tetrad）。减数分裂的 4 个产物再进行有丝分裂，在一个子囊中形成 4 对子囊孢子（图 3.40）。但是，脉孢菌的子囊非常狭窄，分裂的纺锤体不能重叠，只能纵立于它的长轴之中。因此，减数分裂的 4 个产物在子囊中不但仍然连在一起，而且代表减数分裂 4 条染色单体的子囊孢子是直线排列的，排列的顺序跟减数分裂中期染色单体的定向相同。所以，脉孢菌减数分裂所产生的四分子属于顺序四分子（ordered tetrad），用遗传学方法可以区分每个染色单体，对四分子所做的遗传分析称为四分子分析（tetrad analysis）。

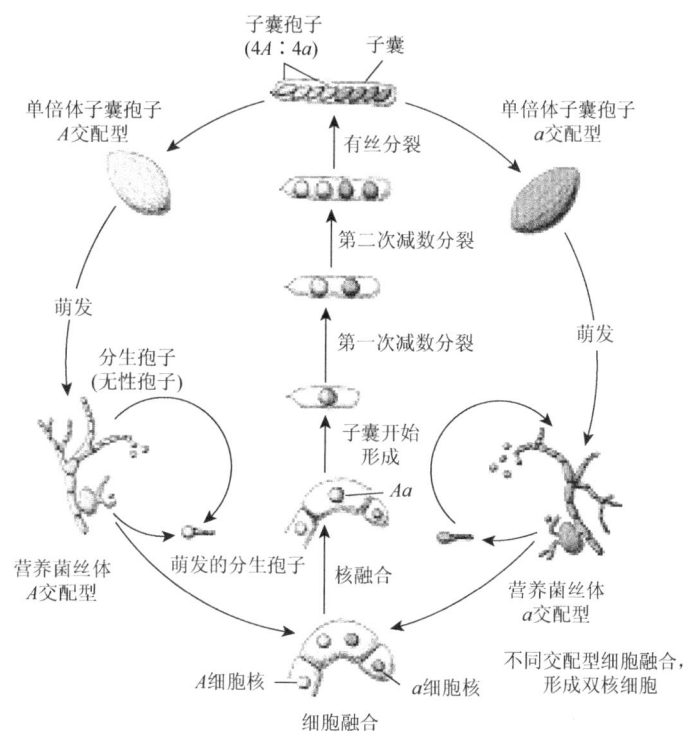

图 3.40　脉孢菌生活周期和减数分裂过程

### （二）着丝粒作图

利用四分子分析法，测定基因与着丝粒之间的距离并进行连锁作图称为着丝粒作图（centromere mapping）。

如果减数分裂过程中，基因位点与着丝粒之间不发生非姐妹染色单体交换，一对等位基因分离产生的两种类型的孢子将分别排列在子囊的两端，称为第一次分裂分离（first-division segregation）或 MⅠ模式；如果基因与着丝粒之间发生交换，子囊孢子将产生不同的排列方式，称为第二次分裂分离（second-division segregation）或称为MⅡ模式（图3.41）。脉孢菌的野生型又称为原养型，子囊孢子按时成熟呈黑色；营养缺陷型，只能在完全培养基上生长，成熟较慢，子囊孢子呈灰色。根据子囊中孢子排列方式判断该次减数分裂是否发生交换，并计算基因位点与着丝粒之间的交换值。

$$交换值 = \frac{交换型子囊数 \times \frac{1}{2}}{交换型子囊数 + 非交换型子囊数} \times 100\%$$

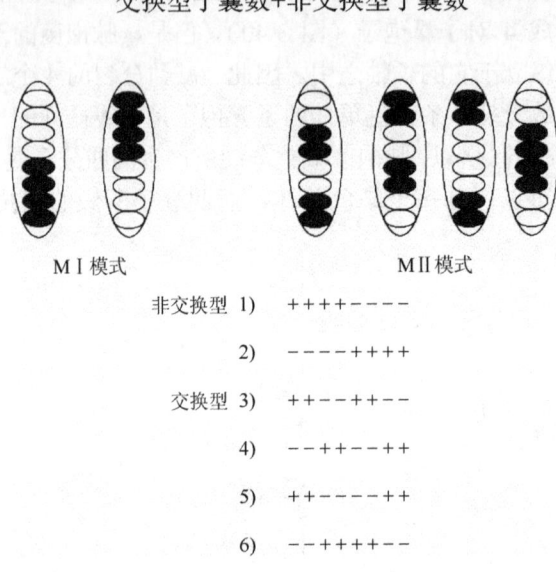

MⅠ模式　　　　　MⅡ模式

非交换型 1) ＋＋＋＋－－－－
　　　　 2) －－－－＋＋＋＋
交换型　 3) ＋＋－－＋＋－－
　　　　 4) －－＋＋－－＋＋
　　　　 5) ＋＋－－－－＋＋
　　　　 6) －－＋＋＋＋－－

图3.41　6种子囊孢子排列方式

例如，脉孢菌有一个与赖氨酸合成有关的基因（$lys$）：野生型能够合成赖氨酸，记为 $lys^+$，能在基本培养基（不含赖氨酸）上正常生长，成熟子囊孢子呈黑色；突变型不能合成赖氨酸，称为赖氨酸缺陷型，记为 $lys^-$，在基本培养基上生长缓慢，子囊孢子成熟较迟，呈灰色。用不同接合型的 $lys^+$ 和 $lys^-$ 杂交，假如有 10 个子囊对 $lys$ 座位是非交换型，有 6 个子囊对 $lys$ 座位是交换型，则 $lys$ 与着丝粒之间的交换值 $= \frac{6 \times 1/2}{6+10} \times 100\% = 18.75\%$，即 $lys$ 与着丝粒之间的图距为 18.75 单位。

## 二、两对基因的遗传分析

真菌具有跟高等动植物行为相像的染色体，位于同一条染色体上的基因互为连锁关系，因此可以根据各基因之间的交换值确定基因的位置和排列顺序。

### （一）顺序四分子分析

脉孢菌的单一减数分裂产物留在同一个子囊内，而且按照直线方式排列，因此是一种顺序四分子。假如有脉孢菌的两个营养缺陷型：一个是烟酸依赖型（$nic$），需要在培养基中添加烟酸才能生长；另一个是腺嘌呤依赖型（$ade$），要在培养基中添加腺嘌呤才能生长。为了确定基因 $nic$、$ade$ 和着丝粒三者的位置关系和距离，将不同结合型的脉孢菌 $nic +$ 和 $ade +$

进行杂交。

根据前面的分析，一对基因杂交有 6 种不同的子囊类型，两对基因杂交，就应该有 6×6＝36 种不同的子囊类型。如果将半个子囊内孢子顺序的变化忽略不计，则可把 36 种不同的子囊类型归纳为 7 种基本类型。如果只考虑性状组合，不考虑孢子排列时，子囊可以分为 3 种四分子类型（表 3.8）。

1）亲二型（parental ditype，PD），有两种基因型，并与亲代相同。
2）非亲二型（non-parental ditype，NPD），有两种基因型，都跟亲代不同，是重组型。
3）四型（tetratype，T），有四种基因型，两种与亲代相同，另两种是重组类型。

表 3.8　*nic*＋×*ade*＋得到不同子囊类型的后代

| A | B | C | D | E | F | G |
|---|---|---|---|---|---|---|
| ＋ *ade* | ＋ ＋ | ＋ ＋ | ＋ *ade* | ＋ *ade* | ＋ ＋ | ＋ ＋ |
| ＋ *ade* | ＋ ＋ | ＋ *ade* | *nic ade* | *nic* ＋ | *nic ade* | *nic ade* |
| *nic* ＋ | *nic ade* | *nic* ＋ | ＋ ＋ | ＋ ＋ | ＋ *ade* | ＋ *ade* |
| *nic* ＋ | *nic ade* | *nic ade* | *nic* ＋ | *nic* ＋ | *nic ade* | *nic* ＋ |
| M1 M1 | M1 M1 | M1 M2 | M2 M1 | M2 M2 | M2 M2 | M2 M2 |
| （PD） | （NPD） | （T） | （T） | （PD） | （NPD） | （T） |
| 808 | 1 | 90 | 5 | 90 | 1 | 5 |

根据表 3.8 结果，分别计算着丝粒-*nic*、着丝粒-*ade* 及 *nic-ade* 的重组值：

（1）着丝粒-*nic*

$$\text{RF}(\text{着丝粒-}nic)=\frac{\text{D+E+F+G}}{1000}\times\frac{1}{2}\times 100\%=\frac{5+90+1+5}{1000}\times\frac{1}{2}\times 100\%=5.05(\text{m.u.})$$

（2）着丝粒-*ade*

$$\text{RF}(\text{着丝粒-}ade)=\frac{\text{C+E+F+G}}{1000}\times\frac{1}{2}\times 100\%=\frac{90+90+1+5}{1000}\times\frac{1}{2}\times 100\%=9.3(\text{m.u.})$$

（3）*nic-ade*

$$\text{RF}(nic\text{-}ade)=\frac{\text{NPD}+\frac{1}{2}\text{T}}{\text{总子囊数}}=\frac{\text{B+F}+\frac{1}{2}(\text{C+D+G})}{1000}\times 100\%=\frac{1+1+\frac{1}{2}(90+5+5)}{1000}\times 100\%$$
$$=5.2\%=5.2(\text{m.u.})$$

由此可知，基因和着丝粒的位置关系应该为着丝粒-*nic*-*ade*，但是 RF（着丝粒-*nic*）+ RF（*nic-ade*）＝5.05＋5.2＝10.25（m.u.），而直接计算的 RF（着丝粒-*ade*）值为 9.30（m.u.），显然被低估了，说明着丝粒和 *ade* 之间有偶数交换发生（图 3.42）。被低估的重组值为：
$$\frac{204+206-372}{4000}\times 100\%=0.95\%$$
。校正后的图距如图 3.43 所示。

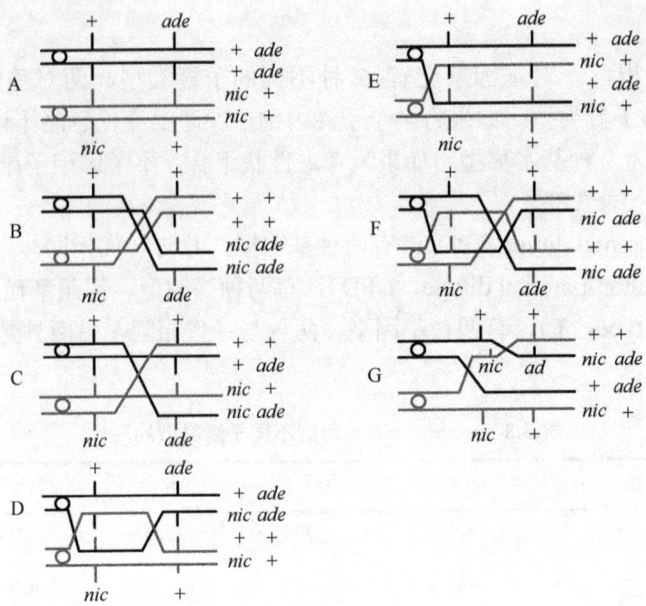

图 3.42　7 种子囊类型的产生机理

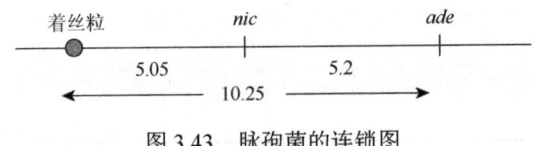

图 3.43　脉孢菌的连锁图

## （二）非顺序四分子的遗传分析

酿酒酵母（*Saccharomyces cerevisiae*）、构巢曲霉（*Aspergillus nidulans*）和衣藻（*Chlamydomonas*）等真菌，子囊孢子的排列是杂乱无序的。这类真菌的遗传分析可采用非顺序四分子分析（unordered tetrad analysis）方法。以酿酒酵母为例，如果要研究 $A$、$B$ 基因是否连锁，并计算图距，首先要明了当 $AB \times ab$ 杂交时，无论有无连锁，只产生下列三种可能的无序四分子。

$$
\begin{array}{c|ccc}
 & AB & aB & ab \\
 & AB & aB & aB \\
\text{孢子} & ab & Ab & Ab \\
 & ab & Ab & AB \\
\hline
 & \text{PD} & \text{NPD} & \text{T}
\end{array}
$$

由于 NPD 的子囊孢子都是重组型，T 只有 $\frac{1}{2}$ 的重组型，所以当已知 NPD 及 T 的百分数后，用下列公式求 $A$、$B$ 基因的重组值。

$$RF = \frac{1}{2}T + NPD$$

若 RF = 0.5，则断定 $A$、$B$ 基因不连锁；若 RF＜0.5，则两基因连锁。

应该注意的是，由于双交换和多重交换的缘故，这个 RF 也可能低估了图距，可通过 PD、

NPD 和 T 的频率进行校正。

PD、NPD 和 T 型四分子的形成过程如图 3.44 所示。假设基因 $a$、$b$ 连锁，在减数分裂过程中可以发生非交换（no crossing over，NCO）、单交换（single crossing over，SCO）或双交换（double crossing over，DCO）。NPD 是四线双交换产物。如果假设双交换在 4 条染色单体间随机发生，则 4 个 DCO 的频率是相同的，这就意味着 NPD 类型包括了 $\frac{1}{4}$ 的 DCO，即 DCO = 4NPD。

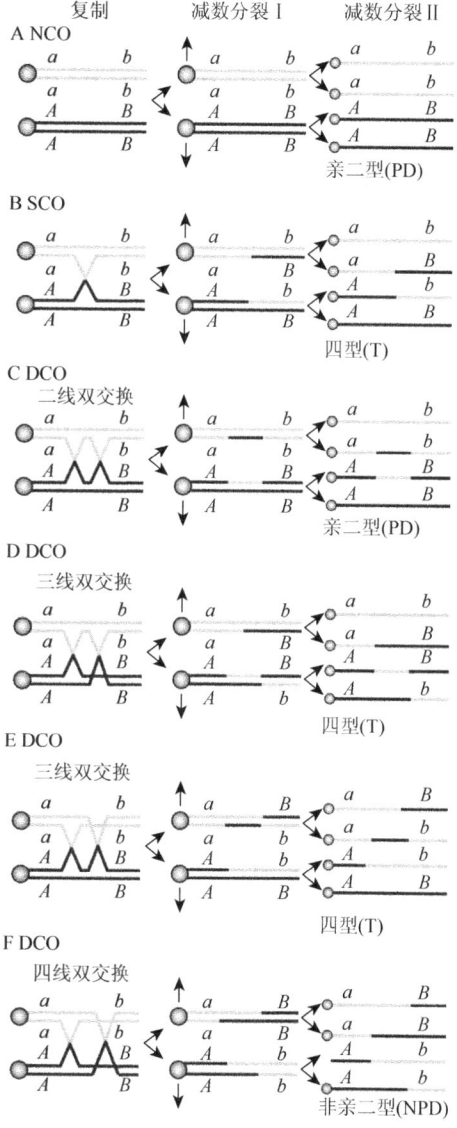

图 3.44  三种无序四分子类型的形成

如图 3.44 所示，T 型四分子既可以来自 SCO，也可以来自 DCO。T 型中来自 DCO 的部分是 2NPD，所以 SCO = T − 2 NPD。

因此，NCO 的大小为： NCO = 1 − (SCO + DCO)。

这一区域平均每次减数分裂的交换数即 $m$ 值等于 SCO 数值加上两倍的 DCO 数值，即

$$m = (T - 2NPD) + 2(4NPD) = T + 6NPD$$

在本章第三节中，将 $m$ 换算为图距时要乘以 0.5（因为每个交换只产生 50%的重组）。所以，图距 = 50(T + 6NPD)cM。

假设在 $AB \times ab$ 中，PD = 0.56，NPD = 0.03，T = 0.41。由上述公式可得到 $a$、$b$间的图距 $= 50 \times (0.41 + 6 \times 0.03) = 29.5$cM。由 RF 直接得到数据则是：$RF = \frac{1}{2}T + NPD = \frac{1}{2} \times 0.41 + 0.03 = 0.235 = 23.5\%$，即 23.5cM。也就是说，用 RF 算出的图距比用图距公式（作图函数校正）算出的数值少了 6cM。这是 RF 无法校正双交换的影响所致。

## 第六节 交换和重组的主要类型

遗传物质的变异包括两个方面：一是突变，是基因或染色体的结构变异；二是重组，这是一种基因的序列发生重排及基因之间的重新组合。广义的重组是指由于独立分配或交换在后代中出现新的基因组合的过程。而狭义的重组仅仅是指基因的交换或重排而产生的重组。重组是遗传学的灵魂，没有重组就没有生物的进化，没有万紫千红的大千世界，也没有现代的分子克隆技术。交换和重组是生物界的普遍现象，但是交换与重组的方式是多种多样的。

### 一、交换方式

#### （一）对等交换

交换一般是对等的，即两个同源染色体在对应的位置上发生交换，发生了交换的两个染色体都不增加或减少任何基因。上述讨论的交换方式都是对等交换（equal crossing over）。

#### （二）不等交换

如果同源染色体联会时不是准确地配对，那么交换就发生在不对应的位置上，交换后的两个染色体中有一条染色体缺少一小部分，另一条染色体则多了一小部分，这种交换称为不等交换（unequal crossing over）。不等交换产生的多余或重复基因如果发生突变也不会影响细胞的生存，因为原有的基因可以执行正常的功能。这样，通过多余基因的突变便可以形成新的基因。因此，不等交换被认为是进化过程中新基因的主要来源之一。

不等交换最早是在果蝇的棒眼研究中发现的。果蝇的正常 X 染色体上有一个 16A 区，正常雌性果蝇的复眼由 779 个小眼组成。当 16A 区重复时，则组成复眼的小眼数量减少，而且表现出"剂量效应"（详见第五章）。重棒眼是由于果蝇 X 染色体上有 3 个 16A 区的重复，这种重复就是由于不等交换产生的。棒眼雌果蝇（两条 X 染色体上各有 2 个 16A 区）的偶尔不等交换，如图 3.45 所示（图中每个方块表示 X 染色体中的一个 16A 区）：棒眼雌果蝇的两条 X 染色体配对时发生位置偏差，继而发生不等交换，使一条染色体中有一个 16A 区，另一条染色体则有 3 个 16A 区，含有这条染色体的雄果蝇就是重棒眼。

#### （三）体细胞交换

体细胞交换（somatic crossing over, mitotic crossing over）是指在有丝分裂过程中发生的

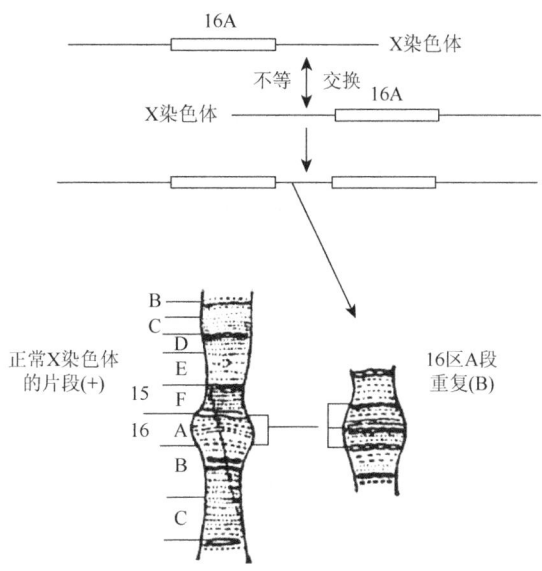

图 3.45　果蝇两条 X 染色体不等交换示意图

同源染色体间的交换（在大多数生物中是不发生或较少发生的）。1936 年，斯特恩首先在黑腹果蝇中发现体细胞交换现象。黄体（yellow body，y）基因和焦刚毛（singed，sn）基因是两个 X 连锁基因，杂合状态的雌性果蝇 + y/sn + 的表型是野生型，但是在少数果蝇身上可以观察到孪生斑，即两小块邻接的组织中，一块显示突变型黄体性状，但上面的刚毛是正常的；另一块组织上的刚毛弯曲，但体色却是正常的（图 3.46）。这一现象不属于基因突变，只能用体细胞交换来解释。

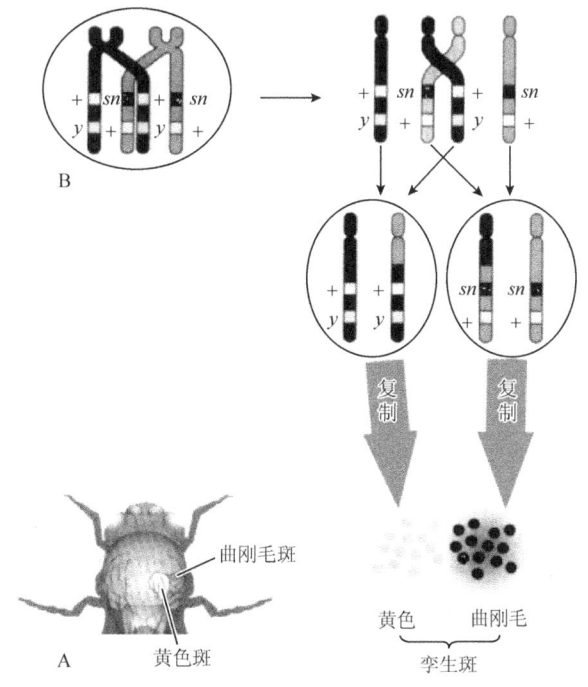

图 3.46　果蝇孪生斑的产生机制

### (四)姐妹染色单体交换

来自两个亲本的染色体各自分裂成为两个姐妹染色单体后,发生在姐妹染色单体之间的交换称为姐妹染色单体交换(sister chromatin exchange,SCE)。

早期的许多遗传学和细胞遗传学(cytogenetics)研究结果都表明,交换发生在同源染色体的非姐妹染色单体之间,姊妹染色单体之间不发生交换。1958年,泰勒(J. Herbert Taylor)应用同位素标记方法,在有丝分裂过程中发现姐妹染色单体交换现象。应用 5-溴尿嘧啶脱氧核苷(BrdU)标记后再经荧光染料或吉姆萨染料染色方法在许多生物中证实了这一现象(图3.47)。但是,至今还没有确切的证据足以证明姐妹染色单体交换在通过减数分裂发生的基因重组方面起作用,它可能只是和 DNA 损伤有关。

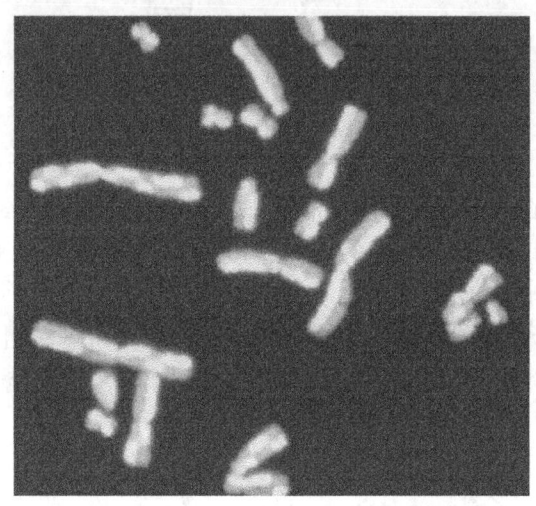

图3.47 有丝分裂过程中出现的姐妹染色单体交换

## 二、遗传重组

遗传学上的重组是指 DNA 片段断裂并且转移位置的现象,也称为遗传重组或基因重组。根据对 DNA 和所需蛋白质因子的要求,遗传重组分成一系列不同类型。

### (一)主要类型

(1)同源重组

同源重组(homologous recombination)或普遍性重组(generalized recombination)是指发生在非姐妹染色单体(non-sister chromatin)之间或同一染色体上含有同源序列的 DNA 分子之间或分子之内的重新组合。这种重组方式依赖于大范围 DNA 同源序列的联会。同源重组需要一系列的蛋白质催化,如原核生物细胞内的 RecA、RecBCD、RecF、RecO、RecR 等;真核生物细胞内的 Rad51、Mre11-Rad50 等。真核生物中,重组发生在减数分裂期同源染色体的非姐妹染色单体之间,细菌可发生在结合、转化或转导过程中。

(2)位点特异性重组

依赖小范围同源序列的联会,供重组蛋白识别,而且重组的结果是一段 DNA 插入到另一 DNA 分子中，重组的蛋白不是 rec 系统而是 int，这种重组方式称为位点特异性重组（site specific recombination）。在原核生物中最为典型，例如，λ 噬菌体的 attP 位点与大肠杆菌（Escherichia coli）染色体上的 attB 位点的重组过程便是一种位点特异性重组（图 3.48），λ 噬菌体只整合在大肠杆菌的半乳糖基因（galactose，gal）和生物素基因（biotin，bio）之间。λ 噬菌体的整合过程中并不进行复制，所以这种重组又称为保守性重组（conservative recombination）。

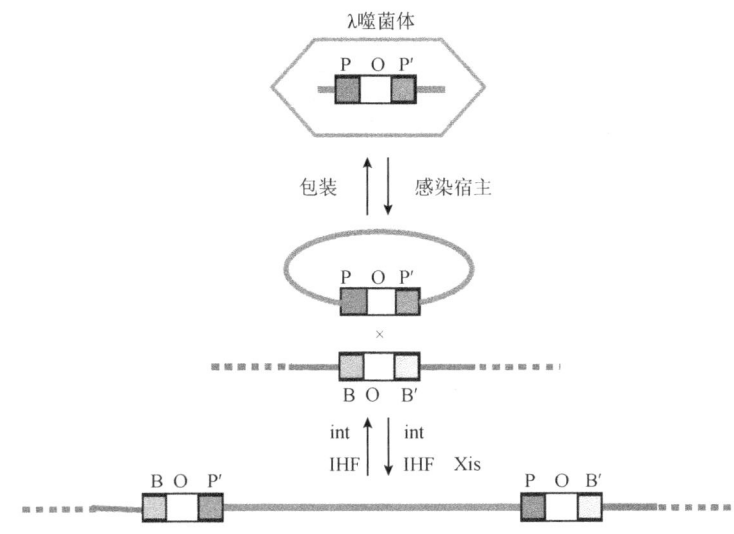

图 3.48　λ 噬菌体的整合和切离

O：核心序列，是 attB 和 attP 所共同的（att 源自 attachment）；IHF（integration host factor）：宿主的整合因子；int：λ 编码的 λ 整合酶

整合酶和 IHF 对整合和切离都是必需的，而切出酶（excisionase）在控制反应方向时起重要作用，它对切离是必需的，但能抑制整合。由于整合位点处在细菌染色体的 gal 和 bio 基因之间，切离过程中噬菌体 DNA 偶尔会带走 gal 基因或 bio 基因，生成 λdgal 或 λdbio。

(3) 转座重组

转座重组（transposition recombination）不需要同源序列，而是依赖 DNA 的交错剪切和复制，包括复制型、非复制型和保守型三类。

复制型转座（replicative transposition）是指转座时复制一份拷贝而后插入新的位置，有转座酶（transposase）和解离酶（resolvase）参与。原核生物的转座因子一般以这种方式进行转座。

非复制型转座（non-replicative transposition）是指转座因子从原来位置上转座到新的位置。切离与转座同时进行，这种转座只需转座酶的参与，真核生物的转座因子一般以这种方式进行转座。

保守型转座（conservation transposition）也是切离与转座同时进行，但它类似于 λ 噬菌体的整合过程，出现这种转座方式的转座因子一般都比较大，而且转座往往连同宿主的一部分 DNA 一起转座。

(4) 特殊重组

构成抗体的免疫球蛋白（immunoglobulin，Ig）是一大类具有免疫活性的球蛋白，分布于血清、体液和组织细胞表面，通常分为 5 种，即 IgG、IgA、IgM、IgD 和 IgE，每种免疫球蛋白的分子结构和免疫功能都有一定区别。

尽管免疫球蛋白种类繁多，但是基本结构相似，都是由两条轻链（light chain，L）和两条重链（heavy chain，H）组成（图 3.49）。编码免疫球蛋白的基因有三个不同的基因家族，重链 $H$ 基因分布在 14q32.3，轻链 $\kappa$ 基因位于 2p12，轻链 $\lambda$ 基因位于 22q11.1。1965 年，德莱尔（W. Dryer）和班奈特（J. Bennett）根据对 $\kappa$ 链的分析，提出"两个基因，一个多肽链"的大胆推论，认为胚胎 DNA 中的轻链和重链的可变区、恒定区序列是彼此分开的。当淋巴细胞分化时，$V$ 区序列与相应的 $C$ 区序列发生遗传重组，形成 $V_L C_L$ 和 $V_H C_H$ 基因，产生有功能的抗体（图 3.50，图 3.51）。

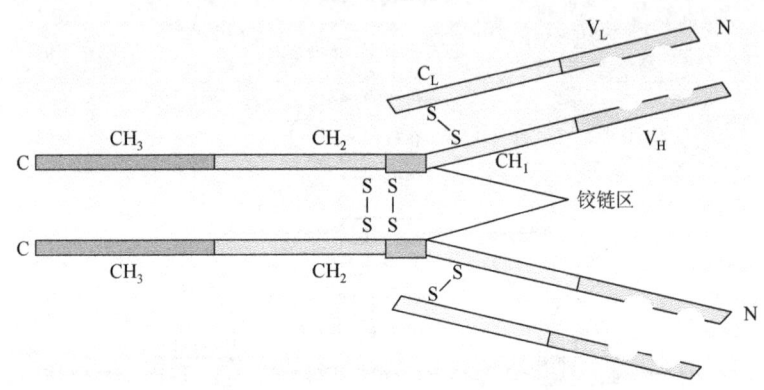

图 3.49　免疫球蛋白的结构

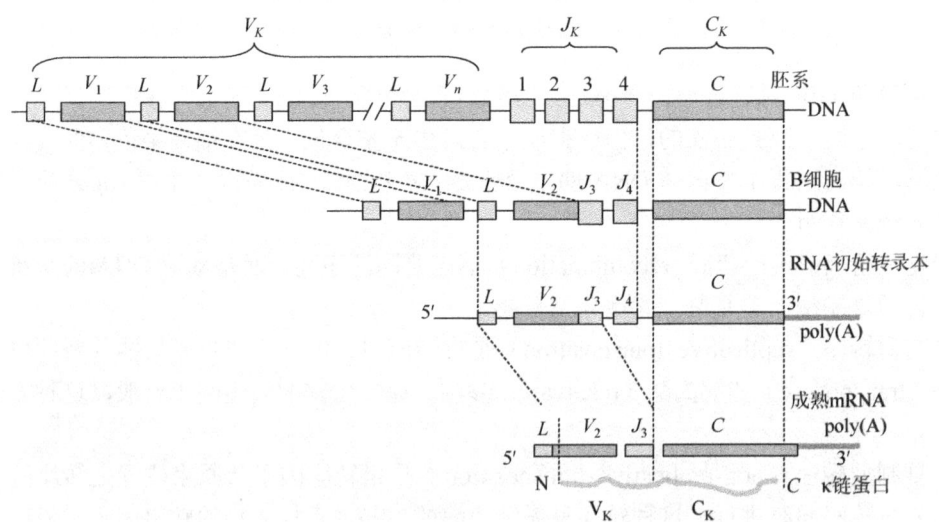

图 3.50　小鼠轻链基因在发育中 $V$、$J$ 和 $C$ 基因的重组

首先，在胚胎细胞 DNA 中，重链和轻链的各种基因片段的数目随动物种类和免疫球蛋白链的类型而不同，而且数目众多，这为轻链和重链的多样性奠定了基础；其次，$V$ 基因的突变导致氨基酸残基的替换，又增加了可变区的多样性；最后，一个重要机制就是抗体基因通过重排产生不同的轻链和重链，不同的轻链和重链随机结合产生各种不同类型的免疫球蛋

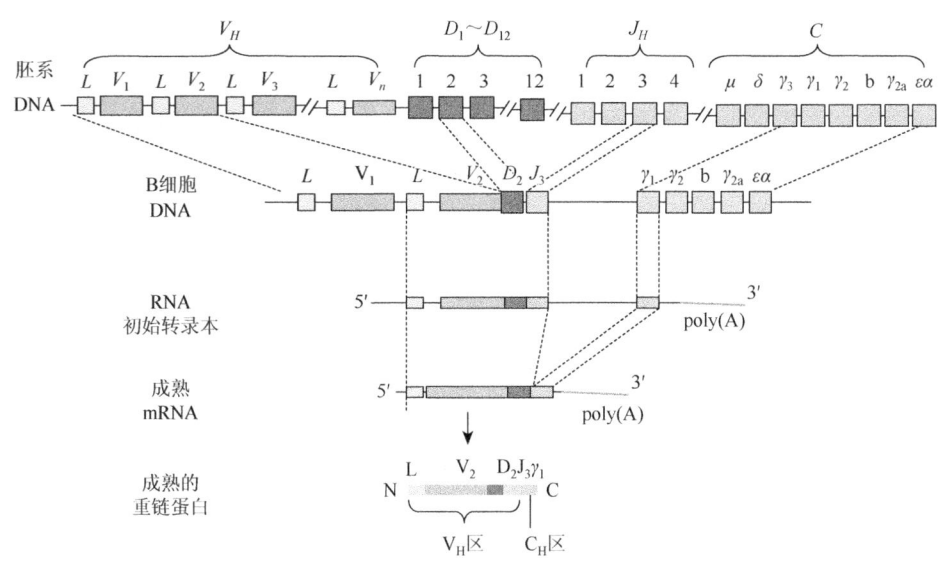

图 3.51　小鼠免疫球蛋白重链基因在发育中 $V$、$D$、$J$ 和 $C$ 基因片段的重组

白分子。总之,淋巴细胞群能够产生千千万万的抗体是这些多重变异因素相互作用的结果。据估计,免疫球蛋白的多样性可达 $10^9$。

（5）模板转换

在 I 类和 II 类的某些内含子中含有可读框,可产生具有三种功能的蛋白质:①内切核酸酶,在 DNA 的靶位点剪切,使内含子得以插入;②反转录酶,将内含子 RNA 变成 DNA 拷贝;③成熟酶,从前体的 RNA 中切掉内含子的部分。这些蛋白质可使内含子（或以其原来的 DNA 形式,或作为 RNA 的 DNA 拷贝）移动（mobile）,使内含子可插到一个新的靶位点,这个现象叫作内含子归巢（intron homing）。

例如,在酵母的 $\omega^+$ 和 $\omega^-$ 两种不同品系中,$\omega^+$ 有内含子,而 $\omega^-$ 在相应的位置上无内含子。若 $\omega^+$ 和 $\omega^-$ 杂交,经减数分裂应产生 2 个 $\omega^+$ 孢子和 2 个 $\omega^-$ 孢子,但实际结果是所有的孢子都是 $\omega^+$。这是由于 $\omega^+$ 品系的内含子可以编码一种内切酶,在靶位点将 $\omega^-$ 基因的 DNA 切开,将内含子拷贝插入切开的靶位点上,连接后使 $\omega^-$ 变为 $\omega^+$（图 3.52）。

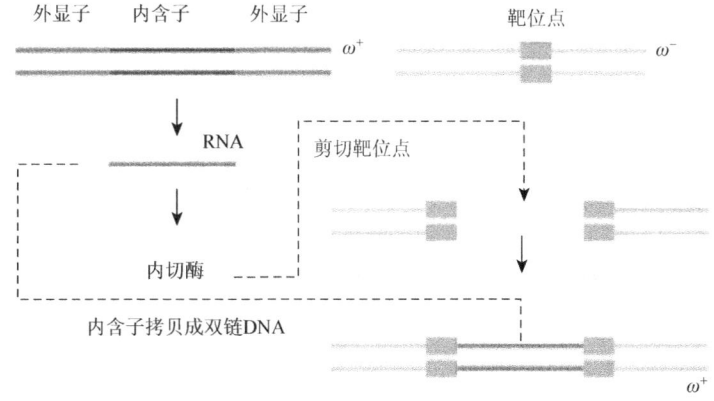

图 3.52　酵母 ω 蛋白的内含子归巢

（6）同源特异重组

许多真菌的有性生殖需要不同交配型（mating type）的菌株相互接合才能产生二倍体的合子。酵母3号染色体MAT座位的等位基因决定酵母的交配型，在MAT座位的两侧各有一个重复的基因座，左侧的为HMLα，右侧的为HMRa。在MAT座位上带有 *MATa* 等位基因的细胞就叫作a型细胞，带有 *MATα* 等位基因的细胞称为α型细胞。只有a型和α型细胞之间才能交配，相同型细胞之间不能进行交配。

某些品系的酵母具有转换（switch）交配型的能力。1977年，希克斯（T. B. Hicks）等对酵母交配型的转换提出了暗箱模型（cassette model）：HML 和 HMR 是沉默暗盒（silent cassette），MAT是活性暗盒（active cassette）。通常HML带有α暗盒，HMR带有a暗盒，都不能表达，只有MAT可以表达。在交配型转换中，酵母细胞从两侧的座位中制造一个等位基因拷贝：α或a，并将之插入MAT。MAT座位的a或α被取代后，使HML、MAT和HMR三个位点的基因发生了重排，从而改变了交配型（图3.53）。

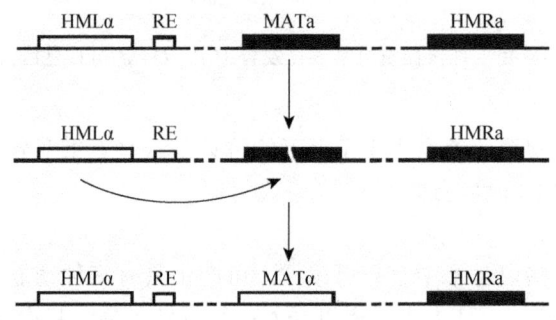

图 3.53　酵母菌交配型转换的遗传基础

RE 为重组强化子

酵母交配型转变同样涉及大片段DNA的同源配对，重组过程中伴随DNA复制，切割时仅受体位点双链被切。这些重组特点很像复制型转座，但与复制型转座之间有许多根本区别：①位点特异；②不形成重复序列；③不需要转座酶和解离酶。因此，将此类重组方式另列为一种类型，称为同源特异重组（homologous-special recombination）。

## （二）重组机理

1. 同源重组机理

（1）交叉理论

在摩尔根等确立遗传的染色体学说之前，比利时的细胞学家詹逊（Frans Alfons Janssens）（1865～1924年）在研究蝾螈和直翅目昆虫的减数分裂时，观察到二价体的交叉，于1909年提出了交叉型假设（chiasmata type hypothesis）。该假设认为，在减数分裂前期，尤其是双线期，配对中的同源染色体不是简单地平行靠拢，而是在非姐妹染色单体的某些位点出现交叉（chiasma）缠结，这是同源染色体间对应片段发生过交换的结果。如果在相互连锁的两个基因之间发生交换，则导致这两个连锁基因的重组（recombination）。

（2）断裂和重接模型

1937年，达林顿（Cyril Dean Darlington）提出了断裂和重接模型（breakage-reunion model）。该模型认为，同源染色体联会时，非姐妹染色单体由于缠绕而产生张力，两条染色单体在同一位置断裂、重接以消除张力，从而产生重组（图 3.54）。

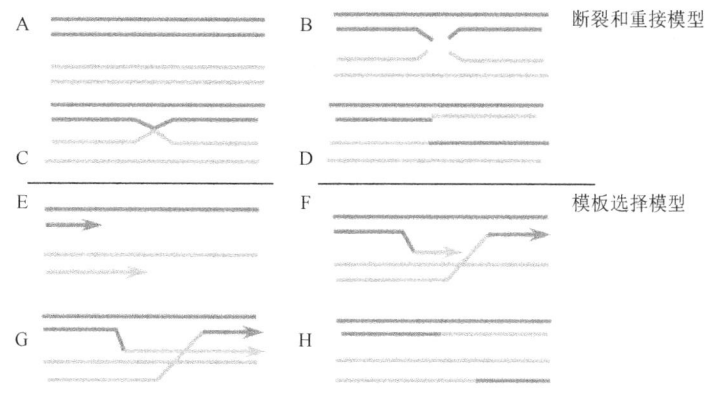

图 3.54 断裂和重接模型与模板选择模型

（3）模板选择学说

模板选择学说（copy choice model）是贝琳（John Belling）在 1928 年首先提出的，1933 年他又撤回了这一假设。该模型认为，两条姐妹染色单体作为复制的模板，新的染色单体各以一个单体模板进行复制，在复制过程中相应交换模板，从而造成重组（图 3.54）。

（4）霍利迪模型

1964 年，霍利迪（Robin Holliday）等提出的同源重组模型——霍利迪模型（Holliday model），很好地解释了高等真核生物的重组和真菌中发现的基因转变（gene conversion）现象。

前面在介绍真菌四分子分析时，可以看到一个子囊中的 8 个子囊孢子呈直线排列，比例为 4∶4，而且是两两成对的。但是真菌的遗传分析中也发现了一些不规则的分离现象，如 5∶3、6∶2（或 2∶6）、不规则 4∶4（不是两两成对）等。早在 1930 年，温克勒（Hans Winkler）就把真菌中不规则分离现象解释为减数分裂过程中同源染色体联会时，一个基因使相对位置上的基因发生相应的变化所致，因而称为基因转变。

欧利夫（Lindsay Oliv）和克塔尼（Yoshiaki Kitani）等在粪壳菌（*Sordaria fimicola*）中也发现了异常分离。在野生型 $g^+$（子囊孢子为黑色）和 $g^-$（子囊孢子为灰色）杂交中，观察了 20 万个子囊，其中大部分为 4∶4 的正常分离，少数为异常分离：0.06% 为 5∶3 分离；0.05% 为 6∶2 分离；0.008% 为异常的 4∶4 分离（图 3.55）。这种异常分离是有丝分裂的产物，故称为减数后分离（post meiotic segregation）。以后又发现一个基因发生转变时它两旁的基因（侧翼标记）常同时发生重组，所以认为基因转变是某种形式的染色体重组的结果。例如，$A g^+ \times a g^-$ 杂交中，$g^+$ 和 $g^-$ 可以发生转变，而且 $g^+$ 或 $g^-$ 发生转变都伴随着 $A$ 和 $a$ 之间的重组。

任何基因重组的模型都必须解释异源双链的形成及基因转变往往伴随着两侧基因重组这一现象。美国学者 Holliday 提出的关于遗传重组机制的模型（图 3.56），虽然最初是为了解释基因转变现象而设计的，但是后来却作为重组机制的基础被广泛应用和发展。Holliday 模型中的杂合双链部分必须得到校正。如果在减数分裂后的有丝分裂 DNA 合成前得到校正，那么将产生正常的 4∶4 分离或 6∶2 分离（染色单体转变，chromatid conversion）；如果没有及时得到校正而留到下一轮 DNA 复制而产生两个非杂合的双链，那么将产生 5∶3 或不正常的 4∶4 分离[半染色单体转变（half chromatid conversion）]，这种没有及时校正而在下一轮 DNA 复制时才被校正的现象称为减数后分离。

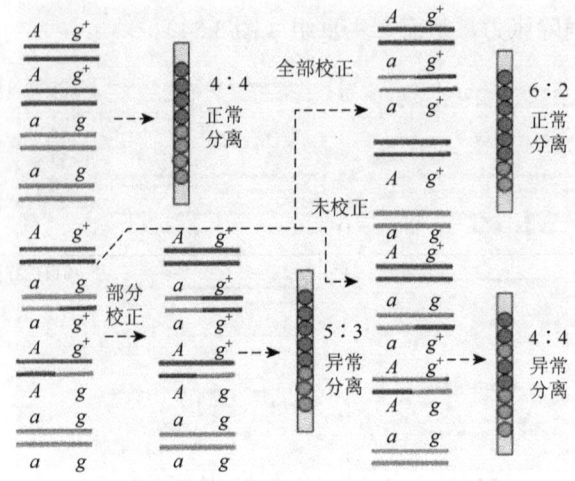

图 3.55 基因转变和减数后分离

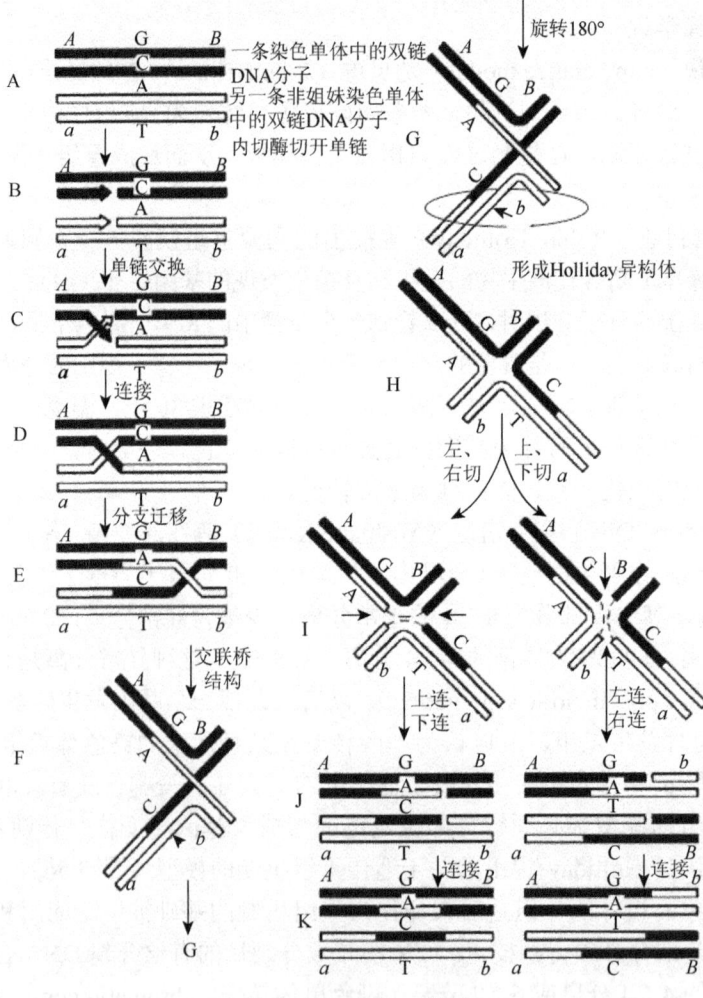

图 3.56 Holliday 模型

A. 联会；B. 两个染色单体双链 DNA 分子中各一条单链被内切核酸酶切断；C. 单链游离端移动；D. 游离端交换位置；E. 单链连接成为半交叉；F. 半交叉位置移动成"十"字形结构；G. 两臂旋转；H. Holliday 异构体；I. 上下或左右两个单链由限制性内切酶切断；J, K. DNA 连接，中间包含杂合双链的两条染色单体，两旁基因（$A$ 和 $B$，$a$ 和 $b$ 之间）发生了重组因此，基因转变实质上是异源双链 DNA 错配的核苷酸在修复校正过程中所发生的一个基因转变为它的等位基因的现象。突变位点的转变频率常从基因的一端向另一端逐步递减，具有这种现象的一段 DNA 称为极化子（polaron），一个极化子相当于一个基因。

（5）Meselson-Radding 模型

梅瑟尔松（Matthew Stanley Meselson）和瑞丁（Charles Radding）在 Holliday 模型的基础上做了一些改进，于 1975 年提出 Meselson-Radding 模型（图 3.57）。该模型包含 7 个步骤：①切断单链；②链置换；③单链入侵；④泡切除；⑤链同化（碎链吸收）；⑥异构化（产生 Holliday 结构）；⑦分支迁移。Meselson-Radding 模型首次将 DNA 合成与重组联系起来，这种 DNA 杂合链形成机制似乎更贴切地解释了非对称重组现象。另外，这一模型使人们容易理解，只要 DNA 发生（单链）损伤，就有可能出现重组，即 DNA 损伤诱导的重组。

2. 转座重组机理

转座因子（transposable element）是指可以在染色体内或染色体间及染色体与质粒（plasmid）之间，从一个位置转移到另一个位置的一段 DNA 序列。

（1）转座子的类型

1）细菌转座子。

A. 插入序列：插入序列（insertion sequence，IS）

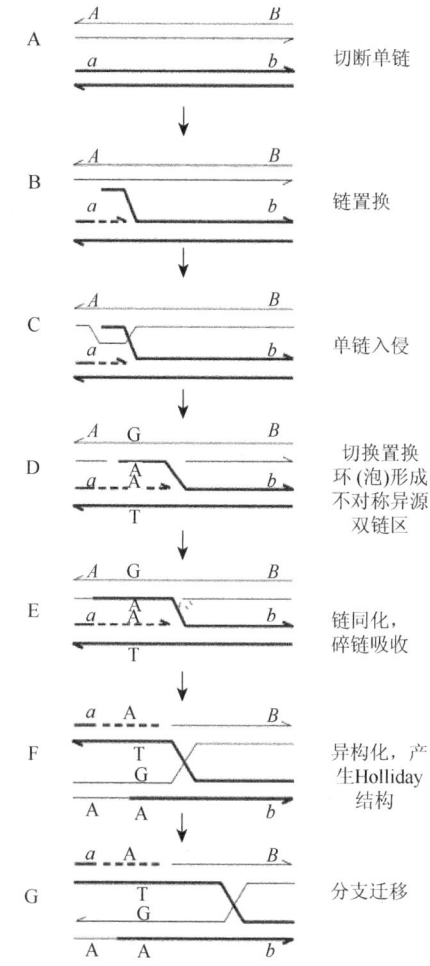

图 3.57 Meselson-Radding 模型

是最简单的转座元件，两端有短的反向重复序列（inverted repeat sequence，IR），这两份重复序列通常十分相似但并不完全相同（图 3.58）。在插入的靶位点上都会生成短的正向重复序列（direct repeat sequence，DR）。

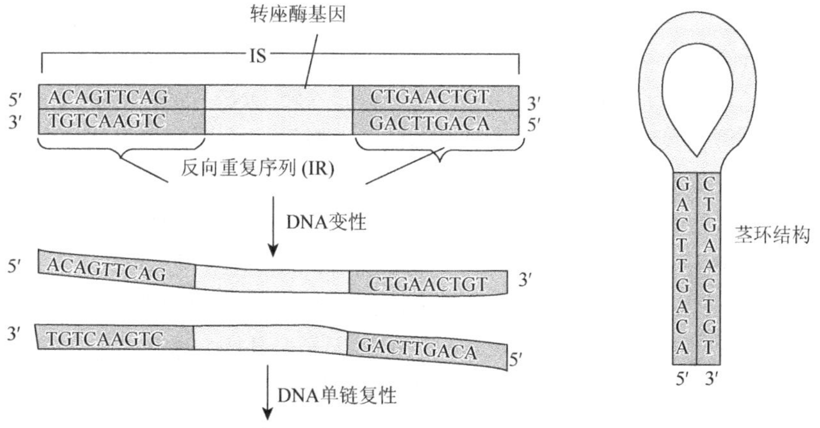

图 3.58 插入序列

B. 复合转座子：复合转座子（composite transposon，Tn）两端的组件由 IS 和类 IS 组成。有的两侧组件相同（如 Tn903），有的不同（如 Tn10）。有的方向相同（如 Tn9，图 3.59），有的方向相反（如 Tn903、Tn10、Tn5）。有的皆有功能（如 Tn903、Tn10），有的仅右侧组件有功能。中心区域编码抗性标记，不同的复合转座子的抗性标记不同。

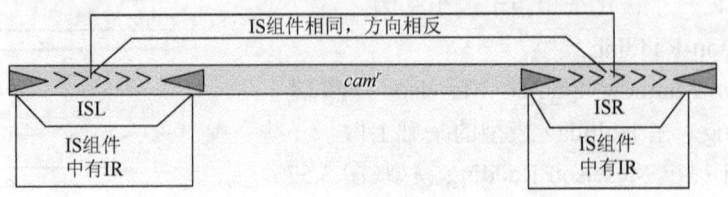

图 3.59 复合转座子的结构（Tn9）

C. TnA 家族：TnA 家族（TnA family）都是比较大的转座子（约 5kb），两端具有 IR，而不是 IS，中部的编码区不仅编码抗性标记，还编码转座酶和解离酶（图 3.60）。TnA 家族包括许多类似的转座子，一般结构均相似，但有不同的遗传标记（genetic marker）。

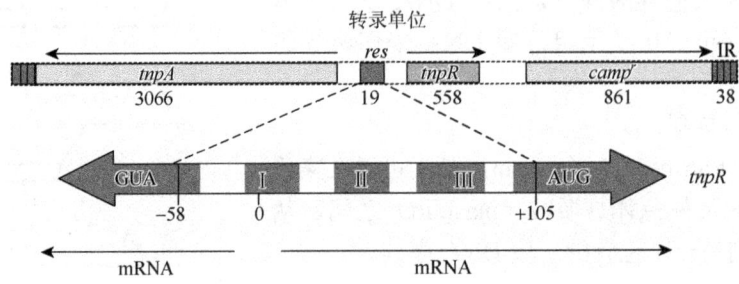

图 3.60 TnA 的结构和转录

2) 真核生物转座子。

A. 酵母菌的转座子（Ty 因子）：这类转座子长约 6300bp，两端含有两个约 250bp 的正向重复序列（δ），它们插入酵母菌染色体后形成 5bp 的正向重复。基因组 DNA 在复制过程中可能会丢失一个 δ，酵母表型会恢复正常，保留在染色体上的 δ 称为 Solo δ，检测 Solo δ 的有无便可判断该处是否插入过 Ty。

B. 果蝇的转座子（P 因子）：长 2907bp，两端有 33bp 的反向重复序列；4 个编码区（0、1、2、3），其中体细胞中 0、1、2 转录翻译成转座阻遏蛋白，生殖细胞中 0、1、2、3 转录翻译成转座酶；3 个内含子（1、2、3）（图 3.61）。插入靶 DNA 后形成 8bp 的正向重复序列。正确切离可引起回复突变，不正确切离则引起染色体畸变。不同品系 P 因子的位置、数目不同。P 品系(带有 P 因子的品系)雄与 M 品系(没有 P 因子的品系)雌杂交出现杂交劣育(hybrid dysgenesis)，这是因为 $F_1$ 代的细胞质主要来自 M 品系，在 M 品系的细胞质中缺少 66kDa 转座阻遏蛋白，因此 P 品系雄性细胞核上的 P 因子可以自由转座，从而使后代劣育。

C. 玉米的转座子（Ac/Ds 因子）：McClintock 在 1940～1950 年描述了大量的控制因子。她发现玉米中有一个特殊的 *Ds*（dissociation，解离因子）基因，使所在位置发生染色体断裂的机会大大增加。但 *Ds* 的作用是不稳定的，依赖于非连锁的 *Ac*（activator，激活因子）基因的存在。玉米中发现的转座因子除了有转座的作用外，还具有调节其他基因的作用，所以 McClintock 将它称为控制因子。

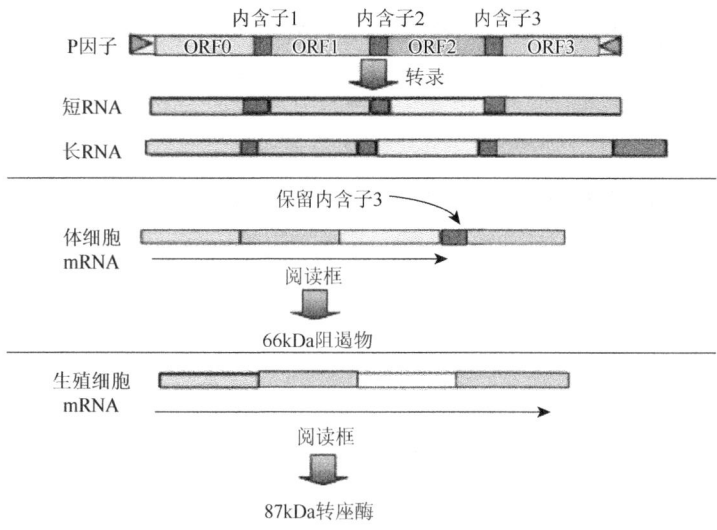

图 3.61  P 因子的结构、转录和表达

P 因子有 4 个外显子。在体细胞中前 3 个拼接在一起表达，在生殖细胞中 4 个外显子拼接在一起表达

当 *Ds* 基因插入 9 号染色体色素基因 *C* 的近旁或其中时，玉米籽粒不能合成色素；当 *Ds* 基因离开基因 *C* 后，*C* 基因所受的抑制作用即被解除，玉米籽粒又合成色素。*Ac* 可位于基因组的任何地方，*Ac* 的存在可以解除 *Ds* 对 *C* 的抑制作用，从而使色素基因 *C* 得以表达。所以在胚乳发育期间，由于 *Ac* 的作用，*Ds* 转座而离开色素基因 *C* 时，玉米籽粒便出现色素斑点。有时 *Ac* 丢失，使 *Ds* 趋向稳定，色素基因 *C* 的表达被部分或完全抑制，从而使玉米胚乳呈现浅色甚至无色（图 3.62）。

*Ac* 的长度约为 4.6kb，两端有 11bp 不完全的反向重复序列，编码一个由 807 个氨基酸组成的 Ac 转座酶（AcTPase），*Ac* 能在自身的 Ac 转座酶驱动下转座，所以 *Ac* 是自主性转座子。*Ds* 含有 *Ac* 两端的 IR 序列和完整的转座序列，但缺失或部分缺失合成转座酶的序列，不

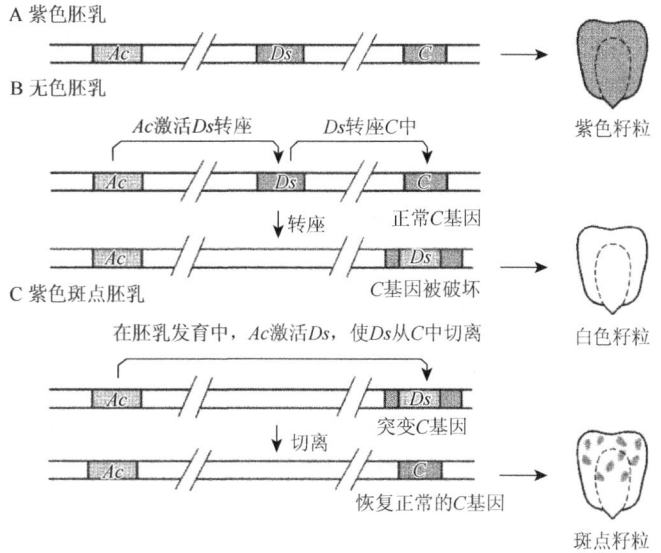

图 3.62  玉米转座因子对胚乳颜色的影响

具备 AcTPase 活性。所以 *Ds* 单独存在时不能发生转座，只有在 *Ac* 同时存在时才能从原位点切离插入的新位点，因此 *Ds* 是非自主性转座子。

（2）转座机制

1）非复制型转座。

A. 转座酶使转座子从供体 DNA 中释放出来；转座酶使受体 DNA 靶位点形成交错切口。

B. 转座子插入交错切口（转座酶-转酯反应）。

C. 连接并修复缺口单链，受体 DNA 产生同向重复序列（图 3.63）。

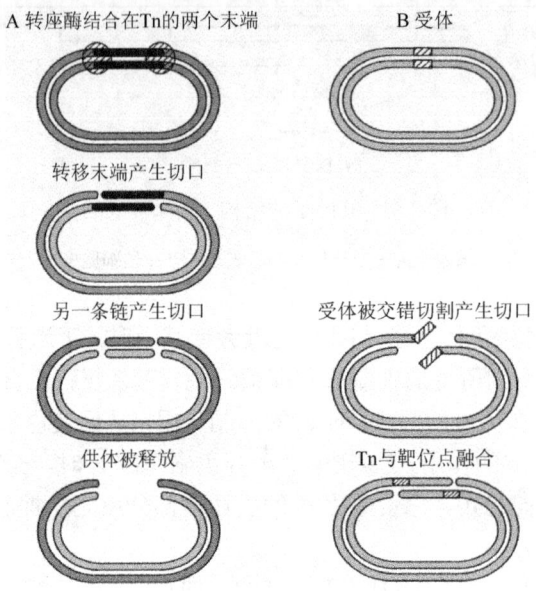

图 3.63　Tn10 非复制型转座机制

A. Tn10 的两条链先后被切割；B. 转座子与切开的靶位点连接

2）复制型转座。

复制型转座过程很复杂，转座以后原来位置上的转座子保持不变；在插入位置上出现受体 DNA 的少数核苷酸对的重复；转座过程中出现共联体。所以复制型转座机制的模型至少要能说明上述现象。1979 年，夏皮罗（James A. Shapiro）提出了一个 Tn3 转座模型。根据该模型，转座过程大体分为 4 步（图 3.64）。

A. 切开（cutting）：转座酶使转座子和受体 DNA 双链形成交错切口。

B. 连接（rejoining）：供体和受体结合成为共联体（cointegrate）。所谓共联体，就是由两个或两个以上的复制子（replicon）通过共价连接而形成的一个复制子。其过程是使供体切下 IS 或 Tn3 反向重复序列末端和受体黏性末端以共价链齐头相连，形成两个"缺口"，转座子两端形成复制叉。

C. 复制：由 DNA 多聚酶进行修补复制，补上缺口，由连接酶连接。于是在插入位置的两端形成了两个正向重复序列（direct repeat，DR）。

D. 重组：通过在特定位点的重组，共联体分离为二，一个是原来含有转座子的序列，另一个是通过转座插入了转座子的序列。由此可见，转座子是以它的一个复制品转移到另一位置的，而在原来位置上仍然保留着原有的转座子。

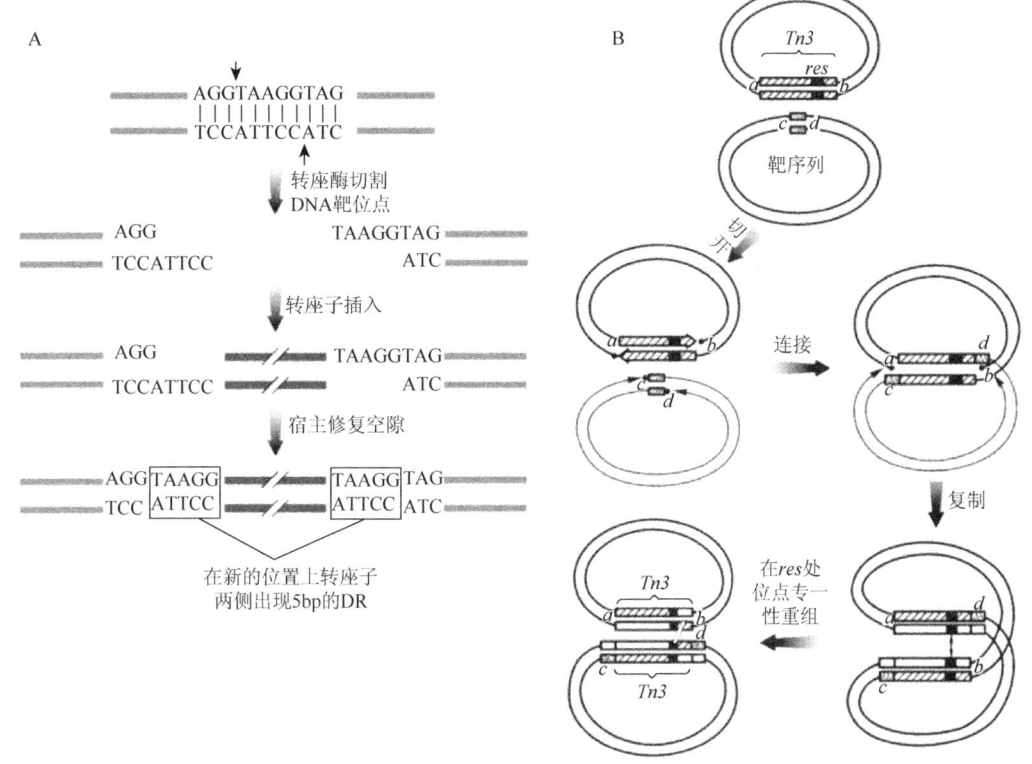

图 3.64　Tn3 复制型转座模型

A. 转座子两侧 DR 形成机制；B. Tn3 转座模型

### （三）转座作用的遗传学效应

转座因子作为一个遗传单位，在转座过程中会引起供体或受体遗传组成的变化，从而产生各种各样的遗传学效应。

1）转座因子的插入会导致核苷酸序列的变化，从而引起基因突变。

2）转座因子的准确切离引起回复突变，不准确切离会导致染色体畸变，如缺失、倒位等。

3）插入位置出现新基因。例如，携带抗药性基因的转座子，既可引起插入突变，也使该位点引入抗药性基因。

4）调节基因活动的开关。转座直接或间接促进基因组的重排，使相距较远的基因组合到一起，构建成一个操纵子或表达单元，可能产生一些具有新的生物学功能的基因。

5）转座是产生变异的主要因素之一，有利于进化。

另外，作为基因工具，转座因子在细胞遗传学研究、分子生物学研究及遗传工程等方面有着广阔的应用前景，其中尤为重要的是作为基因的标记，克隆目的基因。例如，利用玉米的转座因子已先后克隆出雄性不育、抗病等重要基因。另外，转座因子也已经大量用于基因功能的研究：①转座子标签技术（transposon tagging）。利用转座子作探针克隆出突变基因，再用突变基因作探针，从野生型个体中分离并克隆出野生型基因序列，最终得到完整的基因。利用转座子标签技术已实现人工插入突变而不破坏原有基因功能的目的。②转座子定点杂交技术（transposon site hybridization）。在一个突变体系中，将所有的转座子插入靶序列，同时用 DNA 基因芯片绘图技术，确定不同条件下样本全基因组之间的差别，迅速地判断其功能特征。该技术可全面确定微生物必需基因组的功能差异。③转座子基因打靶技术。将转座子作为核酸诱变剂插入目的片段,再将这些突变的基因片段导入生物体中,通过同源重组使基因组中相应的基因发生突变。利用该技术能阻断毒力基因并鉴定它们在感染过程中的功能及其机制。④非病毒载体基因增补技术,即非病毒转座子"睡美人"苏醒技术。"睡美人"转座子系统中含有两个倒置重复/直接重复(IR/DR)序列,导入基因插在两个IR/DR之间,携带导入基因的非病毒质粒载体连接在IR/DR的末端作为转座酶的作用位点,定位于IR/DR之外的转座酶活化,催化导入基因整合入宿主基因组,"睡美人"苏醒,在两个IR/DR末端切除DNA产生环状转座子/转座酶复合物,"睡美人"转座子整合入宿主靶基因组DNA中。该技术克服了基因治疗中缺乏转入基因整合,阻碍长期表达的难题。

## 主要参考文献

程罗根. 2013. 人类遗传学导论. 北京:科学出版社
戴灼华,王亚馥. 2008. 遗传学. 2版. 北京:高等教育出版社
董雷,库丽霞,陈彦惠,等. 2015. Ac/Ds转座子系统及其在玉米突变体库构建中的应用. 玉米科学,23(2):1-6
贺竹梅. 2011. 现代遗传学教程. 2版. 北京:高等教育出版社
黄春,张万江. 2006. 转座子及其相关技术的研究. 世界华人消化杂志,14(17):1714-1720
里斯 H. 1983. 染色体遗传学. 张勋令译. 北京:科学出版社
刘祖洞,乔守怡,吴燕华,等. 2013. 遗传学. 3版. 北京:高等教育出版社
石春海. 2007. 现代遗传学概论. 杭州:浙江大学出版社
汪亚平,朱作言. 1999. 基因靶位操作的原理与策略. 遗传,21(3):46-50
朱军. 2002. 遗传学. 北京:中国农业出版社
Bateson P. 2002. William Bateson:a biologist ahead of his time. *Journal of Genetics*,81(2):49-58
Lewin B. 1997. Gene Ⅵ. London:Prentice Hall
Lewin B. 2004. Gene Ⅷ. London:Prentice Hall
McClintock B. 1930. A cytological demonstration of the location of an inter change between two nonhomologous chromosomes of *Zea mays*. *Proc Natl Acad Sci USA*,16:791-796
Meselson MS,Radding CM. 1975. A general model of genetic recombination. *Proc Natl Acad Sci USA*,72:358-361
Naldman AS. 1995. Molecular Mechanisms of Homologous Recombination,in Gene Targeting. Boca Raton:CRC Press:45-64

## 思考题

1. 解释名词:

1)连锁,完全连锁,不完全连锁

2)交换,对等交换,不等交换,体细胞交换

3)染色体内重组,染色体间重组

4)交换值

5)重组率

6)遗传距离

7)基因定位

8)连锁遗传图

9)连锁群

10)染色体干扰,正干扰,负干扰

11) 转导，共转导，局限性（特异性）转导，普遍性转导

12) 附加体

13) 部分二倍体

14) 性导

15) 合子诱导

16) 四分子，四分子分析

17) 着丝粒作图

18) 减数后分离

19) 极化子

2. 已知果蝇的星眼 $S$ 基因在第Ⅱ染色体，展翅 $D$ 基因在第Ⅲ染色体上，它们都是隐性致死基因。故能成活的个体的基因型应是 $\frac{S}{s}\frac{D}{d}$。又已知 $C$ 基因与 $S$ 基因是连锁的，当亲本的基因型为 $\frac{s\,c\,d}{s\,c\,d}$ 雌 $\times \frac{S\,C\,D}{s\,c\,d}$ 雄时，试写出①上述各亲本产生的配子类型；②上述亲本杂交后代的基因型、表型及其比例。

3. 考虑下述杂交 Hfr $a^+b^+c^+d^+e^+str^s \times$ F$^-$ $a^-b^-c^-d^-e^-str^r$ 时，不同时间取出培养液进行中断杂交，并用不同选择标记的平板选出重组子，其数据如下：每100个 Hfr 细胞中，$str^r$ 重组子在 4min 之前没有看到。4min 之后，$b^+str^r$ 被发现并增至 40%，10min 后发现 $a^+str^r$ 并增至 30%，16min 后发现 $e^+str^r$ 并增至 25%，28min 后发现 $c^+str^r$ 并增至 12%，36min 之后发现 $d^+str^r$ 并增至 8%。从上述数据中分析 $a$、$b$、$c$、$d$、$e$ 5个基因的排列顺序。

4. 下面是位于同一条染色体上的三个隐性基因的连锁图，数字表示重组频率。如果并发系数是 60%，在 $abc/+++\times abc/abc$ 杂交的 1000 个子代中，预期的各种可能表型及其频率各为多少？

```
a           b              c
0          10             20
```

5. Doerman 用 $T_4$ 病毒的两个品系感染 $E.\ coli$，一个品系是小噬菌斑（$m$）、快速溶菌（$r$）和混浊噬菌斑（$tu$）突变体；另一个品系为这三个标记的野生型（$+++$）。它们同时感染的溶菌产物涂平板后得到不同基因型的噬菌斑数目如下表所示，请回答：①说明 $m\text{-}r$、$r\text{-}tu$ 和 $m\text{-}tu$ 的连锁距离；②说明 $m$、$tu$、$r$ 的连锁关系；③在这个杂交中，并发系数是多少？它意味着什么？

| 基因型 | 噬菌斑数 |
|---|---|
| $m\ r\ tu$ | 3467 |
| $+++$ | 3729 |
| $m\ r\ +$ | 853 |
| $m+tu$ | 162 |
| $m++$ | 520 |
| $+r\ tu$ | 474 |
| $+r+$ | 172 |
| $++tu$ | 965 |

6. $F^+$ 细菌与 $F^-$ 细菌混合培养时,为什么染色体的基因重组频率很低,只有 $10^{-6}$?

7. 假设已收集了大量的 $gal^-$ 细菌突变体,用互补方法或粗略作图法已知决定 gal 表型的有三个紧密连锁的基因:galA、galB、galC。并已知它们都在 bio 基因之前转移。选用 Hfr $bio^+gal^+str^s$ 与 $F^-bio^-gal^-str^r$ 接合,$bio^+str^r$ 重组子中不同 $gal^+$ 的比例为:$galA^-$ 为 0.65,$galB^-$ 为 0.72,$galC^-$ 为 0.84,试确定它们与 bio 基因有关的顺序。

8. 根据下列染色体图 $\overset{x\quad\quad y\quad\quad\quad z}{\underset{14\quad\quad 18}{\vdash\!\!\!-\!\!\!-\!\!\!-\!\!\!\dashv}}$ 回答:

1)在 x–z 之间双交换值为 1.5%,求并发系数。

2)若在该染色体上发现一基因 S,S 与 z 相距 13cM,能否确定基因 S 的位置?

9. 试述如何测定一个菌株是否为溶原性细菌?

10. 在果蝇中,若以 AB/ab 雄果蝇×ab/ab 雌果蝇进行测交时,测得重组率为 0。你认为这一结果意外吗?请说明理由。

11. 简述转座的主要遗传学效应。

12. 在 abC/abC×abC/abC 的测交后代中,出现了下列表型及其分布。

| | |
|---|---|
| AbC | 395 |
| aBc | 402 |
| ABc | 61 |
| abC | 67 |
| Abc | 47 |
| aBC | 45 |
| ABC | 1 |
| abc | 3 |

问:

1)双交换是否发生?如果发生了,何种表型属于双交换产物?

2)三个基因的排列顺序怎样?

3)a–b 及 b–c 之间的图距是多少?

4)是否存在干涉?若存在干涉,并发系数是多少?

13. 说明 $F^-$、$F^+$、Hfr 和 $F'$ 之间的关系,细菌重组和真核生物的遗传重组有何不同?

14. 已知 4 个 E. coli Hfr 菌株在接合时有不同的转移顺序,它们转入 $F^-$ 受体中有不同的进入时间。如下所示。

| E. coli Hfr 菌株编号 | 进入时间 |
|---|---|
| 1) | arg-thy-met-thr |
| | 15  21  32  48 |
| 2) | mal-met-thi-thr-try |
| | 10  17  22  33  57 |
| 3) | phe-his-bio-azi-thr-thi |
| |  6  11  33  48  49  60 |
| 4) | his-phe-arg-mal |
| | 18  23  35  45 |

请按时间建立图谱，并标明两个基因间的时间距离。

15. 携带基因 $a$ 的脉孢菌品系与携带基因 $b$ 的品系杂交，$a + \times + b$ 获得如下结果。

1）$a + a + + b + b = 78\%$

2）$a + + + ab + b = 15\%$

3）$a + ab + + + b = 6\%$

4）$a + + ba + + b = 1\%$

试回答：这两个基因与着丝粒的关系如何？这两个基因和着丝粒的距离怎样？绘出染色体图。

16. 在玉米中，做了 $\frac{Ab}{aB} \times \frac{Ab}{aB}$ 这样的杂交（两个性别中都有互换），其数目最少的子代类型为全部子代个体中的 0.25%，请计算这两个基因的图距。

17. 子囊菌 $abc \times +++$ 杂交试验的 200 个孢子的结果如下，试分析确定这三个基因的连锁关系。

| | 1 | 2 | 3 | 4 |
|---|---|---|---|---|
| 四分孢子类型 | abc | ab+ | a+c | a++ |
| | abc | ab+ | ++c | +++ |
| | +++ | ++c | ab+ | abc |
| | +++ | ++c | +b+ | +bc |
| 频数 | 80 | 84 | 20 | 16 |

18. 已知一个 E. coli Hfr 菌株转移基因的顺序为 $a$、$b$、$c$，在 $a^+b^+c^+str^s$（Hfr）与 $F^-a^-b^-c^-str^r$ 接合过程中，是否所有的 $b^+str^r$ 重组子一定是 $a^+$？为什么？

19. 在番茄中，圆形 R 对长形 r 是显性，单一花序 S 对复状花序 s 是显性，这两对基因同处一条染色体上。已知 R-S 间的交换值为 20%，预期 $Rs/rS \times Rs/rS$ 杂交后代中有几种表型？其比例各为多少？

20. 假定在果蝇 $a$、$b$、$c$ 三个座位上发生了突变，每个突变基因对各自的野生型等位基因 $a^+b^+c^+$ 都是隐性的。以这 3 个基因都杂合的雌蝇和野生型雄蝇杂交，得到如下结果。

| 表现型 | +++ | ++c | +b+ | +bc | a++ | a+c | ab+ | abc | 总计 |
|---|---|---|---|---|---|---|---|---|---|
| ♀ | 1010 | 0 | 0 | 0 | 0 | 0 | 0 | 0 | 1010 |
| ♂ | 30 | 32 | 441 | 1 | 0 | 430 | 27 | 39 | 1000 |

1）在杂合子雌蝇染色体上，这些等位基因的成员是相引还是相斥？

2）能否决定这些基因位于哪条染色体上？

3）计算这些基因的图距和并发率。

21. 假设有两个温度敏感突变型品系都不能在高温中（29℃）生存，但能在低温中（22℃）生长。如果这两个基因在同一染色体上紧密连锁，你如何测定它们之间的交换？

22. 简述细菌的遗传物质交换的主要特点和主要方式。

23. 在某次试验中得到如下结果：

P　　　　　　$AABB \times aabb \rightarrow F_1$　　$AaBb$
　　　　　　　　　　　　　　↓自交

　　　　　　$F_2$　$A\_B\_$　$A\_bb$　$aaB\_$　$aabb$
　　　　　　　　　580　　162　　168　　90

证明：$a$、$b$ 两基因是独立分配还是连锁？若连锁，$a$、$b$ 间的距离是多少？（已知 $n=3$，$\chi^2=9.84$，$p=0.02$；$n=3$，$\chi^2=11.35$，$p=0.01$）

24. 简述交换值、连锁强度和基因之间距离三者的关系。

25. 什么是 Ac-Ds 因子？请简述 Ac-Ds 系统控制玉米胚乳细胞色素性状嵌合表达的机理。

26. 白内障（cataract）和多指（polydactyly）都是显性遗传病。一位妇女从她父亲那儿遗传了白内障基因，从她母亲那儿遗传了多指基因。她的丈夫没有这两个性状。如果这两个基因位于同一条染色体上，且图距为 15cM。那么，这对夫妇第一个孩子同时具有这两个性状的机会是多少？

27. 如果果蝇的常染色体基因 $A$ 和 $B$ 之间的交换频率是 15%，那么 $AB/ab$♀ × $AB/ab$♂ 后代的表型频率各为多少？

28. 宿主细菌是 $a^+bc^+$，以 $P_1$ 噬菌体感染这个细菌，裂解释放后，再感染 $ab^+c$，获得各基因型细胞如下：

$a^+b^+c$ 3%，$a^+bc^+$ 46%，$a^+b^+c^+$ 27%，$abc^+$ 1%，$a^+bc$ 23%。

三个基因的顺序及图距如何？（假定 $a$、$b$、$c$ 总是并发转导）

29. 基因型 $ACNRX$ 菌株，作为外源 DNA 用来转化基因型 $acnrx$ 的菌株得到下列类型：$AcnRx$，$acNrX$，$aCnRx$，$AcnrX$，$aCnrx$。请问被转化的基因顺序是什么？

30. 用 $P_1$ 进行普遍性转导，供体菌是 $pur^+nad^+pdx^-$，受体菌是 $pur^-nad^-pdx^+$。转导后选择具有 $pur^+$ 的转导子，然后在 100 个 $pur^+$ 转导子中检定其他供体菌基因是否也转导了过来。所得结果如下表。

| 基因型 | 菌落数 |
| --- | --- |
| $nad^+pdx^+$ | 1 |
| $nad^+pdx^-$ | 24 |
| $nad^-pdx^+$ | 50 |
| $nad^-pdx^-$ | 25 |
| 合计 | 100 |

问：

1）$pur$ 和 $nad$ 的共转导频率是多少？

2）$pur$ 和 $pdx$ 的共转导频率是多少？

3）哪个非选择性座位最靠近 $pur$？

4）$nad$ 和 $pdx$ 在 $pur$ 的同一边，还是在它的两侧？

5）根据你得出的基因顺序，解释实验中得到的基因型的相对比例。

31. 用一野生型菌株抽提出来的 DNA 来转化一个不能合成丙氨酸（Ala）、脯氨酸（Pro）和精氨酸（Arg）的突变型菌株，产生不同转化类型的菌落，其数目如下：

| | | | |
|---|---|---|---|
| 8400 | $ala^+pro^+arg^+$ | 840 | $ala^+pro^-arg^-$ |
| 2100 | $ala^+pro^-arg^+$ | 1400 | $ala^+pro^-arg^-$ |
| 420 | $ala^-pro^+arg^+$ | 840 | $ala^-pro^+arg^-$ |
| 840 | $ala^-pro^-arg^+$ | | |

问：

1）这些基因间的图距为多少？

2）这些基因的顺序如何？

# 第四章 性别决定与性相关遗传

性别也是一种性状，受遗传的控制，同时也受环境的影响。在有雌雄性别差异的生物中，几乎都有性染色体（sex chromosomes）的存在。性染色体决定性别的方式主要有两种：一种是 XY 型性决定，另一种是 ZW 型性决定。XY 型性决定方式在生物界较为普遍，很多雌雄异株的植物、很多昆虫、某些鱼类、某些两栖类、全体哺乳动物等都是 XY 型性别决定；而鳞翅目昆虫，某些两栖类、爬行类和鸟类等则属于 ZW 型性别决定。由于性别是一种复杂的发育性状（developmental character），除了性染色体的差异可以决定性别之外，性别的发育还要受到某些基因及环境等因素的影响，如果与性别发育有关的染色体、基因和环境等因素发生变化，就会导致性别发育异常，从而出现各种各样的性别畸形。

## 第一节　性染色体与性别决定

性别即雌雄性的性状差别，是生物界最普遍、最引人注意的现象之一，曾有过多种假说来解释产生性别差异的原理。直到 1902 年，在直翅目昆虫中发现了性染色体之后，性别决定（sex determination）的问题才自然地和染色体联系了起来，并逐渐形成了性染色体决定性别的学说。

### 一、性染色体

在二倍体生物的体细胞中，染色体是成对存在的，绝大部分同源染色体的形态结构是同型的，称为常染色体（autosome）。其中也有一对形态结构和功能不同的染色体，与性别有明显直接的关系，称为性染色体。图 4.1 所示的是果蝇的常染色体和性染色体。

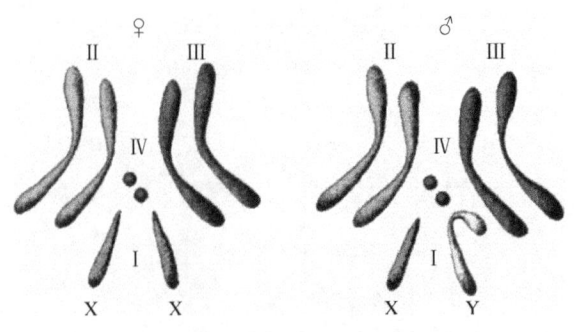

图 4.1　果蝇的常染色体和性染色体

## 二、性别决定方式

性别决定一般是指雌雄异体的生物决定性别的方式。生物界中性别形成的原因有很多种，不同生物性别决定的方式也不同，大体可以归纳为如下几种主要类型。

### （一）性染色体类型决定性别

（1）XY 型

果蝇、鼠、牛、羊、人等属于这一类型。雄性个体是异配子性别（heterogametic sex），可以产生分别含有 X 染色体和 Y 染色体的两种雄配子；雌性个体是同配子性别（homogametic sex），只产生含有 X 染色体的一种配子。受精时，X 配子与 X 配子结合产生 XX 受精卵，将来发育为雌性；X 配子与 Y 配子结合成 XY 受精卵，将来发育为雄性。性比为 1∶1。例如，人类有 23 对染色体（$2n = 46$），22 对为常染色体，1 对为性染色体。用 A 表示一个常染色体组，所以女性的染色体组成为 AA + XX，男性的染色体组成则为 AA + XY。

（2）ZW 型

家蚕、鸟类（鸡、鸭等）、蛾类、蝶类等属于这一类型。这些生物的性别决定方式与 XY 相反，雌性为异配子性别，雄性为同配子性别。为了避免混淆，将这类性别决定方式中的性染色体命名为 Z 和 W，雌性 ZW 是异配子性别，雄性 ZZ 是同配子性别。

（3）XO 型

与 XY 型相似，但只有一条性染色体 X；雄性个体只有一条 X 染色体（XO，不成对），它产生含 X 染色体和不含性染色体的两种类型配子；雌性个体性染色体为 XX。例如，蝗虫、蟋蟀、蟑螂、薯蓣、花椒等属于这一类型。

（4）ZO 型

鳞翅目昆虫中的少数个体，雄性为 ZZ、雌性为 ZO 的类型，称为 ZO 型性别决定。雌性产生两种类型的配子，雄性产生单一类型配子，性别比例为 1∶1。

### （二）性指数决定性别

果蝇的性别决定与 Y 染色体无关，而是由 X 染色体与常染色体组的数量比值即性指数（sex index）决定（表 4.1）。其中：

X∶A = 1 的个体将发育成雌性；

X∶A = 0.5 的个体将发育成雄性；

X∶A 大于 1 的个体将发育成超雌性；

X∶A 小于 0.5 的个体发育成超雄性；

X∶A 为 0.5～1 的个体将发育为间性（intersex）。

表 4.1 果蝇染色体组成与性别的关系

| X | A | X/A | 性别类型 | X | A | X/A | 性别类型 |
| --- | --- | --- | --- | --- | --- | --- | --- |
| 3 | 2 | 1.5 | 超雌性 | 3 | 4 | 0.75 | 间性 |
| 4 | 3 | 1.33 | 超雌性 | 2 | 3 | 0.67 | 间性 |
| 4 | 4 | 1.0 | 雌性（4 倍体） | 1 | 2 | 0.5 | 雄性 |
| 3 | 3 | 1.0 | 雌性（3 倍体） | 2 | 4 | 0.5 | 雄性 |
| 2 | 2 | 1.0 | 雌性（2 倍体） | 1 | 3 | 0.33 | 超雄性 |

虽然人类和果蝇都是 XY 型性别决定机制，但是在人类中 Y 染色体有强烈的雄性化作用，

只要细胞中有 Y 染色体,不管有多少条 X 染色体,个体性别都是男性(表 4.2)。这是因为人类 Y 染色体的短臂上存在一种 Y 染色体组织相容性(histocompatibility-Y, H-Y)抗原基因,其产物是一种疏水蛋白质,称为 H-Y 抗原。在胚胎发育过程中,H-Y 抗原对性腺具有定向作用,它能使具有向两性分化潜能的生殖嵴分化成睾丸。所以,H-Y 抗原又称为睾丸决定因子。有 H-Y 抗原存在就有睾丸的发育,睾丸再分泌雄性激素,使胚胎进一步发育出男性的特征。如果没有 H-Y 抗原存在,生殖嵴就会自然地发育成卵巢,卵巢再分泌雌性激素,使胚胎进一步发育出女性的内外生殖器。该学说认为,性别的决定取决于 H-Y 抗原基因——*TDF* 的有无。

表 4.2 人类和果蝇中性染色体和性别的关系

| 比较要点 | 性染色体组成 | | | | | |
|---|---|---|---|---|---|---|
|  | XY | XX | XXX | XXY | XO | XYY |
| 性指数 | 0.5 | 1 | 1.5 | 1 | 0.5 | 0.5 |
| 果蝇的性别 | ♂ | ♀ | 超雌性 | ♀ | 超雄性 | (不能成活) |
| 人的性别 | ♂ | ♀ | 超雌性 | ♂ | ♀ | 超雄性 |

## (三)染色体组的倍性决定性别

蜜蜂(*Apis mellifera*)等膜翅目昆虫的性别取决于染色体的倍数性,并且受到环境的影响。蜂皇每次产下来的卵,有少数是不受精的,行孤雌生殖而发育为单倍体的雄蜂,染色体数是 $n=16$;受精卵则发育为二倍体的雌蜂,$2n=32$。在雌蜂群体中,根据它们能够吃到的蜂皇浆(是工蜂头部的一些腺体产生的)的质和量,雌蜂可以发育为蜂皇,也可以发育为工蜂。未来的工蜂只吃 2~3 天的蜂皇浆,而且质量差,孵化后经 21 天才发育为成虫,而且不能生育。未来的蜂皇要吃 5 天的蜂皇浆,而且质量好,孵化后 16 天就能发育成熟,并有生育能力。与工蜂相比,蜂皇长得大而丰满(图 4.2)。

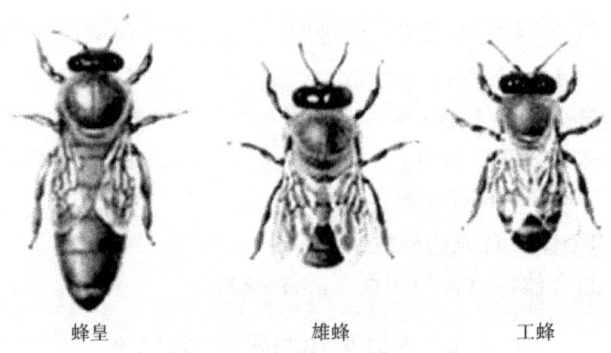

蜂皇　　　雄蜂　　　工蜂

图 4.2 蜂皇、雄蜂和工蜂

## (四)X 染色体是否杂合

小茧蜂(*Habrobracon*)在自然状态下,雌性是二倍体($2n=20$),雄性是单倍体($n=10$)。在实验中,人们获得了二倍体的雄蜂,性别取决于 $X_a$、$X_b$、$X_c$ 三种类型 X 性染色体是纯合还是杂合,雌性的性染色体是一对杂合型 X 染色体,即 $X_aX_b$、$X_aX_c$、$X_bX_c$;雄性的性染色体是一对纯合型 X 染色体，即 $X_aX_a$、$X_bX_b$、$X_cX_c$。

### （五）X 和 Y 的比值

大部分植物没有性染色体，多为雌雄同体或雌雄同花；少数植物是雌雄异体，性染色体组成是 XY，性别由 X 和 Y 的比值决定。例如，酸模（*Rumex acetosa*）雌雄同株的染色体组成是 18A + XX + YY，X : Y = 1 : 1；雌雄异株中雌株为 18A + XX + Y，X : Y = 2 : 1，雄性为 18A + X + YY，X : Y = 1 : 2。

### （六）基因决定性别

（1）单基因

百合科植物石刁柏（*Asparagus officinalis*）雌雄异株，性别由单基因控制。雌株由隐性基因（*a*）决定，雄株由显性基因（*A*）决定。所以，雄株的基因型为 *AA* 或 *Aa*；雌株的基因型为 *aa*。

（2）两对基因

正常玉米（*Zea mays*）是雌雄同株，顶端长雄花序，叶腋长雌花序。但是，玉米细胞中有两对基因能影响玉米的性别：*ba* 纯合时植株无雌花序，*ts* 纯合时植株无雄花序。因此不同的基因组合，玉米可以是雌雄同株，也可以是雌株或雄株（表 4.3，图 4.3）。

表 4.3 玉米的性别决定

| 基因型 | 性别 | 表型 |
| --- | --- | --- |
| *Ba_Ts_* | 雌雄同株 | 顶端长雄花序，叶腋长雌花序 |
| *Ba_tsts* | 雌株 | 顶端和叶腋都长雌花序 |
| *baba Ts_* | 雄株 | 顶端长雄花序，叶腋不长花序 |
| *baba tsts* | 雌株 | 顶端长雌花序，叶腋不长花序 |

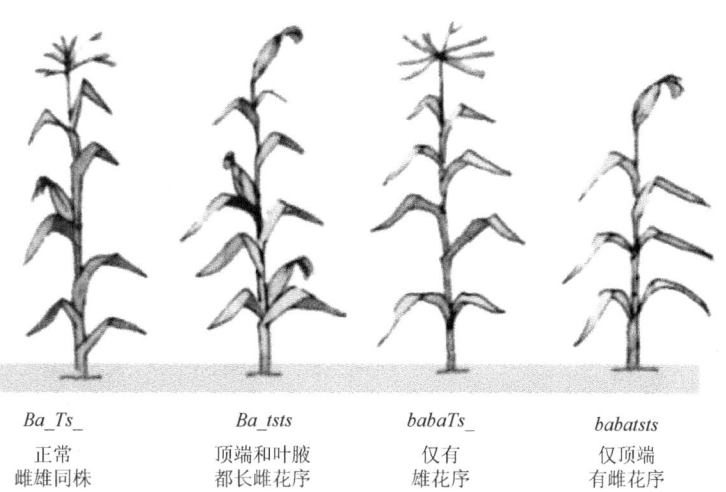

*Ba_Ts_* 正常雌雄同株　　*Ba_tsts* 顶端和叶腋都长雌花序　　*babaTs_* 仅有雄花序　　*babatsts* 仅顶端有雌花序

图 4.3 正常株、雌株、雄株和双隐性雌株玉米

### （3）复等位基因

葫芦科植物喷瓜（*Ecballium elaterium*）的性别由一组复等位基因决定：雄性基因 $a^D$、雌雄同体基因 $a^+$ 和雌性基因 $a^d$，其中 $a^D$ 对 $a^+$ 和 $a^d$ 为显性，$a^+$ 对 $a^d$ 为显性，所以喷瓜的基因型和性别如表 4.4 所示。

表 4.4　喷瓜的性别决定方式

| 基因 | 决定性别 | 基因型 |
| --- | --- | --- |
| $a^D$ | ♂ | $a^Da^D$、$a^Da^+$、$a^Da^d$ |
| $a^+$ | 两性 | $a^+a^+$、$a^+a^d$ |
| $a^d$ | ♀ | $a^da^d$ |

### （七）外界条件对性别发育的影响

性别是一种性状，是发育的结果。所以，性别的发育既受遗传控制，也受环境影响。

（1）温度

温度会影响一些动物的性别发育。例如，扬子鳄（*Alligator sinensis*）卵在 30℃ 以下的环境中孵化时发育成雌性，若孵化温度超过 34℃ 则发育成雄性。乌龟（*Chinemys reevesii*）的性别发育也取决于卵的孵化温度，在 23～27℃ 时发育成雄性，在 32～33℃ 时则发育成雌性。

（2）日照

延长日照或缩短日照，可以改变大麻（*Cannabis*）的性别。夏季播种的大麻，只有正常的雌株或雄株，从秋季到第二年春季，尤其是 12 月把大麻种在温室里时，50%～90% 的雌株逐渐变为雄株，有的甚至完全变为雄株。

（3）环境

海生蠕虫（marine worm）后螠（*Bonellia viridis*）（图 4.4）雌雄个体的体型大小悬殊，雌虫身体像一颗豆芽，宽 10cm，口吻很长，可达 1m，远端分叉。雄虫很小，长 1～3mm，生活在雌虫的子宫内，像一种寄生虫。后螠的性别决定方式很特殊，自由游泳的幼虫是中性的，如果落在海底，就成为雌虫，若落在雌虫的口吻上，就发育为雄虫。如果把已经落在雌虫口吻上的幼虫从口吻上移开，在远离雌虫的情况下继续发育，则成为间性个体，并且根据幼虫在雌虫口吻上滞留时间的长短，其性别特征偏雌性或者偏雄性。经研究得知，雌虫口吻上有一种类似激素的化学物质，强烈地影响着幼虫分化。

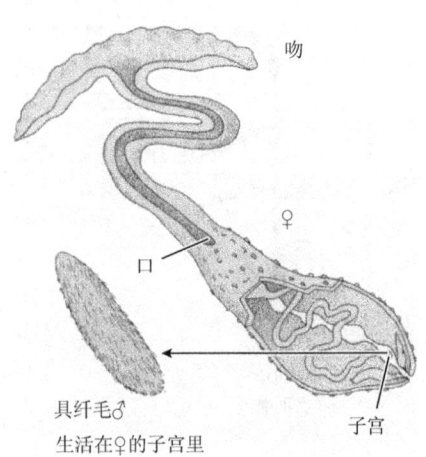

图 4.4　海生蠕虫后螠

（4）性反转现象

性别也是一种单位性状，表现型可以受环境的影响而改变，但基因型是不会马上发生相应改变的。例如，生蛋的母鸡因患病或受创伤，致使卵巢的皮质退化、残存的髓质发达，导致卵巢退化或消失，性腺发展为精巢，分泌雄性激素，母鸡停止下蛋，鸡冠逐渐红晕，甚至打鸣并追逐母鸡交配，这种现象叫作性反转（sex reversal）。但是，性反转母鸡的遗传基础并没有改变，性染色体仍然是ZW。例如，若变性非芦花鸡与正常母鸡交配，由于变性公鸡是母鸡转变过来的，虽然性别改变了但基因型仍旧是$Z^bW$，因此与正常芦花母鸡（$Z^BW$）交配后则有如图 4.5 所示结果。

变性非芦花鸡(♀)×正常芦花母鸡(♀)
　　　　↓
$Z^bW$　　　$Z^BW$

$Z^BZ^b$　　$Z^bW$　　$Z^BW$　　WW(死亡)?
♂芦花　　♀芦花　　♀非芦花

图 4.5　变性非芦花鸡与正常母鸡交配结果

## 三、剂量补偿效应

一个细胞核中某一基因的数目称为基因剂量（gene dosage）。在以性染色体决定性别的动物中，常染色体的形态和数目在两性细胞中是相同的，因此常染色体上的基因剂量没有差别。对性染色体而言，包括人类在内的哺乳动物，雌性个体的每个体细胞中都有两条 X 染色体，雄性个体只有一条 X 染色体，但是 X 连锁性状的表现在雌雄个体之间并无差异。在 XY 性别决定机制的生物中，使性连锁基因在两种性别中有相等或近乎相等的有效剂量的遗传效应，称为剂量补偿效应（dosage compensation effect）。

剂量补偿效应有两种不同的机制：①通过调节 X 染色体的转录速率来实现剂量补偿。例如，果蝇的剂量补偿效应主要是通过 Sxl 蛋白阻止雌性 X 染色体的过度转录来实现的（图 4.6）。果蝇的性别是由性指数的大小决定的。当 X：A = 1 时，果蝇的性别是雌性，*sxl* 基因被激活，使 *msl-2*[（male-specific lethal effect-2），4 个雄性致死基因 *msl-1*、*msl-2*、*msl-3* 和 *mle*（maleless）中的一个]的 RNA 不能适当剪接，产生无效的 Msl-2 蛋白，从而不能使其他的 *msl-2* 基因被激活，X 染色体以基础水平转录；当 X：A = 0.5 时，果蝇的性别是雄性，*sxl* 基因关闭，*msl-2* 的 RNA 正确地剪接，产生有活性的 Msl-2 蛋白并进一步激活其他 *msl* 基因，使 X 染色体高水平地转录，使一条 X 染色体的表达量与两条 X 染色体的表达量相近。②剂量补偿效应的另一种机制是使雌性细胞的 X 染色体失活来实现两性量的平衡。哺乳动物和人是通过这种方式进行剂量补偿的。也就是说，在这些生物的细胞中，不论有多少条 X 染色体，都只有一条 X 染色体保持活性，使 X 连锁基因得到补偿，所以在女性和男性中具有基本相同的有效基因产物。1949 年，美国学者巴尔（Murray Barr）等发现，雌猫的神经细胞间期核中有一个被深染的小体而雄猫中却没有。由于这个小体和性别及 X 染色体数量有关，所以称为 X 异染色质（小）体（X-heterochromatin body），又名巴氏小体（Barr body）（图 4.7）。后来又发现，在雌鼠体细胞分裂前期的两条 X 染色体中的一个出现异固缩，而雄鼠仅有的一条 X 染色体则不发生异固缩。英国学者莱昂（Mary Lyon）认为这种异固缩的 X 染色体（巴氏小体）缺乏遗传活性，并且提出了"莱昂假说"（Lyon hypothesis），其内容主要包括以下几点。

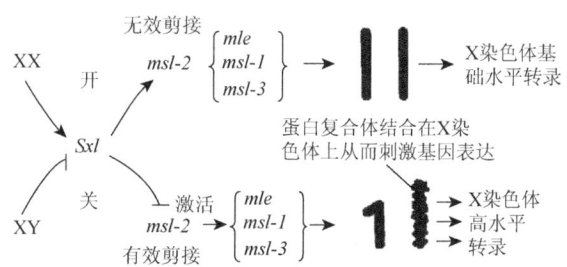

图 4.6　果蝇中 *sxl* 基因对剂量补偿的调控

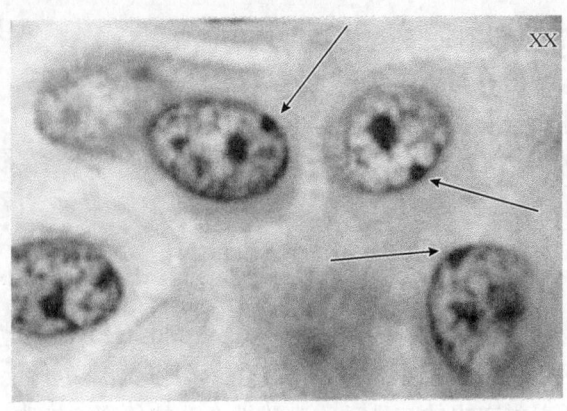

图 4.7 巴氏小体（箭头所指）

1）正常哺乳动物体细胞中的两条 X 染色体只有一条有活性（activation X，$X_a$），另一条在遗传上无活性（inactivation X，$X_i$），从而保证了染色体为 XX 的雌性和染色体为 XY 的雄性具有相同的有效基因产物。X 染色体失活的过程称为 Lyon 化（lyonization）。巴氏小体是遗传上失活（或大部分失活）的 X 染色体。

2）失活是随机的。在同一哺乳动物的体细胞中，有些细胞里父源的 X 染色体失活；另一些细胞里，则是母源的 X 染色体失活。

3）X 染色体的失活发生在胚胎发育的早期。例如人类，在胚胎发育第 16 天（合子细胞增殖到 5000～6000 个细胞）时发生失活。某一个细胞的一条 X 染色体一旦失活，这个细胞的所有后代细胞中的该 X 染色体均处于失活状态。

4）杂合体雌性在伴性基因的作用上是嵌合体（chimera），某些细胞中来自父方的伴性基因表达，某些细胞中来自母方的伴性基因表达，这两类细胞随机地镶嵌存在。

5）生殖细胞形成时，失活的 X 染色体可得到恢复。

图 4.8 玳瑁猫

很多的实验证据都支持莱昂假说。三色猫（又称为玳瑁猫，calico cat）就是一个很好的例子。雌性的三色猫腹部的毛是白色的，背部和头部的毛由橘黄色和黑色斑组成，因其皮毛颜色与海龟玳瑁非常相似，故称为玳瑁猫（图 4.8）。X 连锁的 $b$ 基因控制橙色（orange）皮毛，$B$ 基因控制黑色的皮毛。若带有 $b$ 基因的 X 染色体失活，$B$ 基因表达产生黑色毛斑，若带有 $B$ 基因的 X 染色体失活，$b$ 基因表达则产生橙黄色毛斑。

X 连锁的葡萄糖-6-磷酸脱氢酶（glucose-6-phosphate dehydrogenase，G-6-PD）的测定也为莱昂假说提供了有力证据。女性虽然有两条 X 染色体，但其 G-6-PD 活性和男性相同，表明其 X 染色体的总量有一半是失活的，这正好说明了剂量补偿作用。G-6-PD 有 A、B 两种类型，分别由一对等位基因 $Gd^A$ 和 $Gd^B$ 编码。二者之间只有一个氨基酸的差异，但电泳带的迁移率不同，A 带比 B 带移动得快一些。$Gd^A$ 或 $Gd^B$ 纯合女性的各种组织细胞中，G-6-PD 只出现一条电泳带。$Gd^A/Gd^B$ 杂合的女性细胞，其电泳结果却会出 A、B 两条带。但用胰酶处理杂合体的皮肤细胞，使其分成单个细胞，然后进行克隆培养，再从各个克隆中取样进行电泳时发现，每个克隆只出现一条电泳带：A 带或者 B 带，绝不会同时出现两条带（图 4.9）。

这表明细胞中虽然有一对等位基因 $Gd^A/Gd^B$，但由于其中随机的一条 X 染色体失活，使其上的等位基因不能表达，所以只出现一条带。

自 20 世纪 90 年代以来，人们对 X 染色体失活的机制和莱昂假说的实质有了进一步的认识：①大多数的 X 连锁基因在胚胎发育早期失活，但并非整条 X 染色体上的所有基因均失活。例如，在 X 染色体的短臂远端编码细胞表面蛋白的基因 $MIC_2$、XG（Xg 血型）、甾固醇硫酸酯酶基因 STS 是逃避失活的，与 Y 染色体配对的区域内或处于附近的基因，也有短臂近端或长臂上的基因，既可由 $X_a$ 也可由 $X_i$ 表达。此外，在失活 X 染色体上还发现了一个可转录的 XIST 基因，该基因可

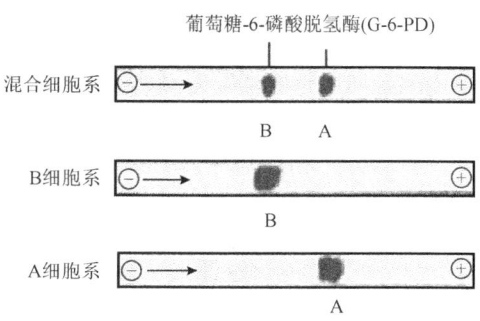

图 4.9 不同细胞系葡萄糖-6-磷酸脱氢酶的电泳结果

能与 X 染色体失活有关。②在失活的 X 染色体上，表达的基因（逃避失活的基因）与失活基因是穿插排列的。这意味着失活基因转录的关闭不是由它们所在的区域决定，而是与某些位点有关（图 4.10）。③在 X 染色体上存在一个特异性失活位点，即 X 失活中心（X inactivation center，XIC）。小鼠以 Xic 表示，人以 XIC 表示。该失活中心可能产生一个失活信号，关闭 X 染色体上几乎所有基因的转录。

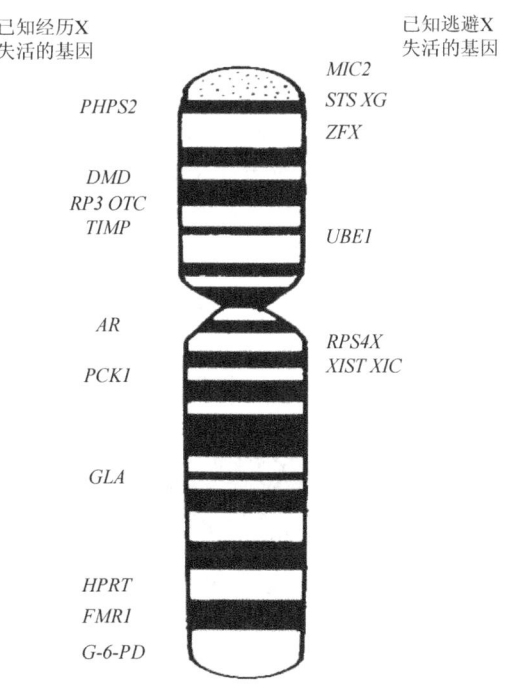

图 4.10 人类 X 染色体上失活基因排列示意图（人类 X 染色体上约有 1/3 的基因可能逃避完全失活）

## 第二节　性相关遗传

性相关遗传（sex-related inheritance）是指与性别相关的遗传现象，包括伴性遗传、从性遗传和限性遗传三种主要类型。

# 一、伴性遗传

由于染色体是基因的主要载体,因此必然会有一些基因位于性染色体上。性染色体上的基因所控制的性状必然与性别相联系,这种遗传方式称为性连锁遗传或伴性遗传(sex linked inheritance)。与常染色体遗传相比,伴性遗传具有明显的特点:①正反交的结果不同;②后代性状的分布和性别有关;③绞花式遗传(crisscross inheritance)方式,即女儿像父亲,儿子像母亲;外祖父的性状通过女儿传给外孙。

## (一) 人类的伴性遗传

根据男性个体(XY)减数分裂时染色体的行为,可以把性染色体分为配对区域和非配对区域(图4.11)。一般认为,在配对区域,X和Y是同源的;在非配对区域,X和Y是有差别的。仅存在于X差别部分的基因表现为X连锁遗传,仅坐落在Y差别部分的基因表现为Y连锁遗传。

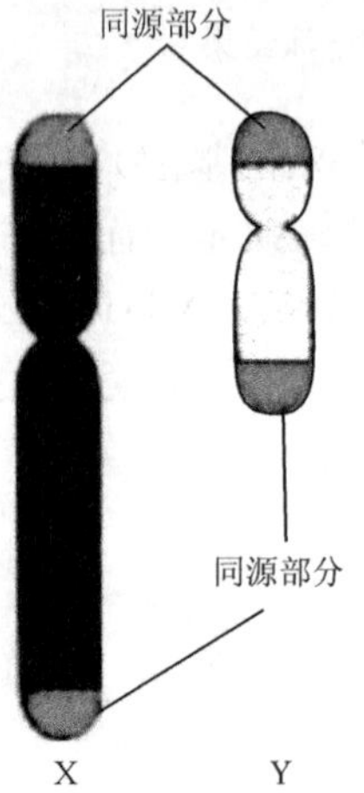

**1. X连锁隐性遗传**

一种性状或遗传病有关的基因位于X染色体上,这些基因的性质是隐性的,并随着X染色体的行为而传递,其遗传方式称为X连锁隐性遗传(X-linked recessive inheritance)。

目前已发现的X连锁隐性遗传病达300多种,常见的有红绿色盲、血友病、自毁容貌综合征等。

(1)自毁容貌综合征

自毁容貌综合征(lesch-nyhan syndrome,LNS)是一种严重的神经学特征自身毁伤行为的遗传病(图4.12)。患儿出生时正常,有些患儿出生后3个月表现出呕吐、低血压、虚弱与喂养困难。2~3岁时开始强制性地咬自己的手指、嘴唇和口腔黏膜,自己感到痛,但又不能控制自毁行为,并侵害他人,所以必须捆绑双手或拔掉牙齿。

图4.11 人类X染色体和Y染色体的同源序列

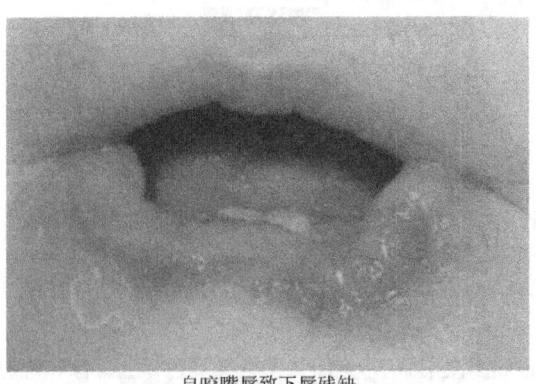

自咬嘴唇致下唇残缺

图4.12 自毁容貌综合征患儿

(2)红绿色盲

红绿色盲(daltonism,red-green colorblindness)患者对红色、绿色的辨别力降低。致病基因定位于Xq28紧密连锁的两个基因座上,即红色盲基因和绿色盲基因,通常将它们看成一个基因，称红绿色盲基因。

据报道，男性发生率为 7.0%，女性为 0.5%。一个红绿色盲男患者（$X^bY$）和正常辨色能力女性（$X^BX^B$）结婚，他们的女儿都应从父亲那里接受一条携带红绿色盲基因的 X 染色体，从母亲那里得到一条正常的 X 染色体而成为致病基因携带者杂合子（$X^BX^b$），他们的儿子必定由母亲那里接受一条 $X^B$，故辨色能力全部正常（$X^BY$）。凡携带致病基因的女性（$X^BX^b$）与正常辨色男人结婚，下一代中，儿子有一半是正常（$X^BY$）的，另一半是红绿色盲（$X^bY$），女儿中一半是致病基因携带者（$X^BX^b$），另一半则完全正常（$X^BX^B$）。因此，女性患者的父亲一定是患者，其母亲是患者或致病基因携带者。如果女性携带者（$X^BX^b$）与男性患者（$X^bY$）结婚，后代中，女儿 1/2 可能发病，1/2 可能为携带者，儿子中发病者和正常者各占 1/2。

（3）血友病

血友病（hemophilia）是一组遗传性出血性疾病，是血液中某些凝血因子的缺乏而导致的严重凝血功能障碍，主要有三种类型：血友病 A、血友病 B 和血友病 C。血友病 A、B 较常见，属 X 连锁隐性遗传，血友病 C 比较罕见，属常染色体隐性遗传。我国血友病的总患病率为 2.64/10 万，与欧美相比较低。

1）血友病 A：血友病 A（hemophilia A）又称经典型血友病或第Ⅷ因子缺乏症。本病患者自幼在轻微外伤后出血不止，但大量出血罕见。皮肤出血可形成皮下血肿，关节、肌肉出血常累及膝关节时，可导致跛行，不经治疗者往往造成关节永久性畸形。严重者可因颅内出血而致死。

2）血友病 B：血友病 B（hemophilia B）是人类凝血因子Ⅸ（human clotting factor Ⅸ，hFⅨ）缺乏或其凝血功能降低所致，故又称为凝血因子Ⅸ缺乏症，主要症状与血友病 A 相同。

2. X 连锁显性遗传

一些性状或遗传病的基因位于 X 染色体上，其性质是显性的，这种遗传方式称为 X 连锁显性遗传（X-linked dominant inheritance）。

（1）抗维生素 D 佝偻病

抗维生素 D 佝偻病（vitamin D resistant rickets，VDRR）是一种以低磷酸血症导致骨发育障碍为特征的遗传性骨病。患者的肾小管对磷的重吸收和小肠对磷、钙的吸收能力不健全，造成尿磷增加，血磷降低，影响骨质钙化而引起佝偻病。患者身体矮小，下肢进行性弯曲，膝外翻或内翻。患儿多于 1 周岁左右发病，最先出现的症状为 O 形腿，严重的有进行性骨骼发育畸形、多发性骨折、骨疼、不能行走、生长发育缓慢等症状。患者用常规剂量的维生素 D 治疗无效，故称为抗维生素 D 佝偻病。

（2）色素失调症

色素失调症（incontinentia pigmenti）的很多患者都是由 X 染色体 *NEMO* 基因异常造成的，有特征性皮肤改变，可伴眼、骨骼和中枢神经系统畸形与异常。女孩出生时就有红斑性泡状皮疹，继之出现大理石蛋糕样的色素沉着。此症伴有牙齿异常。

3. Y 连锁遗传

因为遗传性状或遗传病基因位于 Y 染色体上，并随着 Y 染色体而传递，故只有男性才表现。这类基因只由父亲传给儿子，再由儿子传给孙子，女性不会出现相应的遗传性状或遗传病，这种遗传方式称为 Y 连锁遗传（Y-linked inheritance）。由于这些基因控制的性状只能在雄性个体中表现，这种现象又称为限雄遗传（holandric inheritance）。

迄今报道，Y 连锁遗传病及异常性状仅 10 余种。例如，外耳道多毛症：患者外耳道中可长出 2～3cm 的黑色硬毛，常可伸出耳孔外（图 4.13）。除此之外，Y 染色体上还有 H-Y 抗原基因、睾丸决定因子（testis determining factor，TDF）、箭猪病和蹼指等基因。

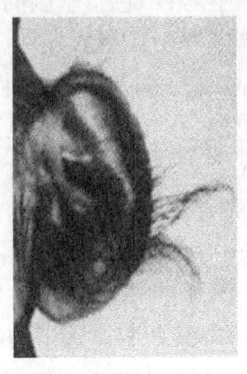 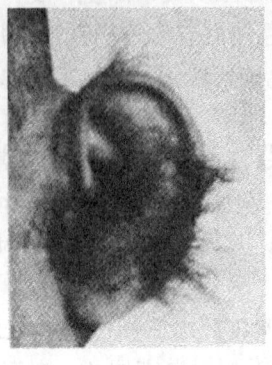 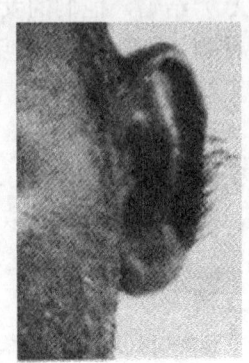

图 4.13 外耳道多毛症

### （二）果蝇的伴性遗传

1910 年，摩尔根等在研究果蝇性状遗传时最先发现性连锁现象，研究结果同时还最终证明了基因位于染色体上。

野生型果蝇的复眼为红色（图 4.14），摩尔根等在试验中发现了 1 只突变型白眼雄性果蝇，将其与野生型雌性果蝇杂交得到图 4.15 的结果。

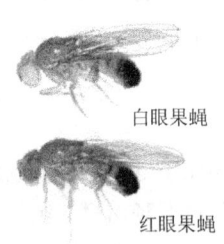

白眼果蝇

红眼果蝇

图 4.14 野生型红眼果蝇和突变型白眼果蝇

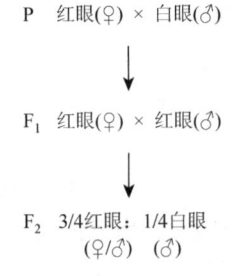

图 4.15 红眼（♀）果蝇与白眼（♂）果蝇的杂交试验结果

上述结果表明，红眼受显性基因（$W$）控制，白眼受隐性基因（$w$）控制，$W$ 和 $w$ 基因位于 X 染色体上，而 Y 染色体上没有决定眼色的基因，试验结果的解释如图 4.16 所示。

### （三）植物的伴性遗传

高等植物中，雌雄同体者一般没有性染色体，雌雄异体者中，部分有性染色体，但区别不大。例如，女娄菜（*Melandrium album*）为 XY 型性别决定，Y 染色体比 X 染色体稍大。控制叶形的基因位于 X 染色体上，阔叶受显性基因（$X^B$）控制，细叶受隐性基因（$X^b$）控制，而且 $X^b$ 花粉败育，Y 染色体上没有对应的等位基因。其他如大麻（*Cannabis sativa*）、茜草（*Humulus lupulus*）、酸模（*Rumex acetosa*）等植物（表 4.5）也是 XY 型性别决定方式，性染色体上的基因伴随性别而遗传。

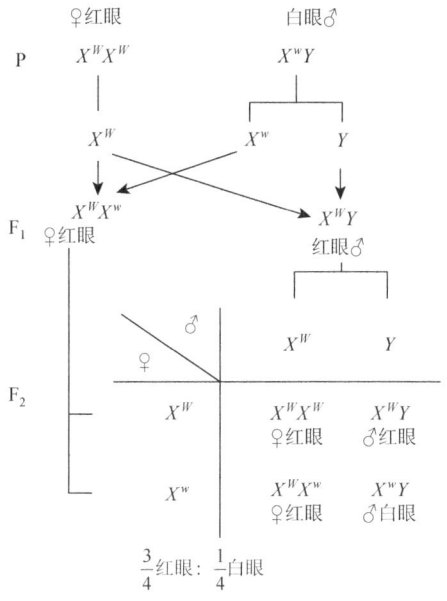

图 4.16 果蝇杂交试验结果的解释

**表 4.5 几种雄性异配性别的植物**

| 物种 | 常染色体数 | ♀ | ♂ |
|---|---|---|---|
| 大麻 | 20 | XX | XY |
| 茜草 | 20 | XX | XY |
| 酸模 | 14 | XX | XY |
| 女娄菜 | 22 | XX | XY |

## （四）鸟类的伴性遗传

芦花鸡的绒羽呈黑色，头上有黄色斑点，成羽为芦花斑状（图 4.17）。芦花基因 $B$ 对非芦花基因 $b$ 为显性，$B/b$ 这对基因位于 Z 染色体，W 染色体上没有它的等位基因。芦花母鸡与非芦花雄鸡交配，子一代中，雄的都是芦花，雌的都是非芦花。子二代的雌雄个体中，芦花与非芦花各占一半（图 4.18）。

图 4.17 芦花鸡的鸡雏（A）与成鸡（B）

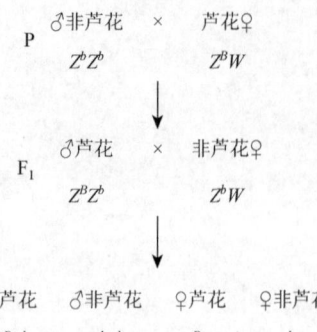

图 4.18 鸡羽色的伴性遗传

## 二、从性遗传

从性遗传与性连锁遗传的表现都与性别有密切关系，但它们是两种截然不同的遗传方式。性连锁遗传的基因位于性染色体上，而从性遗传的基因位于常染色体上，有显性和隐性的区别。这种常染色体上的基因所控制的性状，在表型上受性别影响，而出现男女性分布比例或表现程度上的差别的遗传方式称为从性遗传（sex-influenced inheritance）。

例如，人类遗传性早秃（hereditary alopecia）为常染色体显性遗传，是一种从头顶中心向周围扩展的进行性对称性脱发。一般 35 岁左右开始出现秃顶，男性秃顶显著多于女性，女性仅表现为头发稀疏，极少全秃，杂合子（$Bb$）男性会出现早秃；相反，女性杂合子（$Bb$）不出现早秃，只有纯合子（$BB$）才出现早秃。

## 三、限性遗传

一种遗传性状或遗传病的基因位于常染色体或性染色体上，其性质可以是显性或隐性，但由于性别限制，只在一种性别中得以表现，而在另一性别完全不能表现，但这些基因都可以向后代传递，这种遗传方式称为限性遗传（sex-limited inheritance）。

例如，子宫阴道积水（hydrometrocolpos）由常染色体隐性基因决定，因此，女性只有在纯合子才表现相应症状，男性虽有这种基因但不能表现该性状，然而这些基因都向后代传递。

从上述的从性遗传和限性遗传特点可以看出，并非所有表现出性别差异的遗传性状或遗传病都是性连锁遗传，在常染色体遗传病中有时也存在性别差异，应注意加以区别。

# 第三节 性染色体畸变引起的人类性别异常

由于 X 染色体或 Y 染色体先天性数量异常或结构畸变所引起的疾病称为性染色体病（sex chromosome disease）或性染色体异常综合征。这类疾病共同的临床特征是性发育不全或两性畸形及智力低下等，但有些患者仅表现为原发闭经、生殖力下降或智力较差等。

## 一、克兰费尔特综合征

克兰费尔特综合征（Klinefelter syndrome, KS）也称先天性睾丸发育不全或原发性小睾丸症，由克兰费尔特（Harry Klinefelter）在 1943 年首次描述。1959 年雅各布（Patricia Jacobs）等发现该病患者比正常男性多出一条 X 染色体（图 4.19）。该病的群体发病率约为 1/1000。

该病患者为男性表现型，自青春期开始，出现临床症状并逐渐加重，其主要特征为身材高大（常在 180cm 以上），四肢较长；睾丸小，无精子产生；患者阴毛呈女性分布，无须、无喉结，阴茎发育不良，皮下脂肪堆积，皮肤细嫩。

绝大多数患者的核型为 47, XXY。大约有 15%的患者为两个或更多细胞系的嵌合体，其中常见的为 46, XY/47, XXY；46, XY/48, XXXY。雅各布等应用 DNA 探针发现，XXY 病例中额外的染色体由细胞分裂时染色体的不分离产生，约 1/2 病例来自父方第 1 次减数分裂不分离，1/3 来自母方的第 1 次减数分裂不分离，其余为母方的第 2 次减数分裂或合子的有丝分裂不分离。

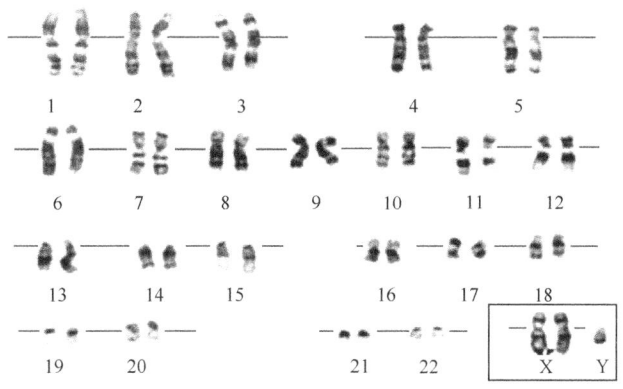

图 4.19 克兰费尔特综合征患者的核型

## 二、特纳综合征

特纳综合征（Turner syndrome）又称先天性卵巢发育不全综合征，由特纳（Henry Turner）在 1938 年首先描述。该综合征的发病率在女性新生儿中约占 1/2500，在成年女子中约占 1/3500，在原发闭经患者中约占 1/3。福特（Charles Ford）等在 1959 年发现这种患者少一条 X 染色体（图 4.20）。

本病的主要临床特征有：性腺发育不全，原发闭经，子宫发育不良，乳腺发育差，乳头间距宽，外生殖器幼稚型，阴毛、腋毛稀少，患者身材矮小，肘外翻，身高多在 120~140cm，后发际低，颈短且颈部皮肤呈蹼状（图 4.20）。

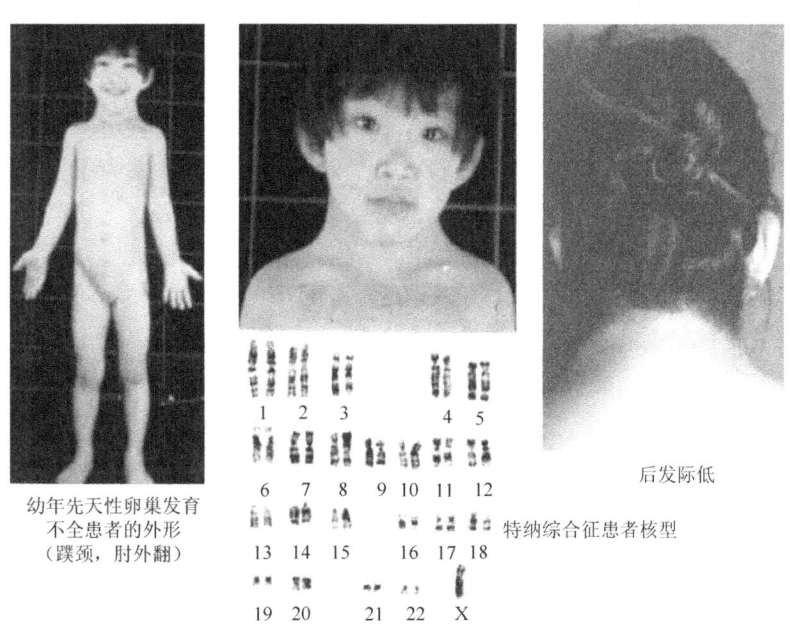

图 4.20 特纳综合征的患者及其核型

## 三、XYY 综合征

XYY 综合征又称为超雄，由桑德伯格（Avery Sandberg）在 1961 年首先描述，核型为 47,XYY（图 4.21）。在男婴中的发生率为 1/900，在一般男性群体的发生率为 1/1500。在监狱和精神病院中，约有 3% 的男性是该病患者。患者额外的 Y 染色体是由父亲精子形成时，减数分裂 I 不分离所致。

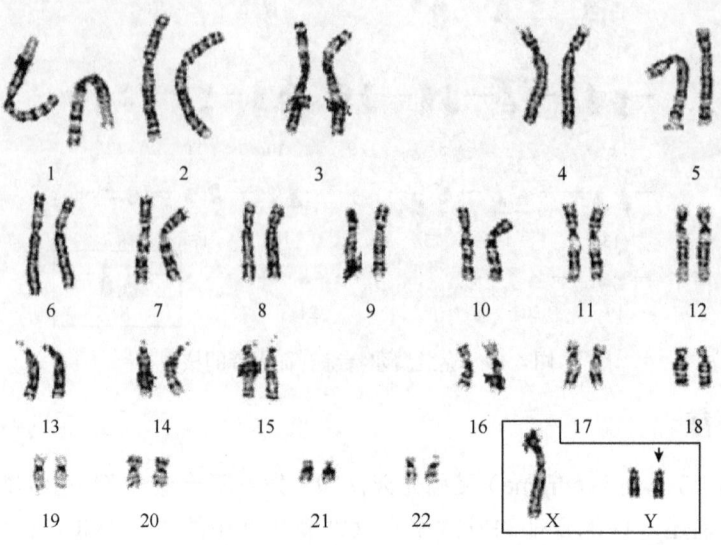

图 4.21　XYY 个体的核型

患者表型为男性且基本正常，主要特征有：身材高大，常在 180cm 以上，而且发病率有随个体身高的增加而升高的趋势。如有人统计，身高在 181～189cm 的男性中，发病率为 1/200；身高在 190～199cm 的男性中，发病率为 1/30；而身高在 200cm 以上的个体，发病率可达 1/10 以上。大多数 XYY 个体有生育能力，智力正常或轻度低下，多数有性格和行为异常。患者易兴奋，性情较为暴躁，自控能力差，易发生攻击性的行为。

## 四、X 三体及多 X 综合征

1959 年，雅各布（Patricia Jacobs）首次描述 47,XXX，发病率为 1/1000，女性新生儿精神病患者中约占 4/1000。随后相继报告 48,XXXX、49,XXXXX。这些具有三条或三条以上 X 染色体的个体称为超雌（图 4.22）。70%患者青春期第二性征发育正常，并可生育；另外 30%患者的卵巢功能低下，原发或继发闭经，过早绝经，乳房发育不良。临床特征随 X 染色体数目增多而有加重的倾向。表现为身材矮胖，圆脸，斜视，鼻梁扁，鼻孔宽前倾。部分患者月经异常和卵巢功能破坏，个别有生殖能力。

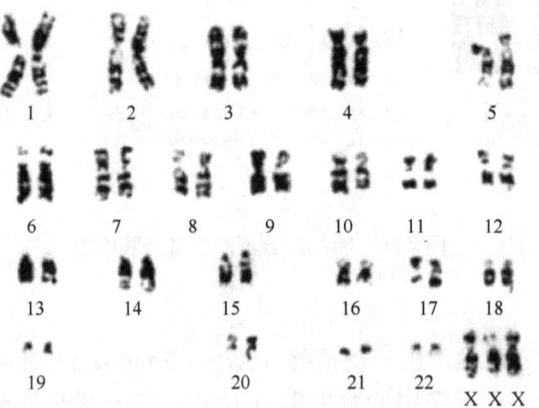

图 4.22　47,XXX 个体的核型

## 五、脆性 X 染色体综合征

脆性 X 染色体综合征（fragile X syndrome，fra X）是一种主要表现为智力低下的染色体病，又称为脆性 X 染色体病智力障碍综合征（fragile X chromosome metal retardation syndrome）。该病家系由马丁（J. Purdon Martin）和贝尔（Julia Bell）在 1943 年首报，故又称为马丁-贝尔综合征。

该病患者的外周血淋巴细胞在低叶酸的培养条件下，可出现脆性 X 染色体（fra X）。fra X 是指在 Xq27 和 Xq28 带的交界处具有细丝样部位或裂隙（gap）而使其长臂末端呈现随体样结构（图 4.23）。由于该部位易断裂，表现出脆性，故称为脆性部位（fragile site）。这种脆性部位是可以遗传的，而且以孟德尔遗传定律传递。

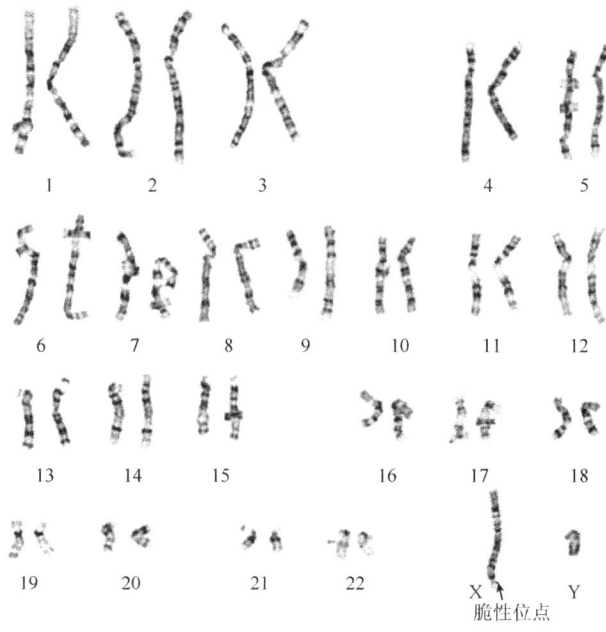

图 4.23 脆性 X 染色体综合征个体的核型

脆性 X 染色体综合征在男性群体中的发病率为 1/1500～1/1000，有 10%～20% 男性的智力低下病例由脆性 X 染色体综合征引起。在 X 连锁智能发育不全的患者中，该病的发病率可达 33%～50%。所以，脆性 X 染色体综合征是发病率仅次于先天愚型的染色体病，其核型可表示为 46，fra X（q27）Y。脆性 X 染色体综合征在男性患者的主要临床症状为大睾丸，可比正常人大一倍以上；大耳，下颌大而前突，常伴有语言障碍，性情孤僻。大多数患者在青春期前有多动症，但随年龄增长，该症状逐渐减轻。

脆性 X 染色体的脆性位点 Xq27.3 处存在致病基因 *FMR-1*（fragile X mental retardation），在该基因 5′端的非翻译区有一段不稳定的 $(CGG)_n$ 重复序列，对于正常人体，重复序列的拷贝数（$n$）在 30 左右，脆性 X 染色体综合征患者则高达 230 以上，而且 CGG 重复序列相邻的 CpG 岛也被甲基化，这种情况称为全突变（full mutation）。全突变可引起 *FMR-1* 相邻基因的关闭，从而导致该病患者临床症状的出现。对于智力正常男性突变携带者（称为正常男性传递者）和女性携带者，其 CGG 序列的拷贝数为 50～160，相邻的 CpG 岛未发生甲基化，无症状或轻微症状，这种状况称为前突变（premutation）。

## 六、两性畸形

患者的性腺或内外生殖器、副性征具有两性的特征。根据患者体内性腺组成的不同，两性畸形可分为真两性畸形和假两性畸形两种类型。

### （一）真两性畸形

真两性畸形（true hermaphroditism）患者体内同时具有两性性腺，内外生殖器也具有两性特征的畸形，是一种较为罕见的性别畸形。其外表为男性或女性，体内的两性性腺，不同的患者有较大的差异，其中约有40%的患者同时具有卵巢或睾丸，分别位于身体的两侧；另有40%的患者，其性腺一侧为卵巢或睾丸，另一侧为卵巢组织与睾丸组织混合而成的结构——卵睾（ovotestis）；还有20%的患者两侧均为卵睾。真两性畸形患者主要是46,XY/46,XX型、46,XX/47,XXY型和46,XY/45,X型等异源嵌合体。

### （二）假两性畸形

假两性畸形（pseudohermaphrodism）患者的性腺为卵巢或睾丸，但外生殖器具有两性特征的个体。

（1）男性假两性畸形

例如，睾丸女性化综合征（testicular feminization syndrome）患者核型为46，XY，睾丸隐在腹腔或阴唇内，身体发育呈女性，青春期乳房发育，幼稚型女性生殖器，阴茎小。一般认为，该综合征的发病原因是与性器官发育有关的靶细胞缺乏雄激素受体。该病患者体内的睾丸在青春期后往往有恶变的倾向，故应适时手术摘除，以免发生恶性肿瘤。

（2）女性假两性畸形

患者核型为46，XX。外生殖器呈男性，阴蒂肥大，内生殖器有发育不全的子宫、输卵管和卵巢，发病机理可能是由于Y染色体的雄性决定因子易位到X染色体上，另外，基因突变而缺失21-羟化酶，使17-羟化孕酮不能转化成11-去氧皮质醇和皮质素，而形成大量雄烯二酮和睾酮，引起肾上腺皮质增生，促进睾酮产生。因此，三个月后胚胎发育受雄性激素影响，遗传型女性就可能会呈男性化特征。

**主要参考文献**

蔡绍京，徐珊. 2001. 医学遗传学. 北京：科学出版社
陈竺. 2001. 医学遗传学. 北京：人民卫生出版社
程罗根. 2013. 人类遗传学导论. 北京：科学出版社
戴灼华，王亚馥. 2008. 遗传学. 2版. 北京：高等教育出版社
贺竹梅. 2011. 现代遗传学教程. 2版. 北京：高等教育出版社
刘昆，谭信. 2004. 脆性X综合征的概况. 中国优生与遗传杂志，12（4）：144-146
刘雯，左伋. 2003. 医学遗传学. 3版. 上海：复旦大学出版社
刘祖洞，乔守怡，吴燕华，等. 2013. 遗传学. 3版. 北京：高等教育出版社
任路平，刘国良. 2004. 47，XXY致性别分化异常. 中国实用内科杂志，24（11）：648-649
石春海. 2007. 现代遗传学概论. 杭州：浙江大学出版社
唐艳平. 2003. 医学遗传学. 武汉：湖北科学技术出版社

王正询. 2002. 简明人类遗传学. 北京：高等教育出版社
张传仓. 2001. 脆性 X 智力低下蛋白的研究进展. 国外医学儿科分册，28（2）：57-60
周希澄，郭平仲，冀耀如. 1982. 遗传学. 北京：高等教育出版社
左伋. 2001. 医学遗传学. 4 版. 北京：人民卫生出版社
Jacobe PA，Hassold TJ，Whittington E，et al. 1988. Klinefelter's syndorme：an analysis of the origin of the additional sex chromosome using molecular probes. *Ann Hum Genet*，52（2）：93-109
Jacobs P，Dalton P，James R，et al. 1997. Turner syndrome：a cytogenetic and molecular study. *Ann Hum Genet*，61：471-483

## 思考题

1. 解释名词：
1）性反转
2）基因剂量，剂量补偿效应
3）性相关遗传，伴性遗传，绞花式遗传，限雄遗传，从性遗传，限性遗传
4）性指数
5）两性畸形

2. 二倍体蜜蜂的染色体数目为 32。问：①在雄性体细胞中有多少条染色体？②在工蜂的体细胞中有多少条染色体？③在蜂皇的体细胞中有多少条染色体？④在雄配子形成时可看到多少条二价体？⑤在雌配子形成时可看到多少条二价体？

3. 白化病为人类常染色体隐性遗传病，蚕豆病为 X 连锁隐性遗传。一个家族无白化病史的蚕豆病基因携带者女人与一个非蚕豆病患者但患白化病的男人结婚，问后代中：①只携带白化病基因表型正常者；②只携带蚕豆病基因表型正常者；③同时携带两种遗传病基因表型正常者；④患这两种病之一者和⑤不携带致病基因者的概率各为多少？

4. 在果蝇中，若有两个纯合子品系：$aaBB$ 与 $AAbb$，通过怎样的杂交才可以得到双隐性纯合子 $aabb$？①假定两对基因是常染色体连锁；②假定两对基因在性染色体上连锁。

5. 剪秋罗雄株由于 Y 染色体的存在，一般不出现花斑。此外，还发现有若干常染色体显性基因抑制花斑，当用花斑♀与绿色♂杂交时，得到的子代中 1/4♀有花斑，而♂无花斑，如何解释这一现象？

6. 一对色觉正常的夫妇生下一位特纳综合征和色盲的患者，如何解释？

7. 兔子的卵不受精，经过刺激也可以发育成兔子，在这类孤雌生殖中，某些兔子的基因是杂合的，请分析可能的原因。

8. 假定每代均生两个孩子，且为一男一女，请分别画一个典型的 X 连锁隐性遗传和 X 连锁显性遗传的家系图（只画三代，且假设第一代中父亲是患者）。

9. 玉米能自花授粉，是因为在同一株上能产生子房和花粉。隐性突变 $bs$ 使玉米植株不出现雌穗，隐性突变 $ts$ 使原来产生花粉的雄穗变成能形成籽粒的。试用这些突变型设计一个交配方案，把玉米变成雌雄异株类型。

10. 小鼠中，性连锁显性基因 $B$ 产生短的弯曲尾，隐性基因 $b$ 产生正常尾。若以正常尾同弯曲尾的小鼠杂交，在 $F_1$ 代将产生何种表型的比例？

11. 设有两只无角的雌羊和雄羊交配，所产生的子代雄羊有一半是有角的，雌羊全是无角的，试写出两个亲本的基因型并做出解释。

12. 要识别刚孵出的小鸡性别是很困难的，但是很容易区别它们的羽毛是芦花的还是非

芦花的。设①芦花基因为显性；②鸡的性别决定为 ZW 型。利用芦花能遗传而且是性连锁的特点，试提出一个能在孵化后立即鉴别出性别的实验方案。

13. 在果蝇中，长翅（$Vg$）对残翅（$vg$）是显性，此基因在常染色体上；又红眼（$W$）对白眼（$w$）是显性，此基因在 X 染色体上。果蝇的性别决定是 XY 型，雌蝇是 XX，雄蝇是 XY，问下列交配所产生的子代，基因型和表型如何？
①$WwVgvg \times wvgvg$；②$wwVgvg \times WVgvg$。

14. 在鸡中，羽毛的显色需要显性基因 $C$ 的存在，基因型 $cc$ 的鸡总是白色。我们已经知道，羽毛的芦花斑纹是由伴性（或 Z 连锁）显性基因 $B$ 控制的，而且雌鸡是异配性别。一只基因型是 $ccZ^bW$ 的白羽母鸡跟一只芦花公鸡交配，子一代都是芦花斑纹，如果这些子代个体相互交配，它们子裔的表型分离比是怎样的？注：基因型 $C\_Z^bZ^b$ 和 $C\_Z^bW$ 鸡的羽毛是非芦花斑纹。

15. 有一视觉正常的女子，她的父亲是色盲。这个女人与正常视觉的男人结婚，但这个男人的父亲也是色盲，问这对配偶所生的子女视觉如何？

16. 一个没有血友病的男人与表型正常的女人结婚后，有了一个患血友病和克兰费尔特综合征的儿子。请说明他们两人的染色体组成和基因型。

提示：在形成卵子的第二次减数分裂时，X 染色体可发生不分离现象。

17. 植物 Lychnis alba 是雌雄异株。把阔叶雌株与窄叶雄株杂交，得到的 $F_1$ 代雌雄植株都是阔叶的，但 $F_2$ 雄性植株有两种类型——阔叶和窄叶，你怎样解释？哪一个性别是异配性别（XY），哪一个性别是同配性别？

18. 一个女人的父亲是色盲，她的兄弟中有两人和一个舅舅是血友病患者。①所有这些人可能的基因型如何？②如果这个女人有一个血友病的患儿，则她的基因型必定是什么？

19. 在小家鼠中，有一突变基因使尾巴弯曲。现在有一系列杂交试验，结果如下：

| 杂交 | 亲代 | | 子代 | |
|---|---|---|---|---|
| | 雌 | 雄 | 雌 | 雄 |
| 1 | 正常 | 弯曲 | 全部弯曲 | 全部正常 |
| 2 | 弯曲 | 正常 | 1/2 弯曲，1/2 正常 | 1/2 弯曲，1/2 正常 |

问：该突变基因是显性还是隐性？是常染色体遗传，还是伴性遗传？表中 2 个杂交中，亲代和子代的基因型各如何？

20. 在家禽中，卵巢的移位可导致睾丸的发育，如果一个雌性个体转变成雄性个体，产生精子，并且发育成具有雄性第二特征。若这样的一个"雄性个体"与一个正常的雄性个体交配，在后代中其性别的比例如何？

21. 一个基因型为 XXY 的雌果蝇与一正常果蝇交配，其后代包括 5% 的超雌个体，若不发生第二次分离，产生 XX 雌配子的概率是多少？

22. 秃顶性状有时可在较早期识别出来，一个正常、具红绿色盲的男人和一个正常视力、不是秃顶的女人结婚，这个女人的母亲是秃顶的，而她的父亲是红绿色盲，下面是他们所生的小孩，他们的概率各是多少？
①秃顶女孩；②秃顶正常视力的男孩；③不是秃顶男孩；④红绿色盲的小孩（男、女）。

23. 原子弹在日本长崎和广岛爆炸后，最初的一个遗传学研究是调查受到过辐射的个体，了解他们的子女性比情况，为什么？

# 第五章 染色体畸变与核型分析

染色体是遗传物质的载体，是细胞核中最重要的组成部分。动物、植物、真菌等真核生物的细胞内都有相对恒定特征的单倍或双倍染色体组，各物种的染色体都有特定的形态特征。无论体细胞还是生殖细胞，其内染色体发生数量变化或结构变化都会导致遗传变异，称为染色体畸变（chromosome aberration）。染色体畸变可以是自然发生的，也可以通过化学物质或放射线等处理而诱导。有丝分裂的中期，染色体收缩得最粗最短，染色体的特征最为显著，是观察染色体的最好时期。

## 第一节 染色质和染色体

染色质（chromatin）和染色体（chromosome）是真核生物遗传物质在细胞周期不同时期中的两种不同形态。染色质是细胞间期核内的一种易被碱性染料着色的无定形物质，是伸展开的DNA蛋白质纤丝，每一条染色体都是一个线性的、完整的、双螺旋的DNA分子，主要化学成分是DNA、蛋白质（包括组蛋白和非组蛋白）和RNA；染色体则是染色质在细胞分裂过程中经过紧密缠绕、折叠、凝缩、精巧包装而成的具有固定形态的遗传物质的存在形式，是高度螺旋化的DNA蛋白质纤维。

根据染色质对碱性染料的着色程度不同及功能差异，将人类的染色质分成以下主要类型。

### 一、常染色质和异染色质

#### （一）常染色质

常染色质（euchromatin）是指染色较浅而且比较均匀，在细胞间期松散，分布在靠近核的中心部位，具有转录活性的染色质。

#### （二）异染色质

异染色质（heterochromatin）着色较深而且致密，在细胞间期凝缩（condensation），分布在靠近核内膜处，DNA复制较晚，很少转录或无转录活性，是遗传惰性物质。

1. 结构异染色质

结构异染色质（constitutive heterochromatin）区的DNA在细胞周期的DNA复制过程中比常染色质区的DNA复制稍晚，一般为高度重复的DNA序列，没有转录活性。在化学组成上含有较多的尿嘌呤和胞嘧啶。常见于随体DNA区、着丝粒区、端粒区、Y染色体长臂远端 2/3 区段和次缢痕区等部位。

2. 兼性异染色质

兼性异染色质（facultative heterochromatin）又称为功能性异染色质，只在一定的细胞类型和一定的发育阶段才呈凝缩状态而失去功能。例如，女性的两条 X 染色体在胚胎发育到 16～18 天后，其中一条 X 染色体发生异染色质化（heterochromatinization），变成遗传惰性物质。

## 二、染色体的结构模型

### （一）细菌染色体

原核生物的染色体通常只有一个核酸分子（DNA 或 RNA）。病毒染色体只含一条 DNA 或者 RNA 分子，可以是单链也可以是双链；大多数呈环状，少数呈线性。细菌染色体（chromosome of bacteria）均为环状双链 DNA 分子，相对聚集在一起，形成一个较为致密的区域，称为类核（nucleoid）。类核的中央部分由 RNA 和支架蛋白组成，外围是双链闭环的 DNA 超螺旋（图 5.1）。染色体 DNA 通常与细胞膜相连，连接点的数量随细菌生长状况和不同的生活周期而异。在 DNA 链上与 DNA 复制、转录有关的信号区域和细胞膜优先结合，如大肠杆菌染色体 DNA 的复制起点（OriC）、复制终点（TerC）等。细胞膜在这里的作用可能是对染色体起固定作用。

图 5.1 原核生物的染色体结构模型

### （二）真核生物染色体

真核生物染色体在细胞分裂的间期表现为染色质（chromatin）的状态，呈纤细的丝状结构，故也称为染色质线（chromatin fiber）。染色质是以双链 DNA 为骨架，与组蛋白和非组蛋白及少量各种 RNA 等共同组成的丝状结构的大分子物质。真核生物染色质通常含有 5 种主要组蛋白：H1、H2A、H2B、H3 和 H4。染色质由最基本的结构单元核小体（nucleosome）成串排列后又层层折叠压缩，常染色质压缩 1000～2000 倍，异染色质约压缩 1 万倍，从而形成复杂的纤维状结构（图 5.2）。

核小体的核心是由 H2A、H2B、H3 和 H4 四种组蛋白各两个分子组成的八聚体，其形状近似于扁球体，DNA 双螺旋就盘绕在这 8 个组蛋白分子的表面。在核小体与核小体之间由连接 DNA（linker DNA）和一个小分子的组蛋白 H1 相连。连接丝是两个核小体之间的双链 DNA，由它把两个相邻的核小体串联起来。组蛋白 H1 结合于连接丝和核小体的接合部位。据测定，在大部分细胞中，一个核小体及其连接丝含有 180～200 个碱基对（base pair，bp）的 DNA，其中约 146bp 盘绕在核小体表面 1.75 圈，其余碱基则为连接丝（图 5.3）。连接丝的长度变化较大，短的有 8bp，长的可达 114bp。

## 三、染色体的形态结构

染色体的形态结构在细胞周期中不断地发生变化，一般在有丝分裂中期，染色体的形态最典型、最易辨认和区别，因此是分析染色体的最好阶段。有丝分裂中期的染色体（图 5.4）主要包括以下几部分。

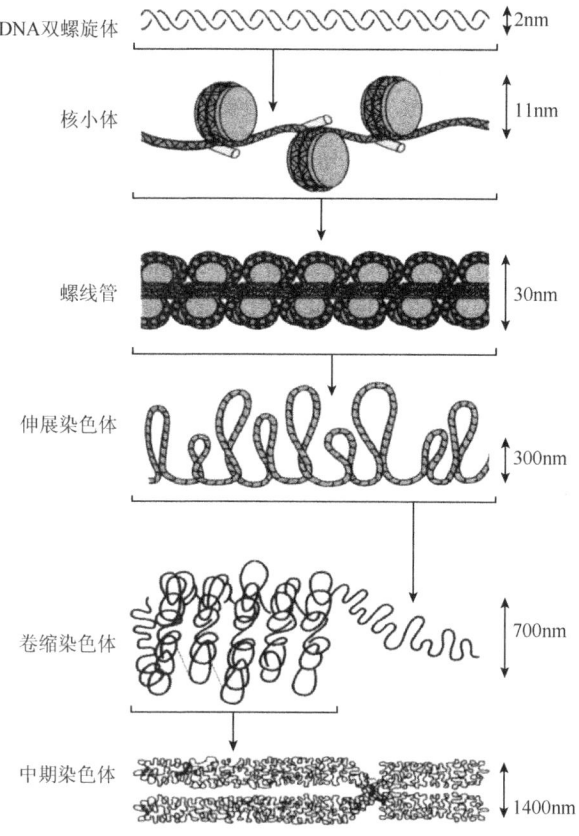

图 5.2 真核生物染色体的结构模型

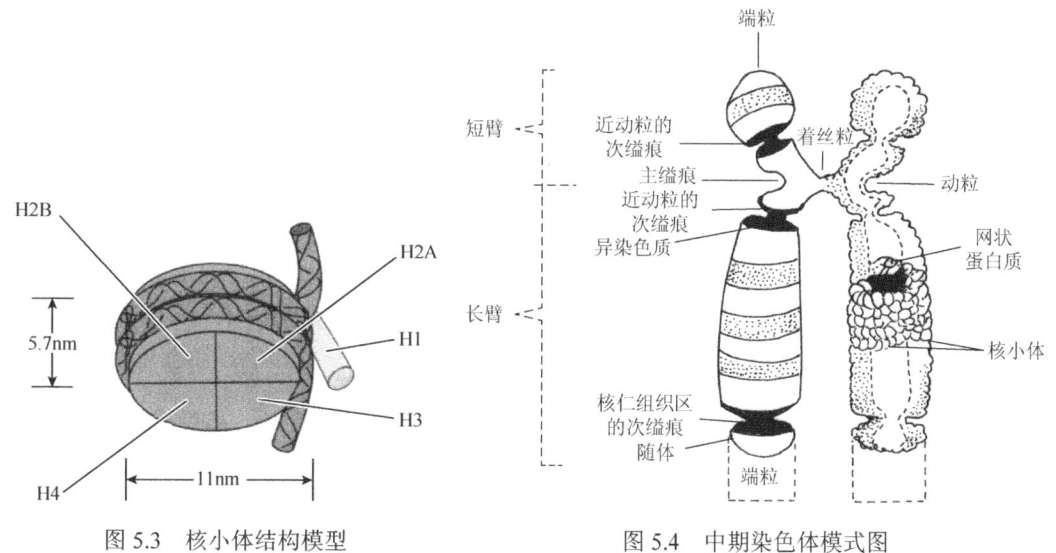

图 5.3 核小体结构模型　　　　　图 5.4 中期染色体模式图

（1）染色单体

每一中期染色体都有两条染色单体（chromatid），互为姐妹染色单体（sister chromatid）。两者在着丝粒的部位相互结合，每一条染色单体都是由一条 DNA 双链经过螺旋和折叠而形成的，到后期，着丝粒分裂，两条染色单体分离。

（2）着丝粒

两条姐妹染色单体之间通过着丝粒（centromere）相连，着丝粒处缢缩变细，称为初级缢痕（primary constriction）。一般动植物的染色体具有一个位置固定的着丝粒（localized centromere），有些生物的整条染色体都具有着丝粒活性，称为弥散着丝粒（holocentromere），如蛔虫、线虫、蝶、蛾、蚜虫等。

（3）染色体臂

着丝粒的存在，将染色体分成两部分，称为染色体臂。比较长的称为长臂（q），比较短的称为短臂（p）。

（4）端粒

在长臂和短臂的末端分别有一特化部位，称为端粒（telomere）。端粒在染色体两端像帽子一样保护染色体；在间期与核膜相粘连；在减数分裂时参与染色体的配对。最近的研究证明，端粒区含有$(TTAGGG)_n$的重复序列，形成发卡样的折叠和$G \equiv C$配对，维护了单链 DNA 的稳定。该$(TTAGGG)_n$重复序列不是 DNA 复制时连续合成的，而是由一种反转录酶——端粒酶（telomerase）催化合成后添加到染色体末端的。在抑癌基因突变的细胞中，端粒酶被过度激活，使细胞得以无限制地增生，从而导致肿瘤的发生和发展。

（5）次缢痕

除主缢痕外，有些染色体的长、短臂上还有凹陷窄缩区，称为次缢痕（secondary constriction）。次缢痕的位置相对稳定，是鉴定染色体特性的一个显著特征。

（6）随体

随体（satellite）是位于染色体末端的球形染色体节段，通过次缢痕区与染色体主体部分相连。随体柄部是次缢痕，与核仁形成有关，称为核仁形成区或核仁组织区（nucleolus organizing region，NOR）。核仁组织区位于染色体的次缢痕区，但并非所有的次缢痕都是 NOR。

## 四、染色体的参数、类型和大小

### （一）染色体的参数

1）臂比：以长臂相对于短臂的长度来表示。

$$臂比 = \frac{染色体长臂长度}{染色体短臂长度}$$

2）着丝粒指数：短臂占整条染色体长度的百分比。

$$着丝粒指数 = \frac{短臂长度}{染色体全长} \times 100\%$$

3）染色体相对长度：以某条染色体长度与正常单倍体总长度的百分率表示。

$$染色体相对长度 = \frac{单条染色体长度}{22条常染色体总长 + 1条X染色体长度} \times 100\%$$

人类部分染色体参数如表 5.1 所示。

表 5.1 部分染色体的相对长度和着丝粒指数

| No. | 相对长度 | 着丝粒指数 | No. | 相对长度 | 着丝粒指数 |
|---|---|---|---|---|---|
| 1 | 9.08 | 48.0 | 7 | 5.08 | 37.7 |
| 2 | 8.45 | 38.1 | X | 5.08 | 36.9 |
| 3 | 7.06 | 45.9 | ⋮ | ⋮ | ⋮ |
| 4 | 6.55 | 27.6 | 21 | 1.68 | 25.7 |
| 5 | 6.13 | 27.4 | 22 | 1.83 | 25.0 |
| 6 | 5.84 | 37.7 | Y | 1.92 | 16.3 |

### （二）染色体的类型

根据着丝粒的位置，将染色体分为 4 种类型，见表 5.2。

表 5.2 根据着丝粒位置划分的染色体类型及其形态

| 着丝粒位置 | 臂比 | 染色体类型 | 符号 | 后期形态 |
|---|---|---|---|---|
| 位于或靠近染色体中央 | 1.00～1.70 | 中央着丝粒染色体 | M |  |
| 靠近一端 | 1.71～3.00 | 近中着丝粒染色体 | SM |  |
| 接近染色体的末端 | 3.01～7.00 | 近端着丝粒染色体 | ST |  |
| 位于染色体的末端 | ＞7.01 | 端着丝粒染色体 | T |  |

### （三）染色体的大小

各物种的染色体差异很大。染色体的大小主要指长度，同一物种染色体的宽度大致相同。染色体长 0.20～50μm，宽 0.20～2.00μm。

郭幸荣（Shingrong Kuo）等以染色体的相对长度系数（the index of relative length，I.R.L）划分染色体的长短，即 I.R.L≥1.26 为长染色体（L）；1.01≤I.R.L≤1.25 为中长染色体（$M_2$）；0.76≤I.R.L≤1.00 为中短染色体（$M_1$）；I.R.L＜0.76 为短染色体（S）。

## 五、染色体的数量

每一种生物体内染色体的数目都是恒定的（表 5.3），这也是物种的特性之一。

表 5.3　一些物种细胞内染色体的数目

| 物种 | 染色体数目 | 物种 | 染色体数目 |
| --- | --- | --- | --- |
| 人 | 46 | 猪 | 38 |
| 马 | 64 | 鸡 | 78 |
| 家蚕 | 56 | 小白鼠 | 40 |
| 水稻 | 24 | 普通小麦 | 42 |
| 大麦 | 14 | 玉米 | 20 |
| 烟草 | 48 | 陆地棉 | 52 |
| 大豆 | 40 | 西瓜 | 22 |

有些生物除了正常染色体以外，还存在一些额外染色体，叫作超数染色体（supernumerary chromosome）。这些染色体对细胞和个体的发育和生存没有明显的影响。相对而言，把正常染色体称为 A 染色体，而把那些超数染色体称为 B 染色体。

## 第二节　染色体结构的改变与遗传

在细胞分裂过程中，染色单体发生断裂、重接和互换，就会导致染色体各种形式的结构畸变。染色体结构的变化，既可引起基因数量的增减，也可引起基因排列顺序的改变，甚至还可引起基因所属连锁群的变化。染色体的结构变化多种多样，常见的有如下 4 种主要类型。

### 一、缺失

缺失（deletion）是指染色体上某一区段及其基因一起丢失，从而引起变异的现象。体细胞内某一对同源染色体中一条有缺失另一条正常，称为缺失杂合体（deficiency heterozygote）；如果某对同源染色体缺失了相同的区段则称为缺失纯合体（deficiency homozygote）。

#### （一）缺失的类型和异常结构染色体的产生

1. 末端缺失

在染色体的长臂或短臂接近末端的一个节段发生一次断裂，到细胞分裂后期没有着丝粒的一段丢失，从而造成末端缺失（terminal deletion）（图 5.5）。

染色体发生末端缺失之后，新产生的断裂末端不稳定，通过错接和重排产生各种异常染色体。

（1）双着丝粒染色体

两条染色体发生末端缺失，通过断裂端连接，形成含有两个着丝粒的染色体，称为双着丝粒染色体（图 5.6）。

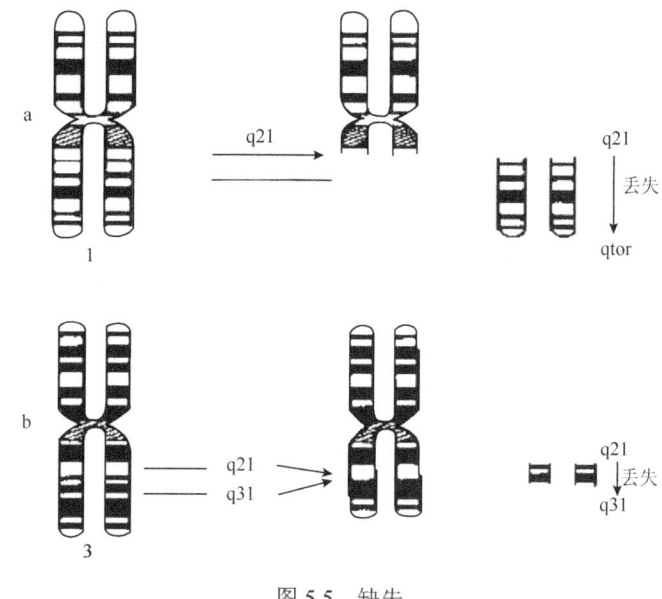

图 5.5 缺失

A. 末端缺失；B. 中间缺失

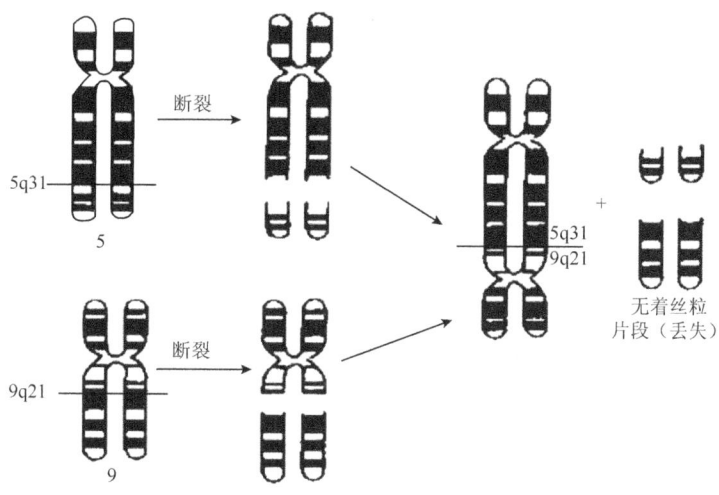

图 5.6 双着丝粒染色体

（2）环状染色体

同一染色体的两个末端丢失，产生的两个断裂端相互连接，形成环状染色体（ring chromosome）（图 5.7）。

（3）等臂染色体

染色体从着丝粒断裂，短臂和长臂通过复制分别形成短臂等臂染色体和长臂等臂染色体（isochromosome）（图 5.8）。

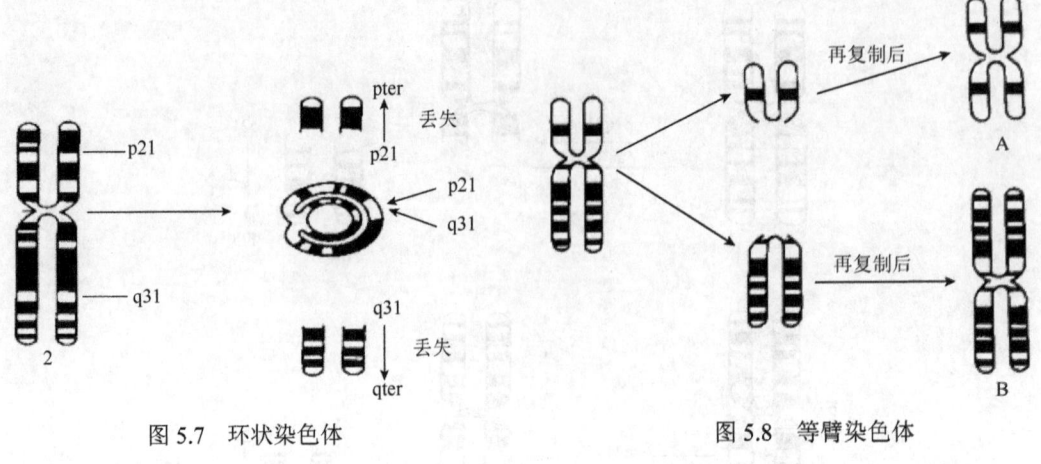

图 5.7　环状染色体　　　　　　　图 5.8　等臂染色体

A. 短臂等臂染色体；B. 长臂等臂染色体

（4）断裂—融合—桥

两条姐妹染色单体在断裂端融合形成一条双着丝粒染色体，在细胞分裂的后期，双着丝粒染色体可形成断裂—融合—桥（breakage-fusion-bridge）。由于两极纺锤丝的牵引，染色体桥会在不同部位断裂，可造成新的重复和缺失（图 5.9）。

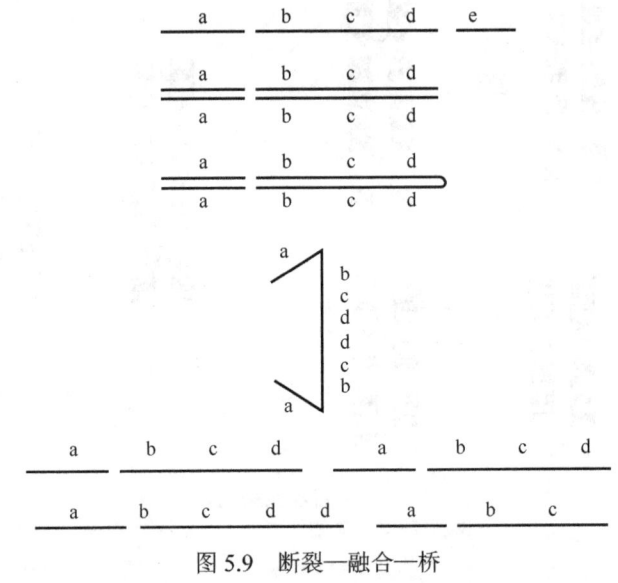

图 5.9　断裂—融合—桥

（5）同源染色体的非对应交换

将同时产生一条缺失染色体和一条重复染色体。

2. 中间缺失

在染色体的着丝粒一侧的短臂或长臂内发生两处断裂，产生 3 个节段，中间片段脱离后，近侧段（离着丝粒近）和远侧段（离着丝粒远）的断面彼此连接，形成中间缺失（interstitial deletion）染色体（图 5.10）。

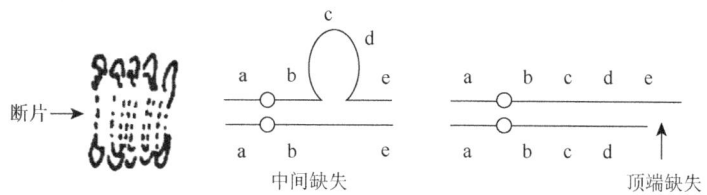

图 5.10 缺失的细胞学特征

## （二）细胞学效应

染色体发生缺失之后，新产生的断裂端不稳定，会发生错接或片段丢失，所以在显微镜下能够观察到各种异常图像。

（1）无着丝粒断片

最初发生缺失的细胞在分裂时可见无着丝粒断片。

（2）缺失环（环形或瘤形突出）

减数分裂时，中间缺失杂合体偶线期和粗线期同源染色体配对时出现弧状结构。弧状结构是正常的染色体部分（图5.10）。

（3）二价体末端突出

末端缺失杂合体在粗线期、双线期，交叉未完全端化的二价体末端不等长（图5.10）。

如果染色体发生了较小的缺失，往往并不表现出明显的细胞学特征。另外，缺失纯合体在减数分裂过程中也不表现明显的细胞学特征。

## （三）遗传学效应

缺失引起了部分基因丢失，使基因所决定、控制的生物功能丧失或异常，基因之间相互作用关系被破坏，基因排列位置关系发生改变，从而对生物的生长发育产生不良影响。

1）如果缺失的片段包括了重要的基因，则可导致个体死亡。

2）带有缺失染色体的配子，由于生活力差、配子（尤其是花粉）败育或竞争不过正常配子可导致不育。

3）如果由于一个显性基因的缺失而使原来不能表现的隐性等位基因的性状得到显现，这种现象称为拟显性或假显性（pseudo dominance），如果蝇的红眼缺刻翅遗传（图5.11）。当带有红眼基因缺失的缺刻翅雌性果蝇与白眼正常翅雄性果蝇交配时，在产生的雌性后代中，本应该是红眼正常翅和红眼缺刻翅，但预期一半的红眼缺刻翅没有出现，却表现为白眼缺刻翅。这是因为这部分雌性个体带有缺失红眼基因的 X 染色体，从而使另一条 X 染色体上的白眼基因得到表现，出现假显性现象。

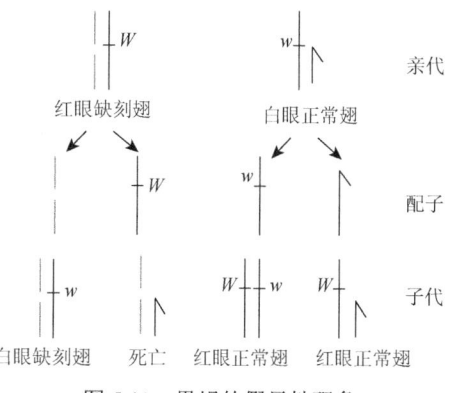

图 5.11 果蝇的假显性现象

缺失对生物个体的危害程度主要取决于：缺失区段的大小；缺失区段所含基因的多少；缺失基因的重要程度及染色体倍性水平等。

## （四）缺失的应用

由于缺失引起了染色体行为和功能异常，因此缺失在基因功能研究和基因定位等领域具有很好的应用。

1）作为一种研究手段探测某些调控元件和蛋白质的结合位点，如 *E. coli* 的复制起始区分析等。

2）利用假显性原理可以进行基因的缺失定位（deletion mapping）。例如，人类的猫叫综合征（cri du chat syndrome），出生的婴儿为满月形脸，眼间距宽，哭声似猫叫。细胞学检查为 5 号染色体短臂缺失，因此该基因位于 5 号染色体上的缺失部分。

## 二、重复

重复（duplication）是指染色体上增加了相同的某个区段而引起变异的现象。正常染色体组（chromosome complement）之外增加的染色体部分称为重复片段。重复可以发生在同一染色体的邻近位置或同一染色体的其他地方，也可以发生在其他染色体上。体细胞内某一对同源染色体中一条有重复另一条正常，称为重复杂合体（duplication heterozygote）；如果某对同源染色体重复了相同的区段则称为重复纯合体（duplication homozygote）。

### （一）重复的类型与异常染色体的形成

（1）顺接重复

顺接重复（tanden duplication）又称串联重复，重复片段与原有片段毗邻且方向相同（图 5.12）。

一对同源染色体发生非对应交换时，将同时形成一条重复染色体和一条缺失染色体（图 5.12）。

（2）反接重复

反接重复（reverse duplication）又称倒位串联重复，重复片段与原有片段毗邻但方向相反（图 5.12）。

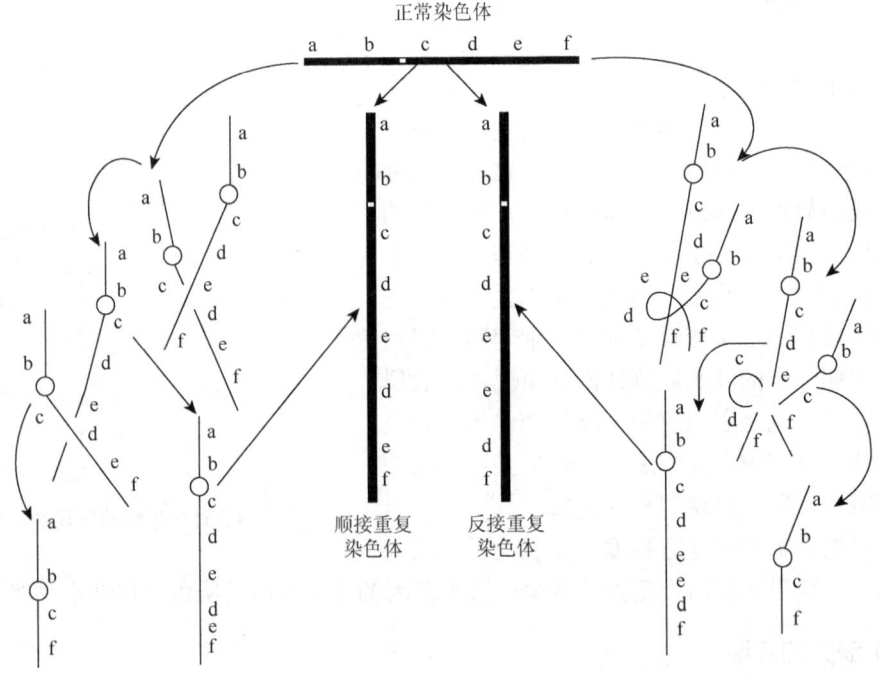

图 5.12　重复染色体的类型及其产生机制

（3）异位重复

异位重复（displaced duplication）是指重复片段位于染色体其他位置或其他染色体上。

## （二）重复的细胞学效应

如果重复片段较长，在联会时，重复区段被排挤，成为的二价体具有一个突出的环或瘤，称为重复圈（环）（图5.13）；如果重复的区段很短，联会时重复部分收缩一点，正常的延伸一点，染色体末端不配对突出，但是突出部分往往不明显，不太容易辨认；如果是重复纯合体，则形成的二价体比正常染色体的二价体略长。

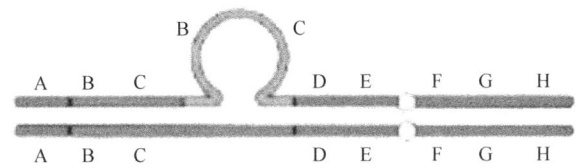

图5.13 重复杂合体的重复圈

## （三）重复的遗传学效应

1）重复引起了某些基因数量的增加，造成了与其他基因之间的数量不平衡，从而给配子的生活力与个体的生长发育带来一定的不良影响（影响的程度与重复区段的大小有关）。

2）同一基因的数量增加，常常还会表现出"剂量效应"（dosage effect）。例如，果蝇的棒眼基因（bar, $B$）位于X染色体上，对野生型的复眼呈不完全显性，表型效应是减少复眼中的小眼数量，使圆而大的复眼呈棒状（图5.14）。正常复眼约有779个小眼，重复杂合体有358个小眼，重复纯合体只有68个小眼。

3）位置效应。一个基因随着染色体畸变而改变它和邻近基因的位置关系，从而改变了表型的现象称为位置效应（position effect）。按照表型效应的稳定性可把位置效应分为以下两类。

A. 稳定位置效应（stable position effect），又称S型位置效应，如果蝇的棒眼遗传。果蝇的棒眼是由于X染色体上一个小片段（16A1~A6区段）的顺接重复造成的（图5.15），该重复片段的数量和在染色体上的排列方式均影响其表型效应（图5.14）。

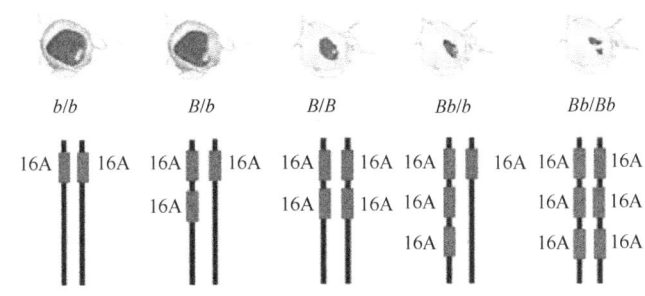

图5.14 果蝇棒眼遗传的位置效应

B. 花斑位置效应（variegated position effect），也称为 V 型位置效应，局限于杂合状态的基因，其中常染色质区的显性基因由于倒位、易位而与异染色质区相连接，从而导致在部分组织中这些野生型基因受到抑制，最终表现为野生型和突变型的镶嵌花斑。

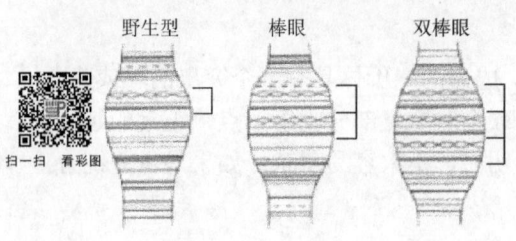

图 5.15　不同类型果蝇的 X 染色体上 16A 区数量

### （四）重复的应用

1）通过重复可以研究位置效应。在细胞学研究中可以通过重复来给某一染色体进行标记。例如，短串联重复序列（short tandem repeat，STR）是近年来发现的、广泛存在于基因组中的 DNA 长度多态性片段，它由 2～6 个碱基构成一个在长度上呈串联重复排列的核心序列。STR 因具有分布广泛、信息量大、高度多态性、高杂合度、低突变率、检测简便、快捷并遵循孟德尔共显性遗传规律等优点，成为继限制性片段长度多态性（RFLP）之后理想的第二代 DNA 遗传标记，被广泛应用于基因作图、连锁分析、基因诊断与产前诊断、遗传学、人类学及法医学个体识别和亲权鉴定、器官移植等领域。

2）在育种中可用来固定杂种优势。例如，杂合体（$Aa$）在产生配子时，基因 $A$ 和 $a$ 要分离，如果通过不等交换获得基因 $A$ 和 $a$ 顺式排列的个体，则基因 $A$ 和 $a$ 就不会分离，从而可以固定杂种优势。

## 三、倒位

倒位（inversion）是指染色体上某一区段连同它带有的基因顺序发生 180°的倒转并引起变异的现象。

### （一）倒位的类型与异常染色体的形成

根据倒位区内是否含有着丝粒将倒位分成两类。

（1）臂内倒位

臂内倒位（paracentric inversion）的倒位区段在染色体的某个臂的范围内，倒位片段不含着丝粒（图 5.16A）。

（2）臂间倒位

臂间倒位（pericentric inversion）包括着丝粒在内，带有两臂各一个区段的倒转，即倒位区段涉及染色体的两个臂（图 5.16B）。

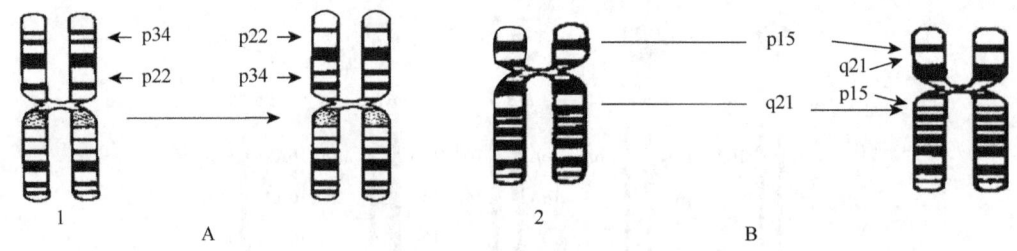

图 5.16　染色体倒位

A. 臂内倒位；B. 臂间倒位

## （二）倒位的细胞学效应

倒位纯合体在减数分裂时，同源染色体的配对是完全正常的，而倒位杂合体往往在倒位部位形成倒位环或其他细胞图像：如果倒位片段不长，则倒位染色体与正常染色体联会的二价体就会在倒位区段内形成"倒位圈"（inversion loop）；如果倒位片段很长，则倒位染色体就有可能反转过来，使其倒位区段与正常的同源区段配对，而倒位的外区段则保持分离（图5.17）。

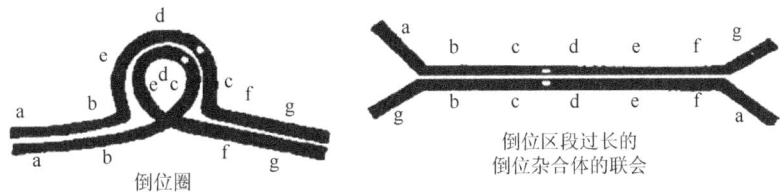

图 5.17 倒位杂合体及其联会

## （三）倒位的遗传学效应

1）倒位纯合体一般是完全正常的，并不影响配子或个体的生活力。只是由于倒位部分的基因在连锁群中的顺序有所改变，将使这些基因与连锁群中其他基因的交换值发生变化。

2）抑制倒位区内的重组，形成假连锁。无论是臂间倒位还是臂内倒位，如果倒位环内非姐妹染色单体间发生单交换，交换的产物都带有缺失或重复，不能形成有功能的配子，因而好像被抑制了，或相当程度地减少了杂合子中的重组。这种现象称为交换抑制因子（crossover suppressor，C）。

3）倒位杂合体的部分不育现象。倒位圈内发生交换后，产生的交换型配子含重复、缺失染色单体，这类配子是不育的（图5.18，图5.19）。

4）倒位可能导致新物种的产生，是物种进化的重要因素之一。

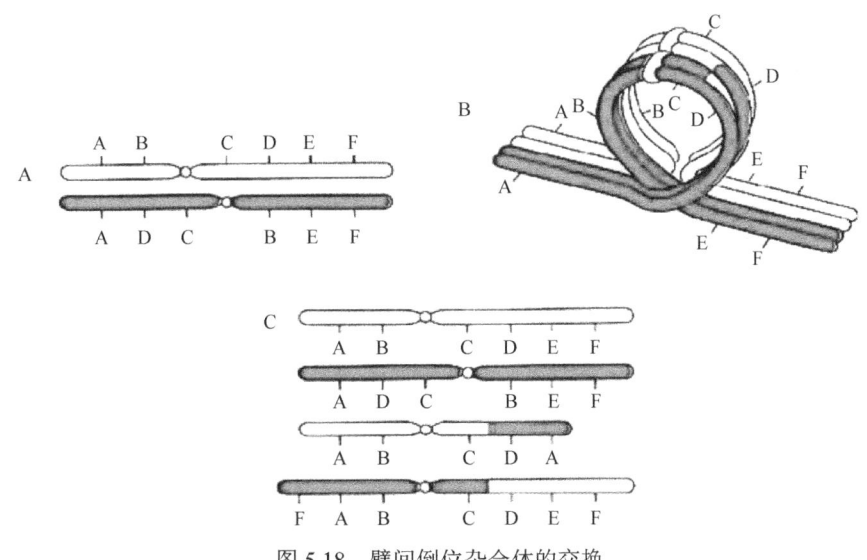

图 5.18 臂间倒位杂合体的交换

A. 臂间倒位染色体；B. 倒位圈内发生单交换；C. 发生交换的染色体既有重复，也有缺失

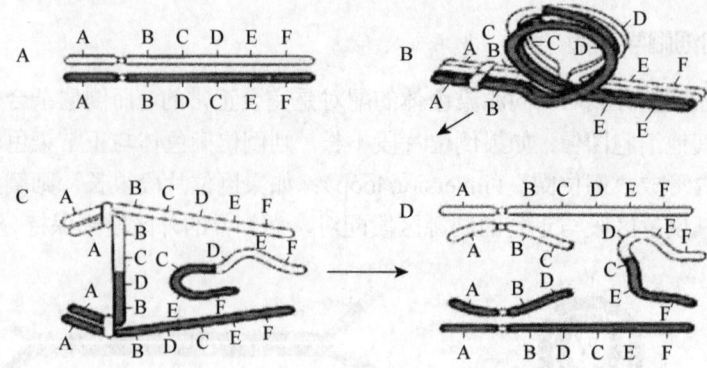

图 5.19 臂内倒位杂合体的交换

A. 臂内倒位染色体；B. 倒位圈内发生单交换；C. 交换染色体形成双着丝粒染色体和断片；D. 交换染色体均发生缺失

### (四) 倒位的应用

**(1) ClB 技术**

ClB 技术是摩尔根的学生 Muller 在 20 世纪 20 年代利用果蝇建立的一套检测基因隐性突变和致死突变的技术（图 5.20）。C 表示交换抑制因子，Muller 选择了 X 染色体上存在倒位的果蝇，目的是抑制交换；$l$ 指致死基因（lethal），即在倒位的 X 染色体上带有一个隐性致死基因；$B$ 指棒眼（$bar$）基因，为显性突变。

由于 ClB 品系的 X 染色体有倒位区，与待测雄性个体交配的雌性后代，在 X 染色体不发生交换，选择其中的棒眼雌蝇和雄蝇交配，后代中的雌性果蝇有两种类型：棒眼或非棒眼；雄性果蝇中有一半在 X 染色体有致死基因 $l$，Y 染色体上没有相应的等位基因，所以全部死亡。另一半个体带有待测 X 染色体，如果该染色体没有发生基因突变，则有野生型雄性果蝇；如果该染色体发生致死突变，则后代中只有雌蝇而没有雄蝇；如果该染色体发生了非致死基因突变，则有突变型雄性果蝇。

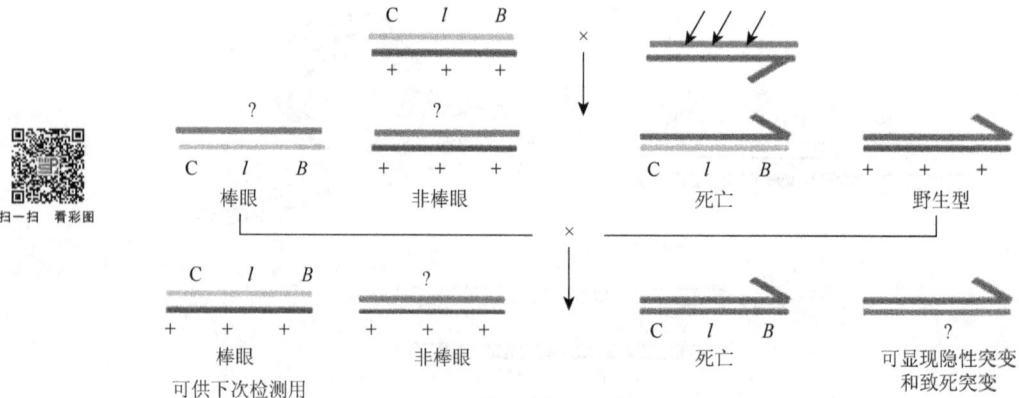

图 5.20 用果蝇进行检测隐性突变和致死突变的 ClB 技术

**(2) 平衡致死品系**

保存一个隐性基因必须使之处于纯合状态，因为只有纯合体才能真实遗传。但对于隐性致死基因来说，由于纯合体是致死的，因此只能以杂合体状态存在。为了防止致死基因在后代分离过程中被不断"稀释"而丢失，Muller 提出可用另一个隐性致死基因来"平衡"，先决条件是两个致死基因紧密连锁,极不易发生交换,或是利用倒位抑制交换,使两个非等位的隐性致死基因永远处于一对同源染色体的不同成员上。这种永远以杂合状态保存下来、不发生分离的品系,叫作永久杂种(permanent hybrid),也叫平衡致死系(balanced lethal system)。例如,果蝇第三染色体的展翅(*dichaete*)基因 *D* 是一显性基因,但隐性致死。在 *D*/+ × *D*/+ 杂交后代中,1/4*D/D* 致死,2/4 *D*/+ 和 1/4 +/+ 个体存活。由于 *D*/+ × *D*/+ 杂交后代数只有 +/+ × +/+ 杂交后代的 75%,所以每代都要从 *D*/+ × *D*/+ 杂交后代中人工淘汰 +/+ 个体,否则几代繁殖之后,培养瓶中就只有 +/+ 个体而没有 *D*/+ 个体了,*D* 基因就会被遗失再也找不回来了。但是这种人工选择需要对后代逐个观察,既费时又费力。这时可用第三染色体上的另一隐性致死基因 *Gl*(glued,粘胶眼)来平衡(图 5.21)。*D* 与 *Gl* 基因在连锁图上位置极近,两者之间几乎不发生交换。

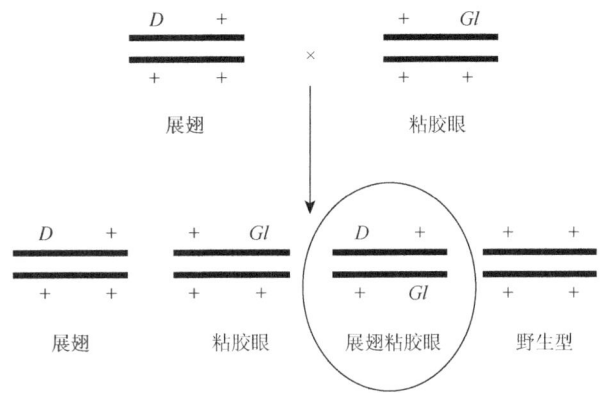

图 5.21 平衡致死品系的形成

如果两个致死基因相距较远,则可以通过染色体倒位来抑制基因间的交换。例如,果蝇第二染色体上的倒位品系 *Cy*(*curly*,翻翅)在染色体左臂(Ⅱ$_L$)有个倒位,在第二染色体的右臂(Ⅱ$_R$)也有个倒位,因此第二染色体的交换全部被抑制,第二染色体的任何致死基因 *l* 都可以用隐性致死的 *Cy* 基因来平衡。

## 四、易位

易位(translocation)是两对非同源染色体之间发生某个区段转移的畸变。

### (一)易位的种类与异常染色体的形成

(1)相互易位

两个非同源染色体都折断了,而且这两个折断了的染色体及其断片随后又交换地重新接合起来,称为相互易位(reciprocal translocation)(图 5.22)。

(2)单向易位

单向易位(simple translocation)是指某染色体的一个臂内区段嵌入非同源染色体的一个臂内的现象(图 5.23)。在单向易位中如果染色体片段插入另一非同源染色体的非末端区段中,此过程也称为转座(transposition)。

(3)染色体内易位

一条染色体的片段转移到同一染色体的不同区域的易位,称为染色体内易位(intrachromosomal shift)。

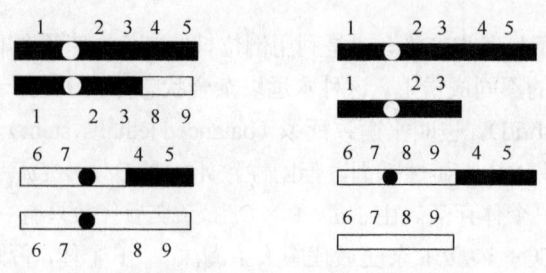

图 5.22　染色体相互易位　　　图 5.23　染色体单向易位

（4）整臂易位

两条非同源染色体之间整个（或几乎整个）臂的转移或交换，称为整臂易位（whole arm translocation）。

（5）罗伯逊易位

罗伯逊易位（Robertsonian translocation）又称着丝粒融合（centric fusion）。两条近端着丝粒的非同源染色体，分别在着丝粒区发生断裂，两者的长臂进行着丝粒融合，形成一条大的亚中着丝粒染色体，两者的短臂也可能连成一条小的染色体，含很少的基因，一般在细胞分裂的过程中消失（图 5.24）。这种易位现象是罗伯逊（William Robertson）于 1916 年发现的。

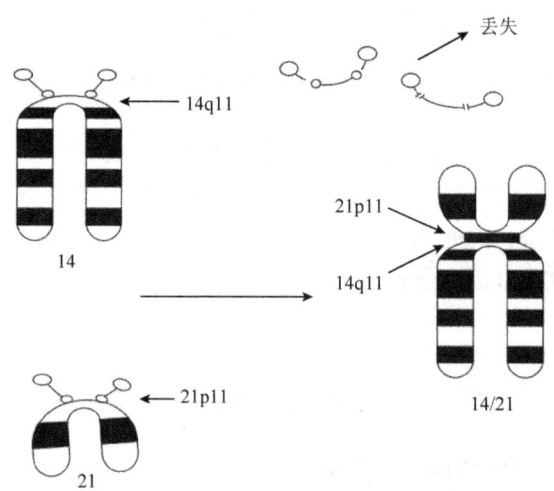

图 5.24　罗伯逊易位

（二）易位的细胞学效应

在相互易位的杂合体中，由于原来的两对非同源染色体有了可以配对的同源部分，因此在染色体配对时，这两对非同源染色体经常表现为罕见的"十"字形配对。随着分裂过程的进行，"+"字图像逐渐开放，成为圆形或"8"字形（图 5.25）。

（三）易位的遗传学效应

（1）部分配子不育

易位杂合体在减数分裂前期联会成"十"字形，后因交叉端化而成为圆形或"8"字形

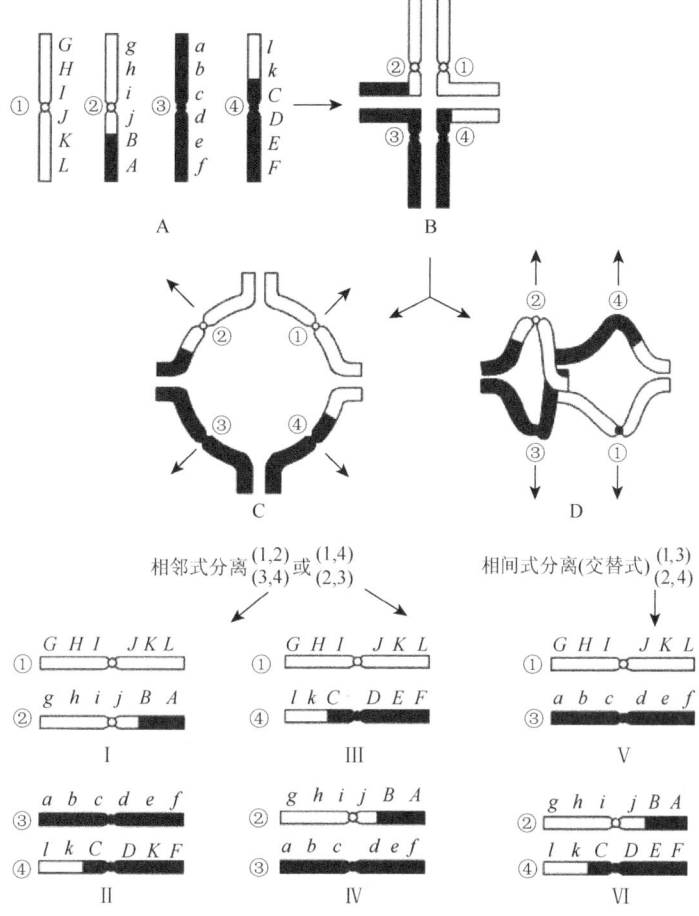

图 5.25 易位杂合体的联会和分离

（图 5.25）。一般情况下，圆形都是 2/2 分离的，无论怎样分配，总是相邻的两个着丝粒趋向一极，另外两个相邻着丝粒趋向另一极，产生的配子都有重复或缺失染色体，因此是不育的。"8"字形可能进行相间式或者交替式的 2/2 分离。交替分离要么得到①、③两条正常染色体，要么得到②和④两个相互易位了的染色体，因此产生的配子都是可育的。一般来说，交替式分离和相邻式分离比例相差不大，各占 50% 左右，这就是易位杂合体的半不育性（semisterility）。

（2）假连锁

在易位杂合体中，两对染色体上原来不连锁的基因如果邻近易位接合点，由于相互易位杂合体总是以相间分离方式产生可育配子，两条易位染色体进入细胞的一极，两条非易位染色体进入另一极，从而使非同源染色体上的基因之间的自由组合受到严重限制，出现假连锁（pseudolinkage）现象（图 5.26）。

（3）连锁关系改变

在易位的过程中，一般不会引起基因总量的变化，但是由于一条染色体的片段错接到了另一条非同源染色体上，引起连锁关系的变化，使原来有连锁关系的一些基因变为不连锁，而原来没有连锁关系的基因变为连锁，从而导致生物的变异，许多植物的变种就是通过易位产生的。例如，直果曼陀罗（Datura stramonium）有 12 条染色体，分别标为 1·2，3·4，5·6……

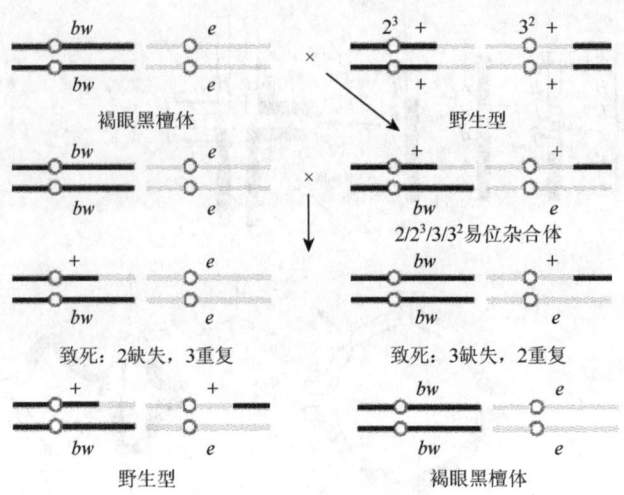

图 5.26　果蝇假连锁现象

21·22，23·24，这是原型 1 系；原型 2 系就是第 1 染色体和第 9 染色体的易位纯合体，1·18，2·17；原型 3 系是第 6 染色体和第 11 染色体的易位纯合体。已查明 100 个左右的变异系都是通过易位形成的易位纯合体，它们的外部形态各不相同。

（4）花斑型位置效应

位于常染色质区的基因易位到异染色质区或其附近，导致该基因的异染色质化，使其作用受到抑制，表现出不稳定的表型效应，称为花斑位置效应（variegated position effect）。例如，当果蝇 X 染色体上的红眼基因易位到异染色质区时，就会出现红白相间的复眼（图 5.27）。

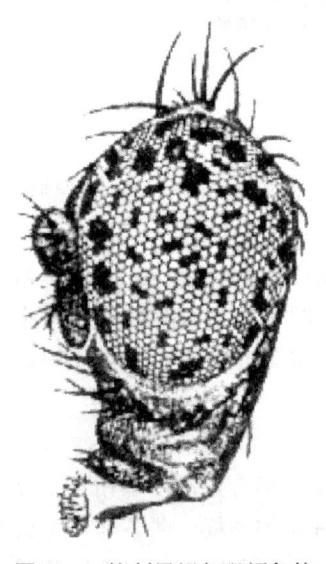

图 5.27　控制果蝇复眼颜色的基因易位而出现的花斑效应

## （四）易位的应用

（1）用于动、植物育种

在作物育种工作中，当现有品种资源无法满足育种目标要求时，引入异种、异属的有利基因，如优质、高产、早熟、抗病虫、抗逆境等，可培育出具有优异性状的新品种。远源杂交通常引入全套异源基因组，往往会带入不良性状，而创造异附加系、异替换系、易位系等，则能更好地利用异源物种的有利性状，改良现有品种。

（2）利用易位控制虫害

其方法是以适当剂量的放射线照射雄虫，导致易位，使其后代约 50% 不能孵化，出现半不育。

（3）以易位点为遗传标记（半不育）进行基因定位或连锁分析

在易位杂合体中，易位染色体的易位接合点相当于一个半不育的显性遗传单位（$T$），正常染色体上与之对应的等位点就相当于一个可育的隐性遗传单位（$t$），$TT$、$tt$ 均可育，$Tt$ 半不育。利用这一特点，用两点或三点测验，根据 $T/t$ 与某邻近基因之间的重组率，确定易位接合点在染色体上的位置。

## 五、染色体结构变异的发生机理

许多物理（如射线）、化学（如化学药剂）、生物因子和自然因素（如温度剧变、营养生理条件异常、遗传因素等）都可以引起染色体断裂（breakage），这些因子称为致断因子（clastogenic factor）或染色体断裂剂。断裂染色体如果再正确重接和愈合，则恢复原状，此现象就称为重建（restitution）；若经重建改变原来的结构则称为非重建性愈合；若染色体断裂后的片段（不含着丝点）丢失，留下游离的断裂端，则称为不愈合。由于错误重接或保持断头，从而产生各种结构变异（图 5.28）。

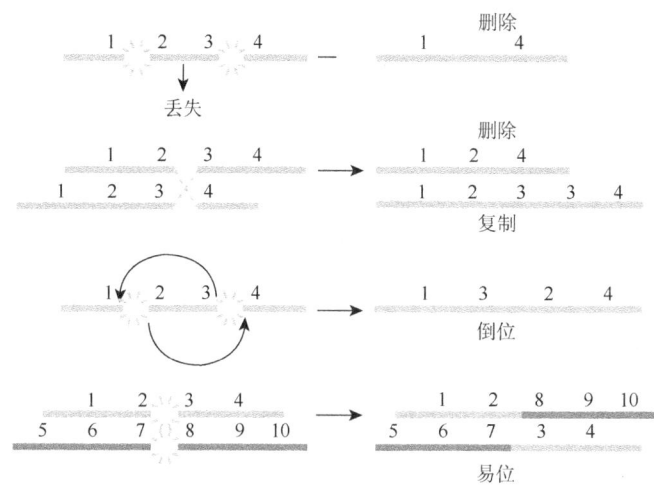

图 5.28　染色体重排与结构变异

根据染色体断裂发生的时间，染色体结构畸变可分为两大类型：染色体型和染色单体型。如果断裂发生在 $G_1$ 期，染色体尚未复制而只有一条单体，通过 S 期的复制，断裂可以影响同一染色体的两条染色单体；如果断裂发生在 $G_2$ 期，此时的染色体已经复制，每条染色体由两条姐妹染色单体组成，断裂往往只影响两条姐妹染色单体中的一条，从而导致染色单体畸变。

# 第三节　染色体数目的改变与遗传

每种生物都有稳定数目的染色体，这是长期的自然选择和进化的结果。如果染色体的数目发生变化，必然打破基因间的平衡关系，从而产生遗传变异。

## 一、染色体组与染色体倍性

### （一）染色体组

二倍体生物中来自一个配子的一套染色体及其基因称为染色体组（genome, chromosome set），通常用符号 $n$ 来表示。同一个染色体组中的各个染色体在形态、结构和功能上彼此不同，但它们构成一个完整而协调的体系，缺少其中任何一个都会威胁到生物的生存，这是染色体组的最基本特征。

### （二）倍数性改变

染色体数目的变化以染色体组为单位而增减。带有多个一倍体染色体数的生物称为整倍体（euploid）。整倍体可分为一倍体、二倍体、多倍体等。

### （三）非倍数性改变

染色体数目的变化不是完整的倍数改变。少数二倍体生物增加或减少了一条或几条完整的染色体，而不发生整套染色体的增减，称为非整倍体（aneuploid）。

## 二、整倍体

### （一）单倍体

单倍体（haploid）是指细胞核中含有一个完整染色体组（$n$）。但值得注意的是，许多植物的染色体组包含若干个祖先种（基本种）的染色体组。基本种的染色体组称为基本染色体组，常用符号 $x$ 表示，它所包含的染色体数称为染色体基数。因此，符号 $n$ 和 $x$ 的含义是有区别的，$n$ 一般指配子中的染色体数，$x$ 则指基本种的染色体基数，即同一属中各物种共同的染色体基数。$n$ 可以等于 $x$，也可能是 $x$ 的倍数。一套基本的染色体数目称为一倍体（monoploid）数。大部分动植物的单倍体数和一倍体数是相同的，$n$ 和 $x$ 可以交替使用，但普通小麦则不同，它的配子染色体数是 $n=21$，而染色体基数则是 $x=7$，即 $n=3x$。

通常将二倍体产生的单倍体称为单元单倍体，含有一个基本染色体组（$n=x$），单元单倍体就是一倍体；由多倍体产生的单倍体，包含多个基本染色体组，称为多元单倍体。例如，六倍体小麦的单倍体具有三个染色体组（$n=3x=ABD=21$），因此小麦单倍体是一种多元单倍体。

1. 自然单倍体

（1）正常单倍体

未受精的雌、雄配子，甚至助细胞、反足细胞等直接发育形成单倍体。例如，菌藻类的单核菌丝体，苔藓类的配子体；部分动物，如膜翅目的蜜蜂（*Apis mellifera*）和蚂蚁（Formicidae）、同翅目的白蚁（Termitidae）的雄性个体都是孤雌生殖形成的自然单倍体。

（2）异常单倍体

在水稻、小麦、玉米、高粱、烟草、番茄、辣椒等 80 多种高等植物中也发现过天然的单倍体，但都表现个体弱小、生活力差、减数分裂不正常等，只有少数能产生含有完整染色体组的有效配子。

2. 人工单倍体

单倍体一般可由无融合生殖产生，也可以通过花粉和花药培养来获得。另外，在种间或属间远缘杂交过程中也可以获得单倍体，如栽培大麦（*Hordeum vulgare*，$2n=2x=14$）与野生球茎大麦（*H. bulbous*，$2n=2x=14$）杂种胚的发育过程中，两物种染色体的行为不协调可导致球茎大麦的染色体逐渐丢失［称为染色体消减（chromosomal elimination）］，最终可得到大麦的单倍体植株（图 5.29）。虽然单倍体的育性很低，但是单倍体通过染色体加倍，可以获得纯合的二倍体。

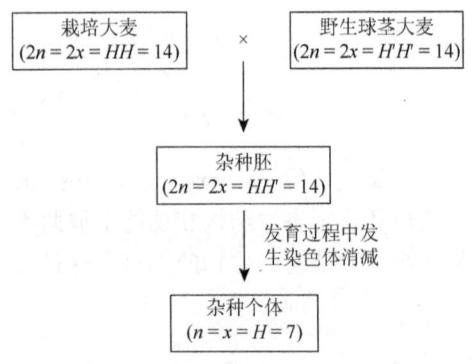

图 5.29　染色体消减获得单倍体大麦

## （二）二倍体

体细胞中含有两个染色体组的个体称为二倍体（diploid），如人、玉米、果蝇等。几乎全部的动物和过半数的高等植物都是二倍体。

## （三）多倍体

由合子发育的体细胞含有三个或三个以上染色体组的个体称为多倍体（polyploid）。体细胞中含有三个染色体组的个体称为三倍体（triploid），如香蕉（*Musa* spp.）。体细胞中含有 4 个染色体组的个体称为四倍体（tetraploid），如马铃薯（*Solanum tuberosum*）等。

1. 同源多倍体

同源多倍体（autopolyploid）是指增加的染色体组来自同一物种，一般是由二倍体的染色体直接加倍获得。如未减数的雌、雄配子结合成的合子或染色体加倍的幼芽发育成的个体均是同源多倍体。现已成功诱变出水稻（*Oryza sativa*）、大麦（*Hordeum vulgare*）、黑麦（*Secale cereale*）、桑（*Morus alba*）、茶（*Thea sinensis*）、葡萄（*Vitis vinifera*）、西瓜（*Citrullus lanatus*）、板栗（*Castanea mollissima*）等多种四倍体植物。

由于基因剂量效应，同源多倍体生物的形态特征和生理特性均发生相应的变化，主要表现为：细胞与细胞核体积增大；组织器官（气孔、保卫细胞、叶片、花朵、果实等）巨大化（图 5.30），个体更高大粗壮；成熟期延迟、生育期延长；生化反应与代谢活动加强，如大麦同源四倍体籽粒蛋白质含量比二倍体原种增加 10%～12%；玉米同源四倍体籽粒胡萝卜素含量比二倍体原种增加 43%。

扫一扫 看彩图

图 5.30 二倍体葡萄（A）和四倍体葡萄（B）的比较

同源多倍体的细胞中有三条或三条以上同源染色体，在减数分裂前期 I，往往有三条以上的染色体参与形成联会复合体，形成多价体（multivalent），使后期 I 的分离更复杂。例如，对于一对等位基因（*A/a*）而言，四倍体就有 5 种基因型，即 *AAAA*（四式）、*AAAa*（三式）、*AAaa*（复式）、*Aaaa*（单式）和 *aaaa*（零式），其中 3 种杂合体分离形成配子的种类和比例，取决于按染色体随机分离（基因座位和着丝粒紧密连锁，不发生交换）还是按染色单体随机分离（基因座位和着丝粒距离较远，要考虑交换）（图 5.31，表 5.4）。

| 配对 | 由于纺锤丝的随机拉动形成配子 | |
|---|---|---|
| 1 *A* / 2 *A* | 1+3 / 2+4 | *Aa* / *Aa* |
| 3 *a* / 4 *a* | 1+4 / 2+3 | *Aa* / *Aa* |
| 1 *A* / 3 *a* | 1+2 / 3+4 | *AA* / *aa* |
| 2 *A* / 4 *a* | 1+4 / 2+3 | *Aa* / *Aa* |
| 1 *A* / 4 *a* | 1+2 / 3+4 | *AA* / *aa* |
| 2 *A* / 3 *a* | 1+3 / 2+4 | *Aa* / *Aa* |

图 5.31　同源四倍体 *AAaa* 复式的基因分离

表 5.4　同源四倍体某座位的等位基因按染色体随机分离

| 同源四倍体杂合基因型 | 配子 | | | | 自交子代基因型和比例 | | | | | 自交子代表型 | | |
|---|---|---|---|---|---|---|---|---|---|---|---|---|
| | 种类和比例 | | | 纯合隐性配子的百分比 /% | $A^4$ | $A^3a$ | $A^2a^2$ | $Aa^3$ | $a^4$ | 种类和比例 | | *a* 所占百分比/% |
| | *AA* | *Aa* | *aa* | | | | | | | *A* | *a* | |
| *AAAa* | 1 | 1 | 0 | 0 | 1 | 2 | 1 | | | 全部 | | 0 |
| *AAaa* | 1 | 4 | 1 | 16.7 | 1 | 8 | 18 | 8 | 1 | 35 | 1 | 2.8 |
| *Aaaa* | | 1 | 1 | 50.0 | | | 1 | 2 | 1 | 3 | 1 | 25.0 |

同源多倍体中最常见的是同源四倍体和同源三倍体。同源四倍体是正常二倍体通过染色体加倍形成的，马铃薯就是一个天然的同源四倍体。在自然条件下，同源三倍体大多是由未经减数分裂的配子与正常的配子结合而形成的。三倍体植物由于染色体的配对发生紊乱，不能正常地进行减数分裂，绝大多数配子都是染色体数目不平衡的配子，不能正常地受精结实，因此三倍体是高度不育的。采用人工的方法，将同源四倍体与正常二倍体杂交，可以获得同源三倍体植物，培育优良品种。例如，三倍体的西瓜不但果实大、品质好，而且无籽便于食用。为了培育这种无籽瓜，先将二倍体瓜在苗期用秋水仙素处理，获得同源四倍体，再将四倍体与正常二倍体杂交得到三倍体种子。播种三倍体种子，在三倍体植株上结出的瓜就是无籽瓜（图5.32）。

扫一扫　看彩图

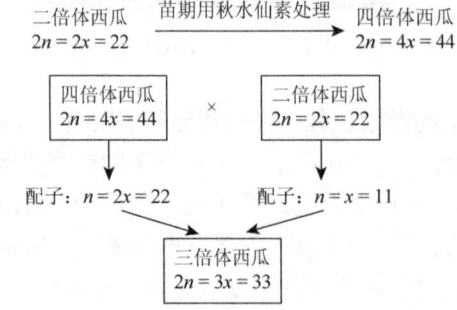
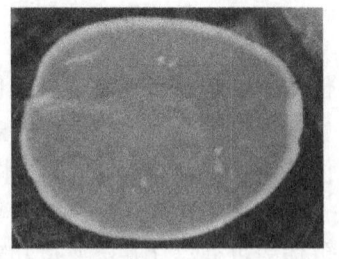

图 5.32　无籽西瓜及其培育过程

## 2. 异源多倍体

异源多倍体（allopolyploid）是指增加的染色体组来自不同物种，一般是由不同种、属间的杂交种经过染色体加倍形成的。偶倍数的异源多倍体是可育的，奇倍数异源多倍体在联会配对时形成众多的单价体，染色体分离紊乱，配子中染色体组成不平衡，因而很难产生正常可育的配子。

普通小麦（*Triticum aestivum*）、棉花（*Gossypium* spp.）、烟草（*Nicotiana tabacum*）、油菜（*Brassica campestris*）和甘蔗（*Saccharum officinarum*）等都是异源多倍体，它们是长期进化的产物。

异源多倍体可以通过人工的方法进行培育。例如，萝卜（*Raphanus sativa*）和甘蓝（*Brassica oleracea*）是十字花科不同属的植物，都有 18 条染色体（$2n = 18$），但是二者的染色体间没有对应关系。将萝卜与甘蓝杂交得到杂种 $F_1$。由于萝卜和甘蓝的染色体之间不能配对，$F_1$ 不能产生可育的配子，因此 $F_1$ 高度不育。1928 年，卡帕钦科（Georgii Karpechenko）用秋水仙素人工诱导 $F_1$ 的染色体加倍，得到一个既不是萝卜，也不是甘蓝的新品种，叫作萝卜甘蓝（raphanobrassica）（图 5.33）。他原先的设想是通过这种杂交培育出地下长萝卜、地上结菜籽的新品种，但结果事与愿违，萝卜甘蓝的根像甘蓝，叶像萝卜，因此没有经济价值。但是，萝卜甘蓝的培育成功，提供了种间或属间杂交在短期内（只需两代）创造新种的方法。通过这种方法，人们已经培育出越来越多的异源多倍体新种。

异源多倍体比同源多倍体更能直接应用于生产。人工创造的异源多倍体的典型实例是小黑麦（*Triticale hexaploide*）。小黑麦，顾名思义是小麦与黑麦（*Secale cereale*）的合成种。目前栽培的小黑麦有异源六倍体和异源八倍体两种。六倍体小黑麦（AABBRR）的小麦亲本是硬粒小麦（*Triticum durum*）或波斯小麦（*Triticum persicum*），八倍体小黑麦（AABBDDRR）的小麦亲本是普通小麦。国外栽培的主要是六倍体小黑麦，分布在 50 多个国家，我国栽培的主要是八倍体小黑麦。

我国已故遗传育种学家鲍文奎经过 30 多年的研究，在 20 世纪六七十年代利用含有可杂交基因的桥梁品种先与小麦杂交，让杂交后代获得可杂交基因再与黑麦杂交，这样解决了小麦与黑麦属间杂交的困难，成功地培育出了异源八倍体小黑麦（图 5.34）。八倍体小黑麦穗大、粒重，抗逆性和抗病性强，耐瘠耐寒，面粉白，蛋白质含量高，发酵性能好，茎秆可作青饲料，适于高寒山区种植，目前主要在云贵高原、黑龙江北部推广，比当地小麦增产 30%～40%，比黑麦增产 20%左右。

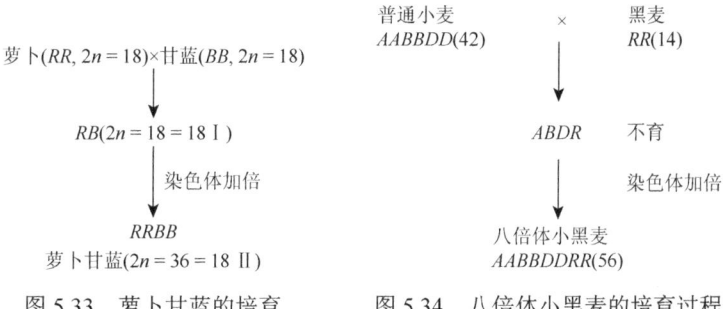

图 5.33 萝卜甘蓝的培育　　图 5.34 八倍体小黑麦的培育过程

由于异源多倍体是由不同物种杂交和染色体加倍产生的，因此可以通过基因组分析（genome analysis）追踪物种的起源与进化，即将所要分析的多倍体物种与比它倍性低的种杂交，然后观察杂种减数分裂时染色体的配对情况。例如，根据基因组分析结果，现在一般认为普通小麦是拟二粒小麦（*Triticum dicoccoides*）和滔氏麦草（*Triticum tauschii*）经自然杂交和染色体加倍进化而来的（图 5.35）。

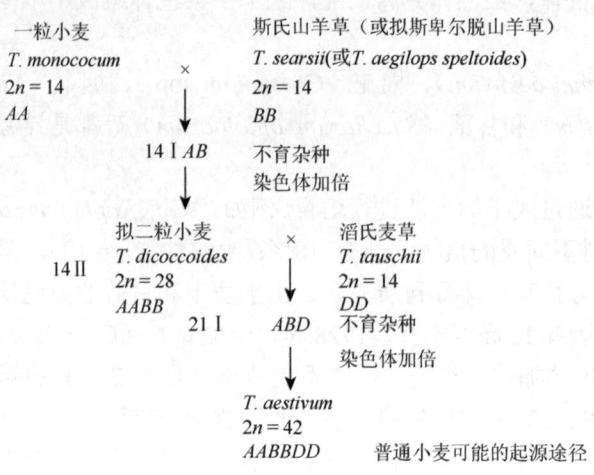

图 5.35 普通小麦基因组分析

3. 多倍体的形成

同源多倍体和异源多倍体的形成过程基本相似，主要有以下两条途径。

1) 原种或杂种形成未减数配子（即配子内保持原种或杂种的合子染色体数），这些配子相互受精或与正常配子受精而产生同源多倍体或异源多倍体。

2) 原种或杂种的合子染色体加倍。

多倍体不仅可以自然产生，也可以通过人工途径创造。一般认为，大多数自然发生的多倍体，主要是通过第一条途径。如果未减数的配子含有相同的一些染色体组，受精结合产生同源多倍体；如果未减数配子的各个染色体组不同，受精结合产生异源多倍体。

人工创造多倍体则主要是通过第二条途径。可以通过多种方法使体细胞的染色体数加倍，主要有：①生物学方法（如多次摘心、嫁接后在愈伤组织处出现四倍体）；②物理学方法（如各种射线、温度骤变、超速离心、高电压、超声波、机械损伤等）；③化学方法，利用化学试剂如秋水仙素、苯乙烷、吲哚乙酸、苯及其衍生物、有机砷制剂、有机汞制剂、磺胺剂及其他植物碱等，目前已知的可诱导染色体加倍的化学试剂有 200 多种。

上述方法中，以化学方法最为有效，特别是秋水仙素的处理效果最好。当细胞进行分裂时，秋水仙素一方面能使染色体的着丝粒延迟分裂，另一方面是引起分裂中期的纺锤丝断裂，或抑制纺锤体的形成，使进入分裂后期的染色体不能移向两极。这时细胞增大而不分裂，或者分裂成一个无细胞核的子细胞和一个有双倍性细胞核的子细胞，这种染色体数目加倍了的细胞再分裂增长时，就构成了双倍性的细胞和组织。

## 三、非整倍体

非整倍体（aneuploid）是指体细胞核内的染色体不是染色体组的完整倍数，而是比该物种正常合子（$2n$）多或少一个乃至若干个染色体的现象。其中，染色体数多于 $2n$ 的，称为超倍体（hyperploid）；染色体数少于 $2n$ 的，称为亚倍体（hypoploid）。各种常见非整倍体如表 5.5 所示。

## 第五章 染色体畸变与核型分析

**表 5.5 常见非整倍体类型**

| 名称 | 核型和基因型 | |
|---|---|---|
| 单体（monosomic）$2n-1$ | | （ABCD）（ABC） |
| 双三体（double trisomic）$2n+1+1$ | | （ABCD）（ABCD）（AB） |
| 缺体（nullisomic）$2n-2$ | | （ABC）（ABC） |
| 三体（trisomic）$2n+1$ | | （ABCD）（ABCD）（A） |
| 四体（tetrasomic）$2n+2$ | | （ABCD）（ABCD）（AA） |
| 双单体（double monosomic）$2n-1-1$ | | （ABCD）（AB） |

### （一）单体和缺体

由于减数分裂时个别染色体发生行为异常，如某一对染色体不联会、联会后不分离或分离迟缓等，便可能产生 $n$、$n-1$ 或 $n+1$ 型配子。当 $n-1$ 型配子和 $n$ 或 $n-1$ 型配子结合时，后代中就会出现单体或缺体。

单体和缺体对生物体的影响较大，在二倍体植物中几乎不存在单体和缺体，而在异源多倍体中则较为常见。因为多倍体植物的一个染色体组内缺少了个别染色体引起的基因不平衡，可以由于其他染色体组的完整而起到补偿作用。在表现型上，比如单体小麦与正常小麦差异不大，但缺体小麦与正常小麦之间则有明显的差异，缺体一般生长势较弱，经常约半数不育。

在遗传分析中，可利用单体和缺体测定某个隐性基因位于哪条染色体上。将突变型个体和某一染色体的野生型单体品系杂交，如果这个隐性基因就在这条（单体的）染色体上，则在这组杂交的下一代中将出现半数的突变型个体而不是全部为野生类型。例如，普通小麦按其 ABD 染色体组及部分同源关系进行分组和编号：A 组为 1A，2A，3A……6A，7A；B 组为 1B，2B，3B……6B，7B；D 组为 1D，2D，3D……6D，7D。与之对应的小麦 21 种单体分别为：$2n-11$A，$2n-12$A……$2n-11$B，$2n-12$B……$2n-11$D，$2n-12$D……若要分析小麦中某一隐性突变基因的位置，只要将突变体分别与 21 种野生型单体杂交，如果在与某个单体的杂交后代中有突变型个体出现，则该突变基因就位于这个单体缺失的染色体上。

例如，在普通小麦中，长芒是隐性基因（$h$）控制的，无芒是显性基因（$H$）控制的，利用小麦单体的遗传特点可以将隐性突变基因 $h$ 定位到相应的染色体上（图 5.36）。

通过上述杂交检测发现，$h$ 有三个等位基因：$h_1$、$h_2$ 和 $h_3$，分别位于 4B、5B 和 6B 上。

### （二）三体

自然状态下的减数分裂异常可能产生三体类型，通过杂交和同种染色体添加的方式也可以获得三体。先用同源四倍体与二倍体杂交得到三倍体，再与二倍体回交，则三倍体的 $n+1$ 型配子和二倍体的正常配子（$n$）结合，在回交后代中生成三体类型。

一条额外染色体的增加比减少一条染色体的危害要轻，但是大量基因的增加破坏了基因间的平衡，同样严重地干扰了胚胎发育过程。在人类中，大约 50%的常染色体三体仅出现在流产胚胎或胎儿中，除最小的 21 号染色体三体外，其他的染色体三体很难活到 1 岁以上，除非是嵌合体。21 三体虽能活到成年，但约半数不到 5 岁即夭折。

由于三体的联会、分离情况特殊，三体也可以用于突变基因的定位。首先让常染色体隐性突变纯合体和某一染色体的野生型三体品系杂交，选 $F_1$ 中的三体个体再和隐性亲本回交，在它们的子代中野生型和突变型之比是 5∶1 而不是 1∶1 时，即可测定这一突变基因就在和该三体对应的染色体上。例如，果蝇的无眼突变型复眼小或无，是隐性基因 $ey$ 控制的，当将无眼个体（$ey/ey$）与第四染色体三体果蝇（$+/+/ey$）杂交时，后代中野生型类型和无眼型类型的比例为 5∶1（图 5.37），说明 $ey$ 基因位于第四染色体上。

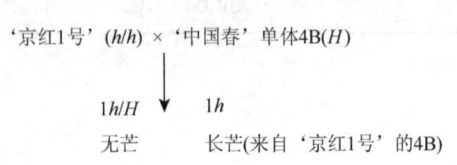

图 5.36　小麦 $h$ 基因定位检测

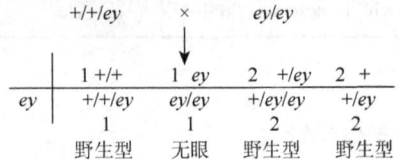

图 5.37　果蝇无眼突变纯合体与三体杂交后代及其分离比

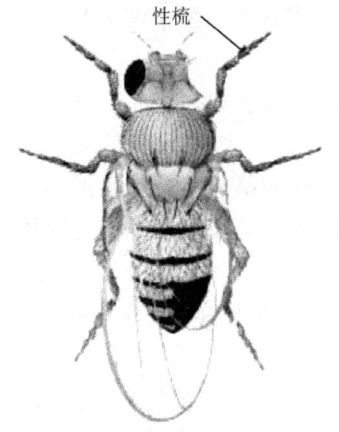

图 5.38　两性嵌合体果蝇

### （三）体细胞非整倍体

在体细胞或培养细胞中也会产生非整倍体。例如，遗传嵌合体（genetic mosaic）就是在发育早期产生了非整倍体。人类两性嵌合体同时具有男性内生殖腺睾丸和女性的卵巢，其产生机理仍不清楚。例如，有一种人类两性嵌合体有 XO 和 XYY 两种不同类型的细胞，这可能是因为在 XY 合子发育早期的有丝分裂过程中，两条 Y 染色体的姐妹染色单体没有分离，同趋于一极，使一极有两条 Y 染色体，而另一极缺少 Y 染色体。结果是，一个子细胞后代为 XYY，另一个为 XO。

果蝇中也存在两性畸形的例子。例如，基因型为 $w^+m^+/wm$ 的果蝇，当第一次卵裂时一个细胞丢失了带有 $w^+m^+$ 基因的 X 染色体，即发育成两性嵌合体。身体的一半为雄性（右）、白眼，其基因型为 $O/wm$；另一半为雌性（红眼），其基因型为 $w^+m^+$（图 5.38）。

## 第四节　核　型　分　析

无论是染色体的结构变化还是数量变化，都可以通过染色体标本进行检测和分析。制备染色体标本，首先要获得大量的中期分裂象。由于秋水仙素有抑制纺锤丝蛋白合成的作用，能抑制分裂中期的活动，使细胞分裂停止在中期，细胞分裂同步化，从而获得大量的中期分裂象，所以研究材料一般都要用适当浓度的秋水仙素进行处理。其次，为了得到分散良好的分裂象，常用低渗液处理细胞，使细胞体积膨大，染色体松散。最后是滴片，得到的染色体标本用吉姆萨（Giemsa）染料染色，即可得到非显带染色体标本，用于核型分析。

### 一、核型

核型（karyotype）的概念是苏联学者列维茨基和杰洛涅等在 20 世纪 20 年代首先提出的，

是指把制备的中期分裂象染色体根据大小、着丝粒位置进行同源染色体配对、大小排列、编组后所构成的图像（图 5.39）。因此，核型是正常二倍体生物一个体细胞完整的一套中期染色体排列成对的集合，它代表一个物种正常体细胞的特征。1960 年，在美国丹佛（Denver）的第一届国际细胞遗传学会议上确定了正常人类核型的基本特点，即 Denver 体制。该体制依据人类 46 条染色体的大小及形态特征，将人类的 23 对染色体分为 A～G 共 7 个组，每组的分类特征见表 5.6。

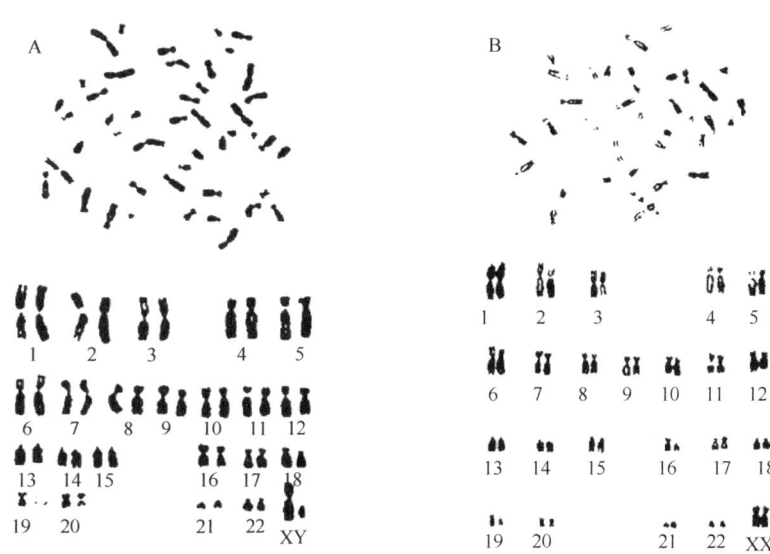

图 5.39 正常男性（A）和正常女性（B）的核型

表 5.6 人类染色体分组及其形态特征

| 组号 | 染色体号 | 大小 | 着丝粒位置 | 次缢痕 | 随体 | 可鉴别程度 |
| --- | --- | --- | --- | --- | --- | --- |
| A | 1～3 | 最大 | 中（1、3 号）亚中（2 号） | 1 号常见 | | 可鉴别 |
| B | 4、5 | 次大 | 亚中 | | | 难鉴别 |
| C | 6～12、X | 中等 | 亚中 | 9 号常见 | | 难鉴别 |
| D | 13～15 | 中等 | 近端 | | 有 | |
| E | 17～18 | 小 | 中（16 号）亚中（17、18 号） | | | 16 号可鉴别，17、18 号难鉴别 |
| F | 19～20 | 次小 | 中 | | | 难鉴别 |
| G | 21～22、Y | 最小 | 近端 | | 21、22 号有，Y 无 | 难鉴别 |

## 二、核型的遗传分析

在对染色体进行测量计算的基础上进行分组、排队、配对，并进行形态分析的过程称为核型分析（karyotype analysis）。

研究和比较各种动物、植物、真菌的核型，有助于对各种、属、科的亲缘关系做出判断，揭示核型的进化过程和机制。另外，核型分析还广泛应用于染色体病的确诊及肿瘤的临床诊断、预后和药物疗效的观察。

核型研究所用的材料或是自然条件下活体中正在旺盛分裂的细胞（如植物的根尖、嫩叶、茎尖等细胞，以及动物的胚胎细胞、骨髓细胞、睾丸中的精原细胞等），或是离体培养的旺盛分裂的细胞。

### 三、组型

如果核型以模式图的方式表示，则称为组型（ideogram，idiogram）。它是根据许多细胞染色体的形态学特征和测量数据描绘而成的，因此表达的是一种理想的、模式化的染色体组成（图5.40）。

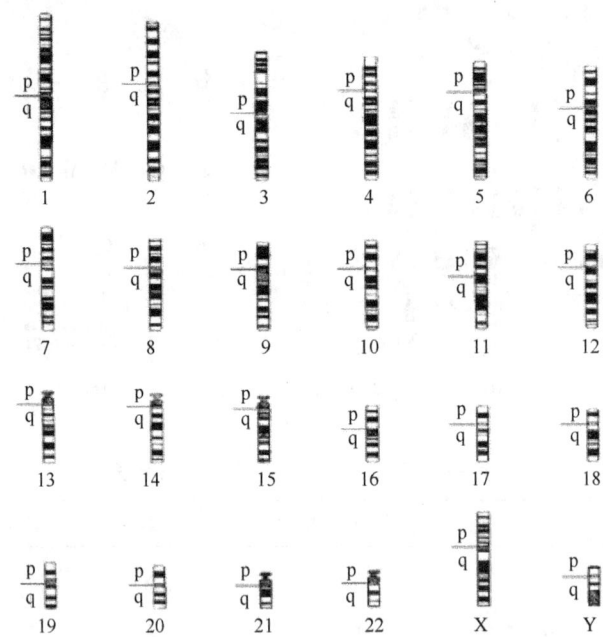

图 5.40　正常人的 G 显带染色体模式图

## 第五节　染色体的分带

核型分析可以检测染色体比较大的区段变化，如果发生的是较小范围的缺失或重复，则要借助染色体的分带技术进行分析。

### 一、染色体带的概念与主要类型

1968 年，瑞典细胞化学家卡斯珀松（Torbjorn Oskar Caspersson）（1910～1997 年）等应用荧光染料喹吖因（quinacrine mustard，QM）处理染色体后，在荧光显微镜下观察到沿染色体长轴显示出一条条宽窄和亮度不同的横纹，称为染色体的带（band）。所以带是染色体的一部分，通过较浅或较深的染色强度与其相邻部分明显地区分开来。

显带方法有的以染料为基础,有的以功能为基础。最常用的基于染料的染色体显带技术有 C 显带技术(采用"着丝粒"英文单词 centromere 的第一个字母表示)、Q 显带技术(采用荧光染料"喹吖因"英文单词 quinacrine 的第一个字母表示)、G 显带技术(采用"吉姆萨"染料英文名称 Giemsa 的第一个字母表示)和 R 显带技术(采用"相反"英文单词 reverse 的第一个字母表示)。显带技术可以将人类的 24 种染色体显示出各自特异的带纹,称为带型(band pattern)。严格地说,只有呈现较强染色反应的染色体带才称为阳性带;相反,弱染色或未染色者称为阴性带。通常把 G 阳性带称为 G 带,同样,把 R 阳性带称为 R 带。C 阳性带含有组成性异染色质。染色体的显带也不是一成不变的,在一种方法染色中被深染的一些染色体带,可能用其他方法染色时被浅染(图 5.41)。被显带的染色体看上去就是由连续不断的深浅带构成的。

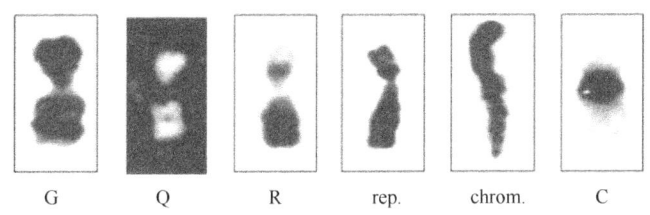

图 5.41　不同显带技术产生的人类 9 号染色体图型

G. 胰酶 G 显带法(G 阳性带呈黑色);Q. Q 显带法(Q 阳性带明亮);R. 经加热和吉姆萨染色进行的 R 显带法(R 阳性带呈黑色);rep. 复制显带法,早期复制(R 带)区着染为黑色;chrom. 多线化染色粒;C. C 显带法

## 二、染色体显带技术

### (一)Q 显带

本技术采用喹吖因或喹吖因芥子荧光染料,这些染料与某些碱基发生特异性作用。Q 阳性带(图 5.42)也是 G 阳性带(某些异染色质区也着染,最著名的是人类 Y 染色体长臂末端的区域)。

### (二)G 显带

将染色体标本用碱、胰蛋白酶或其他盐溶液处理后,再用吉姆萨染液染色,染色体上出现与 Q 带(Q band)相类似的带纹,在普通显微镜下,可见深浅相间的带纹,称为 G 带(G band)(图 5.43)。G 显带方法简便,带纹清晰,染色体标本可以长期保存,因此被广泛应用于染色体病的诊断和研究。

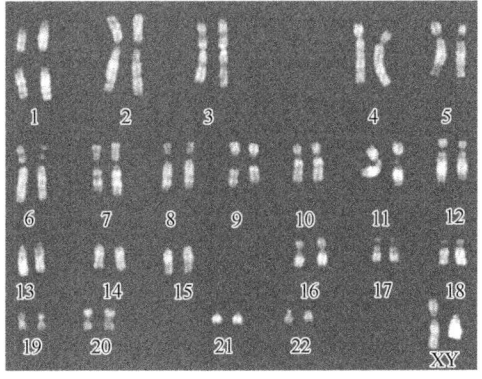

图 5.42　人类中期染色体的 Q 显带

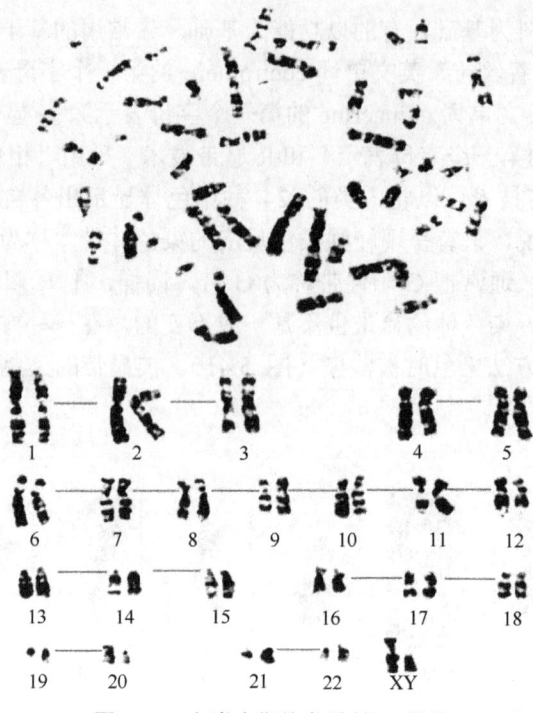

图 5.43 人类中期染色体的 G 显带

### (三) R 显带

最常采用的程序是先将染色体置预热（87℃）的酸性盐水中部分热变性处理，再用吉姆萨染液染色，显示出与 G 带相反的带，即 G 显带中的深带在 R 显带中为浅带，G 显带中的浅带在 R 显带中为深带，称为反带（reverse band）或 R 带（R band）（图 5.44）。

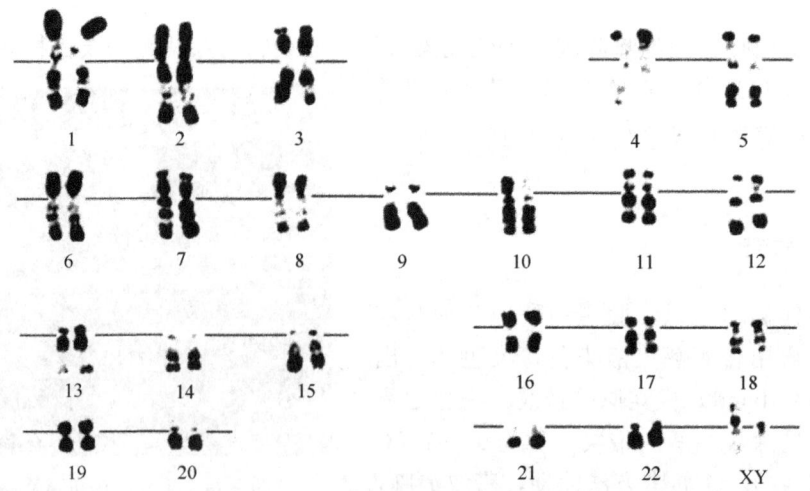

图 5.44 人类中期染色体的 R 显带

### (四) T 显带

T 显带（T banding）技术采用比 R 显带技术更为剧烈的热处理或者联合应用染料或荧光素识别着色最深的 R 带。据认为，该法识别最富含 GC 的 R 带，在人类基因组中，大约有一半这样富含 GC 的 R 带位于端粒处，故称为 T 带（T band）。

### （五）C 显带

用 NaOH 或 Ba(OH)$_2$ 处理标本后，再用吉姆萨染液染色，可使着丝粒和次缢痕的结构异染色质部分深染，如 1、9、16 号染色体的次缢痕及 Y 染色体长臂远端 2/3 的区段，所显示的带纹称为 C 带（C band）（图 5.45）。C 显带可用于检测 Y 染色体、着丝粒区及次缢痕区的变化。

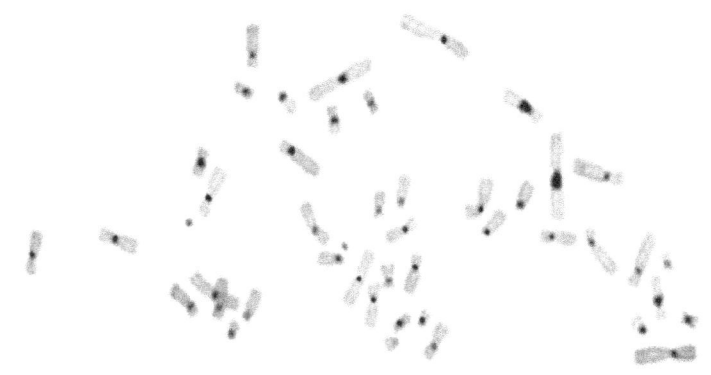

图 5.45　人类中期染色体的 C 显带

### （六）N 显带

用硝酸银染色，可使染色体的随体及核仁组织区（NOR）呈现出特异性的黑色银染物，这种银染色阳性的 NOR 称为 Ag-NOR。研究表明，Ag-NOR 的可染性取决于它的功能活性，即具转录活性的 NOR 着色，但受染物质不是次缢痕本身，而是其附近与 rDNA 转录有关的一种酸性蛋白。

### （七）染色体高分辨显带技术

随着染色体显带技术的发展，20 世纪 70 年代后期尤尼斯（Jorge J. Yunis）等采用氨甲蝶呤（methotrexate）同步培养细胞法和改进的显带技术建立了人类染色体高分辨显带（high resolution banding）技术，该技术能将原来的一条带再分为 3~5 个亚带，一个亚带又可再分为 3~5 个次亚带，从而在单套染色体上能显示 550~850 条甚至上千近万条带。

## 第六节　人类染色体命名国际标准化

染色体是细胞内遗传物质的主要载体，是人类遗传病研究的主要部分。对于人体细胞染色体的描述，为了避免混乱，方便交流，分别在丹佛（1960 年）、伦敦（1963 年）、芝加哥（1966 年）及巴黎（1971 年）召开人类染色体国际会议，统一人类染色体核型的命名，并根据 1971 年巴黎第四届人类染色体国际会议，提出一个区分每个染色体区带的标准系统。此后，又经过 1978 年人类染色体国际会议，人类细胞遗传学国际命名委员会发表了"人类细胞遗传学命名的国际体制"（An International System for Human Cytogenetic Nomenclature，ISCN），使人类染色体有统一的国际规范。随着染色体高分辨（high resolution chromosome）

技术的发展，经 1981 年、1985 年和 1986 年柏林会议，制定了高分辨带型命名的国际体制，从而使染色体研究进入了新阶段，广泛应用于染色体病的检验。

## 一、核型描述

首先是包括性染色体在内的染色体总数，加上一个逗号，接着是性染色体组成。例如，46, XX 是正常女性的核型，有 46 条染色体，性染色体是两条 X 染色体；46, XY 是正常男性的核型，有 46 条染色体，性染色体是一条 X 染色体和一条 Y 染色体。

常染色体只在出现不正常的现象时才加以标明。例如，常染色体的数目有多有少时，这个额外的或丢失了的常染色体组的前面，写上一个"+"或"−"号，接在性染色体的符号后面。例如，45, XX, −C，表示丢失一条 C 组染色体。当额外的或丢失了的一个染色体或几个染色体已被确定，就可以直接写发生变化染色体的号码。例如，47, XY, + 21，表示增加了一条第 21 号染色体。当额外的或丢失了的染色体可能属某一组但不十分肯定时，便可在这个组的符号前面或有时在染色体号码前面加上问号。例如，45, XX, −? C，表示可能缺失一条 C 组染色体。

## 二、染色体显带的命名

### （一）染色体界标、区和带的定义

带是一条染色体的一部分，它能通过较浅或较深的染色强度与其相邻部分明显地区分开来。因此，染色体看上去就是由连续不断的深浅带构成的。带的命名以着丝粒、末端和两臂上所显示的显著带纹作为界标（landmark）。根据臂上较明显的带，把臂划分为若干区（region）（图 5.46）。

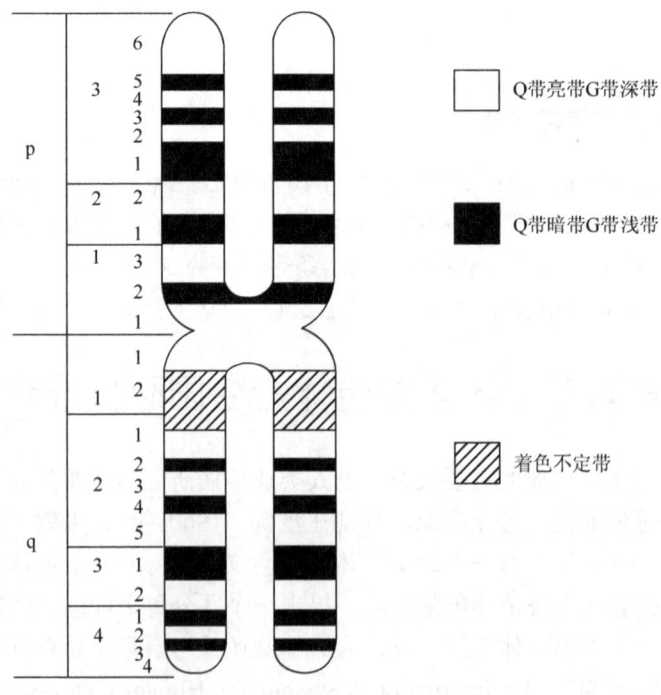

图 5.46　染色体的界标、区和带示意图

在给一个特定的染色体带定名时，需要有 4 种符号：①染色体编号数；②臂的符号；③区号；④在该区内的分带号。这些符号依次排列，没有间隔或标点。只要是一个染色体带被再分，总是在原带号数之后加一小数点，继之写明每一亚带的号数。亚带计数是从着丝粒向外依次进行的，如 1P33.1、1P33.2、1P33.3 等。如果亚带还要再分，只需在后面加数字，不必再用标点。例如，亚带 1P33.1 可进一步再分为 1P33.11、1P33.12、1P33.13 等。

### （二）人类染色体及其畸变的命名符号术语体系

为了简便地记述人类染色体及其畸变，1995 年人类细胞遗传学国际命名体制提出了一个统一的命名符号和编写术语体系。该体系是一个包括 1960 年、1963 年、1966 年、1971 年、1978 年、1981 年、1985 年及 1995 年 8 次人类细胞遗传学国际命名委员会所制定的国际法规。其内容包括正常染色体、符号和缩写术语、核型命名、不能确定的染色体或带的命名、核型中染色体异常的排列顺序、染色体数目异常、染色体结构重排、染色体断裂、肿瘤的染色体、减数分裂染色体、原位杂交等的染色体核型的标准命名体制（表 5.7）。

表 5.7 描述染色体和染色体畸变的符号和简写术语

| 符号 | 简写术语 | 符号 | 简写术语 |
| --- | --- | --- | --- |
| AⅠ | 第一次减数分裂后期 | ider | 等臂衍生染色体 |
| Ace | 无着丝粒片段 | AⅡ | 第二次减数分裂后期 |
| ~（约等于号） | 表示染色体的间隔和界限 | Add | 额外的未知起源的物质 |
| b | 断裂 | →（箭头） | 从…到…，用于繁式命名体系 |
| []（方括号） | 括号内为细胞数 | <>（尖括号） | 括号内为倍体水平结构异常 |
| cen | 着丝粒 | chi | 开米拉，异源嵌合体 |
| chr | 染色体 | cht | 染色单体 |
| :（单分号） | 断裂，用于繁式命名体系 | ::（双冒号） | 断裂和重接，用于繁式命名体系 |
| ,（逗号） | 用于区分染色体数目、性染色体和染色体异常 | cp | 组合核型 |
| cx | 复杂的染色单体内互换 | .（小数点） | 表示亚带 |
| del | 缺失 | de novo | 非遗传性的染色体异常 |
| der | 衍生染色体 | dia | 浓缩期 |
| dic | 双着丝粒体 | dip | 双线期 |
| dir | 正位 | dis | 远侧端 |
| dit | 核网期 | dmin | 双微体 |
| dup | 重复 | e | 互换 |
| end | 核内复制 | =（等于号） | 交叉数 |
| fem | 女性 | fis | 裂开，在着丝粒处 |
| fra | 脆性位点 | g | 裂隙 |
| h | 异染色质次缢痕 | hsr | 均质染色区 |
| i | 等臂染色体 | idem | 用于描述亚克隆中的干系核型 |

续表

| 符号 | 简写术语 | 符号 | 简写术语 |
|---|---|---|---|
| idic | 等臂双着丝粒染色体 | upd | 单亲双体 |
| ins | 插入 | xma | 交叉（ta） |
| lep | 细线期 | MⅡ | 第二次减数分裂中期 |
| inc | 不完整核型 | mar | 标记染色体 |
| inv | 倒位 | med | 中央 |
| MⅠ | 第一次减数分裂中期 | −（减号） | 丢失 |
| Mal | 男性 | mn | 众数 |
| Mat | 来自母方 | ×（乘号） | 重排染色体的多拷贝 |
| Min | 微小近中着丝粒片段 | or | 畸变的其他描述方法 |
| Ml | 主系 | PⅠ | 第一次减数分裂前期 |
| Mos | 嵌合体 | ()（括号） | 括号内为结构重排染色体和断裂点 |
| Oom | 卵原细胞中期 | pcc | 成熟前染色体凝聚 |
| P | 染色体短臂 | ph | 费城染色体 |
| Pac | 粗线期 | prx | 近侧端 |
| Pat | 来自父方 | pvz | 粉碎 |
| Pct | 成熟前着丝粒的分裂 | qdp | 四倍复制 |
| +（加号） | 获得 | ?（问号） | 对某一染色体或染色体结构有疑问的描述 |
| psu | 假 | rcp | 互相易位 |
| q | 染色体长臂 | rec | 重组染色体 |
| qr | 四射体 | Ⅰ～Ⅸ（罗马数字） | 表示单体、双体、三体、四倍体结构 |
| r | 环状染色体 | sce | 姐妹染色单体交换 |
| rea | 重排 | sdl | 旁系 |
| rob | 罗伯逊易位 | sl | 干系 |
| s | 随体 | spm | 精原细胞中期 |
| sct | 次缢痕 | t | 易位 |
| ;（分号） | 涉及一条以上的染色体结构重排中，用来分开各有关染色体和断裂点 | tas | 端粒联合 |
| /(斜线) | 用于分开各克隆细胞系 | ter | 末端（染色体末端） |
| stk | 随体柄 | trc | 三着丝粒染色体 |
| tan | 串联易位 | ——（下划线） | 用于区别同源染色体 |
| tel | 端粒 | v | 变异或可变区 |
| tr | 三射体 | zyg | 偶线期 |
| trp | 三倍复制 | | |

## 三、显带染色体结构变化的描述

表达显带染色体的结构变化，采用简式和繁式两个体系。

### （一）简式表达

结构变化的染色体只标断裂点，写出畸变类型和染色体之后，在括号内标出断裂点。例如，del（1）(q21) 表示 1 号染色体长臂的末端缺失，断裂点在 1q21 带。倘若两个断裂点畸变，则在括号内同时标出两个断裂点的位置。例如，inv（2）(p21q31) 表示 2 号染色体的臂间倒位，断裂点在 2p21 和 2q31 带。

### （二）繁式表达

简式体系的规定在繁式体系仍然适用，不同之处在于最后括弧中的内容不只是描述断裂点，还描述重排染色体的带纹结构。附加单冒号（:）表示染色体断裂，双冒号（::）表示染色体的断裂和重接。并用箭头表达从哪里到哪里。染色体臂的末端可用其带号或 ter 表示。例如，pter 表示短臂的端部。若表示着丝粒，应用缩写为 cen。现把两个体系对应描述如下。

(1) 末端缺失

简式表达：46，XX，del（1）(q21)

繁式表达：46，XX，del（1）(pter→q21:)

单冒号（:）表示断裂发生在 1q21 带上，远离长臂 2 区 1 带断裂，末端缺失，染色体包括整个短臂、着丝粒和长臂 1 区 2 带部分。

(2) 臂间倒位

简式表达：46，XY，inv（2）(p13q24)

繁式表达：46，XY，inv（2）(pter→p13::p24::p13→qter)

断裂和重接发生在 2 号染色体短臂的 2p13 和 2p24 带。位于这些带之间的片段颠倒重接。

(3) 相互易位

简式表达：46，XY，t（2；5）(q21；q31)

繁式表达：46，XY，t（2；5）(2pter→2q21::5q31→5qter；5pter→5q31::2q21→2qter)

断裂和重接分别发生在 2 号和 5 号染色体长臂的 2q21 和 5q31 带上，这些带的远侧片段在两个染色体间发生互换。

(4) 逻伯逊易位

简式表达：45，XX，t（13；14）

繁式表达：45，XX，t（13；14）(13qter→cen→14qter)

断裂发生在或接近 13 号和 14 号染色体的着丝粒上，重排的染色体具有两个染色体的长臂，着丝粒相接，而两个短臂均已丢失。

(5) 环状染色体

简式表达：46，XY，r（2）(p21q31)

繁式表达：46，XY，r（2）(p21→q31)

断裂发生在 2 号染色体短臂的 2p21 带及长臂的 2q31 带。这些带的远侧片段缺失，其断裂端相接形成一个环状染色体。

## 主要参考文献

陈竺. 2001. 医学遗传学. 北京：人民卫生出版社
程罗根. 2013. 人类遗传学导论. 北京：科学出版社
戴灼华，王亚馥. 2008. 遗传学. 2版. 北京：高等教育出版社
贺竹梅. 2011. 现代遗传学教程. 2版. 北京：高等教育出版社
刘雯，左伋. 2003. 医学遗传学. 2版. 上海：复旦大学出版社
刘祖洞，乔守怡，吴燕华，等. 2013. 遗传学. 3版. 北京：高等教育出版社
石春海. 2007. 现代遗传学概论. 杭州：浙江大学出版社
唐艳平. 2003. 医学遗传学. 武汉：湖北科学技术出版社
吴醒夫，陈宜峰，徐芸. 1983. 人类染色体命名国际标准化. 昆明：云南人民出版社
徐道娜，薛志强，李世栋，等. 2007. 西瓜幼苗多倍体诱导方法研究. 安徽农业科学，35（28）：8847-8849
朱军. 2002. 遗传学. 北京：中国农业出版社
左伋. 2001. 医学遗传学. 4版. 北京：人民卫生出版社
Kuo SR, Wang TT, Huang TC. 1972. Karyotype analysis of some *Formosan gymnosperms. Taiwania*, 17（1）: 66-80

## 思考题

1. 解释名词：
   1) 核型，核型分析
   2) 结构异染色质，兼性异染色质
   3) 着丝粒指数
   4) 染色体畸变
   5) 缺失，缺失纯合体，缺失杂合体
   6) 假显性
   7) 重复，重复纯合体，重复杂合体
   8) 剂量效应
   9) 倒位，臂内倒位，臂间倒位
   10) 交换抑制因子
   11) 平衡致死品系
   12) 易位，染色体内易位，罗伯逊易位
   13) 假连锁现象
   14) 整倍体，非整倍体
   15) 一倍体，单倍体
2. 常染色质与异染色质在结构和功能上有何差异？
3. 常见的染色体显带技术有哪些？显带技术的重要意义是什么？
4. 在染色体带的名称中包括哪些内容？
5. 一对表型正常的夫妇，婚后多次出现自然流产。染色体核型分析表明，夫妇中男方核型正常，女方的核型为 45，XX，t（14；21）（p11；q11）。如果这对夫妇再次怀孕，其子代可能出现哪几种类型的核型？表现如何？
6. 一对表型正常的夫妇，婚后多次出现自然流产。染色体核型分析表明，夫妇中男方核

型正常，女方的核型为 46，XX，t（3；8）（3pter→3q21∷8q22→8qter；8per∷8q22∷3q21→3qter）。如果这对夫妇再次怀孕，其子代可能出现哪几种类型的核型？

7. 什么是三倍体？简述其遗传学效应、产生原因及其应用。

8. 一男子的性腺区长期受到大剂量的辐射，他的妻子生了一个女儿，女儿的表型完全正常，其与一正常男子结婚后，从他们的早期流产系谱分析，提出其女儿可能继承并传递了她父亲的具有相互易位或臂间倒位的染色体，而倒位环内的交换或易位的邻近分离产生不平衡配子而导致流产。如何确定是相互易位还是臂间倒位所致？

9. 什么是稳定的位置效应？请举例说明。

10. 剪秋罗雄株由于 Y 染色体的存在，一般不出现花斑。此外，还发现有若干常染色体显性基因抑制花斑，当用花斑♀与绿色♂杂交时，得到的子代中 1/4♀有花斑，而♂无花斑，如何解释这一现象？

11. 什么是单体？举例说明单体在基因定位中的作用。

12. 人体可溶性谷草转氨酶 $GOT1$ 基因定位在第 10 号染色体上，现有两种易位细胞（不同易位片段），一种是 10/17 易位细胞，另一种是 10/21 易位细胞，测试 $GOT1$ 活性，发现 10/17 易位高于 10/12 的 50%，能说明什么？

13. 同源多倍体和异源多倍体都能使原来物种的染色体数加倍。若有一种 4X 的植物，你怎样从细胞学确定它是同源的还是异源的多倍体？

14. 什么是平衡致死品系？它有什么重要的遗传学意义？

15. 有一玉米植株，它的一条第 9 号染色体有缺失，另一条第 9 号染色体正常，该植株对第 9 号染色体上决定糊粉层颜色的基因是杂合的，缺失的染色体带有产生色素的显性基因 $C$，而正常的染色体带有无色隐性等位基因 $c$，已知含有缺失染色体的花粉不能成活。如以这样一种杂合体玉米植株作为父本，以 $cc$ 植株作为母本，在杂交后代中，有 10%的有色籽粒出现。你如何解释这种结果？

16. 在玉米中，蜡质基因和淡绿色基因在正常情况下是连锁的，然而发现在某一品种中，这两个基因是独立分配的。①你认为可以用哪种染色体畸变来解释这个结果？②哪种染色体畸变将产生相反的效应，即干扰基因之间预期的独立分配？

17. 有一种四倍体植物，它的两个植株的基因型是 $AAAa$ 和 $Aaaa$。假定 $A$ 基因在着丝粒附近，各个染色体形成的姐妹染色单体各移向一极。问每个植株产生的各种双倍体配子比例如何？

18. 为什么多倍体可以阻止基因突变的显现？同源多倍体和异源多倍体在这方面有什么不同？

19. 在番茄中，具有正常叶但第 6 号染色体为三体的雌性植株与马铃薯叶（$cc$）的二倍体雄性植株杂交。①假定 $c$ 基因在第 6 号染色体上，当一个三体 $F_1$ 与一个马铃薯叶父本回交时，正常叶双倍体植株与马铃薯叶植株的比率是多少？②假定 $c$ 基因不在第 6 号染色体上，做同样的回交，子代表型是什么？

20. 某生物有三个不同的变种，各变种某染色体的区段顺序分别为：ABCDEFGHIJ、ABCHGFIDEJ、ABCHGFEDIJ。试论述这三个变种的进化关系。

21. 画出果蝇两条唾腺染色体的配对图，一条染色体顺序是 1*23456789，另一条是 1*28765439（1 和 2 之间的"*"表示着丝粒）。

22. 染色体结构变异经常导致不育，这在控制田间害虫中极有价值，你考虑利用哪一种类型的变异控制害虫群体最有效？请解释。

23. 同源三倍体是高度不育的。已知得到平衡配子（$2X$ 和 $X$）的机会仅为 $(1/2)^X$，问该数值是怎么求得的？如假定只有平衡的配子是有受精功能的，且假定受精过程是随机的，那么得到不平衡合子（unbalanced zygote）的机会是多少？

24. 曼陀罗有12对染色体，有人发现12个可能的"$2n+1$"型，那么有多少个"$2n+1+1$"型呢？

25. 无籽西瓜为什么没有种子？是否绝对没有种子？

# 6

## 第六章 基因的结构、功能与定位

孟德尔在解释豌豆的杂交试验结果时，假定性状是由遗传因子决定的，遗传因子是颗粒性的，在体细胞里成双存在，在生殖细胞内成单存在。但是在当时，遗传因子只是代表决定某个性状遗传的抽象符号。1909年，丹麦遗传学家Johannsen创造了"基因"这个词，用来表述孟德尔所说的遗传因子。摩尔根对果蝇的研究发现了连锁与交换定律，将特定基因与某一条特定染色体上的特定位置联系起来，证实基因是位于染色体上呈直线排列的遗传单位，赋予了基因以物质的内涵。1941年，Beadle和Tatum通过对红色链孢霉的营养缺陷型分析，表明基因的功能是控制酶的合成，从而提出了"一个基因一种酶"学说。1944年，Avery等对肺炎双球菌的研究证明遗传物质的化学成分是脱氧核糖核酸（deoxyribonucleic acid，DNA）。1952年，Hershey证实基因由DNA组成。1953年，Watson和Crick提出了DNA的双螺旋结构模型，从而正确地阐释了DNA的结构和功能之间的关系，使遗传学由此进入了一个新天地。1957年，Benzer以$T_4$噬菌体为材料，在DNA分子水平上研究基因内部的精细结构，提出了顺反子（cistron）的概念，把基因具体化为DNA分子的一段序列，是决定一条多肽链的功能单位。1977年，布罗科（Tom Broker）和沙普（Phillip A. Sharp）等通过对真核生物基因结构的研究发现了割裂基因（split gene），使基因的概念发生了演绎。至此，基因的本质、功能及结构才逐渐被人们认识。

## 第一节 病毒的基因结构

病毒核酸可以是ssDNA、dsDNA或RNA分子，分子结构有发夹、环状、线型、节段型。例如，乳头瘤病毒（papilloma virus，PV）是一种闭环的双链DNA病毒，腺病毒（adenovirus）的基因组是线性的双链DNA，脊髓灰质炎病毒（poliovirus）是一种单链的RNA病毒，呼肠孤病毒（reovirus）的基因组是双链的RNA分子。一般来说，大多数DNA病毒的基因组是双链DNA分子，大多数RNA病毒的基因组是单链RNA分子。病毒的基因具有如下主要结构特点。

（1）基因重叠

同一段基因序列可以编码2种或2种以上的基因产物，这种结构使病毒较小的基因组能够携带较多的遗传信息。

重叠基因（overlapping gene）是1977年桑格（Frederick Sanger）在研究ΦX174时发现的。ΦX174是一种单链DNA病毒，宿主为大肠杆菌。它感染大肠杆菌后共合成11种蛋白质分子，总相对分子质量为25万左右，相当于6078个核苷酸所容纳的信息量。但是ΦX174的DNA本身只有5375个核苷酸，最多能编码总相对分子质量为20万的蛋白质分子。深入研究发现，ΦX174有多个重叠基因（图6.1）。

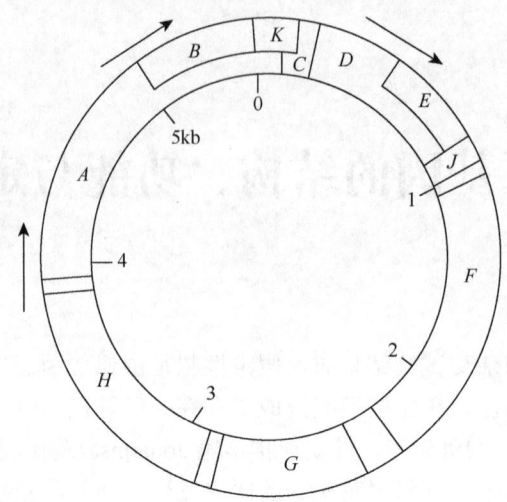

图 6.1　噬菌体 ΦX174 的重叠基因

（2）病毒基因的结构特征往往与其宿主细胞基因的结构特征相似

原核病毒（如噬菌体）基因是连续的，没有内含子；真核病毒（如多瘤病毒）基因是不连续的，有内含子。

有些真核病毒的内含子或其中的一部分对某一基因是内含子，而对另一基因却是外显子。例如，SV40 病毒早期转录区编码了 T 和 t 两个功能不同的蛋白质，这两个基因是重叠的，仅内含子不同（图 6.2）。

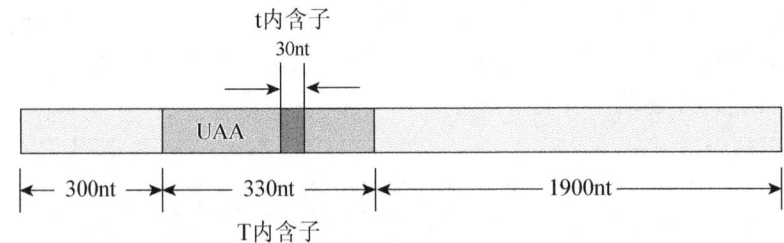

图 6.2　SV40 病毒的 T 和 t 蛋白质基因的内含子

（3）节段性基因

大部分病毒核酸都是由一条双链或单链构成的，少数病毒核酸由数个片段构成。这类病毒一般都是 RNA 病毒。例如，流感病毒（influenza virus）的基因组由 8 条 RNA 分子构成，每条 RNA 分子都含有编码蛋白质分子的信息；呼肠孤病毒（reovirus）的基因组由 10 个双链 RNA 片段构成，每段 RNA 分子都编码一种蛋白质。目前，还没有发现有节段性的 DNA 分子构成的病毒基因组。

## 第二节　原核生物的基因结构

原核生物基因分为编码区和非编码区，在基因表达过程中，不同区段起着不同的作用。

编码区是连续的核苷酸结构，包括一个起始密码子 ATG 和一个终止密码子 TAA，能转录为相应的信使 RNA（mRNA），进而指导蛋白质的合成。

编码区的两侧是转录而不转译的侧翼序列区，有调控遗传信息表达的核苷酸序列，决定某些性状是否表达，表达多少次及何时开始表达。其中 5′非翻译区（untranslated region，UTR），含有一个核糖体结合位点及一个转录起始信号，引导 RNA 聚合酶与基因的正确部位结合；3′非翻译区简称 3′UTR，含有一个转录终止信号，阻碍 RNA 聚合酶的移动，并使其从 DNA 模板链上脱离下来，使编码区的转录终止（图 6.3）。

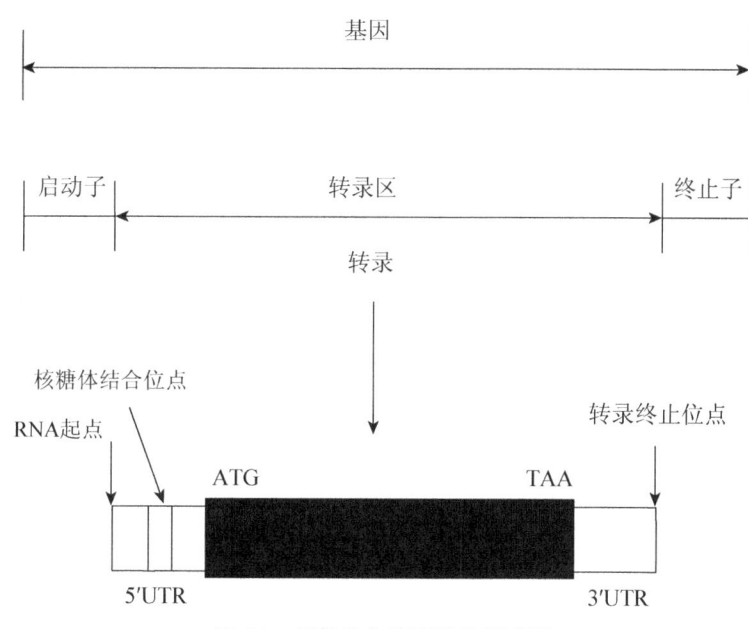

图 6.3　原核生物基因结构模式图

## 一、启动子

启动子（promoter）是转录的起始和链的选择信号，是 RNA 聚合酶的结合起点。整个启动子应包括−10 区和−35 区两个区域（图 6.4），其中−10 区是核心酶结合的位点，−35 区是 σ 因子结合的位点。

图 6.4　大肠杆菌的启动子

定点突变的结果表明，启动子的作用是整个区域而不是单个核苷酸，但单个核苷酸的突变会导致转录水平的上升或下降，特别是 A/T 突变为 G/C 下降更明显。

## 二、起录点、翻译识别点及起译点

### （一）起录点

起录点是转录的起始位点，位于启动子−10 区的下游 10bp 处，原核生物基因起录点附近的三个核苷酸，大多数基因是 CAT，所以在原核生物中也常用 CAT 表示起录点。但并不是绝对的，有时会有变化，如 CAC、TAC 等。一般来说，起录点可用 PyA/gPu 表示（A/g 表示大多数情况下是 A，少数情况下是 G）。转录就是从 A/g 位点开始。

### （二）翻译识别点（SD 序列）

翻译识别点（SD 序列）是核糖体识别并与 mRNA 结合的位点。在每个基因起始点的下游都有一小段富含嘌呤的顺序 5'AGGAGG3'。这一顺序可与核糖体 30S 亚基上的 16S rRNA 的 3′端富含嘧啶的顺序 5'CCUCCU3'互补，这一顺序就称为 Shine Dalgarno 序列（SD 序列）。SD 序列与 16S rRNA 3′端的相应序列配对对翻译的起始很重要。

典型的 SD 序列是 AGGAGG（图 6.5），但事实上在这 6bp 中，只要有连续的 3 个以上碱基与 CCUCCU 互补，便可作为核糖体的识别序列，但是 SD 的长度会直接影响 mRNA 与核糖体结合的紧密度，从而影响翻译效率。

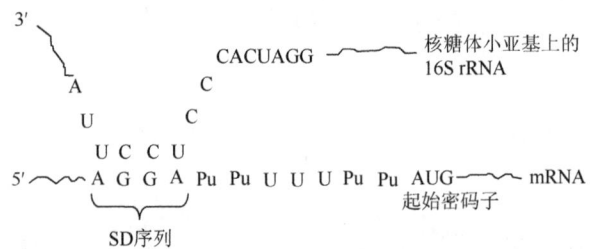

图 6.5　mRNA 的 SD 序列与 16S rRNA 的 3′端富含嘧啶的顺序 5'CCUCCU3'互补

SD 序列位于起录点下游，起译点上游，距起译点 5～16bp，而与 CAT 的距离变化比较大。

### （三）起译点

在原核生物中翻译的起始位点一般是 ATG，极少数是 GTG，编码甲酰甲硫氨酸。

## 三、终止子

一个基因或操纵子的 3′端往往有一段特定的、有终止转录作用的顺序，这段顺序称为转录终止子，简称终止子（terminator）。终止子是一小段反向重复序列（回文序列），使转录出来的 RNA 具有特定的茎环结构。这一结构对终止转录起着决定性作用，因此终止子与启动子不同，真正起终止作用的不是 DNA 序列本身，而是转录生成的 RNA。

根据终止作用是否需要辅助因子，把终止子分为不依赖 ρ 因子的终止子（即强终止子）（图 6.6）和依赖于 ρ 因子的终止子（弱终止子）。两类终止子有共同的序列特征：在转录终止点前有一段回文序列，回文序列的两个重复部分（每个 7～20bp）由几个不重复的核苷节段隔开。两类终止子的不同点是：不依赖 ρ 因子的终止子的回文序列中富含 GC 碱基对，在回文序列的下游方向又常有 6～8 个 AT 碱基对（在模板链上为 A，在 mRNA 上为 U）；而依赖 ρ 因子的终止子中回文序列的 GC 碱基对含量较少。在回文序列下游方向的序列没有固定特征，其 AT 碱基对含量比前一种终止子低。

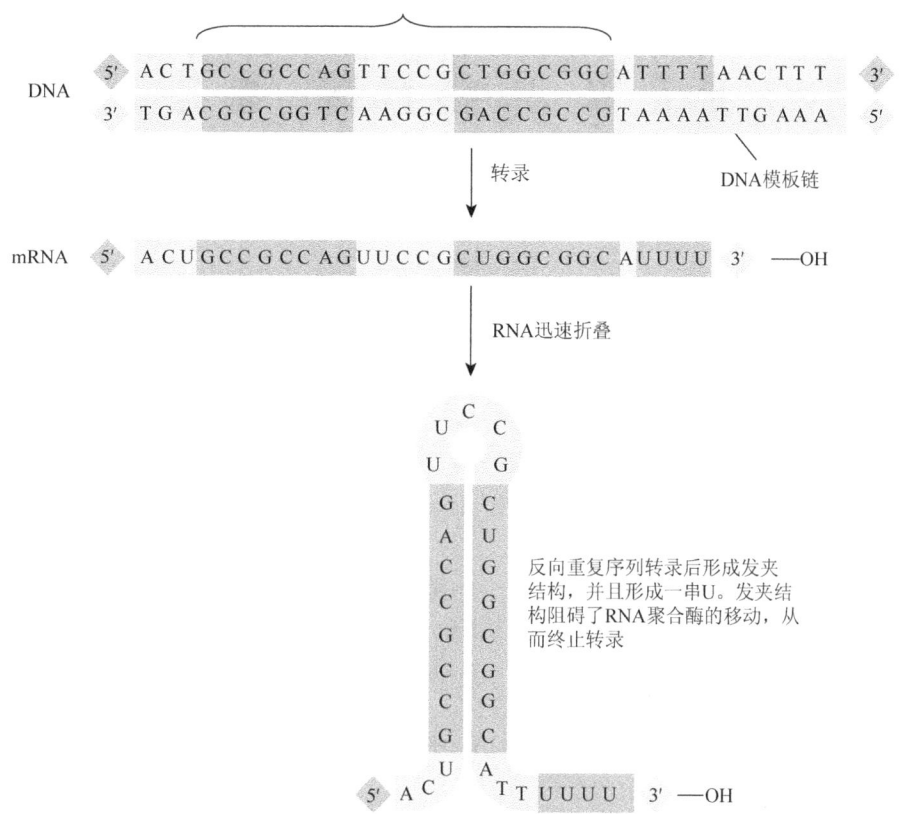

图 6.6　不依赖 ρ 因子的转录终止子结构

根据终止子所处的位置，可以把终止子分为存在于基因末端的终止子和存在于基因内部的终止子（弱化子）。

## 第三节　真核生物的基因结构

与原核生物编码蛋白质的基因相比，真核生物基因最主要的特点是转录区的编码序列是间断的、不连续的。其中编码氨基酸的序列称为外显子（exon，extron），基因中的非编码序列称为内含子（intron，intervening sequence，间隔序列）（图 6.7）。真核类基因的编码顺序由若干非编码区域隔开，使阅读框不连续，这种基因称为割裂基因。不同基因拥有内含子的数量和大小相差悬殊。例如，胶原蛋白（collagen）的基因长约 40kb，至少有 40 个内含子，其大小不一，其中短的只有 50bp，长的可达到 2000bp。许多真核基因具有大量的、有时是非常大的内含子。例如，与人类囊性纤维症有关的基因含有 24 个内含子，加起来的长度超过 1Mb。而少数基因，如组蛋白基因，根本不带内含子。在每个外显子和内含子的接头区存在高度保守的一致顺序，称为外显子-内含子接头，即在每个内含子 5′端开始的两个核苷酸为 GT，3′端末尾是 AG，这种接头形式即通常所称的"GT-AG 法则"。

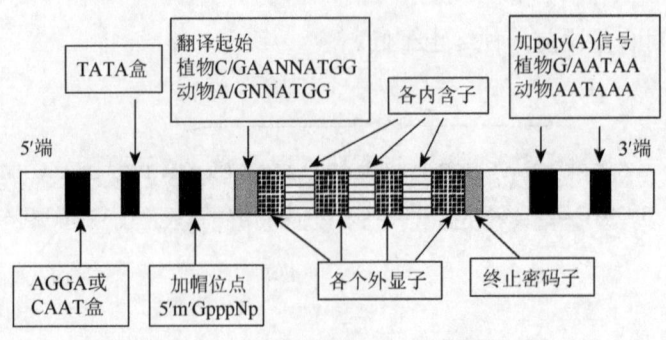

图 6.7 真核生物基因的一般结构

割裂基因中内含子和外显子的关系并非是固定不变的。有时在同一条 DNA 分子上的某一段 DNA 顺序，在作为编码某一条多肽链基因时是外显子，但作为编码另一条多肽链基因时则是内含子，结果造成同一段 DNA 顺序（或结构基因区域的 DNA 顺序）可以转录两条或两条以上的 mRNA 链，这是真核生物基因结构及其表达的重要特点。一个结构基因，其 5′→3′链为编码链（coding strand），可编码氨基酸，3′→5′链为反编码链，其碱基顺序与编码链互补，是 mRNA 合成的模板。

每个割裂基因中第一外显子和最末一个外显子的外侧都有一段不被转录的非编码区，称为侧翼序列，其上有一系列调控序列，对基因的有效表达起着调控作用。这些结构包括启动子、增强子和终止子等（图 6.8）。

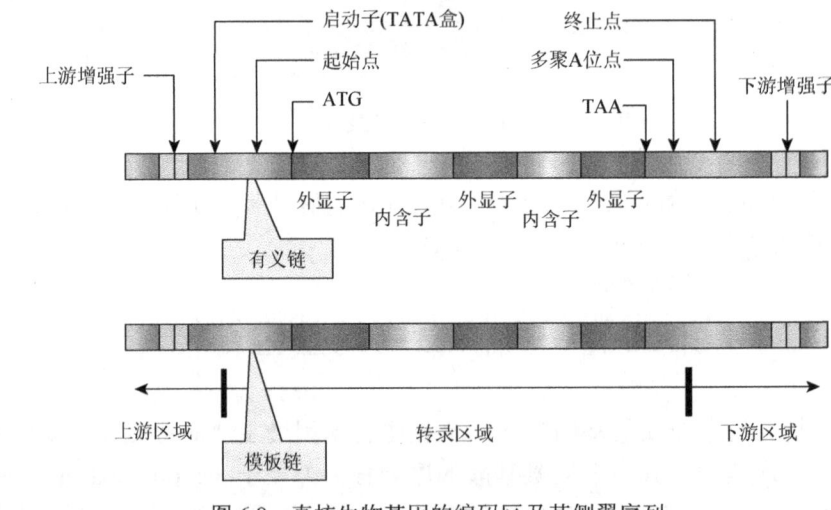

图 6.8 真核生物基因的编码区及其侧翼序列

## 一、启动子

真核生物有三种 RNA 聚合酶分别识别不同的启动子：RNA 聚合酶 I 位于核仁，负责转录 rRNA；RNA 聚合酶 II 位于核质，负责转录 mRNA；RNA 聚合酶 III 位于核质，转录 tRNA 及 5S rRNA。本书主要介绍 RNA 聚合酶 II 负责转录的基因，这些基因也称 II 类真核基因。

真核生物的启动子是一段特异的核苷酸序列，通常位于基因转录起始点上游 100bp 的范围内（图 6.9），是 RNA 聚合酶的结合部位，能促进转录过程。启动子包括以下几种重要的结构序列。

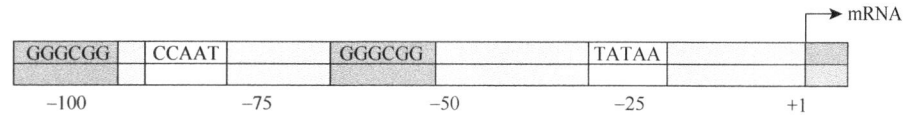

图 6.9 真核生物基因的启动子

（1）TATA 框

位于转录起始位点上游–27～–19bp 处有一段高度保守顺序：TATAA/TAT/A。在这段顺序中，只有两个碱基（A/T，T/A）可以变化，头三个和倒数第二个核苷酸是高度保守的，这段保守序列称为 TATA 框（TATA box），通过与转录因子 TFⅡ结合，能够准确识别转录起始点。

（2）CAAT 框

CAAT 顺序（框）（CAAT box）位于–80～–70 处，比较保守的一致顺序是：GGT/CCAATCT。其中只有一个碱基（T/C）可以变化。CAAT 框与转录因子 CTF 结合，促进转录。

（3）GC 框

GC 框（GC box）也称远端因子（distal element），有两个拷贝，分别位于 CAAT 框的两侧，其基本顺序是：GGGCGG。能与转录因子 SP1 结合，起到增强转录效率的作用。

## 二、增强子

真核生物基因的转录除了与启动子有关外，还与一段称为增强子（enhancer）的顺序有关。增强子有几个显著的特征：①增强子的长度相差较大，可达几十到几百个核苷酸，其顺序变化也比较大，但都含有一段较相近的核心顺序（core sequence）——（G）TGGA/TA/TA/T（G）；②作用距离比较远，可以远离它所作用的基因达数千个碱基之远；③作用没有方向性，序列正反颠倒过来，同样起作用；④位置不固定，可以是在某个基因的 5′端上游，也可以是在 3′端下游，甚至可以在基因的内含子内；⑤增强子一般具有组织或细胞特异性；⑥增强子的活性与它在 DNA 双螺旋结构中的空间方向性有关。

## 三、起录点、核糖体结合序列与起译点

### （一）起录点

真核生物起录点的变化较大，并不统一。但是刚开始转录的第一个核苷酸也经常是 A，少数是 G。由于真核生物的起录点是转录后 mRNA 加工时的加帽位点，所以这一位点又称为 capping site，简称 Cap。

### （二）核糖体结合序列

真核生物的核糖体结合序列是一段富含嘧啶的 TCCTTCC，这一序列是 mRNA 与核糖体中 18S rRNA 结合的位置。

### （三）起译点

真核生物的起译点与原核生物相同，也是 ATG，极少数是 GTG，但不论是 ATG 还是 GTG，

结合的都是 Met。

## 四、终止子

在 3′端终止密码子的下游有一个核苷酸序列为 AATAAA（图 6.7），这一序列可能对 mRNA 的加尾（mRNA 尾部添加多聚 A）有重要作用。在此序列的下游是一个反向重复顺序，转录之后可形成一个发卡结构（图 6.10）。发卡结构阻碍了 RNA 聚合酶的移动。发卡结构末尾的一串 U 与转录模板 DNA 中的一串 A 之间，因形成的氢键结合力较弱，使 mRNA 与 DNA 杂交部分的结合不稳定，mRNA 就会从模板上脱落下来，同时 RNA 聚合酶也从 DNA 上解离下来，转录终止。AATAAA 序列和它下游的反向重复顺序合称为终止子，是转录终止的信号。

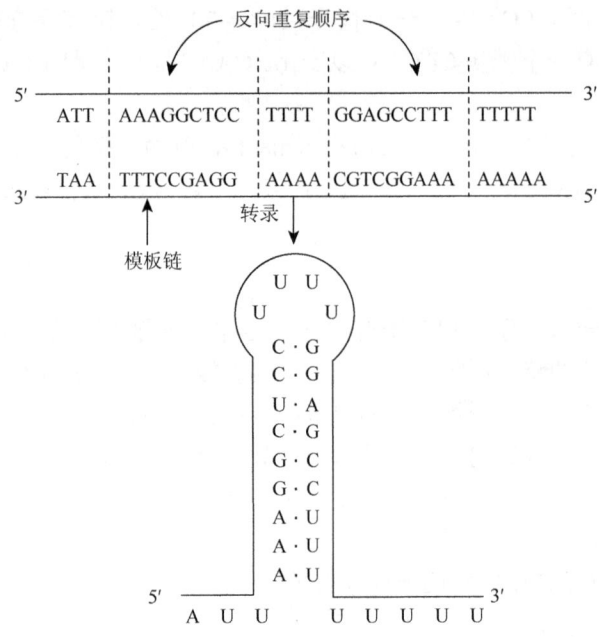

图 6.10　真核基因终止子的反向重复序列与发卡结构形成示意图

## 第四节　基因的微细结构

20 世纪 50 年代的生化技术还无法进行 DNA 的序列测定，Benzer 利用经典的噬菌体突变和重组技术，对 $T_4$ 噬菌体 rⅡ区基因的微细结构进行了详细分析，提出了顺反子的概念，证明基因是 DNA 分子上一个特定的区段，是一个功能单位，包括许多突变位点（突变子），突变位点之间可以发生重组。

## 一、拟等位基因

果蝇 X 染色体的 *lozenge* 位点上有两个等位基因 $lz^s$ 和 $lz^g$，杂种雌性（$lz^s/lz^g$）表型为突变型。用此雌蝇与 $lz^s$Y 或 $lz^g$Y 雄蝇交配，产生 0.2% 的野生表型后代。野生型后代显然不是基因突变产生的，因为基因突变的频率不可能那么高。用侧翼标记证明 $lz^s$ 和 $lz^g$ 位于 *lozenge*

位点的不同位置，$lz^+$染色体的产生是由于在这两个点之间发生了交换。这一结果表明，基因是可分的，基因内含有突变和可被重组分离的位点。这种紧密连锁的功能性等位基因，但不是结构性的等位基因称为拟等位基因（pseudoallele）。

## 二、$T_4$突变型的重组测验

### （一）噬菌体突变型

噬菌体虽然非常小，但是它的某些突变型特征非常容易观察，因此是遗传分析的好材料。

（1）噬菌斑形态的突变型

野生型噬菌体形成的噬菌斑小，边缘模糊，中心清晰；快速溶菌突变型噬菌体形成的噬菌斑大，边缘清晰，中心也清晰（图6.11）。

（2）寄主范围的突变型

噬菌体感染细菌时，首先吸附在细胞表面的专一受体上，如果受体发生变化，有可能使噬菌体不能附着，该噬菌体的宿主范围就缩小。例如，大肠杆菌抗噬菌体突变型的细胞壁上由于没有野生型噬菌体赖以附着的接受点，从而表现出对噬菌体的抗性。另外，噬菌体的突变有可能会扩大宿主范围，尽管这些突变通常是致死的，不能形成噬菌斑，但是有些突变体仅在限制的宿主中致死，而在许可的宿主中可以形成噬菌斑，如寄主范围突变型噬菌体，其吸附器和野生型的有某些精细的差别，能吸附在抗噬菌体细菌的细胞壁上，侵染并使它们裂解。

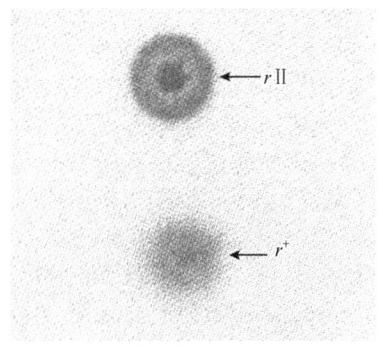

图6.11 野生型噬菌斑和快速溶菌突变型噬菌斑

（3）条件致死突变型

噬菌体大部分基因的功能是复制和产生子代噬菌体所必需的，这些基因的突变是致死的，不能形成噬菌斑，有些致死突变型在限制条件下是致死的，而在许可条件下，可以形成噬菌斑，这种突变称为条件致死突变。例如，野生型噬菌体能在很大的温度变化范围内感染宿主并进行繁殖，而热敏感突变型（heat sensitive mutant，hs）通常在30℃（许可条件）能感染宿主并进行繁殖，但在40~42℃时就致死，不能形成噬菌斑。

### （二）重组测验

E. coli 烈性噬菌体 $T_4$ 突变品系按表型可分为 rⅠ、rⅡ、rⅢ三类。其中 rⅡ 在 E. coli B 上产生快速溶菌现象，形成大而圆的噬菌斑，在 E. coli K（λ）上不能生长。所有 rⅡ 突变都丧失合成一种或几种蛋白质的能力，这种蛋白质是在大肠杆菌 K（λ）中复制发育所必需的。因此，这些突变型在大肠杆菌 K（λ）细胞中是致死的，但可以在大肠杆菌 B 细胞中增殖。

$T_4$ 野生型在 E. coli 菌苔上产生小而不规则的噬菌斑。Benzer 对 E. coli 烈性噬菌体 $T_4$ 突变型进行了遗传研究。最初得到 8 个不同的 rⅡ 突变型品系，8 个突变基因均定位于 $T_4$ DNA 的一个区段内（rⅡ区段）；将 8 种突变型两两组合混合感染 E. coli B 菌株 [双重感染（double infection）]；从混合培养物中提取噬菌体颗粒感染 E. coli K（λ）（图6.12），结果在菌苔上获得了许多小而粗糙的野生型噬菌斑。

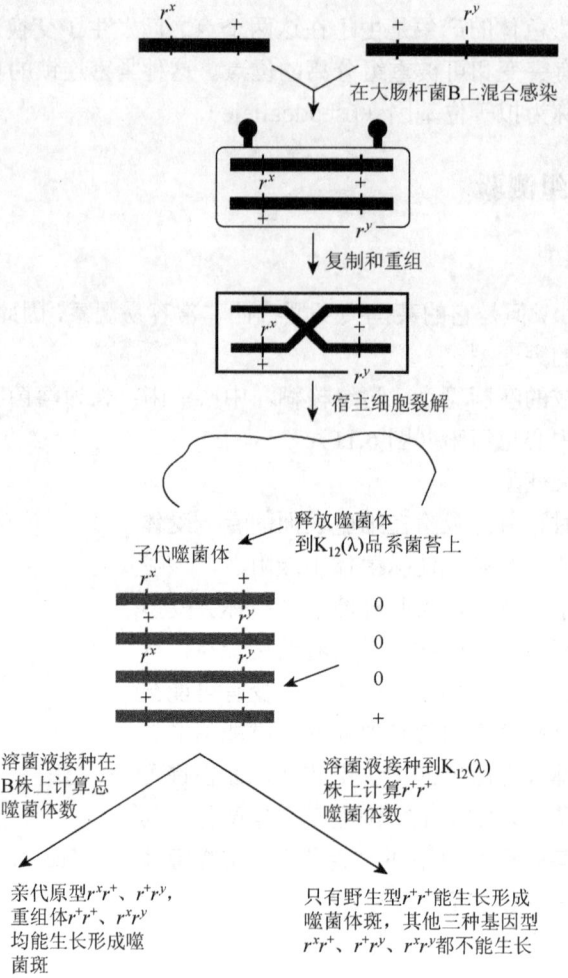

图 6.12　Benzer 的双重感染

结果分析表明，回复突变的频率很小，不会产生如此高频率的野生型噬菌体（斑），所以野生型只能由重组产生。用两种 rⅡ 突变型双重感染 B 品系，收集溶菌液，分别接种到 B 品系、$K_{12}(\lambda)$ 品系菌苔上，考察两个品系菌苔上的噬菌斑数目，就可以计算两个突变位点间的重组值，绘制连锁遗传图。重组值计算公式如下。

$$RF = (2 \times r^+ 噬菌体) \div 噬菌体总数 \times 100\% = \frac{2 \times K菌株平板上的噬菌斑数}{B菌株平板上的噬菌斑数} \times 100\%$$

重组值检测精度可达十万分之一，但实际结果不会低于 0.01%，可推断基因内存在最小重组单位，Benzer 将最小重组单位定义为重组子（recon）。rⅡ 区段存在多种突变的结果表明：基因也并非最小突变单位。Benzer 提出用突变子（muton）来描述基因突变的最小单位。理论上讲，突变子不必等于重组子。但以后的研究显示：突变子和重组子都是一个核苷酸对或者碱基对（bp）。所以基因内每个碱基均可能发生突变，任意两个碱基之间均能发生交换重组。

### 三、互补测验

既然基因内部存在更小的突变单位，那么 rⅡ 区的各种突变类型是属于同一个基因还是属于不同的基因呢？这可以通过互补测验去检测。用不同的 r Ⅱ 突变型成对组合去感染 E. coli K (λ)，如果被双重感染的细菌中产生两种亲代基因型的子代噬菌斑（以及少量重组型噬菌斑），说明一个突变型补偿了另一个突变型所不具有的功能，这两个突变型互补；如果双重感染的细菌不能产生子代噬菌体，则说明两种突变型一定有一个相同的功能受到损伤。结果发现，r Ⅱ 区的突变型可分为 r Ⅱ A 和 r Ⅱ B 两个互补群，凡是属于 r Ⅱ A 互补群的各种突变型都不能互补，r Ⅱ B 互补群的各种突变型也不能互补，只有 r Ⅱ A 的突变和 r Ⅱ B 的突变能够互补（图 6.13），说明 r Ⅱ A 和 r Ⅱ B 是两个独立的功能单位，分别具有不同的功能，但它们的功能又是互补的。

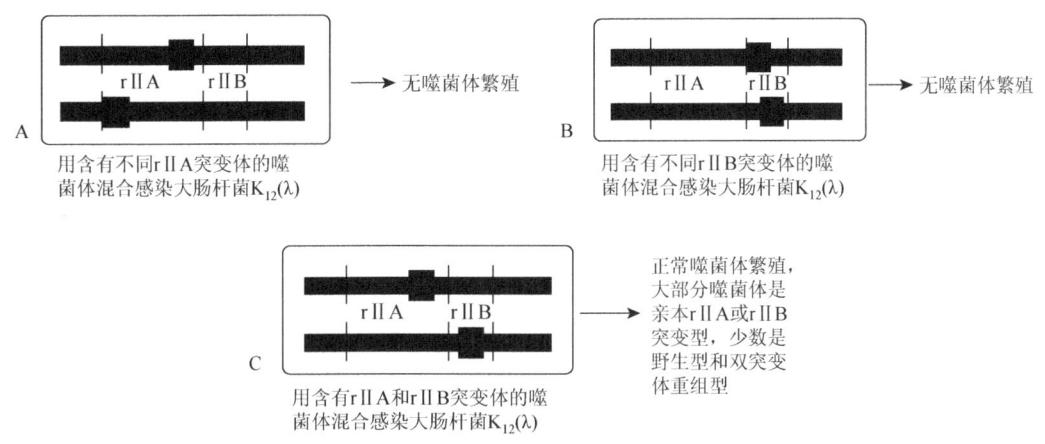

图 6.13 噬菌体的重组测验

根据两突变反式（trans）双杂合体有无互补作用可以判断它们是否为同一个功能单位的突变。如果两个突变反式排列无互补作用，说明是同一功能单位的两个突变，如果两个突变反式排列有互补作用，能够产生野生型，说明是不同功能单位的两个突变（图 6.14）。这种测验也称为顺反测验（cis-trans test）。Benzer 将顺反测验所确定的最小遗传功能单位称为顺反子（cistron），顺反子内发生的突变相互之间不能互补。因此认为，基因就是顺反子，是由更小的重组单位构成的，野生型产生于基因内部的重组，从而推翻了经典遗传学认同的基因是不可分的性质。一个顺反子就是一个功能单位，1957 年，Benzer 进一步提出了"一个顺反子一条多肽链"的论断。

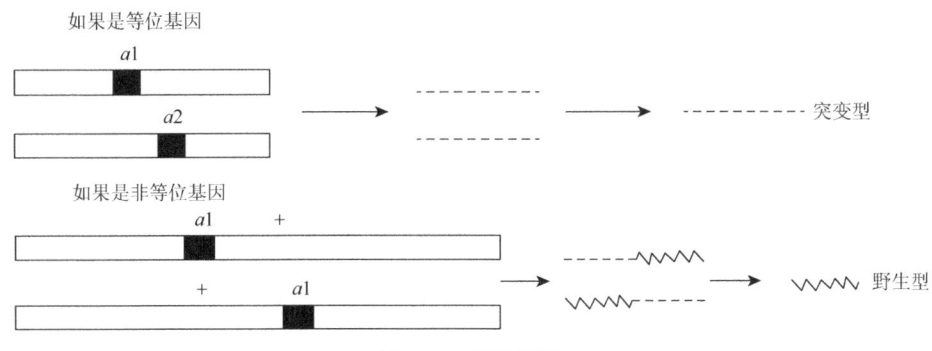

图 6.14 互补测验

确定影响同一性状的两个突变体是否是等位基因，虚线表示有缺失的 mRNA，波浪线表示正常的 mRNA

## 第五节 基因的功能

基因是遗传的物质基础，是生命的密码，记录和传递着遗传信息。生物体的生、长、病、老、死等一切生命现象都与基因有关。

### 一、基因与DNA

根据近代基因的概念，基因是一段有功能的 DNA 序列，是一个遗传功能单位，其内部有许多的重组子和突变子。不同的基因在 DNA 分子上有不同的分布和排列方式。

#### （一）割裂基因

一般认为，一条染色体只含一条 DNA 双螺旋，若染色体已分裂为两条染色单体，则每一单体含有一条 DNA 链。在一条 DNA 链上，从密码子 ATG 开始到终止密码子为止的连续核苷酸密码称为阅读框（reading frame）。细菌、病毒等的阅读框是连续的，其中核苷酸顺序都转译为蛋白质。但在真核类中，几乎所有的基因内部都含有不被转译的部分，在转录为初级 RNA 转录物后，这一部分序列被切除，从而不被翻译为蛋白质。基因的转译部分为外显子，不转译部分为内含子。真核类基因的编码序列由若干非编码区域隔开，使阅读框不连续，这种基因称为割裂基因（图 6.7，图 6.8）。

#### （二）重叠基因

1978 年，英国剑桥大学分子生物学家 Sanger 分析了噬菌体 ΦX174 的 DNA 全序列后发现，它的核苷酸实际数比理论数少 614 个氨基酸。同实验室的巴雷尔（Barclay George Barrell）等发现其基因组中有些密码是重叠的，从而形成重叠基因（图 6.1）。

重叠基因有以下多种重叠方式。

1) 大基因内包含小基因。例如，噬菌体 ΦX174 的 $B$ 基因包含在 $A$ 基因内，$E$ 基因完全包含在 $D$ 基因内。

2) 前后两个基因首尾重叠一个或两个核苷酸。

   例如，基因 $D$      终止
     φX174 DNA 序列：5′—T—A—A—T—G—3′重叠一个碱基
     基因 J      起始

3) 几个基因的重叠，几个基因有一段核苷酸序列重叠在一起。

   例如，三个基因的重叠：

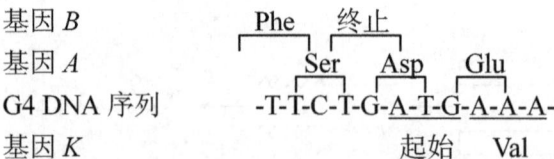

重叠基因中不仅有编码序列，也有调控序列，说明基因的重叠不仅是为了节约碱基，也能经济和有效地利用 DNA 遗传信息量，更重要的可能是参与对基因的调控。

## （三）重复基因

在染色体组上存在多份拷贝的基因。重复基因往往是生命活动中最基本、最重要的功能相关的基因，如 rRNA、tRNA 和组蛋白基因等。

## 二、基因的功能类型

生物的各种生命活动，生长、发育、代谢、生殖、免疫、衰老、死亡等都受到基因的控制，基因组中的各类基因在不同时空程序表达并且受到严密的调控，在与环境的相互作用下，完成整个生命活动。按照基因的产物将其分成如下三种类型。各类基因间的相互关系如图 6.15 所示。

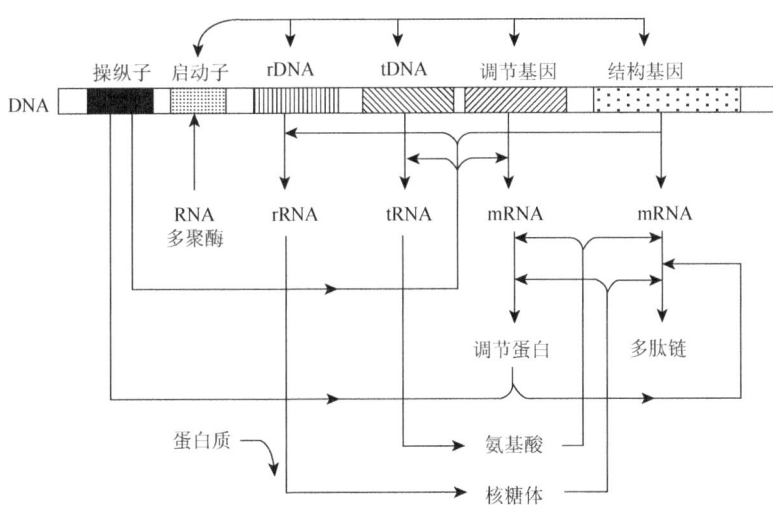

图 6.15　各类基因或 DNA 区段之间的相互关系

### （一）编码蛋白质的基因

编码蛋白质的基因即有翻译产物的基因，如结构蛋白、酶等结构基因和产生调节蛋白的调节基因。蛋白质按照功能可以分成酶、运载蛋白质、作为结构单位的蛋白质、激素、抗体和受体等六大类。

### （二）没有翻译产物，不产生蛋白质的基因

转录产物 RNA 不翻译，如编码 tRNA、rRNA 的基因。

### （三）不转录的 DNA 区段

不转录的 DNA 区段如启动子、操纵基因。启动子是转录时 RNA 多聚酶与 DNA 结合的部位。操纵基因是阻遏蛋白、激活蛋白与 DNA 结合的部位。

## 三、先天性代谢缺陷

1902 年，英国医生加罗德（Archibald Garrod）从家族病史中发现了第一例遗传病尿黑酸症（alkaptonuria），并发现该病在家族中的遗传遵循孟德尔遗传定律，由单个隐性基因控制。

Garrod 猜测，尿黑酸症患者缺乏一种酶，他把这种遗传病症状称为"先天性代谢差错"。后来知道，尿黑酸症是与苯丙氨酸分解代谢途径有关的遗传病（图 6.16）。苯丙氨酸分解产生中间产物尿黑酸（homogentisic acid, HGA），正常人细胞内具有尿黑酸氧化酶，能将尿黑酸在体内分解成 $H_2O$ 和 $CO_2$，使得尿液中无尿黑酸存在。但是，当尿黑酸氧化酶基因突变造成尿黑酸氧化酶缺乏时，尿黑酸不能被氧化分解而从尿中排出。尿黑酸本身并无颜色，但在空气中放置一段时间后就会变为黑色，于是尿液也随之变黑。碱性条件能促使尿黑酸更进一步变黑，所以这类患儿的尿布用肥皂洗，就越洗越黑。

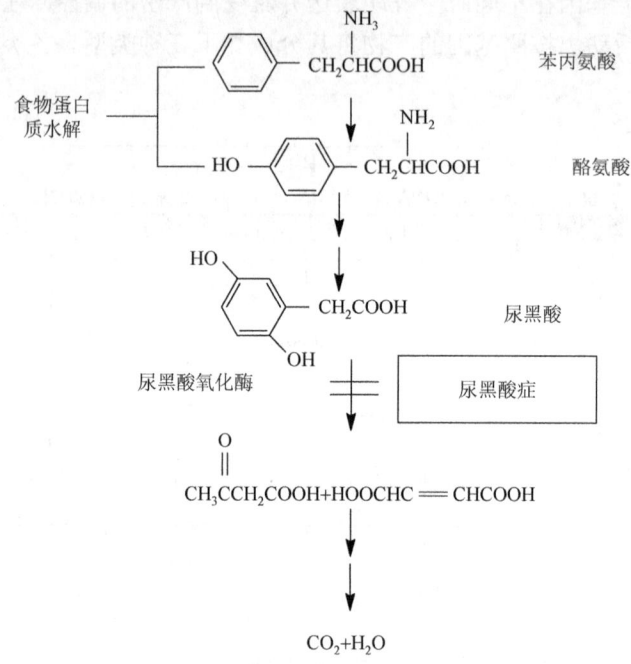

图 6.16 人体内苯丙氨酸代谢途径

苯丙酮尿症（phenylketonuria，PKU）是一种严重的常染色体隐性遗传性氨基酸代谢病，首次发现于 1934 年，因患者尿中排泄大量的苯丙酮酸而得名。其中 98%～99% 的患者是由苯丙氨酸羟化酶（phenylalanine hydroxylase，PHA）的基因突变导致肝脏苯丙氨酸羟化酶缺乏，1%～2% 是由苯丙氨酸羟化酶的辅酶四氢生物蝶呤缺乏，导致苯丙氨酸不能正常转化为酪氨酸，从而使苯丙氨酸在体内异常蓄积而致病。PKU 患者 PHA 基因突变使患者肝脏内苯丙氨酸羟化酶缺乏，苯丙氨酸不能转变为酪氨酸，而转化成为苯丙酮酸和苯乳酸并在体内累积，从而导致血液和尿液中苯丙氨酸及其衍生物排出增多，表现为精神发育迟缓、癫痫、湿疹、特殊的鼠样臭味尿。苯丙酮酸及其代谢产物如在脑中大量积累，会使脑组织的生化代谢紊乱，阻碍大脑的生长发育，造成智力低下，这是该症患者痴呆的原因。另外，过量的苯丙氨酸及其代谢产物可能会抑制酪氨酸向黑色素的转化，故患者往往伴有皮肤、毛发和虹膜色素减退，头发呈赤褐色的性状表现。

## 四、生化突变型与"一个基因一种酶"假说

Garrod 通过家系分析正确地推测，尿黑酸症是由一个酶的失常造成的，他第一个提出基因和酶之间的关系，认为基因是通过控制酶和其他蛋白质合成来控制细胞代谢的，一个基

因的缺陷引起一种酶的变化，从而产生一种遗传性状。但是不幸的是，Garrod 的工作和孟德尔的发现一样被埋没了许多年，直到 1940 年 Beadle 和 Tatum 根据脉孢霉（*Neurospora crassa*）的研究提出"一个基因一种酶"（one gene-one enzyme）的假说时才得到认识。

Beadle 和 Tatum 利用脉孢霉突变体充分证明了单个基因与单个酶之间的直接对应关系。他们用 X 射线或紫外线照射脉孢霉的分生孢子，将辐射过的孢子与野生型孢子杂交，发现杂交子代中有些是不能在基本培养基上生长，但可以在加有多种有机物的完全培养基上生长，有些孢子仅在添加某一成分（如精氨酸）的培养基上就能生长，并且这种营养依赖是可以遗传的，这就暗示通过诱变使控制精氨酸（arginine）合成过程中某个步骤的基因有了缺陷，他们获得了许多这种单一缺陷的营养突变型。因此他们得出结论，一个基因的缺陷导致一个基本酶的缺陷，从而产生一个生长依赖突变型，即"一个基因一种酶"。

接下来的工作是进行生化途径分析，逐一证明哪个突变型是由哪一种酶的缺陷造成的。例如，精氨酸的合成需经历许多步骤，要求一系列的酶，这些酶又都是由不同的基因所编码的，任何一个基因发生变化都会导致精氨酸依赖突变型的产生。人们从一系列精氨酸合成代谢突变品系中就容易推导精氨酸的合成途径。如表 6.1 所示，瓜氨酸突变型（*cit*）在基本培养基上不能生长，但添加瓜氨酸或精氨酸后都能生长，说明瓜氨酸是精氨酸的前体，通过代谢能够合成精氨酸；鸟氨酸突变型（*orn*）在基本培养基上添加鸟氨酸、瓜氨酸或精氨酸都能生长，说明鸟氨酸也可以转变为精氨酸，因此精氨酸的合成途径是由鸟氨酸到瓜氨酸再到精氨酸。

表 6.1 脉孢霉的精氨酸合成途径分析实验

| 突变品系 | 基本培养基 | 基本培养基加 | | |
|---|---|---|---|---|
| | | 鸟氨酸（ornithine） | 瓜氨酸（citrulline） | 精氨酸（arginine） |
| *arg* | − | − | − | + |
| *cit* | − | − | + | + |
| *orn* | − | + | + | + |

"一个基因一种酶"假说不仅说明了基因活动所产生的表现型效果，更重要的是说明了这种效果是通过什么样的途径实现的，因此具有重要的进步意义。但是随着遗传学研究的不断深入，基因的概念和功能进一步明确，人们发现"一个基因一种酶"的假说存在很多的缺陷，主要的局限性包括：①基因的功能类型多种多样，并非所有基因的功能都为编码蛋白质，如 rRNA 基因、tRNA 基因等；②有些基因只是起调控作用，不直接编码蛋白质；③基因编码的产物是蛋白质，但是并不是所有的蛋白质都具有酶的功能，有些蛋白质是作为结构成分、激素、载体、受体、抗体等；④有的酶是几条多肽链组成的，这类酶需要多个基因编码，如纤维蛋白原由 6 条肽链组成；⑤根据现代的基因概念，一个基因序列可以有一个以上的顺反子，一个顺反子能够决定一条多肽链，在这种情况下，一个基因可以控制多酶。

## 五、基因的作用与性状的表达

基因对性状的控制作用分为直接控制和间接控制两种方式。如果基因的最后产品是结构蛋白或功能蛋白，基因的变异可以直接影响到蛋白质的特性，从而表现出不同的遗传性状，基因对性状的这种控制作用就是直接控制；如果基因是通过控制酶的合成，从而影响生物性状的表达，则是基因对性状的间接控制。

## （一）基因直接影响遗传性状

人类的镰状细胞贫血（sickle cell anemia）就是基因直接影响的结果。正常的红细胞是球形的，每个血红蛋白分子有4条多肽链：两条相同的α链和两条相同的β链，每条α链有141个氨基酸，每条β链有146个氨基酸。

基因 $Hb^A$ 编码正常的 $β^A$ 链。当 $Hb^A$ 突变为 $Hb^c$ 或 $Hb^s$ 时，则分别编码多肽链 $β^C$ 或 $β^S$，红细胞呈镰刀形，引起贫血病。比较三种血红蛋白 $β^A$、$β^C$、$β^S$ 的氨基酸组成，发现仅仅在β链的第六位氨基酸有差异（表6.2）。

表6.2 人类血红蛋白正常 $β^A$ 链及其两个突变体 $β^C$ 和 $β^S$ 的第六位氨基酸的变化（改变的核苷酸用方框表示）

| 链类型 | 比较要点 | 作用子 | | | | | | | |
|---|---|---|---|---|---|---|---|---|---|
| $β^A$ | DNA | GTA<br>CAT | CAT<br>GTA | CTT<br>GAA | ACT<br>TGA | CCT<br>GGA | GAA<br>CTT | GAA<br>CTT | AAA<br>TTT |
| | mRNA<br>密码子 | GUA | CAU | CUU | ACU | CCU | GAA | GAA | AAA |
| | 氨基酸 | 缬 | 组 | 亮 | 苏 | 脯 | 谷 | 谷 | 赖 |
| $β^C$ | DNA | | | | | | G̲T̲A<br>C̲A̲T | | |
| | mRNA<br>密码子 | | | | | | GUA | | |
| | 氨基酸 | | | | | | 缬 | | |
| $β^S$ | DNA | | | | | | A̲A̲A<br>T̲T̲T | | |
| | mRNA<br>密码子 | | | | | | A̲AA | | |
| | 氨基酸 | | | | | | 赖 | | |

三条β链第六位氨基酸的密码子表明，仅仅改变其中的一个碱基，就可以直接引起它的最后产品——血红蛋白的性质发生改变，并且导致血红蛋白功能的变化，引起贫血症状。

## （二）基因间接影响遗传性状

基因通过酶的合成，间接地影响生物性状的表达。例如，圆粒豌豆由显性基因（R）控制，皱粒豌豆由隐性基因（r）控制。rr 的表现型之所以为皱粒，是因为 rr 豌豆的 DNA 中插入了一段 0.8kb 的外来 DNA 序列，打乱了编码淀粉分支酶（starch branching enzyme）的基因，结果形成异常 mRNA，不能形成淀粉分支酶，蔗糖不能合成为淀粉，蔗糖含量升高，淀粉含量低，种子成熟时皱粒基因型（rr）的豌豆由于失水快而显得皱缩。而圆粒豌豆编码淀粉分支酶的基因正常，淀粉分支酶正常合成，蔗糖合成为淀粉，淀粉含量升高，高淀粉含量有效地保持了水分，豌豆显得圆鼓鼓的。

上述结果表明，R 与 r 基因控制豌豆籽粒的性状不是直接的，而是通过指导淀粉分支酶的合成间接实现的。

## 第六节 基因定位

基因所属连锁群或染色体及基因在染色体上位置的测定，是遗传学研究中的一项基本工作。在遗传学的早期研究中，并未发现果蝇等生物的基因在染色体上的位置与其生理功能之间有什么关系。但是后来的研究发现，一些有类似表型效应的基因是紧密连锁的。例如，与果蝇中胸发育有关的几个基因相邻接，构成一个复合座位、基因复合体或拟等位基因系列；大肠杆菌与乳糖发酵有关的几个基因紧密连锁，构成一个操纵子。因此，基因定位（gene mapping）有助于了解基因的功能。此外，测定了某一基因在某一染色体上的位置以后，便可以用这一基因作为所属染色体或其一部分的标记，追踪并研究染色体的行为。所以，基因定位是遗传学研究中的重要环节。在染色体上进行基因定位，既要有各种各样可供选择的遗传标记，又要有一套合适的基因定位方法。

### 一、遗传标记

所谓遗传标记（genetic marker），就是在基因的连锁分析和定位分析中充当指示物的性状或位点。它具有两个基本特征，即可遗传性和可识别性，因此生物的任何有差异表型的基因突变型均可作为遗传标记。

遗传学中通常将可识别的等位基因称为遗传标记，但随着遗传学和基因概念的发展，其内涵也在不断发展。在基因定位分析方面可供选择的遗传标记种类繁多，除基因作为遗传标记外，常用的遗传标记还包括形态标记、细胞学标记（如各种相对性状）、生物化学标记（等位酶、同工酶等）、免疫学标记和分子遗传标记等。

#### （一）形态标记

形态标记（morphological marker）是指那些能够明确显示遗传多态的肉眼可见的或仪器可测量的外部特征，如株高、毛色、体型、外形、皮肤结构等，也包括色素类型、生理特性、生殖特性、抗病虫害的能力等。利用这种形态性状、生理性状及生态地理分布等特征作为遗传标记，研究物种间的关系、分类和鉴定。形态标记简单直观、经济方便，但数量很有限，而且多态性较差，易受环境影响，有些标记还与不良性状连锁，形态标记的获得需要通过诱变、分离纯合的过程，周期较长。因此，形态标记在基因定位研究中受到较多的限制。

#### （二）细胞学标记

细胞学标记（cytological marker）是指能够明确显示遗传多态的细胞学特征，包括染色体核型（染色体的数目和结构、随体的有无、着丝粒的位置等）和带型（C 带、N 带、G 带等）的变化。一个物种的核型特征即染色体的数目、形态及行为是相对稳定的，故可作为一种遗传标记来测定基因所在的染色体及在染色体上的相对位置。与形态标记相比，细胞学标记的优点是能进行一些重要基因的染色体或染色体区域定位。但细胞学标记材料需要花费较大人力和较长时间来培育，难度很大。

#### （三）生物化学标记

生物化学标记（biochemical marker）主要以生物体内的某些生化性状为遗传标记，如血型、血清蛋白和同工酶等。自 20 世纪 60 年代以来，蛋白质电泳技术作为检测遗传特性的一种主要方法得到了广泛的应用,由于该技术操作简便、快速、检测费用相对较低,目前仍是遗传特性研究中应用较多的方法之一。但是,蛋白质和同工酶都是基因的表达产物,容易受环境和发育状况的影响,因此蛋白质电泳具有一定的局限性。

### (四)免疫学标记

免疫学标记(immune genetic marker)是以动物的免疫学特征为遗传标记,主要指红细胞抗原、白细胞抗原、胸腺细胞抗原等。根据动物个体淋巴细胞抗原的特异性,研究品种间、个体间、抗病力强弱的差异及亲子关系等。

### (五)分子遗传标记

分子遗传标记(molecular genetic marker)是近30年来才发展、丰富起来的一类应用十分广泛的遗传标记,这类标记大多具有如下主要优点:①高度多态性,即标记座位具有很多等位位点;②操作方便,适合于大规模的基因型分析,特别是适合于自动化分析;③遗传共显性(codominance),即在分离群中能够分离出基因座的三种基因型等。目前应用比较多的分子遗传标记主要有以下几类。

(1)限制性片段长度多态性标记

DNA某一位点上的变异有可能引起该位点特异性的限制性内切酶识别位点的改变,包括原有位点的消失或出现新的酶切位点,致使酶切片段长度随之发生变化。这种变化引起的多态现象即限制性片段长度多态性(restricted fragment length polymorphism,RFLP),多态的限制性片段长度可用作遗传标记,这是最早应用的分子标记技术。

对RFLP的检测主要是用DNA印迹法(Southern blotting)进行,即利用限制酶酶切和凝胶电泳,分离不同生物体的DNA分子,然后用经标记的特异DNA探针与之杂交,通过放射自显影或非同位素显色技术来揭示DNA的多态性。但是,在进行RFLP分析时,需要该位点的DNA片段作探针,用放射性同位素及核酸杂交技术,既不安全又不易自动化。另外,RFLP对DNA多态性检出的灵敏度不高,RFLP连锁图上还有很多大的空间区。

限制性片段长度多态性分析技术在临床上可以用于苯丙酮尿症(phenylketonuria,PKU)、镰状细胞贫血等疾病的诊断。例如,将PKU家系成员的$Sph$ I 酶切电泳样品与苯丙氨酸羟化酶(phenylalanine hydroxylase,PAH)的基因DNA探针杂交,结果显示11kb、9.7kb、7kb三种不同的条带。通过对家系成员的RFLP分析表明,9.7kb等位片段与PKU连锁(图6.17)。序列分析表明,9.7kb片段的产生是由于其中的一个$Sph$ I 位点因突变而消失,说明9.7kb的等位片段携带致病基因(图6.18)。

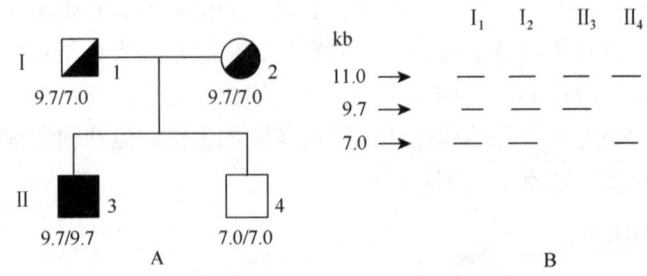

图6.17 $Sph$ I 对苯丙酮尿症家系的RFLP分析

A. 系谱;B. RFLP分析

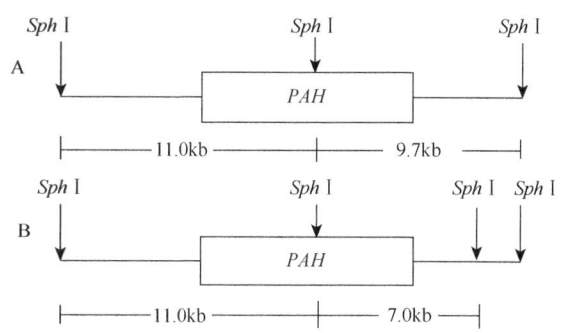

图 6.18 限制酶 Sph I 在人 PAH 基因上的酶切位点

**(2) 随机扩增多态性 DNA 标记**

为了克服 RFLP 技术上的缺点，1990 年，威廉姆斯（John G. K. Williams）等建立了随机扩增多态 DNA（random amplified polymorphism DNA，RAPD）技术，用一组（20~40 个）随机短引物（8~10bp）进行 DNA 的 PCR 扩增，然后用凝胶电泳分离扩增片段来进行 DNA 多态性研究。DNA 模板不同，用随机引物扩增的片段长度不同，这种随机扩增的多态片段也可用作遗传标记。

所扩增的 DNA 区段是事先未知的，具有随机性和任意性，在基因组全序列上扫描可获得基因组多态性的丰富信息，因此随机引物 PCR 标记技术可用于对任何未知基因组的研究。但是，RAPD 技术受许多因素影响，包括模板浓度、$Mg^{2+}$ 浓度等，因此实验的稳定性和重复性差。另外，RAPD 分析不能识别杂合子位点，在基因定位、作连锁遗传图时，会因显性遮盖作用而使计算的位点间遗传距离的准确性下降。

**(3) 扩增片段长度多态性标记**

扩增片段长度多态性（amplified fragment length polymorphism，AFLP）或限制片段选择扩增技术（selective restriction fragment amplification，SRFA）是荷兰 KeyGene 公司的泽佰拉（Marc Zabeau）和伍斯（Pieter Vos）等在 1993 年发明的，并已申请专利。它将基因组 DNA 用成对的限制性内切酶双酶切，产生的片段用接头（与酶切位点互补）连接起来，并通过 5′端与接头互补的半特异性引物扩增，得到大量 DNA 片段，从而形成指纹图谱的分子标记。

AFLP 指纹兼具 RAPD 与 RFLP 的优点，有较高的稳定性，用少量的选择性引物能在较短时间内检测到大量位点，并且每对引物所检测到的多个位点都或多或少地随机分布在多条染色体上。不过也有研究者认为，AFLP 对基因组的纯度和反应条件要求较高，用于遗传作图时，少数标记与图谱的紧密度有出入。

**(4) 简单序列长度多态性**

简单序列长度多态性（simple sequence length polymorphism，SSLP）是一系列不同长度的重复序列，重复单位相对较小，由重复单位的序列差异和数目变化可形成丰富的多态性。与 RFLP 不同，每个 SSLP 可能有很多不同的长度变异体，所以它可以是多等位形式的。SSLP 有以下两种类型。

1) 小卫星（minisatellite）：也称为可变数目的串联重复（variable number of tandem repeat，VNTR），重复单位长度在 15~65 个核苷酸。VNTR 大多位于非编码区，主要存在于染色体靠近端粒处，由于其拷贝数变化，在不同个体间存在串联数目的差异，若在重复序列两侧有限制性内切酶切点，则切下来的片段会呈现出多态性。其可用于 DNA 指纹（DNA finger）检测。

2) 微卫星（microsatellite DNA，MS）或简单串联重复序列：它的重复单位长度在 2～6 个核苷酸，通常为 2、3 或 4 核苷酸单位。由于基因组中某一特定的微卫星的侧翼序列通常都是保守性较强的单一序列，因此可以将微卫星侧翼的 DNA 片段克隆、测序，然后根据微卫星的侧翼序列就可以人工合成引物进行 PCR 扩增，从而将单个微卫星位点扩增出来。

微卫星比小卫星更常用作 DNA 标记。第一，小卫星在基因组中并不是均匀分布的，只是更常见于染色体末端。用地理学术语来讲，相当于试图用灯塔图来找出一个岛中央的路一样。而微卫星在基因组中的分布更便于用来定位。第二，用于长度多态性分型的最快方法是通过 PCR，而 PCR 分型对于 300bp 以下的序列更快，也更精确。但由于大多数小卫星等位基因的重复单位相对较长，而且在一个序列中常有许多重复，因此长度大于 300bp。

微卫星广泛随机地分布于真核生物基因组中，约占人基因组的 10%，在 DNA 序列中平均每 6kb 就可能出现一个，呈串联重复排列而成。根据重复单元的构成与分布，微卫星 DNA 序列被分为 3 种类型：单一型（pure）、复合型（compound）和间断型（interrupted）。举例如下。

单一型：ATATATATATATATATATATAT
复合型：ATATATCACACACACACACAC
间断型：ATATATCA ATATATCA ATATATA

人类基因组中以$(CA/GT)_n$［简称$(CA)_n$］重复序列最多，总共有 $5×10^4$～$5×10^5$ 个，即平均每 6～60kb DNA 就存在一个$(CA)_n$，重复次数有 15～16 次；相应地，大鼠平均为 18kb，小鼠平均为 16kb，绵羊平均为 65kb。与其他 DNA 多态标记一样，微卫星 DNA 呈孟德尔共显性方式遗传。

一般情况下，微卫星 DNA 重复序列的长度呈现高度的多态性（polymorphism）。因此，微卫星 DNA 重复序列通常可以用作法医鉴定分析的标志，同时也可以用于研究一组人群中有关个体的相互关系。由于每个基因位点上的微卫星 DNA 的长度总体上比相应的小卫星长度短得多，因此，微卫星比小卫星更适合进行 PCR 分析。由于长度相对较短，因此有利于在高度降解的 DNA 制品中保持完整长度，可用于进行法医学分析。现在发现，包括三核苷酸重复序列在内的许多小卫星 DNA 的稳定性和人类遗传性疾病有关。

微卫星标记具有数量大、分布广且均匀、多态信息含量高、检测快速方便等特点，目前被广泛应用于动植物基因定位、连锁分析、血缘关系鉴定、遗传多样性评估、系统发生树构建、标记辅助选择等方面。

（5）序列标签位点标记

序列标签位点（sequence tagged site，STS）：染色体上位置已定的、核苷酸序列已知的、且在基因组中只有一份拷贝的 DNA 短片段，一般长 200～500bp。STS 标记是根据单拷贝的 DNA 片段两端的序列设计一对特异引物，经 PCR 扩增基因组 DNA 而产生的一段长度为几百 bp 的特异序列。

（6）表达序列标签

1991 年，美国国立卫生研究院（National Institutes of Health，NIH）的生物学家温特（Craig Venter）发明了表达序列标签（expressed sequence tag，EST）技术。一个 EST 对应于某一种 mRNA 的 cDNA 克隆的一段序列，长度一般为 150～500bp，只含有基因编码区域，代表着生物体某种组织在某一时间表达的基因，所以被称为"表达序列标签"。EST 的数目则代表了该基因的表达拷贝数，通过对 cDNA 克隆的测序分析可以了解基因的表达丰度。

**(7) 酶切扩增多态性序列标记**

酶切扩增多态性序列（cleaved amplified polymorphic sequence，CAPS）标记是特异引物 PCR 与限制性酶切相结合而产生的一种 DNA 标记，当特征序列扩增区域（sequence characterized amplified region，SCAR）或 STS 的特异扩增产物的电泳谱带不表现多态性时，一种补救办法就是用限制性内切酶对扩增产物进行酶切，然后再通过琼脂糖或聚丙烯酰胺凝胶电泳检测其多态性，这种多态性称为 CAPS 标记。它揭示的是特异 PCR 产物 DNA 序列内限制性酶切位点变异的信息，也表现为限制性片段长度的多态性。

**(8) 单核苷酸多态性标记**

单核苷酸多态性（single nucleotide polymorphism，SNP）是同一个物种不同个体基因组 DNA 的等位序列上单个核苷酸存在差异的现象。这种差异包括单个碱基的缺失或插入，更常见的是单个核苷酸的替换，而且常发生在嘌呤碱基（A 与 G）和嘧啶碱基（C 与 T）之间。基因组中存在单个的点突变（point mutation），而且数量极大，有些也可以产生 RFLP，但许多并不能，这是因为它们所处的序列不能被限制性内切酶所识别。SNP 比较的不是 DNA 的片段长度，而是相同序列长度里单个碱基的差别。

因此，SNP 是二等位多态性，其中最少的一种在群体中的频率不少于 1%。如果出现频率低于 1%，则视作点突变。SNP 在人类基因组中广泛存在，平均每 500～1000bp 中就有 1 个，估计其总数可达 300 万个甚至更多。它是人类可遗传的变异中最常见的一种，占所有已知多态性的 90%以上。在基因组 DNA 中，SNP 既有可能在基因序列内，也有可能在基因以外的非编码序列中。总的来说，位于编码区内的 SNP（coding SNP，cSNP）比较少，因为在外显子内，其变异率仅及周围序列的 1/5。但它在遗传性疾病研究中却具有重要意义，因此 cSNP 的研究更受关注。

检测 SNP 的最佳方法是 DNA 芯片技术，最新报道的微芯片电泳（microchip electrophoresis），可以高速度地检测临床样品的 SNP，它比毛细管电泳和平板电泳的速度可分别提高 10 倍和 50 倍。

**(9) 线粒体 DNA 标记**

线粒体 DNA（mitochondrial DNA，mtDNA）在种间、种内群体间和群体内具有广泛的多态性，在分子进化和系统发育中有许多独特的优越性。正常状况下，线粒体只会来源于母亲，这种母系遗传的特性使研究者能够通过分析线粒体 DNA，追溯母系族谱。例如，人类的线粒体 DNA 中累积了一些高度变异控制区（hypervariable control region，HVR）（包括 HVR1 与 HVR2），在 HVR1 中含有大约 440bp，这些碱基对可用来与其他个体（特定人士或数据库中的信息）的控制区域作比对，进而测定出母系族谱，因此提出了线粒体夏娃概念，用于研究人类起源。另外，mtDNA 容易发生突变，可用于种系发生学的研究，对不同物种的基因进行比对，分析其序列的保留与变异程度，建立演化树。

## 二、基因定位

每个基因在染色体上都有相应的位置，称为基因座位。基因在染色体上的定位研究不仅可以揭示基因的结构和功能，也可以了解基因与基因之间的相互关系。

### （一）染色体定位

通过杂交或遗传分析，将基因定位到某条染色体上。

### 1. 系谱分析法

在早期的人类遗传学研究中,基因所属染色体的测定一般都通过系谱分析(pedigree analysis)进行。从先证者(proband)(某个家族中第一个被医生或遗传研究者发现的罹患某种遗传病的患者或具有某种性状的成员)入手,追溯调查患者家族所有成员(直系亲属和旁系亲属)的数目、亲属关系及某种遗传病(或性状)的分布等资料,并依据细胞遗传学或分子遗传学(molecular genetics)技术的检查结果,按照国际上通用的格式和符号,绘制成系谱图(pedigree)(图 6.19),以确定这种遗传病在某个家族中的分布状况,并且与一般人群的发病情况进行比较,判断所发现的某一特定性状或疾病在这个家族中是否有遗传因素的作用及其可能的遗传方式。例如,女性有两条 X 染色体,男性有一条 X 染色体和一条 Y 染色体,Y 染色体上不存在和 X 染色体相应的等位基因,因此男性患者的 X 连锁致病基因必然来自母亲,以后又必定传给女儿。如果在一个家系中外祖父是某种疾病的患者,母亲的表型是正常的,外孙中有半数是患者,就可以判断有关的隐性致病基因是在 X 染色体上。

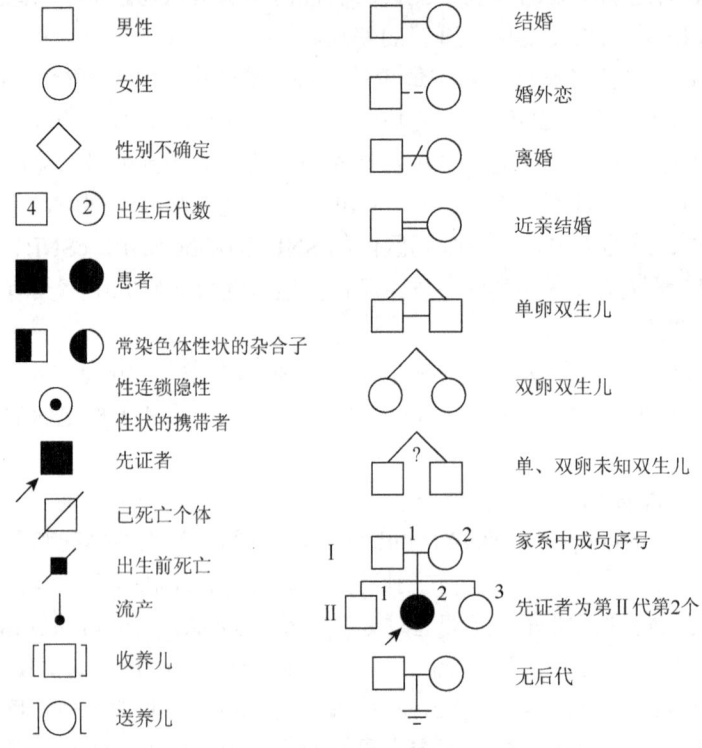

图 6.19 系谱图中的通用符号

### 2. 体细胞杂交法

细胞杂交又称细胞融合(cell fusion)。体细胞杂交(somatic cell hybridization)是将来源不同的两种细胞融合成一个新细胞,即杂种细胞(hybrid cell)。体细胞融合后可形成四倍体或多倍体细胞,但是 1967 年韦斯(Mary Weise)和格林(Howard Green)发现在人和鼠的融合细胞中,人类染色体逐渐丢失,最后只剩一条或几条,这种仅保留少数甚至一条人类染色体的杂种细胞,正是进行基因连锁分析和基因定位的有用材料。

细胞进行融合时,培养液中只有部分细胞融合成杂种细胞,还有大量未融合的双亲细胞,为此要创造条件分离纯化杂种细胞。通常是利用杂种细胞和亲本细胞对生长条件的要求和代谢的差异来进行选择，其中最常用的是 HAT 选择系统。在该系统中，人的突变细胞株缺乏次黄嘌呤鸟嘌呤磷酸核糖基转移酶（hypoxanthine-guanine phosphoribosyl transferase，HGPRT），小鼠细胞株缺乏胸苷激酶（thymidine kinase，TK），两者融合后培养于 HAT 培养基中：H 为次黄嘌呤（hypoxanthine），是 HGPRT 的底物，为 DNA 合成提供原料（核苷酸旁路合成原料）；A（aminopterin，氨基蝶呤）可阻断正常的 DNA 合成（嘌呤及 TMP 合成受抑制）；T（thymidine，胸苷）在胸苷激酶的作用下生成胸腺嘧啶核苷酸，为 DNA 合成提供原料。在这种选择培养基中，人的细胞由于缺乏 HGPRT，无法利用次黄嘌呤通过旁路合成 DNA，又由于 A 的存在，正常的 DNA 合成通路受阻，从而导致细胞不能繁殖而死亡；鼠细胞虽然有 HGPRT，可以利用次黄嘌呤合成腺嘌呤、鸟嘌呤，但无 TK，无法合成胸腺嘧啶。另外，A 的存在使正常的 DNA 合成通道受阻，因此鼠细胞也不能繁殖。然而在杂种细胞中，既有 HGPRT 旁路合成腺嘌呤、鸟嘌呤，又可以利用 TK 合成胸腺嘧啶。嘌呤和嘧啶都可以正常合成，因此杂种细胞能存活并分裂繁殖。

将筛选出来的杂种细胞转移到正常培养基继续培养，根据人和鼠各自不同的生化和免疫学特性发现，凡是含有人 17 号染色体的杂种细胞都因有 TK 活性而存活，反之则死亡，从而推断 *TK* 基因定位于 17 号染色体上，这是首例应用体细胞杂交法进行的基因定位。

3. 同线法

如果一个细胞得到或丢失一条染色体，则将同时得到或失去这条染色体上的全部基因；如果其中某些基因是已知的，而另一连锁关系未知的基因恰恰和上述基因同时得到或失去，便可以判定后一基因和前一基因属于同一连锁群。因此，某基因与某条染色体的存在关系及某基因与已知基因的连锁关系可用于基因定位研究。这一原理曾广泛应用于人的基因定位，为了将某个基因定位在某一条染色体上，必须建立包括人体 24 条染色体在内的一整套杂种细胞，其中每个杂种细胞都包括有一组人体染色体。这样的一套杂种细胞称为克隆分布板（clone panel）。例如，有 5 个人-鼠融合细胞株 A、B、C、D、E，它们分别保留了人的不同染色体（表 6.3），只要细胞中有 2 号染色体，就表现甲、丙性状，说明控制甲、丙性状的基因连锁并且位于 2 号染色体；只要细胞中有 1 号染色体就表现乙性状，说明控制乙性状的基因位于 1 号染色体上。

表 6.3 同线法基因定位原理

| 细胞株 | 测定性状 | | | | 保留的染色体 | | |
|---|---|---|---|---|---|---|---|
| | 甲 | 乙 | 丙 | 丁 | 1 | 2 | 3 |
| A | + | − | + | + | − | + | − |
| B | − | + | − | + | + | − | + |
| C | − | − | − | + | − | − | − |
| D | + | + | + | + | + | + | + |
| E | − | − | − | − | − | − | + |

4. 染色体易位测定法

易位使染色体上基因的连锁关系发生变化，易位染色体的形态和功能都会发生相应变化，因此可以用来进行基因定位。例如，遗传学分析的结果说明小鼠品系 T1380 的相互易位涉及连锁群 LGⅡ和 LGⅨ；品系 RB 163H 的相互易位涉及连锁群 LGⅡ和 LGⅫ。细胞学观察说明前者涉及 9 号和 17 号染色体，后者涉及 9 号和 19 号染色体，据此判断连锁群 LGⅡ

属于 9 号染色体，连锁群 LGIX 属于 17 号染色体，连锁群 LGXII 属于 19 号染色体。

### 5. 非整倍体测交法

由于非整倍体的联会、分离情况特殊，非整倍体与隐性纯合体的测交后代分离比不是 1∶1，而是呈现一种特殊的比例关系，因此可以用于突变基因的定位。

例如，让常染色体隐性突变纯合体和某一染色体的野生型单体品系杂交，如果这个隐性基因就在这条（单体的）染色体上，则在这组杂交的下一代中将出现半数的突变型个体而不是全部的野生类型；如果这种突变纯合体和某一染色体的野生型三体品系杂交，选 $F_1$ 中的三体个体再和隐性亲本回交，若子代中野生型和突变型之比是 5∶1 而不是 1∶1 时，即可判定这一突变基因位于该三体中多出的那条染色体上（详见第五章）。

### 6. 基因剂量效应法

某些基因的拷贝数增加，其产物的剂量也随之增加，基因的这种剂量效应（dosage effect）也可用于基因定位。例如，人类 21 三体的过氧化物歧化酶（superoxide dismutase）的活性为正常个体的 1.5 倍，表明控制该酶合成的过氧化物歧化酶 I 基因在 21 号染色体上；当人的 2 号染色体短臂缺失时，红细胞酸性磷酸酶-1（erythrocyte acid phosphatase-1）的酶活性下降一半，因此，此酶基因定位在 2 号染色体上。

### 7. 原位杂交和荧光原位杂交法

重组 DNA 技术的建立与分子杂交相结合，从分子水平研究基因定位，发展了一系列有效方法。例如，原位杂交（*in situ* hybridization）和荧光原位杂交（florescence *in situ* hybridization，FISH）等。

（1）原位杂交

实际上就是分子杂交技术在基因定位中的应用，它是一种直接进行基因定位的方法。分子杂交的基本原理是碱基的互补配对，同源的 DNA-DNA 或 DNA-RNA 链在一定条件下能结合成双链，用放射性或非放射性物质标记的 DNA 或 RNA 分子作为探针，可探测到细胞基因组中的同源部分。1970~1978 年，首次将分子杂交法应用于基因定位，即用 α 及 β 珠蛋白基因的 cDNA 为探针，与各种不同的人-鼠杂种细胞进行杂交，再对 DNA 杂交情况进行分析，找出 cDNA 探针与人染色体 DNA 顺序间的同源互补关系，从而将人 α 及 β 珠蛋白基因分别定位于 16 号和 11 号染色体上。

原位杂交的特点是，杂交在显微镜载玻片中期染色体标本上进行。所谓原位即指标本上 DNA 原位变性，在利用放射性或非放射性标记的已知核酸探针杂交后，通过放射自显影或非放射性检测体系来检测染色体上特异 DNA 或 RNA 序列，可用放射性颗粒在某条染色体区带出现的最高频率或荧光的强弱来确定探针的位置，从而进行准确的基因定位（图 6.20）。但原位杂交必须在已知探针的情况下方可进行，如果对致病基因的分子信息一无所知，则无法进行基因定位。

放射性同位素标记核酸探针与染色体显带技术相结合，进行原位杂交仍有不少缺点和局限性。例如，需要使用放射性同位素的特殊实验室，自显影曝光时间长，同位素标记的探针不易保存，放射污染有害健康，特别是高质量的中期染色体标本在细胞培养基础上难以得到，观察费时，对间期核的研究难以进行等。此外，放射性标记很难同时满足灵敏度和分辨率这两个原位杂交成功的必要条件。灵敏度要求放射性标记具有高辐射能（如 $^{32}P$ 标记）。当标记物能量过高时，会因为信号散射导致分辨率过低。如果使用低辐射能的放射性标记物（如 $^{3}H$），可得到较高的分辨率，但由于灵敏度低而需要长时间曝光，并由此导致背景过深，难以分辨出真正的信号。

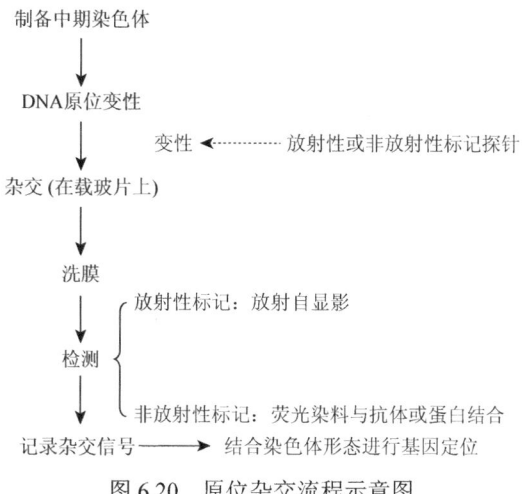

图 6.20　原位杂交流程示意图

（2）荧光原位杂交

荧光原位杂交是一种非放射性原位杂交方法。用特殊荧光素标记核酸（DNA）探针，可在染色体、细胞和组织切片标本上进行 DNA 杂交，对检测细胞内 DNA 或 RNA 的特定序列存在与否最为有效。探针不是放射性的而是将荧光染料与抗体蛋白结合进行检测。它们具有高度亲和力，有与放射性探针相同或更高的分辨率。现在可用不同的荧光染料同时进行多重原位杂交，显示出不同的荧光色泽。这种多色 FISH（图 6.21）技术近年来发展迅速，已成为基因定位作图和医学诊断的重要手段。1992 年，运用这种策略已能在中期染色体和间期细胞同时检测 7 个探针。科学家的目标是实现用 24 种不同颜色来观察 22 条常染色体和 X、Y 染色体。荧光原位杂交法已使杂交的分辨率提高到了 100~200kb 的水平。

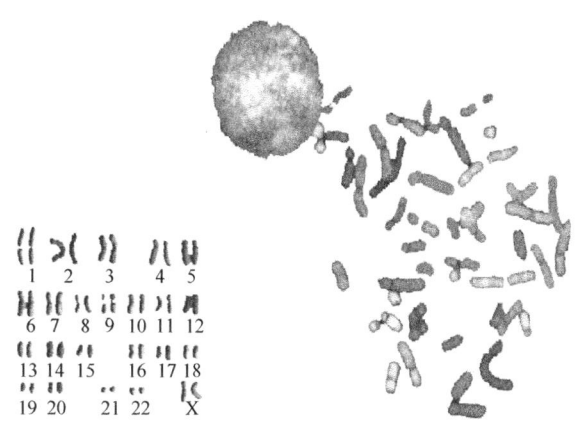

扫一扫　看彩图

图 6.21　人类核型的多色 FISH

8. 四分子分析法

子囊菌的四分子共有亲代二型（PD）、非亲代二型（NPD）和四型（T）三种类型。如果有关的两个基因是连锁的，则 PD 是不交换或二线双交换的结果，NPD 是四线双交换的结果，T 是单交换或三线双交换的结果（详见第三章）。如果有关的两个基因是不连锁的，那么双基因杂交子代中所出现的四分子类型要看这两个基因各自和着丝粒之间是否发生交换而定（表 6.4）。

根据表 6.4 所列关系，只需计算各种类型的四分子数，就可以判断两个基因是否连锁，即在双基因杂交子代的四分子类型中，如果 PD 数大大地超出 NPD 数并且 T 多、NPD 少，那么这两个基因是连锁的；如果 PD 数和 NPD 数接近而且 T 少、NPD 多，那么两基因不连锁，一般把 NPD/T 值大于或小于 1/4 作为判断的标准。如果知道其中一个基因所属的连锁群，便能容易地测定另一基因是否属于同一连锁群。

表 6.4　双基因杂交子代的四分子类型及比例

| 假定基因连锁 | | 假定基因不连锁 | |
| --- | --- | --- | --- |
| 两个基因间 | 四分子 | 基因和着丝粒间 | 四分子 |
| 不交换 | PD | 都不交换 | 1PD : 1NPD |
| 单交换 | T | 其中一个交换 | T |
| 双交换 | 1PD : 2T : 1NPD | 两个都交换 | 1PD : 2T : 1NPD |

## （二）基因在染色体上的定位

基因定位的目标是不仅要将基因定位到相应染色体上，还需要确定同一条染色体上各基因的顺序和位置关系。

1. 连锁分析与定位

基因定位的连锁分析是根据基因在染色体上呈直线排列、不同基因相互连锁成连锁群的原理，即应用被定位的基因与同一染色体上另一基因或遗传标记相连锁的特点进行定位。生殖细胞在减数分裂时发生交换，一对同源染色体上存在着两个相邻的基因座位，若距离较远，则发生交换的机会较多，导致基因重组；若两者距离较近，则重组机会较少。因此，根据基因或者遗传标记之间的交换值，可以确定它们在染色体上的位置和相对距离，用 1% 的交换值或厘摩（centimorgan，cM）（人的 1cM 大约相当于 1000kb）作为图距单位（详见第三章）。

随着重组 DNA 和分子克隆技术的出现，发现了许多遗传标记。利用某个拟定位的基因是否与某个遗传标记存在连锁关系，以及连锁的紧密程度就能将该基因定位到染色体的一定部位，使经典连锁方法获得新的广阔用途，成为人类等生物基因定位的重要手段。

2. 缺失定位法

基因突变和缺失是两种本质不同的遗传变异：①基因突变是单个位点的突变，缺失突变是多个位点的突变；②基因突变可以发生回复变异，缺失突变是不可逆的；③基因突变与其他位点之间可以发生重组，缺失突变同另一个基因组内缺失区的点突变之间不可能重组。因此，根据缺失的这些遗传特点，可以利用染色体的缺失进行基因定位。

假设一个细胞中的两条同源染色体上，一条染色体有一个突变基因，另一条染色体有一小段已知范围的缺失。如果这个突变基因的位置在缺失范围内，便不可能通过重组得到野生型重组体；如果突变基因不在缺失范围内，那么就可以得到野生型重组体。利用一系列已知缺失位置和范围的缺失突变型，便能测定突变型基因的位置。Benzer 利用这一原理，将数千个独立的 rⅡ突变点定位在 rⅡ遗传图上更小的区段内，这种方法称为缺失作图（deletion mapping）。Benzer 利用一组重叠缺失（overlapping deletions）系（图 6.22），确定了 $T_4$ 噬菌体的基因精细图：①将未知位点的突变与带有大缺失的 7 个品系(r1272、r1241、rJ3、rPT1、rPB242、rA105、r638) 分别杂交，从中找出最小不重组和最大可重组的缺失突变；②从最小不重组区（如 PB242）中减去与之重叠的最大重组区（A105），初步确定突变点的位置在 A5 区内；③将点突变分别与 A5 区内几个带有较小缺失片段的缺失突变体杂交，最终将突变点定位在 A5 区内的 c2 区（图 6.22）。

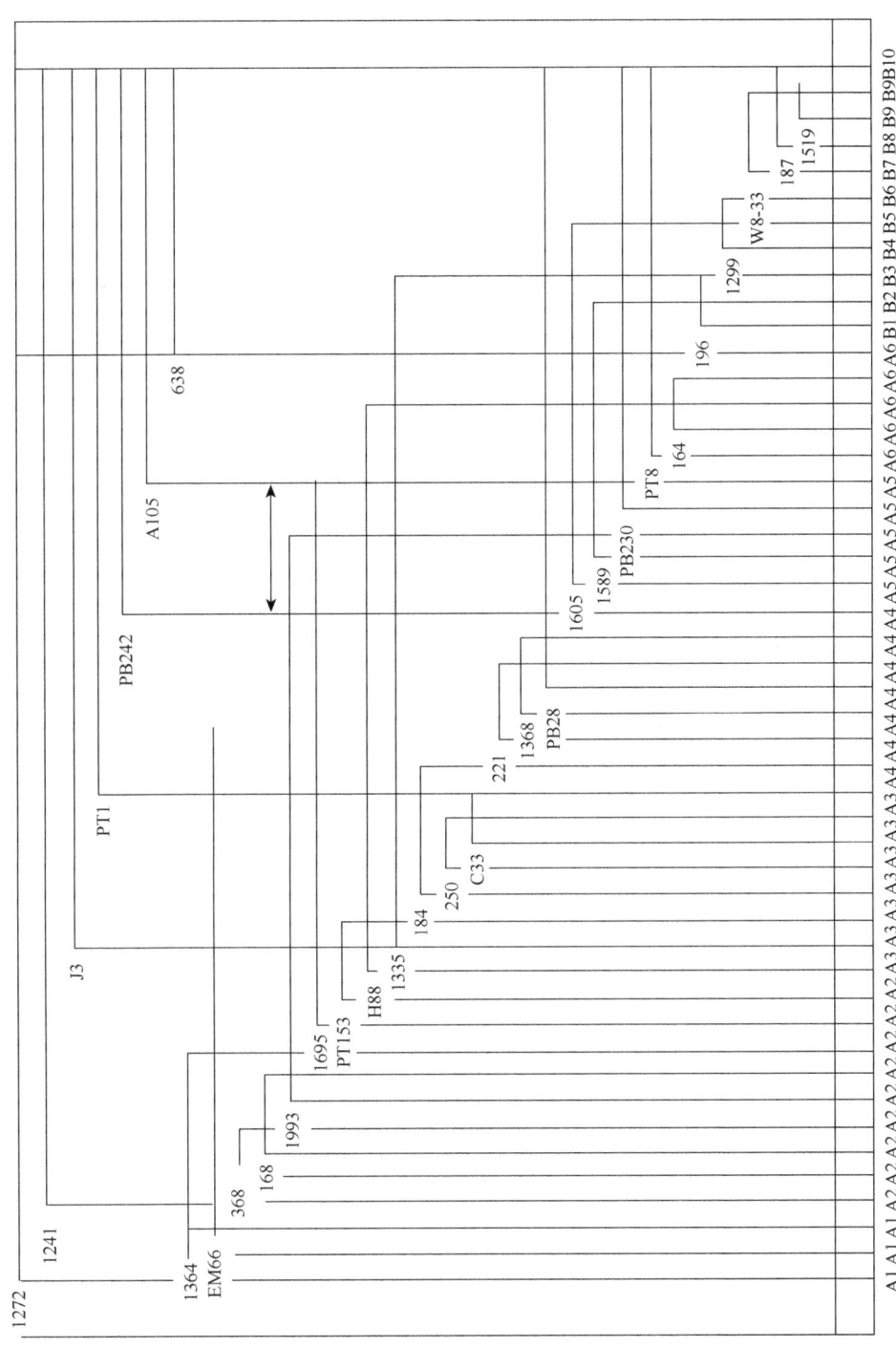

图 6.22　$T_4$ 噬菌体 rⅡ 缺失突变型的缺失部位

### 3. 放射杂交法

放射杂交（radiation hybrid，RH）制图技术是戈斯（Stephen J. Goss）和哈瑞斯（Henry Harris）在 1975 年创立的一种体细胞杂交技术。该技术适用于构建人类基因组大范围内的高分辨率连续物理图谱。其主要原理是，用大剂量的 X 射线照射细胞，使染色体断裂，然后与啮齿动物（如仓鼠）细胞形成杂交克隆。在这种杂种细胞中，人类染色体片段被插入仓鼠染色体，在染色体上间隔越远的两个标记，越容易被 X 射线打断从而分离，出现在受体细胞的基因组 DNA 的不同位点。利用类似于遗传重组原理和最大似然性的统计学方法来计算存在于 DNA 片段上的多态性或非多态性标记之间的断点频率，以此估计标记之间的距离，并建立人类基因组拷贝库——体细胞杂交系统。可根据不同要求构建出断裂程度不同的多套拷贝，从而得到不同分辨率的放射杂交图。

### 4. 基因定位克隆

1986 年，剑桥大学的库尔森（Alan Coulson）提出的基因定位克隆（positional cloning）或图位克隆（map-based cloning）技术，既是一种基因克隆的方法，也是一种基因定位方法。先将目的基因，亦即目的基因的突变定位到染色体上，并且在目的基因的两侧确定一对紧密连锁的分子标记（如 RFLP 或 RAPD）；然后以两侧的分子标记作探针，通过染色体步移（chromosome walking）技术将位于这两个分子标记之间的、含目的基因的特定片段克隆并分离出来；最后，根据其与突变体发生遗传互补的能力，从此克隆中鉴定出目的基因。

用基因定位克隆方法分离基因无需预先知道基因的 DNA 顺序，也无需预先知道其表达产物的有关信息，但是需要有一个根据目的基因的有无而建立起来的遗传分离群体，同时要有可用的与目的基因紧密连锁的 DNA 探针。

### 5. 比较基因作图或比较物理图谱

比较基因作图（comparative gene mapping）或比较物理图谱（comparative physical map）的分子基础在于相近物种间基因组的同线性（synteny）或共线性（collinearity），一旦某一性状被定位于动物染色体的某一特定区域，这些信息（附近的 EST 和候选基因等）也可以移植到人的相应区域；同时，对一些不能在人体进行的致死性状的研究可以在动物染色体上定位后，再映射到人类染色体的相应位点。

### 6. 标记获救法

这是一种结合物理图谱确定基因在某一已知物理图谱位置片段上的基因定位方法。把已知物理图谱的 DNA 用一定的限制性内切酶切割成许多片段，这些片段的位置都是已知的，让这些片段与待测基因分子杂交，然后去感染寄主细胞，根据寄主细胞的变化情况进行定位。该技术适用于病毒等基因组较小生物的基因定位。以大肠杆菌噬菌体 ΦX174 的 *amg* 突变基因的定位为例，标记获救法包括以下几个主要步骤：①野生型噬菌体的双链复制型 DNA 分子用限制性内切酶 HindⅡ 切成 13 个片段；②每种片段分别和突变型 *amg* 的 DNA 单链在使 DNA 分子变性、复性的条件下混合保温；③各种复性产物分别转化受体细菌；④转化子检测。如果在某一样品处理后的受体细菌中出现了大量的野生型噬菌体，说明这一样品中的 HindⅡ 片段包含着 *amg* 相应的野生型基因，由于 13 个 HindⅡ 片段的位置在物理图谱中全部都是已知的，因此便可以推知 *amg* 基因在染色体上的相应位置。用这一方法在 ΦX174 的环状染色体图上已经测定了至少 19 个基因的位置。

### 7. 分子杂交法

分子杂交和体细胞遗传学相结合的方法也可以用来测定人的基因的绝对位置。用体细胞遗传学方法，可以得到只含有某一条人类染色体的人-仓鼠杂种细胞的克隆。然后可以进一步取得这一人类染色体发生各种缺失的克隆。把从这一系列缺失克隆中提取出来的 DNA 吸附在硝酸纤维素滤膜上，再把人的基因文库中各个基因的 DNA 片段用 $^{32}$P 标记制成探针，然后用探针分别与膜上吸附的 DNA 进行分子杂交测验，能杂交者表示它的缺失部分不包括这一基因。再结合染色体显带技术便可以测定这一基因在染色体上的绝对位置。缺失克隆的数目愈多，测定的位置就愈精确。

8. 连锁不平衡分析定位

相互连锁的性状同时出现的概率高，这种遗传现象称为等位基因的连锁不平衡（linkage disequilibrium），也称等位基因关联（allele association）。与连锁分析一样，连锁不平衡同样是以物理距离与重组频率为依据，在一个群体中每一个性状出现的频率是恒定的，当两个性状同时出现的频率远远大于它们单独出现的频率时，表明相关基因是连锁关系。假如 A 性状在群体中的频率为 10%，B 性状在群体中的频率为 20%，若两个基因是自由组合关系，则两个性状同时出现的概率是各自的乘积：$10\% \times 20\% = 2\%$；若两个基因是连锁关系，则两个性状同时出现的概率远远大于 2%，同时出现的概率越高，两基因之间相距越近。

9. 外祖父法

通过外祖父的表型确定母亲双重杂合体的连锁相，根据儿子的各种表型计算两个连锁基因的重组率，由于母亲的基因型可以通过外祖父的表型来判断，所以称为外祖父法（grandfather method）。例如，人类的色盲基因（$g$）和蚕豆病基因（$a$）均位于 X 染色体上，如果 X 染色体在这两个基因之间没有发生交换，则不论母亲是顺式还是反式杂合体，儿子的 X 染色体都只有两种类型（图 6.23）。

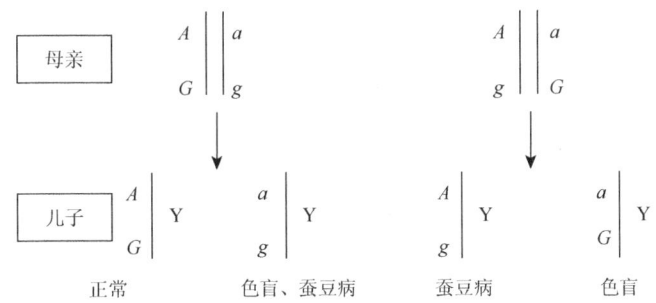

图 6.23　如果 X 染色体在 $g$-$a$ 基因之间没有发生交换，儿子的 X 染色体只有两种类型

如果在 $g$ 和 $a$ 基因之间发生了交换，从外祖父的表型可以确定母亲的基因型，由于这两种遗传病都是 X 连锁遗传，在 Y 染色体上没有相应的等位基因，所以，从儿子的表型可以区别亲组合类型和重组合类型（图 6.24），并且计算 $g$-$a$ 重组值，从而对 $g$ 基因和 $a$ 基因进行定位。

10. 基因转变的梯度定位法

真菌中发现的基因转变现象（详见第三章）表明，一个基因内部的各个点突变的基因转变频率常从基因的一端向另一端逐步递减，在两端之间存在着一个转变频率的梯度。对于任何一个未知位置的点突变，可以通过测定基因转变的频率进行精细定位。不过，这种定位方法仅适用于一次减数分裂的产物包被在一个囊里面的子囊菌。

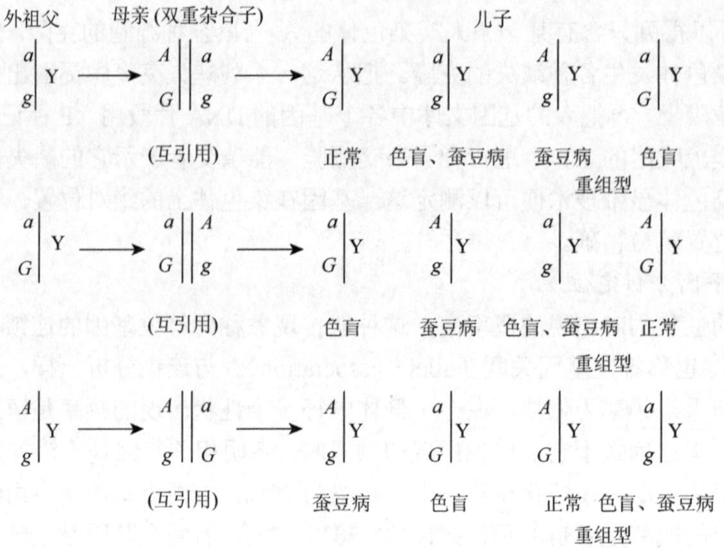

图 6.24　从外祖父的表型确定母亲的基因型，从儿子的表型区别亲组合类型和重组合类型

### 11. 转录定位法

转录定位法是根据基因在转录过程中的行为和表达次序来定位基因的方法。许多 RNA 病毒的整个基因组往往作为一个转录单位，随着转录的进行，基因编码的蛋白质也依序按比例在寄主细胞中出现，因此可以根据编码产物下降次序进行基因定位，并且还能根据表达产物比例的变化确定突变位点。例如，紫外线在 RNA 分子的某一部位造成损伤后，损伤的部位和它后面的基因转录都将受到影响，损伤部位以前的基因转录则不受影响。因为转录沿负链 RNA 的 3′端向 5′端进行，所以愈是接近 3′端的基因，由其转录和编码的蛋白质在寄主细胞中的合成受到紫外线损伤的影响愈小，而愈是接近 5′端的基因，其相应蛋白质的合成愈容易为紫外线照射所抑制。因此，只要先用相同剂量的紫外线照射待测病毒，然后再测出寄主细胞中该病毒编码的各种蛋白质的产量，便可以推知该病毒各个基因的位置。

基因定位既是遗传学研究的基本方法，又随着遗传学研究的不断深入而出现新的方法。长期以来，基因定位工作离不开杂交试验，也离不开突变基因，但自从开展了分子遗传学的研究以后，便出现了不必通过杂交也不依赖于突变基因的基因定位方法，如分子杂交定位等方法。可以预见，随着研究工作的深入，必将出现更为精确的基因定位方法。

### 主要参考文献

白玉. 2007. DNA 分子标记技术及其应用. 安徽农业科学, 35（24）：7422-7424
程罗根. 2013. 人类遗传学导论. 北京：科学出版社
戴灼华, 王亚馥. 2008. 遗传学. 2 版. 北京：高等教育出版社
贺竹梅. 2011. 现代遗传学教程. 2 版. 北京：高等教育出版社
霍乃蕊, 韩克光. 2006. 细胞融合技术的发展及应用. 激光生物学报, 15（2）：209-213
刘祖洞, 乔守怡, 吴燕华, 等. 2013. 遗传学. 3 版. 北京：高等教育出版社
石春海. 2007. 现代遗传学概论. 杭州：浙江大学出版社
汤飞宇, 张天真. 2009. 重叠群物理图谱的构建及其应用. 基因组学与应用生物学, 28（1）：195-201
王虹. 2006. 弗雷德里克·桑格. 遗传, 28（9）：1055-1056

佚名. 2004. 基因组的结构与功能——病毒基因组的结构和功能. http://www.bioon.com/biology/molecular/53270.shtml[2017-6-22]

朱军. 2002. 遗传学. 北京：中国农业出版社

Crawford AM，Dodds KG，Ede AJ，et al. 1995. An autosomal genetic linkage map of the sheep genome. *Genetics*，140：703-724

## 思考题

1. 解释名词：

1）割裂基因

2）SD顺序

3）增强子

4）拟等位基因

5）顺反子

6）遗传标记，形态标记，细胞学标记，生化标记，分子遗传标记

7）限制性片段长度多态性（RFLP）

8）随机扩增多态DNA（RAPD）

9）扩增片段长度多态性（AFLP）

10）简单序列长度多态性（SSLP）

11）序列标签位点（STS）

12）表达序列标签（EST）

13）单核苷酸多态性（SNP）

14）基因定位克隆

15）连锁不平衡

16）外祖父法

2. *E. coli* 的8个突变株都不能在没有组氨酸的培养基上生长（$his^-$），两两进行重组测验，发现所有的顺式杂合体都能在基本培养基上生长。而反式杂合体中，有的能在基本培养基上生长（+），有的则不能（-），如下图所示，请确定这8个突变位点分属于几个不同的顺反子？

反式杂合体在基本培养基上的生长情况：

```
突变体    1  2  3  4  5  6  7  8
      8  0  0  0  0  0  0  +  0
      7  +  +  +  +  +  +  0
      6  0  0  0  0  0  0
      5  0  0  0  0  0
      4  0  0  0  0
      3  0  0  0
      2  0  0
      1  0
```

3. 某一种植物的两个品系开白花，而其他品系全开红花，如何设计一个实验来验证不同品系之间花颜色的不同是同一基因的不同等位基因控制的，还是由两个或更多基因控制的？

4. 下面列出的独立基因控制 A、B、X、Y、P、Q、R 和 S 化合物的合成。按这些资料，指出这些物质合成的途径：

| 突变的基因 | 引起生长的物质 |
|---|---|
| $a$ | A 或 B |
| $b$ | B |
| $x$ | X 或 A 或 B |
| $y$ | Y、R 或 S |
| $p$ | P 或 Q 或 X 和 Y 或 R 和 S |
| $g$ | Q 或 X 和 Y 或 R 和 S |
| $r$ | R 或 S |
| $s$ | S |

5. 链孢霉许多不同的营养突变型能在添加精氨酸的基本培养基上生长，其中一些也能在添加其他物质的基本培养基上生长（+），如下表所示。

| 突变类型 | 生长反应 | | | | |
|---|---|---|---|---|---|
| | 基本培养基 | 谷氨半醛 | 鸟氨酸 | 瓜氨酸 | 精氨酸 |
| arg-8，arg-9 | − | + | + | + | + |
| arg-4，arg-5，arg-6，arg-7 | − | − | + | + | + |
| arg-2，arg-3，arg-12 | − | − | − | + | + |
| arg-1，arg-10 | − | − | − | − | + |

你认为精氨酸的代谢途径是怎样的？

6. 1~10 是 10 个表型相同的突变型，下表结果说明它们分属于几个顺反子？（+或−分别表示能或不能互补）

| | 1 | 2 | 3 | 4 | 5 | 6 | 7 | 8 | 9 | 10 |
|---|---|---|---|---|---|---|---|---|---|---|
| 1 | − | + | + | + | + | + | + | + | + | + |
| 2 | | − | + | − | + | − | + | + | + | + |
| 3 | | | − | + | − | + | + | − | − | + |
| 4 | | | | − | + | − | − | + | + | − |
| 5 | | | | | − | + | + | − | − | + |
| 6 | | | | | | − | − | + | + | − |
| 7 | | | | | | | − | + | + | − |
| 8 | | | | | | | | − | − | + |
| 9 | | | | | | | | | − | + |
| 10 | | | | | | | | | | − |

7. 下表是 Benzer 以 $T_4rⅡ$ 作顺反子测验时的实验设计。完成该表，并从中得出应有的结论。

| 基因型 | 在 $K_{12}(\lambda)$ 上的活性 (+ 或 −) | 在 E. coli B 上的噬菌斑类型 ($r^+$ 和 $r$) |
|---|---|---|
| （一）单独感染 | | |
| $rII^+$ | | |
| $rIIA$ | | |
| $rIIB$ | | |
| （二）顺式混合感染 | | |
| $rII^+ \times rIIA$ | | |
| $rII^+ \times rIIA'$ | | |
| $rII^+ \times rIIB$ | | |
| （三）反式混合感染 | | |
| $rIIA \times rIIB$ | | |
| $rIIA \times rIIA'$ | | |
| $rIIB \times rIIB'$ | | |

8. 由下列突变型营养需要，说明：①A……F 这 6 种物质在代谢途径中的位置，以及突变型 1……6 的遗传性代谢障碍的位置；②突变型 4 和 6 的关系。

| 突变型 | 物质 | | | | | |
|---|---|---|---|---|---|---|
| | A | B | C | D | E | F |
| 1 | − | − | − | + | − | + |
| 2 | − | + | − | + | − | + |
| 3 | − | − | − | − | − | + |
| 4 | − | + | + | + | − | + |
| 5 | + | + | + | + | − | + |
| 6 | − | + | + | + | − | + |

9. 某实验室分离到一系列的 E. coli 菌株，它们都是某一代谢途径上不同酶的缺陷型，若在培养基中加入生长因子 A、B、C 和 D，细菌会有生长（+）和不生长（−）两种反应，利用下表结果，试写出这条代谢途径的顺序，并写明每一突变菌株被阻断的代谢步骤。

| 菌株 | 加入的生长因子 | | | |
|---|---|---|---|---|
| | A | B | C | D |
| 1 | − | − | + | + |
| 2 | − | − | − | + |
| 3 | + | − | + | + |
| 4 | − | + | + | + |

10. 用简图描述真核基因的结构及其侧翼序列。
11. 基因的概念是如何发展的？
12. 举例说明基因对性状的间接控制作用。
13. "一个基因一种酶"假说有哪些合理性？有哪些不足？
14. 何谓遗传标记？遗传标记有哪些主要类型？
15. 举例说明差示筛选组织特异 cDNA 的方法。

16. 用于检出人类突变常用的系谱分析法主要检测哪些突变？为什么？

17. 现有 5 个 *E. coli* 菌株的缺失图谱（空白框表示缺失区段），用来测定由 5-溴脱氧尿苷（Budk）诱导的 7 个点突变菌株，结果如下（+表示发生了重组，−表示没有发生重组），指出点突变 1~7 的顺序。

| 缺失 | 1 | 2 | 3 | 4 | 5 | 6 | 7 |
|---|---|---|---|---|---|---|---|
| A | − | − | + | − | − | − | − |
| B | − | − | + | − | + | + | + |
| C | + | + | + | − | − | − | + |
| D | − | + | + | − | − | − | − |
| E | − | − | + | − | + | − | + |

缺失菌株　　Z基因
A
B
C
D
E

18. 何谓原位杂交？其有哪些主要步骤？

# 第七章 基因突变

遗传与变异是生物界广泛存在的两大生命现象。遗传保证了物种的相对稳定性，使生命在世代间延续。变异则使生物不断产生新的类型，为生物进化提供了最初的原材料。引起生物变异的因素很多，有的仅仅是由环境因素的影响造成的，并没有引起生物体内遗传物质的变化，因而不能够遗传下去，属于不遗传的变异。有的变异现象是由细胞内遗传物质的改变引起的，因而能够遗传给后代，属于可遗传的变异。可遗传的变异有三种来源，分别是基因突变、基因重组和染色体变异。基因重组是对原有基因的重新编排和组合，既没有产生新的基因，也没有遗传物质的增加或减少。

## 第一节 基因突变的类型

广义的突变是指染色体畸变和基因突变（图7.1），狭义的突变则仅指基因突变。

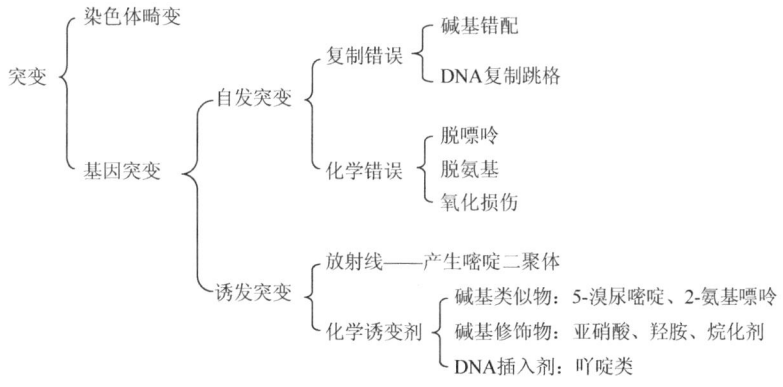

图 7.1 突变的主要类型

由于核苷酸的增加或缺失，或在 DNA 复制和修复过程中一种核苷酸和另一种核苷酸的替换，都可导致 DNA 序列的改变，任何一种引起单个基因功能改变的上述分子变化均称为基因突变（gene mutation），也称点突变（point mutation）。由于基因突变而表现突变性状的细胞或个体称为突变体（mutant）或突变型。

### 一、单点突变和多点突变

单点突变（single-point mutation, point mutation）即只有一个碱基对发生突变；多点突变

（multiple point mutation，multiple mutation）即两个或两个以上的碱基对发生改变。

单点突变通常称为点突变（point mutation）。点突变可以是碱基替代（base substitution）、碱基插入（base insertion）或碱基缺失（base deletion）。但值得注意的是，点突变这个术语在分子遗传等学科中常常是指碱基替代。碱基替代如果是发生在同类碱基之间，即一种嘌呤被另一种嘌呤替代，或一种嘧啶被另一种嘧啶替代，称为转换（transition）；若碱基的替代发生在异类碱基之间，即一种嘌呤被一种嘧啶替代，或反之，则称为颠换（transversion）。点突变的重要特点之一是它具有很高的回复突变率。

## 二、移码突变和动态突变

插入、缺失一个或两个碱基都能引起移码突变；扁平的碱基染料分子的嵌合也常引起移码突变（frame shift mutation）。

如果插入或缺失三个碱基，若可读框不变，其产物常常有活性或有部分活性。近年来，在人体中发现一类新的 DNA 序列改变称为三核苷酸重复（trinucleotide repeat）、三联体重复（triplet repeat）或三核苷酸扩展（triplet repeat），即某一特定的三联核苷酸被扩增（如 CTG/CTG/CTG/CTG），重复数目超过正常数目。目前已知有 10 余种遗传病有三联体重复，如强直性肌营养不良症（dystrophy myotomic，Dm）、亨廷顿病（Huntington's disease）、脆性 X 染色体综合征等。突变的速率与拷贝数有关，重复序列的拷贝数越多，其子代发生进一步突变的危险越大。因此这种突变方式称为动态突变（dynamic mutation）。这种三核苷酸重复数目的遗传改变尚未在其他生物中发现。

## 三、碱基置换、移码和大段损伤

产生基因突变的损伤可分为碱基置换、移码和大段损伤三种类型。大段损伤（large segment damage）也称 DNA 重排（DNA rearrangements），是指 DNA 序列上有较长一段序列的重排分布，包括大段（十几个碱基至数千个碱基）的插入、缺失、取代、复制、放大和倒位。这类损伤有时可波及两个基因甚至数个基因。按严格的定义，基因突变应是一个基因范围的损伤导致的改变。当损伤足够大，就介于基因突变与染色体畸变之间不明确的过渡范围。

## 四、同义、错义和无义突变

同义突变（synonymous mutation）是指没有改变基因产物——氨基酸序列的突变，显然这与密码子的简并性相关。

错义突变（missense mutation）是指碱基序列的改变引起了产物氨基酸序列的改变。有些错义突变严重影响到蛋白质的活性甚至完全失活，从而影响了表型。如果该基因是必需基因，则该突变为致死突变（lethal mutation）。也有不少错义突变的产物仍然有部分活性，使表型介于完全的突变型和野生型之间的某种中间类型，这样的突变称为渗漏突变（leaky mutation）。有一些错义突变不影响或基本不影响蛋白质的活性，不表现出明显的性状变化，这种突变常称为中性突变（neutral mutation）。中性突变与同义突变常被统称为无声突变或沉默突变（silent mutation）。

无义突变（nonsense mutation）是指某个碱基的改变使代表某个氨基酸的密码子变为蛋

白质合成的终止密码子，导致多肽链在成熟之前终止合成的一类突变。无义突变还可以由其他各种突变产生，如移码突变、插入突变和缺失突变都能造成无义突变。无义突变使肽链过早终止合成，因此也称为链终止突变（china terminal mutation），其蛋白质产物一般是没有活性的。但是，由点突变中的碱基替代突变产生的无义突变，如果发生在靠近3'端处，它所产生的多肽链常有一定的活性。这样，用野生型基因产物的抗体就可以鉴定这些不完全多肽链的存在，这种方法在无表型性状可利用时显得更为重要。

如果终止密码子因突变而成为氨基酸密码子，结果产生过长肽链的现象，称为延长突变（elongation mutation）。

## 五、条件型和非条件型突变

从突变表型对外界环境的敏感性来区分，可分为非条件型突变（non-conditional mutation）和条件型突变（conditional mutation）。条件型突变是指在许可条件下生长正常或接近正常，在非许可条件下表现出病态或死亡。例如，$T_4$噬菌体的温度敏感型在25℃时能在 *E. coli* 体内正常生活，而在42℃时则不能存活而死亡。

## 六、正向突变和回复突变

正向突变（forward mutation）是指改变了野生型性状的突变。突变体所失去的野生型性状可以通过第二次突变恢复，这种第二次突变就叫作回复突变（back mutation，reverse mutation）。

真正的原位回复突变（即恢复到野生型的 DNA 序列）很少，大多数是第二位点的突变。原来的突变基因座依然存在，它的表型效应被基因组第二位点的突变所抑制，因此又称为抑制突变（suppressor mutation）。

抑制突变可以发生在正向突变的基因（即同一基因的不同部位）之中，称为基因内抑制突变（intragenic suppressor mutation）；也可以发生在其他基因（即两次突变发生在不同的基因）之中，称为基因间抑制突变（intergenic suppressor mutation）。

根据野生表型恢复作用的性质还可以分为直接抑制突变（direct suppressor mutation）和间接抑制突变（indirect suppressor mutation）。直接抑制突变是指通过恢复或部分恢复突变体原来突变基因（即野生型基因）蛋白质产物的功能而使表型恢复到野生型状态。所有基因内抑制突变的作用都是直接的，一些改变翻译性质的基因间抑制突变的作用也是直接的。间接抑制突变不恢复正向突变基因的蛋白质的功能，而是通过其他蛋白质的性状或表达水平而补偿原来突变造成的缺陷，从而使野生表型得以恢复。

## 七、其他

基因突变通常发生在编码区，但也可以发生在基因调控的 DNA 序列等部位。存在于启动子区域的点突变，有的能增强启动子对转录的发动作用，称为启动子上升突变或启动子增效突变（promotor mutation）；有的突变则降低启动子的功能，称为启动子下降突变或启动子减效突变（promotor down mutation）。

如果突变位点发生在操纵子（operator）上，其位点不能为阻遏蛋白所识别；或者由于调节基因发生突变，不能产生有功能的阻遏蛋白，这两种情况或二者之一都使结构基因失去负调控，产生不依赖于需要、在体细胞中有固定数量的蛋白质。基因的这种表达方式叫作组成型表达；产生这种表达方式的操纵子突变或调节基因的突变就叫作组成型突变（constitutive mutation）。

另外，还有剪接信号点突变（splicing signal point mutation），造成 mRNA 前体加工异常；转录终止点突变（transcription termination mutation），改变 mRNA 的结构；poly（A）加合位点突变（polyadenylation site point mutation），影响 mRNA 的转运；5′端非翻译区点突变（5′ nontranslate region point mutation），使核糖体不能与 mRNA 结合；起始密码子的突变（mutation of initiation codon），不能在该位点起始翻译等。

从对基因突变的研究进展可分为已经确定的已知突变（identified mutation）和待测的未知突变等。

# 第二节 基因突变的特点

基因突变的发生和 DNA 的复制、DNA 损伤修复、癌变和衰老等都有关系，基因突变是生物进化的重要因素之一，基因突变还为遗传学研究提供突变型，为育种工作提供素材，所以研究基因突变具有重要的理论意义和实际应用价值。无论是真核生物还是原核生物的基因突变，也无论是什么类型的基因发生突变，都具有如下的主要特点。

## 一、突变的随机性

基因突变的发生，在时间上、在发生突变的个体上、在发生突变的基因上都是随机的。一般来说，在生物个体发育的过程中，基因突变发生的时期越迟，生物体表现突变的部分就越少。基因突变可以发生在体细胞中，也可以发生在生殖细胞中。发生在生殖细胞中的突变，可以通过受精作用直接传递给后代，许多植物品种和家养动物选育的优良性状如金鱼、各种观赏犬、家兔、鸡等的变异都是对性细胞突变基因选育的结果。发生在体细胞中的突变，一般是不能传递给后代的。当突变发生在体细胞中时，往往能形成嵌合体，其嵌合体范围的大小取决于突变发生时期的早晚。在个体发育过程中，突变发生得越早，镶嵌的范围就越大，反之镶嵌的范围则越小。一些植物的花色和许多动物毛皮颜色的嵌合性状往往是体细胞基因突变的结果。对于无性繁殖的植物来说，体细胞突变很重要。例如，果树中某些枝条的生长点或分生组织的细胞发生突变能产生突变芽，称为芽变。可以利用组织培养、扦插或嫁接等方法使突变芽或突变枝条进行繁殖，从而获得突变体。动物的体细胞突变往往引起病变或细胞的恶性增殖。人的许多非感染性慢性病和动物的衰老过程也与体细胞基因突变的积累有一定关系。

## 二、突变的稀有性

野生型基因以极低的突变率（mutation rate）发生突变。不同生物的基因突变率不同，一般情况下，细菌和噬菌体等微生物的突变率是 $10^{-10} \sim 10^{-4}$；高等动植物的突变率是 $10^{-8} \sim 10^{-5}$。同一种生物的不同基因，突变率也不相同。例如，玉米抑制色素形成的基因的突变率为 $1.06 \times 10^{-4}$，而黄色胚乳基因的突变率为 $2.2 \times 10^{-6}$。

## 三、突变的多方向性

基因突变的方向是不定的，可以多方向发生。例如，基因 $A$ 可以突变为 $a$，也可以突变为 $a_1$、$a_2$、$a_3$……$a$、$a_1$、$a_2$、$a_3$……对 $A$ 来说都是隐性基因，同时 $a$、$a_1$、$a_2$、$a_3$……之间的生理功能与性状表现又各不相同。遗传试验表明，这些隐性突变基因彼此之间，以及它们与 $A$ 基因之间都存在对性关系。用其中表现型不同的两个纯合体杂交，$F_2$ 都呈现等位基因的分离比例 3∶1 或 1∶2∶1，具有对性关系的基因位于同一个基因位点上。位于同一基因位点上的各个等位基因在遗传学上称为复等位基因（multiple alleles）。当然，复等位基因并不存在于同一个体（同源多倍体是例外），而是存在于同一生物类型的不同个体中。由于复等位基因的出现，增加了生物的多样性，为生物的适应性和育种工作提供了丰富的资源。由于复等位基因的存在，人们在分子水平上对基因内部结构的理解深入了一步。

复等位基因的存在说明了突变的多方向性，但这一特性是相对的，每一基因在突变方向上是有一定限制。例如，小鼠毛色基因的突变只限定在色素的范围内，不会超出这个范围。

## 四、突变的可逆性

突变是可逆的，野生型基因突变成为突变型基因，而突变型基因也可以通过突变成为原来的野生型状态。正向突变与回复突变发生的频率一般是不一样的，在大多数情况下，正向突变率总是高于回复突变率。例如，组氨酸基因（$his^+$）的正向突变率是 $2×10^{-6}$，回复突变率为 $4×10^{-8}$。

## 五、突变的重演性

同种生物某个基因的突变，可以在不同个体、不同世代中重复出现，主要表现在两个方面：①同一基因突变在不同的个体上均可能发生；②不同群体中发生同一基因突变的频率相近。表 7.1 列举的玉米籽粒的 7 个基因中，前 6 个基因在多次试验中都出现过类似的突变。

表 7.1 玉米籽粒 7 个基因的自然突变率

| 基因 | 表现型 | 测定配子数 | 突变数 | 百万个配子中的平均突变率 |
|---|---|---|---|---|
| $R$ | 籽粒色 | 554 786 | 273 | 492.0 |
| $I$ | 抑制色素的形成 | 265 391 | 28 | 106.0 |
| $Pr$ | 紫色 | 647 102 | 7 | 11.0 |
| $Su$ | 非甜粒 | 1 678 736 | 4 | 2.4 |
| $Y$ | 黄胚乳 | 1 745 280 | 4 | 2.2 |
| $Sh$ | 饱满胚 | 2 469 285 | 3 | 1.2 |
| $Wx$ | 非糯性 | 1 503 744 | 0 | 0.0 |

## 六、突变的平行性

亲缘关系相近的物种因遗传基础比较类似，往往发生同型的基因突变现象，这种现象称为突变的平行性。突变的平行性与瓦维洛夫（Николай Иванович Вавилов）提出的"遗传变异的同型系"学说（law of homologous series）是一致的。根据这个学说，当了解到一个物种或属内具有哪些变异类型时，就能预见到近缘其他物种或属也同样存在相似的变异类型。例如，小麦有早熟、晚熟变异类型，属于禾本科其他物种的品种如大麦、黑麦、燕麦、高粱、玉米、黍、稻、冰草等也同样存在这些变异类型。在籽粒的若干性状方面，这些植物也几乎具有相似的变异类型（表 7.2）。由于突变平行性的存在，如果在某一个物种或属内发现一些突变，可以预期在同种的其他物种或属内也会出现类似的突变，这对人工诱变有一定的参考意义。

表 7.2 禾本科部分物种的品种籽粒性状的变异

| 性状 | | 黑麦 | 小麦 | 大麦 | 燕麦 | 黍 | 高粱 | 玉米 | 水稻 | 冰草 |
|---|---|---|---|---|---|---|---|---|---|---|
| 颜色 | 白 | + | + | + | + | + | + | + | + | |
| | 红 | + | + | + | | | + | + | + | + |
| | 绿 | + | + | + | + | + | | + | + | + |
| | 黑 | + | + | + | | | + | | | |
| | 紫 | + | + | + | | | | + | | + |
| 形状 | 圆 | + | + | + | + | + | + | + | + | |
| | 长 | + | + | + | + | + | + | + | + | + |
| 品质 | 玻璃质 | + | + | + | + | + | + | + | + | + |
| | 粉质 | + | + | + | | | | + | + | + |
| | 蜡质 | | | + | | + | + | + | + | |

## 七、突变的独立性

一个基因的突变并不会影响其等位基因及附近其他基因也发生突变，即等位基因中的两个基因不会同时发生突变。假如一对显性基因 $AA$ 中的一个 $A→a$，另一个 $A$ 基因仍保持显性而不受影响。

## 八、突变的有利性与有害性

大多数基因的突变，对生物的生长与发育往往是有害的。因为生物细胞内现有的基因是通过长期自然选择进化而来的，基因间达到了某种相对平衡与协调状态。基因突变会打乱这种平衡与协调状态，从而导致基因之间及相关代谢过程的协调关系被破坏，从而引起生物个体性状变异、个体发育异常、生存竞争与生殖能力下降，甚至死亡等不良后果。但是，突变的有害性是相对的。在某些情况下，基因突变的效应可以转化，有害可以变为有利。例如，在高秆作物的群体中出现矮秆的突变体，矮秆植株因受光不足，发育不良，表现为有害性。但是在多风或高肥地区，矮秆植株因有较强的抗倒伏能力，生长更加茁壮，有害反而变为有利。突变有害性和有利性的判定对于人类需要与生物本身有时是不一致的。有的突变性状对生物本身有利，而对人类则有害，如谷类作物的落粒性。相反地，有些突变对生物本身有害而对人类却有利，如玉米、高粱等作物的雄性不育，它可作为人类利用杂种优势的一种良好材料，免除人工去雄的繁重劳动。

## 第三节　基因突变的分子机理

基因突变的原因很复杂。基因突变的产生，是在一定的外界环境条件或生物内部因素作用下，DNA 在复制过程中发生偶然差错，使个别碱基发生缺失、增添或替换，从而改变遗传信息，导致基因突变。

### 一、自发突变

基因突变可以是自发的，也可以是诱发的。由于自然界中诱变剂的作用或由于偶然的复制、转录、修复时碱基配对错误所产生的突变称为自发突变（spontaneous mutation）。自发产生的基因突变型和诱发产生的基因突变型之间没有本质上的不同，基因突变诱变剂的作用只是提高了基因的突变率。

#### （一）DNA 复制错误

在 DNA 复制过程中，可能产生碱基的错配，带有错配碱基的 DNA 在下一次复制时，会引起碱基的替代，从而引起 DNA 分子的错误。DNA 分子中的碱基存在交替的化学结构，称为互变异构体（tautomer）（图 7.2）。当碱基以它稀有的形式出现时就可能与错误的碱基配对，这种碱基化学结构的改变过程称为互变异构移位（tautomeric shift）。例如，一般的腺嘌呤只与胸腺嘧啶配对，但亚氨基态的腺嘌呤则可以与胞嘧啶配对。因此，在 DNA 复制过程中，就可以将 AT 碱基对转变成 GC 碱基对，同样通过互交异构移位，也可以引起 GC 碱基对转变为 AT 碱基对。

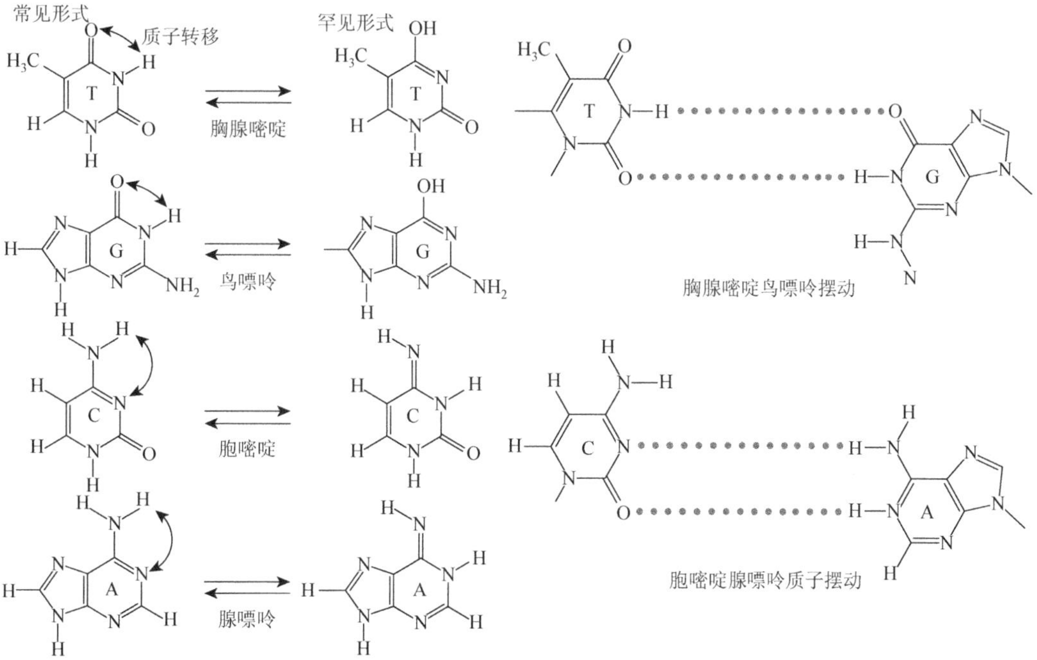

图 7.2　互变异构体

碱基的互变异构可以在 DNA 复制过程中自发发生。在 DNA 复制时，有时新合成链或模板链可能会发生错误的环出或跳格（slippage），从而导致移码突变、缺失或重复（图 7.3）。

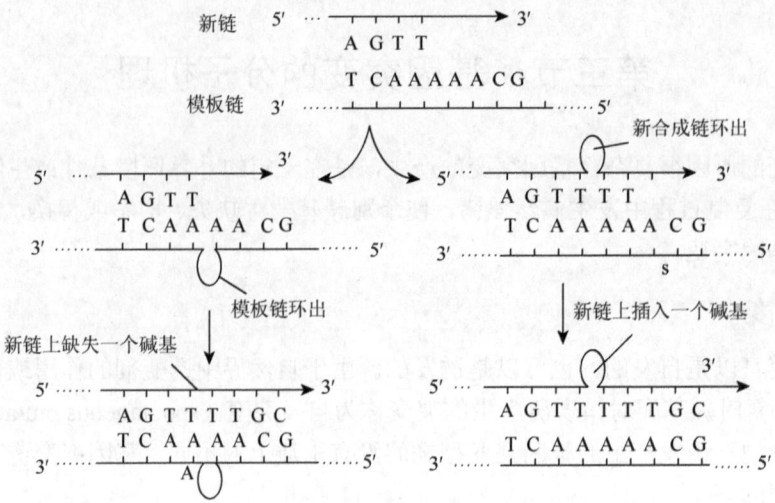

图 7.3 DNA 复制中的错误环出产生的碱基插入和缺失

## (二) 自发的化学变化

引起自发突变的最常见化学变化是碱基的脱嘌呤 (depurination) 和脱氨基 (deamination)。

(1) 脱嘌呤

脱嘌呤是自发的化学变化中最常见的一种,它是由于碱基和脱氧核糖间的糖苷键断裂,从而引起一个鸟嘌呤或一个腺嘌呤从 DNA 分子上脱落下来。研究发现,在 37℃ 条件下培养一个哺乳动物细胞 20h,会有数以千计的嘌呤通过脱嘌呤作用自发地脱落。如果这种损伤得不到修复,就会引起很大的遗传损伤。因为在 DNA 复制的过程中,无嘌呤位点将没有特异碱基与之互补,而可能随机地选择一个碱基插进去,结果导致突变 (图 7.4)。

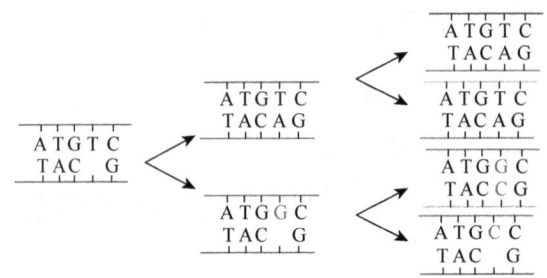

图 7.4 脱嘌呤作用

(2) 脱氨基

脱氨基作用是指在一个碱基上去掉氨基,常见的胞嘧啶 (C) 和 5-甲基胞嘧啶 (5mC) 脱氨基后分别变成尿嘧啶 (U) 和胸腺嘧啶 (T) (图 7.5),从而使 DNA 分子受到损伤。由于在 DNA 中 U 不是一个正常碱基,因此如果它不被除去,在 DNA 复制时它将与腺嘌呤 (A) 配对,导致原来的 GC 碱基对转变为 AT 碱基对。5-甲基胞嘧啶是基因组中常见的一种经甲基化修饰的碱基,由于它脱氨基后变成胸腺嘧啶 (T),因此它可将 DNA 中的 5mCG 碱基对转变为 AT 碱基对。并且,由于 T 是 DNA 分子中的正常碱基,修复系统不能将其作为非正常碱基识别,结果错误碱基通常不能被修复,从而导致 5mC 位点常常成为突变热点 (mutational hot spot),在该位点发生突变的频率要比其他位点高得多。

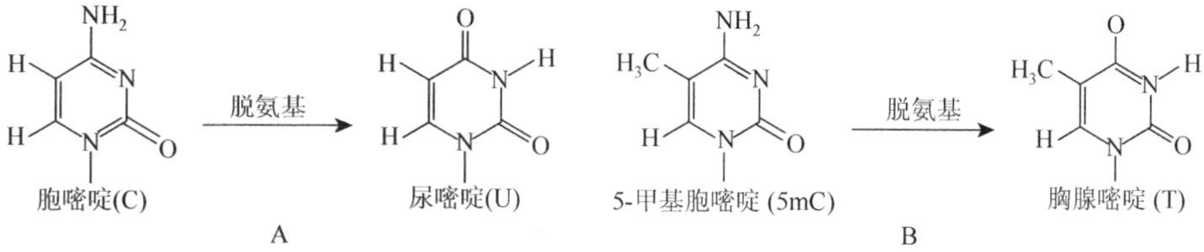

图 7.5　胞嘧啶变成尿嘧啶（A）和 5-甲基胞嘧啶变成胸腺嘧啶（B）

### （三）氧化损伤

活性氧类（reactive oxygen specie，ROS）的攻击是 DNA 和其他细胞内大分子如蛋白质、脂质和糖自发性损伤的主要原因。细胞内氧自由基的主要来源与线粒体呼吸时氧还原成水有关。这些产物为单线态氧、过氧化自由基（$\cdot O_2^-$）、过氧化氢和羟自由基（·OH）。自由基对糖残基的攻击引起 DNA 的碎裂、碱基丢失和有末端糖残基片段的链断裂。自由基对碱基残基的攻击可产生多种类型的损伤，从而引起突变，并能导致多种人类疾病。

细胞内其他引起活性氧释出的过程还有过氧化物酶体代谢（peroxisomal metabolism）、一氧化氮的酶性合成和白细胞吞噬性代谢等。细胞外的则来自辐射（尤其是电离辐射和 320～380nm 的近紫外线辐射）、热、药物和氧化还原循环化合物。电离辐射的大部分损伤作用是由水的辐射水解产物引起的。

### （四）插入序列

生物基因组内存在转座因子（transposon）或插入序列（insertion sequence）等可移动 DNA 序列，通过在基因组内的移动也能经常引起基因功能的失活或改变（图 7.6）。在玉米、果蝇等生物中发生的一些典型突变就是由这类可移动 DNA 序列的插入所引起的。

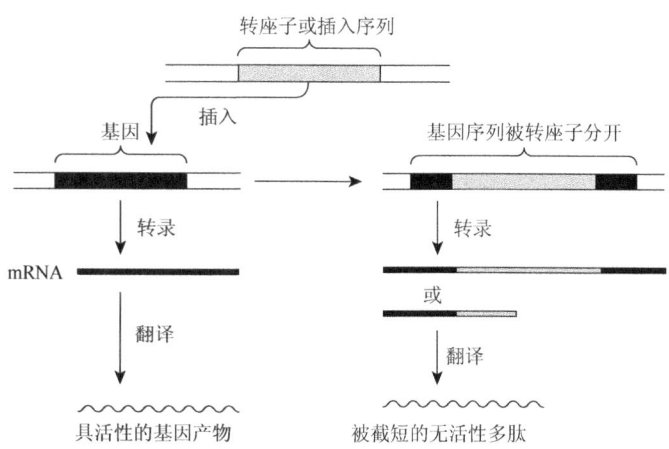

图 7.6　转座子或插入序列引起基因突变的机制

## 二、诱发突变

1. 化学诱变

有些化学物质能够诱发基因突变，能够诱发基因突变的化学因素称为化学诱变因素。研究表明,化学因素诱变的特点是损伤小、诱变率较低,但有利突变较多。并且化学诱变还具有一定的特异性,一定性质的诱变剂可能诱发一定类型的变异,从而为在遗传研究和品种遗传改良中进行定向诱变展现了希望。能够诱发突变的化学因素有很多,从简单的无机物到复杂的有机物中都可以找到具有诱变作用的物质。不同的化学物质诱发突变的作用方式不同,有的化学物质可以取代 DNA 中的碱基,有的能改变碱基的结构使其发生错配,还有的则可以在 DNA 复制过程中诱导碱基的插入或缺失。

(1) 碱基类似物

碱基类似物(base analog)是指与核酸中 4 种碱基的化学结构相似的一些物质。这类物质能在不影响 DNA 复制的情况下,作为 DNA 的成分掺入 DNA 分子中,引起碱基配对错误,从而造成碱基对的替换。较常用的碱基类似物是 5-溴尿嘧啶(5-bromouracil,5-BU)和 2-氨基嘌呤(2-aminopurine,2-AP)。5-BU 的分子结构与胸腺嘧啶(T)很相似,仅在第 5 位碳原子上由溴取代了胸腺嘧啶的甲基,5-BU 有酮式和烯醇式两种异构体,可分别与 A 和 G 配对结合。因此,在 DNA 复制中一旦掺入 5-BU 就会引起碱基的转变,从而产生突变。它主要诱导 AT 转变成 GC(图 7.7)。

2-氨基嘌呤也有两种异构体,当它以与胸腺嘧啶配对形式进入 DNA 后,它可以再与胞嘧啶配对,从而导致 AT 转变为 GC;而当其以与胞嘧啶配对形式进入 DNA 后,它可以再与胸腺嘧啶配对,结果使 GC 碱基对转换为 AT 碱基对(图 7.8)。

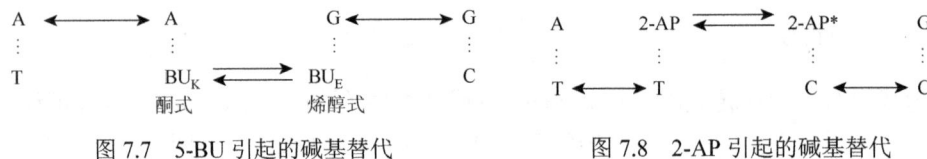

图 7.7　5-BU 引起的碱基替代　　　　　图 7.8　2-AP 引起的碱基替代

(2) 碱基修饰剂

有的化学诱变剂并不是掺入 DNA 中,而是通过对碱基的化学结构进行修饰使其性质发生改变,从而引起特异性错配,如亚硝酸、羟胺、烷化剂等。

亚硝酸(HNO$_2$,nitrous acid,NA)是一种有效的诱变剂,它能作用于腺嘌呤(A)使其脱去分子中的氨基而转化为次黄嘌呤(H)。由于次黄嘌呤的分子结构特点,它能暂时与胞嘧啶(C)配对。在以后的复制过程中,次黄嘌呤又被鸟嘌呤(G)所代替,从而形成了 CG 碱基对,结果使 AT 改变为 CG(图 7.9)。亚硝酸还能使胞嘧啶脱去氨基转化成尿嘧啶,从而把 CG 碱基对转化为 AT 碱基对。因此利用亚硝酸诱发的突变还可以利用它诱发回复突变。

羟胺(NH$_2$OH,hydroxylamine,HA)只特异性地与胞嘧啶反应,它能使胞嘧啶上的氨基氮羟基化,结果使修饰后的胞嘧啶可与胸腺嘧啶配对,从而引起 GC 碱基对转变为 AT 碱基对(图 7.10)。

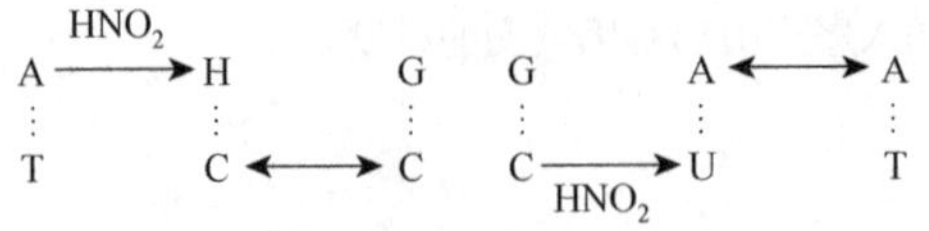

图 7.9　NA 引起的碱基替代 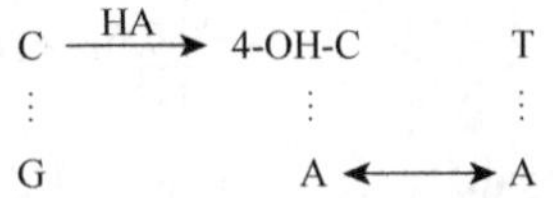　　　　　图 7.10　羟胺引起的碱基替代

烷化剂的种类很多,如甲基磺酸乙酯(ethyl methylsulfonate,EMS)、甲基磺酸甲酯(methyl

methanesulfonate，MMS)、氮芥（nitrogen mustard，NM)、亚硝基胍（nitrosoguanidine，NG）等。它们的作用是使碱基烷基化，使被修饰的碱基变为高度不稳定的物质，并导致其发生碱基错配。例如，EMS 可使鸟嘌呤的第 6 位烷化，使胸腺嘧啶的第 4 位烷化，结果使烷化后的碱基 O-6-E-G 和 O-4-E-T 分别与胸腺嘧啶和鸟嘌呤配对，使原来的 GC 碱基对转变为 AT 碱基对，或使 TA 碱基对转变成 CG 碱基对（图 7.11)。

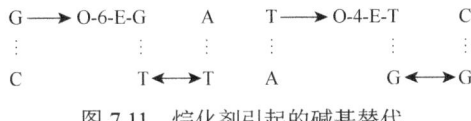

图 7.11 烷化剂引起的碱基替代

（3）插入突变剂

这类化合物主要包括吖啶橙（acridine orange)、原黄素（proflavine)、吖啶黄素（acriflavine）等吖啶类染料，它们均含有吖啶环，是一种平面分子，其分子大小与碱基对大小差不多，可以插入 DNA 双螺旋双链或单链的两相邻碱基之间。如果它们插在 DNA 模板链中，合成新链时必须要有一个碱基因插入相应位置以填补空缺，这个碱基并不存在配对问题，是随机选择的。合成的新链上一旦插入了某一个碱基，在下一轮复制时必然会增加一个碱基。若这类插入突变剂在插入新合成 DNA 链时取代了一个碱基，并且在下一轮 DNA 复制前该插入剂又被丢失，那么就会导致下一轮 DNA 复制时减少一个碱基。因此，插入突变剂通过在其插入位置上引起碱基对的插入或缺失突变，结果会导致可读框的改变，造成移码突变（图 7.12)。

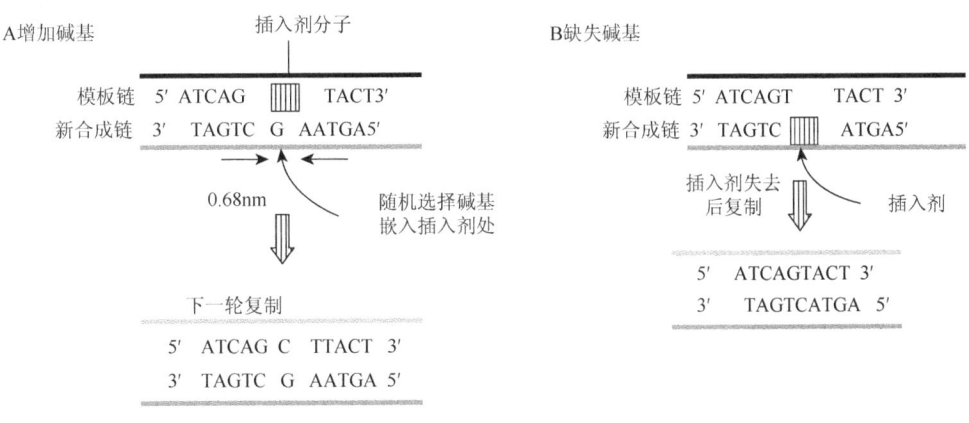

图 7.12 插入突变导致碱基的增加（A）或减少（B）

2. 物理诱变

（1）物理诱变因素及其特点

1927 年，Muller 利用 X 射线进行了诱导变异的研究，后来相继发现紫外线、γ 射线、α 射线、β 射线、中子、超声波和激光等多种物理因素都有诱变作用，从而开辟了物理诱变的研究领域。这些能够诱发基因突变的物理因素称为物理诱变因素。

根据诱变作用的特点可将物理诱变因素分为电离诱变因素和非电离诱变因素两类（图 7.13)。在上述物理诱变因素中，紫外线由于其能量较低不能引起被照射物质的离子化，是非电离诱变因素。其余诱变因素都能引起被照射物质的离子化，因此是电离诱变因素。在电离诱变因素中，根据射线的性质又可以分为电磁波射线和粒子射线。X 射线和 γ 射线是高能电磁波，而 α 射线、β 射线和质子是带电的粒子射线，中子是不带电的粒子射线。其中 X 射线最早应用于诱变研究，但是它引起的电离效应较小。目前应用较多的是 γ 射线，它的穿透力强、射程远、速度快、效果好，γ 射线源主要是 $^{60}$钴和 $^{137}$铯。中子的诱变力强、效果好，在诱变中的应用日益增多，它可以从同位素、加速器和反应堆中获得。但是应用于诱变存在成本较高、剂量不容易准确测定、重演性不强等问题。α射线和β射线穿透力较弱，一般是将其引入生物体内诱变。

（2）物理诱变因素的遗传学效应

物理因素诱发突变的作用一般认为有直接作用和间接作用两种。直接作用是指射线与被照射物质直接发生作用而引起的反应。间接作用是指射线处理后形成的损伤环境而引起的反应。

已知构成DNA分子的原子是由数量相等的质子和电子组成的。质子全部在原子核内，其中一半与电子结合成中子，另一半保持独立。而电子除一半与原子核内的质子结合为中子外，另一半分层包围在原子核的外围。因此，正常的原子呈中性。当电离射线穿越被照射物体碰撞DNA分子时，会把DNA分子中原子核外围的电子从它们的轨道中撞击出去，使原子成为带正电荷的离子，这称为初级电离。释放出来的电子被另一原子捕捉使其成为带负电荷的离子，因此离子是成对出现的。由初级电离产生的快速高能电子在其经过的路线上又可以使其他原子电离，这称为次级电离。每一高能电子大约能产生230次次级电离。次级电离的结果，轻则造成基因分子结构的改组，产生突变的新基因；重则造成染色体的断裂，引起染色体结构变异。

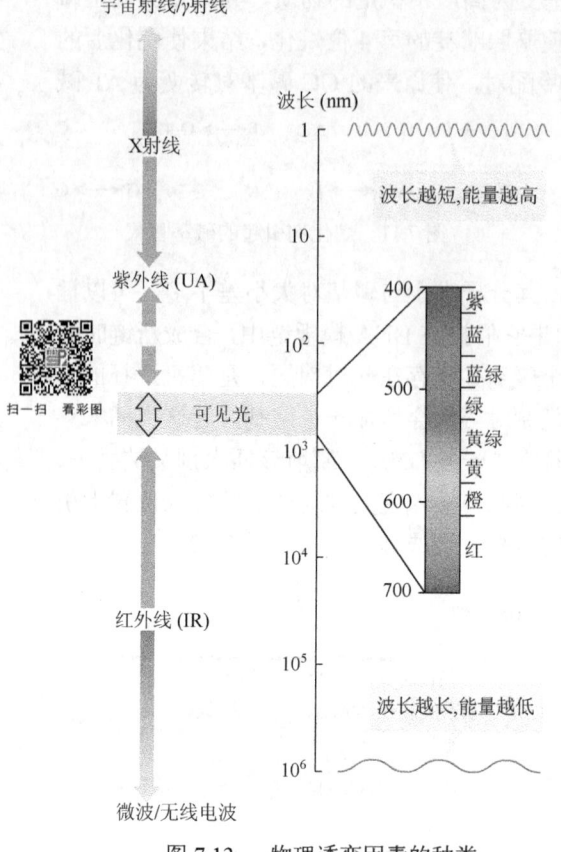

图7.13　物理诱变因素的种类

电离辐射的间接作用是指辐射引起的化学效应。在辐射处理时，射线除直接作用于遗传物质外，更多的可能是作用在介质上。活的生物组织中含有大约25%的水，因此水就成为电离辐射最丰富的靶分子。当射线穿入细胞时，首先由水吸收，产生不稳定的离子$H^+$和$OH^-$及自由基$H·$和$·OH$，并可进一步产生过氧化氢和过氧化基等。这些过氧化氢、过氧化基和自由基团都是十分活跃的氧化剂，当它们与细胞内核酸等大分子发生化学反应时，就可能改变DNA的分子结构，从而导致基因突变。

当用紫外线诱变处理时，紫外线的照射能使物质的分子因激发而变成活化分子。被照射物质分子的电子吸收了紫外线的能量后从低能轨道跃迁到高能轨道，从而使物质的分子处于活化状态。这种活化分子很容易发生化学变化和分子重排。紫外线的生物学效应主要是其引起DNA分子的变化造成的。DNA能强烈地吸收紫外线，尤其是DNA分子链中的碱基对，它们对紫外线具有特殊的吸收能力。紫外线引起DNA结构改变的形式很多，如DNA链的断裂、DNA分子内和分子间的交联、DNA与蛋白质的交联、嘧啶的水合作用和二聚体的形成等，其中主要的是水合物和二聚体的形成（图7.14）。例如，当DNA分子链中形成胸腺嘧啶二聚体时，在DNA分子的复制过程中两链之间的二聚体能阻止双链的分开和复制，同一链上相邻的二聚体会阻碍碱基的正常配对。在正常情况，胸腺嘧啶应与腺嘌呤配对，当存在胸腺嘧啶二聚体时，腺嘌呤就不能正常地掺入。结果会使复制在一点上突然停止或错误地进行，从而产生突变。由于紫外线的能量较低，穿透力较弱，因此一般适用于生殖细胞和微生物的诱变处理。它最有效的诱变波长是260nm，这正是DNA分子的吸收波长。

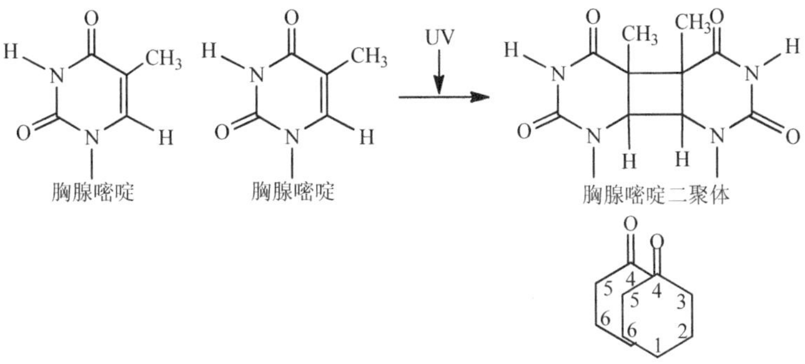

图 7.14　胸腺嘧啶二聚体的形成

上述物理诱变因素虽然都能有效地诱发基因突变，但是它们的作用是随机的，没有特异性。性质和条件相同的辐射可以诱发不同的变异，性质和条件不同的辐射也可以诱发相同的变异。因此，现在只能期望通过辐射处理得到变异，还不能通过一定的辐射处理获得一定的变异。

### 三、突变的回复

基因突变以后，突变基因又可以通过突变而回复为原来的野生型基因，这称为回复突变。研究证明，真正的回复突变发生频率是很低的，这是因为一个野生型基因内部许多位置上的结构改变都可以导致基因突变，但是一个突变基因只有在原来发生结构改变的位置再改变为原来的状态才能使基因恢复为原状，这需要高度的特异性。实际上，多数所谓的回复突变是指突变体所失去的野生型性状可以通过第二次突变而得到恢复，即原来的突变位点仍然存在，但是它的突变表型效应被第二位点的突变所抑制。

## 第四节　DNA 损伤及其修复

无论是自发突变还是诱发突变，都主要是通过对 DNA 造成损伤，结果导致基因分子结构发生改变。如果 DNA 损伤不被修复，就会引起很大的遗传损伤，产生突变。

### 一、DNA 损伤的类型

DNA 损伤（damage of DNA）主要包括以下几种类型：一是脱嘌呤、脱嘧啶、脱氨基、碱基降解和氧化性损伤碱基等，这类损伤在自发突变和诱发突变时均能发生，它主要是引起碱基的替代。二是碱基的缺失和插入，或是较大片段的缺失和重复，这类损伤主要是扰乱遗传信息的密码顺序，导致可读框发生位移。三是在相邻碱基之间形成二聚体，最常见的是胸腺嘧啶二聚体，它可以发生在同一 DNA 链上两个相邻的碱基之间，也可以发生在两个单链之间。如果这种二聚体发生在同一条链上，就会阻碍腺嘌呤的正常掺入，使复制时在此处停止并随机掺入其他碱基；若发生在两条链之间，就会发生交联而阻碍双链的分开，从而影响复制。这种情况在紫外线诱变处理时最为常见。四是碱基的单向移位、倒位、DNA 片段的重排或断裂等。

### 二、DNA 损伤的修复

研究结果表明，DNA 产生的损伤，不一定都会引起基因突变，但几乎所有突变都是由 DNA 损伤引起的。因为生物在长期的进化过程中，不仅演化出能纠正偶然复制错误的系统，还形成了对损伤进行修复的机制，这是生物能够保持其物种高度稳定的一种适应性。当 DNA

分子出现损伤以后，修复过程很快进行。如果损伤被修复，突变就不能发生。只有在损伤未被修复的情况下，经过复制才能形成分子或细胞水平的突变。因此，突变往往是 DNA 损伤与损伤修复这两个过程共同作用的结果。

细胞有一系列 DNA 修复（DNA repair）机制，如直接逆转、碱基切除修复、核苷酸切除修复等主要修复系统，还有链断裂的修复和错配修复等修复系统。它们构成对 DNA 损伤危害性的防卫机制，这些机制的获得性或遗传性缺陷使细胞基因突变和恶性转化率显著升高。

### （一）光修复和暗修复

光修复（light repair）又称光复活（photoreactivation），主要是针对紫外线引起的 DNA 损伤而形成的嘧啶二聚体在损伤部位进行专一性修复的一种方式。研究发现，如果受紫外线照射的细菌处于黑暗条件下，杀死细菌的量与紫外线照射的剂量成正比；如果照射后使细菌暴露在可见光的条件下，存活的细菌会显著增加，这主要是光诱导系统对辐射损伤进行修复的结果。这种修复作用是在可见光的活化下由光激活酶（photoreacting enzyme）催化嘧啶二聚体分解成为单体的过程。光激活酶被可见光的光子激活，并与嘧啶二聚体结合，利用可见光提供的能量将二聚体切开，使 DNA 回复正常（图 7.15）。光修复已在许多真核和原核生物体内发现，但它主要是低等生物中的一种修复形式。

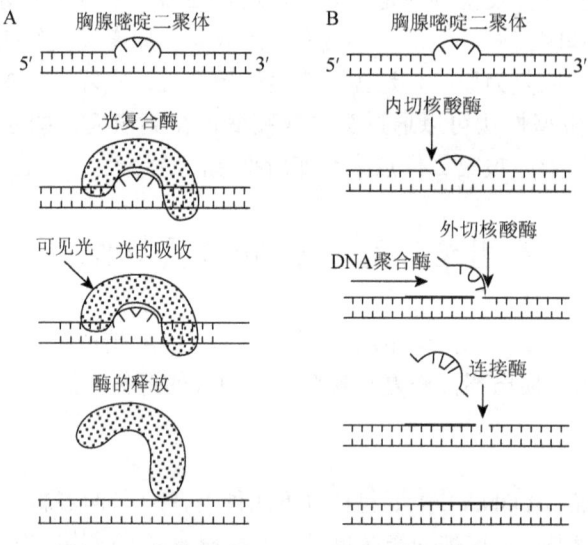

图 7.15　光修复过程（A）和暗修复过程（B）

由紫外线诱发的嘧啶二聚体有时在不依赖光的情况下也能被修复，这种修复称为暗修复（dark repair）。它的修复机制是先切后补，需要有 4 种酶协同作用，共同完成修复。例如，大肠杆菌中 *uvrA* 突变体的修复过程需要 4 个步骤：①先由内切核酸酶识别 DNA 损伤部位，并在嘧啶二聚体两侧切开。内切酶种类很多，不同的内切酶具有相对特异性。②由外切核酸酶把嘧啶二聚体及邻近的一些核苷酸清除掉。③由 DNA 聚合酶修补缺口，合成一段新的核苷酸片段补在切除损伤的部位。④在连接酶的作用下，将新合成的 DNA 片段与原有链之间的缺口连接起来，使 DNA 恢复正常（图 7.15）。

### （二）切除修复

有些 DNA 的损伤太细微，普通的修复系统难以识别它，需要特异的切除修复途径，如 AP

内切核酸酶（AP endonuclease）修复途径、DNA 糖基化酶（DNA glycosylase）修复途径等。

AP 内切核酸酶修复途径：当单个碱基自发脱落后形成的无嘌呤的（apurinic）或无嘧啶的（apyrimidinic）位点称为 AP 位点，细胞内存在一种内切核酸酶能对 AP 位点进行修复。由于碱基的自发脱落是经常发生的，因此这种 AP 内切核酸酶是细胞所必需的。这种酶在 AP 位点切开磷酸二酯键，启动由外切酶、DNA 聚合酶 I 和 DNA 连接酶作用的切除修复过程。由于 AP 内切核酸酶的有效性，它可能是其他修复途径的最后一步，只要损伤的碱基对能被切除留下一个 AP 位点，AP 内切核酸酶就能完成以后的修复过程。

DNA 糖基化酶修复途径：DNA 糖基化酶的作用是切开 $N$-糖苷键，释放被饰变的碱基产生一个无嘌呤或无嘧啶 AP 位点，然后由 AP 内切核酸酶修复系统修复。DNA 糖基化酶有许多种。例如，能识别和切除 DNA 中尿嘧啶的尿嘧啶 DNA 糖基化酶，识别和切除腺嘌呤脱氨基产物次黄嘌呤的糖基化酶，识别切除烷基化碱基（如 3-甲基腺嘌呤、3-甲基鸟嘌呤、7-甲基鸟嘌呤等）的 DNA 糖基化酶等，目前仍有许多新的 DNA 糖基化酶正在不断被发现。

### （三）重组修复

切除修复是使用互补链作为模板，合成一条新的单链片段以替换损坏的 DNA 片段。但有时这种模板并不能随意得到。例如，当复制叉遇到损坏斑（如嘧啶二聚体）时，或在切除修复之前，双链 DNA 就已分开成单链时，一条单链中的损坏位点就不能得到修复。另外，如果互补碱基对的两个碱基发生变化，如由癌诱变剂丝裂霉素 C 引起的交叉连接，则两条链都不能作为对方的模板链。此外，当双螺旋齐头断裂，且双链片段完全丢失时，这种双螺旋就不能直接进行修复。在上述所有情况下，受损坏位点的遗传信息都丢失了，它们都只能从另一条具有相同序列的 DNA 分子上获得相应的 DNA 片段，否则就不能恢复到原状。这种修复机制称为重组修复（recombination repair）（图 7.16）。

重组修复的关键是需要一种酶将损坏斑一侧的序列并列到未损坏的 DNA 的相应序列上，使丢失了遗传信息的损坏部位与正常 DNA 的相应区域对应在一起。

在大肠杆菌中，RecA 蛋白就具有这种功能。在修复过程中，RecA 蛋白首先与缺口结合，然后再诱导另一条同源双螺旋的一条单链填补到缺口上，使缺口得到修复。虽然 DNA 聚合酶能修补简单的缺口，但对一些结构复杂

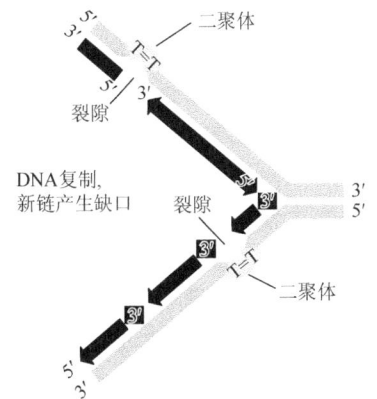

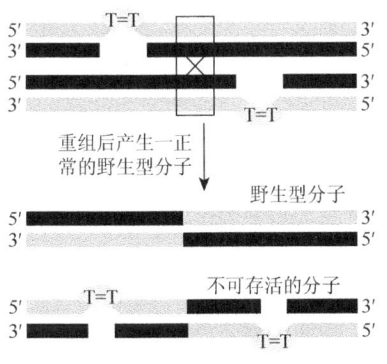

图 7.16 重组修复机理

的如含有嘧啶二聚体的缺口来说，当复制叉遇到嘧啶二聚体时，由于不能进行碱基配对，复制机器必须越过受损坏的位点，重新启动复制过程，因此使该位点上两条单链上的遗传信息都丢失了。这些丢失的遗传信息只能通过与同源双螺旋进行重组而获得。

RecA 蛋白还能修复双链断裂的 DNA 分子。两个断裂末端先由外切核酸酶降解，产生单链末端，然后两个单链末端再分别侵入另一双螺旋的同源序列之中，形成两个连接点。另外，在起始修复合成之前，可能还需要另一种酶即 RecBCD 酶，这种酶通过与每一个游离的单链末端结合，为修复合成提供起始位点，然后再由 DNA 聚合酶修复缺口。当两个连接点被切

割之后，两条亲本双螺旋分开，最后形成的缺刻再由 DNA 聚合酶修补和由 DNA 连接酶缝合。

### （四）错配修复

错配修复（mismatch repair）系统是通过识别并替换掉错误插入的碱基以改正 DNA 复制时的错误。该系统中的酶不但要能识别错配的碱基对，而且在错配的碱基对中应能准确区别哪一个是正确的，哪一个是错误的，并将错误的碱基切除。错配修复系统主要是通过甲基化酶来区分模板链和新合成链，由于甲基化的 DNA 刚复制后，两条链的甲基化状态不一样，只有在原亲本链上带有甲基，而新合成链则尚未甲基化，因此可以根据甲基化识别亲本链。这种修复系统只能识别 DNA 复制中出现的错配，因此也是一种复制后修复途径。

### （五）倾向差错修复

倾向差错修复（error-prone repair）是在 DNA 分子受到大范围损伤的情况下为防止细胞死亡而诱导出的一种应急修复措施，它是使细胞通过一定水平的变异以换取其生存的一种手段。它允许 DNA 合成越过损伤部位，但 DNA 复制的保真度降低，造成错误的潜伏。由于这是一种细胞受到危急状态时的修复方式，有时便借用国际通用的紧急呼救信号（save our soul），称为 SOS 修复。

倾向差错修复系统的确切作用机制目前还不很清楚，一般认为当 DNA 受到较大损伤，如产生许多嘧啶二聚体时，使正常的多聚酶催化的 DNA 复制进行到损伤部位时受到抑制。在短暂的抑制后，便能诱导产生一种新的 DNA 多聚酶，它能催化损伤部位 DNA 修复合成。由于这种酶识别碱基的精确度较低，因此在新链的生长过程中，不仅在二聚体相对位置上可以出现任何碱基，在其他位置上也可能出现错配的碱基。虽然错配碱基可以被修复系统校正，但因数量较大，结果很容易产生突变。

## 第五节　基因突变的检出

基因突变一般可以通过它的表型效应而被察觉，但是当我们发现某一表型性状发生变化时还不能确定它是否由突变引起，还必须进行突变的测定才能确定。测定和检出突变的方法常因不同生物而异。

### 一、细菌营养缺陷型突变体的检出

在细菌的突变研究中，应用较多的是大肠杆菌。大肠杆菌正常野生型的合成能力很强，它能够在含有最低营养需要的基本培养基上生长繁殖，利用无机氮、葡萄糖和一些必需的无机盐类合成大量的有机物，如氨基酸、酶的辅助因子、嘌呤、嘧啶和维生素等，这说明在大肠杆菌中存在着合成这些物质的基因。如果其中的某个基因发生了突变，其相应的某种物质就不能合成，从而产生营养缺陷型。由于这种营养缺陷型不能在基本培养基上生长，因此突变就很容易被发现，并且大肠杆菌是单倍体，一旦发生任何突变都可以得到表现。即使是很少的突变体，也可以通过简单的筛选检测技术被分离鉴定出来。

大肠杆菌营养缺陷型的检出方法有很多，常用的如影印培养法和青霉素法。

（1）影印培养法

先将诱变处理的大肠杆菌稀释后接种在完全培养基上进行培养，发生突变的营养缺陷型和没有发生突变的野生型都能在上面生长形成菌落。然后用一个直径略小于培养皿并包有丝绒的木块作为"印章"式的接种工具，经灭菌消毒后印在长有菌落的母板上，这时丝绒上便粘上了细菌。再把这种带有细菌的丝绒板分别印在基本培养基和在基本培养基中补加不同营养物质的补充培养基上。在接种时应注意标记方向，经培养后比较分析，凡能在完全培养基上生长而不能在基本培养基上生长，但能在某一补充培养基上生长的菌落都是营养缺陷型，并且是属于补充培养基中所补加营养物质的缺陷型（图 7.17）。这种方法除了应用于大肠杆菌之外，也可以用于其他营养突变型的检出。

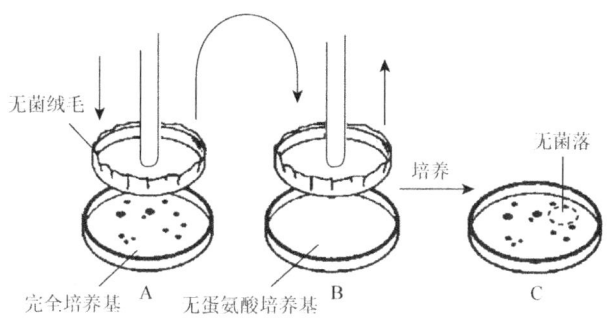

图 7.17 影印培养法示意图

（2）青霉素法

青霉素法只适用于细菌。由于青霉素能抑制细菌细胞壁的生物合成，因此细菌对青霉素是敏感的。但是只有处于生长增殖中的细菌对青霉素敏感，而处于休止状态的细菌则对其不敏感。当将诱变处理后的细菌培养在含青霉素的基本培养基上时，没有发生突变的野生型细菌可生长繁殖，因而能被青霉素杀死，发生突变的营养缺陷型突变体则不能在基本培养基上生长而处于休止状态，结果不能被杀死而被保存下来。然后去除青霉素，并补加其他营养物质，使突变体生长形成菌落。再利用影印培养技术将它们分别接种在含不同营养物质的补充培养基上，就可以确定突变体为何种营养突变型（图 7.18）。

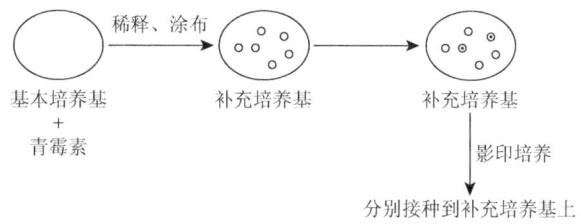

图 7.18 青霉素法

## 二、真菌营养缺陷型突变体的检出

许多真菌与细菌一样，也能发生各种营养缺陷突变，并且在它们的生活周期中也都有单倍体时期，因此对真菌中发生的营养缺陷突变也能检测出来。例如，链孢霉营养缺陷突变体的检出，先以 X 射线或紫外线照射纯型的分生孢子诱发突变，然后让诱变的分生孢子与野生型分生孢子交配产生分离的子囊孢子，并将它们放在完全培养基上培养。从完全培养基中取出一部分孢子在基本培养基上培养，若能正常生长说明没有发生突变，如果不能在基本培养基上生长，则说明发生了突变，可进一步对其进行鉴定。为了鉴定突变的类型，把确定为发生突变的材料取出，分别接种在基本培养基和基本培养基加多种氨基酸、基本培养基加多种维生素等不同补充培养基上培养。如果能在完全培养基上生长，不能在基本培养基上生长，但能在补加多种维生素的补充培养基上生长，则说明是维生素的缺陷型。如果不能在基本培养基上生长，但能在含多种氨基酸的培养基上生长，则说明是氨基酸的缺陷型。然后可将其在只含有某一种维生素或氨基酸的不同补充培养基上培养，以鉴定是哪一种维生素或氨基酸的缺陷型（图7.19）。

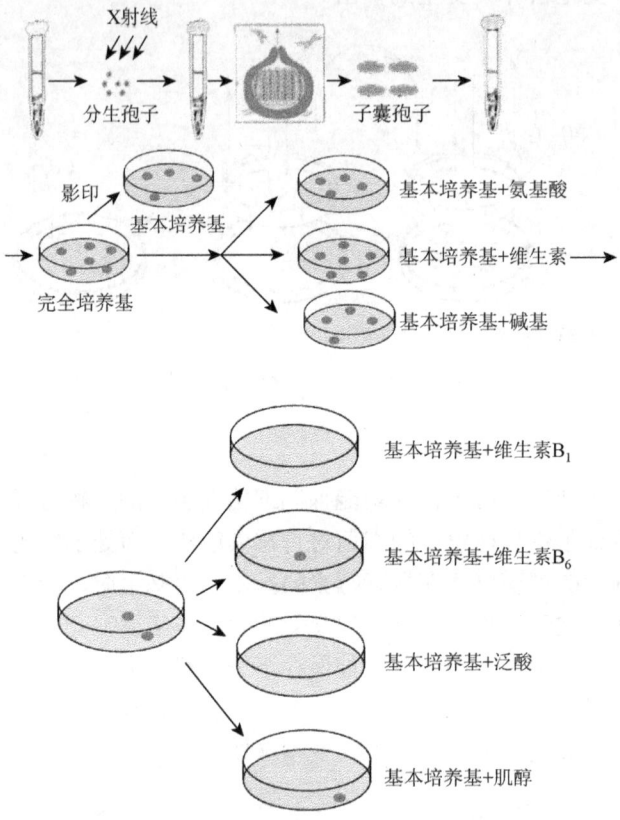

图 7.19 链孢霉营养缺陷型的鉴定方法

另外，还可以用菌丝过滤法把突变型分离出来。先将诱变处理的链孢霉分生孢子接种在液体基本培养基中，不断地给培养液通气刺激分生孢子生长，防止它们彼此结合在一起。经过一天的培养，分生孢子萌发长出菌丝。用棉花把萌发了的分生孢子过滤掉，没有萌发的分生孢子仍留在培养液中。这些没有萌发的分生孢子可能包括 3 种类型：一是需要较长时间才萌发的野生型分生孢子；二是已经突变为营养缺陷型的分生孢子，它们在基本培养液中不能萌发；三是已死亡的分生孢子。以后每隔一定时间进行过滤，连续若干次之后，野生型分生孢子因不断萌发而被去掉，剩下的只是突变的或已死亡的分生孢子。最后利用各种补充培养基对突变的缺陷型分生孢子进行分析鉴定，确定它们是属于哪一类营养缺陷型（图 7.20）。

### 三、果蝇突变体的检出

Muller 从果蝇的自发突变中建立了一系列品系用作检出突变体的材料，其中最有名的是为检测 X 染色体上隐性致死突变而构建的 ClB 品系（详见第五章），后来他又在 ClB 的基础上创建了 Muller-5 品系。Muller-5 品系的 X 染色体上带有 $B$（bar，棒眼）和 $w^a$（apri-cot，杏色眼）基因。此外，X 染色体还有一些倒位，可以抑制 Muller-5 的 X 染色体与野生型 X 染色体的重组。试验时，把野外采集的或经过诱变处理的雄果蝇与 Muller-5 雌果蝇交配，得到子一代后，做单对交配，看子二代的分离情况。如有致死突变，子二代中就没有野生型雄蝇，如有隐性的可见突变，则除 Muller-5 雄果蝇外，还有可见突变的雄果蝇（图 7.21）。此外，还可以利用平衡致死品系检测常染色体上的突变基因（详见第五章）。

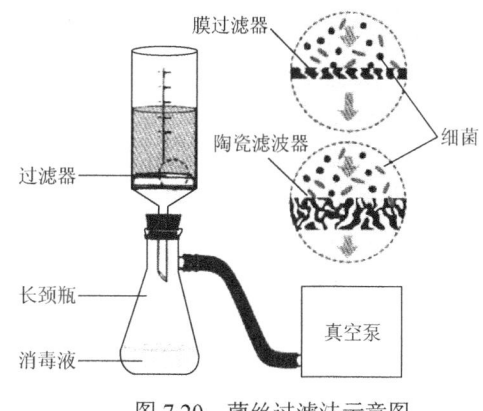

图 7.20 菌丝过滤法示意图

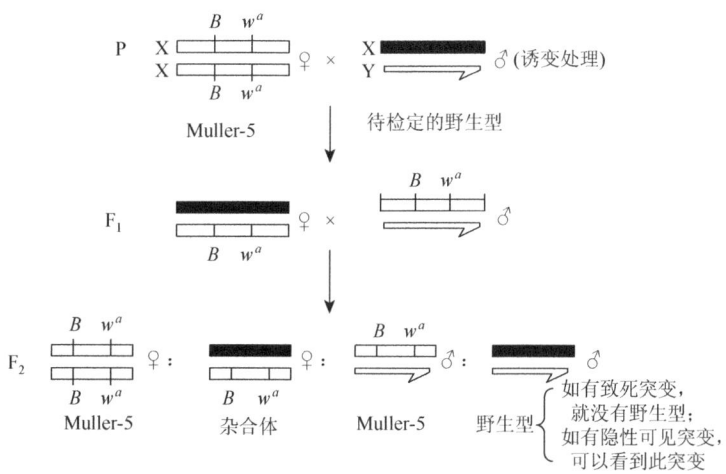

图 7.21 Muller-5 品系检测果蝇 X 连锁隐性致死突变或隐性可见突变

## 四、植物突变体的检出

在植物中，当发现一种变异类型后，首先应将它与原始亲本材料在相同环境条件下种植，以确定其是否为可遗传变异，然后再做进一步分析。植物突变体的检出方法因植物和突变性状的种类而有所不同。

在种子植物中，最直接简便的突变体检出方法，是利用直感现象检测种子性状的变异。例如，在玉米中，影响种子性状的某些突变很容易被发现。玉米籽粒胚乳为三倍体，它从母本的两个极核中接受了两套染色体，从父本的精核中接受了一套染色体。如果在精核所携带染色体上与胚乳某些性状有关的基因发生了突变，在受精后形成的籽粒中就能检出突变体。例如，玉米籽粒的非甜质（$Su$）和甜质（$su$）性状，当籽粒成熟时非甜质籽粒饱满，而甜质籽粒表现皱缩，二者很容易区别。如果以甜质纯玉米作母本，以诱变处理的非甜质玉米作父本授粉，若母本果穗上出现了甜质籽粒，就说明花粉中的非甜质基因 $Su$ 突变为甜质基因 $su$，从而可检出甜质突变体。同样道理，也可以检出甜质基因 $su$ 突变为非甜质 $Su$ 的突变体。其他表现种子直感（xenia）现象的性状突变也能按此原理检出。

在禾谷类作物中，由于体细胞突变往往只发生在一个分蘖的幼芽或幼穗原基内，因而只影响到一个穗子或其中的少数籽粒。如果发生了隐性突变，还必须分穗、分株收获，按穗行、株行分别种植若干代，才能检出稳定的突变类型。图 7.22 是大麦诱发隐性突变的表现过程。通常将诱变处理的种子长成的植株称为 M，M 自交后获得的子代用 $M_1$ 表示，以此类推。假定在大麦的主茎穗中某些细胞发生了隐性突变（$A \to a$），在 $M_1$ 代的主茎穗行中一般会出现纯合突变体 aa，其数量约为 1/4，而其他穗行中不会出现变异。将 $M_1$ 按穗行收获的各类单株，分别按株行种成 $M_2$。在 $M_2$ 中，其中有一行可能全部个体表现正常，说明其上一代单株为 AA 型纯合体；其中一行可能全部个体为突变型，没有性状分离，它们是上一代隐性突变体 aa 的后代；另外，其他株行中可能出现约 1/4 的个体表现突变性状，说明它们的上一代单株为 Aa 型杂合体。

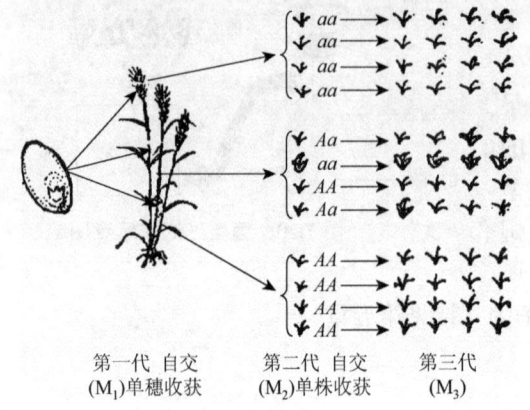

图 7.22 大麦诱发隐性突变后代遗传动态示意图

随着分子遗传学的发展，许多现代分子生物学的手段已经用于基因突变的检测，如等位基因特异的寡核苷酸（allele specific oligonucleotide，ASO）（图 7.23）、DNA 芯片技术、检测 DNA 点突变的毛细管电泳技术、等位基因特异寡核苷酸杂交技术等，从而提高了检测的可靠性和效率。

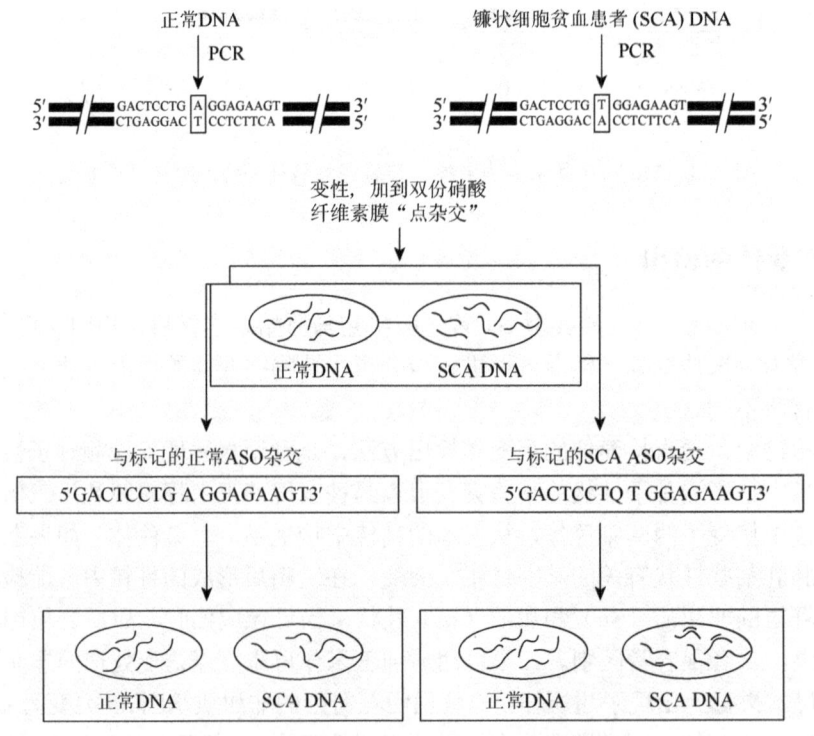

图 7.23 利用 ASO 检测 DNA 中单碱基差异

## 主要参考文献

程罗根. 2013. 人类遗传学导论. 北京：科学出版社
戴朝曦. 1998. 遗传学. 北京：高等教育出版社
戴灼华，王亚馥. 2008. 遗传学. 2版. 北京：高等教育出版社
韩贻. 1988. 分子细胞生物学. 北京：高等教育出版社
贺竹梅. 2011. 现代遗传学教程. 2版. 北京：高等教育出版社
刘祖洞，乔守怡，吴燕华，等. 2013. 遗传学. 3版. 北京：高等教育出版社
石春海. 2007. 现代遗传学概论. 杭州：浙江大学出版社
宋运淳，余先觉. 1989. 普通遗传学. 武汉：武汉大学出版社
王洪刚，杨欣同. 1993. 遗传学. 北京：北京农业大学出版社
徐晋麟，徐沁，陈淳. 2001. 现代遗传学原理. 北京：科学出版社
姚敦义. 1990. 遗传学. 青岛：青岛出版社
印木泉. 2002. 遗传毒理学. 北京：科学出版社
翟中和. 1995. 细胞生物学. 北京：高等教育出版社
浙江农业大学. 1986. 遗传学. 北京：农业出版社
Ayala FJ，Kiger JA Jr. 1987. 现代遗传学. 蔡武城，等译. 长沙：湖南科学技术出版社
Suzuki DT，Griffiths AJF，Lewontin RC. 1990. 遗传分析导论. 兰斌，等译. 西安：陕西人民教育出版社
William SK，Michael RC. 2002. Essentials of Genetics. 4th ed. 北京：高等教育出版社
Winter PC，Hickey GI，Fletcher HL. 1999. 遗传学. 北京：科学出版社

## 思考题

1. 解释名词：
1）基因突变，同义突变，错义突变，渗漏突变，无义突变，抑制突变
2）碱基类似物
3）碱基替换，转换，颠换
4）光复活
5）AP位点

2. 基因突变有哪些主要特点？

3. 为什么基因突变大多数是有害的？

4. 突变的平行性说明什么问题，有何实践意义？

5. 一个新的高产小麦品系不抗倒伏，你的实验室有X射线源，如何利用它改良这个品系？

6. 果蝇的星眼$S$基因在第Ⅱ染色体上，展翅基因$D$在第Ⅲ染色体上，它们都是隐性致死基因，故能成活的、供测验用的果蝇的基因型为$\frac{S}{s}\frac{D}{d}$。假定要测验一个新的隐性突变（非致死）基因$a$是否在X染色体上，如何利用这种星眼、展翅果蝇品系，进行怎样的实验步骤，根据什么原理和怎样的实验结果可以判断$a$基因属于X连锁群？

7. *Neurospora crass*中的$ade^-B3$基因的突变体为紫色且需要ade，在单倍体培养物中分离到100个自发的$ade^-B3$突变体，将每个突变体的细胞涂布在不含ade的培养基上检测回复突变，发现13个培养物不产生菌落，即使进行广泛的诱变剂处理后再涂平板，仍不产生菌落。这种突变可能的性质是什么？

8. 以5-溴尿嘧啶为例，简述碱基类似物的诱发机理。

9. 在一牛群中，外貌正常的双亲产生一头矮生的雄犊（假定它是可育的）。你怎样决定

这种矮生是突变的直接结果，隐性矮生基因"携带者"偶尔交配后发生的分离，还是由于非遗传（环境）的影响？

10. 请比较点突变与缺失突变的主要区别。

11. 用 4000R（1R=2.58×$10^{-4}$C/kg）的 X 射线照射，使处理过的果蝇配子中有 12% 发生了性连锁隐性致死突变。假定在没有照射过的果蝇配子中，几乎没有可检出的突变发生，又假定突变率与剂量之间有严格的线性关系，请问用下列剂量进行照射时，预期发生的致死突变率各为多少？①1000R；②2000R；③5000R；④6000R。

# 第八章 基因表达的调控

生物的生长、发育及各种生命活动都是由基因控制的。为了适应不同的环境及完成分化、发育、繁殖和代谢等各种生命活动，生物的基因受到严密的调控，按不同时间阶段及不同的细胞、组织和器官顺序表达，调整体内参与相应功能蛋白质的种类和数量，使生物适应不同的内环境和外环境，按照不同阶段逐渐发育成长。基因表达的调控（gene expression regulation）可以在转录和转译等不同层次按照不同的时空顺序有条不紊地进行。

## 第一节 基因表达的概念与特点

基因是遗传的功能单位，通过表达相应产物，控制生物的形态特征、生理特性及与环境的协调与适应。基因表达（gene expression）是基因经过转录、翻译，产生具有特异生物学功能的蛋白质分子（少数 RNA 分子）的过程。基因表达受不同层次的复杂机制调控。

### 一、基因表达的时间性及空间性

基因表达的时间、空间特异性由特异基因的启动子（序列）（promoter）和（或）增强子（enhancer）与调节蛋白（regulatory protein）相互作用决定。

#### （一）时间特异性

按功能需要，某一特定基因的表达严格按特定的时间顺序发生，称为基因表达的时间特异性（temporal specificity）。多细胞生物基因表达与组织器官生长、发育阶段相适应，又称为阶段特异性（stage specificity）。例如，$T_4$ 噬菌体的繁殖大概需要 70 个基因，这些基因按照一定的时间顺序表达，完成噬菌体各"部件"的合成和装配（详见第十四章）。

#### （二）空间特异性

在个体生长过程中，各种基因产物按照不同组织空间顺序出现，即使处在同一生长发育阶段，不同组织细胞内的基因表达水平也不一致，称为基因表达的空间特异性（spatial specificity）。基因表达伴随时间顺序所表现出的这种分布差异，实际上是由细胞在器官的分布决定的，所以空间特异性又称细胞或组织特异性（cell or tissue specificity）。

### 二、基因表达的方式

#### （一）组成性表达

某些基因在一个个体的几乎所有细胞中持续表达，如果缺少，细胞不能正常生存，这类基因通常称为管家基因（housekeeping gene）。例如，组蛋白基因、核糖体蛋白基因、线粒体蛋白基因、糖酵解酶基因等在所有类型的细胞中都进行表达，因为这些基因的产物对于维持细胞的基本结构和代谢功能是必不可少的。

无论表达水平高低，管家基因较少受环境因素影响，而是在个体各个生长阶段的大多数或几乎全部组织中持续表达或变化很小。区别于其他基因，这类基因的表达被视为组成性基因表达（constitutive gene expression）。

### （二）诱导和阻遏表达

在特定环境信号刺激下，相应的基因被激活，基因表达产物增加，这种基因称为可诱导基因。可诱导基因在特定环境中表达增强的过程，称为诱导（induction）。如果基因对环境信号的应答被抑制，这种基因是可阻遏基因。可阻遏基因表达产物水平降低的过程称为阻遏（repression）。

在一定机制控制下，功能上相关的一组基因，无论其为何种表达方式，均需协调一致、共同表达，称为协调表达（coordinate expression），这种调节称为协调调节（coordinate regulation）。

## 三、基因表达调控的环节

基因表达调控可见于从基因激活到蛋白质生物合成的各个阶段，因此基因表达的调控可分为转录水平（基因激活及转录起始）、转录后水平（加工及转运）、翻译水平及翻译后水平（图8.1），但以转录水平的基因表达调控最重要。

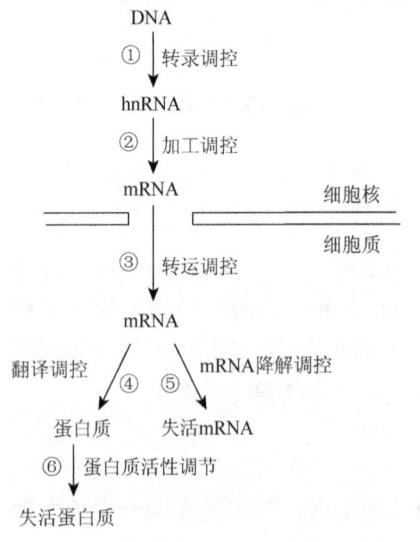

图 8.1 基因表达的多级调控

## 四、顺式作用元件和反式作用因子

基因活性的调控主要通过反式作用因子（trans-acting factor，通常是蛋白质）与顺式作用元件（cis-acting element，通常为DNA上的特定序列）相互作用而实现。

（1）顺式作用元件

任一不转变为其他形式的DNA序列，它只在原位发挥DNA序列的作用，仅影响与其在物理上相连的DNA，这种作用方式称为顺式作用。顺式调节序列最终发挥作用的分子有时不是DNA，而是RNA。

对基因表达有调节活性的DNA序列称为顺式作用元件，它的活性影响与其同处在一个DNA分子上的基因。顺式作用元件包括启动子、增强子、调控序列和可诱导元件等，它们的作用是参与基因表达的调控，通常不编码蛋白质。

（2）反式作用因子

反式作用是指游离基因产物扩散至目标场所的过程。因此，反式作用因子的编码基因与其识别或结合的靶核苷酸序列一般不在同一个DNA分子上。

由不同染色体上基因座位编码的、能直接或间接地识别或结合在各顺式作用元件8～12bp核心序列上、并参与调控靶基因转录效率的结合蛋白称为反式作用因子，通常是蛋白质或蛋白质亚基。随着表观遗传学的发展，研究发现除蛋白质外，DNA、RNA 也有调控功能。反式作用因子主要有 miRNA、转录因子等。

## 第二节　原核基因表达的调控

原核生物中，营养状况（nutritional status）和环境因素（environmental factor）对基因表达起着举足轻重的影响。原核生物基因表达的调控主要是在转录和翻译两个层次进行。

### 一、转录水平的调节

#### （一）操纵子

原核生物大多数基因表达调控是通过操纵子（operon）机制实现的。操纵子通常由 2 个以上的编码序列与启动序列、操纵序列及其他调节序列在基因组中成簇串联组成。

1. 启动序列

启动序列（启动子，promoter）是 DNA 分子上可以与 RNA 聚合酶特异结合，活化 RNA 聚合酶，而使转录开始的一段 DNA 序列。原核生物的启动子一般处在结构基因的上游，启动子本身一般不转录。一个经典的原核生物启动子主要由 4 个区域组成：−35 序列、−10 序列、转录起点、−10 序列和−35 序列间的距离。

转录起点（start point）是指 DNA 上第一个核苷酸掺入的位点，常把起点前面或左边即 5′端的顺序称为上游（upstream），而把其后面或右边即 3′端的顺序称为下游（downstream）。多种原核基因启动序列特定区域内，通常在转录起始点上游−10 区及−35 区存在一些相似序列，称为共有序列（consensus sequence）。大肠杆菌及一些细菌启动序列的共有序列在−10 区是 TATAAT，−10 区是普里布诺（David Pribnow）和夏勒（Heinz Schaller）发现的，故又称为 Pribnow 盒（Pribnow box）。−35 区又称为 Sextama 盒（Sextama box），保守序列为 TTGACA，−35 区为 RNA 聚合酶 σ 因子的识别位点。RNA 聚合酶与该位置接触并在启动子区域形成封闭复合物；−10 区为 RNA 聚合酶牢固结合的位置，并在此解链，形成开放复合物。这些共有序列中的任一碱基突变或变异都会影响 RNA 聚合酶与启动序列的结合及转录起始。因此，共有序列决定启动序列的转录活性。−35 区和−10 区的距离是稳定的，这与 RNA 聚合酶的结构有关。

2. 操纵序列

操纵序列（operator）位于基因的启动子后面，或与启动子重叠，可结合阻遏物。当操纵序列结合阻遏蛋白时会阻碍 RNA 聚合酶与启动序列的结合，或使 RNA 聚合酶不能沿 DNA 向前移动，阻遏转录，介导负性调节（negative regulation），即在无调节蛋白时基因表达，具有转录活性，一旦加入调节蛋白，则基因活性被关闭，转录受到抑制。在负调控系统中，调节基因的产物是阻遏蛋白（repressive protein），起着阻止结构基因转录的作用。根据作用特征又可分为负控诱导作用和负控阻遏作用。在负控诱导系统中，阻遏蛋白不与效应物（诱导物）结合时，结构基因不转录；在负控阻遏系统中，阻遏蛋白与效应物结合时，结构基因不转录。

原核操纵子调节序列中还有一种特异 DNA 序列可结合激活蛋白（activating protein），使转录激活，介导正性调节（positive regulation）。正调控是指在没有调节蛋白存在时，基因是关闭的,当加入调节蛋白分子后,基因活性开启,能进行转录。在正转录调控系统中,调节基因的产物是激活因子(activator)。在正控诱导系统中,诱导物的存在使激活蛋白处于活性状态;在正控阻遏系统中,效应物分子的存在使激活蛋白处于非活性状态。

### (二)乳糖操纵子

1. 操纵子模型的提出

1961年,法国科学家莫诺德(Jacques Monod)和雅各布(Franois Jacob)提出了著名的乳糖操纵子(lactose operon)模型,开创了基因调控的研究。Monod 与 Jacob 最初发现的是大肠杆菌的乳糖操纵子,这是一个十分巧妙的自动控制系统。当培养基中含有充分的乳糖,同时不含葡萄糖时,细菌便会自动产生半乳糖苷酶来分解乳糖,以资利用。当培养基中不含乳糖时,细菌便自动关闭乳糖操纵子,以免浪费物质和能量。

2. 操纵子的组成与功能

大肠杆菌的乳糖操纵子有 *lacZ*、*lacY* 和 *lacA* 三个结构基因(structural gene),分别编码 β-半乳糖苷酶、β-半乳糖苷透性酶和 β-半乳糖苷乙酰基转移酶,此外还有一个操纵序列 O(operator, O)、一个启动序列 P(promoter, P)及一个调节基因 I。I 基因编码一种阻遏蛋白,能与 O 序列结合,使操纵子处于关闭状态。在启动序列 P 上游还有一个分解代谢物基因激活蛋白(catabolite gene activator protein,CAP)结合位点(图8.2)。由 P 序列、O 序列和 CAP 结合位点共同构成 lac 操纵子的调控区,对三个酶的编码基因进行协同调节。

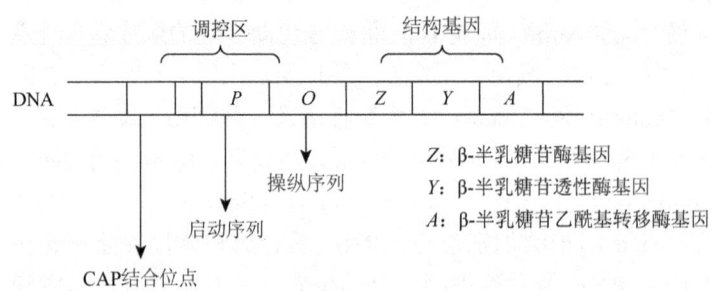

图 8.2 乳糖操纵子的组成与结构

3. 操纵子的调控方式

(1)阻遏蛋白的负性调节

在没有乳糖存在时,I 基因编码的阻遏蛋白与 O 序列结合,阻遏 RNA 聚合酶与 P 序列结合,抑制转录启动,lac 操纵子处于阻遏状态,无乳糖分解代谢。当有乳糖或其衍生物〔如异丙基 β-D-硫代半乳糖苷(IPDG)〕存在时,阻遏蛋白发生构象变化,丧失与操纵基因结合的能力,lac 操纵子(元)即可被诱导,结构基因正常转录表达(图 8.3)。

(2)阻遏蛋白的正性调节

分解代谢物基因激活蛋白 CAP 分子内有 DNA 结合区及 cAMP 结合位点。当没有葡萄糖及 cAMP 浓度高时,cAMP 与 CAP 结合,这时 CAP 与 lac 启动序列附近的 CAP 位点结合,刺激 RNA 转录活性,加大操纵子的转录速度;当有葡萄糖存在时,它的代谢产物能抑制细胞内 cAMP 的形成,使 cAMP 浓度降低,导致 cAMP 与 CAP 结合受阻,因此 lac 操纵子表达下降(图 8.4)。

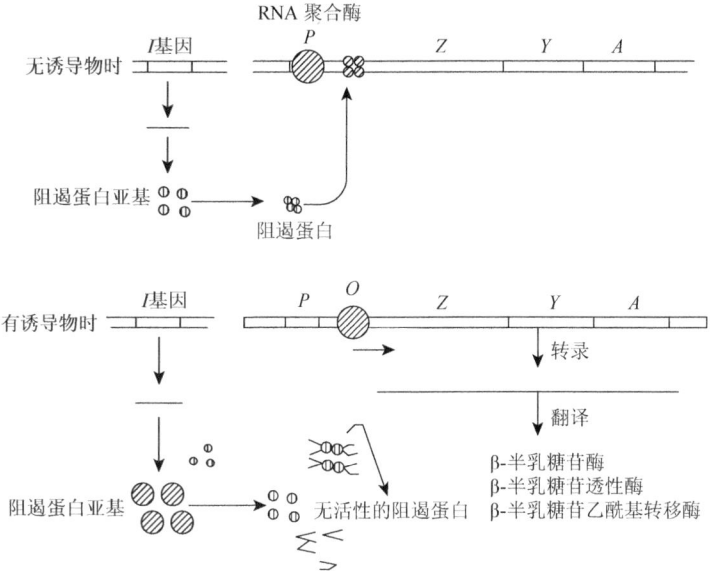

图 8.3 乳糖操纵子负调节的阻遏与诱导

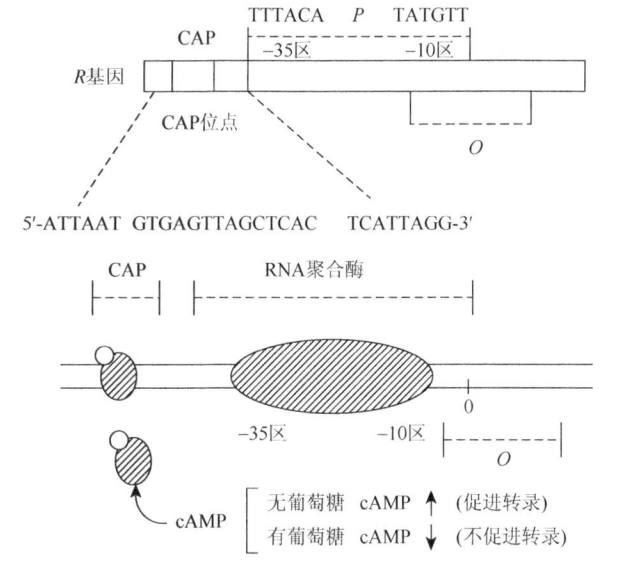

图 8.4 乳糖操纵子正调节的阻遏与诱导

由于葡萄糖对操纵子的抑制作用，当大肠杆菌生长在既有葡萄糖又有乳糖的培养基时，只有葡萄糖被利用而没有乳糖操纵子所特有的蛋白质的产生。同样，在葡萄糖与半乳糖同时存在时，只有葡萄糖被利用，半乳糖操纵子是无活性的。这种现象过去称为葡萄糖效应（glucose effect）。后来知道这是由葡萄糖分解代谢产物引起的，因此又称为分解代谢产物阻遏（catabolite repression）。

（3）协调调节

lac 阻遏蛋白负性调节与 CAP 正性调节两种机制是相辅相成、相互协调、相互制约的。当 lac 阻遏蛋白封闭转录时，CAP 对该系统不能发挥作用。但是如果没有 CAP 来加强转录活性，即使阻遏蛋白从操纵序列上解聚，操纵子仍然几乎无转录活性。

### （三）色氨酸操纵子

色氨酸操纵子（trp operon）负责色氨酸的生物合成，是一种负性调控的、可阻遏的操纵子。当培养基中有足够的色氨酸时，这个操纵子自动关闭，缺乏色氨酸时操纵子被打开。

#### 1. 色氨酸操纵子的组成与功能

色氨酸操纵子有 $E$、$D$、$C$、$B$、$A$ 五个结构基因，头尾相接串联排列，分别控制邻氨基苯甲酸合成酶、邻氨基苯甲酸焦磷酸转移酶、邻氨基苯甲酸异构酶、色氨酸合成酶和吲哚甘油-3-磷酸合成酶的合成。结构基因上游为启动子 $P$ 和操纵序列 $O$，调控基因 $R$ 的位置远离 $P$-$O$-结构基因群（图 8.5）。

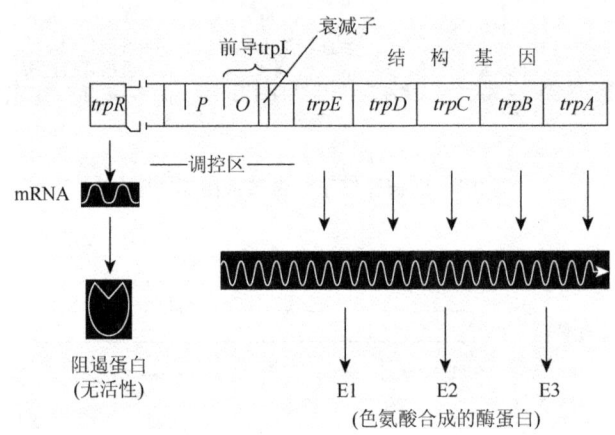

图 8.5　色氨酸操纵子的组成与结构

#### 2. 阻遏蛋白的负调控

以组成性方式低水平表达的阻遏蛋白 R 并不具有与 $O$ 结合的活性，色氨酸操纵子通常处于开放状态。当色氨酸合成过多时，R 与色氨酸结合后构象发生变化，才能够与操纵序列 $O$ 特异性亲和结合，阻遏结构基因的转录（图 8.6）。细菌中不少生物合成系统的操纵子都属于这种类型，其调控可使细菌处在生存繁殖最经济最节省的状态。

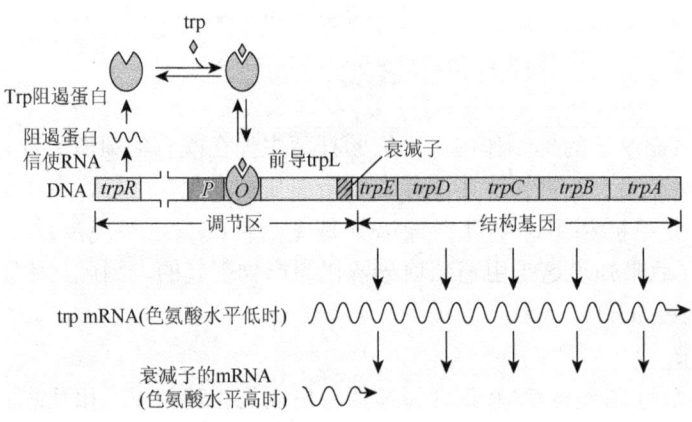

图 8.6　色氨酸操纵子的负调控

## 3. 衰减子的负调控

通过实验观察表明：当色氨酸达到一定浓度、但还没有高到能够活化 R 使其起阻遏作用的程度时，产生色氨酸合成酶类的量已经明显降低，而且产生的酶量与色氨酸浓度呈负相关。仔细研究发现这种调控现象受转录衰减（attenuation）机制的调节。

在色氨酸操纵子 *P-O* 与第一个结构基因 *trpE* 之间有一段 162bp 的前导序列构成衰减子区域（attenuator region），能够编码 14 个氨基酸的短肽，其中有 2 个色氨酸相连，在此编码区前有核糖体结合位点（ribosome binding site，RBS）序列，提示这段短序列在转录后能被翻译。该区域含有 4 个反向重复序列 1、2、3 和 4，在被转录生成 mRNA 后它们两两能够形成 3 个发夹结构（hairpin structure）（1-2、2-3、3-4）。如果序列 1、2 形成发夹结构，那么序列 2、3 就不能形成发夹结构，但有利于序列 3、4 生成发夹结构，所以同时最多只能够形成两个发夹结构（图 8.7）。序列 4 后面紧跟一串 A（转录成 RNA 就是一串 U），所以由 3、4 形成的发夹结构实际上是一个终止结构。当色氨酸的浓度较高或很高时，核糖体能够很快地通过序列 1，并封闭序列 2，使序列 3、4 形成一个不依赖 ρ 因子的转录终止结构——衰减子（attenuator），导致前方的 RNA 聚合酶脱落，转录终止。当色氨酸缺乏时，没有色氨酰-tRNA 提供，核糖体的翻译停止在序列 1 和 2 的色氨酸密码子前，序列 2、3 得以形成发夹结构，阻止序列 3、4 形成衰减子结构，转录继续（图 8.8）。

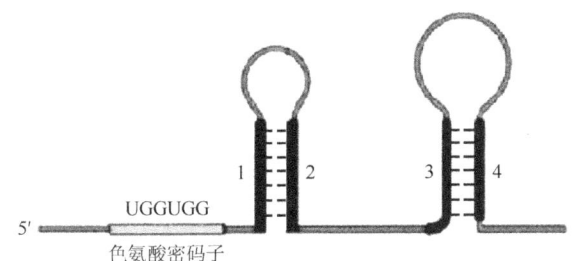

图 8.7 色氨酸操纵子的衰减子区域

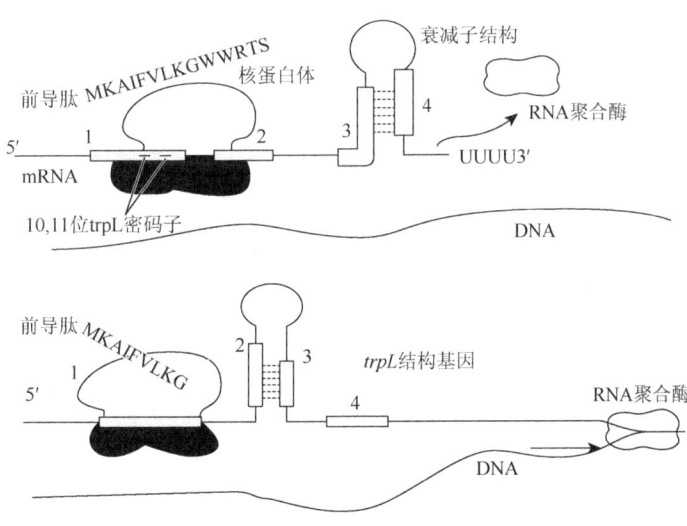

图 8.8 色氨酸操纵子的转录衰减机制

细菌中其他氨基酸合成系统的许多操纵子（如组氨酸、苏氨酸、亮氨酸、异亮氨酸、苯丙氨酸等操纵子）中也有类似的衰减子存在。

## 二、翻译水平的调节

### （一）SD 序列

原核基因转录起始位点下游有一段富含嘌呤核苷酸的 DNA 序列，即 Shine-Dalgarno 序列（简称 SD 序列）。SD 序列与核糖体 16S rRNA 特异配对而与宿主核糖体结合（详见第六章），它对 mRNA 的翻译起着决定性的作用。

核糖体与 mRNA 的结合程度越强，翻译的起始效率越高，而核糖体与 mRNA 的结合程度主要取决于 SD 序列与核糖体 16S rRNA 碱基的互补性。大肠杆菌 SD 序列的碱基组成为 5′AGGAGG3′，其中以 GGAG 四个碱基最为重要，这四个碱基中的任何一个发生突变都会引起翻译效率的大幅度下降。

SD 序列与起始密码子之间的距离对保证准确和高效翻译很重要，一般为 6~8bp，多数情况下为 7 个碱基，多一个或少一个碱基都会影响翻译的起始效率。此外，SD 序列与起始密码子之间的碱基组成也影响翻译的起始效率。研究表明，SD 序列后面的碱基为 AAAA 或 UUUU 时，翻译起始的效率最高，而当序列为 CCCC 或 GGGG 时，翻译的起始效率分别为最高值的 50%和 25%。

mRNA 二级结构隐蔽 SD 序列。例如，红霉素甲基化酶的 mRNA（图 8.9）在没有红霉素时可合成前导肽，序列 1-2、3-4 可形成发夹结构，红霉素甲基化酶编码区的核糖体结合位点位于序列 3-4 形成的茎环结构中，不能与核糖体结合，mRNA 不能翻译，该酶不能合成；有红霉素时则形成 2-3 发夹结构，合成红霉素甲基化酶。该酶修饰核糖体 23S mRNA 上的嘌呤碱基，阻止红霉素的结合，解除红霉素对蛋白质合成的抑制作用，使细菌产生抗药耐药性。

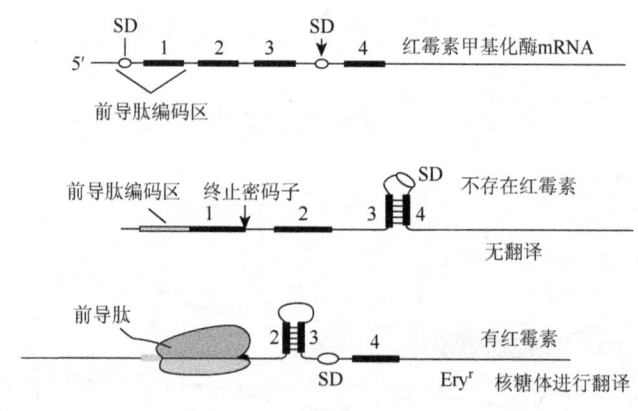

图 8.9　红霉素甲基化酶的 mRNA

### （二）核糖体合成反馈抑制

核糖体可以反馈抑制它们自己的 mRNA 翻译，如果某种核糖体蛋白质在细胞中过量积累，它将与其自身的 mRNA 结合，阻止进一步翻译。结合位点通常包括 mRNA 5′非翻译区（untranslated region，UTR）启动子区域的 SD 序列。

### （三）mRNA 的稳定性

原核生物通过快速繁殖来适应生存环境，这决定了其 mRNA 稳定性通常远远次于真核基因 mRNA，半衰期仅为 0.5～50min。mRNA 的降解速度受细菌的生理状态、环境因素及 mRNA 结构的影响。

### （四）反义 RNA

反义 RNA（antisense）是可与 mRNA 或有义 DNA 链互补而导致正常翻译终止的 RNA 分子。通过反义 RNA 控制 mRNA 的翻译是原核生物基因表达调控的一种方式，最早是在 E. coli 的大肠杆菌素的 Col E1 质粒中发现的。反义 RNA 主要通过三种方式调控翻译：①反义 RNA 与 mRNA 上核糖体结合位点结合，核糖体脱落，使翻译不能起始；②反义 RNA 可与目的基因的 5′ UTR 或翻译起始区的 SD 序列结合，使 mRNA 不能与核糖体有效地结合，从而阻止蛋白质的合成；③反义 RNA 也可与 mRNA 结合，形成双螺旋结构，由于所形成的双螺旋结构是内切酶的特异底物，使与其结合的 RNA 变得不稳定。

## 第三节　真核基因表达的调控

真核细胞基因组的 DNA 含量和基因的总数都远远高于原核生物，而且 DNA 不是染色体中的唯一成分，DNA 和蛋白质及少量的 RNA 构成以核小体为基本单位的染色质（详见第五章）；真核细胞的染色体包在核膜里面，转录和翻译分别发生在细胞核和细胞质中，这两个过程在时间上和空间上都是分开的，而且在转录和翻译之间存在着一个相当复杂的 RNA 加工过程；真核生物是由不同的组织细胞构成的，从受精卵到完整个体要经过复杂的分化发育过程，除了那些维持细胞的基本生命活动所必需的基因组成性表达之外，不同组织细胞中的基因总是在不同的时空序列中被活化或受到阻遏。因此，真核生物的基因调控比原核生物复杂得多。

真核生物基因表达调控的活动范围很广，包括 DNA 水平的调控、转录前水平的调控、转录水平的调控、转录后水平的调控、翻译水平的调控和翻译后水平的调控等。既有对环境条件的改变或者细胞的及组织的、生理条件的改变做出反应的短期调节（short-term regulation），也有因受到内在程序化控制的长期调节（long-term regulation）。

### 一、染色体水平的调控

#### （一）染色体丢失

真核生物的体细胞都是受精卵通过有丝分裂产生的，应该都保留有全套染色体的基因组，但是有些真核生物的受精卵在卵裂过程中会发生染色体丢失，凡是没有丢失染色体的细胞发育成为生殖细胞，丢失染色体的成为体细胞。例如，小麦瘿蚊在极细胞质区域的核内保持了全部 40 条染色体，以后分化为生殖细胞，位于其他细胞质区域的核丢失了 32 条染色体，只保留了 8 条，将来成为体细胞（详见第十四章）。

马蛔虫（Parascaris equorum）的卵裂早期也发现有染色体丢失的现象。马蛔虫受精卵细胞内只有一对染色体（$2n=2$），但染色体上有多个着丝粒。在发育早期只有一个着丝粒发挥作用，保证正常有丝分裂的进行。第一次卵裂是横裂，产生上下两个子细胞，第二次卵裂时下面的子细胞仍进行横裂，但是上面的子细胞进行纵裂。在纵裂的细胞中染色体分成很多小片段，其中部分含着丝粒，不含着丝粒的片段在分裂中丢失（无着丝粒片段）。而在横裂的细胞中染色体并不丢失（图 8.10）。长此下去最下面的子细胞总是保持了全套的基因组，将发育成生殖细胞，其余丢失了部分染色体片段的细胞分化为体细胞。

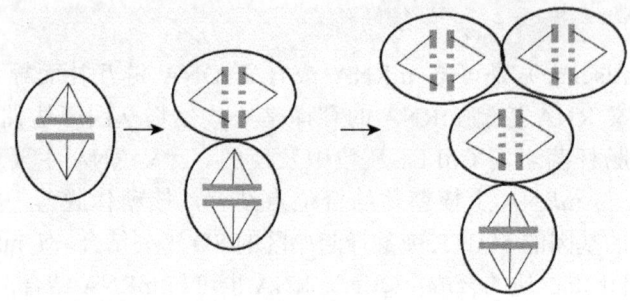

图 8.10　马蛔虫在卵裂过程中的染色体丢失现象

### （二）染色体的重排

基因按照一定的顺序排列在染色体上，如果染色体发生断裂，继而发生缺失、重复、异位和倒位等结构变化，则基因的功能也会发生相应变化。一个基因随着染色体畸变而改变它和邻近基因的位置关系，从而改变了表型的现象称为位置效应（position effect）。按照表型效应的稳定性可把位置效应分为两类：一类是稳定位置效应（stable position effect），又称 S 型位置效应，如果蝇的棒眼遗传；另一类位置效应是不稳定的，称为花斑位置效应（variegated position effect），也称为 V 型位置效应，常由于常染色质区的基因易位到异染色质区或其附近，引起这一基因的异染色质化，使其作用受到抑制，表现出不稳定的表型效应。例如，果蝇 X 染色体上的红眼基因易位到异染色质区时会出现红白相间的复眼（详见第五章）。

## 二、染色质水平的调控

### （一）异染色质化

异染色质又分为组成性异染色质（constitutive heterochromatin）和功能性异染色质（facultative heterochromatin）。组成性异染色质在整个细胞周期内都处于凝聚状态，如着丝粒、端粒、核仁形成区等。而功能性异染色质则是在某些特定的细胞中，或在一定的发育时期和生理条件下凝聚而成的，由常染色质变成异染色质后，相关基因不表达或很少表达。因此，异染色质化也是真核生物的一种调控途经。例如，在哺乳动物中，雌性个体细胞中的两个 X 染色体，其中有一个 X 染色体在受精后的第 16 天（受精卵增殖到 5000～6000 个，植入子宫壁时）失活，从而产生剂量补偿效应（dosage compensation effect）。水蜡虫（*Pseudococcus nipae*）（$2n = 10$）在体细胞里来自父本的 5 条染色体依次被异染色质化，在精子形成时丢失，只保留来自母本的 5 条染色体。

### （二）非组蛋白

染色体上除了存在大约与 DNA 等量的组蛋白以外，还存在大量的非组蛋白。非组蛋白对 DNA 的基因表达有专一性的控制作用。1970 年，吉尔姆（R. S. Gilmour）和保罗（J. Paul）把从兔子骨髓网织红细胞染色质和胸腺细胞染色质提取出来的非组蛋白分别与胸腺和骨髓网织红细胞的 DNA、组蛋白混合重建染色质。他们发现加入骨髓网织红细胞非组蛋白，染色质转录的 RNA 与天然骨髓网织红细胞染色质转录的 mRNA 相同。反之，加入胸腺非组蛋白，重组染色质转录的 RNA 与天然的胸腺染色质转录的 RNA 相同（图 8.11）。

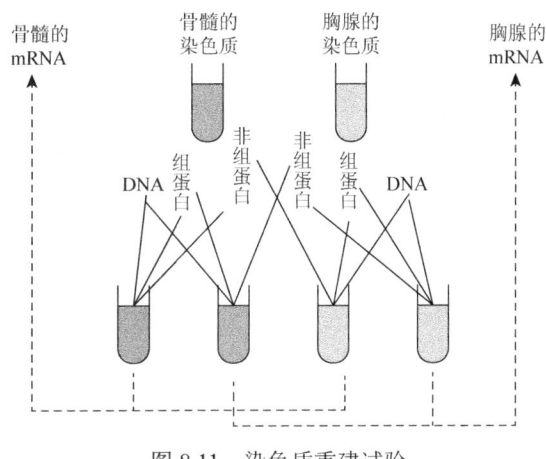

图 8.11　染色质重建试验

## 三、DNA 水平的调控

### （一）对核酸酶敏感性的变化

活跃进行转录的染色质区域 DNA 对 DNase Ⅰ 更敏感，受 DNase Ⅰ 消化，常出现 100～200bp 的 DNA 片段，而且长短不一，说明该区域的 DNA 受组蛋白掩盖的结构有变化，出现了对 DNase Ⅰ 高敏感点（hypersensitive site）。高敏感点常出现在转录基因的 5′侧区、3′端或基因上，多在调控蛋白结合位点的附近。

### （二）DNA 拓扑结构变化

天然双链 DNA 几乎均以负性超螺旋构象存在。当基因活跃转录时，RNA 聚合酶转录方向前方的 DNA 拓扑结构变为正性超螺旋，正性超螺旋会拆散核小体，有利于 RNA 聚合酶向前移动，进行转录。而负性超螺旋则有利于核小体的再形成。

### （三）DNA 甲基化

真核 DNA 约有 5%的胞嘧啶被甲基化（methylated）。mCpG 是真核生物甲基化的唯一形式。基因表达与 CG 甲基化程度呈负相关，甲基化以后可加强阻遏蛋白或降低激活蛋白与 DNA 的结合，基因表达降低；去甲基化（demethylated）则基因表达增加。DNA 甲基化对转录的抑制主要取决于 mCpG 的密度和启动子强度。

### （四）基因扩增

基因扩增（gene amplification）是指某些特定基因为满足某种需要，拷贝数有选择性地大量增加，以便在短期内产生足够基因产物的一种调控方式。例如，在非洲爪蟾体细胞中，rRNA 基因的拷贝数约为 500 个，而在卵母细胞中 rRNA 基因拷贝数可达 200 万个，扩增了 4000 倍。研究表明，这些 rDNA 约占整个卵母细胞 DNA 总量的 75%，它们可用来合成 $10^{12}$ 个核糖体，以满足卵母细胞合成大量蛋白质的需要。

在某些外界因素的影响下，体细胞也会发生基因扩增。例如，用氨甲蝶呤（methotrexate，MTX）处理体外培养的体细胞时，可以使二氢叶酸还原酶（dihydrofolate reductase，DHFR）的结构基因扩增达 40~1000 个拷贝，于是产生大量的 DHFR 来增加对 MTX 的抗性。

### （五）基因重排

基因重排（gene rearrangement）是指一个基因从远离其启动子的地方移动到距启动子近的位点而被启动转录的现象。通过基因重排可以调节表达基因的种类和活性，使不同组织和器官的细胞产生不同的基因产物，如哺乳动物免疫球蛋白各编码区的连接。免疫球蛋白包括两条相同的轻链和重链，轻链由可变区（V区）、恒定区（C区）及二者之间的连接区（J区）组成。每个区均由位于同一条染色体上不同位置的 DNA 片段所编码，在产生活性基因时，一个V区基因和一个C区基因及一个J区通过染色体内重组而紧密地连接在一起。重链除V区、C区和J区外，还包括一个多态区（D区），4个编码区通过染色体内重排而连接在一起，从而产生免疫球蛋白的重链（详见第三章）。

## 四、转录水平的调控

### （一）顺式作用元件

按功能特性，真核基因顺式作用元件分为启动子、增强子和沉默子。

（1）启动子

位于结构基因上游、与基因转录启动有关的一段特殊 DNA 顺序称为启动子。真核基因启动子是 RNA 聚合酶结合位点及其周围的一组转录控制组件（module），每一组件含 7~20bp 的 DNA 序列。启动子包括至少一个转录起始点（initiation site）及一个以上的机能组件。在这些机能组件中最具典型意义的就是 TATA 盒，它位于转录起始点上游−30~−26bp，控制转录起始的准确性及频率。TATA 盒是基本转录因子 TFⅡD 结合位点。除 TATA 盒外，GC 盒和CAAT盒也是很多基因常见的。CAAT框位于上游−75bp 左右，其保守序列为 GGCCAATCT，控制转录起始频率。GC 框位于−90bp 左右，保守序列为 GGGGCGG，控制转录起始频率。此外，还发现很多其他类型的机能组件。由 TATA 盒及转录起始点即可构成最简单的启动子。

（2）增强子

增强子（enhancer）是远离转录起始点、决定基因的时间和空间特异性表达、增强启动子转录活性的 DNA 序列，它的作用方式通常与方向、距离无关。增强子也是由若干机能组件组成，有些机能组件既可在增强子、也可在启动子中出现。这些机能组件是特异转录因子结合 DNA 的核心序列。如果没有增强子，启动子通常不能表现活性；没有启动子时，增强子也无法发挥作用。

（3）沉默子

某些基因含有负性调节元件，当其结合特异蛋白因子时，对基因转录起阻遏作用。这种负性调节元件称为沉默子（silencer）。沉默子的作用不受距离和取向限制。

### （二）反式作用因子

反式作用因子是能直接或间接地识别或结合在各顺式作用元件核心序列上，参与调控靶基因转录速率的一组蛋白质。真核生物反式作用因子通常属于转录因子（transcription factor，TF）。

1. 转录因子的种类

按功能特性可将转录因子分为以下两种类型。

（1）基本转录因子

基本转录因子（general transcription factor）是 RNA 聚合酶结合启动子所必需的一组蛋白质因子，决定三种 RNA（mRNA、tRNA 及 rRNA）转录的类别。对 RNA 三种聚合酶来说，除个别基本转录因子（如 TFⅡD）是通用的之外，多数因子是不同 RNA 聚合酶所特有的。例如，TFⅡD、TFⅡA、TFⅡB、IFⅡE、ⅡF 及 IFⅡH 为 RNA 聚合酶Ⅱ催化 mRNA 转录所必需。

（2）特异转录因子

特异转录因子（special transcription factor）为个别基因转录所必需，决定该基因的时间、空间特异性表达。这类特异因子有的起转录激活作用，有的起转录抑制作用。转录激活因子通常是一些增强子结合蛋白。多数转录抑制因子（transcription inhibitor）是沉默子结合蛋白，但也有抑制因子以不依赖 DNA 的方式起作用，而是通过蛋白质-蛋白质相互作用、"中和"转录激活因子或 TFⅡD，降低它们在细胞内的有效浓度，抑制基因转录。因为在不同的组织或细胞中，各种特异转录因子的分布不同，所以基因表达的状态和方式也不同。

2. 转录因子的结构

转录因子在结构上包含三个功能结构域，分别是 DNA 结合功能域（DNA-banding domain）、转录活性功能域（transcriptional activation domain）及与其他转录因子结合功能域。最常见的 DNA 结合功能域主要有以下三种模式。

（1）锌指结构

由一个含有大约 30 个氨基酸的环和一个与环上的 4 个 Cys 或 2 个 Cys 和 2 个 His 配位的 $Zn^{2+}$ 构成，形成的结构像手指状，故称为锌指（zinc finger）（图 8.12）。锌指常结合 GC 盒。

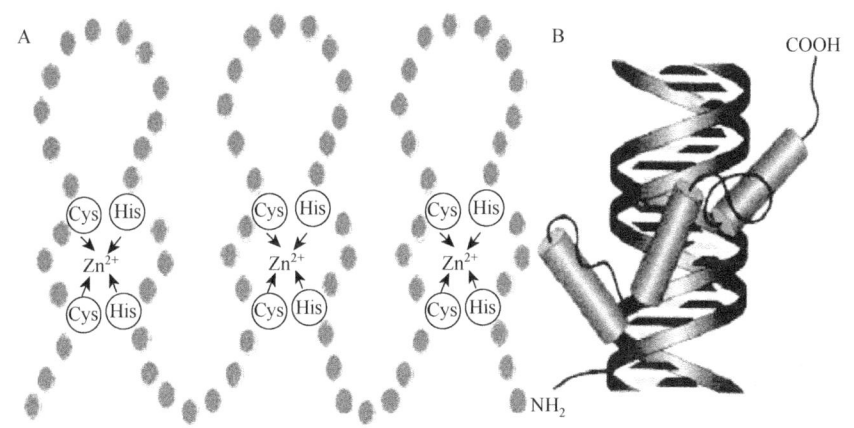

图 8.12 锌指结构

A. 模式图；B. 与 DNA 结合：一个手指与 DNA 大沟结合

（2）螺旋-转角-螺旋

螺旋-转角-螺旋（helix-turn-helix，HTH）结构由两个 α 螺旋和一个 β 转角组成（图 8.13）。羧基端的 α 螺旋是识别螺旋，与 B-型 DNA 的大沟特异结合。识别螺旋的氨基酸残基侧链可以与 DNA 形成疏水键、氢键和发生静电相互作用。而另一个 α 螺旋中的氨基酸残基和 DNA 中的磷酸戊糖骨架发生非特异性结合。

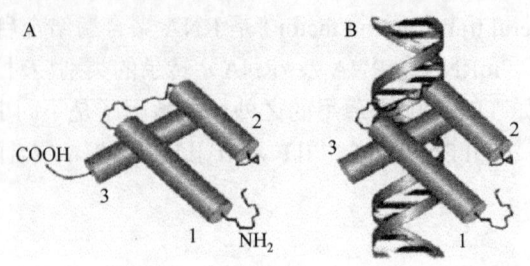

图 8.13　螺旋-转角-螺旋

A. 模式图；B. 与 DNA 结合；1~3. 螺旋

（3）亮氨酸拉链

许多转录因子常以二聚体的形式识别和结合 DNA 的靶位点。二聚体疏水区中的两个 α 螺旋序列每隔 6 个氨基酸残基就出现一个亮氨酸残基，由于 α 螺旋中每转一圈含有 3.4 个氨基酸残基，所以第 7 个氨基酸残基基本上是处于螺旋的同一侧面，因此相邻 α 螺旋中的亮氨酸残基侧链都伸向对方，像两手手指那样交叉锁住，所以形象地称为亮氨酸拉链（leucine zipper）（图 8.14）。

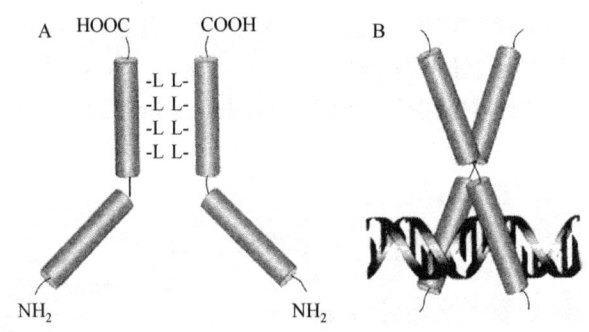

图 8.14　二聚体形成的亮氨酸拉链结构

A. 模式图；B. 与 DNA 结合的剪刀状构型

### （三）mRNA 转录激活及其调节

真核 RNA 聚合酶 Ⅱ 不能单独识别、结合启动子，而是先由基本转录因子 TF Ⅱ D 组成成分 TATA 结合蛋白（TATA binding protein，TBP）识别 TATA 盒或启动元件（initiator，Inr），并有 TAF（TBP associated factor）参与结合，形成 TF Ⅱ D-启动子复合物；继而在 TF Ⅱ A~F 等参与下，RNA 聚合酶 Ⅱ 与 TF Ⅱ D、TF Ⅱ B 聚合，形成一个功能性的前起始复合物（preinitiation complex，PIC）。在几种基本转录因子中，TF Ⅱ D 是唯一具有位点特异的 DNA 结合能力的因子，在上述有序的组装过程中起关键性指导作用。这样形成的前起始复合物尚不稳定，还需要其他因子如 TAF 与 TF Ⅱ D 联系，形成稳定的转录起始复合物。此时，RNA 聚合酶 Ⅱ 才能真正启动 mRNA 转录。TBP 相关因子也是细胞特异的，与转录激活因子共同决定组织特异性转录（图 8.15）。

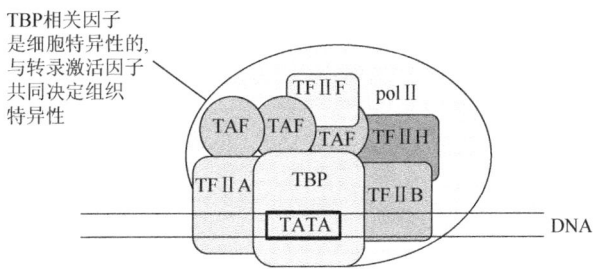

图 8.15　真核 RNA 聚合酶Ⅱ在转录因子帮助下形成的转录起始复合物

### （四）转录起始的调节

在真核生物中同一个基因由于对转录起始的不同选择可以产生不同的产物。例如，小鼠的第 3 号染色体上有两个连锁的 α-淀粉酶（amylase）基因 *amy-1* 和 *amy-2*，*amy-1* 在唾腺和肝中表达，*amy-2* 却在胰脏中表达。在唾腺中产物的浓度是肝中的 100 倍。这是由于在 *amy* 基因 5'端有 2 个不同启动子，不同组织使用的启动子不同（图 8.16）。在唾腺中使用的启动子 *PS* 较强，转录活性比 *PL* 高 30 多倍，但唾腺细胞中 *amy* 的 mRNA 浓度要比肝脏中的高 100 倍，表明可能还受到其他调控因素的影响。

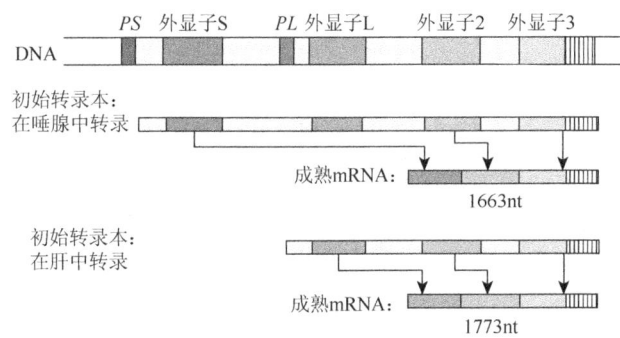

图 8.16　小鼠淀粉酶基因（*amy*）利用不同启动子产生两种不同的淀粉酶

### （五）选择性加工

真核生物的基因绝大多数都是割裂基因，最初转录生成的 RNA 称为核内不均一 RNA（heterogeneous nuclear RNA，hnRNA），需要进行剪接加工，最终形成成熟的 mRNA。由于 5'端、内含子及 3'端等选择的不同，即使是同一个基因，相同的初始 mRNA，也会产生不同的成熟 mRNA，编码功能不同的蛋白质。例如，大鼠甲状腺中合成的降钙素（calcitonin）和脑下垂体合成的神经肽（neuropeptide）降钙素基因相关肽（calcitonin gene related peptide，CGRP）都是由同一个基因编码的，但由于 3'端加尾位点的选择不同，使其 mRNA 3'端的编码区不同，导致最终合成的产物也完全不同（图 8.17）。

## 五、翻译水平的调控

### （一）mRNA 运输控制

真核基因的转录在细胞核内进行，而翻译是在细胞质中进行的。在核内合成的 RNA 必须运输到细胞质，因此，RNA 的跨核膜运输就成为基因表达的一个控制点。运输控制（transport

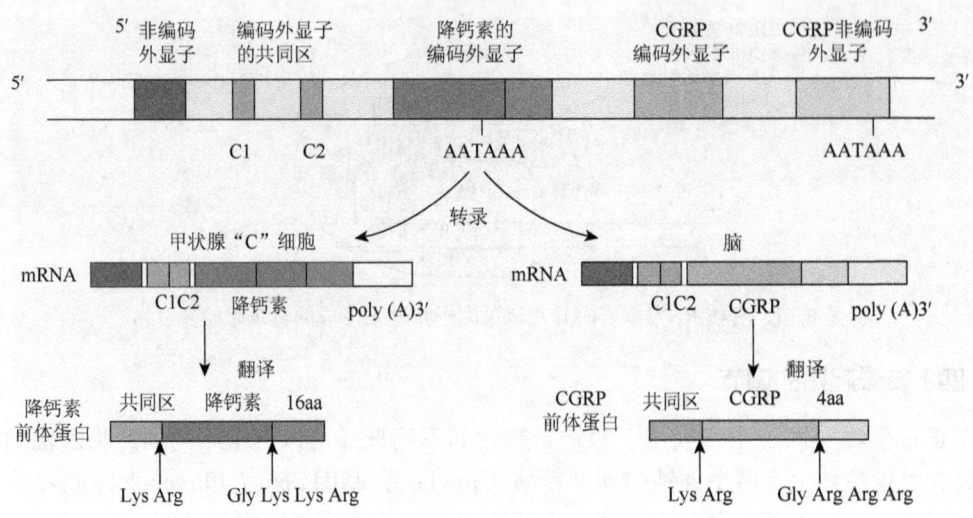

图 8.17 大鼠降钙素基因两个 poly（A）位点和不同的剪接模式

control）是对转录本从细胞核运送到细胞质中的数量进行调节。研究表明，大约 50% 的 RNA 在核内降解，还有一些留在核内。

### （二）mRNA 稳定性的调控

在细胞质中所有的 RNA 都要受到降解控制（degradation control），核糖体 RNA 和 tRNA 通常很稳定，mRNA 分子的稳定性差异较大，高等真核生物迅速生长的细胞中 mRNA 的半衰期平均为 3h，在高度分化的终端细胞中许多 mRNA 极其稳定，有的寿命长达数天。有些真核细胞的 mRNA 进入细胞质之后，并不立即作为模板指导蛋白质合成，而是与一些蛋白质结合，形成 RNA 蛋白质颗粒（ribonucleoprotein，RNP），使 mRNA 的半衰期延长。mRNA 的寿命越长，作为模板翻译蛋白质的次数就越多，mRNA 的使用效率就越高。

### （三）mRNA 的结构

1. mRNA 5′前导序列

真核生物 mRNA 的前导序列就是 5′非翻译区，绝大多数真核 mRNA 的翻译从 mRNA 5′端的第一个 AUG 密码子开始，符合 AUG 规律。但也有一些 mRNA 的翻译不符合 AUG 规律，这些 mRNA 的 5′UTR 中有多个 AUG。5′ UTR 的长度也会影响到翻译的效率和起始的精确性，当长度小于 12 个核苷酸序列时，40S 亚基翻译起始复合物一般不能识别第一个 AUG，而从下游的 AUG 开始翻译。当前导序列的长度为 20 个核苷酸时，可能发生滑过现象。当此区长度在 17～80 个核苷酸时，体外翻译效率与其长度便成正比。

2. mRNA 3′端的结构

mRNA 3′端的 poly（A）不仅和 mRNA 穿越核膜的能力有关，还影响到 mRNA 的稳定性和翻译效率。去除 poly（A），会导致 mRNA 5′端去帽，无尾又无帽的 mRNA 能被 5′→3′外切核酸酶逐步降解。在 mRNA 3′非翻译区一般富含 AU 序列，由相向排列的数个 UUAUUUAU 八个核苷酸核心序列组成，称为 AUUUA 序列，也是一种顺式作用元件，对翻译效率有抑制作用。

# 第四节 表观遗传调控

人类基因组序列测序的完成，标志着功能基因组研究将在生命科学领域中占据越来越重要的地位。阐明在特定的条件下，基因选择性表达所依赖的调控信息及其相互作用的分子机制，是揭示生命现象本质的核心问题，是结构基因组之后，功能基因组研究的重要内容。真核基因的表达受细胞核内、核外多层次的调节，呈现多级调控，包括遗传调控和表观遗传（epigenetic inheritance）调控。遗传调控包括基因转录、转录后加工、翻译及翻译后修饰等环节；表观遗传调控是指转录前基因在染色质水平上的结构调整，它是真核基因组一种独特的调控机制，所以表观遗传调控又被称为以染色质为基础的基因表达调控。

现在认为，表观遗传方式的遗传是指单细胞或多细胞把遗传信息传递给子代但不伴有编码蛋白质基因的核苷酸序列改变的过程。表观遗传在正常的发育和细胞生长过程中发挥至关重要的作用。例如，早在1956年，Brink等在玉米中发现的副突变（paramutation）现象，提示表观遗传机制可能参与了基因表达和表型的可遗传变化。副突变是指位于各自染色体上的等位基因中，其中一个在转录水平上被另一个等位基因所沉默，并且这种能力是可子代遗传的。Brink在研究玉米 $r1(red1)$ 基因时注意到 $R\text{-}r$ 纯合子玉米粒是紫色的，$r$ 纯合子玉米粒是白色的，两者杂交的子一代通常是紫色的。而 $R\text{-}r$ 纯合子与一种斑点紫粒玉米 $R\text{-}st$ 的纯合子杂交后代 $F_1$（$R\text{-}st/R\text{-}r$）全部都是紫色的。但是 $F_1$ 代 $R\text{-}st/R\text{-}r$ 与 $r\text{-}r$ 纯合子杂交的 $F_2$ 则出现紫色斑点（$R\text{-}st/r$）和无色（$R\text{-}r^*/r$）两种类型，$R\text{-}r$ 似乎被沉默了，沉默的 $R\text{-}r^*$ 基因不仅可以在子代中遗传，还可以继续去沉默其他的 $R\text{-}r$。在这种违背孟德尔遗传法则的现象中，$R\text{-}r$ 被称为副易变基因，$R\text{-}st$ 为副诱变基因，副诱变等位基因的影响可以持续许多代。在人类中也有类似的副突变现象。例如，Ⅰ型糖尿病是由胰脏细胞的自身免疫缺陷引起的胰岛素依赖型糖尿病（insulin dependent diabetes mellitus，IDDM），其遗传易感性是由许多编码位点决定的，其中的IDDM2位点位于胰岛素基因（insulin，INS）上游的可变数目串联重复（variable number tandem repeat，VNTR）小卫星的位置。胰岛素可变串联重复等位基因根据重复单位的数量不同分为Ⅰ和Ⅲ两个家族：家族Ⅰ等位基因是隐性，重复 26~63 次，易患Ⅰ型糖尿病；家族Ⅲ等位基因为显性，重复 140~210 次，是患病的豁免基因。Vafiadis等报道，家族Ⅲ等位基因胰岛素 mRNA 的表达水平比家族Ⅰ高 2~3 倍。Bennett等发现，如果家族Ⅰ等位基因是由父本遗传的则不易患病，但是这一父性影响仅在父本家族Ⅲ等位基因没有传递给后代的情况下才出现。这种等位基因的相互作用似乎与植物中观察到的现象表现一致。尽管发生副突变基因的 DNA 与父母体内的一样，但是它们所表现出来的功能却不相同。亲代基因的相互作用改变子女代体内某种基因的功能，将会产生意外的非经典遗传表现，这改变了人们对上下代之间表型遗传的传统认识。

表观遗传的遗传信息以 DNA 甲基化、组蛋白翻译后修饰等形式保存。研究表观遗传方式的学科称为表观遗传学（epigenetics）。近年来，表观遗传学已成为基因表达调控的研究热点之一。表观遗传学研究的内容包括 DNA 甲基化表观遗传学、染色质表观遗传学、表观遗传基因表达调控、表观遗传学变异、表观遗传基因沉默、细菌的限制性基因修饰、DNA 甲基化在发育中的作用、表观遗传在进化中的作用等方面。从广义上讲，DNA 甲基化、基因沉默、基因组印记、染色质重塑、RNA 剪接、RNA 编辑、RNA 干扰、X 染色体失活、组蛋白乙酰化、蛋白质剪接和蛋白质翻译后修饰等均可归为"表观遗传"范畴。

## 一、DNA 甲基化

DNA 甲基化（DNA methylation）是指在 DNA 甲基化转移酶（DNA methyltransferase，Dnmts）的作用下，在基因组 CpG 二核苷酸的胞嘧啶 5′碳位以共价键结合一个甲基基团。真核生物基因组中存在着广泛的甲基化，DNA 甲基化主要发生在 CpG 岛上，其作用是导致基因的失活。一般认为，DNA 甲基化程度越高，这段 DNA 被转录成 RNA 并翻译成有功能蛋白质的可能性越小。由于 DNA 甲基化与人类发育和肿瘤疾病的关系密切，DNA 甲基化已经成为表观遗传学和表观基因组学的重要研究内容。

## 二、基因组印记

基因组印记（genomic imprinting）是指来自父方和母方的等位基因在通过精子和卵子传递给子代时发生了修饰，使带有亲代印记的等位基因具有不同的表达特性。有些印记基因，在来源于父本的基因组中表达，而来源于母本的等位基因不表达，另一些印记基因正好相反。例如，胰岛素样生长因子 2（insulin-like growth factor 2，Igf2）的基因只表达源自父亲的等位基因，母源等位基因的表达被抑制。相反，胰岛素样生长因子 2 受体（insulin-like growth factor 2 receptor，Igf2r）的基因为源自父亲的等位基因不表达，只表达母源等位基因。普拉德-威利综合征（Prader-Willi syndrome，PWS）和天使综合征（angelman syndrome，AS）都属于罕见的神经行为方面的遗传疾病，发生率约为 1/25 000。发病原因都是 15 号染色体长臂 15q11～q13 区域发生了变异。两个症候群的差别在于：PWS 症候群是因为缺乏 15q11～q13 片段上由父亲遗传来的印记基因，而 AS 症候群则是缺乏该片段上由母亲遗传来的印记基因。基因印记是 DNA 甲基化造成的，也包括组蛋白乙酰化、甲基化等修饰。在生殖细胞形成早期，来自父方和母方的印记将全部被删除，父方等位基因在精母细胞形成精子时产生新的甲基化模式，但在受精时这种甲基化模式还将发生改变；母方等位基因甲基化模式在卵子发生时形成，因此在受精前来自父方和母方的等位基因具有不同的甲基化模式。

印记基因的存在反映了性别的竞争，从目前发现的印记基因来看，父方对胚胎的贡献是加速其发育，而母方则是限制胚胎发育速度，亲代通过印记基因来影响其下一代，使它们具有性别行为特异性，以保证本方基因在遗传中的优势。

## 三、组蛋白共价修饰

组蛋白共价修饰是表观遗传学研究的重要内容。组蛋白的共价修饰可影响组蛋白与 DNA 双链的亲和性，从而改变染色质的松散或凝集状态，使 DNA 双链变得可以被基因调控蛋白作用，从而调节基因的表达。组蛋白中被修饰氨基酸的种类、位置和修饰类型称为组蛋白密码（histone code），所有这些组蛋白密码的组合变化非常多，决定基因表达调控的状态。因此，组蛋白共价修饰可能是更为精细的基因表达方式。组蛋白共价修饰研究较为深入的是组蛋白乙酰化和甲基化。除乙酰化之外，还有磷酸化、腺苷酸化、泛素化、ADP 核糖基化等修饰方式。这些修饰几乎都能改变组蛋白的电荷，影响组蛋白与 DNA 的结合特性。同时也能够募集专一蛋白复合物到它们的表面起作用。

（1）乙酰化

组蛋白的 N 端是不稳定的，它延伸至核小体以外，会受到不同的化学修饰，这种修饰往往和基因的表达调控密切相关。尤其是组蛋白 H3 和 H4 的 N 端残基，可发生多种修饰。在转录活性区域组蛋白通常被乙酰化，使与其结合的基因处于转录活化状态，而低乙酰化的组蛋白位于非转录活性的常染色质区域或异染色质区域。

组蛋白乙酰化主要发生在 N 端的赖氨酸，由组蛋白乙酰转移酶（histone acetyltransferase，HAT）和组蛋白去乙酰化酶（histone deacetylase，HDAC）协调进行。HAT 主要是给组蛋白 H3、H4 的 N 端末尾的赖氨酸加上乙酰基，HDAC 的功能则相反。乙酰基转移酶家族可作为辅激活因子调控转录，调节细胞周期，参与 DNA 损伤修复，还可作为 DNA 结合蛋白。去乙酰化酶家族则与染色体易位、转录调控、基因沉默、细胞周期、细胞分化和增殖及细胞凋亡相关。

（2）甲基化

组蛋白的甲基化也是一种常见的基因表达调控方式。这种修饰作用可使染色体的结构产生变化。组蛋白甲基化是由组蛋白甲基转移酶（histone methyltransferase，HMT）完成的，甲基化可发生在赖氨酸和精氨酸残基上，赖氨酸残基能够单、双、三甲基化，而精氨酸残基能够单、双甲基化，这就极大地增加了组蛋白修饰调节基因表达的复杂性。目前认为，组蛋白精氨酸甲基化与基因激活相关，而 H3 和 H4 精氨酸的甲基化丢失与基因沉默相关。相反，赖氨酸甲基化似乎是基因表达调控较为稳定的标记。

（3）磷酸化

组蛋白的磷酸化修饰是另外一种重要的调控方式。磷酸化诱导基因转录的分子机制还不是很清楚。目前的研究认为，磷酸化修饰可能通过两种机制影响染色体的结构与功能：①磷酸基团携带的负电荷中和了组蛋白上的正电荷，造成组蛋白与 DNA 之间的亲和力下降，提高基因的转录活性；②修饰能够产生蛋白识别模块（protein recognition modules）的结合表面，与特异的蛋白复合物相互作用。

（4）泛素化

泛素（ubiquitin）由 76 个氨基酸组成，是真核生物细胞内高度保守的一种多肽。泛素经过一系列步骤结合到底物蛋白上，底物蛋白的多聚泛素化可使底物蛋白发生 26S 蛋白酶体（proteasome）介导的泛素依赖性蛋白质水解，蛋白质的这种及时的选择性降解在细胞的许多代谢过程中起关键作用，如参与细胞周期调控、信号转导、应激反应、受损或错误折叠蛋白的清除及 DNA 修复等。

组蛋白泛素化参与基因的修复、复制及表达的调节等。例如，对酵母的研究发现，组蛋白 H2BK123 的泛素化早于 H3K4 和 H3K79 的甲基化，表明其可能在启动染色质的修饰而促进转录中有重要功能。在出芽的酵母中，H2BK123 的去泛素化是 H3K36 甲基化和激活基因表达的前提条件，同时去泛素化还可降低 H3K4 三甲基化的水平。

## 四、转座元件和转录调控

转座元件可作为表观遗传因子来调控生物基因组的转录水平。在果蝇 white 基因上游 3kb 处找到两个含有 LTR 的元件。这些元件对于基因转录的影响效果不同。ZAM 元件能够调控 white 基因，增强其在眼睛里的表达。插入元件 Idefix 能消除这一影响，Idefix 元件是防止 ZAM 影响 white 基因的绝缘子（insulator）。绝缘子是一种长几十到几百个核苷酸对的调控序列，通常位于启动子同邻近基因的正调控元件（增强子）或负调控元件（沉默子）之间。转座元件与 DDM1 和 DNA 甲基转移酶一同从表观遗传层面上调控附近基因的表达。不同的转座元件参与不同调控机制。

## 五、染色质重塑

在基因的复制和重组等过程中，对应基因尤其是基因的调控区，染色质的包装状态、核小体和组蛋白及对应的 DNA 分子会发生一系列的改变，这些改变就是染色质重塑（chromatin remodeling）。染色质重塑可导致核小体位置和结构的变化，引起染色质变化。染色质重塑可以重新定位核小体，改变染色质对核酶的敏感性。在染色质重塑过程中，核小体滑动可能是一种重要机制，它不改变核小体结构，但改变核小体与 DNA 的结合位置。在重组过程中，核小体的组蛋白可能与 DNA 分离，然后核小体经过重排，结构发生变化后，与 DNA 重新组装，产生新的结构形式，整个过程是可逆的，受其他因子调节，某些因子可决定反应进行的方向。

## 六、RNA 调控

### （一）基因组中的非编码 RNA

非编码 RNA（non-coding RNA，ncRNA）是指各种不翻译成蛋白质的 RNA 分子。DNA 序列中专门转录成非编码 RNA 的部分称为 RNA 基因或非编码 RNA 基因。非编码 RNA 基因用来生产 tRNA、rRNA 及一些小 RNA，如 snoRNA、microRNA、siRNA 与 piRNA 等；较大的则有 Xist、Evf、Air、CTN 与 PINK 等。

功能性非编码 RNA 在基因表达中发挥重要作用，按照它们的大小可以分为长链非编码 RNA（long non-coding RNA，lncRNA）和短链非编码 RNA（short non-coding RNA，sncRNA）。长链非编码 RNA 是一类转录本长度超过 200nt（nt 为核苷酸）的功能性 RNA 分子，参与 X 染色体沉默、基因组印记、染色质修饰、转录激活、转录干扰、核内运输等多种重要调控过程，lncRNA 既有顺式调控作用，又有反式调控作用。在果蝇中调节"剂量补偿"的是 roX RNA，该 RNA 还具有反式调节的作用，它和其他的蛋白质共同构成 MSL 复合物，在雄性果蝇中调节 X 染色体活性。在哺乳动物中 Xist RNA 调节 X 染色体的失活。长链 RNA 常在基因组中建立单等位基因表达模式，在核糖核蛋白复合物中充当催化中心，对染色质结构的改变发挥着重要的作用。

短链 RNA 在基因组水平对基因表达进行调控，可介导 mRNA 的降解，诱导染色质结构的改变，决定细胞的分化命运，还对外源的核酸序列有降解作用以保护本身的基因组。常见的短链 RNA 为小干涉 RNA（short interfering RNA，siRNA）和微小 RNA（microRNA，miRNA），前者是 RNA 干扰的主要执行者，后者也参与 RNA 干扰但有自己独立的作用机制。

### （二）RNA 干扰

RNA 干扰（RNA interference，RNAi）是一种细胞内不涉及 DNA 序列变化而由双链 RNA（dsRNA）引发的可遗传的基因沉默机制。果蝇中 RNAi 的作用机理如图 8.18 所示。首先，RNA 双链被内切核糖核酸酶（dicer）切割，产生 21~23bp 长的 dsRNA 片段，这些片段在 5′磷酸和 3′羟基端含有双核苷酸突出末端，这种片段叫双链 siRNA。然后，siRNA 被转移到 RISC 蛋白复合物（RNA-induced silencing complex，RNAi 沉默复合物）中。这种复合物中的一个蛋白 Ago-2，会利用 ATP 供能将双链 siRNA 解开，变成单链。双链 siRNA 链解聚之后，其中之一留在复合物中，与 Ago-2 蛋白结合。这条单链 siRNA 是序列特异性向导，它能和其他 RNA 中互补序列结合。最后，在单链 siRNA 介导下，和有互补序列的 mRNA 结合，RISC 复合物的另外一种内切核糖核酸酶将目标 mRNA 降解，并在互补区域的 3′羟基端切割形成突出末端，所以 RISC 降解产物也是 21～23bp 长。siRNA 介导的序列特异性的 mRNA 降解会引起基因沉默，在转录后阶段抑制基因表达。

### （三）RNA 编辑

RNA 编辑（RNA editing）是指在 mRNA 水平上改变遗传信息的过程。转录后的 RNA 在编码区发生碱基的插入、删除或替换（修饰），使转录产物不能忠实地反映模板 DNA 的一级序列，并产生多态性的基因表达产物。RNA 编辑现象首先是在锥虫（trypanosome）动质体（kinetoplastid）中发现的，迄今，在所有陆生植物和 3 种苔藓植物中均检测到了 RNA 编辑，涉及线粒体、叶绿体及细胞核中的 3 种 RNA（mRNA、tRNA、rRNA）编码基因。

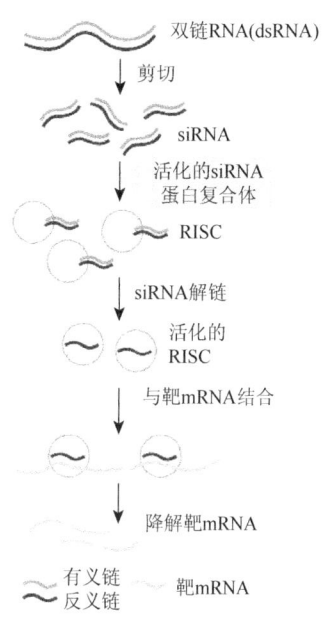

图 8.18 果蝇 RNAi 的作用机理

RNA 编辑需要许多特定的酶及结合蛋白质的参与，另外还需要经过多次酶促级联反应才能完成。目前对 RNA 编辑机制研究最清楚的是锥虫动质体中 U 的插入与删除编辑，其他编辑方式的机制还不是很清楚。

## 主要参考文献

程罗根. 2013. 人类遗传学导论. 北京：科学出版社
程杉，王晓荣，丁卫. 2016. 副突变及其表观遗传机制的研究进展. 生理科学进展，47（1）：7-13
戴灼华，王亚馥. 2008. 遗传学. 2 版. 北京：高等教育出版社
高原，惠宁，刘善荣. 2011. 长链非编码 RNA 的研究进展. 第二军医大学学报，32（7）：790-794
贺竹梅. 2011. 现代遗传学教程. 2 版. 北京：高等教育出版社
刘祖洞，乔守怡，吴燕华，等. 2013. 遗传学. 3 版. 北京：高等教育出版社
王兰. 2011. RNA 编辑研究进展. 中国农学通报，27（5）：308-311
薛京伦. 2006. 表观遗传学：原理、技术与实践. 上海：上海科学技术出版社
杨汝德. 2003. 基因工程. 广州：华南理工大学出版社
钟珍萍. 1997. 原核生物 mRNA 稳定性的分子机制. 生物工程进展，17（4）：19-22
Bennett ST, Wilson AJ, Esposito L, et al. 1997. Insulin VNTR allele-specific effect in type 1 diabetes depends on identity of untransmitted paternal allele. *Nat Genet*，17：350-352
Brink RA. 1956. A genetic change associated with the R locus in maize which is directed and potentially reversible. *Genetics*，41：872-889
Gilmour RS, Paul J. 1970. Role of non-histone components in determining organ specificity of rabbit chromatins. *FEBS Lett*，9（4）：242-244
Klug W, Cummings M. 2000. Concepts of Genetics. New York：Macmillan Publishing
Salazar G, Mayes MD. 2015. Genetics, epigenetics, and genomics of systemic sclerosis. *Rheum Dis Clin North Am*，41：345-366
Vafiadis P, Bennett ST, Todd JA, et al. 1997. Insulin expression in human thymus is modulated by INSVNTR alleles at the IDDM2 locus. *Nat Genet*，15：289-292

## 思考题

1. 解释名词：
1）基因表达
2）管家基因
3）反式作用因子
4）顺式作用元件
5）操纵子
6）SD 序列
7）反义 RNA
8）位置效应，稳定位置效应，花斑位置效应
9）增强子，沉默子
10）hnRNA，非编码 RNA
11）表观遗传
12）基因组印记
13）染色质重塑
14）RNA 干扰，RNA 编辑

2. 试说明正调控与负调控的区别。

3. 假设 $R$ 基因编码的蛋白质，是 $S$ 基因转录的负调控子。试问：①在 $R$ 突变体中 $S$ 基因是否转录？②如果 $R$ 基因的产物是 $S$ 基因转录的正调控子，结果又有什么不同？

4. 基因表达调控可以发生在转录、翻译等许多不同的层次上。请简要说明发生在 DNA 水平上的基因表达调控方式。

5. 何谓遗传标记？遗传标记有哪些主要类型？

6. 用含中性碳源（如甘油）的液体基本培养基培养 $E.\ coli$，不能诱导 lacZ 操纵子，1h 后在培养基中加入乳糖和再隔一段时间加入过量的葡萄糖分别会对 lac 操纵子的表达有什么影响？

7. 一个基因如何产生两种不同类型的 mRNA 分子？

8. 基因 $A$ 是母系印记，而基因 $B$ 是父系印记。一个具有 $A$、$B$ 印记的母亲，与一个具有 $A$ 印记的父亲，他们的子女与不具有印记的个体结婚，分析该家庭子女的印记情况，以及其孙辈个体的印记情况。

9. 你怎样理解真核基因表达调控的复杂性？
10. 表观遗传有哪些主要的研究内容？
11. 表观遗传调控有哪些主要途径？

# 第九章 基因组与基因组学

自1990年人类基因组计划实施以来，基因组学（genomics）发生了翻天覆地的变化，基因组学已发展成为生命科学的前沿和热点领域。基因组学是指对所有基因进行基因组作图（包括遗传图谱、物理图谱、转录本图谱）、核苷酸序列分析、基因定位和基因功能分析的一门学科。基因组学分为结构基因组学（structural genomics）、功能基因组学（functional genomics）和比较基因组学（comparative genomics）三大部分。结构基因组学着重研究基因组的结构并构建高分辨的遗传图、物理图、序列图和转录图，以及研究蛋白质组成与结构的学科；功能基因组学主要是利用结构基因组学研究所得到的各种信息，在基因组水平上研究编码序列及非编码序列生物学功能的学科；比较基因组学是一门通过运用数理理论和相应计算机程序，对不同物种的基因组进行比较分析来研究基因组大小和基因数量，基因排列顺序，编码序列与非编码序列的长度、数量和特征及物种进化关系等生物学问题的学科。利用各种分子标记构建的遗传图和物理图是建立基因组全序列整合图的基础。对细胞遗传学图谱、辐射杂种图谱、限制酶切图谱和叠连群图谱等物理图谱的整合是构建基因组框架图的基础。利用基因组图谱可以寻找新的基因、克隆分离基因、定位基因、对基因功能进行预测、开展比较基因组学的研究等。基因组学研究常用的工具和方法有生物信息学、遗传分析、基因表达测量和基因功能鉴定等。生物信息学这门应运而生的新兴学科在基因组学研究中发挥了非常重要的作用。

## 第一节 基 因 组

基因组是一个细胞或一种生物体的整套遗传信息。自然界中从简单的病毒到复杂的高等动植物细胞，都有一套决定生物基本特征和功能的遗传信息，这些信息存在于病毒或细胞的核酸中。原核生物大多数只有一条染色体，其整条染色体就是基因组。真核生物的基因组是指一套完整单倍体DNA与线粒体DNA的全部序列，既包括编码序列，也包括非编码序列。人类基因组是第一个被测序的脊椎动物基因组，人类基因组的研究对了解人类自身具有深远意义。

### 一、基因组的概念

基因组（genome）一词于1920年由德国汉堡大学温克勒（Hans Winkler）教授首次提出，原意为基因（gene）与染色体（chromosome）的组合，用以描述生物的全部基因和染色体组成的概念。现在不同的学科对基因组含义的表述也有所不同，可以概括如下：①从细胞遗传学的角度来看，基因组是指一个生物物种单倍体的所有染色体基因数目的总和；②从经典遗传学的角度来看，基因组是一个生物物种所有基因的总和；③从分子遗传学的角度来看，基因组是一个生物物种所有的不同核酸分子的总和；④从现代生物学的角度来看，基因组是指导一个生物物种结构和功能的所有遗传信息的总和，包括全部的基因和调控元件等核酸分子。

## 二、基因组序列的复杂性

基因组类型非常广泛，包括真核生物（eukaryote）基因组和原核生物（prokaryote）基因组。由于真核细胞的线粒体和植物的叶绿体中也存在遗传物质，因此又将线粒体和叶绿体所携带的遗传物质称为线粒体基因组和叶绿体基因组，通称为细胞器基因组。原核生物基因组又包括真细菌（bacterium）如大肠杆菌（*Escherichia coli*）、古细菌（Archaebacterium）如詹氏甲烷球菌（*Methanococcus jannaschii*）等不同类型的基因组。所有细胞形态的生物都以 DNA 为遗传信息载体，生命多样性的基础在于基因组 DNA 含量和组成的差异。

### （一）C 值与 C 值悖理

基因组的大小通常以一个基因组中 DNA 的含量来表示，称为生物体的 C 值（C value）。C 值是指单倍体染色体中 DNA 的总量，每种生物各有其特定的 C 值，不同生物基因组的大小及复杂程度不同，具有物种差异性（图 9.1，表 9.1）。一般来说，从原核生物到真核生物，基因组的大小和 DNA 含量是随着生物进化复杂程度的增加而逐步上升的，随着生物结构和功能复杂程度的增加，C 值也增大。但是生物的复杂性与基因组的大小并不完全成比例增加，有些结构与功能相似的同一类生物中，甚至亲缘关系很近的物种之间，它们的 C 值差异仍可达 10 倍乃至上百倍。突出的例子是两栖动物，C 值小的可以低至 $10^9$ bp 以下，C 值大的可以高达 $10^{11}$ bp。而哺乳动物的 C 值均为 $10^9$ bp 的数量级。人们很难相信不同的两栖动物，所需基因的数量会有 100 倍的差别，而且两栖动物的结构和功能会比哺乳动物更复杂。由此表明，生物基因组的大小与生物在进化上所处的地位高低并没有严格的对应关系，这种现象称为 C 值悖理（C value paradox）。人们对 C 值悖理已经提出了很多解释：包括基因组的部分或完全加倍、转座、反转录已加工的假基因、DNA 复制滑动、不等交换和 DNA 扩增等，也有人提出生物基因组大小是由基因组中长期积累起来的非编码 DNA 被清除的速率不同所造成，如果 DNA 丢失速率愈慢，那么基因组 DNA 含量愈高。但是对于生物进化过程中为什么要积

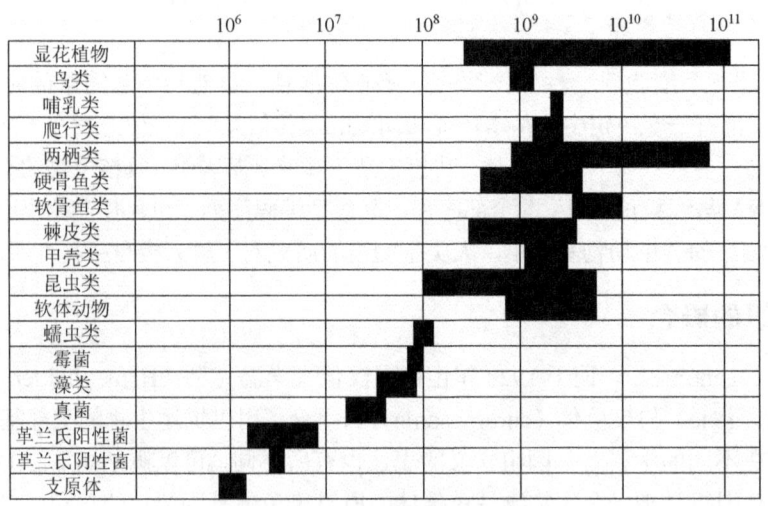

图 9.1　各类生物单倍体的 DNA 含量

累并保留愈来愈多的冗余 DNA，以及这些冗余 DNA 到底是否含有遗传信息，这些序列的结构和功能如何等，都是值得进一步研究的问题。

表 9.1　常见模式生物的基因组

| 物种 | $C$ 值/bp |
| --- | --- |
| 人（*Homo sapiens*） | $3.0\times 10^9$ |
| 小鼠（*Mus musculus*） | $3.3\times 10^9$ |
| 黑腹果蝇（*Drosophila melanogaster*） | $0.175\times 10^9$ |
| 拟南芥（*Arabidopsis thaliana*） | $0.125\times 10^9$ |
| 水稻（*Oryza sativa*） | $0.56\times 10^9$ |
| 家蚕（*Bombyx mori*） | $0.432\times 10^9$ |
| 斑马鱼（*Brachydanio rerio*） | $1.5\times 10^9$ |
| 烟草（*Nicotiana tobacum*） | $4.5\times 10^9$ |
| 玉米（*Zea mays*） | $5.0\times 10^9$ |
| 脉孢杆菌（*Neurospora*） | $0.6\times 10^9$ |
| 大肠杆菌（*Escherichia coli*） | $0.0048\times 10^9$ |
| 线虫（*Caenorhabditis elegans*） | $0.1\times 10^9$ |

### （二）N 值悖理

针对 $C$ 值悖理的困惑，人们寄希望于人类基因组计划的完成。人们认为通过 DNA 序列的精细分析，一定能够确定该物种的基因数目，提供 DNA 是唯一遗传物质的权威性证据，并拨开 $C$ 值悖理的迷雾。可是当人类基因组计划的研究报告发表后，$C$ 值悖理并没有得到解决。通过测序分析估计，人类基因组大约蕴含 25 000 多个基因，而只有 1000 多个体细胞的低等线虫却含有 20 000 个基因，人类真正的遗传信息只比线虫多 1/3，只等于最低等的细菌如 *Pseudomonas aeruginosa* 基因数量的 5 倍。更难以理解的是果蝇基因组（常染色质部分的 120Mb）含有 13 600 个基因，果蝇基因组比线虫基因组大，进化地位比线虫高，而编码基因反而比线虫少。人的基因组应该是最复杂的，人的进化地位最高，但编码的基因还没有水稻基因组的多。人们将这种基因数目与进化程度或生物复杂性的不对应性，称为 $N$ 值悖理（$N$ 所表示的是基因数目）。显然，要理解每一个物种发育、代谢、生长、繁殖、行为等的本质，仅用基因组序列测定的结果是不能达到目的的。在对基因组进行注释后，人们试图用基因组的结构和基因数目的多少来说明基因的功能及各物种间的关系，这也不是一个简单的问题。

### （三）序列的复杂性

同一类生物中基因组大小相差悬殊，其主要差别在于"冗余" DNA 含量的差别。"冗余" DNA 主要是重复序列，即这种 DNA 序列在基因组中可以有不止一个拷贝。一般将基因组中不同序列的 DNA 总长称为复杂性。复杂性代表了一个物种基因组的基本特征，可通过 DNA 复性动力学来描述，也就是通过 DNA 的变性和复性反应的动力学过程，分析 DNA 序列的性质。DNA 复性取决于两条互补单链之间的随机碰撞。决定复性过程的是单链 DNA 浓度（$C_0$）和反应时间（$t$）之间的乘积。用剩余的单链 DNA 的比例（$f$）对 $C_0t$ 作图，得到的曲线代表了 DNA 样品的复性动力学，这就是通常所称的 $C_0t$ 曲线。利用 $C_0t_{1/2}$ 值可以比较不同 DNA 组分的复性速率。$C_0t_{1/2}$ 是 DNA 复性一半时的 $C_0t$ 值。$C_0t_{1/2}$ 越大,表明达到复性一半所需要的时间越长,复性反应越慢(图9.2)。$C_0t_{1/2}$ 与基因组的复杂性密切相关。随着基因组复杂性的增加,在确定数量的 DNA 中某一特定序列的拷贝数就变少。例如,大肠杆菌基因组大小为 0.004pg,总量为 12pg 的大肠杆菌基因组 DNA,每一序列的平均拷贝数为 3000。假如一个真核生物基因组大小为 3pg,12pg 的基因组 DNA 中,每一序列的平均拷贝数仅为 4。因此,在确定 DNA 浓度的情况下,$C_0t_{1/2}$ 值代表了基因组的复杂程度,一般以碱基对表示。已知大肠杆菌基因组含 $4.2 \times 10^6$ bp 单一序列,通常以此为标准,在相同的复性条件下,估算其他基因组的复杂性。

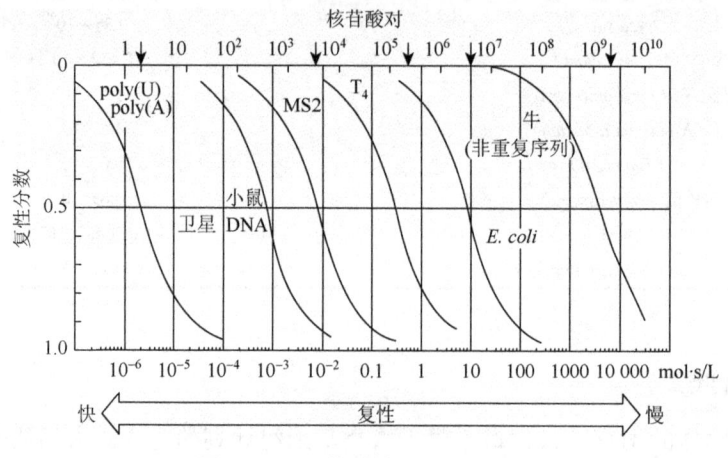

图 9.2 不同物种核酸的 $C_0t$ 曲线

根据 DNA 复性试验,真核生物 DNA 可分为三种类型:单拷贝序列、中度重复序列和高度重复序列(图9.3)。

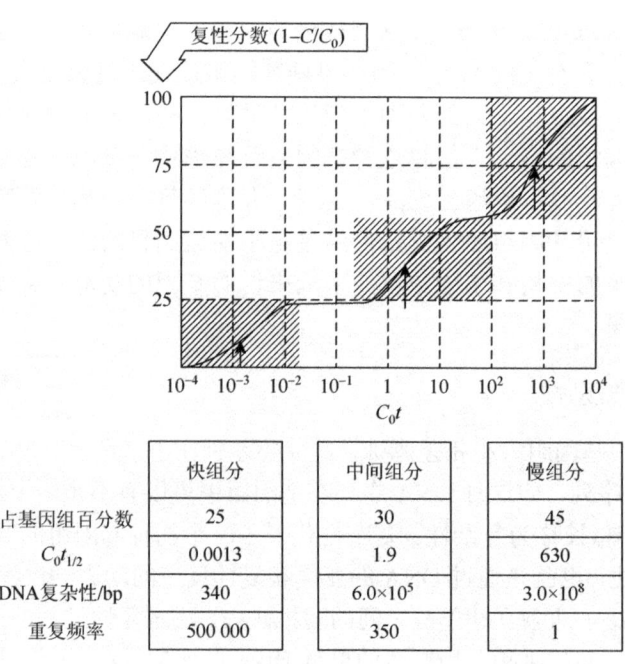

| | 快组分 | 中间组分 | 慢组分 |
|---|---|---|---|
| 占基因组百分数 | 25 | 30 | 45 |
| $C_0t_{1/2}$ | 0.0013 | 1.9 | 630 |
| DNA复杂性/bp | 340 | $6.0 \times 10^5$ | $3.0 \times 10^8$ |
| 重复频率 | 500 000 | 350 | 1 |

图 9.3 真核生物 DNA 的三种类型

(1) 单拷贝序列

在基因组中只有一个拷贝或 2~3 个拷贝的 DNA 序列,也叫非重复序列。不同生物基因组中单拷贝序列所占的比例是不同的。原核生物基因组及较低等的真核生物基因组中绝大多数是单一序列 DNA。真核生物的大多数结构基因在单倍体中都是单一序列 DNA,在人类基因组中,单一序列占总 RNA 的 50%左右。大多数单一序列 DNA 是结构基因,它编码许多重要的蛋白质。例如,丝心蛋白单拷贝基因能够合成高达 $10^4$ 的 mRNA 分子,每个 mRNA 分子又可合成出 $10^5$ 个蛋白质分子,这充分说明单拷贝基因的高度表达能力。当然也不是所有的单拷贝序列都是编码多肽链的结构基因。

(2) 中度重复序列

在每个基因组中出现十至几百个拷贝的 DNA 序列,中度重复序列中的重复单位平均长度约为 300bp。人的珠蛋白基因即属于这一类,该基因中除了包括已确定的 8 个珠蛋白功能基因和 3 个珠蛋白假基因外,还有一个近年发现的假基因。假基因也属于中度重复序列。另一类中度重复序列的重复次数为 $10^3$~$10^5$,该序列常以回文序列方式出现在基因组的许多位置,一些回文序列中间间隔着单拷贝序列,另一些则没有间隔单拷贝序列,前者经变性复性之后可出现茎-环结构,后者则出现发夹结构(图 9.4)。中度重复序列一般是不编码序列。

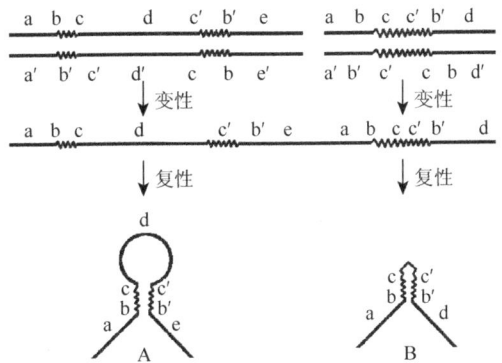

图 9.4 一些中度重复序列的排列方式和变性复性后的模式图

A. 茎-环结构;B. 发夹结构

(3) 高度重复序列

在基因组中出现几百至几百万个拷贝的序列,对应于快复性组分,一般作为随机重复序列被发现。这些序列的长度通常为 6~200bp,如卫星 DNA 及一些超丰度的转座因子如 Alu 元件等。这些重复序列大部分集中在异染色质区,特别是在着丝粒和端粒附近。因为序列简单,缺乏转录所必需的启动子,故没有转录能力。大多数高等真核生物 DNA 都有 20%以上的高度重复序列,而且数目变化很大,这类序列的多少对 C 值的影响可能最大。一般认为,大多数重复序列是过剩的 DNA,但其中某些重复序列具有特殊的功能,如调节基因的表达、增强同源染色体之间的配对和重组、维持染色体结构的稳定性、调节 mRNA 前体的加工过程、参与 DNA 复制等。

在各类生物中,基因组复杂性相差很大。原核生物含有不重复的 DNA,低等真核生物大部分 DNA 是非重复的;在动物细胞中,接近 50%的基因组 DNA 是中度或高度重复的;在植物和两栖动物中，中度和高度重复序列占 80%。

## 三、真核生物基因组

### （一）真核生物基因组的特点

真核生物基因组无论是基因结构还是重复序列的组成，都与原核生物基因组有相当大的差别。迄今为止所研究过的真核生物基因组同人基因组一样都含有数目不等的线性 DNA 分子，每个长链 DNA 分子都与蛋白质结合成染色体。所有真核生物都具有环状的线粒体 DNA，植物细胞还含有环状的叶绿体 DNA。复杂性较高的生物基因组的结构大都比较臃肿松弛，在整个基因组范围分布了大量重复序列。这似乎是一个普遍性的规律，即小基因组重复序列较少，大基因组重复序列急剧扩增。例如，玉米基因组比人类基因组还大 5000Mb，其中绝大部分为重复序列。

通过与原核生物基因组进行比较，真核生物基因组具有以下特点。

1）基因组远大于原核生物的基因组，具有多个复制起点，而每个复制子的长度较小。例如，人的单倍体基因组有 $3\times10^9$bp，含有 1.5 万～3 万个基因；而 E. coli 基因组约为 $4\times10^6$bp，约有 4000 个基因。

2）真核生物基因组 DNA 与组蛋白等构成染色质，被包裹在核膜内，核外还存在遗传成分（如线粒体 DNA）等。体细胞一般是二倍体，即有两份同源的基因组。

3）真核生物基本上不存在操纵子结构，一个结构基因转录生成一条 mRNA，即 mRNA 是单顺反子，许多蛋白是由相同或不同的亚基构成，因此涉及多个基因的协调表达。

4）非编码区存在大量重复序列，重复序列或集中成簇，或散在分布于基因间。

5）基因组中不编码的区域多于编码区域。编码蛋白质的基因一般是不连续的，有外显子和内含子，在转录后经剪接成为成熟 mRNA 后，才能翻译为蛋白质。人类基因组中可能仅有 3% 左右的序列是编码区（coding region）。

### （二）真核生物基因组的主要组成

#### 1. 单纯 DNA 序列

所有真核生物都至少包含一种以上的单纯 DNA 序列（simple sequence DNA）。这些单纯重复序列的重复单位通常为 5～10bp，同时也包括一些短至 2bp、长至 200bp 的单纯重复序列。重复单位之间以头尾串联，长度不等。有些只由几百个碱基对组成，有些则包含长达数百万个碱基对。目前已知最长的单纯重复序列是人类的 alphoid DNA（类 α 顺序），含有近 500 万个碱基对。大多数单纯重复序列分布于异染色质区，一般散在于各个染色体的异染色质区，特别是在染色体的中心粒和端粒部位更是常见单纯重复序列。

（1）卫星 DNA

重复区涵盖 100kb～5Mb，大部分位于染色体的着丝粒。重复单位为 2～172bp。其中一种重复单位在 170bp 左右，为灵长类所独有，非洲绿猴的重复单位为 172bp；人类为 171bp，占每个染色体的 3%～5%。

（2）小卫星 DNA

重复区域为 0.1～20kb（详见第六章）。人类端粒的重复序列是 TTAGGG，涵盖 10～15kb，老化后可能变短。

（3）微卫星 DNA

微卫星 DNA 与小卫星 DNA 的差别在于微卫星 DNA 的重复单位一般少于 5bp。例如，二核苷酸重复序列$(TG)_n$或三核苷酸重复序列$(AAT)_n$等就属于微卫星 DNA（详见第六章）。

2. 内含子

大多数真核结构基因中均含有内含子（intron），又称为"间隔序列"（intervening sequence）或"不编码序列"（non-coding sequence）。这些内含子可以被转录，但必须经过加工从初级转录物中精确去除。除去内含子是功能 RNA "成熟"的关键一步。习惯上把真核生物基因的编码部分称"外显子"（exon），因此把上述不编码间隔序列称为"内含子"。通常情况下，真核生物基因所含的内含子序列要比其外显子序列长，而且占基因组的比例更多。从整体来看，真核基因所含内含子的数目、位置和长度不尽相同。例如，鸡卵清蛋白基因的外显子被 7 个内含子隔开，而鸡卵伴清蛋白基因则含有多达 17 个内含子，卵黏蛋白基因有 6 个内含子，而 α-珠蛋白基因则只含 2 个内含子。

3. 多基因家族

多基因家族是一群具有相似序列的基因，编码在结构和功能上相关联的一个蛋白质家族（包括在结构和功能上相关的 rRNA 和 tRNA）的若干个基因。以多基因家族形式存在的基因一般均为"持家基因"。例如，编码真核生物 rRNA 的基因就是以多基因家族形式存在于核仁组织者中的。多基因家族可以分为简单多基因家族和复杂多基因家族，前者指的是家族各成员相同或基本相同，如 5S rRNA。在瓜蟾中，5S rRNA 基因与非转录间隔区相间排列，组成一个重复单元（图 9.5）。含有相同的基因家族有利于细胞在较短时间内获得大量的相应基因产物，如 rRNA，有利于形成足量的核糖体参与蛋白质的翻译。复杂多基因家族中各成员不完全相同，但功能相关，串联在一起组成一个重复单位。例如，H2A、H2B、H3 及 H4 属于相同的组蛋白家族。含有由不完全相同的基因组成的基因家族，则有利于在发育的不同阶段进行转换（图 9.6）。同一个多基因家族的成员可成簇地分布在一条染色体上（如组蛋白基因家族成簇地集中在第 7 号染色体长臂 3 区内），也可分布于不同染色体上。

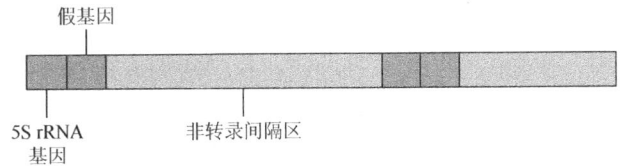

图 9.5 非洲瓜蟾的 5S rRNA 基因结构

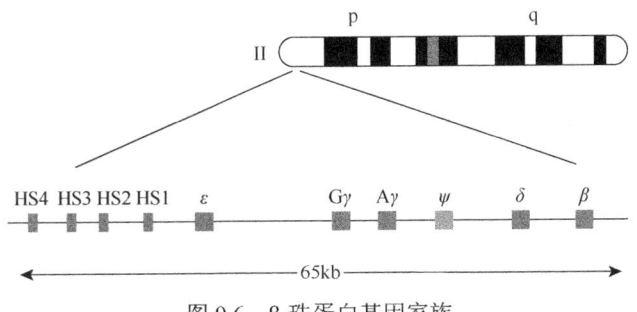

图 9.6 β-珠蛋白基因家族

ε 在胚期表达，γ 在胎儿期表达，β 和 δ 在成年时表达，ψ 为假基因；HS1～HS4 为调控区

### 4. 转座子和反转座子及其衍生物

转座子（transposon）普遍存在于原核与真核生物基因组中。在原核生物中主要是插入序列和两端含有插入序列的组成型转座子；在真核生物中，除了真正的转座子之外，还有以 RNA 分子为中介、经反转录转座的反转座子，反转录病毒样长末端重复序列（long terminal repeat，LTR）和转座子衍生的重复序列。其中，只有真正的转座子及其衍生的重复序列可以 DNA 的形式进行转座。

反转录转座子（retrotransposon, retroposon）需要转录为 RNA，再把这样的 RNA 分子反向转录成 DNA 后进行转座。反转录只出现在真核生物中，包括能够自由地感染宿主细胞的反转录病毒，以及以 RNA 为中介进行转座的 DNA 序列。除反转录病毒之外，反转座子又分为两类：一类是病毒超家族（viral superfamily），其自身编码的反转录酶或整合酶（integrase）能自主地进行转座，转座机制与反转录病毒相似，只是不能像反转录那样独立感染进行传播；另一类则是自身不能编码转座酶或整合酶，能自主地进行转座的非病毒超家族（non-viral superfamily）。病毒超家族 DNA 分子两端具有 LTR，而非病毒超家族的成员则缺乏这样的 LTR 结构。除此之外，病毒超家族成员能够制造转座酶或整合酶，所以能够实施自主转座，而非病毒超家族成员不能进行自主转座。反转录转座子通常会在其插入位点上制造短的正向重复序列。

转座子衍生物是源自转座因子的一类重复序列，与真正的转座子非常相似。转座子衍生物在人体基因组中约占重复序列的 45%。它们又常被称为分散的重复序列。根据所含重复单元的大小和组织特征，这些分散的重复序列又可分为长分散重复序列（long interspersed repeat segment）和短分散重复序列（short interspersed repeat segment）。

### 5. 假基因

真核生物基因组中还存在一类被称为"假基因"（pseudogene）的 DNA 序列，这些假基因与基因组中某些具有明确功能的基因具有许多相似性。假基因是指在同一多基因家族中并不产生有功能的基因产物的基因。对于假基因的产生，一种可能的解释是这些"假基因"源于一些"真"基因突变的产物。在没有发生突变之前可能也是真正的基因，可能也具有明确的功能，但是基因损伤或者基因突变使这些基因的功能丧失了。

从 DNA 序列上看，假基因与"真"基因相比通常缺少内含子序列，而在其两端又往往含有正向重复序列。因此，有人提出假基因可能源于某些基因转录出的 mRNA，这些 mRNA 分子经反转录产生 cDNA，然后再整合到染色体基因组中就有可能产生"假基因"，一般假基因都是些不能表达的 DNA 序列。

## 四、原核生物基因组

原核生物基因组的基因数目比真核生物少得多。例如，大肠杆菌的基因数为 4397 个。原核生物基因组比低等真核生物基因组更为紧凑，主要原因有：第一，基因组中不存在内含子，除古细菌中的一些种属外，原核生物基因组中一般都没有割裂基因；第二，极少有重复序列，特别是真核生物中的绝大多数重复序列在原核生物基因组中从未出现。这些差异主要表现在以下几个方面。

细菌的染色体基因组通常仅由一条环状双链 DNA 分子组成，细菌的染色体相对聚集在一起，形成一个较为致密的区域，称为类核（nucleoid）（图 9.7）。类核无核膜将其与胞质分开，类核的中央部分由 RNA 和支架蛋白组成，外围是双链闭环的 DNA 超螺旋。染色体 DNA

通常与细胞膜相连,连接点的数量随细菌生长状况和不同的生活周期而异。一般情况下,与DNA复制、转录有关的DNA区段最长,与细胞质膜结合,如复制起点(oriC)、复制终点(TerC)等部位都要和细胞质膜结合。而真核生物细胞中的DNA则在绝大多数物种中是由几条至几十条分开的DNA分子和组蛋白、非组蛋白及RNA分子形成染色质。它们之中DNA分子的一级结构和化学组成没有差别。这些相同点和不同点决定了DNA复制、遗传重组、DNA损伤和修复等诸多方面存在着相似性和不同。例如,由于细菌基因组是一条环状的分子,而真核生物基因组中则是线型DNA分子,因此在DNA复制时,细菌基因组不会遇到DNA末端复制的问题,而且现在也发现,在DNA复制起始时两者也存在着明显的差别。细菌基因组和真核生物基因组的基因结构差别也很大。细菌基因组中的基因密度通常较高,基因与基因之间的间隔序列通常较短,而且在基因组中缺乏较长的重复DNA序列。在大多数情况下,结构基因在细菌基因组中均呈单拷贝,但编码rRNA的基因则往往是多拷贝的。细菌基因多以操纵子形式存在,其中的结构基因为多顺反子,即数个功能相关的结构基因串联在一起,受同一个调节元素的调节控制。而且一组功能相关的基因还可以进一步形成"调节子"(regulation)。例如,大肠杆菌参与SOS反应的基因,以及枯草杆菌中与感受态、生芽胞等有关的基因都可以组成调节子等。

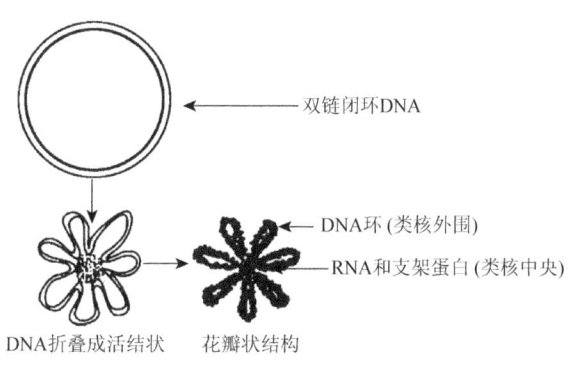

图 9.7　原核生物基因组的类核结构

## 五、人类基因组

人类基因组是第一个被测序的脊椎动物基因组,分为核基因组和线粒体基因组。人类核基因组大小约为 $3.2 \times 10^9$ bp(3200Mb),其中基因和基因相关序列约为 1200Mb,基因间 DNA 序列约为 2000Mb(表 9.2)。人类基因组分散为 24 条长度不一的线性 DNA 分子,最长的分子为 250Mb,最短的为 55Mb。每一条 DNA 分子都与蛋白质结合成特定的染色体。24 条染色体中,22 条为常染色体,2 条为性染色体,即 X 染色体和 Y 染色体。成人身体大约有 $10^{13}$ 个细胞,每个细胞都含有相同的基因组拷贝,只有某些特别类型的细胞如终极分化状态的血红细胞等缺少细胞核。

表 9.2　人类基因组概况

| 要点 | 概况 |
| --- | --- |
| 基因组大小 | 2.91Gb |
| A+G 含量 | 54% |
| G+C 含量 | 38% |

续表

| 要点 | 概况 |
| --- | --- |
| 重复序列（不含异染色质） | 35% |
| 编码序列数目 | 26 588 |
| 功能未知基因比例 | 42% |
| 外显子最多的基因 | Titin（234） |
| SNP 数量 | 300 万个 |
| SNP 密度 | 1/1250bp |
| 最长的染色体 | 2（240Mb） |
| 最短的染色体 | Y（19Mb） |
| 基因最多的染色体 | 1（2453） |
| 基因最少的染色体 | Y（104） |
| 基因密度最大的染色体 | 19（23/Mb） |
| 基因密度最小的染色体 | 13，Y（5/Mb） |
| 重复序列含量最高的染色体 | 19（57%） |
| 重复序列含量最低的染色体 | 2，8，10，13，18（36%） |

人类线粒体 DNA（mitochondrial DNA，mtDNA）是独立于细胞核染色体外的又一基因组，每个细胞平均有 800 个线粒体，每个线粒体含 10 个基因组拷贝。1981 年，剑桥大学的安德森（S. Anderson）小组测定了人 mtDNA 的完整 DNA 序列，称为"剑桥序列"。人 mtDNA 是一个长为 16 569bp 的双链闭合环状分子，外环含 G 较多，称重链（H 链），内环含 C 较多，称轻链（L 链）（图 9.8）。1988 年，威雷丝（Dougles C. Wallace）等发现 Leber 视神经病的发生与线粒体 DNA 突变有关。近年来，人们发现线粒体不但在细胞的生长、代谢中起重要作用，而且 mtDNA 突变是许多人类疾病的重要病因。有性生殖中受精方式决定了线粒体遗传属母系遗传。早期已有一些学者提出某些疾病可能为细胞质遗传，但直到 1987 年 Wallace 等通过对线粒体 DNA 突变和 Leber 病之间关系的研究后，才明确地提出线粒体 DNA 突变可引起人类的疾病，目前已发现人类 100 余种疾病与线粒体 DNA 突变有关。

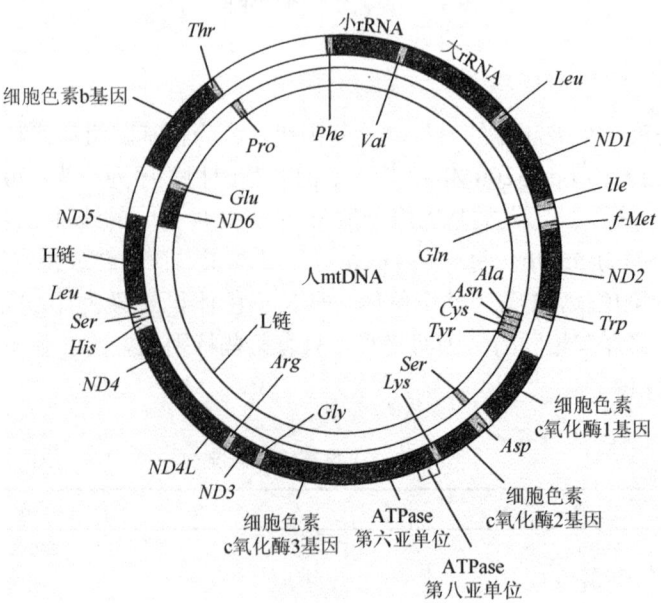

图 9.8　人类线粒体基因组

如果将每个碱基比作一个英文字母,以每 10cm 书写 60 个字母计算,30 亿 bp 连接的长度可达 5000km,相当于从北美洲的蒙特利尔横跨大西洋到达伦敦或北京到香港来回的距离。用这些序列可写成 3000 本、每本 200 万字的著作。即使最简单的细菌基因组,其 DNA 序列的长度以上述标准核算,也足有 1000km。可以想象要弄清生物基因组的全部结构及其工作机制,人类所面临的任务与挑战将是非常复杂与艰巨的。

# 第二节　人类基因组计划

人类基因组计划堪称与阿波罗登月计划和曼哈顿原子弹计划相媲美的惊世壮举,是当代生命科学中一项伟大的科学工程。它以破解人类遗传和生老病死之谜、解决人类健康问题为目的,对人类自身的生存和发展具有重要的意义。人类基因组计划也是人类继洞开微观世界和宏观世界之后,首次对自身进行的诠释,对生命科学的研究和生物产业的发展具有非常重要的影响,它为人类社会带来的巨大影响是不可估量的。

## 一、人类基因组计划简介

人类基因组计划(Human Genome Project,HGP)是由美国科学家、诺贝尔奖获得者 Dulbecco 于 1986 年在杂志 Science 上发表的文章中率先提出的,旨在阐明人类基因组 $3\times10^9$ 个核苷酸的序列,阐明所有人类基因并确定其在染色体上的位置,从而破译人类全部遗传信息。该计划的孕育,经历了长达 5 年的时间。1985 年 5 月,在美国加利福尼亚州举行了一次会议,美国能源部提出了测定人类基因组全序列的动议。1988 年,美国成立"国家人类基因组研究中心",DNA 分子双螺旋模型提出者 Waston 出任第一任主任。历经 5 年辩论之后,美国国会批准美国的"人类基因组计划"于 1990 年 10 月 1 日正式启动,预计到 2003 年完成人类基因组全部序列的测定工作。欧共体、日本、加拿大、巴西、印度、中国也相继提出了各自的基因组研究计划。由于各国政府和科学家的共同努力,HGP 成为全球范围的合作项目。随着数理化、信息、材料等学科的渗透和工业化管理模式的引进,HGP 已真正成为生命科学领域的科学工程,与曼哈顿原子弹计划和阿波罗登月计划一起被称为 20 世纪三大科学工程。

人类基因组计划是人类第一次在分子水平上全面地认识自我。人类基因组计划总体规划是:拟定在 15 年内至少投入 30 亿美元,进行对人类全基因组的分析。1998 年,HGP 在许多指标提前完成的情况下,调整了战略目标,制定了 1998~2003 年五年计划,这个五年计划包括:人类基因组的基因图构建与序列分析;人类基因的鉴定;基因组研究技术的建立;人类基因组研究的模型生物;信息系统的建立;人类基因组研究的社会、法律与伦理问题;交叉学科的技术训练;技术的转让和研究计划的外延等内容。经过参与该项目的 1000 多名各国科学家的通力合作,人类基因组的草图于 2000 年 6 月 26 日胜利绘制完成,该草图涵盖了人体 90%以上碱基对的位置信息。2001 年 2 月 12 日,中、美、日、德、法、英 6 国科学家和美国 Celera 公司联合公布了人类基因组图谱及初步分析结果,人类基因组由 31.647 亿 bp 组成,有 3 万~3.5 万个基因,远小于原先预计的 10 万个基因的估计。2003 年 4 月,由上述 6 国共同宣布人类基因组序列图已完成。2004 年 10 月,国际人类基因组测序联合体在 Nature 周刊上发表了论文,宣布人类基因组常染色质部分中的 99%序列已测定。人类基因组计划是人类历史上第一次由全世界各国不分大小、不分强弱、所有科学家一起执行的科研项目。并且在人类基因组计划启动伊始，便重视这一计划可能对社会、法律、伦理方面的冲击，特别注重了这方面的研究。

我国的"人类基因组计划"于 1994 年开始启动。在 2006 年 6 月 20 日宣布的人类基因组计划"框架图"中完成了其中 1%的绘制任务。在"框架图"完成后，人类基因组研究进入绘制"完整图"的阶段。与"框架图"相比，"完整图"的覆盖率从 90%扩张到 100%，准确率从 99%上升到 99.99%。"完整图"将为人们提供更详尽、更准确的基因图谱，借此可以更加深入地研究疾病等人类各种功能基因。表 9.3 反映了人类基因组计划研究中的重大事件。

表 9.3　人类基因组研究大事记

| 时间 | 事件 |
| --- | --- |
| 1986.3.7 | 著名诺贝尔奖获得者 R. Dulbecco 在 Science 上发表一篇有关开展人类基因组计划的短文，后被称为"人类基因组计划标书" |
| 1988 | 美国成立"国家人类基因组研究中心"，J. Waston 出任第一任主任 |
| 1990.10 | 国际人类基因组计划启动 |
| 1998.5 | 一批科学家在美国组建 Celera Genomics 公司，目标是到 2001 年绘制出完整的人体基因组图谱，与国际人类基因组计划展开竞争 |
| 1998.10.23 | 美国国家人类基因组研究中心在 Science 杂志上发表声明，HGP 的全部基因测序工作将比原计划提前两年，即在 2003 年完成 |
| 1999.9 | 中国获准加入 HGP，负责测定人类基因组全部序列的 1%，即 3 号染色体上的 3000 万 bp。中国是参与这一计划唯一的发展中国家 |
| 1999.12.1 | 国际 HGP 联合研究小组宣布，完整地破译出人体第 22 对染色体的遗传密码，这时人类首次成功地完成了人体染色体基因完整序列的测定 |
| 2000.3.14 | 美国总统克林顿和英国首相贝理雅发表联合声明，呼吁将人类基因组研究成果公开，以便世界各国的科学家都能自由地使用这些成果 |
| 2000.4.6 | Celera 公司宣布破译出一名实验者的完整遗传密码。因为该公司没有提供有关基因序列的长度和完整性的可靠参数，因而不少欧美科学家对此表示质疑 |
| 2000.4 | 中国科学家按照国际 HGP 的部署，完成了 1%人类基因组的工作框架图 |
| 2000.6.26 | 科学家公布人类基因组工作草图 |
| 2001.2.15&16 | Science 和 Nature 杂志分别发表人类基因组草图序列 |
| 2001.8 | 国际 HGP 中国部分"完成图"提前两年绘制完成 |
| 2002.1 | 第 9 届美国能源部基因组承担人会议（DOE Genome Contractor-Grantee Meeting）召开 |
| 2003.4 | 中、美、日、德、法、英 6 国科学家宣布人类基因组序列图绘制成功 |
| 2004.10 | 人类基因组完成图公布 |
| 2005.3 | 人类 X 染色体测序工作基本完成，并公布了该染色体基因草图 |
| 2006.5 | 人类 1 号染色体测序完成——人类"天书"的破译完成 |
| 2008 | "国际千人基因组计划"启动 |
| 2009.12 | 首次提出"人类泛基因组"概念 |
| 2010.6 | "国际千人基因组计划"协作组同时对外宣布：该计划第一阶段已圆满完成 |
| 2012.9 | "DNA 元素百科全书"计划（ENCODE）获得了迄今最详细的人类基因组分析数据 |

## 二、基因组作图

### （一）通过遗传学方法进行基因组作图

基因组计划的基本目标是获得全基因组序列，在此基础上再对所获得的序列进行解读。获取基因组序列的主要方法是进行 DNA 测序，然后再将读取的序列进行组装。基因组测序的第一步就是构建基因组图，然后将基因组区段分解逐个测序，最后进行组装。基因组作图的基本构想是，在长链 DNA 分子的不同位置寻找特征性的分子标记，根据分子标记将包括这些序列的克隆进行连锁定位，绘制基因组图。一旦构建好基因组图，即可进行全基因组测序。

1. 基因标记

在经典遗传学中，研究一种性状的遗传，必须要求同一性状至少有 2 种不同的存在形式或称表型。例如，孟德尔在研究豌豆性状的遗传规律时就选用了如植株高与矮这种相对性状，每个相对性状都由一个不同的等位基因控制。最初人们识别的指令表型的基因都是通过肉眼观察辨认的。例如，果蝇遗传图上显示的躯体颜色、翅膀形状等标记都可在低倍显微镜下或直接用肉眼进行分辨。这些研究虽然在遗传学发展的早期阶段取得了很好的结果，但遗传学家很快意识到，可见的表型性状的数目十分有限，尤其是当多个基因影响同一性状时，遗传分析往往陷入困境。为了使遗传图具有更强的综合性，必须发现大量易于区分的、较为单一的性状。具有生化特征的表型具备上述要求。例如，人类中血型系列（ABO）分析、血清蛋白等研究都是利用生化表型的例子。这些生化表型的最大优点在于：它们属于多等位基因。例如，人类白细胞抗原 DRBI（human leukocyte antigens-DRBI，HLADRBI）基因位点有至少 59 个等位基因，HLA-B 位点至少有 60 个等位基因。

基因虽然是非常有用的标记，但并非是非常理想的标记。其原因之一是，高等生物如脊椎动物和显花植物可用作标记的基因十分有限，许多性状都涉及很多基因。此外，高等动物基因组中存在大量基因间隔区，纯粹用基因作为标记将在遗传图上留下大片的无标记区段。另外的原因是，只有部分基因的等位基因成员可以通过常规实验予以区分，因而产生的遗传图是不完整的，必须寻找其他更有效的标记。基因之外的作图工具统称为 DNA 标记，包括限制性片段长度多态性（RFLP）、简单序列长度多态性（SSLP）、小卫星序列、微卫星序列、单核苷酸多态性等（详见第六章）。

2. 遗传图谱

遗传图谱也称为连锁图谱（linkage map），是指确定基因或 DNA 标记在染色体上的相对位置与遗传距离。染色体上基因之间的相对距离，一般用厘摩（cM）表示，以纪念摩尔根对遗传学的贡献。绘制遗传连锁图的方法有很多，早期使用的多态性标记有限制性酶切片段长度多态性（RFLP）、随机扩增多态性 DNA（RAPD）、扩增片段长度多态性（AFLP）；后来出现的有短串联重复序列（STR，又称微卫星）DNA 遗传多态性分析，STR 具有"多态性"与"高频性"的优点；第三代多态性遗传标记是单核苷酸多态性（SNP），它不再以长度的差异为检测手段，而是直接以序列的变异作为标记。因为所有遗传多态的分子基础都是核苷酸的差异，所以理论上，SNP 有可能在核苷酸水平上将序列图、物理图与遗传图最终有机地整合、统一起来。2001 年 2 月，已得到人类 SNP 标记达 142 万个，在人类基因组中达到每隔 2.32kb 就有一个的密度，这为人类疾病相关基因的克隆奠定了基础。

### （二）通过物理方法进行基因组作图

物理作图即采用分子生物学技术直接将 DNA 分子标记、基因或克隆标定在基因组实际位置。物理图的距离依作图方法而异，如辐射杂种作图的计算单位为厘镭（cR），限制性片段作图与克隆作图的图据单位为 DNA 的分子长度，即碱基对。物理作图主要包括以下 3 类：①限制性作图，将限制性酶切位点标定在 DNA 分子的相对位置；②FISH-荧光原位杂交，将荧光标记的探针与染色体杂交确定分子标记的所在位置；③序列标签位点（STS）作图，通过 PCR 或分子杂交将小段 DNA 序列定位在基因组的 DNA 区段中（详见第六章）。

### （三）人类基因组图谱进展

20 世纪 80 年代初期，很多人都认为绘制详尽的人类基因组图是一项可望而不可即的任务。虽然当时果蝇和其他生物的综合遗传图已经构建，但人类家系遗传分析存在的问题及相对缺少多态性遗传标记，使大多数遗传学家怀疑能否绘制一份含有高密度标记的人类基因组图谱。绘制人类遗传图的尝试最初始于 RFLP 的发现，这是动物基因组中最早被识别的多态性 DNA 标记。1987 年发表了第一份人类 RFLP 连锁图，含 393 个 RFLP 及 10 个其他多态性标记。这张基因组连锁图来自 21 个家庭，平均密度为 10Mb。

20 世纪 80 年代后期，人类基因组计划开始确定，世界各地的遗传学家建立了松散的合作联盟。当时确定的遗传图目标是达到每 Mb 一个标记，事实上到 1994 年，国际合作联合体已经达到并超过了这一目标。1994 年发表的基因组含有 5800 个标记，其中包括 4000 多个 SSLP，密度达每 0.7Mb 一个标记。遗传图最后的一个版本是 Dib 等（1996）发表的，在 1994 年的基础上增加了 1250 个 SSLP。

人类基因组物理图绘制稍后于遗传图。20 世纪 90 年代初，经过相当大的努力，采用 STS 筛选法及其他指纹技术产生了一份基于克隆的重叠群（contig）物理图。这一时期物理图绘制的最新进展是发表了由 33 000 个酵母人工染色体（yeast artificial chromosomes，YAC）组成的全基因组重叠群物理图。但是后来人们发现有不少 YAC 含有嵌合的 DNA 片段。嵌合的 YAC 克隆使基因组中一些原来分散的 DNA 片段在作图时错误地连接到彼此相邻的位置，引起大范围的错位。这些问题使得研究者转而采用 STS 标记作图，并对 YAC 物理图进行校正。后来经过两年绘制了一份包括 7000 个多态性 SSLP 的物理位置的 STS 图，这些 SSLP 标记经遗传分析已定位于遗传图上。由于同一 STS 标记分别定位在遗传图和物理图上，可以直接克隆重叠图与遗传图彼此链接，产生一份具有综合性的完全整合的基因组图，成为人类基因组计划 DNA 测序阶段的工作框架。

## 三、基因组 DNA 大规模测序

由于 DNA 序列测定技术在规模化、自动化等方面的突破，基因组 DNA 测序是在物理图定位的基础上分析测定克隆的 DNA 片段的碱基序列，然后把各个序列拼接成基因组全序列。由于毛细管自动测序仪和计算机信息技术的应用，测序技术获得了革命性的突破，大大提高了速度和精确性，使大规模测序得以顺利进行，加上"全基因组鸟枪战略"（shotgun sequencing strategy of human genome）（图 9.9）的实施，HGP 计划得以提前完成。到 2003 年 4 月 14 日，全基因组测序完成了 99%，人类基因组还有约 1%位于染色体的着丝粒和端粒部位的 DNA 序列，这些序列是由一些高度重复的 DNA 组成，直接测序有一定的难度，尚待通过进一步研究，使用更先进的技术予以揭秘。

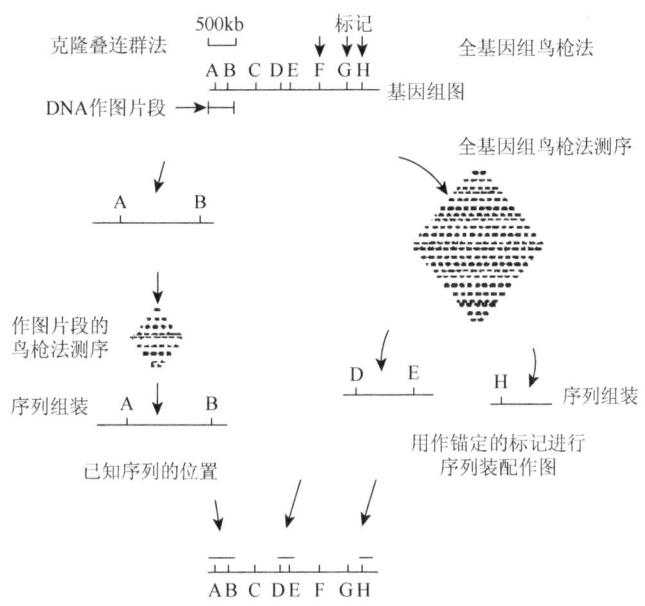

图 9.9 克隆叠连群法和全基因组鸟枪法作图的策略

基因组测序大大推动了疾病基因的定位与克隆。例如，21 号染色体包含 33Mb 的 DNA，能分辨出的基因不到 300 个，该染色体序列显示有多个基因与特定疾病相关，如阿尔茨海默病（Alzheimer disease）、Down 综合征、脑动脉淀粉样变性（cerebral amyloid angiopathy，CAA）、同型胱氨酸尿症（homocystinuria）、磷酸果糖缺乏引起的溶血性贫血、进行性肌阵挛性癫痫（progressive myoclonia epilepsy，PME）、侧索硬化症（amyotrophic lateral sclerosis，ALS）和白血症（leukemia）等。该序列的确定将有助于研究这些致命疾病的发病机制，为寻求其相应的治疗方法打下基础。

除了人类基因组外，其他物种的基因组计划也纷纷启动。1996 年完成了啤酒酵母的全序列测定，并初步确定了 5885 个编码蛋白质的基因、140 个 rRNA 基因和 275 个 tRNA 基因，从而第一次揭示了一种真核生物的全基因组测序，发现了 19 000 个以上的基因，40%以上预测的蛋白质产物可以在其他生物中找到相匹配的蛋白质，存在多种重复序列和大量高度保守的基因。2000 年底，由美国、欧洲和日本科学家联合完成了模式植物拟南芥 5 条染色体近 120Mb 的精确测序，发现其基因组可能编码 25 000 多个基因。2000 年，美国两家农业生物技术巨头公司孟山都（Monsanto）和先正达（Syngenta）分别宣布完成了水稻（粳稻日本晴）基因组"框架图"。2010 年 10 月，中国宣布完成了中国水稻（籼稻）基因组"框架图"和数据库。这些研究发现，水稻基因组可能编码 5 万多个基因，约是拟南芥的 2 倍。

在 20 世纪，已有 1031 种生物基因组完成测序（图 9.10，表 9.4）。2001 年人类基因组计划完成，2002 年水稻基因组序列框架图绘制完成，此后相继完成了小鼠、蜜蜂、家蚕、鸡、家猪、拟南芥、毛果杨、葡萄、番木瓜、咖啡、玉米、油菜、番茄、黄瓜、大熊猫、棉花等生物的基因组测序。随着科学家对生物基因组性质、作用认识的不断深化，生命科学与人类社会历史将一同进入一个崭新的时代。

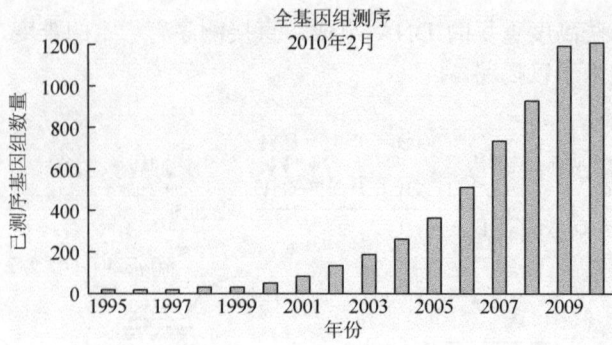

图 9.10　已测序的基因组的统计图（GenBank）

表 9.4　重要模式生物的基因组数据库

| 数据库名称 | 缩写 | 网址 |
| --- | --- | --- |
| 植物基因组数据库 | Plant GDB | http: //www.plantgdb.org/ |
| 果蝇基因组数据库 | FlyBase | http: //www.fruitfly.org/ |
| 小鼠基因组数据库 | MGD | http: //www.informatics.jax.org |
| 酵母基因组数据库 | SGD | http: //genome-www.stanford.edu/Saccharomyces |
| 拟南芥基因组数据库 | TAIR | http: //www.arabidopsis.org |
| 斑马鱼基因组数据库 | Sanger | http: //sanger.ac.uk/Projects/D_rerio/ |
| 微生物数据库 | TIGR | http: //www.tigr.org/tdb/mdb/mdbcomplete.html |
| 大鼠基因组数据库 | RGD | http: //ratmap.gen.gu.se |
| 家蚕基因组数据库 | SilkDB | http: //silkworm.genomics.org.cn/ |
| 人类基因组数据库 | HGP | http: //www.nhgri.nih.gov |
| 综合数据库 | NCBI | http: //www.ncbi.nlm.nih.gov/ |
| 综合数据库 | DDBJ | http: //www.ddbj.nig.ac.jp/ |
| 综合数据库 | EMBL | http: //www.ebi.ac.uk/embl |

## 四、人类基因组研究的影响

随着人类基因组逐渐被破解，人们对人类本身的了解将迈上新的台阶。如果说格雷（Henry Gray）的第一张人体解剖图解开了人体之谜，奠定了现代医学的基础，那么人类基因组计划所形成的人类第二张解剖图将起到解释人类基因组之谜的作用，将带来生物学和医学新的飞跃。人类基因组研究的目的，不是为了单纯地积累数据，而是要揭示大量数据中所蕴藏的内在规律，从而更好地认识和保护生命体。

随着人类基因组计划的进行，对于那些常见的复杂性状的多基因病如肥胖、哮喘、糖尿病等的基因克隆开始得以成功；分子药物促进疾病诊断，能更快地诊断出有遗传易感性的疾病，合理制订用药方案，分子药物不再仅仅通过临床症状来治疗疾病，而是寻找疾病最基本的原因——基因，诊断的快速和专一使无数的疾病能够在早期被发现和治疗；很多疾病的病因将被揭开，药物将会被设计得更好，治疗方案更能"对症下药"；生活起居、饮食习惯有可能根据基因的情况进行调整，人类的整体健康状况将会提高；利用基因治疗解决更多的疾病将成为可能；通过控制人体的生化特征，人类将能够恢复或修复人体细胞和器官的功能，甚至改变人类的进化过程等。利用基因，人们可以改良果蔬品种，提高农作物的品质，更多的转基因动植物、转基因食品将问世，植物疫苗不久将面世，将加速实现疫苗计划。

基因组计划及其在应用方面初现的曙光使专家纷纷预言：21 世纪是生物学的世纪。这不仅是生物学领域的革命，同时也极大地推动了生命科学不断增强的生命力和影响力。已有的和潜在的对基因组研究的应用使政府能对分子药物的应用、废弃物管理、环境保护、生物技术、能源及风险评估等方面的需求进行分析。通过对基因组多样性和表达调控网络的研究，将完成生命周期组的制作，揭示进化、发育和脑功能的奥秘。

基因组研究之后的蛋白质组研究将导致药物开发方面的实质性突破，使得生命科学研究的最终目标，即研制出治疗包括癌症和艾滋病等在内多种疾病的药物得以实现。

HGP 的数据急增，促使了一门全新的学科——生物信息学（bioinformatics）的诞生。作为对 DNA 和蛋白质序列资料各种类型信息进行识别、储蓄、分析、模拟和传输的学科，生物信息学已经显著地改变了遗传学、分子生物学、发育生物学、免疫学、微生物学的实践，而且可能带来结构生物学、药物学和医学的重大革命。

对人类遗传学和基因组学的不断认识，将对人类和社会产生重要影响。例如，随着基因组研究的完成，隐私权问题，合理使用遗传信息问题，围绕遗传学研究的伦理问题，专业和公共教育问题，就业和保险问题，遗传学和基因组学对各种哲学、神学、法学、伦理学及种族概念的相互作用问题等都将变成大众关心和敏感的问题，从而使得人们的观念发生根本的改变。

## 五、基因组计划下一步方向

经过多年的研究，科学家已经获得了人类大量的遗传信息，拥有了一张接近完整的人类基因组图谱，但是如何解读这些庞大的信息仍有大量的工作要做。

1）进一步绘制精细图谱，即完成每条染色体的基因图谱。

2）蛋白质研究将成为后基因组时代的主角。随着人类基因组计划进入尾声，一个以蛋白质和药物基因组学为研究重点的后基因组时代已经拉开序幕，并将对科学提出更为严峻的挑战，蛋白质将是他们今后研究的重点方向之一。有关人类蛋白质组的研究将是艰巨的，其原因在于蛋白质的鉴定和分离较 DNA 及其蕴含的基因的识别和分离更困难，目前测定蛋白质的技术远远落后于破译基因组的工具。

3）新的研究热点是对更多的生物基因组进行测序。测定出人类基因组图谱后，需要对图谱进行"注释"，对每个基因进行定位。由于不同物种之间大部分基因是相同的，因此其他物种基因图谱的绘制也对人类基因图谱有借鉴作用。被列入人类基因组计划的五大模式生物为大肠杆菌（*E. coli*）、酿酒酵母（*Saccharomyces cerevisiae*）、黑腹果蝇（*Drosophila melanogaster*）、秀丽线虫（*Caenorhabditis elegans*）和小鼠（*Mus musculus*），它们对人类基因组计划全序列测定技术的完善起了重要的作用。小鼠是经典的医学实验动物，其基因组组织、解剖学结构、发育过程、生化代谢途径等都与人较为接近，而且已建立了近千种不同的株系、上万个表型较为明确的人类免疫模型，这些都为人类基因组的研究，特别是人类疾病基因的克隆提供了较为理想的材料。另一项研究计划是大鼠基因组计划，与小鼠相比，大鼠体型较大，生理学特征易于研究，也是多种疾病的重要模式动物。

所有这些预测计划都是为了最终的目标，即通过比较基因组学来研究人类基因组。因为不同物种间功能基因有相当大的保守性，每测定一个物种的基因组，科学家对人类基因组的认识就增加一些。美国国家人类基因组研究中心（National Human Genome Research Institute, NHGRI）的基因组学家格林（Eric Green）已经通过对狗、猫、马、牛、狒狒和其他 5 种脊椎动物基因组的比较，定位了与囊性纤维化（cystic fibrosis, CF）和威廉姆斯综合征（Williams syndrome, WS）相关的基因。怀特海德（Whitehead）中心的兰德（Wric Lander）小组正在展开对酵母菌和另几类真菌基因组的研究，探讨不同进化分支的种类在表型上的差别。

种种迹象表明，在近几年的时间里，稍有实力的基因组研究中心都将展开自己的基因组测定项目。植物基因组的研究也在各国加紧进行，如水稻、拟南芥（*Arabidopsis thaliana*）、香蕉等的基因组研究都取得了很好的进展。

4）功能基因组学已成为 21 世纪生物学的新方向。尽管基因组图谱非常重要，但基因序列本身并不能为科学家提供基因功能的有用信息，如何了解这些基因功能和特性就成为各研究机构下一步的主要目标。从政府资金的投入即可反映这一趋势：德国人类基因组计划将 90%的资金投入功能基因组学领域；NHGRI 正在物色能够成功带动美国基因组计划向功能基因组学发展的研究机构，已经建立人类和小鼠 25 000 个全长 cDNA 文库的 Stanford 大学有可能成为下一步资助的重点。目前，日本宣布其小鼠基因百科全书计划已经收集了 20 000 个小鼠全长 cDNA 片段，这些 cDNA 有助于分析图谱、定位基因。一般认为，在功能基因组研究中可能的核心科学问题有：基因组的多样性和进化规律，基因组的表达及其调控，模式生物体基因组研究等。中国人类基因组计划下一阶段的目标是继续扩大中华民族基因源库（包括 DNA 和永生细胞株库），发展疾病基因组学，做好疾病遗传资源的调查、登记、采集和保存工作，形成现代化管理的样品库和数据库，并争取在肿瘤、遗传病和多基因病相关基因的定位、克隆、突变检测与大规模测序方面有所突破，获得一批重要的疾病基因；启动以生物信息学、基因转录和翻译表达谱测定为主的功能基因组学研究，并以疾病基因组为研究基因组功能的重点；加强与基因组科学有关的伦理、法律和社会问题的研究等。由此可以看出，我国的功能基因组研究也正在积极地进行，加上我国有丰富的人群遗传资源和在经典生物学、医学方面的雄厚积累，中国的基因组科学一定会取得更高的成就。

# 第三节 基 因 组 学

基因组学随着"人类基因组计划"的进展而迅速发展，已成为当今生命科学和自然科学的重大前沿领域之一。它既带动了现有学科的发展，又促进了一些新的相关学科。例如，研究基因转录与调控、基因组表达谱的"转录组"与"转录组学"；研究生物所有代谢系统与途径的"代谢组"与"代谢组学"；研究蛋白质结构与功能的"蛋白质组"和"蛋白质组学"；研究基因启动子的"启动子组"与"启动子组学"等。

## 一、基因组学的概念

基因组学（genomics）最初是由美国科学家罗德瑞克（Thomas Roderick）于 1986 年提出的，当时的内容是指基因组作图（mapping）和测序（sequencing）。但后来随着人类基因组计划的进展，其含义得到了不断的发展和更新。于是，科学家将它定义为研究生物基因组的结构和功能的科学，即从整体水平上来研究一个物种基因组的结构、功能及调控的一门科学。基因组学、转录组学、蛋白质组学与代谢组学等一同构成系统生物学的组学（omics）生物技术基础。基因组学根据研究对象可分为动物基因组学、植物基因组学、肿瘤基因组学、药物基因组学、环境基因组学等。根据研究的重点可分为结构基因组学、功能基因组学和比较基因组学三大部分。基因组学的主要工具和方法包括生物信息学、遗传分析、基因表达测量和基因功能鉴定。

## 二、结构基因组学

### （一）概念和目的

结构基因组学，顾名思义，就是研究生物基因组结构的科学。它是基因组学研究中的一个重要组成部分和研究领域，也是基因组研究第一阶段的工作，是建立功能基因组学的基础。它是一门通过基因作图、核苷酸序列分析确定基因组成及基因定位的科学。其主要目标是绘制生物的遗传学图（genetic map）、物理图（physical map）、转录图（transcript map）和序列图（sequence map）。虽然，科学家已经提出了功能基因组学的概念，并开始了这方面的研究工作，但实际上，基因组学的发展目前还处于结构基因组学的阶段。

基因组测序是结构基因组学最基本的研究工作。因为只有完成了物种基因组的测序，即测定物种基因组的 DNA 序列后，才有可能在碱基水平上破译生物的遗传之谜。自 1990 年开始实施人类基因组计划以来，在它的影响下，迄今已完成了 100 多个物种的基因组 DNA 序列的测定工作，其中包括流感嗜血杆菌、大肠杆菌、酵母、秀丽线虫等多个病原微生物和模式生物及人类基因组的测序。

### （二）结构基因组学的研究内容

结构基因组学的研究内容主要包括以下几个方面。

遗传图谱：利用各种 DNA 多态性如 RFLP、RAPD、AFLP、SSR、SNP 等分子标记手段，通过计算遗传标记之间的重组频率，建立遗传连锁图谱。

物理图谱：通过构建全基因组 YAC、BAC、黏粒文库等，采用如 STS、EST 等标记手段，根据文库克隆之间的重叠序列，确定片段间的连接顺序和遗传标记间的物理距离。

序列图谱：根据物理图谱将基因组分为若干具有标识的区域，进行测序分析，在同一区域内需要利用 DNA 片段重叠群使测序工作得以不断延伸或采取全基因组鸟枪法等策略，直至完成全基因组测序。

基因图谱：通过基因表达产物 mRNA 反追到染色体中，确定基因在基因组中的位置，运用正常基因图谱，就可以构建特定条件下与异常情况下 cDNA 的差异图谱，作为指导研究和利用生物体及基因医学等的蓝图。

### （三）结构基因组学的目标

1）测定一些经过认真选择的、可能代表所有折叠类型的蛋白质。这样的工作量会大大减小，并且其他蛋白质的结构可以通过计算机技术模建出来。这对分析蛋白质结构特征在系统发生上的分布是有价值的。但是由于当前的模建技术还不能提供精确的原子结构信息，一些细微的差别无法确定，而这些微小的差别也许对蛋白质的功能有重要影响，所以这个目标正受到挑战。

2）测定相当数量的蛋白质结构，这些蛋白质结构来自几种模式生物的蛋白质表达谱或与疾病相关的蛋白质表达谱。这种方式能提供更精确的结构信息，为阐明生物大分子的结构与功能提供更翔实的资料。尤其是，从与疾病相关的蛋白质表达谱去测定蛋白质结构，可以为疾病机制的阐明和疾病治疗提供重要信息。

### （四）结构基因组学的研究方法

（1）脉冲场凝胶电泳

脉冲场凝脉电泳（pulsed field gel electrophoresis，PFGE）是近年发展起来的一种重要的分离大分子质量线性 DNA 分子的电泳技术。普通的琼脂糖凝胶电泳分离 DNA 分子的上限是 50kb，大于该极限的 DNA 分子，常规的琼脂糖凝胶便失去了其分子筛的作用，导致电泳带型无法分辨。PFGE 的发明正好解决了这一问题。1984 年，施瓦茨（David C. Schwartz）和坎托（Charles R. Cantor）首次用此技术成功分离到酿酒酵母菌（*Saccharomyces cerevisiae*）细胞 16 条完整的染色体 DNA。此后，随着 PFGE 技术的不断改进，现已具有分辨出高达 10Mb 级 DNA 的能力。这一独具的高分辨力使 PFGE 的应用范围已涉及几乎所有生物基因组结构的研究。PFGE 的基本原理是在琼脂糖凝胶上外加交变的脉冲电场，其方向、时间和电流大小交替改变，每当电场方向发生改变时，大分子 DNA 便滞留在凝胶孔内，直至沿新的电场轴重新定向后，才能继续向前泳动，DNA 分子越大，这种重新定向需要的时间就越长。当 DNA 分子改变方向的时间小于脉冲时间时，DNA 就可以按照其分子质量大小分开，经 EB 染色后在凝胶上出现按 DNA 大小排列的电泳带型。PFGE 具有独特的分离大片段 DNA 的能力，是一种分析染色体 DNA 的强有力工具。目前，PFGE 主要应用于染色体 DNA 的分离、微生物基因分型、DNA 辐射损伤修复、细胞凋亡、酵母人工染色体电泳分析及单向电泳难以分辨的 DNA 图谱制作等研究中。

（2）毛细管电泳

毛细管电泳（capillary eletrophoresis，CE）又称高效毛细管电泳，是 20 世纪 80 年代问世的一种高效液相分离法，是经典电泳技术和现代微柱分离相结合的产物。由于 HPCE 技术具有分析速度快、分离效率高、操作模式多、实验成本低、消耗少、仪器结构简单、可实现现代化等特点，在生物化学、分子生物学等生命科学领域的应用越来越广泛。其基本原理是利用被分析离子在电场中迁移、泳动行为的差异而达到分离目的。毛细管电泳所用的石英毛细管柱，表面有带负电荷的硅烷基，能吸附溶液中的阳离子形成双电层。在高压作用下，双电层中的水合阳离子引起流体整体地朝负极方向移动，产生电渗。粒子在毛细管内电解质中的迁移速度等于电泳和电渗这两种速度的矢量和。毛细管电泳的进样系统有电迁移进样和流体力学进样两种进样方式，DNA 分析常用到前一种方式。

（3）基因芯片技术

基因芯片（gene chip）又称 DNA 微阵列（DNA microarray），是专门用于核酸检测的生物芯片，也是目前应用最广泛的微阵列芯片。它是指在固相载体上按照待定的排列方式固定上大量序列已知的 DNA 片段，形成 DNA 微矩阵（图 9.11）。其基本原理就是按特定的排列方式在硅片、玻片、塑料片上固定大量基因探针/基因片段。探针 DNA 是指被有序地点样固定在玻片或硅晶片上的 DNA 片段，这些片段可以通过 PCR 反应扩增细菌质粒上插入的基因组片段或通过引物从 cDNA 文库中 PCR 扩增得到。这些大小和序列不同的片段分别经过纯化后，被高密度有序地点样固定在玻片或硅晶片上，从而制备成 DNA 微阵列，用于检测待测样品中是否有与之互补的序列。待测样品中的 mRNA 被提取后，通过反转录获得标记荧光的 cDNA，与包含上千个基因的 DNA 微阵列进行杂交反应，将玻片上未互补结合的片段洗去，再对玻片进行激光共聚焦扫描，测定微阵列上各点的荧光强度，推算出待测样品中各种基因的表达水平。若要比较不同的两个细胞系或不同组织来源的细胞中基因表达的差异，则从不同的两个细胞系或不同的组织来源中提取 mRNA。反转录反应过程中标记上不同颜色的荧光，等量混合后，与包含上千个基因的 DNA 微阵列进行杂交反应，对玻片进行激光共聚焦扫描。比较两种荧光在各点阵上的强度，推算出各基因在不同细胞系中的相对表达水平。

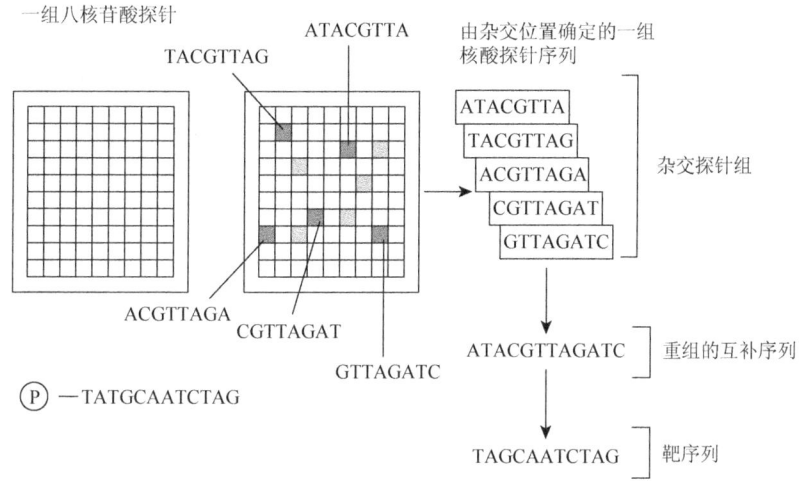

图 9.11　基因芯片的测序原理图

## 三、功能基因组学

### （一）功能基因组学介绍

随着多种生物的基因组被测序，基因组研究正在从结构基因组学转向功能基因组学的研究。功能基因组学又称为后基因组学，它是建构在结构基因组学基础上的基因组分析的第二阶段。它主要是利用结构基因组学所提供的生物信息和材料，通过运用高通量的技术在基因组或系统水平上全面分析基因的功能，使得生物学研究从单一基因或蛋白质研究转向对多个基因或蛋白质同时进行系统研究。功能基因组学的研究包括基因功能发现、基因表达分析及突变检测、蛋白质组及其蛋白质组学的研究、基因组多样性研究及模式生物基因组研究。它主要是采用一些新的技术，如基因表达序列分析（serial analysis of gene expression，SAGE）、cDNA 微阵列（cDNA microarray）和 DNA 芯片（DNA chip），对成千上万的基因表达进行分析和比较，力图从基因组整体水平上对基因的活动规律进行阐述。

### （二）功能基因组学常用方法和技术

基因的时空差异表达是有机体发育、分化、衰老和抗逆等生命现象的分子基础。基因在不同组织、不同器官及不同环境条件下的差异表达特征为基因的功能提供了重要的信息。威尔库勒斯库（Victor E. Velculescu）等将在特定组织或细胞内转录的所有基因及其表达丰度称为转录组（transcript profile）。因此，在转录水平上进行的基因表达差异分析实际上就是进行转录组学（transcriptome）研究。经典的减法杂交（subtractive hybridization）、差式筛选（differential screening）、cDNA 代表性差异分析（representative difference analysis，RDA）及 mRNA 差异显示（differential display）等技术已被广泛用于鉴定和克隆差异表达的基因，但是这些技术不能胜任对大量的基因进行全面、系统的分析，于是基因表达序列分析、cDNA 微阵列和 DNA 芯片等能够大规模进行基因差异表达分析的技术应运而生。

### 1. RNA 干扰技术

RNA 干扰是双链 RNA 介导的干涉（double stranded RNA mediated interference，RNAi）的简称，这一现象是 1998 年由美国学者费尔（Andrew Fire）等在秀丽新杆线虫（*Caenorhabditis elegans*，CE）中发现的，现已发展为一种研究基因功能的新方法。它通过导入的双链 RNA 的介导，特异性地降解内源相应序列的 mRNA，从而导致转录后水平的基因沉默（post transcriptional gene silencing）（详见第八章），迄今在植物、真菌、线虫、锥虫、涡虫、果蝇、水螅、小鼠和哺乳动物细胞（如人胚肾细胞等）中都已发现存在这一基因沉默机制。研究发现，RNAi 作用机制中存在一个正反馈的过程，该过程与 RNA 依赖性 RNA 聚合酶有关。

RNA 干扰具有以下几个重要特征：①RNA 干扰是转录后水平的基因沉默机制。研究发现，只有导入基因外显子序列的相应双链 RNA 才能特异性地降解内源相应基因的 mRNA，从而抑制该基因的表达；而导入相应基因内含子或启动子序列的双链 RNA 却不产生干涉效应。②RNA 干扰具有很高的特异性，只特异地降解与之序列相应的单个内源基因的 mRNA。③RNA 干扰抑制基因表达具有很高的效率，对秀丽新杆线虫的表型可达到基因剔除后功能几乎完全丧失的程度；对于内源 mRNA，很少量的双链 RNA 分子即能完全抑制相应基因的表达。④RNA 干扰抑制基因表达的效应可以穿过细胞界限，在不同细胞间长距离传递和维持，秀丽新杆线虫的干涉效应甚至可以传递给后代。⑤与传统的研究基因功能的方法如基因剔除、基因诱变技术相比，RNA 干扰技术具有简便、快速、高效的优点，在秀丽新杆线虫，可通过显微注射、浸泡或饲喂的方法将双链 RNA 导入虫体。除显微注射技术要求较高外，其他两种将双链 RNA 导入虫体的方法都非常简单。正因为 RNA 干扰技术具有上述特征及优点，在功能基因组学研究中的应用越来越广泛。

### 2. 基因编辑

基因编辑是指在基因层面上对基因序列做一些改变，包括基因定点 InDel 突变、敲入、多位点同时突变和小片段的删除等。DNA 编辑修饰的尝试是在 1980 年由 Martin Cline 主持进行。人工内切核酸酶（engineered endonuclease，EEN）技术的出现显著提高了基因编辑的效率。

#### （1）锌指核酸酶

锌指核酸酶（zinc finger nuclease，ZFN）是第一代人工内切核酸酶。ZFN 由一个 DNA 识别域和一个非特异性内切核酸酶构成。DNA 识别域由一系列（一般 3~4 个）Cys2-His2 锌指蛋白串联组成，每个锌指蛋白识别并结合一个特异的三联体碱基。多个锌指蛋白可以串联起来形成一个锌指蛋白组，识别一段特异的碱基序列，具有很强的特异性和可塑性。与锌指蛋白组相连的非特异性内切核酸酶来自 FokI 的 C 端由 96 个氨基酸残基组成的 DNA 剪切域。FokI 是来自海床黄杆菌（*Flavobacterium okeanokoites*）的一种限制性内切酶，只在二聚体状态时才有酶切活性。每个 FokI 单体与一个锌指蛋白组相连构成一个 ZFN，识别特定的位点。当两个识别位点相距恰当的距离（6~8bp）时，两个单体 ZFN 相互作用产生酶切功能，从而达到 DNA 定点剪切的目的。2002 年，首次应用 ZFN 技术成功突变果蝇的内源基因，目前已在众多模式植物（如烟草、玉米、大豆、拟南芥等）、模式动物（如小鼠、大鼠、黑长尾猴、斑马鱼、海胆等）及多种人类细胞、中国仓鼠细胞中，通过 ZFN 技术成功实现了内源基因的切割和致变。但是该技术存在一些明显的缺陷，主要包括：①很难在基因组上找到合适的 ZFN 靶点；②对于每一个特定的靶点，需要构建庞大的锌指表达文库，要从中筛选出高效并且能特异结合靶序列的锌指蛋白很难；③工作量大，细胞毒性大，成本高。所以，需要寻求新的基因编辑技术。

（2）转录激活因子样效应物核酸酶

转录激活因子样效应物核酸酶（transcription activator-like effector nuclease，TALEN）是第二代人工内切核酸酶，由 N 端的核定位信号、中间识别区域、C 端融合上 FokI 内切核酸酶的切割区构建而成。2011 年，TALEN 首次在酵母中进行基因编辑获得成功，目前已在多个物种、多个基因中实现了基因组定点修饰。TALEN 和 ZFN 两种人工内切核酸酶的原理是相同的，但 TALEN 比 ZFN 的技术难度小，研究与应用成本低，细胞毒性小。

（3）CRISPR/Cas

CRISPR/Cas（clustered regularly interspaced short palindromic repeat Cas）是第三代人工内切核酸酶技术，它是由 RNA 导向的一种基因组编辑系统，与 TALEN 和 ZFN 技术相比，操作简单，实验周期短，成本低，细胞毒性更小。在基因组中靶点分布频率很高，靶基因多个位点可实现同时敲除，基因修饰可遗传，没有物种的限制。

1987 年，日本学者在研究细菌中编码碱性磷酸酶基因时发现，在这个基因的编码区附近有一小段 DNA 片段包含了大量的串联间隔重复序列。2002 年，科学家将其正式命名为规律性重复短回文序列簇（clustered regularly interspaced short palindromic repeat，CRISPR）。2005 年，科研人员发现 CRISPR 中的重复序列与细菌的外源核酸入侵的免疫过程有关。CRISPR/Cas 系统可以识别出外源 DNA，并将它们切断，沉默外源基因的表达，这与真核生物中 RNA 干扰的原理是相似的。正是由于这种精确的靶向功能，CRISPR/Cas 系统被开发成一种高效的基因编辑工具。

CRISPR 序列由多个重复序列（repeat）与非重复间隔序列（spacer）组成。重复序列区含有回文序列，可以形成发卡结构。间隔区比较特殊，它们是被细菌俘获的外源 DNA 序列。当噬菌体病毒首次入侵宿主细菌，病毒的双链 DNA 被注入细胞内部时，CRISPR/Cas 系统会从这段外源 DNA 中截取一段序列作为外源 DNA 的"身份证"，然后将其作为新的间隔序列整合到基因组的 CRISPR 序列之中，这就相当于细菌免疫系统的"黑名单"。而噬菌体中与之对应的序列则称为原间隔序列（protospacer）。当这些外源遗传物质再次入侵时，CRISPR/Cas 系统就会予以精确打击。原间隔序列 5′端和 3′端延伸的几个序列是非常保守的，称为原间隔序列临近基序（protospacer adjacent motif，PAM）。PAM 通常由 NGG 三个碱基构成（N 为任意碱基），其作用是将间隔序列定位于入侵的噬菌体 DNA 序列中，即宿主对入侵的外源核酸进行扫描，在其 DNA 序列中定位若干个 PAM，并将 PAM 5′端或 3′端的序列定义为新的原间隔序列并被剪切后陆续整合到 CRISPR 系统 5′端新合成的两个重复序列之间。上游的前导区（leader）被认为是 CRISPR 序列的启动子。另外，在上游还有一个多态性的家族基因，该基因编码的蛋白质均可与 CRISPR 序列区域共同发生作用。因此，该基因被命名为 CRISPR 相关基因（CRISPR-associated gene，*Cas* gene）。目前已经发现了 Cas1~Cas10 等多种类型的 *Cas* 基因。*Cas* 基因与 CRISPR 序列共同进化，形成了在细菌中高度保守的 CRISPR/Cas 系统。

根据参与 CRISPR/Cas 系统的不同的 Cas 蛋白，目前将该系统分为三类。Ⅰ型 CRISPR/Cas 分布于细菌和古细菌中，组分复杂，核心蛋白元件为 Cas3 蛋白，多个 Cas 蛋白与 crRNA（CRISPR RNA）结合形成 CASCAD（CRISPR-associated complex for antiviral defense）-crRNA，

识别外源DNA并与PAM元件的位点特异性结合，介导Cas3蛋白对目标DNA进行剪辑。Ⅱ型CRISPR/Cas主要分布于细菌中，尤其是产链脓杆菌。组分简单，核心蛋白元件为Cas9蛋白，由tracrRNA（trans-activating crRNA）-crRNA-Cas9复合物识别外源性DNA，其中Cas9蛋白在crRNA互补链PAM元件上游3nt与非互补链PAM元件下游的3～8nt处对DNA双链进行剪辑。Ⅲ型CRISPR/Cas主要分布于古细菌中，在细菌中比较少见。该系统的核心蛋白元件为Cas10，在不需要PAM的情况下，Cas6/Cas10作用于crRNA前体，形成crRNA并与之结合后，识别并破坏外源性DNA。同Ⅰ型和Ⅲ型相比，Ⅱ型仅需要Cas9蛋白对DNA双链进行剪辑，1个合成的向导RNA（single-guide RNA，sgRNA）即可代替tracrRNA-crRNA引导Cas9蛋白，而Ⅰ型和Ⅲ型依赖于复杂的蛋白质复合体，因此CRISPR/Cas9系统是目前被改造的最为成功的人工核酸酶。

Cas9内切酶在向导RNA的指引下能够对各种入侵的外源DNA分子进行定点切割，不过主要识别的还是保守的PAM基序。如果要形成一个有功能的DNA切割复合体，还需要另外两个RNA分子的帮助，它们就是crRNA和反式作用CRISPR RNA（tracrRNA）。不过最近有研究发现，这两种RNA可以被"改装"成一sgRNA。这个sgRNA足以帮助Cas9内切酶对DNA进行定点切割（图9.12），形成双链DNA缺口，然后细胞会借助同源重组（homologous recombination, HR）或者非同源末端连接（non-homologous end joining，NHEJ）机制对断裂的DNA进行修复，在修复的过程中，细胞有可能会对修复位点进行修饰，或者插入新的遗传信息。

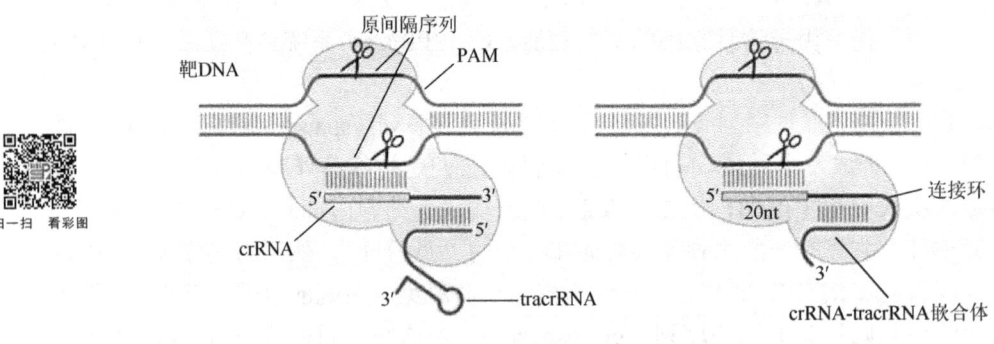

图9.12 sgRNA构建示意图

通过基因工程手段将crRNA和tracrRNA连接形成sgRNA，通过将表达sgRNA的原件与表达Cas9的原件相连接，得到可以同时表达两者的质粒，将其转染细胞，便能够对目的基因进行操作

在获得生物体基因组全部序列的基础上，通过对靶基因进行必要的加工和修饰，如RNA干扰、基因的定点突变、基因体外转录、基因置换等，研究生物体基因组的结构与功能，以及这些修饰可能对生物体的表型、性状产生的影响，这与经典遗传学从生物的表型、性状来推测其遗传物质组成、分布与传递规律的研究思路相反，所以称为反向遗传学，与反向遗传学操作相关的各种技术统称为反向遗传学技术。

3. 蛋白质组学研究

随着人类基因组计划的顺利进行，生命科学研究进入了后基因组时代。后基因组时代的主要任务是从整体水平对生物进行功能研究，而作为生物功能执行者的蛋白质成为了研究对象，进而导致蛋白质组学的诞生。

蛋白质组概念由澳大利亚学者于1994年提出，指的是由基因编码的全部蛋白质（详见

第十章)。蛋白质组学是以蛋白质组为研究对象，从整体水平上研究蛋白质的水平和修饰状态。蛋白质组学是蛋白质组概念的延伸。蛋白质组分析主要涉及两个步骤：蛋白质的分离和蛋白质的鉴定。用于蛋白质分离的技术主要有双向凝胶电泳，用于蛋白质鉴定的技术有生物质谱技术（biological mass spectrometry，BMS）、用 Edman 降解法测 N 段序列及氨基酸组成分析等。现在有人将质谱技术与同位素标记方法相结合来定量分析蛋白质表达水平的差异、分析鉴定蛋白质组中的膜蛋白。与此同时，一种更先进的基于芯片技术的蛋白质检测方法与蛋白质阵列技术也在迅速发展，可望能够快速并且平行定量分析蛋白质的分布。此外，大规模酵母双杂交技术也正在发展成为蛋白质组功能模式研究的主要手段。蛋白质数据库建立也是蛋白质组研究中的一个重要方面，包括蛋白质序列数据库、质谱数据库、双向电泳数据库等。

目前，蛋白质组的研究已有了很多新的进展，人类蛋白质组计划（Human Proteome Project，HPP）是继人类基因组计划之后又一个大规模的国际性科技工程。该计划的首批行动包括"人类血浆蛋白质组计划"和"人类肝脏蛋白质组计划"。其中人类肝脏蛋白质组计划是第一个人类组织/器官蛋白质组计划，也将是我国第一次领导的重大国际协作计划。人类肝脏蛋白质组计划的科学目标是：构建蛋白质表达全谱和蛋白质修饰谱，绘制蛋白质相互作用连锁图和细胞定位图，建立符合国际标准的肝脏标本库，建立完整的肝脏蛋白质组数据库，寻找药物作用靶标和探索肝脏疾病防治、诊治的新思路和新方案。

4. 生物信息学研究

自 1990 年启动人类基因组计划和其他的生物基因组研究以来，产生了大量的数据。事实上不仅是核苷酸和蛋白质序列的数据在迅速增长，各种生物的特征基因和蛋白质结构的数据量也将飞速增长。而且由于生物学学科本身所固有的多样性、复杂性和生物学的社会性，数据库中的数据呈现出相当的复杂性。面临这种数据和复杂性的巨大挑战及计算机信息管理技术的飞速发展，一门新兴的交叉学科——生物信息学诞生了。生物信息学是指用数理和信息科学的观点、理论和方法去研究生命的现象，组织和分析呈指数增长的生物学数据的一门学科。它是以计算机为主要工具，研究 DNA 和蛋白质，运用各种软件，对日益增长的 DNA 和蛋白质序列和结构进行收集、整理、储存、发布、提取、加工、分析等。生物信息学由数据库、计算机网络和应用软件三大部分组成。结构基因组学提供了巨大的 DNA 和蛋白质数据，功能基因组学的一个重要任务就是如何充分利用数据库去破译密码、预测蛋白质空间结构及其功能。

## 四、比较基因组学

比较基因组学是一门通过运用数理理论和相应计算机程序，对不同物种的基因组进行比较分析来研究基因组大小和基因数量，基因排列顺序，编码序列与非编码序列的长度、数量和特征及物种进化关系等生物学问题的学科。比较基因组学通过系统比较人类与其他生物在全基因组水平所有基因分布的异同和相互关系，从而深入探讨自然史中生物的演化过程与亲缘关系、基因在演化过程中的功能转变、生物多样性产生的机制及人类基因的来源和生理功能等一系列重大医学遗传学（medical genetics）问题。从生物学角度来看，人类和其他生物被划分在不同的种属，但以现代进化论的观点来看，任何生物都与人类有着一定的亲缘关系。例如，人类与草履虫的亲缘关系大约是 13 亿年，与猴子的亲缘关系是 400 万年。大肠杆菌、酵母、线虫、果蝇和小鼠被初选为人类的首批 5 种"模式生物"。利用模式生物在进化上与人类的亲缘关系，比较它们与人类基因组间的相似与相异，是当前比较基因组学研究的主要内容。在某种意义上讲，整个生物的进化史都刻写在人类基因组这本"天书"之中。开展比较基因组学研究，通过对比人类与其他生物基因组间的异同，就能清楚地看到人类基因组与环境相互作用进而适应性变异的进化脉络，了解人类与其他生物器官结构与功能异同的分子基础，为人类疾病在动物模型中构建成功提供理论基础，为发现人类基因并认识其功能提供实现的工具。

**五、开展基因组学研究的意义**

大规模基因组结构和功能的分析研究，即基因组 DNA 测序和 DNA 序列的功能分析，必将给生物学和人类社会带来巨大的冲击，引起深刻的变化。具体的理论和实际意义主要表现在如下方面。

1）通过物种的基因组测序，可以获得其他手段所无法获得的蕴藏在 DNA 分子中的遗传信息，使人们能够从整个基因组结构的宏观水平了解基因的功能，以及它们相互之间在表达调控机制上的联系，加深对生命本质的认识，揭开生命之谜。

2）从整体上了解染色体和基因的空间结构，以及它们对 DNA 复制、基因转录和表达调控的影响和作用。

3）通过基因组测序，可以比较不同物种之间在 DNA 序列和基因结构上的差异，使人们能够在基因组的整体水平上认识生物的起源和进化。

4）研究突变、重排和染色体断裂等方面的 DNA 病理改变，了解人类各种疾病的分子机理，为诊断、预防和治疗这些疾病提供理论依据。

5）研究家畜和各种农作物经济性状的基因结构及基因在染色体上的位置，为开展分子育种工作提供理论依据。

# 第四节 生物信息学在基因组学中的应用

随着各种生物基因组测序计划的实施与分子结构测定技术的突破及 Internet 的普及，无数的生物学数据如雨后春笋般迅速涌现。如何分析这些从实验过程中获得的大量原始数据，并从中获得与生物结构、功能相关的有用信息是当前困扰理论生物学家的棘手问题。生物信息学是在此背景下发展起来的综合运用生物学、数学、统计学、物理学、化学、信息科学及计算机科学等诸多学科的理论方法而形成的一门崭新的交叉学科。

**一、生物信息学概述**

生物信息学是一门交叉学科，它包括了生物信息的获取、处理、存储、分发、分析和解释等在内的所有方面，它综合运用数学、计算机科学和生物学其他工具，来阐明和理解大量生物数据所包含的生物意义。它是当今生命科学和自然科学的重大前沿领域之一，也将是 21 世纪自然科学的核心领域之一。其研究重点主要体现在基因组学和蛋白质组学两个方面。它把基因组 DNA 序列信息分析作为源头，破译隐藏在 DNA 序列中的遗传语言，特别是非编码区的实质，同时在发现了新基因信息之后进行蛋白质空间结构模拟和预测，然后依据特定蛋白质的功能进行必要的药物设计。

现代生物信息学主要包括以下几个主要研究领域：①继续进行数据库的建立和优化；

②研究数据库的新理论、新技术，研制新软件，进行若干重要算法的比较分析；③进行人类基因组的信息结构分析；④进行功能基因组相关信息分析；⑤从生物信息数据出发开展遗传密码起源和生物进化研究；⑥培养生物信息专业人员，建立国家生物医学数据库和服务系统。生物信息学的发展将会对生命科学带来革命性的变革，它的成果不仅会对相关基础学科起巨大的推动作用，还将对医药、卫生、食品、农业等产业产生巨大的影响。

## 二、生物信息学主要的研究内容

### （一）大规模基因组测序中的信息分析

如何将实验室中得到的生物信息转化为计算机能够处理的数字信息，是生物信息学的一个重要课题，从测序仪的光密度采样与分析、碱基读出、载体标识与去除、拼接、填补序列间隙到重复序列标识、可读框预测和基因标注的每一步都紧密依赖基因组信息学的软件和数据库。

### （二）大规模基因功能表达谱的分析

第一阶段的人类基因组研究称为测序基因组（sequencing genome），下一个研究阶段即后基因组时代（post-genome era）已转入功能基因组（functional genome）研究领域，下一个阶段随着功能基因组实验技术的深入，海量的数据不断涌现，因此数据库将成为支持这些技术的必然组成部分，像蛋白质序列数据库（如 SWISS-PROT）、核酸序列数据库（如 GenBank）、结构域数据库（如 PROSITE）、三维结构数据库［如 PDB（Protein Data Bank）］、基因组数据库（如 OMIM）及代谢数据库等。没有这些数据库的资料，新技术是很难应用的。所以无论是生物芯片还是蛋白质组技术的进展都更强烈地依赖生物信息学的理论、技术与数据库。

### （三）序列片段的拼接

目前 DNA 自动测序仪每个反应只能测序 500bp 左右。如何将这些序列片段拼接成完整的 DNA 顺序就成为接下来的一个重要工作。传统的测序技术通常将克隆进行亚克隆并对亚克隆进行排序。这些工作需要大量的人力和物力。现在，生物信息学为其提供了自动而高速的拼接序列的算法，即利用鸟枪法进行测序，再将大量随机测序的片段用计算机进行拼接，保证了序列中每个碱基的准确性，为人类基因组计划的顺利完成做出了重要贡献，并被证明是一种高效而廉价的技术。

### （四）新基因和新 SNP 的发现与鉴定

利用 EST 数据库（dbEST）发现新基因和新 SNP。EST 序列是基因表达的短 cDNA 序列，它们携带着完整基因某些片段的信息。截至 2010 年，GenBank 的 EST 数据库中人类 EST 序列已超过 830 万条。因此，如何利用这些信息发现新基因成了近几年的重要研究课题。1998年，国际上开展了以 EST 为主发现新 SNP 的研究。其原理很简单，就是对同一基因从 EST 数据库拼接得到不同的转录物，它们很可能是一组 SNP。

### （五）非编码区信息结构分析

高等生物和人的基因组中非编码区都占到基因组序列的绝大部分，研究表明这部分序列具有重要的生物功能。对人类基因组来说，迄今为止，人们真正掌握规律的只有 DNA 上能编码蛋白质的区域（基因），这部分序列只占基因组的 3%～5%，也就是说，人类基因组多达 95%～97% 是非编码区。如何深入了解这些非编码区序列的功能是当前科学家面临的一个挑战。所以要研究非编码区，首先要有办法将完成同一功能的序列搜集在一起，然后建立专门的数据库。

### （六）序列同源性比较和生物进化的研究

序列相似性比较，就是将待研究的序列与已知的 DNA 或蛋白质序列进行比较，用于确定该序列的生物属性，也就是找出与此序列相似的已知序列是什么。常用的程序包有 BLAST 和 FASTA 等。序列同源性分析是将待研究序列加入一组与之同源，来自不同物种的序列中进行多序列同时比较，以确定该序列与其他序列间的同源性大小。程序包主要是 CLUSTAL。构建系统进化树，根据序列同源性分析的结果，重建反映物种间进化关系的进化树。为完成这一工作已发展了多种软件包，如 PYLIP 和 MEGA 等。

## 三、生物信息学与基因组研究相关的数据库及软件

大规模测序是基因组研究最基本的任务，它的每个环节都紧密依赖生物信息学的软件和数据库。归纳起来主要分为四大类，即基因组数据库、核酸和蛋白质一级结构数据库、生物大分子（主要是蛋白质）三维空间结构数据库，以及以上述 3 类数据库和文献资料为基础构建的二次数据库。

### （一）生物信息学数据库

1. DNA 数据库

（1）EMBL（the European Molecular Biology Laboratory）（http://www.ebi.ac.uk/embl/index.html）

它是欧洲生物信息学研究所（European Bioinformatics Institute，EBI）创建的一个核酸序列数据库。EMBL 的数据主要来源于两部分，一部分是由科研人员或某些基因组测序机构通过计算机网络直接提交，另一部分则来自科技文献或专利中已经发表的序列资料。近年来，DNA 数据库的规模正在以指数方式增长，平均不到 9 个月就增加一倍。可以利用序列查询系统（sequence retrieval system，SRS）从 EMBL 数据库中提取有关信息。SRS 通过超文本链接将 DNA 序列数据库和蛋白质序列、功能位点、结构、基因图谱及文献摘要 MEDLINE 等各种数据库联系在仪器上。利用 EBI 网站提供的 BLAST 或 FASTA 程序，可以对 EMBL 数据库进行未知序列同源性搜索。

（2）DDBJ（DNA Data Bank of Japan）（http://www.ddbj.nig.ac.jp/）

它是美国国家生物技术信息中心（National Center for Biotechnology Information，NCBI）建立的 DNA 序列数据库，从公共资源中获取序列数据，主要是科研人员直接提供或来源于大规模基因组测序计划。为保证数据尽可能完全，GenBank 与 EMBL、DDBJ 建立了相互交换数据的合作关系。

（3）dbEST（the Expressed Sequence Tags Database）（http://www.ncbi.nlm.nih.gov/dbEST/index.EST）

它是 GenBank 的一个部分，该数据库包括不同生物的 EST 序列数据及其他相关信息，主要是从大量不同组织和器官得到的短 mRNA 片段。通过 WEB 页面或者通过 email 可以查询有关 EST 的数据和相关报道，也可以通过 FTP（File Transfer Protocol Server）下载 dbEST

数据库。EST 数据库的主要作用是通过搜索比较,给新得到的一条 cDNA 序列或基因组序列赋予公认的功能。通过对 EST 数据库的逆向分析,能识别与疾病相联系的基因。

(4) GSDB (http://www.ncgr.org)

该基因组序列数据库由位于新墨西哥州圣菲 (Santa Fe) 的国家基因组资源中心创建。GSDB 收集、管理并且发送完整的 DNA 序列及相关信息,以满足主要基因组测序机构的需要。这一资源是以在线服务器-客户式关系数据库的形式进行工作的,为远端的大规模测序机构向其提交数据提供了方便。

2. 基因组数据库

(1) GDB (Genome Database) (http://www.gdb.org/)

它是出现比较早的基因组数据库。GDB 于 1990 年由美国约翰·霍普金斯 (Johns Hopkins) 大学建立,现由加拿大儿童医院生物信息中心负责管理,该数据库中的内容主要是人类基因组计划得到的图谱数据。GDB 数据库用表格方式给出基因组结构数据,包括基因单位、PCR 位点、细胞遗传标记、EST、重复片段等;并可显示基因组图谱,其中包括细胞遗传图、连锁图、放射杂交图等;并给出了等位基因多态性数据库。此外,GDB 数据库还包括了与核酸序列数据库 GenBank 和EMBL、遗传疾病数据库 OMIM、文献摘要数据库 MEDLINE 等其他网络信息资源的超链接。

(2) AceDB (A Caenorharomyces Genome Database)

它是线虫基因组数据库,既是一个数据库,也是一个数据库管理系统。AceDB 基于面向对象的程序设计技术,是一个相当灵活和通用的数据库系统,可用于其他基因组计划的数据分析。它提供很好的图形界面,用户能够从大到整个基因组,小到序列的各个层次观察和分析基因组数据。

(3) SGD (The Saccharomyces Genome Database) (http://www.yeastgenome.org/)

酵母基因组数据库是已经完成基因组全序列测定的啤酒酵母基因组数据库资源,包括啤酒酵母的分子生物学及遗传学等大量信息。

(4) TDB (TIGR Database)

美国基因组研究所 (The Institute of Genomic Research Database, TIGR) 的 TDB 数据库 (http://www.tigr.org) 包括 DNA 及蛋白质序列、基因表达、细胞功能及蛋白质家族信息等,并收录有人、植物、微生物等的分类信息,是一套大型综合数据库。此外,该数据库还包括一个模式生物基因组信息库,收录了 TIGR 世界各地微生物基因组信息,包括致 Lyme 病螺旋体、流感噬菌体等,以及寄生虫数据库,人、鼠、水稻、拟南芥等基因组信息资源,其中有些数据可从 TIGR 的 FTP 站点下载。

3. 蛋白质序列和结构数据库

目前常用的蛋白质序列数据库主要有 Swiss-Prot (http://www.ebi.ac.uk/swissprot/) 和 PIR (http://pir.georgetown.edu/) 数据库。Swiss-Prot 最大的特点就是注释比较详尽,它包含了 EMBL 核酸序列数据库中经过仔细检查和准确注释了的蛋白质序列。PDB (http://www.rcsb.org/pdb/) 是分子结构数据库,它是第一个公共的分子生物学数据库,可以直接查询。

(二) 生物信息学软件

1. 序列相似性和同源比较

(1) BLAST (http://www.ncbi.nlm.nih.gov/BLAST/)

它是基于阿尔丘尔 (Stephen Frank Altschul) 等在 *Journal of Molecular Biology* 上发表的

方法，在序列数据库中对查询序列进行同源性比对的软件。BLAST 可处理任何数量的序列，包括蛋白质序列和核酸序列，主要包括以下几种程序：①BLASTP 是蛋白质序列到蛋白质库中的一种查询。库中存在的每条已知序列将逐一地同每条所查序列做一对一的序列比对。②BLASTX 是核酸序列到蛋白质库中的一种查询。先将核酸序列翻译成蛋白质序列（一条核酸序列会被翻译成可能的 6 条多肽链），再对每一条做一对一的蛋白质序列比对。③BLASTN 是核酸序列到核酸库中的一种查询。库中存在的每条已知序列都将同所查序列做一对一的核酸序列比对。④TBLASTN 是蛋白质序列到核酸库中的一种查询。与 BLASTX 相反，它是将库中的核酸序列翻译成蛋白质序列，再同所查序列做蛋白质与蛋白质的比对。⑤TBLASTX 是核酸序列到核酸库中的一种查询。此种查询将库中的核酸序列和所查的核酸序列都翻译成蛋白质（每条核酸序列会产生 6 条可能的蛋白质序列），这样，每次比对会产生 36 种比对阵列。

（2）Clustal W/X1.83（http: //www.molecularevolution.org/software/clustalw/）

它是主要用来对核酸与蛋白质序列进行多重序列比对（multiple sequence alignment）的软件。多序列比较在分子生物学中是一个基本方法，用来发现特征序列，进行蛋白质分类，证明序列间的同源性，帮助预测新序列的二级结构与三级结构，确定 PCR 引物，以及对分子进化分析方面有很大帮助，Clustal X 很适合这些方面的要求。

2. PCR 和测序所需引物的设计程序

（1）Primer Premier 5.0

可在 www.bbioo.com/soft/下载，其主要功能分为四大块，其中有三种功能比较常用，即引物设计、限制性内切酶位点分析和 DNA 基元（motif）查找。"Premier" 还具有同源性分析功能，但并非其特长。

（2）Oligo 6.22

可在 http: //www.bioguider.com/Soft/biology/dna/Index.shtml 下载，Oligo 5.0 的初始界面是两个图：Tm 图和 ΔG 图；Oligo 6.22 的界面更复杂，出现三个图，加了个 Frq 图。"Oligo" 的功能比 "Premier" 还要单一，就是引物设计。但它的引物分析功能特别强大以至于能风靡全世界。

3. 系统进化树构建软件

1）PHYLIPv3.5（http: //evolution.genetics.washington.edu/phylip.html）。

PHYLIP 是一个免费的系统发生学（phylogenetics）分析软件包，主要包括 6 个方面的功能软件：①DNA 和蛋白质序列数据的分析软件；②序列数据转变成距离数据后，对距离数据分析的软件；③对基因频率和连续的元素进行分析的软件；④把序列的每个碱基/氨基酸独立看待（碱基/氨基酸只有 0 和 1 的状态）时，对序列进行分析的软件；⑤按照 DOLLO 简约性算法对序列进行分析的软件；⑥绘制和修改进化树的软件。

2）MEGA 4（http: //www.megasoftware.net/）。

3）PAUP 4.0（http: //paup.csit.fsu.edu/）。

4）MrBayes 3.1（http: //mrbayes.csit.fsu.edu/）。

## 四、生物信息学的发展展望

生物信息学随着人类基因组研究工作的开展已显露出蓬勃发展的势头。它正从基因科学向系统生物学方向发展，并将对生命科学从 DNA 序列分析、基因标识直至蛋白质的表达和相互作用等领域带来巨大的冲击。不断涌现的新的计算方法（如 GeneScan、Genespliter 和

DIAN）和分析方法（如 Clustering Analysis 和 Serial Analysis of Gene Expression）必将大大加快基因组研究的进程。专家认为中国应该走生物信息学和定位克隆相结合的道路。在中国人基因组研究计划中，生物信息学将发挥越来越大的作用，并将推动生命科学进入一个全新的境界。总之，当前是生物信息学研究的新时代，也是人类基因组研究的收获时代。它不仅赋予人类各种基础研究的重要成果，也将会带来巨大的经济效益和社会效益。

主要参考文献

陈力学. 2003. 生物信息学在基因组研究中的应用. 中国检验医学与临床，4（3）：120-121

陈竺. 2000. 基因组科学与人类疾病. 北京：科学出版社

高原，周欢敏. 2015. 现代基因定点编辑技术的发展趋势. 内蒙古科技与经济，19：93-94

贺林. 2000. 解码生命——人类基因组计划和后基因组计划. 北京：科学出版社

李伟，印丽萍. 2000. 基因组学相关概念及其研究进展. 生物学通报，35（11）：1-3

李志翔. 2007. 人类基因组计划的综述. 中学生物学，23（4）：8-9

石淳，王慧峰. 2008. 人类基因组计划概述. 内蒙古民族大学学报，14（2）：44-46

吴福仁，康雪晴，庄园，等. 2016. CRISPR/Cas9 介导的 *CD34* 报告基因 293AD 细胞系的构建. 基因组学与应用生物学，35（3）：472-478

谢亚磊，刘千琪，刘戟. 2016. CRISPR/Cas9 基因编辑技术最新研究进展. 生命的化学，36（1）：1-6

杨金水. 2002. 基因组学. 北京：高等教育出版社

赵晋平，徐平丽，孟静静，等. 2006. 从结构基因组学到功能基因组学. 生命科学研究，10（2）：57-61

庄金秋，杨丽梅，贾杏林. 2005. 功能基因组学研究概述. 中国生物工程杂志，增刊：204-209

左其生，李东，张亚妮，等. 2014. CRISPR-Cas 介导的基因编辑工具. 生物技术通报，7：37-43

Bhaya D, Davison M, Barrangou R. 2011. CRISPR-Cas systems in bacteria and archaea: versatile small RNAs for adaptive defense and regulation. *Annu Rev Genet*, 45: 273-297

Charpentier E, Doudan JA. 2013. Biotechnology: Rewriting a genome. *Nature*, 495 (7439): 50-51

Christian M, Cermak T, Doyle EL, et al. 2010. Targeting DNA double-strand breaks with TAL effector nucleases. *Genetics*, 186 (2): 757-761

Coffey A, Ross RP. 2002. Bacteriophage-resistance systems in dairy starter strains, molecular analysis to application. *Antonie van Leeuwenhoek*, 82 (1-4): 303-321

Dib C, Fauré S, Fizames C, et al. 1996. A comprehensive genetic map of the human genome based on 5, 264 microsatellites. *Nature*, 380 (6570): 152-154

Donis-Keller H, Green P, Helms C, et al. 1987. A genetic linkage map of the human genome. *Cell*, 51(2): 319-337

Fuchs R. 2002. From sequence to biology: the impact on bioinformatics. *Bioinformatics*, 18 (4): 505-506

Kim YG, Cha J, Chandrasegaran S. 1996. Hybrid restriction enzymes: zinc finger fusions to Fok I cleavage domain. *Proc Natl Acad Sci USA*, 93 (3): 1156-1160

Lillestøl R, Redder P, Garrett RA, et al. 2006. A putative viral defence mechanism in archaeal cells. *Archaea*, 2 (1): 59-72

Mahfouz MM, Li LX, Shamimuzzaman M, et al. 2011. De novo-engineered transcription activator-like effector (TALE) hybrid nuclease with novel DNA binding specificity creates double-strand breaks. *Proc Natl Acad Sci USA*, 108 (6): 2623-2628

Makarova KS, Haft DH, Barrangou R, et al. 2011. Evolution and classification of the CRISPR-Cas systems. *Nat Rev Microbiol*, 9 (6): 467-477

Peakall D, Shugart L. 2002. The human genome project(HGP). *Ecotoxicology*, 11 (1): 7-9

Rosenberg SA, Aebersold P, Cornetta K, et al. 1990. Gene transfer into humans-immunotherapy of patients with advanced melanoma, using tumor-infiltrating lymphocytes modified by retroviral gene transduction. *N Engl J Med*, 323 (9): 570-578

Shah SA, Ra G. 2011. CRISPR/Cas and Cmr modules, mobility and evolution of adaptive immune systems. *Res Microbiol*, 162: 27-38

Shan Q, Wang Y, Li J, et al. 2013. Targeted genome modification of crop plants using a CRISPR-Cas system. *Nat Biotechnol*, 31: 686-688

Wei CX, Liu JY, Yu ZS, et al. 2013. TALEN or Cas9-rapid, efficient and specific choices for genome modifications. *Genet Genomics*, 40 (6): 281-289

Woychik RP, KIebig ML, Justice MJ, et al. 1998. Functional genomics in the post-genome era. *Mutation Research*, 400 (1-2): 3-14

Wu TD. 2001. Bioinformatics in the post-genomic era. *Trends Biotechnol*, 19 (12): 479-480

## 思考题

1. 解释名词：
1）基因组
2）基因组学，结构基因组学，功能基因组学
3）$C$值，$C$值悖理
4）$N$值悖理
5）多基因家族
6）生物信息学

2. 简述基因组和基因组学的概念及基因组学的分类。

3. 概述真核生物基因组的主要特征。

4. 有哪些 DNA 分子标记？

5. 请简述人类基因组计划的主要内容和意义。

6. 什么是生物信息学？有哪些主要的研究领域？

7. 请简述生物信息学在基因组研究中的应用。

8. 一个基因组有两个序列，一个是 A，另一个是 B，各有 2000bp，其中一个是由 400bp 的序列重复 5 次而成，另一个则由 50bp 的序列重复 40 次而成的，问：①这个基因组的大小怎样？②这个基因组的复杂性如何？

9. 请描述 $C$ 值悖理，并举一个例子说明。

10. 反转录病毒与反转录转座子有什么不同？

11. 现在对人类基因组的主要研究工作是进行基因组的序列测定。然而，有人根据人类基因组是由重复序列组成为由，认为反复对同一种 DNA 进行测序是不明智的。你能否拟定两份计划，第一份计划应保证仅单一序列 DNA 被测序，第二份计划应允许仅转录的单一 DNA 序列被测序。请简述你的两份计划。

12. 1990 年正式启动的国际人类基因组计划被誉为生命的"登月计划"，随着基因组计划的不断深入，大量的生命奥秘被揭示。但是，基因组计划并不能解释所有的生命现象。请分析基因组计划的局限性。

# 第十章 蛋白质组与蛋白质组学

随着2003年人类基因组序列图宣布完成，生命科学的研究进入了后基因组时代。后基因组时代的基本任务是从整体水平上对生物进行功能研究，从而催生了蛋白质组学。蛋白质组学包括结构蛋白质组学（structural proteomics）和功能蛋白质组学（functional proteomics）。前者是研究包括亚细胞结构、细胞或组织等不同生命结构层次中所有蛋白质的分离，氨基酸序列，三维结构的解析、鉴定和图谱化及种类分析、数量确定等。功能蛋白质组学研究蛋白质的功能，确定蛋白质在亚细胞结构中的位置和相互作用。另外，还涉及表达蛋白质组学（expression proteomics），主要研究细胞或组织在不同条件如药物或疾病状态下蛋白质的表达和功能，这有助于识别疾病特异蛋白、药物作用靶标等。由于这些表达蛋白质仍然不外乎功能和结构两个方面，因此仍将结构和功能作为其研究的主要内容。蛋白质组学研究技术主要包括实验和生物信息两大块。

## 第一节 蛋白质组与功能基因组

随着人类基因组计划（HGP）的实施和推进，研究重心已开始从揭示生命的所有遗传信息转移到在分子整体水平对功能进行研究，人类基因组计划已进入后基因组时代。这种转向的一个标志是产生了功能基因组学。

### 一、蛋白质组研究的发展简史

功能基因组学（functional genomics）是从基因组整体水平对基因的活动规律进行阐述。例如，在mRNA水平上通过DNA芯片技术检测大量基因的表达模式等。蛋白质作为生物功能的体现者有着其自身特有的活动规律，如蛋白质修饰加工、转运定位、结构变化、蛋白质与蛋白质之间及与其他大分子之间的相互作用等，这些规律在基因组水平上均无法获得，从而促进了以蛋白质组为研究对象的蛋白质组学的兴起。

蛋白质组的概念是1995年首次提出的，但相关研究可以追溯到20世纪80年代中期甚至更早。美国科学家Norman G. Anderson提出了当时称为人类蛋白质素引（Human Protein Index）的计划，旨在分析细胞内所有蛋白质，但由于技术不成熟而搁浅。90年代初期，随着各种技术日益成熟，蛋白质组研究进展十分迅速，从基础理论到实验技术都在改进和完善。而且有相当多的蛋白质组数据库已经建立，相应的国际互联网站也层出不穷。世界上第一个蛋白质组研究中心APAF（Australia Proteome Analysis Facility）于1996年在澳大利亚创建。随后，丹麦、加拿大、日本、瑞士也成立了蛋白质组研发中心。2001年4月，在美国成立了国际人类蛋白质组研究组织（Human

Proteome Organization，HPO)，并和欧洲、亚太地区的区域性蛋白质组研究组织一起，试图通过合作的方式，融合各方面的力量，完成人类蛋白质组计划（Human Proteome Project，HPP)。

## 二、蛋白质组研究的开端及"蛋白质组"的含义

蛋白质组（proteome）一词源于蛋白质（protein）与基因组（genome）两词的融合，最早是由澳大利亚麦考瑞（Macquarie）大学的威尔金斯（Marc Wilkins）和威廉姆斯（Keith Williams）两位科学家于1994年提出的，1995年7月首次发表在 Electrophoresis 杂志上。蛋白质组的早期定义是：微生物基因组表达的整套蛋白质。在多细胞生物中，整套蛋白质是指一种组织或细胞表达的蛋白质，后来则定义为：一个基因组所表达的蛋白质。但是，从基因表达的角度来看，蛋白质组的蛋白质数目总是少于基因组的基因数目。蛋白质组的概念与基因组的概念有许多差别，它随着组织、甚至环境状态的不同而改变。在转录时，一个基因可以以多种 mRNA 形式剪接，并且同一蛋白可能以许多形式进行翻译后的修饰。故一个蛋白质组不是一个基因组的直接产物，蛋白质组中蛋白质的数目有时可以超过基因组的数目。现在蛋白质组的概念为：在一定条件下由一个特定细胞或生物体所产生的全部蛋白质。但是由于蛋白质组在不同的时间、不同的条件具有不同的蛋白质组分，而且衡量是否是蛋白质组的全部蛋白质尚缺乏必要的尺度。因此，欲得到细胞内存在的所有蛋白质是不可能的。

## 三、蛋白质组研究的理论基础

蛋白质组分析主要基于3条理由：①从 mRNA 表达水平并不能预测蛋白质表达水平。有人研究了 mRNA 和蛋白质表达的关系，以处于对数生长期的啤酒酵母为研究对象，mRNA 的表达由基因表达序列分析（SAGE）频率表指示，同位素标记酵母蛋白，共选择了80个基因，结果没有发现翻译和转录丰度明显相关。对某些基因，相同的 mRNA 丰度翻译成蛋白质的量有高达50倍的变化差异；相似的结果是相等的蛋白质量可由相差40倍丰度的 mRNA 转录而来。mRNA 丰度与蛋白质表达量的统计相关系数为0.4~0.5，说明转录和翻译两个阶段具有几乎相同的重要性。②蛋白质的动态修饰和加工并非必须来自基因序列。在 mRNA 水平上有许多细胞调节过程是难以观察到的，因为许多调节是在蛋白质的结构域中发生的，像 G-蛋白受体的磷酸化/去磷酸化作用，以及许多蛋白质转录后的糖基化、磷酸化、异戊二烯化和酰化作用。许多蛋白质只有与其他分子结合后才有功能，蛋白质的这种修饰是动态的、可逆的，这种蛋白质修饰的种类和部位通常不能由基因序列决定。③蛋白质组能动态反映生物系统所处的状态，如细胞周期的特定时期、分化的不同阶段、对应的生长和营养状况、温度、应激和病理状态，这些状态所对应的蛋白质组是有差异的。蛋白质组学的研究可望提供精确、详细的有关细胞或组织状况的分子描述。因为诸如蛋白质合成、降解、加工、修饰的调控过程，只有通过蛋白质的直接分析才能揭示。

## 四、蛋白质组研究技术

蛋白质组的研究远比基因组的研究复杂。一方面，蛋白质组的数目远大于基因组的数目，这是由基因的拼接和翻译后的修饰所造成的；另一方面，基因是相对静态的，一种生物体仅有一个基因组，而蛋白质是动态的，随时间、空间的变化而变化。一个细胞中的蛋白质可多达上万种，而它们的拷贝数也可能相差几百倍或几十万倍。从技术上讲，人们无法用基因研究中所普遍采用的 PCR 技术来使微量蛋白质得到扩增，经过这几年的研究，蛋白质的研究技术也得到了较大发展。1975年，法雷尔（Patrick H. O'Farrel）等建立的双向电泳（two-dimensional electrophoresis，2-DE）技术可同时分离数千种蛋白质，20 世纪 80 年代固相 pH 梯度凝胶的引进，使得双向电泳的重复性和加样量得到巨大改善。以计算机技术为基础的多种图像分析与大规模数据处理的问世，使得科学家处理复杂的蛋白质图谱并建立相应数据得心应手。随后涌现的一系列质谱技术，使得微量快速的蛋白质鉴定成为可能。双向电泳技术、计算机图像分析与大规模数据处理技术及质谱技术被称为蛋白质组研究的三大基本支撑技术。蛋白质组研究的技术路线如图 10.1 所示。从细胞、体液或组织等生物样品中提取的蛋白质，经 2-DE 分离、染色，得到蛋白质表达谱。采用计算机图像分析技术，对图谱上的蛋白质点进行定位、定量、图谱比较、差异点寻找等。对胶上蛋白质点的鉴定可采用膜转印技术或质谱技术对蛋白质进行鉴定。以质谱为基础的蛋白质鉴定技术，由于其灵敏度高，速度快，易实现自动化，已经成为蛋白质组鉴定的主要技术。

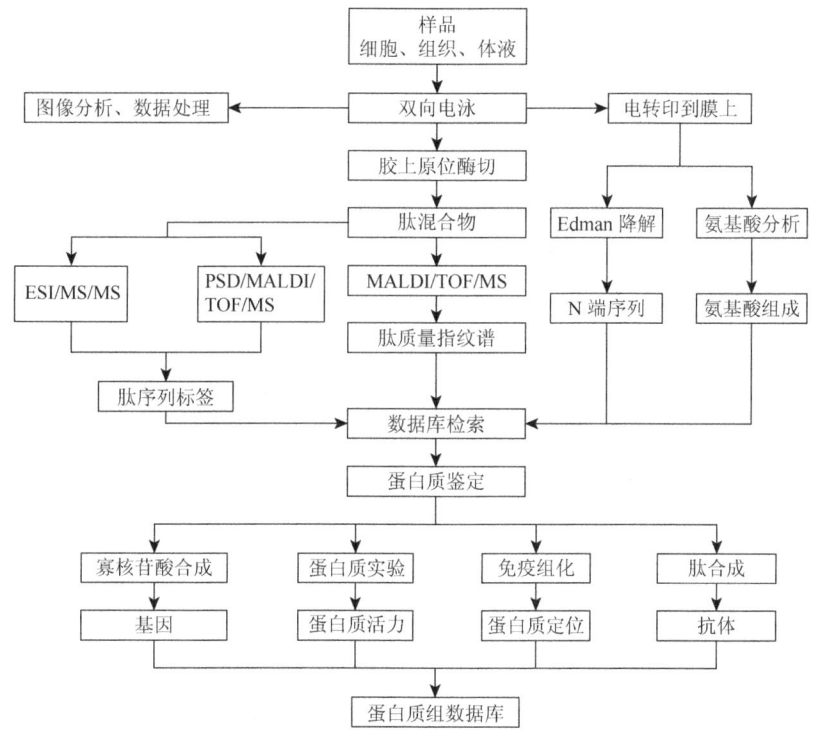

图 10.1 蛋白质组研究的技术路线

ESI/MS/MS. 电喷雾串联质谱；PSD/MALDI/TOF/MS. 基质辅助激光解析电离飞行时间质谱源后衰变

除了上述蛋白质组研究的基本技术外，新的蛋白质组研究技术也不断涌现。例如，用于定量蛋白质组学研究的同位素编码亲和标签技术与双色荧光技术等；用于蛋白质-蛋白质相互作用研究的酵母双杂交技术、蛋白质复合物免疫分离与质谱鉴定技术；用于大规模蛋白质分离与鉴定的多维色谱-质谱联用技术；用于翻译后修饰如磷酸化、糖基化的蛋白质图谱展示与检测技术等。

## 第二节 蛋白质组学的概念及其发展史

蛋白质组学是蛋白质组概念的延伸，研究对象包括真核生物和原核生物，是在整体上研究细胞内蛋白质组的结构与功能及其活动规律的科学。与传统的对单一蛋白质研究相比，蛋白质组学研究所采用的是高通量和大规模的研究手段。

## 一、蛋白质组学的概念

蛋白质组学（proteomics）的概念最早由 Wilkins 提出，它是以蛋白质组为研究对象，分析细胞内动态变化的蛋白质组成成分、表达水平与修饰状态，了解蛋白质之间的相互作用与联系，从整体水平上研究蛋白质的组成与调控的活动规律。蛋白质组学是在人类基因组计划研究发展的基础上形成的交叉学科，主要集中于动态描述基因调节，对基因表达的蛋白质水平进行定量的测定，鉴定疾病、药物对生命过程的影响，以及解释基因表达调控的机制。作为一门科学，蛋白质组研究并非从零开始，它是已有 20 多年历史的蛋白质（多肽）谱和基因产物图谱技术的一种延伸。多肽图谱依靠的是双向电泳和进一步的图像分析；而基因产物图谱依靠的是多种分离后的分析，如质谱技术、氨基酸组分分析等。蛋白质组学不同于传统的蛋白质学科之处在于，它的研究是在生物体或其细胞的整体蛋白质水平上进行的，它从一个机体或一个细胞的蛋白质整体活动的角度来揭示和阐明生命活动的基本规律。蛋白质组学主要包括：①细胞器蛋白质组学（cell-map proteomics）：通过纯化细胞器或用质谱仪鉴定蛋白质复合物组成等来确定蛋白质在亚细胞结构中的位置。②表达蛋白质组学（expression proteomics）：把细胞、组织中的所有蛋白质建立成定量表达图谱或扫描 EST 图。

## 二、蛋白质组学的研究内容

蛋白质组学的研究内容可以分为结构蛋白质组学和功能蛋白质组学两大部分。前者是研究包括亚细胞结构、细胞或组织等不同生命结构层次中所有蛋白质的分离，氨基酸序列，三维结构的解析、鉴定和图谱化及种类分析和数量确定。此外，尚需比较、分析在发生变化的生理条件下蛋白质所发生的变化，如蛋白质表达量的变化，翻译后修饰的类型和程度，或者可能的条件下分析蛋白质在亚细胞水平定位的改变等。功能蛋白质组学研究蛋白质的功能，确定蛋白质在亚细胞结构中的位置和相互作用。有些学者认为，蛋白质组学除了上述两大部分内容之外，还应包括表达蛋白质组学，主要研究细胞或组织在不同条件如药物或疾病状态下蛋白质的表达和功能，这有助于识别疾病特异蛋白、药物作用靶标等。实际上这些表达蛋白质仍然不外乎功能和结构两个方面，所以仍将结构和功能作为其研究的主要内容。

蛋白质组学的研究对象涉及原核生物和真核生物（包括动物、植物、真菌等），由于微生物个体蛋白质种类少，已成为蛋白质组学研究的突破口，并已取得了很大的进步。同时还提出亚蛋白质组学、比较蛋白质组学、定量蛋白质组学、药物蛋白质组学、疾病蛋白质组学甚至某些生物组织、疾病的专属蛋白质组学等概念，大大推动了蛋白质组学的发展。随着蛋白质组学研究的继续深入，将会出现更多生命科学的新学科。

## 三、蛋白质组学的研究方法

现阶段蛋白质组学的研究可以分为三个主要步骤（图10.2）：①应用 2D-PAGE 电泳、"双向"高效柱层析分离蛋白质；②应用氨基酸组成分析、C 或 N 端氨基酸序列分析及质谱分析，鉴定所分离的蛋白质；③应用生物信息学数据库对鉴定结果进行存储、处理、对比和分析。蛋白质组学的主要研究方法可按结构蛋白质组学和功能蛋白质组学分为两大类。结构蛋白质组学是由 2D-PAGE 电泳、质谱、Edman 降解法等技术测得的完整蛋白质分子质量、蛋白质的肽质谱及部分肽序列等数据，通过相应的数据库的搜寻来鉴定蛋白质组。功能蛋白质组是指在变化的条件下所发生的变化，如蛋白质表达量的变化，翻译后的加工修饰，或者在可能的条件下分析蛋白质在亚细胞水平上定位的改变等，从而发现和鉴定出特定功能的蛋白质组。结构蛋白质组学有三方面：①蛋白质结构测定主要以 X 射线衍射为主要研究手段；②分析测定蛋白质数量及种类以 2D-PAGE 为主要手段，现在一张 2-DE 图谱可辨出 5000～10 000 个蛋白质斑点；③质谱是对蛋白质鉴定的基本手段。在功能蛋白质组学方面，比较常用的研究方法有酵母双杂交系统和反向杂交系统、免疫共沉淀技术、表面等离子技术和荧光能量转移技术等。

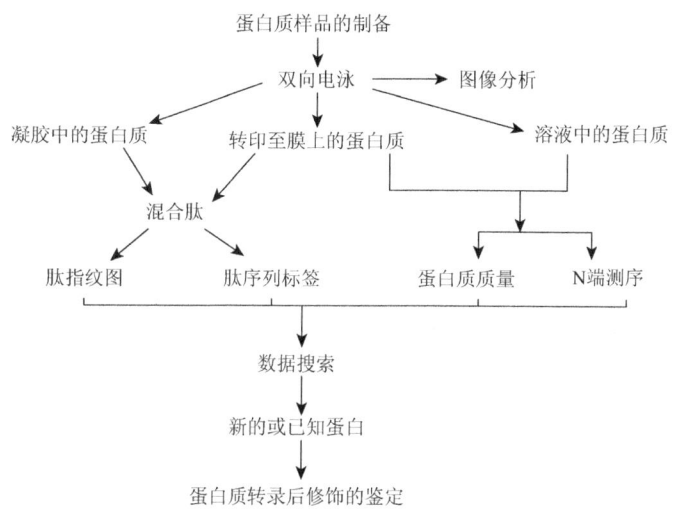

图 10.2　蛋白质组研究的技术路线

## 第三节　蛋白质组学技术方法概述

蛋白质组学研究的技术方法主要包括实验和生物信息学两大块。蛋白质组学的核心实验技术是 2D-PAGE、质谱技术及其配套的微量制备和分析技术。另外，自 2000 年酵母大规模蛋白质相互作用网络图谱的成功描绘，蛋白质相互作用特别是大规模蛋白质相互作用研究成为另一研究热点，并涌现出相关实验技术。生物信息学常由数据库、计算机网络和应用软件三大部分组成，已在基因组计划中发挥了巨大作用，在蛋白质组学研究中也占有十分重要的地位，已成为独立的蛋白质组信息学。一种细胞或组织的蛋白质组，2D-PAGE 后可分离到几千甚至上万个蛋白质斑点的电泳图谱，运用计算机图像技术系统分析比较，可确定分离蛋白质在图谱的定位、数量及图谱间分离蛋白质的差异。质谱已成为蛋白质鉴定的核心技术，从质谱技术测得的完整蛋白质分子质量、蛋白质的肽质谱及部分肽序列等数据通过相应数据库的搜寻来鉴定蛋白质。蛋白质的可靠鉴定往往需要多种方法和数据的结合，还需要对蛋白质翻译后修饰的类型和程度进行分析。

### 一、双向凝胶电泳技术

#### （一）原理

1975 年，O'Farrell 和 Klose 首先在两个实验室分别独立建立了二维聚丙烯酰胺凝胶电泳

(two-dimensional polyacrylamide gel electrophoresis, 2D-PAGE), 也称双向凝胶电泳技术, 它是一项广泛应用于分离细胞、组织或其他生物样品中蛋白质混合物的技术。其基本原理是利用不同蛋白质具有不同等电点 (isoelectric point, pI) 和不同分子质量大小的特点将它们进行分离。将高分辨率的等电聚焦 (isoelectric focusing, IEF) 电泳和十二烷基硫酸钠聚丙烯酰胺凝胶电泳 (SDS-PAGE) 联合组成双向电泳, 第一向为 IEF, 采用经典的两性电解质载体在电流作用下形成 pH 梯度, 依据 pI 的不同进行分离; 第二向利用 SDS-PAGE, 根据分子质量大小进行分离。1982 年, 固相 pH 梯度 (immobilized pH gradients, IPG) 应用于等电聚焦电泳。与传统两性电解质载体在电流作用下形成 pH 梯度不同, IPG 由丙烯酰胺衍生物与聚丙烯酰胺共价聚合而成固相 pH 凝胶梯度。IPG 形成的 pH 梯度稳定, 聚集准确, 消除了传统 IEF 的阴极漂移问题, 显著提高了双向凝胶电泳结果的重复性。

2D 电泳一般包括样品制备、IEF 电泳、平衡、SDS 电泳、染色和保存等主要步骤。样品制备方法根据样本蛋白质的不同而有所不同, 目的主要在于尽可能完全获取蛋白质的同时去除非蛋白质成分。样品制备后, 在预制的 IPG 胶条上电泳, 使具有不同 pI 的蛋白质分离, 然后在第二向利用水平或垂直的 SDS-PAGE 使蛋白质按分子质量大小分离。经过电荷和质量两次分离后, 具有不同等电点和分子质量信息的蛋白质分子就具有不同的定位。凝胶染色有考马斯亮蓝、银染、同位素标记、荧光标记等不同方法, 也可以将蛋白质转至聚偏氟乙烯 (polyvinylidene difluoride, PVDF) 膜上后再显色。染色的电泳图经扫描和计算机处理后, 就可以得到相应样品的 "2-DE 图谱" (图 10.3)。将不同生理或病理生理条件下的样本分别进行 2D 凝胶电泳, 再将它们的 2D 电泳图谱进行比较, 就可以获取在相应生理或病理生理条件下发生改变的蛋白质的信息, 即所谓的 "比较蛋白质组学"。2D 电泳后凝胶上的蛋白质可以切割分离纯化, 用以进一步的分析鉴定。

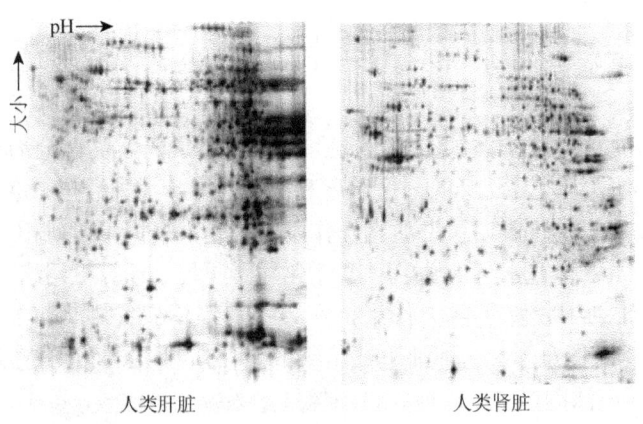

人类肝脏　　　　　　人类肾脏

图 10.3　2-DE 图谱

### (二) 分析技术

2D 电泳图像所产生的大量蛋白质点单纯用肉眼是无法完成分析的。目前有多种图像分析软件可用于凝胶的图像分析, 如 MelanieII (BioRad)、PD Quest (BioRad)、Phoretix 2D Full [又称 2D image master elite (amersham pharmacia biotech)] 等, 这些软件可以完成蛋白质点的识别、匹配等, 具有很强的分析功能, 但其缺点是需要很多的图像手工校对, 分析一个图像一般需要 8~10h。

## （三）评价

近年来，经过多方面的改进，双向凝胶电泳已成为研究蛋白质组的核心方法，是目前唯一的一种能溶解大量蛋白质并进行定量的方法，具有高通量、重复性好、敏感性较高等优点。它能同时分离和定量数千种甚至上万种蛋白质。它的分辨率极高，等电聚焦可以区分 pI 相差 0.1 的蛋白质，SDS-PAGE 相可以区分分子质量相差 1kDa 的蛋白质。

其缺点是由于蛋白质表达水平的差异较大，一些低丰度的蛋白质不易被检测。另外，某些基因的表达产物在 2D 凝胶中呈多点或不同基因的表达产物共点，使 2D 凝胶数据的比较、定量更加复杂。2-DE 分离的蛋白质数量受诸多因素影响，疏水性的膜蛋白（往往是药物设计最好的靶点）很难用此法分离，同时染色技术的灵敏度和线性范围不足以呈现所有分离的蛋白质。目前，人们采用多种方法来减少这些缺点，如通过增加上样量分离低丰度蛋白质；应用窄范围固定 pH 梯度胶条，蛋白层析等技术提高分离的蛋白质数目；应用荧光染色提高检测灵敏度等。

## 二、色谱技术

色谱技术又称层析法，其原理是溶于流动相（mobile phase）中的各组分经过固定相（stationary phase）时，与固定相发生相互作用（吸附、分配、离子吸引、排阻、亲和等），由于作用的大小、强弱等不同，各组分在固定相中滞留的时间不同，由此从固定相中流出的先后也不同，最终使不同组分得到分离。色谱法根据分离原理分类，有吸附色谱、分配色谱、离子交换色谱、排阻色谱、凝胶渗透色谱及亲和色谱等。按操作形式可分为纸色谱法、薄层色谱法、柱色谱法等。根据流动相的物理状态不同可分为气相色谱法（gas chromatography，GC）和液相色谱法（liquid chromatography，LC）。GC 根据固定相不同又可分为气固色谱法（gas solid chromatography，GSC）和气液色谱法（gas liquid chromatography，GLC）。LC 同样可分为液固色谱法（liquid solid chromatography，LSC）和液液色谱法（liquid liquid chromatography，LLC），此外还有超临界流体色谱法（supercritical fluid chromatography，SFC）。液液色谱法按固定相和流动相的极性不同可分为正相 LC 和反相 LC。正相 LC 采用极性固定相，流动相为相对非极性的疏水性溶剂，常用于分离中等极性和极性较强的化合物；反相 LC 一般用非极性固定相，流动相为水或缓冲液，并常加入与水互溶的有机溶剂以调节保留时间，适用于分离非极性和极性较弱的化合物。GC 由于使用气体为流动相，不能分析大多数金属盐类和热稳定性差的物质，对于此类物质的分析需要借助 LC，尤其是高效液相色谱法。

### （一）高效液相色谱技术

高效液相色谱技术（high performance liquid chromatography，HPLC）是以液体作为流体相，并采用颗粒极细的高效固定相的柱色谱分离技术。它是在经典液相色谱法基础上发展起来的一种新型分离、分析技术。经典液相色谱法由于使用粗颗粒的固定相，填充不均匀，依靠重力使流动相流动，因此分析速度慢，分离效率低。随着新型高效的固定相、高压输液泵、梯度洗脱技术及各种高灵敏度的检测器相继发明，高效液相色谱法迅速发展了起来。

高效液相色谱法与经典液相色谱法比较，具有下列主要特点。

1）高效。由于使用了细颗粒、高效率的固定相和均匀填充技术，高效液相色谱法分离效率极高，柱效一般可达每米 $10^4$ 理论塔板。近几年出现的微型填充柱（内径 1mm）和毛细管液相色谱柱（内径 0.05μm），理论塔板数超过每米 $10^5$，能实现高效的分离。

2）高速。由于使用高压泵输送流动相，采用梯度洗脱装置，用检测器在柱后直接检测洗脱组分等，HPLC 完成一次分离分析一般只需几到几十分钟，比经典液相色谱快得多。

3）高灵敏度。紫外、荧光、电化学、质谱等高灵敏度检测器的使用，使 HPLC 的最小检测量可达 $10^{-11}\sim10^{-9}$g。

4）高度自动化。计算机的应用，使 HPLC 不仅能自动处理数据、绘图和打印分析结果，还可以自动控制色谱条件，使色谱系统自始至终都在最佳状态下工作，成为全自动化的仪器。

5）应用范围广（与气相色谱法相比）。HPLC 可用于高沸点、相对分子质量大、热稳定性差的有机化合物及各种离子的分离分析，如氨基酸、蛋白质、生物碱、核酸、甾体、维生素、抗生素等。

6）流动相可选择范围广。它可用多种溶剂作流动相，通过改变流动相组成来改善分离效果，因此对于性质和结构类似的物质分离的可能性比气相色谱法更大。

7）馏分容易收集，更有利于制备。

### （二）多维液相分离系统

液相色谱是蛋白质组学非凝胶蛋白分离技术中最常用的方法，除此之外还有毛细管电泳（capillary electrophoresis，CE），它是以毛细管为分离通道、以高压直流电场为驱动力，根据样品中各组分之间迁移速度和分配行为上的差异而实现分离的一类液相分离技术。单一的液相分离技术由于自身分离能力的限制，常不能满足复杂蛋白质复合物分离的需要，多维液相分离系统（multidimensional liquid-phase separation system）的建立促进了蛋白质组学的发展。多维液相分离系统是两种或两种以上具有不同分离原理特性的液相分离方法的优化和组合。由于多维液相分离系统的总分辨率约等于各维平方和的平方根，总峰容量约等于各维峰容量的乘积，多维液相分离系统有效地提高了系统对样本的分辨率和峰容量。此外，多维液相分离系统还具有快速、高通量、自动化、重复性好等优点。常见的多维液相分离系统有二维色谱（two-dimensional liquid chromatography，2D-LC）、二维毛细管电泳（two-dimensional capillary electrophoresis，2D-CE）、液相色谱-毛细管电泳（LC-CE）等。其中 2D-LC 又包括二维离子交换色谱-体积排阻色谱、二维离子交换色谱-反向色谱、二维体积排阻色谱-反向色谱等。色谱技术除了直接对蛋白质分离分析外，常与质谱技术联用，为蛋白质组的分离、分析和鉴定提供了有力的平台。

## 三、质谱技术

质谱（mass spectrometry，MS）是带电原子、分子或分子碎片按质荷比（或质量）的大小顺序排列的图谱。现在多通过质谱仪对蛋白质样品进行质谱分析。质谱仪是一类能使物质粒子离子化并通过适当的电场、磁场将它们按空间位置、时间先后或者轨道稳定与否实现质荷比分离，从而可以对物质进行分析的仪器。

质谱技术的基本原理是样品分子离子化后，用于分析的样品分子（或原子）在离子源中离子化成具有不同质量的单电荷分子离子和碎片离子，这些单电荷离子在加速电场中获得相同的动能并形成一束离子，进入由电场和磁场组成的分析器，离子束中速度较慢的离子通过电场后偏转大，速度快的偏转小；在磁场中离子发生角速度矢量相反的偏转，即速度慢的离子依然偏转大，速度快的偏转小；当两个场的偏转作用彼此补偿时，它们的轨道便相交于一点。与此同时，在磁场中还能发生质量的分离，这样就使具有同一质荷比而速度不同的离子聚焦在同一点上，不同质荷比的离子聚焦在不同的点上，其焦面接近于平面，在此处用检测系统进行检测即可得到不同质荷比的谱线，即质谱。通过质谱分析，可以获得分析样品的分子质量、分子式、分子中同位素构成和分子结构等多方面的信息（图10.4）。

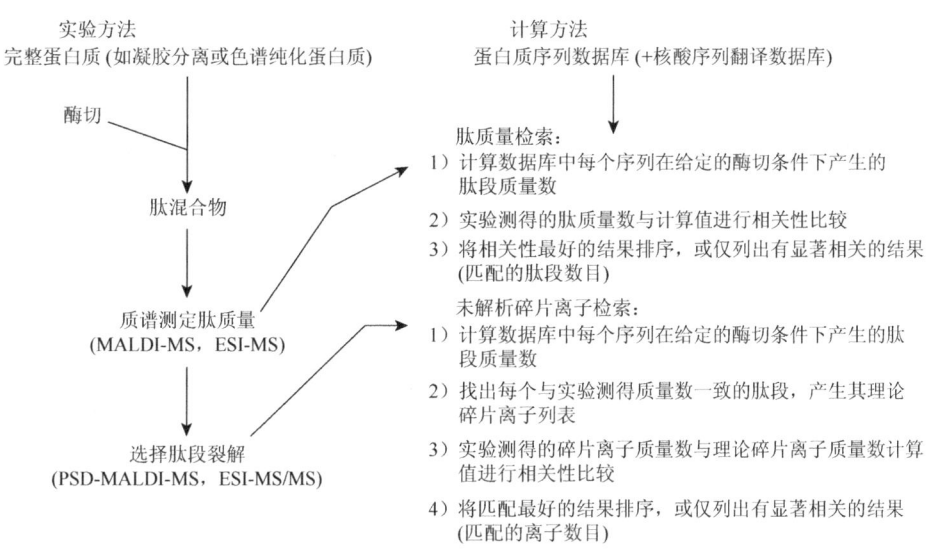

图 10.4 质谱鉴定蛋白质流程

基质辅助激光解吸附质谱技术（matrix assisted laser desorption/ionization，MALDI）是一种有效的质谱鉴定技术，它可以通过肽指纹图谱（peptide mass fingerprinting，PMF）来鉴定蛋白质。其基本原理是将分析物分散在基质分子中并形成晶体，当用激光照射晶体时，由于基质分子从辐射吸收、蓄积能量并迅速产热，从而使基质晶体升华，致使基质和分析物膨胀并进入气相。MALDI 所产生的质谱图多为单电荷离子，因而质谱图中的离子与多肽和蛋白质的质量有对应关系。MALDI 产生的离子常用飞行时间（time of flight，TOF）检测器来检测。理论上讲，只要飞行管的长度足够，TOF 检测器就可以检测分子的质量数，其是没有上限的。因此，MALDI-TOF 质谱很适合对蛋白质、多肽、核酸和多糖等生物大分子进行研究。获得蛋白质的氨基酸序列还可采用纳米电喷雾和在线液相色谱串联质谱（liquid chromatography-tandem mass spectrometry，LC-MS/MS）分析。纳米电喷雾和 LC-MS/MS 两种方法是互相补充的，各有优势。例如，电喷雾更适于全新序列的分析，可以对非常复杂的混合物进行蛋白质序列分析；蛋白质在胶上酶解后得到的酶切肽段样品，经微细的玻璃或石英针孔喷雾而出，与快速数据检索相连可进行实验室蛋白质鉴定；而 LC-MS/MS 则几乎可以达到无人操作的自动化程度。许多测序实验室同时使用这两种方法。

质谱技术能清楚地鉴定蛋白质并能准确地测量肽和蛋白质的分子质量、氨基酸序列及翻译后的修饰。目前，LC-MS/MS 是唯一能够迅速测序 N 端封闭或共价修饰肽段的方法。质谱技术很灵活，能与多种蛋白质分离、捕获技术联用，对普通的缓冲液成分相对耐受，能快速鉴定大量蛋白质点，而且很灵敏，在一些情况下，仅需 10~15fmol 的蛋白质，这在只能得到极少量蛋白质的情况下鉴别蛋白质是很有用的。在实际工作中可将几种技术结合应用，如串联质谱与 Edeman 微测序技术相结合，MALDI 质谱与纳米电子喷射质谱相结合，这些技术互补，为分析 2-DE 所分离的大量蛋白质提供了有效的手段。

质谱技术是一项强大的分离分析技术,但它只能分离气体状态的带电分子,而且一次只能分析带正电或带负电的分析物。质谱分析很难区分两种同源性极高的蛋白质。由于质谱分析只是描述蛋白质的少量多肽,因此可能把删节的蛋白质当成原来的蛋白质,通常只适用于像酵母等基因组序列已知的个体。

## 四、蛋白质芯片技术

蛋白质芯片(protein array)技术是一种高通量、微型化和自动化的蛋白质分析技术。在蛋白质芯片技术途径中,首先将一系列的"诱饵"蛋白质(如抗体)按照一定的排列格式固定在经特殊处理的材料表面,然后以待测的样品为探针来探查该表面,那些与相应的抗体相结合的蛋白质就会被吸附在表面上,然后把未与抗体结合的蛋白质洗掉,再把结合的蛋白质洗脱下来,经凝胶电泳之后通过质谱法进行鉴定。这种技术实际上是一种大规模的酶联免疫分析(enzyme-linked immunosorbent assay,ELISA),可以迅速地将待测的蛋白质从混合物中分离出来进行分析(图10.5)。

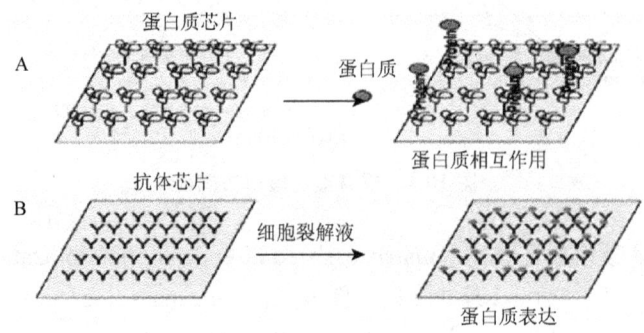

图 10.5 蛋白质芯片

## 五、酵母双杂交系统

酵母双杂交系统(yeast two-hybrid system,Y2H)是1989年由费尔德斯(Stanley Fields)和桑格(Ok-kyu Song)在研究真核基因转录调控时建立的,主要用于研究真核生物的蛋白质。到目前为止,酵母双杂交系统已成为检测和鉴定蛋白质相互作用的标准方法。Y2H的建立是基于人们对酵母半乳糖苷酶基因的转录激活因子GAL4的详细了解。GAL4包括两个可以独立的结构域:N端的DNA结合域(DNA-binding domain,DNA-BD)和C端的转录激活域(transcription activating domain,DNA-AD)。DNA-BD可以与DNA分子的上游激活序列结合,DNA-AD则可以激活下游基因的转录,只有当两者在空间上充分接近时才会共同作用激活转录活性。双杂交技术正是利用了GAL4的这一特点,将欲研究的两个目标蛋白的编码序列分别与GAL4的结合域和激活域的编码序列融合,构建成两个杂交系统;再将这两个杂交系统共同转化至含有报告基因的酵母细胞株。若两个目标蛋白发生相互作用,则会使DNA-BD和DNA-AD在空间上靠近进而激活报告基因的表达,通过检测报告基因的表达产物就可以判断两种蛋白质是否发生了相互作用(图10.6)。

酵母双杂交系统简单快速,最常用于鉴定与已知蛋白质相互作用的未知蛋白质,同时也是发现新的蛋白质相互作用及确定相互作用结构域的重要研究手段,在大规模的蛋白质-蛋白质相互作用研究中,酵母双杂交系统得到了最为广泛的应用。瑞恩(J. C. Rain)等用该法绘制

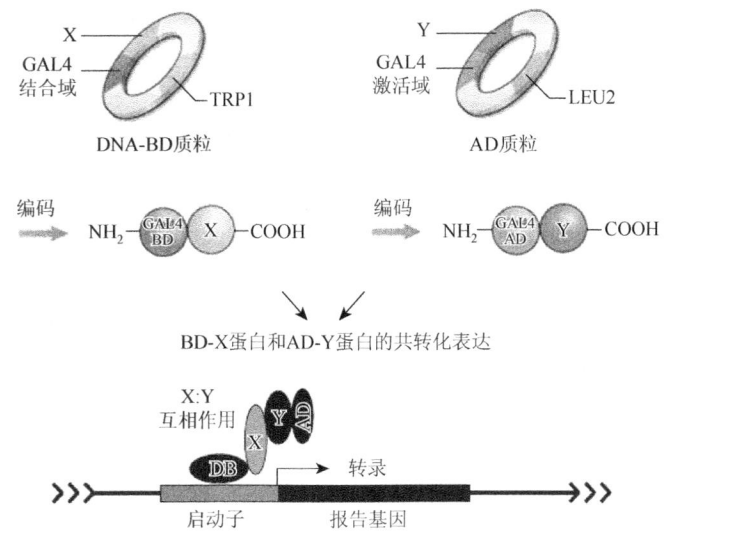

图 10.6 酵母双杂交系统

了人类胃肠道病原菌（*Helicobacter pylori*）的大规模蛋白质相互作用图谱。在 261 种蛋白质中，确立了 1200 种相互作用关系，涵盖了整个蛋白质组的 46.6%。随后，吉尔特（L. Giot）等和李（S. M. Li）等在果蝇和线虫中也成功研究了大规模的蛋白质相互作用。除了对模式生物的研究外，斯特尔泽（Ulrich Stelzl）等和瑞尔（Jean Francois Rual）等则先后分析了人脑组织、人已知可读框（open reading frame，ORF）中大规模的蛋白质相互作用网络。但是酵母双杂交方法本身也有一定的局限性：①不能研究具有自激活特性的蛋白质；②只能检测两个蛋白质间的相互作用；③检测的相互作用需发生在细胞核内，对于不能定位到细胞核中的蛋白质无法研究；④大部分实验中有将近 50%的假阳性率，而且推测的相互作用仅有 3%在两种以上的实验中得到了验证。为了弥补方法本身的缺点及局限性，研究者也不断地对其进行完善和改进。Stelzl 等在研究中采用了以下的策略：①选择不同功能、不同大小的蛋白质作为诱饵，以确保所选靶蛋白在整个蛋白质组中的代表性；②筛选过程中采用两轮杂交的方法，第一轮以混合诱饵（8 个）对文库进行筛选，结果呈阳性的克隆再进行一对一的第二轮杂交，这样既降低了工作量，又提高了结果的准确性；③蛋白质沉降技术（pull-down），已标记的饵蛋白或标签蛋白（生物素-、polyHis-或 GST-），从细胞裂解液中钓出与之相互作用的蛋白质，确定已知的蛋白质与钓出蛋白质或已纯化的相关蛋白质间的相互作用关系；④利用生物信息学的方法对结果进行系统分析，包括基因的染色体定位、蛋白质作用网络的拓扑结构分析等，从多方面分析结果的可信度。据此，他们最终确认了 911 对高可信度的相互作用，涉及 401 种蛋白质，数据分析中设立了 6 个标准来判定得到的结果，大大提高了酵母双杂交试验结果的可信度。

## 六、生物信息学分析

近年来，生物信息学在生命科学研究中起着越来越重要的作用。利用生物信息学对蛋白质组的各种数据进行处理和分析，也是蛋白质组研究的重要内容。生物信息学是蛋白质组学研究中不可缺少的一部分。生物信息学在蛋白质组学研究中有两个重要应用：一是分析和构建双向凝胶电泳图谱；二是搜索与构建蛋白质组数据库。

# 第四节 蛋白质组生物信息学

生物信息学蛋白质数据库为蛋白质序列及结构研究提供了基础，根据数据库内容可以分为蛋白质序列数据库、蛋白质结构数据库和蛋白质功能数据库等。蛋白质序列数据库主要用于序列测定，如 PIR（Protein Information Resource）、MIPS（Munich Information Center for Protein Sequences）、SWISS-PROT（SWISS-PROT Annotated Protein Sequence db）、TrEMBL（Translated European Molecular Biology Laboratory Nucleotide Sequence Database）、GenPept 等，这些数据库各有特色，往往结合多个数据库一起使用。随着发展，一些复合数据库也产生了，如 NRDB（Non-Redundat Database）、MIPSX、OWL 等。蛋白质结构数据库有 SCOP（Structural Classification of Proteins）、CATH（Ucl BSM Structural Classification of Proteins）和 PDB（Protein Data Bank）。蛋白质功能数据库主要有 GO（Gene Onotology），该数据库将蛋白质从分子功能、生物过程和细胞组分 3 个方面进行分类；KEGG（Kyoto Encyclopedia of Gene and Genomes）从基因领域、蛋白质网络、化学分子领域整理资料，DIP（Db of Interacting Proteins）、BIND（Biomolecular Interaction Network Database）、SPAD（Signaling Pathway db）也各有特色。当然蛋白质组分析过程中，生物信息学的作用不仅体现在数据库的查询和资料的整合中，生物信息学软件在蛋白质组研究领域的作用更是至关重要。

## 一、蛋白质一级结构分析

根据 20 种氨基酸的理化性质可以分析电泳等实验中的未知蛋白质，同样也可以分析已知蛋白质的物化性质。ExPASy 是 Swiss-Plot、TrEMBL、EMBL 等多个数据库的集合，主要专注的领域是蛋白质分子和蛋白质组学工具包中提供的一系列相应程序：①AACompldent。它与把氨基酸序列在 SWISSPROT 库中搜索不同，AACompldent 利用未知蛋白质的氨基酸组成去确认具有相同组成的已知蛋白质。这个程序需要的信息比较多，包括氨基酸组成、蛋白质的名称、pI 和分子质量（MW）（如果已知）及它们的估算误差、所属物种、标准蛋白质的氨基酸组成、标准蛋白质的 SWISS.PROT 编号等，用户还需要在 6 种氨基酸"组合"中做出选择。然后在 SWISSPROT 或 TrEMBL 数据库中搜索组成相似蛋白。②AACompSim。它与前者类似，是 AACompldent 的一个变种，但较多在 SWISS.PROT 中进行。也可以用于发现蛋白质之间较弱的相似关系。③PROPSEARCH。它不属于 ExPASy 工具包，是蛋白质氨基酸序列同源性的检索，提供免费的查询，并通过电子邮件的形式反馈给提问者的网页。PROPSEARCH 是为了通过排比方法查询一个新的蛋白质序列失败时，查找公认的蛋白质家族而设计的。PROPSEARCH 可以通过氨基酸组分来查询，同时也可以通过其他的特性来进行查询，如从序列中计算所得的分子质量、挑选的二肽组分的含量等。

## 二、蛋白质的物理性质预测

从蛋白质序列出发，预测蛋白质的许多物理性质，包括等电点、分子质量、酶切特性、疏水性、电荷分布等。相关工具有：①Compute pI/MW（等电点和分子质量工具）。它是 ExPASy 工具包中的程序，对 PJ 的确定是基于早期研究中将蛋白质从中性到酸性变性条件下迁移过程所获的 p$K$ 值。但对于碱性蛋白质有局限，计算出的等电点可能不准确。分子质量的计算是把序列中每个氨基酸同位素的平均分子质量加在一起，再加一个水分子的分子质量。②PeptideMass（酶切特性工具）。它是 ExPASy 工具包中的程序，主要针对肽段图谱的分析试验，分析蛋白质在各种蛋白酶和化学试剂处理后的内切产物。可预测水解结果的酶和试剂包括胰蛋白酶、糜蛋白酶、天冬氨酸激酶Ⅲ（Lysc）、溴化氰、N-乙酰谷氨酰磷酸还原酶（ArgC）、蛋白内切酶（AspN）和GluC（双羧酯或磷酸酯）等。半胱氨酸和甲硫氨酸可在计算产物肽段前加以修饰。③TGREASE（疏水性工具）。它是 FASTA 工具包中的程序，能够沿着蛋白质序列长度计算其疏水性（疏水性是每种氨基酸的固有特性，影响蛋白质的三级空间结构）。这个程序的疏水性预测方法依赖于疏水性的衡量尺度，它将每种氨基酸的物理性质与疏水性相联系，沿着蛋白质序列计算每个残基位点的移动平均疏水性，并给出疏水性和序列曲线。用这个程序还可以发现膜蛋白的跨膜区和高疏水性区的明显相关性。④SAPS（电荷分布工具）。蛋白质序列统计分析，对提交的序列给出大量全面的分析数据。输出结果首先是按照种类对氨基酸的统计计数，然后是电荷分布分析（包括正/负电荷聚集区的位置、高度带电和不带电区域、电荷传播和模式等），最后给出高疏水性和跨膜区域、重复结构和多重态及周期性分析。

## 三、蛋白质二级结构预测

二级结构是指 α 螺旋和 β 折叠等规则的蛋白质局部结构元件。蛋白质二级结构预测的基本依据是，每一段相邻的氨基酸残基具有形成一定二级结构的倾向。因此，进行二级结构预测需要通过统计和分析发现这些倾向或者规律。蛋白质二级结构预测的方法有 3 种：一是由已知结构统计各种氨基酸残基形成二级结构的构象趋势，其中最常用的是 Chou 和 Fasman 法；二是基于氨基酸的物理化学性质，包括堆积性、疏水性、电荷性、氢键形成能力等；三是通过序列比对，由已知三维结构的同源蛋白质推断未知蛋白质的二级结构。各种方法预测的准确率随蛋白质类型的不同而有变化。一般对于 α 螺旋预测精度较好，对 β 折叠差些，而对除 α 螺旋和 β 折叠等之外的无规则二级结构则效果很差。主要方法有：①nnPredict。用神经网络方法预测二级结构，使用FASTA 格式文件。蛋白质结构类型分为全 α 蛋白、全 β 蛋白和 α/β 蛋白，输出结果包括"H"（螺旋）、"E"（折叠）和"β"（转角）。该方法在实际的实例预测中，准确率超过 65%，而对全 α 蛋白则能达到 79% 的准确率。②Predict-Protein。它提供了序列搜索和结构预测服务，先在SWISSPROT 中搜索相似序列，用 MaxHom 算法构建多序列比对的 profile，再在数据库中搜索相似的 profile，然后用一套 PHD 程序来预测相应的结构特征，它不仅给每个残基分配 1 个二级结构类型，还对序列的每个位点的预测可信度给予统计分析。这个方法的平均预测准确率达到72%，最佳残基预测准确率可高达 90%。③SSPRED。它与 Predict Protein 相似，特点是在对比时特别注意非保守位点的替换，并利用比对结果得出预测结果，然后删除简单不合理的结构单元。④SOPMA。它是带比对的自优化预测方法，将 5 种独立二级结构预测方法汇集出一致的结果，采用的二级结构预测方法是 GOR 方法、Levin 同源预测方法、双重预测方法、PHD 方法和SOPMA 方法。SOPMA 其实是一种已知二级结构序列的次级数据库，库中每个蛋白质都经过基于相似性的二级结构预测。以上多种方法的综合应用平均效果比单个方法更好。

## 四、蛋白质的三维结构

蛋白质的三维结构是预测时最复杂和最困难的预测技术。序列差异较大的蛋白质序列也可能折叠成类似的三维构象。由于蛋白质的折叠过程并不十分清晰，从理论上解决蛋白质折叠的问题还有待进一步的科学发展，但也有了一些有一定作用的三维结构预测方法，即与已知结构的序列比较、同源模建、threading 算法和折叠识别方法。常见的预测算法有 SWISS-MODEL（自动蛋白质同源模建服务器）、CPHmodels 等。

### 五、生物信息学与蛋白质功能分析

生物信息学发展到今天，不仅可以对蛋白质组数据进行分析和预测，还可以对已知或者未知的基因产物进行功能上全面的分析和预测。生物信息学最常用的分析方法是模式识别。其主要是利用存在于蛋白质序列结构中某些特殊的特征模体来识别相关蛋白质的性质。换言之，就是从新的蛋白质序列中发现标志性的序列或者结构，以此建立模式，然后在已经建立好的已知蛋白质数据库（表10.1）中，搜集与此相似的模式，来确定未知蛋白质的归属，从而预测它的功能。许多基因是在特定时期和条件下被激活，才能表达出来，在正常人工模拟的环境下根本无法表达。类似于这样的未知蛋白质也需要通过生物信息学的方法计算分析预测，以获得它的功能信息。

表10.1  常见的蛋白质生物信息学网站

| 网站 | 资源类型 | 网址 |
| --- | --- | --- |
| DIR | 蛋白质相互作用 | http://dip.doe-mbi.uda.edu |
| INTERACT | 蛋白质相互作用 | http://bioinf.man.ac.uk/interactpr.htm |
| ProNet | 蛋白质相互作用 | http://pronet.doubletwist.com/ |
| MIPS | 蛋白质相互作用 | http://www.mips.biochem.mpg.de/proj/yeast/tables/interaction/index.htm |
| Proteome | 蛋白质相互作用 | http://proteome.com |
| Bind | 蛋白质相互作用 | http://binddb.org |
| String | 基因共定位 | http://www.bork.embl-heidelberg.de/string/ |
| CoGs | 种系发生谱 | http://www.ncbi.nlm.nih.gov/COG/ |
| Prodict Protein | 二级结构预测 | http://www.cmbi.kun.nl/bioinf/prediceprotein |
| SSPRED | 二级结构预测 | http://cmgm.stanford.edu/www-predict.html |
| SCOPMA | 二级结构预测 | http://npsa-pbil.ibcp.fr/cgi-bin/npsa-automat.pl |
| COILS | 卷曲结构 | http://www.ch.embnet.org/software/COILS-form.html |
| TMpred | 跨膜结构 | http://www.ch.embnet.org/software/TMPRED-form.html |
| TMAP | 跨膜结构 | http://tmap.pmel.noaa.gov |
| Signal P | 信号肽 | http://www.cbs.dtu.dk/services/signalP-2.0 |
| PROSITE | 功能 | http://www.expasy.ch/prosite |
| BLOCKS | 功能 | http://www.blocks.fhcrc.org |
| SMART | 功能 | http://smart.embl-heidelberg.de |
| SCOP | 功能 | http://scop.mrc-lmb.cam.ac.uk/scop/index.html |
| KEGG | 代谢 | http://www.genome.ad.jp/kegg |
| SWISS-PROT | 蛋白质序列 | http://www.expasy.ch/sprot/ |

## 第五节  蛋白质组学的应用

蛋白质组学是对基因组编码的所有蛋白质进行大规模分析的一门学科。蛋白质组学的研究旨在蛋白质水平上阐述生理、生化和病理等的发生机理，因此在基因功能研究、基因与环境的关系、疾病的诊断与治疗等众多领域有着广泛的应用前景。

# 一、蛋白质组学在原核生物、真核生物及多细胞生物体研究中的应用

## （一）蛋白质组学在细菌研究中的应用

蛋白质组学方法已广泛用于研究细菌在外界环境变化时其表达蛋白质的变化情况。例如，对霍乱弧菌（*Vibrio cholera*）及大肠杆菌在不同酸碱条件下蛋白质表达变化的研究，表明这些病原菌会随环境的改变而调节蛋白表达，以使其达到最大的致病能力。离子是细菌生存和生长所需的一个重要成分，离子缺少时会促进细菌铁载体合成增加或产生多种毒力因子。有学者用蛋白质组学方法研究了霍乱弧菌在 *Fur* 基因调节下蛋白质表达的改变，进一步分析了其机制。蛋白质组学可用来识别某些基因的预测产物，如膜蛋白。这些膜蛋白往往是疫苗的有效成分，对膜蛋白的研究有利于加速疫苗的开发。另外，蛋白质组学研究也被应用于细胞周期研究，有研究者通过对柄细菌（*Caulobacter crescentus*）生长周期蛋白图谱进行研究发现，一个细胞周期中有 48 种蛋白质降解，同时有 26 种蛋白质生成。细菌在繁殖周期的每个阶段合成大量蛋白质，表明周期性的蛋白质表达有助于细菌充分利用能源，保持合适的细菌数量，对机体产生一定的作用。这种对细菌细胞周期调控蛋白质表达和降解的研究有助于抗感染措施的制订。

## （二）蛋白质组学在真核生物研究中的应用

和基因组研究一样，蛋白质组学研究并不只局限于人体的研究，蛋白质组学研究已广泛应用于真核生物的研究中，2000 年初，*Science* 登载了应用蛋白质组学的大规模双杂交技术研究线虫生殖器发育的论文。佩罗（Michel Perrot）等用 2D 及质谱、免疫杂交、微量测序等方法分离和鉴定了酿酒酵母的 401 种蛋白质，其中 309 种以前曾报道过，剩余的 92 种是新发现的，从而拓展了酵母参考图谱，为研究细胞功能、酵母翻译因子靶点提供了条件。

## （三）蛋白质组学研究在多细胞生物体研究中的应用

线虫（*Caenorhabditis elegans*）是基因被完全测序的第一个多细胞生物体。它是基因组学研究中的一个重要的典型，可以通过与线虫比较来鉴定人类同源基因。与基因组不同，蛋白质组在不同的条件下有变化，要了解基因的功能，除了了解其序列之外，也要了解实际表达的蛋白质量。蛋白质技术已被广泛用于线虫研究，*Science* 曾登载了应用蛋白质组学的大规模双杂交技术研究线虫生殖器发育的论文。施瑞姆普夫（Sabine P. Schrimpf）等用蛋白质组学方法研究了克氏病线虫的蛋白质图谱，大部分鉴定的已知细胞功能的蛋白质与碳水化合物及脂类代谢有关，或是在胞质、线粒体、细胞骨架等亚细胞定位的结构蛋白。

# 二、蛋白质组学在植物研究中的应用

蛋白质组学在植物中的应用主要包括植物不育性、生物和非生物胁迫、植物突变、植物组织器官的研究等方面。例如，包红艳等以油松（*Pinus tabulaeformis*）雌性不育突变体为材料，与可育系进行胚珠败育前后蛋白质双向电泳图谱比较分析，确定了可育系特异表达的蛋白质 20 个，不育系特异表达的蛋白质 13 个，不育可育之间表达量上有差异的蛋白质 25 个。坎波（S. Campo）等在研究玉米萌发种胚对真菌侵染后的防御反应时发现，有 9

个蛋白质在真菌侵染后上调表达，它们主要参与植物组织抗氧化和解毒、蛋白质的合成和折叠，特别是翻译起始因子 eIF-5A 表达量提高，暗示其可能与植物防御反应直接有关。近年来，蛋白质组学不但在研究方法上有很大改进，而且在植物科学研究的多个领域得到初步应用，但低丰度蛋白质的获得和植物蛋白质的鉴定仍然是一个巨大挑战，相信随着拟南芥等模式生物测序的进行及其他植物 EST 数据库的丰富，蛋白质组学在植物研究中的应用将会越来越广泛。

## 三、蛋白质组学在昆虫学研究中的应用

随着蛋白质组学的深入，其在昆虫学研究中的应用也在不断深入。例如，在神经生物学方面，柏格曼（Geert Baggerman）等利用纳升级液相色谱与串联质谱联用技术（nanoLC-MS/MS）分析黑腹果蝇幼虫中枢神经系统的肽组成，共鉴定了 28 种神经肽，其中 18 种由已知基因编码，11 种未得到分离纯化。该表达模式研究也可应用于其他真核生物。在发育生物学方面，钟伯雄研究了家蚕胚胎期蛋白质组成的变化情况，发现从临界期到点青期，家蚕体内卵特异性蛋白、30K 蛋白表达量较高；由点青期到转青期再到蚁蚕期，家蚕体内酸性蛋白明显增多，卵特异性蛋白、30K 蛋白逐渐消失。除此之外，蛋白质组学在昆虫学研究中的应用还涉及蛋白质翻译及调控、酶功能研究、昆虫免疫学研究、多肽及蛋白质合成代谢、生殖生理、毒液作用机制等方面。

## 四、蛋白质组学与肿瘤研究

肿瘤涉及控制正常细胞增殖机制的破坏。对原癌基因的鉴定和描述已通过分子生物学方法完成。然而有些基因由于不是单独作用，也非典型地破坏正常细胞增殖机制，因此用传统的生物化学方法、基因、药物学方法都难以分析。蛋白质组学技术可以比较正常组织与癌组织的变化，这种肿瘤相关的变化可以为医疗干预提供新的标记和位点。通过蛋白质组学技术对胰腺癌和其他一些疾病或正常人胰腺比较，研究了与胰腺癌相关的蛋白质。对肿瘤抗原或与其相关抗体的分离和鉴定给肿瘤的早期诊断和治疗提供了一种新的方案。贝觉瑞（F. M. Brichory）等运用蛋白质组学方法研究了肺癌组织中引起体液免疫应答的蛋白质及自身抗体。他们所研究的肺癌患者中多于一半的人血清中有针对 Annexin I 或（和）Annexin II 的 IgG1 和 IgM 自身抗体，Annexin II 自身抗体仅在肺癌患者血清中出现，而 Annexin I 自身抗体也在其他类型患者血清中出现。这些研究有助于推动针对肿瘤中某种蛋白质自身抗体的发展。纳瓦塔（Shugo Nawata）等用 2-DE 及免疫杂交法研究了鳞状细胞癌肿瘤组织抗原-1、抗原-2，发现了鳞状细胞癌抗原新的酸性蛋白质，有助于开发一种检测此蛋白质的系统，为鉴别诊断提供依据。

蛋白质组技术可以从整体上全面地、动态地、定量地分析比较正常及肿瘤标本中蛋白质种类和数量的改变，有助于阐明肿瘤相关蛋白质间的调控网络，发现肿瘤诊断、治疗和预后的特异性标志物，加快肿瘤疫苗的研制和抗癌新药的开发。一方面，蛋白质组学为肿瘤的研究提供了崭新的思路和手段；另一方面，蛋白质组学的研究期待着新的技术方法的突破。相信蛋白质组学必将在 21 世纪肿瘤的研究中取得突破性的进展。

## 五、蛋白质组学与药物研发

随着 2D 技术和生物质谱技术应用的日益广泛，蛋白质组学已广泛应用在药物研发领域。

对细胞、组织、体液中蛋白质的研究在药物研发中有重要作用。蛋白质组学不仅能证实已有的药物靶点,进一步阐明药物作用的机制,也能发现新的药物作用位点,还可用来分析分子信号传播过程中的应答和调节。

## 六、展望

随着人类基因组计划的完成,后基因组时代正式登上历史舞台。DNA 序列信息仅提供了细胞运用其基因的所有可能方式的一种静态瞬间快照,而蛋白质组学则研究基因编码的活动怎样发生和什么时候发生(如蛋白质翻译),以及非基因编码的活动之间的关系(如蛋白质翻译后的修饰或蛋白质、核酸、脂类、糖类之间的相互作用)。因为实际蛋白质数量反映了翻译的能力和效率、翻译后的修饰和每个蛋白质的转化比率,蛋白质组学分析给基因表达最终产物的研究提供了信息。因此,它是对翻译水平等研究的一种补充,是全面了解基因组表达必不可少的一种手段,它的发展将给分子生物学领域带来革命性变化。

随着技术和方法的不断创新与发展,蛋白质组学研究将在揭示诸如生长、发育和代谢调控等生命活动规律上有所突破,最终也将成为人类重大疾病机制阐明和诊断、防治中的有力武器。病原体基因组和蛋白质组的研究,将为开发新的抗生素提供理论依据。在恶性肿瘤方面,它从蛋白质整体水平上研究恶性肿瘤的发病机制,从而使攻克癌症这一难关成为可能。在农业上,育种也将从现在的通过个别基因的转移,改进个别性能,发展到使整体性能得到改善。在新药的开发上,可以加快药物专一作用靶点的探测速度,增加新药临床试验通过率。目前已有数十种蛋白质芯片系统问世,为蛋白质组学研究提供了强有力的手段。可以预期,作为一门新兴学科,蛋白质组学给人类展示了一幅美好的前景,这必将有利于人类生活质量水平的提高和人类寿命的延长。

尽管蛋白质组学的相关技术在操作自动化、检测灵敏度等方面存在缺陷,但蛋白质组学在未来的生命科学研究及医药开发中将占有越来越重要的地位。随着样品制备、高通量自动分析、质谱技术及生物信息学领域的进步,蛋白质组学的研究也将更加系统和完善。

### 主要参考文献

包红艳,郑彩霞. 2006. 油松雌性不育系胚珠败育机制的初步研究. 北京:北京林业大学博士学位论文

黄啸. 2006. 生物信息学在蛋白质组学上的应用. 安徽农业科学,34(23):6142-6144

靳远祥,徐孟奎,陈玉银,等. 2004. 家蚕雌性附腺及其 Ng 突变体的蛋白质组双向电泳图谱分析. 生物工程学报,20(4):590-594

钱小红,贺福初. 2003. 蛋白质组学:理论与方法. 北京:科学出版社

王英超,党源,李晓艳,等. 2010. 蛋白质组学及其技术发展. 生物技术通,21(1):139-144

许月新,刘东明,段鸿梅,等. 2009. Annexin II 在肺鳞癌、腺癌中的表达及意义. 中国肺癌杂志,12(5):375-380

钟伯雄. 1999. 家蚕胚胎发育时期的蛋白质变化及构造分析. 遗传学报,26(6):627-633

Baggerman G, Cerstiaens A, de Loof A, et al. 2002. Peptidomics of the larval *Drosophila melanogaster* central nervous system. *JBC*, 227(43): 40368-40374

Blankenhorn D, phillips J, Slonczewski JL. 1999. Acid-and base-induced proteins during aerobic and anaerobic growth of *Escherichia coli* revealed by two-dimensional gel electrophoresis. *Journal of bacteriology*, 181(7): 2209-2216

Campo S, Carrascal M, Coca M, et al. 2004. The defense response of germinating maize embryos against fungal infection: a proteomics approach. *Proteomics*, 4: 383-396

Chakravarti DN, Fiske MJ, Fletcher LD, et al. 2001. Application of genomics and proteomics for identification of bacterial gene products as potential vaccine candidates. *Vaccine*, 19: 601-602

Collins FS, Green ED, Guttmacher AE, et al. 2003. A version for the future of genomics research. *Nature*, 402: 835-847

Fiekds S, Song O. 1989. A novel genetic system to detect protein-protein interactions. *Nature*, 340: 245-246

Florens L, Washburn MP, Raine JD, et al. 2002. A proteomic view of the *Plasmodium falciparum* life cycle. *Nature*, 419 (6906): 520-526

Giot L, Bader JS, Brouwer C, et al. 2003. A protein interaction map of *Drosophila melanogaster*. *Science*, 302 (5651): 1727-1736

Hernandez G, Altmann M, Sierra JM, et al. 2005. Functional analysis of seven genes encoding eight translation initiation factor 4E (Eif4E) isoforms in *Drosophila*. *Mech Dev*, 122 (4): 529-543

Hommais F, Winter CL, Labas V, et al. 2002. Effect of mild acid pH on the functioning of bacterial membranes in *Vibrio cholerae*. *Proteomics*, 2: 571-579

Huber LA. 1995. Mapping cells and subcellular organelles on 2-D gels new tricks for an old horse. *FEBS let*, 369: 122-125

Kocks C, Maehr R, Overkleeft HS, et al. 2003. Functional proteomics of the active cysteine protease content in Drosophila S2 cells. *Mol Cell Proteomics*, 2 (11): 1188-1197

Li SM, Armstrong CM, Bertin N, et al. 2004. A map of interaction network of the metazoan *C. elegans*. *Science*, 303 (5657): 540-543

Litwin CM, Calserwood SB. 1994. Analysis of the complexity of gene regulation by fur in *Vibrio cholerae*. *Journal of bacteriology*, 176 (1): 240-248

Pennington SR, Wilkins MR, Hochstrasser DF, 等. 2002. 蛋白质组学——从序列到功能. 钱小红, 贺福初译. 北京：科学出版社

Perrot M, Saglicocco F, Mini T, et al. 1999. Two-dimensional gel protein database of *Saccharomyces cerevisiae* (update 1999). *Electrophoresis*, 20 (11): 2280-2298

Schrimpf SP, Langen H, Gomes AV, et al. 2001. A two-dimensional protein map of *Caenorhabditis elegans*. *Electrophoresis*, 22: 1224-1232

Tonge R, Shaw J, Middleton B, et al. 2001. Validation and development of fluorescent two-dimensional differential gel electrophoresis proteomics technology. *Protemic*, 1 (3): 377-396

Uetz P, Giot L, Cagney G, et al. 2000. A comprehensive analysis of protein-protein interactions in *Saccharomyces cerevisiae*. *Nature*, 403: 623-627

## 思考题

1. 解释名词：
1) 蛋白质组
2) 蛋白质组学，结构蛋白质组学，功能蛋白质组学，表达蛋白质组学
3) 蛋白质芯片
4) 酵母双杂交系统
2. 蛋白质组研究常用的三大基本技术是什么？
3. 简述双向凝胶电泳技术的基本原理及其优缺点？
4. 简述质谱技术的基本原理？
5. 常用的蛋白质生物信息学数据库有哪些？
6. 简述双向电泳的基本操作过程。
7. 简述蛋白质组与基因组的关系。

8. 根据你对蛋白质组学的理解，谈谈蛋白质组学技术在未来医学领域的应用前景。

9. 蛋白质组学在研究与应用上有哪些局限性？

10. 凝胶过滤和 SDS-PAGE 均是利用凝胶按照分子大小分离蛋白质的，为什么凝胶过滤时，蛋白质分子越小洗脱速度越慢，而在 SDS-PAGE 中，蛋白质分子越小迁移速度越快？

11. 一种蛋白质的混合物在 pH6 的 DEAE-纤维素柱中被分离，用 pH6 稀盐缓冲液可以洗脱 C，用 pH6 的高盐缓冲液，B 和 A 依次被洗脱，用凝胶过滤测定得 A 的相对分子质量是 240 000，B 的相对分子质量是 120 000，C 的相对分子质量是 60 000，但 SDS-PAGE 只发现一条带。请分析实验结果。

12. 请列举 3~4 种研究蛋白质与蛋白质相互作用的方法。

# 第十一章 核外遗传

细胞核内染色体上的基因是重要的遗传物质，由核基因决定的遗传方式称为细胞核遗传（nuclear inheritance）。随着遗传学研究的不断深入，人们发现细胞核遗传不是生物唯一的遗传方式。生物的某些遗传现象并不取决于核基因或不完全取决于核基因，而是取决于或部分取决于细胞核以外的一些遗传物质。这种遗传现象称为核外遗传（extranuclear inheritance）或非染色体遗传（non-chromosomal inheritance），此种遗传不遵循孟德尔遗传定律，所以又称为非孟德尔式遗传（non-Mendelian inheritance），它包括核外或拟核以外任何细胞成分所引起的遗传现象。核外遗传的主要遗传因子有与感染有关的颗粒及线粒体和叶绿体。

## 第一节 母 性 影 响

母性影响（maternal effect）又称为前定作用（predetermination），是指子代的表型受母本核基因型的影响而和母亲表型相似的现象。根据母本核基因对后代影响时间的长短，母性影响分为以下两种类型。

### 一、短暂的母性影响

短暂的母性影响是指母本的基因型仅影响后代的幼龄时期，对后代的成体无影响。例如，麦粉蛾（*Ephestia phestia*）正常的野生型（*AA*）体内能合成犬尿酸，进一步可形成犬尿素，使幼虫皮肤表现为有色，成虫复眼为棕褐色；突变型（*aa*）不能把前体物转变成犬尿酸，不能形成犬尿素，使幼虫皮肤无色，成虫复眼为红色。

将野生型（*AA*）与突变型（*aa*）杂交，$F_1$ 代（*Aa*）的表现与野生型亲本相同，但是将 $F_1$ 代（*Aa*）与突变型（*aa*）测交时，发现正、反测交结果不同（图 11.1）。按理说，*aa* 个体应为无色，但在图 11.1B 的测交后代中却为有色。这是因为犬尿酸受核基因控制，分布在卵细胞质内。后代可利用来自卵细胞质的犬尿酸合成犬尿素，使幼虫体色为有色，但 *aa* 个体自身不能合成犬尿酸，来自卵细胞质的犬尿酸到成体后就已用完，因此后代成虫细胞中没有犬尿素，复眼表现为红色。这种影响受母亲核基因控制，只影响到幼龄期。

### 二、持久的母性影响

在这种母性影响中，母本的核基因能对后代的终生产生影响。例如，椎实螺螺壳的螺旋方向就是由母本的核基因决定的。椎实螺（*Lymnaea peregra*）属软体动物门肺螺亚纲基眼目椎实螺科。雌雄同体，外壳螺旋方向多为右旋（顺时针），少数为左旋（逆时针），由 *D*（右

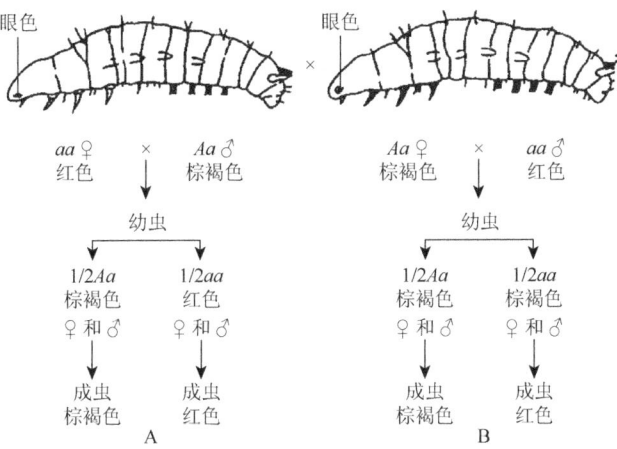

图 11.1 麦粉蛾眼色的遗传

旋）和 d（左旋）一对等位基因控制（图 11.2）。一般进行异体受精，单独饲养时可自体受精。

从图 11.2 可以看出，如果母本是右旋，则后代的表现符合分离定律；如果母本是左旋，则后代的表型要延迟一代表现。这是因为成体螺壳的旋转方向取决于受精卵卵裂时最初两次卵裂中纺锤体的排列方向（图 11.3），而纺锤体的排列方向取决于卵细胞质的特性，即取决于母亲的核基因类型，与其自身的基因无关，但自身的基因可影响下一代的表型。

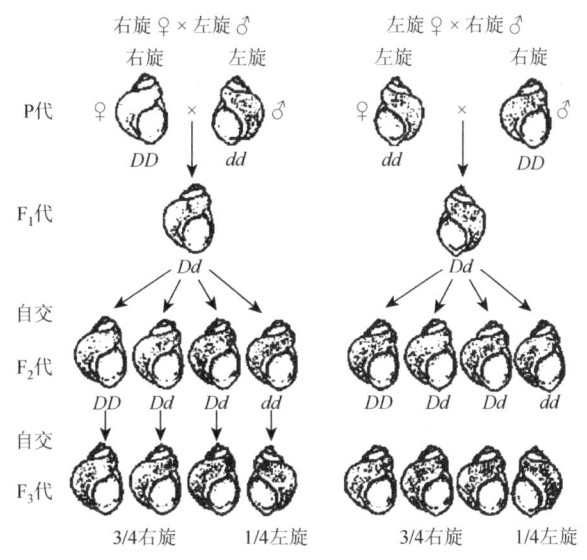

图 11.2 椎实螺外壳螺旋方向的遗传

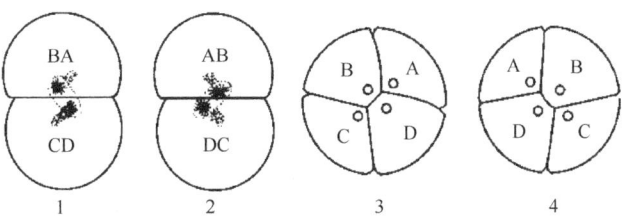

图 11.3 椎实螺的卵裂方式

1，2 为第一次卵裂；3，4 为第二次卵裂；1，3 是左旋；2，4 是右旋

## 第二节　真核生物的核外遗传

由于控制性状的遗传因子在细胞质内而不在细胞核内，因此核外遗传的遗传行为不符合孟德尔遗传定律。另外，卵子中细胞质含量较多而精子细胞质含量极少，子代的细胞质主要来自于母本，从而表现为与母本相同的性状。

### 一、与感染颗粒有关的遗传

#### （一）果蝇的 $CO_2$ 敏感型

有些品系的果蝇对 $CO_2$ 非常敏感，容易受到 $CO_2$ 的麻醉而死亡，称为 $CO_2$ 敏感型。当敏感类型与野生型正、反交时，得到如下结果。

敏感型♀×野生型♂ ——→ 敏感型

敏感型♂×野生型♀ ——→ 极少数敏感型

目前知道这是由于σ（sigma）因子引起的，有人认为σ因子是一种病毒，称为σ病毒。极少数敏感型是精子带有极少的细胞质所致。

#### （二）草履虫的放毒型

草履虫（*Paramecium*）是一种单细胞的原核动物，雌雄同体。因为它的身体形状从平面角度看上去像一只倒放的草鞋底而得名（图11.4）。

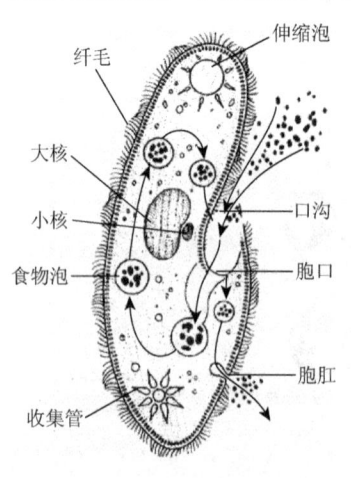

图 11.4　草履虫

草履虫细胞内有1个大核和2个小核。大核主管营养，称为营养核。小核是二倍体核，主管遗传，称为生殖核。草履虫有无性生殖（裂殖）和有性生殖两种生殖方式，无性生殖是通常的生殖方式，有性生殖有接合生殖和自体受精两种类型。

某些品系的草履虫能产生所谓的草履虫素，能抑制或杀死其他某些品系。这种品系为放毒品系（killer paramecia），对毒素敏感的为敏感品系。草履虫素是由细胞质的卡巴（Kappa）粒（直径为 $0.2 \sim 0.8 \mu m$，含 DNA、RNA、蛋白质、脂类，可自我复制和发生突变）产生的，但卡巴粒的存活、增殖需要核基因 $K$，而隐性核基因 $k$ 不能维持卡巴粒因子的存活、增殖。因此，草履虫的放毒型既与细胞质有关，也与细胞核有关，即细胞质因子κ颗粒及细胞核因子 $K$ 基因必须同时存在，才能保持稳定的放毒性状。

**1. 无性生殖（自体结合）**

基因型 $Kk$ 自体结合时，小核进行减数分裂。$Kk$ 大核逐渐消失，两个小核（$K$ 或 $k$）各进行一次减数分裂，形成8个小核（$K$ 或 $k$），其中7个小核消失（随机），剩下的1个小核进行核内有丝分裂，形成2个核（$K$ 或 $k$），2个核进行核融合形成 $KK$ 或 $kk$ 核，然后进行两次有丝分裂，形成4个核（$KK$ 或 $kk$）。接着细胞质分裂形成两个细胞，每个细胞中有2个核（$KK$ 或 $kk$），其中一个核变成大核，另一个核进行一次有丝分裂，形成两个小核（$KK$ 或 $kk$）。

2. 接合生殖

（1）短暂接合

基因型 $KK$ 和基因型 $kk$ 的草履虫短暂接合，两个细胞紧靠的细胞膜融合，互相交换 1 个小核（两个细胞中均为 $Kk$）。交换小核之后细胞分开，每个细胞的 2 个小核融合形成 $Kk$ 核，再进行两次有丝分裂，形成 4 个核（两个细胞均为 $Kk$）。接着细胞质分裂形成两个细胞，每个细胞中有 2 个核（两个细胞均为 $Kk$），其中一个核变成大核，另一个核进行一次有丝分裂，形成两个小核（两个细胞均为 $Kk$）（图 11.5A）。

（2）长时间接合

在异体接合时，小核交换后细胞长时间不分开，则细胞质也进行交换，最后全部形成放毒型（图 11.5B）。

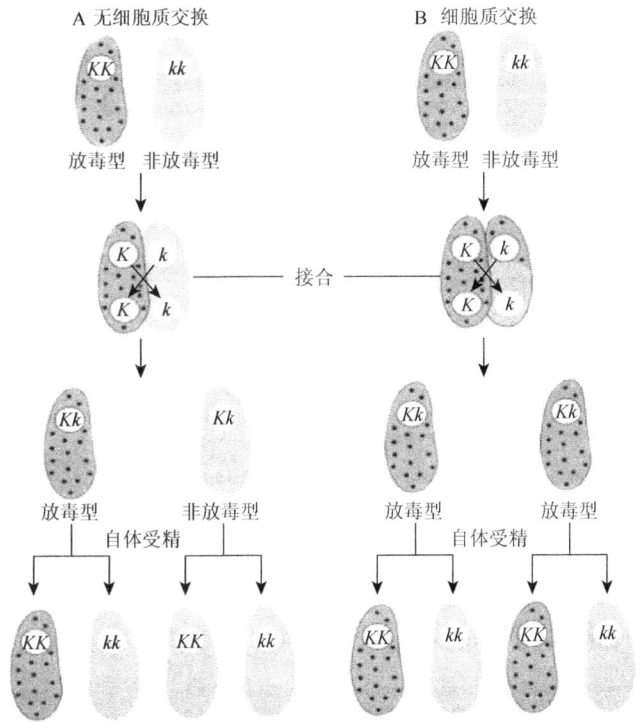

图 11.5　草履虫的接合生殖

A. 两种不同基因型个体短暂接合，只交换小核，不交换细胞质成分；B. 两种不同基因型个体长时间接合，既交换小核，也交换细胞质成分

## 二、与细胞器有关的遗传

### （一）叶绿体遗传

1909 年，德国植物学家科伦斯（Carl Erich Correns）首先报道了植物质体的遗传现象，他用紫茉莉（*Mirabilis jalapa*）的一些品系为材料进行了一系列的杂交试验，发现紫茉莉质体的遗传方式与细胞核遗传方式完全不同，认为这种现象可能是细胞质遗传引起的。同年，德国学者鲍尔（Edwin Baur）报道了天竺葵（*Pelargonium graveolens*）中的类似现象，并认为这是叶绿体（chloroplast，cp）的独立自主性造成的。1927 年，美国学者把这种遗传现象正

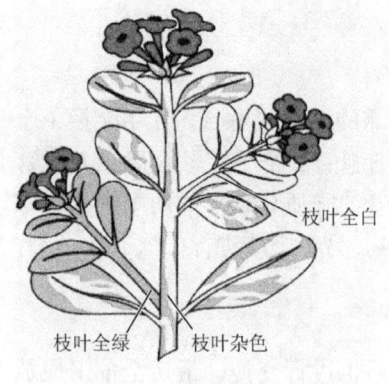

图 11.6 紫茉莉的绿白斑

式命名为细胞质遗传（cytoplasmic inheritance）。

紫茉莉的叶子是绿色的，但是在有些枝条出现白叶，有些是白绿相间的绿白斑（albomaculatus）（图 11.6）。这是因为在绿色枝条中叶绿体能产生叶绿素，而在白色枝条中，由于某种因素使叶绿体不能产生正常的叶绿素而呈现白色，花斑枝条中含有两种类型的细胞，间隔存在，从而呈现白绿相间的花斑状。

当不同类型的紫茉莉杂交时发现，不论父本的花粉来自哪一种枝条，子一代总是表现出母本的性状，与父本提供的花粉无关（表 11.1）。这种只受母本遗传物质控制，子代只表现出母本性状的现象，称为母系遗传（maternal inheritance），又称为偏母遗传。

表 11.1 不同类型紫茉莉的杂交结果

| 母本叶 | 父本叶 | 后代 |
| --- | --- | --- |
| 白色 | 白色、绿色、花斑 | 白色 |
| 绿色 | 白色、绿色、花斑 | 绿色 |
| 花斑 | 白色、绿色、花斑 | 白色、绿色、花斑 |

cpDNA 与细菌 DNA 相似，是裸露的 DNA 分子，具有闭合双链的环状结构。高等植物中每个叶绿体中有 30～60 个 cpDNA，整个细胞有几千个拷贝。高等植物 cpDNA 的碱基成分与核 DNA 无明显区别，但单细胞藻类中 cpDNA 的 GC 含量比核 DNA 低。cpDNA 的基因组（图 11.7）具有如下主要特点。

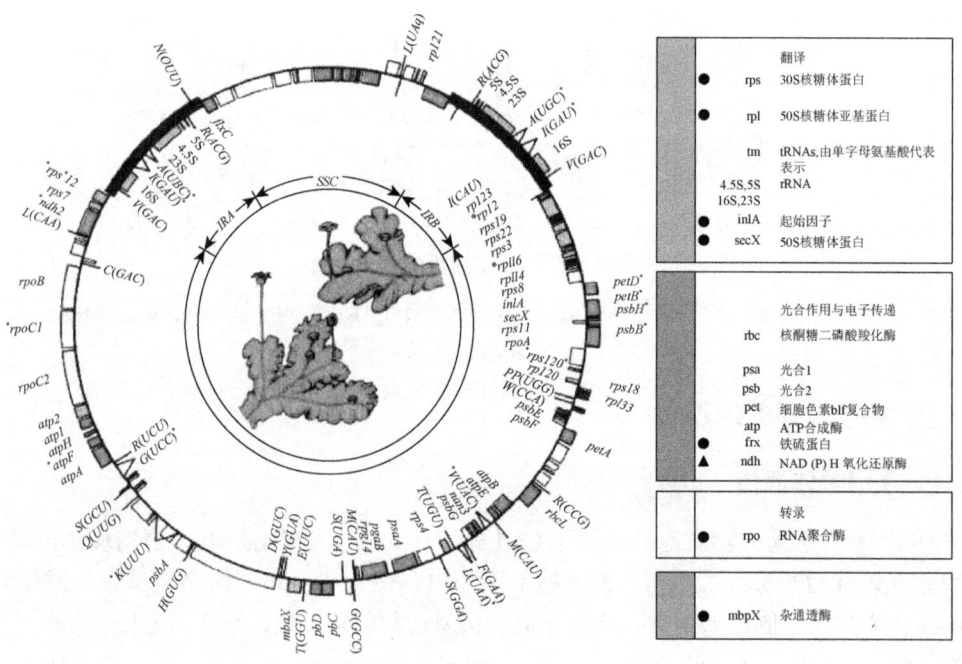

图 11.7 叶绿体的基因组

1）基因组有两个反向重复序列（inverted repeat sequence，IR）、一个短单拷贝序列（short single copy sequence，SSC）和一个长单拷贝序列（long single copy sequence，LSC）（图11.8）。

2）IRA和IRB编码相同，方向相反。

3）cpDNA启动子和原核生物的相似，基因产生单顺反子或多顺反子的mRNA。

4）不同cpDNA的基因组成和数目几乎是相同的，产物多为类囊体的成分或（和）与氧化还原反应有关。

5）tRNA基因中有内含子，有的位于D环上，和原核及真核生物核tRNA都不相同。

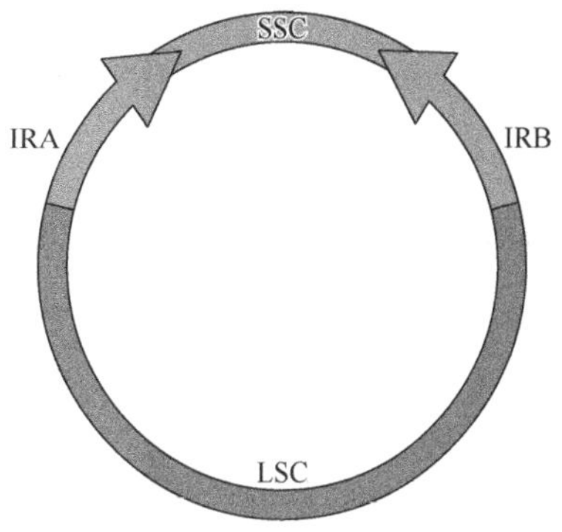

## （二）线粒体遗传

线粒体（mitochondria，mt）是存在于真核细胞中的一种重要细胞器。1894年，由阿特曼（Richard Altman）首次发现，1897年，本达（Carl Benda）将其正式命名为线粒体。1963年，M.纳斯（Margit M. K. Nass）和S.纳斯（Sylvan Nass）首次在鸡卵母细胞中发现线粒体中存在DNA，同年，沙茨（Gottfried Schatz）分离到完整的线粒体DNA（mitochondrial DNA，mtDNA），从而开始了人类对mtDNA的探索。

图11.8 cpDNA结构模式图

1940年，伊弗鲁西（Boris Ephrnssi）发现，在正常的酵母菌（*Saccharomyces cerevisiae*）细胞群体中，有1%~2%的细胞会自发变成小菌落（petite colony）。在插入剂如溴化乙锭（ethidium bromide，EB）存在时，100%的细胞都变成小菌落。

根据不同的作用机理，酵母菌的小菌落主要有三种类型：①核基因突变型，这种类型按照分离定律遗传，所以又称为分离型（图11.9）；②中性型，是由细胞丢失mtDNA引起的，属于细胞质遗传，当这种类型酵母菌与正常酵母菌杂交时，它能从正常酵母菌细胞得到线粒体，所以后代是大菌落（图11.9，表11.2）；③抑制型，是因为mtDNA突变，不能表达正常

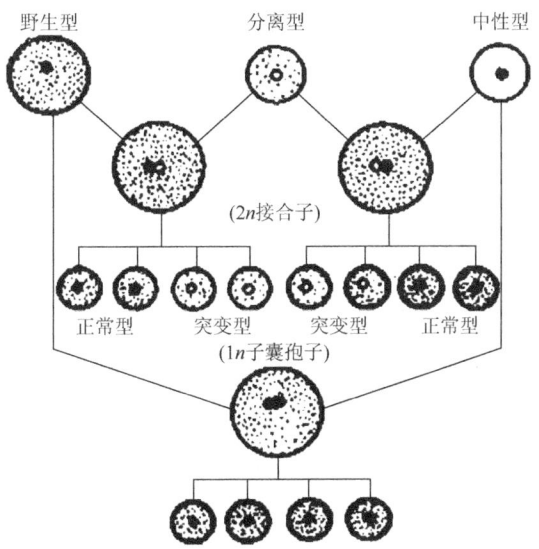

图11.9 野生型酵母菌与小菌落型酵母菌杂交结果

的与呼吸作用有关的酶，呼吸受阻，菌落生长缓慢。当与正常的酵母杂交时，胞质融合，每个子囊菌都获得正常的线粒体，小菌落消失（表 11.2）。但是这种杂交后代的细胞中，有正常的和突变的两种不同类型的线粒体，在细胞分裂过程中线粒体分配的不均一性，将会导致裂殖后代中有些细胞只获得突变型线粒体，从而再次出现小菌落类型。

表 11.2　酵母小菌落的类型和特点

| 小菌落类型 | 符号 | 产生原因 | 与野生型杂交 | 二倍体表型 | 四分子的表型和分离比 |
|---|---|---|---|---|---|
| 分离型 | Pet$^-$ | 核基因突变 | Pet$^-$×Pet$^+$ | Pet$^-$/Pet$^+$ 正常 | 小菌落:大菌落=2:2 |
| 中性型 | [P$^-$N] | mtDNA 丢失 | [P$^-$N]×[P$^+$N] | [P$^-$N]/[P$^+$N]正常 | 全部大菌落 |
| 抑制型 | [P$^-$S] | mtDNA 突变 | [P$^-$S]×[P$^+$S] | [P$^-$S]/[P$^+$S]部分呼吸 | 小菌落、大菌落，无确定比例 |

与核基因组相比，线粒体基因组具有鲜明的遗传特色。以人的线粒体为例，人类 mtDNA 具有如下主要遗传特征。

（1）半自主性

线粒体有自己的遗传物质，所以有人将 mtDNA（图 11.10）称为人类第 25 号染色体，也有人将其称为 M 染色体，约占细胞总 DNA 的 1%。mtDNA 编码线粒体中部分蛋白质和全部的 tRNA 和 rRNA，能够独立进行复制、转录和翻译，但所含信息量小，呼吸链-氧化磷酸化系统的 80 多种蛋白质亚基中，mtDNA 仅编码 13 种，绝大部分蛋白质亚基和其他维持线粒体结构和功能的蛋白质都依赖于核 DNA（nuclear DNA，nDNA）编码，在细胞质中合成后，经特定转运方式进入线粒体。此外，mtDNA 基因的表达受 nDNA 的制约，线粒体氧化磷酸化酶系统的组装和维护需要 nDNA 和 mtDNA 的协调，二者共同作用参与机体代谢调节，因此线粒体是一种半自主细胞器，受线粒体基因组和核基因组两套遗传系统共同控制（图 11.11），nDNA 与 mtDNA 基因突变均可导致线粒体中蛋白质合成受阻，细胞能量代谢缺陷。

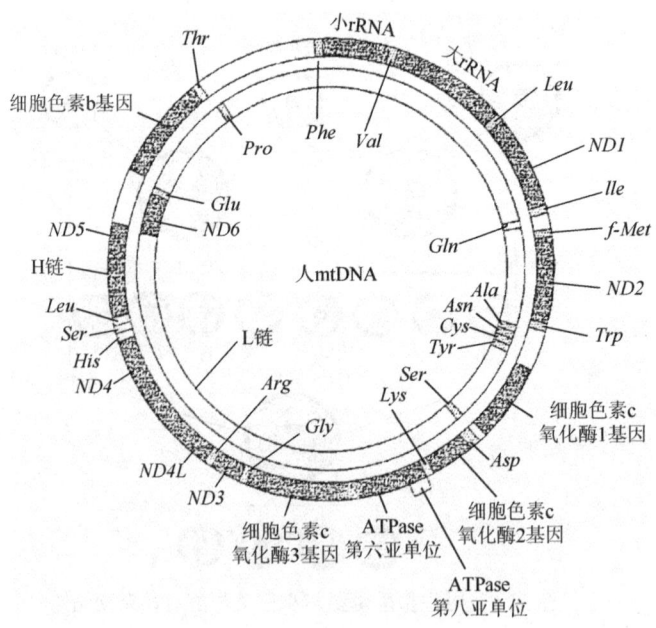

图 11.10　人类线粒体基因组

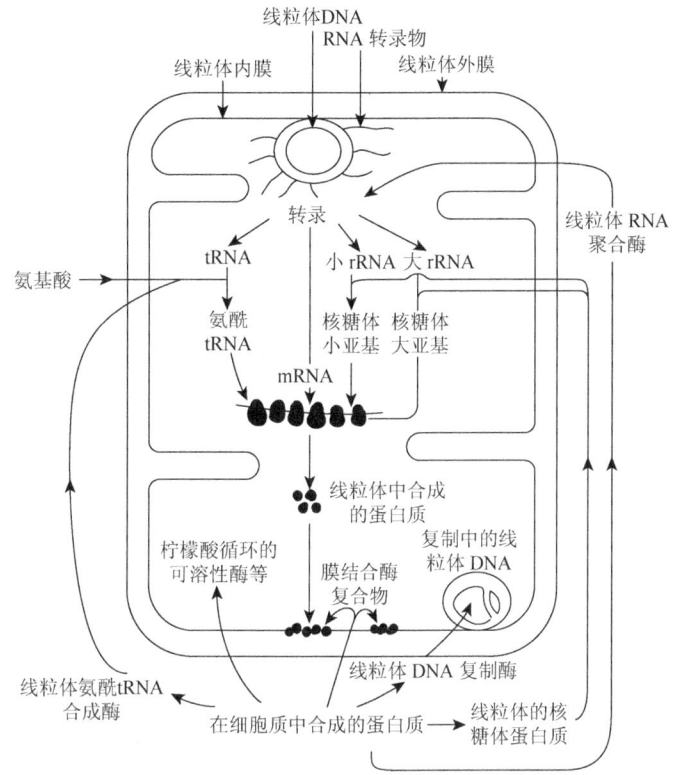

图 11.11　线粒体与细胞核的相互关系示意图

(2) 基因排列紧密

各基因之间排列极为紧凑，部分区域还出现重叠，即前一个基因的最后一段碱基与下一个基因的第一段碱基相衔接，核苷酸的利用率极高。无启动子和内含子，缺少终止密码子，仅以 U 或 UA 结尾。基因间隔区只有 87bp，占 mtDNA 总长度的 0.5%。人类 mtDNA 转录时，每条链从各自的一个启动子区开始，以相同的转录速度，合成 H 链和 L 链两条不同的巨大的 RNA 分子，通过核酸酶切割成为各个基因的 mRNA、tRNA 或 rRNA。

(3) 遗传密码与通用密码不同

在线粒体遗传密码中，有 4 个密码子与核基因的"通用"密码子不同，如表 11.3 所示。

表 11.3　人类"通用"密码子和线粒体密码子之间的区别

| 密码子 | "通用"密码子 | 线粒体密码子 |
| --- | --- | --- |
| UGA | 终止密码子 | 色氨酸 |
| AUA | 异亮氨酸 | 甲硫氨酸 |
| AGA | 精氨酸 | 终止密码子 |
| AGG | 精氨酸 | 终止密码子 |

(4) 母系遗传

成熟的精子含有非常少的细胞质，几乎没有线粒体，因此人类受精卵中的线粒体基本都是来自于卵子，线粒体的遗传是通过卵子传递的。像这种只通过女性传递的遗传方式称为母系遗传（maternal inheritance）。

（5）tRNA 的兼用性较强

在胞液内有 30 种或 30 种以上与氨基酸对应的 tRNA，而在线粒体中仅用 22 个 tRNA 来识别 48 个密码子。

（6）同质性与异质性

在正常组织细胞中，所有的 mtDNA 都是一致的，称为同质性（homoplasmy）。如果 mtDNA 发生突变，将造成在同一细胞或同一组织中有两种或两种以上的 mtDNA，既有突变型 mtDNA，又有野生型 mtDNA，故称为异质性（heteroplasmy）。

异质性细胞经过有丝分裂和减数分裂，随机分配到两个子细胞中的突变型 mtDNA 和野生型 mtDNA 的比例会发生变化，mtDNA 基因型分布向纯合突变型和纯合野生型漂变，经过多次分裂逐步达到同质性。

（7）mtDNA 突变率极高

由于 mtDNA 缺乏组蛋白的保护，线粒体也缺乏 DNA 损伤修复系统，mtDNA 的突变率较高，比核 DNA 的突变率高 10～20 倍。另外，mtDNA 的多态现象比较普遍，任何两个人的 mtDNA，平均 1000bp 中有 4 个不同，最高的变化率可达 3%（约 70 个碱基被取代），尤其 D 环区是线粒体基因组中进化速度最快的 DNA 序列，极少有同源性，而且参与的碱基数目不等，其 16 024～16 365nt 及 73～340nt 两个区域为多态性高发区，分别称为高变区Ⅰ（hypervariable regionⅠ，HVⅠ）和高变区Ⅱ（hypervariable regionⅡ，HVⅡ），这两个区域的高度多态性导致了个体间的高度差异，适用于群体遗传学研究，如生物进化、种族迁移、亲缘关系鉴定等。

（8）mtDNA 具有阈值效应

虽然线粒体的突变率极高，但是有害的突变会通过选择而被消除，因此线粒体遗传病并不多见。另外，线粒体遗传病的发生有一阈值，只有当突变的 mtDNA 达到一定的比例时，才有受损的表型出现，引起某种组织或器官功能的异常，其表型与氧化磷酸化缺陷的严重程度及各种器官系统对能量的依赖程度密切相关。脑、骨骼肌、心肌、肾脏、肝脏对能量的依赖性依次降低，因此，最先受损的是中枢神经系统，其次是肌肉、心脏、胰腺、肾脏和肝脏。

（9）mtDNA 在有丝分裂和减数分裂期间都要经过复制分离

人的每个卵母细胞大约有 10 万个线粒体，当卵母细胞成熟时，绝大多数线粒体会丧失，数目减少到 100 个以下。这种线粒体数目从 10 万个锐减到少于 100 个的过程称为遗传瓶颈（genetic bottleneck）。此后，经过胚胎细胞前期分裂，繁殖的线粒体会达到每个细胞含有 1 万多个或更多。

（10）mtDNA 可以稳定地整合到核基因组中

在特定的条件下，核 DNA 序列和 mtDNA 序列可以在细胞内游走，从而可造成 mtDNA 对核基因组的插入。在人的胎盘组织、白细胞等基因组中均发现整合的 mtDNA。mtDNA 对核基因的插入可能激活原癌基因或抑制癌基因的活性，导致细胞的分化增殖失控，最终形成肿瘤。

## 三、细胞质遗传中的非母系遗传

细胞质遗传一般表现为母系遗传的特征，但是随着 DNA 分子标记技术在细胞质遗传研究中的应用,人们发现在动物和植物中均存在低频的线粒体 DNA 单亲父系遗传或双亲遗传现象。例如,Gyllensten 等(1991)报道,在老鼠中,线粒体 DNA 经雄配子传递,表现为低频的父系遗传;Boynton 等(1987)发现,在莱茵衣藻(*Chlamydomonas reinhardtii*)中线粒体 DNA 表现为父系遗传。在人类中精子线粒体带来的异质性与某些疾病相关,Schwartz 等在对 1 例线粒体病患者进行线粒体鉴定时发现,突变的线粒体来源于父亲,明确地证实了父系线粒体 DNA 不仅能存活,还在成人的线粒体库和骨骼肌中占有一定比例。Gyllensten 等首先证实,种间杂交小鼠子代中父系线粒体能够存活,后代所有组织中有 0.01%~0.1%的线粒体源于父亲。在很多双壳贝物种中,精子父系 mtDNA 和卵母细胞母系线粒体 mtDNA 都能传递给后代,这种现象称为双重单亲继承(doubly uniparental inheritance,DUI)。精子 mtDNA 通过雄性子代的生殖腺得到传递,而卵母细胞的 mtDNA 既可以通过子代的体细胞遗传,也可以通过雌性子代的生殖腺传递。

母系遗传是大多数被子植物质体 DNA 遗传的显著特征。但对近 60 个物种的质体 DNA 的遗传研究发现,约有 20%的物种中存在双亲遗传现象(Smith,1988)。在紫花苜蓿(*Medicago sativa*)、胡萝卜属、苜蓿、猕猴桃属等被子植物中均报道了质体 DNA 的父系遗传现象。与被子植物相比,大多数裸子植物的质体 DNA 表现为父系遗传的特征。例如,杉科的日本柳杉(*Cryptomeria japonica*)和北美红杉(*Sequoia sempervirens*)、松科的花旗松(*Pseudotsuga menziesii*)、柏科的北美翠柏(*Calocedrus decurrens*)及松属、落叶松属、云杉属等质体 DNA 均表现为父系传递规律。

## 四、细胞质基因和细胞核基因的协同关系

细胞核和细胞质是组成真核细胞整体不可分割的两部分,细胞核基因和细胞质基因是细胞的两大遗传系统,在保持各自相对独立性的基础上,彼此相互配合、相互协调,从而使细胞乃至机体表现出正常的生理和生化功能。以叶绿体的核质协同作用为例,阐述细胞核和细胞质的相互影响、相互制约关系。

1943 年,罗兹(Marcus M. Rhoades)报道,玉米的第 7 号染色体上有一个白色条纹突变基因,控制叶绿体的性状,称为 *iojap* 基因($ij$),该突变基因使玉米出现绿白相间的埃型条斑(striped iojap trait):基因型 $ij/ji$ 或为不能成活的白化苗,或为有特征性的白色条斑,基因型 +/+ 则是正常的植株。

埃型条斑形成以后,该表型可以通过母本($ij/ji$)传递给下一代,子代的表型与自身的 $ij$ 基因无关(图 11.12),说明叶绿体的遗传具有自主性。

从图 11.12 可以看出,条斑病形成之前,属于核基因遗传,一旦条斑性状产生,则 $ij/ij$ 基因型不再是控制者,而是由独立自主的细胞质即叶绿体基因控制了,按照母系方式遗传。细胞核基因和细胞质基因的关系似乎是启动者和被启动者的关系,在核基因的启动下,细胞质基因发生突变,细胞质基因一旦突变就不再受核基因控制而表现出独立的母系遗传。

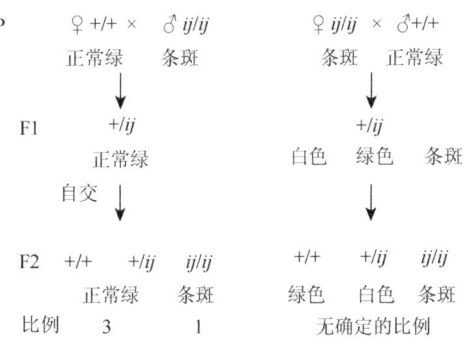

图 11.12 正常玉米和埃型条斑正反交结果

# 第三节 植物的雄性不育

植物的雄性不育（male sterility）是指植物花粉败育的现象，表现为花蕊发育不正常，不能产生可育的花粉，但能产生正常的卵细胞，可接受外来花粉而受精结籽。

雄性不育现象在植物界较为普遍，已经在 43 科、162 属、320 种和 297 种间杂种中发现了雄性不育现象。

## 一、植物雄性不育的类型

植物雄性不育现象比较普遍，原因是多方面的，主要包括：①生理上的不协调或某些环境因素；②染色体数目或性质上的不协调；③基因突变。

### （一）环境因素引起的雄性不育

一些物理或化学等环境因素可以导致雄性不育。例如，高温杀雄（高温不利于雄性发育）、用杀雄剂阻断雄性部分的发育等。化学杀雄剂又称为杀雄配子剂（male gametocide），大多数来自植物生长调节剂、除草剂和杀菌剂。但是由此导致的雄性不育特性一般不会遗传给后代，所以没有育种价值。

### （二）染色体导致的雄性不育

由染色体数目或性质上的不协调引起的雄性不育往往见于远源杂交中，因此没有普遍意义。例如，马和驴的杂交后代骡子是不育的。

### （三）基因控制的雄性不育

1. 核基因控制的雄性不育

由核基因导致的雄性不育，称为细胞核雄性不育（genic male sterility）。其表现为细胞核遗传，雄性不育性大多为一对隐性基因（$msms$）控制，正常可育性为相对的显性基因（$MsMs$）控制。已经在水稻、小麦、番茄、洋葱等作物中发现了这种变异。雄性不育株与正常株杂交，$F_1$ 植株为雄性可育（$Msms$）；$F_1$ 自交产生 $F_2$，$F_2$ 的育性按孟德尔遗传方式分离，可育株与不育株之比为 3∶1；在小麦、棉花、马铃薯、亚麻、莴苣等植物中也发现了显性核不育基因。不育株和可育株杂交，$F_1$ 不育。另外，在少数生物中发现有不同数量的、独立起作用的不育基因。例如，在番茄中已发现 30 多对各自独立起作用的核不育基因，在玉米中已发现 14 对核不育基因。

核不育型中有很多是自然发生的变异，由于难以用普通方法保持雄性不育系，因此在农业生产上不可能被广泛利用。

2. 细胞质基因控制的雄性不育

细胞质雄性不育（cytoplasmic male sterility）是由细胞质中的不育基因引起的，表现为细胞质遗传。通常用 $S$（sterility）和 $N$ 分别代表单一的细胞质雄性不育基因和雄性可育基因。已经在包括玉米和小麦在内的 80 多种高等植物中发现了这种不育类型。

用可育株花粉给雄性不育株雌蕊授粉，能正常结实，但 $F_1$ 植株仍表现为雄性不育，不能自交产生 $F_2$，细胞质不育型的育性容易保持但不易恢复，因此在农业生产上也不能利用。

## 3. 核质互作控制的雄性不育

核质互作型雄性不育（gene cytoplasmic male sterility）个体的细胞质和细胞核中分别有雄性不育基因和雄性可育基因。通常用 $Rf$ 表示可育的核基因，$rf$（restore fertile）表示不育的核基因；$N$ 表示可育的细胞质基因，$S$ 表示不育的细胞质基因。在这种雄性不育类型中，只有当细胞质有不育基因 $S$，细胞核内有纯合的不育基因 $rfrf$ 时，植株才表现雄性不育。如果胞质基因为 $N$，则不论核基因是可育（$RfRf$）还是不育（$rfrf$），都表现为雄性可育。同样，如果细胞核内是可育基因 $RfRf$ 或 $Rfrf$，则不论胞质基因是 $N$ 还是 $S$，也都表现为雄性可育（表 11.4）。

**表 11.4 各种核质互作类型的基因型和表型**

| 细胞质基因型 | 核基因型 | | |
| --- | --- | --- | --- |
| | $RfRf$ | $Rfrf$ | $rfrf$ |
| $N$ | $N$（$RfRf$）可育 | $N$（$Rfrf$）可育 | $N$（$rfrf$）可育 |
| $S$ | $S$（$RfRf$）可育 | $S$（$Rfrf$）可育 | $S$（$rfrf$）不育 |

已经在小麦、水稻、玉米、高粱等作物中发现了核质互作型雄性不育现象。由于这种雄性不育性只有在细胞质不育基因和细胞核不育基因同时存在时才能表现，雄性不育特性既容易保持，又容易恢复，因此在生产上被广泛用于杂交种子的生产。

## 二、植物雄性不育的应用

在农业生产中利用作物的雄性不育特性制作杂交种子，可以节省大面积制种时的去雄劳动量，并保证杂交种子的纯度。但是首先必须建立"三系"，并且设立两个生产隔离区。

### （一）三系

三系是指不育系、保持系和恢复系。

（1）不育系

是指具有雄性不育系（male sterile lines）特征的、基因型为 $S$（$rfrf$）的品系。雄蕊败育，雌蕊正常，只能作母本。

（2）保持系

能够保持雄性不育系特性的品系或品种，基因型为 $N$（$rfrf$）。保持系（maintainer line）本身是可育的，只作杂交父本用，当它与不育系杂交时，雄性不育系上结出的种子仍然为不育系。

（3）恢复系

能使雄性不育系的后代恢复其育性的品种或品系，基因型为 $N$（$RfRf$）或 $S$（$RfRf$）。恢复系（restorer）作杂交父本，与雄性不育系杂交，能获得可育的杂交种，供大田生产之用。

### （二）二区

二区是指两个生产隔离区。

（1）保种区

保种区是不育系和保持系繁殖区，在此区交替种植不育系和保持系，二者在开花时，保持系给不育系提供花粉杂交，不育系上结的种子仍然为雄性不育；保持系也同时自交，在保持系植株上收获保持系种子（图 11.13，图 11.14）。

（2）制种区

交替种植不育系和恢复系。恢复系给不育系提供花粉，在不育系上结杂交种，供大田使用。恢复系植株通过自交，繁殖恢复系的种子（图 11.13，图 11.14）。

图 11.13　二区三系制种原理

虽然雄性不育植物的雄性不育特性已经在水稻、小麦、棉花、油菜、萝卜、马铃薯等许多经济作物的育种中得到了广泛应用，但是细胞质遗传因子和细胞核遗传因子之间是如何协同作用的，以及它们（尤其是细胞质中的育性相关因子）的位置、结构和功能等都还不清楚，有待于更深入的探索。

图 11.14　二区三系的应用

## 主要参考文献

程罗根. 2013. 人类遗传学导论. 北京：科学出版社

戴灼华，王亚馥. 2008. 遗传学. 2 版. 北京：高等教育出版社

贺竹梅. 2011. 现代遗传学教程. 2 版. 北京：高等教育出版社

候国裕，黄荣初. 1982. 化学杀雄剂的研究进展. 农药，1：33-35

刘祖洞. 1990. 遗传学. 北京：高等教育出版社

刘祖洞，乔守怡，吴燕华，等. 2013. 遗传学. 3 版. 北京：高等教育出版社

石春海. 2007. 现代遗传学概论. 杭州：浙江大学出版社

田志宏. 1999. 细胞质遗传并非都是母系遗传. 生物学通报，34（1）：14-15

王亚馥，戴灼华. 1999. 遗传学. 北京：高等教育出版社

周在威，任兆瑞. 2009. 受精后精子线粒体的命运. 生殖与避孕，29（4）：244-248

朱军. 2002. 遗传学. 北京：中国农业出版社

Boynton JE, Harris EH, Burkhart BD, et al. 1987. Transmission of mitochondrial and chloroplast genomes in crosses of *Chlamydomonas*. *Proc Natl Acad Sci USA*, 84: 2391-2395

Gyllensten U, Wharton D, Josefsson A, et al. 1991. Paternal inheritance of mitochondrial DNA in mice. *Nature*, 352（18）: 255-257

Lewin B. 1997. GENE Ⅵ. New York: Oxford Univ. Press

Obata M, Shimizu M, Sano N, et al. 2008. Maternal inheritance of mitochondrial DNA (mtDNA) in the Pacific oyster (*Crassostrea gigas*): a preliminary study using mtDNA sequence analysis with evidence of random distribution of mito tracker-satained sperm mitochondria in fertilized eggs. *Zoolog Sci*, 25 (3): 248-254

Schwartz M, Vissing J. 2003. New patterns of in heritance inmitochondrial disease. *Biochem Biophys Res Commun*, 310 (2): 247-251

## 思考题

1. 解释名词：
1）母性影响
2）细胞质遗传，核外遗传
3）母系遗传

2. 以链孢霉缓慢生长突变型（*poky*）为例说明线粒体遗传现象。

3. 草履虫 *Kk*（＋卡巴粒）×*kk* 接合后再进行自体受精，在短时间接合的情况下，自体受精后的草履虫中有多少个体分裂若干次后仍为放毒型？

4. 绘图表示二区三系制种流程。

5. 酵母分离型小菌落与细胞质小菌落杂交，产生二倍体合子，减数分裂产生4个子囊孢子，绘图表示它们的核基因、细胞质基因并注明其表现型。

6. 如果正反交试验获得的 $F_1$ 表现不同，这可能是由于①性连锁；②细胞质遗传；③母性影响。你如何用试验方法确定它属于哪一种情况？

7. 植物雄性不育主要有哪几种类型？其遗传基础如何？

8. 现有一个不育材料，找不到它的恢复系。一般的杂交后代都是不育的。但有的 $F_1$ 不育株也能产生极少量 $F_2$ 花粉，自交得到少数后代，呈3∶1不育株与可育株分离，将 $F_1$ 不育株与可育亲本回交，后代呈1∶1不育株与可育株的分离，试分析该不育材料的遗传基础。

9. 母性影响和细胞质遗传有什么不同？

10. 细胞质基因和核基因有什么相同的地方，有什么不同的地方？

11. 在玉米中，利用细胞质雄性不育和育性恢复基因制造双交种，有一个方式是这样的：先把雄性不育自交系 A（*Srfrf*）与雄性可育自交系 B（*Nrfrf*）杂交，得单交种 AB，把雄性不育自交系 C（*Srfrf*）与雄性可育自交系 D（*NRfRf*）杂交，得单交种 CD。然后再把两个单交种杂交，得双交种 ABCD，问双交种的基因型和表型有哪几种，它们的比例怎样？

12. 一个 *Dd* 的椎实螺自交，子代的基因型和表型怎样？如子代个体自交，它们的下一代表型又怎样？

13. 草履虫 D 品系与 B 品系（*KK*）交配后，$F_1$ 自体受精，所得放毒型与敏感型的比例为3∶1。若 D 与 C（*kk*）交配后 $F_1$ 自体受精，则放毒型与敏感型的比例为1∶3，问 D 品系的表型、基因型及细胞质有无卡巴粒？

14. 在 *Lilmaea* 蜗牛中，螺旋的方向是母性影响的结果，①写出下列蜗牛可能的表型，并说明理由：$S^+S^+$、$SS^+$ 和 $SS$；②如何从子代的表现型来推断亲代的基因型？

# 第十二章 数量性状与多基因遗传

前面讨论的相对性状之间的差异，大多数是明显的、不连续的，如水稻的粳质与糯质，豌豆种子的圆形与皱形等。相对性状之间的差异明显，一般没有过渡类型，这种变异是不连续的变异，呈不连续变异的性状称为质量性状（qualitative character）。除质量性状之外，生物界还存在另一类性状，它们的变异呈连续性，个体之间的界限不明显，很难明确分组，更不能求出不同组之间的比例，通常把差异不明显的变异称为连续变异。这类性状称为数量性状（quantitative character）。动植物的许多经济性状往往都是数量性状，如农作物的产量、成熟期，奶牛的产奶量，母鸡的产蛋量，小麦的株高、穗长、千粒重，棉花的纤维长度等。

## 第一节 数量性状的多基因遗传

数量性状的遗传基础不是一对主基因（major gene），而是几对基因，每一对基因对遗传性状或遗传病形成的作用是微小的，故称为微效基因（minor gene）。但是，若干对基因作用积累之后，可以形成一个明显的表型效应，称为累加效应（additive effect），这些基因也称为累加基因（additive gene）。因此这种性状或疾病的遗传方式称为多基因遗传（polygenic inheritance）或多因子遗传（multifactorial inheritance，MF）。

### 一、数量性状的表现特点

与质量性状相比，数量性状具有以下三个明显特点。

（1）数量性状的变异呈现连续性

数量性状在分离群体中表现出连续不断的变异范围，各种变异表现的频率分布常常接近于正态分布，而不像质量性状那样可以进行明确而简单的分组。图 12.1 是人类身高的分布曲线，特

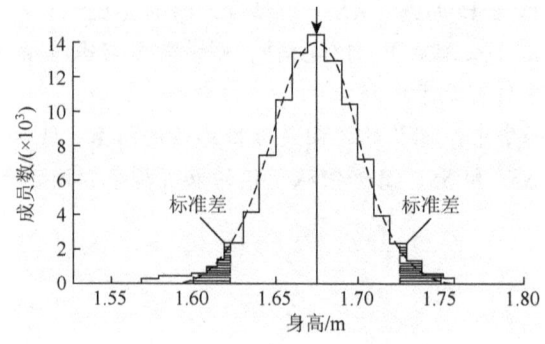

图 12.1 人类身高的变异分布

别矮和特别高的个体只占少数，大部分个体接近平均身高，而且呈现出由矮向高的逐渐过渡。因此在描述这类性状时，通常要用一定的数量来表示，并且采用统计学方法加以分析。

（2）受微效多基因控制

控制这类性状的等位基因之间大多数没有显隐性关系。例如，长果穗和短果穗杂交，$F_1$ 代即不表现短果穗，也不表现长果穗，而是表现双亲的中间值。

（3）对环境条件比较敏感

由于环境条件的影响，亲本与 $F_1$ 中的数量性状也会出现连续变异的现象。

数量性状受许多微效基因的累加作用，同时受环境因子的影响也较大，因此这类性状也称为复杂性状或复杂疾病（complex disease），如人的身高、智能、血压、糖尿病、精神分裂症、哮喘、多发硬化症等。

## 二、多基因假说

数量性状具有与质量性状不同的遗传特点，数量性状的遗传似乎不能直接用孟德尔遗传定律来分析。1901~1918 年，通过大量的遗传研究证明，数量性状也是由孟德尔因子控制的，但是这类性状的遗传基础是多基因。1909 年，尼尔逊·埃尔（Herman Nilsson-Ehle）通过对小麦粒颜色的遗传分析（图 12.2），有力地证明了数量性状遗传的多基因理论。

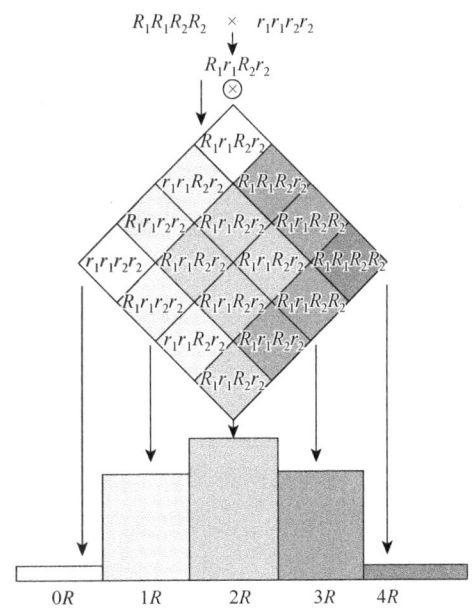

图 12.2 Nilsson-Ehle 的小麦粒颜色的遗传分析

$R$ 控制红色，$r$ 控制白色，小麦粒的红色随 $R$ 数的增加而不断加深

Nilsson-Ehle 的多基因假说（polygene hypothesis）认为，数量性状的表现是许多彼此独立的基因共同作用的结果，每个基因对性状表现的效果比较微小，但其遗传方式仍然服从孟德尔遗传定律。而且还假定：①各基因的效应相等；②各个等位基因的表现为不完全显性或无显性，或表现为增效和减效作用；③各基因的作用是累加的。

## 三、数量性状与质量性状的关系

数量性状的分布是连续的，质量性状的分布是不连续的。但是区分某种性状是质量性状还是数量性状往往比较复杂。由于区分的标准不同、用于杂交的两个亲本差异基因的数量不同及观察性状的层次不同等，某种性状可以显示质量性状的遗传方式或出现数量性状的一些特点。

（1）数量性状与质量性状的主要相同点

1）数量性状和质量性状都是生物体表现出来的生理特性和形态特征，都属于性状范畴，都受基因控制。

2）控制数量性状和质量性状的基因都位于染色体上，它们的传递方式都遵循遗传的基本规律，即符合分离定律、自由组合定律和连锁互换定律。

（2）数量性状与质量性状的主要差别

1）质量性状的差异明显，呈不连续变异，表型呈现一定的比例关系，一般受环境的影响较小。而数量性状差异不明显，呈连续变异，表型一般不呈现一定的比例关系，一般受环境的影响较大（图 12.3）。

2）质量性状受主基因控制，数量性状受微效多基因控制。

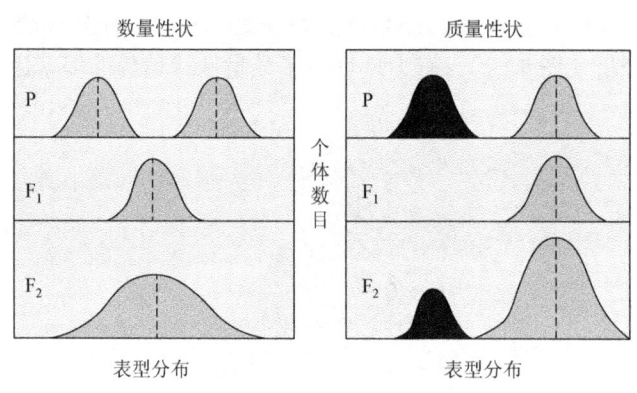

图 12.3　数量性状与质量性状的表现

（3）数量性状与质量性状的联系

1）区分标准：图 12.2 所示的 Nilsson-Ehle 小麦粒颜色的遗传分析中，$F_2$ 代小麦粒的颜色如果按照有色、无色的标准划分，将分成两种类型：白色和红色，分离比是 1∶15，表现出质量性状的遗传特点；如果再仔细区分红色的颜色深度，则红色小麦粒又可以分成深红、中红、浅红、淡红和白 5 个等级，分离比是 1∶4∶6∶4∶1，呈现正态分布，表现出数量性状的遗传特点。

2）亲本之间差异基因的数量：在上述的小麦粒颜色的遗传中，如果用于杂交的两亲本的基因型为 $RR$ 和 $rr$，则 $F_2$ 代的分离比是 $1RR∶2Rr∶1rr$，表现质量性状的遗传特点；如果相差两对基因（图 12.2），则表现数量性状的遗传特征，如果用于杂交的亲本相差 3 对基因，则数量性状的特征更明显（图 12.4）。

3）观察层次：某些性状，如单胎动物的每胎产仔数量，一般为单胎，少数为多胎；某些动物的指（趾）数，多数为正常，少数出现多指（趾）。这些"全或无"性状看似质量性状，但这类性状受多基因的作用，导致性状差异的有关物质的分布是连续的。低于某一阈值时，个体表现某一表型；高于某一阈值时，个体表现另一种表型。例如，正常情况下，单胎动物产单胎，当有关物质超过某一阈值时，则产多胎。多胎可以是两个或两个以上。

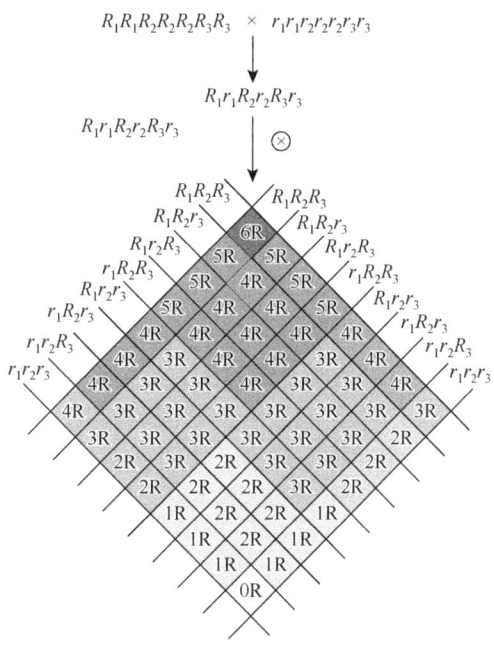

图 12.4　小麦粒颜色的遗传分析

4）控制数量性状的基因与控制质量性状的基因往往并不是独立的。某些基因可能同时影响质量性状与数量性状，或对某一性状起主基因的作用，而对其他性状起微效基因的作用。例如，白三叶草中两对独立的显性基因互作产生叶斑，这与正常绿叶是质的区别，但是这两种显性基因的不同剂量又影响叶片的数量，叶片数显然是数量性状。

5）控制数量性状的基因和控制质量性状的基因可以连锁、互换或自由组合。例如，菜豆（*Phaseolus vulgaris*）的种皮有紫色和白色两种类型，紫色对白色为显性，这是一对质量性状。将紫色（$PP$）个体与白色（$pp$）个体杂交，$F_1$ 代的种皮是紫色，$F_2$ 代中紫色种皮与白色种皮的比例为 3：1；但不同颜色种子称重时发现，不同基因型的种子质量存在差异，即 $PP$ 30.7cg（厘克），$Pp$ 28.3cg，$pp$ 26.4cg，呈正态分布，说明控制种子质量的基因是微效多基因，而且与控制种子颜色的主基因紧密连锁，从而证明了微效多基因也在染色体上。随着分子生物学和分子遗传学的发展，借助数量性状基因位点（quantitative trait loci，QTL）和分子标记作图技术，已经可以在分子标记连锁图上标出单个基因位点的位置，并确定其基因效应。

## 四、数量性状与选择

### （一）纯系选择无效学说

丹麦遗传学家约翰逊将菜豆天然混杂群体按豆粒重分类播种，从中选择 19 个单株自交，得到 19 个株系（line）；株系间的平均粒重有明显差异，并且能够稳定遗传。在每个株系中分别挑出最大的和最小的种子，分别种 6 代。结果发现，无论是以最大的豆粒作种子还是以最小的豆粒作种子，后代中平均粒重均为 37g/百粒。约翰逊把菜豆这类严格自花授粉植物一个植株的后代（株系）称为一个纯系，并且认为纯系内个体间的差异是环境影响造成的，不能遗传，所以在纯系内继续选择是无效的。

### （二）纯系学说的意义

（1）理论意义

生物的变异有些是由遗传物质的变化引起的，属于可遗传的变异；有些变异则是由环境变化引起的、不可遗传的变异。纯系选择无效学说科学地区分了可遗传的变异与不可遗传的变异，对遗传、环境及其与个体发育性状表现的关系研究起到了很大的推动作用。

（2）实践意义

在农业生产实践中，往往需要从田间选择符合人们需要的变异类型作为新的优良品种，但是这种选择有时候是有效的，有时候则是无效的。纯系选择无效学说区分了什么是可遗传变异，什么是不可遗传变异，因此可以直接指导自花授粉植物的育种。该学说认为，如果在群体（如地方品种群体）内由自花授粉不严格（如稻、麦等自花授粉植物）、突变或基因分离等造成变异，这些变异是可以遗传的，因此选择出来是有效的。

## 第二节 分析数量性状的统计学方法

数量性状要用度量单位进行测量，然后进行统计分析。最常用的计算方法主要包括以下几种。

### 一、平均数

平均数（mean）是某一性状全部观察数（表现型值）的平均值，是把全部资料中各个观察的数据加起来，然后除以观察总数。

公式如下：

$$\bar{x} = \frac{x_1 + x_2 + x_3 + \cdots + x_n}{n} = \frac{1}{n}\sum_{i=1}^{n} x_i$$

平均数是反映一组数据集中趋势的一项指标，并不反映这组数据的离散程度。

### 二、方差

方差（variance）是用以表示一组资料的分散程度或离中性。计算方差的方法是先求出全部资料的各个数据与平均数离差的平方总和，然后除以观察总数 $n$，在小样本时，除以 $n-1$。

$$V(S^2) = \frac{(x_1 - \bar{x})^2 + (x_2 - \bar{x})^2 + \cdots + (x_n - \bar{x})^2}{n-1} = \frac{\sum_{i=1}^{n}(x_i - \bar{x})^2}{n-1}$$

$F_2$ 比 $F_1$ 的方差大，表明 $F_2$ 的离散程度变异程度大。这是因为：$F_1$ 个体基因型一样，其方差是环境造成的，称为环境方差（$V_E$）；$F_2$ 有基因的分离与组合，所以方差中既包含遗传方差（$V_G$），也包括环境方差。

### 三、标准差

将方差开方即等于标准差（standard deviation，SD）或标准误（standard error）。它是全

部观察数偏离平均数的重要参数。

$$S = \sqrt{\frac{\sum_{i=1}^{n}(x_i - \overline{x})^2}{n-1}}$$

标准差能反映一个数据集的离散程度。平均数相同的一组数据，标准差未必相同。

# 第三节 遗 传 力

一个表型的变异究竟是遗传因子起主要作用还是环境因子起主要作用呢？为回答这个问题，人们引入了遗传力（heritability）的概念。

## 一、遗传力的概念

某性状表现型的数值，称为表现型值，用 $P$ 表示。具有相对性状差异的两个亲本杂交，后代的性状表现取决于两方面的因素：一是基因的分离；二是环境条件的影响。因此，表现型是基因型和环境条件共同作用的结果。由基因型决定的数值称为基因型值，以 $G$ 表示。表现型值与基因型值之差就是环境条件引起的变异，以 $E$ 表示。三者的数量关系可用下式表示。

$$P = G + E$$

三者的平均数分别用 $\overline{P}$、$\overline{G}$ 和 $\overline{E}$ 表示，则各项的方差为：

$$\sum_{i=1}^{n}(P_i - \overline{P})^2 = \sum_{i=1}^{n}[(G_i + E_i) - (\overline{G} + \overline{E})]^2 = \sum_{i=1}^{n}(G_i - \overline{G})^2 + \sum_{i=1}^{n}(E_i - \overline{E})^2 + 2\sum_{i=1}^{n}(G_i - \overline{G})(E_i - \overline{E})$$

如果基因型和环境之间没有相互关系，则

$$\sum_{i=1}^{n}(G_i - \overline{G})(E_i - \overline{E}) = 0$$

所以，

$$\sum_{i=1}^{n}(P_i - \overline{P})^2 = \sum_{i=1}^{n}(G_i - \overline{G})^2 + (E_i - \overline{E})^2$$

上式的各项均除以 $n$，即得

$$\frac{\sum_{i=1}^{n}(P_i - \overline{P})^2}{n} = \frac{\sum_{i=1}^{n}(G_i - \overline{G})^2}{n} + \frac{\sum_{i=1}^{n}(E_i - \overline{E})^2}{n}$$

于是得出表现型方差（总方差）$V_P$、基因型方差（遗传方差）$V_G$ 和环境方差 $V_E$ 之间的关系如下。

$$V_P = V_G + V_E$$

在基因型相同时表型的变异只可能是环境引起的，因此求环境方差的方法一般是测算基因型相同的个体组成的某群体的方差。由于亲本都要求是纯系，每一个亲本产生的表型变异应该是环境造成的，因此常用两个亲本表型方差 $V_{P_1}$ 和 $V_{P_2}$ 的平均值表示环境方差。有些植物纯系表现出明显的退化，如玉米纯化后植株矮小，结实少，这样会带来误差。为了消除或减少误差，可以用两个亲本表型方差和 $F_1$ 表型方差的平均值来计算环境方差，即

$$V_E = \frac{V_{P_1} + V_{P_2} + V_{F_1}}{3}$$

这是因为 $F_1$ 的基因型相同，如果表型发生变异则可以认为是环境因素所造成的，另外 $F_1$ 是杂合体，具有杂种优势，从而解决了性状退化所带来的误差。

遗传力是遗传方差在总方差中所占的比值，即 $V_G/V_P$ 表示遗传力。遗传力表明某一性状受到遗传控制的程度，取值为0~1；当遗传力等于1时，表明表型变异完全是由遗传因素决定的；当遗传力等于0时，说明表型变异完全是由环境引起的。

遗传力分为广义遗传力和狭义遗传力。

### （一）广义遗传力

广义遗传力（broad-sense heritability）（$H^2$）是指遗传方差与总方差（表型方差）的比值，即

$$H^2 = \frac{V_G}{V_P} \times 100\% = \frac{V_P - V_E}{V_P} \times 100\%$$

### （二）狭义遗传力

基因加性遗传方差占表现型总方差的比值，称为狭义遗传力（narrow-sense heritability）。在总的遗传方差中主要包括如下内容。

1）显性遗传方差（dominance genetic variance）$V_D$：由等位基因之间的显隐性造成的方差（不完全显性也有部分显性）。

2）加性遗传方差（additive genetic variance）$V_A$：群体里不同个体所含有效基因数量不同而造成的方差。

例如，小麦籽粒颜色 $6R$、$5R$、$4R$……中含 $R$ 数量不同造成加性遗传方差的差异。

3）互作方差（interaction variance）$V_I$：非等位基因之间的相互作用不同，造成不同个体的表现不同，产生互作方差。

例如，$A_1B_1$ 的作用值=1；$A_1B_2$ 在一起时的作用值为1.1；$A_2B_1$ 在一起时的作用值为1.2；$A_2B_2$ 在一起时的作用值为1.3。所以

$$V_G = V_D + V_A + V_I$$
$$V_P = V_D + V_A + V_I + V_E$$

随着杂交代数的增加，杂合体的频率变小，$V_D$ 值变小；$V_A$ 比较固定，目前已经知道；$V_I$ 目前尚不清楚。

因此，狭义遗传力 $h^2$ 为

$$h^2 = \frac{V_A}{V_P} \times 100\%$$

## 二、遗传力的估算

### （一）广义遗传力的估算方法

利用基因型纯合的双条（如自交系）或双亲与基因型一致的杂合群体（$F_1$）估计环境方差。

$$V_E = \frac{V_{P_1} + V_{P_2}}{2} \text{ 或者 } V_E = \frac{V_{P_1} + V_{P_2} + V_{F_1}}{3}$$

$$H^2 = \frac{V_G}{V_G + V_E} \times 100\% = \frac{V_G}{V_P} \times 100\% = \frac{V_P - V_E}{V_P} \times 100\%$$

## (二) 狭义遗传力的估算方法

### 1. 一对基因模型

设基因型 $AA$ 和 $aa$ 杂交，根据分离定律，$F_2$ 代的基因型和分离比为 $1/4\,AA：1/2\,Aa：1/4\,aa$。

假设：$AA$ 的表型值为 $a$，$Aa$ 的观察值为 $d$，$aa$ 的观察值为 $-a$。$AA$ 和 $aa$ 的差异为 $2a$，MP 点（中亲值，mid-parent value）为 $AA$ 和 $aa$ 的均值，又称中视点。$Aa$ 到 MP 点的距离为 $d$，$d/a$ 称显性程度（图 12.5）。

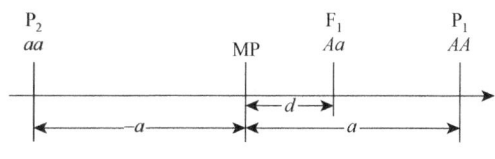

图 12.5　一对基因的各种表型值

当 $d=0$ 时，表示 $A$ 对 $a$ 无显性；

当 $0<d<a$ 或 $-a<d<0$ 时，表示 $A$ 对 $a$ 部分显性；

当 $d=a$ 时，表示 $A$ 对 $a$ 完全显性；

当 $d>a$ 时，表示 $A$ 对 $a$ 超显性（superdominance）。

根据计算平均值和方差的公式，一对基因 $F_2$ 代的平均值和方差计算如表 12.1 所示。

表 12.1　一对基因 $F_2$ 代的平均值和方差计算

| 基因型 | $f_i$ | $x_i$ | $f_i x_i$ | $f_i x_i^2$ |
| --- | --- | --- | --- | --- |
| $AA$ | 1/4 | $a$ | $1/4a$ | $1/4a^2$ |
| $Aa$ | 1/2 | $d$ | $1/2d$ | $1/2d^2$ |
| $aa$ | 1/4 | $-a$ | $-1/4a$ | $1/4a^2$ |
| 合计 | 1 | $\sum x_i = d$ | $\sum f_i x_i = \dfrac{1}{2}d$ | $\sum f_i x_i^2 = \dfrac{1}{2}a^2 + \dfrac{1}{2}d^2$ |

注：$f_i$ 为频数；$x_i$ 为取样值

$F_2$ 的遗传方差 $V_G = \sum x^2 - (\sum x)^2 = \sum f_i x_i^2 - (\sum f_i x_i)^2 = \dfrac{1}{2}a^2 + \dfrac{1}{4}d^2$

为了计算 $a^2$，需要用 $F_1$ 个体回交两个亲本：

$F_1(Aa) \times P_1(AA)$ 得 $B_1$。

$F_1(Aa) \times P_2(aa)$ 得 $B_2$。

$B_1$ 和 $B_2$ 表型方差的计算如表 12.2 和表 12.3 所示。

表 12.2　$B_1$ 的平均值和遗传方差计算

| 基因型 | $f_i$ | $x_i$ | $f_i x_i$ | $f_i x_i^2$ |
| --- | --- | --- | --- | --- |
| $AA$ | 1/2 | $a$ | $1/2a$ | $1/2a^2$ |
| $Aa$ | 1/2 | $d$ | $1/2d$ | $1/2d^2$ |
| 合计 | 1 | $\sum x_i = a+d$ | $\sum f_i x_i = \dfrac{1}{2}(a+d)$ | $\sum f_i x_i^2 = \dfrac{1}{2}(a^2+d^2)$ |

注：$f_i$ 为频数；$x_i$ 为取样值

$B_1$ 的遗传方差：

$$V_{B_1} = \sum f_i x_i^2 - \frac{(\sum f_i x_i)^2}{n} = \frac{1}{2}(a^2 + d^2) - \frac{1}{4}(a+d)^2 = \frac{1}{4}(a-d)^2$$

表 12.3  $B_2$ 的平均值和遗传方差计算

| 基因型 | $f_i$ | $x_i$ | $f_i x_i$ | $f_i x_i^2$ |
|---|---|---|---|---|
| Aa | 1/2 | d | 1/2d | $1/2d^2$ |
| aa | 1/2 | −a | −1/2a | $1/2a^2$ |
| 合计 | 1 | $\sum x_i = d - a$ | $\sum f_i x_i = \frac{1}{2}(d-a)$ | $\sum f_i x_i^2 = \frac{1}{2}(a^2+d^2)$ |

注：$f_i$ 为频数；$x_i$ 为取样值

$B_2$ 的遗传方差：

$$V_{B_2} = \sum f_i x_i^2 - \frac{(\sum f_i x_i)^2}{n} = \frac{1}{2}(a^2 + d^2) - \frac{1}{4}(d-a)^2 = \frac{1}{4}(d+a)^2$$

回交一代的平均方差为 $\frac{1}{2}(V_{B_1} + V_{B_2}) = \frac{1}{4}a^2 + \frac{1}{4}d^2$

**2. 多基因模型**

当有 $n$ 对基因时，假定基因之间无互作，则有

$$V_{GF_2} = \frac{1}{2}(a_1^2 + a_2^2 + a_3^2 + \cdots + a_n^2) + \frac{1}{4}(d_1^2 + d_2^2 + d_3^2 + \cdots + d_n^2) = \frac{1}{2}\sum a^2 + \frac{1}{4}\sum d^2$$

令 $V_A = \sum a^2$，$V_D = \sum d^2$，则

$$V_{GF_2} = \frac{1}{2}V_A + \frac{1}{4}V_D$$

上式中 $1/2V_A$ 是 $F_2$ 代的加性遗传方差，$1/4V_D$ 是 $F_2$ 代的显性遗传方差。
$F_2$ 的表型方差则为

$$V_{F_2} = \frac{1}{2}V_A + \frac{1}{4}V_D + V_E$$

若将 $V_{F_2}$ 的表型方差和回交 1 代平均方差相减，

$$V_{F_2} - \frac{V_{B_1} + V_{B_2}}{2} = \left(\frac{1}{2}a^2 + \frac{1}{4}d^2\right) - \left(\frac{1}{4}a^2 + \frac{1}{4}d^2\right) = \frac{1}{4}a^2$$

由此推导出狭义遗传力的计算公式为

$$h^2 = \frac{V_A}{V_P} = \frac{\frac{1}{2}a^2}{V_P} = \frac{2[V_{F_2} - \frac{1}{2}(V_{B_1} + V_{B_2})]}{V_{F_2}}$$

## 三、遗传力的应用

遗传力是一个统计学概念，针对群体而不是用于个体。遗传力反映了遗传变异和环境变异在表型变异中所占的比例，遗传力的数值会受环境变化的影响。一般来说，遗传力高的性状比较容易选择，遗传力低的性状选择的效果较小。因此，遗传力的估算常用于指导育种实践。在实际应用中，有以下几条规律。

1）遗传力高的性状，在杂种的早期世代选择，收效较好。而遗传力较低的性状，则应在杂种后期世代选择才能收到较好的效果。

2）相关选择。某些性状的遗传力很低，但在农业生产上很重要，如产量等经济性状。若这些性状与某些遗传力高的简单性状密切相关，则可以用这些简单性状作为指标进行间接选择，以提高选择的效果。例如，大豆产量的遗传力很低，而籽粒重、开花期的遗传力较高，而且与产量之间有很高的相关系数，因此可以通过选择籽粒重、开花期而达到对产量的选择目的。

## 第四节　近交与杂种优势

人们很早就认识到近亲交配有害。例如，我国在战国时期就有"男女同姓，其生不蕃"之说。我国婚姻法明确规定：直系血亲和三代以内的旁系血亲禁止结婚。在意识到近交有害的同时，人们发现远亲交配能表现杂种优势。例如，19世纪60年代达尔文就得出"异花受精一般对后代是有益的，而自花受精常有害"的结论。近交和杂种优势是数量性状遗传研究的一个重要方面，同时成为近代育种工作的一种重要手段。

### 一、近交

#### （一）近交的概念

近交（inbreeding）也称近亲繁殖或近亲交配（consanguineous marriage），是指有亲缘关系的个体互相交配的交配形式。医学遗传学通常将3代或4代内有共同祖先的一些个体称为近亲。虽然历史上有些国家或地区曾鼓励近亲结婚，但是随着医学遗传学的发展及人们对遗传病认识的不断增强，现在大多数国家都禁止近亲结婚。但是，由于受地域、民族、习俗、宗教等因素的影响，仍存在一定比例的近亲婚姻。近亲婚配有多种形式，主要取决于共同祖先有几个和在哪一代。在我国的近亲婚配形式主要有表亲结婚、隔代表亲结婚、从表亲结婚、隔山表亲结婚、隔山从表亲结婚等（图12.6）。

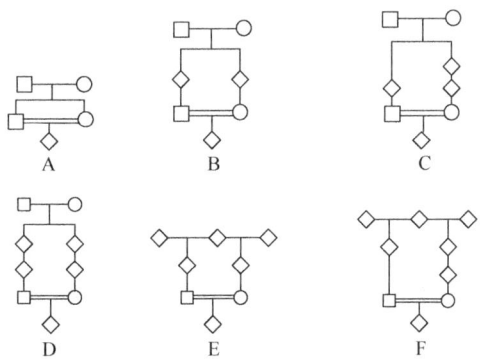

图12.6　近亲婚配的各种形式

A. 亲兄妹婚配；B. 堂（表）兄妹婚配；C. 隔代表亲婚配；D. 从堂（表）兄妹婚配；
E. 隔山堂（表）兄妹婚配；F. 隔山隔代表亲婚配

## （二）近交的作用

1）导致基因纯合。一对等位基因随着近交代数的增加，纯合体的比例越来越多，杂合子的比例越来越小。

$n$ 对等位基因随着近交代数 $r$ 的增加，在后代中纯合体的比例占 $[1-(1/2)^r]^n$，杂合体的比例为 $1-[1-(1/2)^r]^n$，纯合速度逐步减慢。但是，近交只改变基因型频率，而不改变基因频率。

2）形成多种基因型的纯合体（或纯系），使某些隐性基因得到表达。动植物育种中常用近交的方法培育"纯系"，以保证品系的真实遗传。

3）由于基因的纯合，遗传性状稳定。

4）导致生活力下降。自然状态下杂交繁殖的个体，若人为自交则会使基因纯合，常导致"衰退"现象的发生，如育性减低、生活力减弱、抗逆性降低等。

## （三）近交的意义

1）育种。经过多代近交使亲本纯化，然后杂交获得杂种优势。

2）优良品种的纯化。通过人工选择、杂交培养或诱变获得的优良性状，经过近交等手段使基因纯合，使优良特性在世代间稳定遗传。

3）提示近亲婚配的危害。大多数遗传病是由隐性基因控制的，在人群中带有相同隐性遗传病基因的概率是很低的，但是在近亲个体中，带有相同隐性遗传病基因的风险比较高，这就是禁止近亲结婚的原因。例如，日本的调查表明，表兄妹婚配相对于非近亲婚配，先天畸形增加48%，死胎增加25%，幼儿死亡率增加35%。

## （四）近交系数

### 1. 近交系数的概念

近交（婚）系数（inbreeding coefficient）是指一个个体从某一祖先得到一对纯合的、而且遗传上等同的基因的概率，常记作 $F$。同一座位的两个基因如果分别来自无亲缘关系的两个祖先，尽管这两个基因的结构相同，仍不是遗传上等同的，只有同一祖先的特定基因的两个拷贝才可以称为遗传上等同。

### 2. 近交系数的计算

（1）常染色体基因的近交系数

图12.7 所示家系中，$P_1$ 将基因 $A_1$ 传给 $B_1$ 的概率是 $1/2$，$B_1$ 得到 $A_1$ 后传给 $C_1$ 的概率是 $1/2$，$C_1$ 将 $A_1$ 传给 $SC_1$ 的概率也是 $1/2$，$SC_1$ 将 $A_1$ 传给 $S$ 的概率同样是 $1/2$，因此，基因 $A_1$ 经 $B_1$、$C_1$、$SC_1$ 传给 $S$ 的概率为 $(1/2)^4$；基因 $A_1$ 经 $B_2$、$C_2$、$SC_2$ 传给 $S$ 的概率也是 $(1/2)^4$，所以 $S$ 得到 $A_1A_1$ 基因型的概率为 $(1/2)^8$。同理，$S$ 得到 $A_2A_2$、$A_3A_3$、$A_4A_4$ 基因型的概率均为 $(1/2)^8$，因此 $S$ 的近交系数为 $4×(1/2)^8$，即 $1/64$。

（2）性染色体基因的近交系数

性连锁基因近交系数的计算方法与常染色体基因不同。在人类的两种性染色体中，Y染色体上没有与X染色体上相对应的等位基因，因此不形成纯合子而形成半合子，对近亲婚配无影响。女性有两条 X 染色体，有两个 X 等位基因，它们可形成纯合子，基因只传给女儿，其传递给女儿的概率为 1，传递给儿子的概率为 0。所以计算 X 连锁基因近交系数，只计算女儿的 $F$ 值即可。如图 12.8 所示，$P_1$ 的 $X_1$ 基因经 $B_1$ 和 $C_1$ 传至 S，只需计算 $B_1$ 至 $C_1$ 一步，$X_1$ 基因经 $B_2$ 和 $C_2$ 传至 S，只需计算 $B_2$ 至 $C_2$、$C_2$ 至 S 两步。故 S 为 $X_1X_1$ 的概率为 $(1/2)^3$；$P_2$ 的 $X_2$ 基因或 $X_3$ 基因经 $B_1$、$C_1$ 传至 S，计为两步，$P_2$ 的 $X_2$ 基因或 $X_3$ 基因经 $B_2$、$C_2$ 传至 S，需计算 $P_2$ 至 $B_2$、$B_2$ 至 $C_2$、$C_2$ 至 S 三步，故 S 为 $X_2X_2$ 或 $X_3X_3$ 的概率分别为 $(1/2)^5$。因此，姨表兄妹婚配的近交系数为 $(1/2)^3 + 2 \times (1/2)^5 = 3/16$。

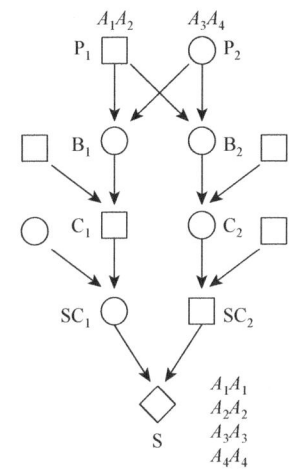

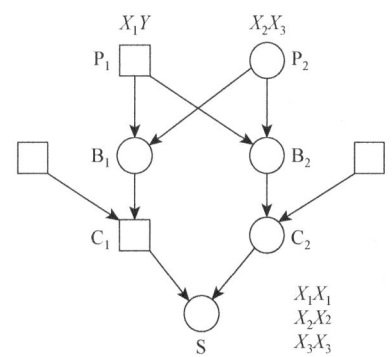

图 12.7　二级表兄妹婚配中基因传递图解　　　图 12.8　姨表兄妹婚配中 X 连锁基因的传递

（3）平均近婚系数

近婚系数是从个人角度评估近亲结婚的危害性，若从群体角度研究则需计算平均近婚系数（average inbreeding coefficient，$a$）。公式如下。

$$a = \sum \frac{M_i}{N} F_i$$

式中，$M_i$ 是群体中某类型近亲婚配数目；$N$ 是总婚配数；$F_i$ 是某一婚配类型的近婚系数。

例如，在某人群中调查了 1000 对夫妇的婚配状况，其中表兄妹婚配的有 5 对，$F = 1/16$；重表兄妹婚配的有 7 对，$F = 1/64$；其余为随机婚配，$F = 0$。因此，该群体的平均近婚系数为

$$\begin{aligned} a &= \sum \frac{M_i}{N} F_i \\ &= \left(\frac{5}{1000} \times \frac{1}{16}\right) + \left(\frac{7}{1000} \times \frac{1}{64}\right) + \left(\frac{1000-12}{1000}\right) \times 0 \\ &= 0.0004 \end{aligned}$$

## 二、杂种优势

### （一）杂种优势的概念

杂种优势（heterosis/hybrid vigor）是指基因型不同的亲本杂交产生的杂种第一代在生长势、生活力、繁殖力、抗逆性、产量和品质上比其双亲优越的现象。杂种优势是生物界的一种普遍现象。

### （二）杂种优势的表现特点

1）杂种优势不仅是一两个性状单独表现突出，而是综合表现突出。
2）杂种优势的大小取决于双亲性状的相对差异和互补程度。
3）亲本基因型的纯合程度不同，杂种优势的强弱也不同。
4）杂种优势在 $F_1$ 代表现最强。

### （三）杂种优势理论

（1）显性假说

显性假说（dominance hypothesis）最初是在 1908 年由德温泼特（C. G. Davenport）首次提出的，1910 年，布鲁斯（A. B. Bruce）对其做了较为详细的解释。此后经过琼斯（D. F. Jones）等的发展，成为解释杂种优势的一个重要理论。该假说认为，有利性状一般多由显性基因控制，不利性状多由隐性基因控制。两亲本分别在不同位点上存在一些隐性纯合基因，表现为隐性性状；双亲显性基因全部聚集在杂种中，杂种 $F_1$ 在各基因位点上呈杂合状态，表现为显性性状；所以杂种优于双亲平均值，甚至优于亲本。

（2）超显性假说

超显性假说（over dominance hypothesis）也称为等位基因异质结合假说，主要由沙尔（George Harrison Shull）和伊斯特（Edward Murray East）分别于 1908 年提出。超显性假说认为：等位基因之间没有显隐性关系；双亲基因异质结合，等位基因之间互作大于纯合基因型的作用。

设 $a_1/a_2$ 为一对等位基因，$a_1$ 控制代谢功能 A，$a_2$ 控制代谢功能 B。①$a_1a_1$ 具有 A 功能，设其作用为 10 个单位；②$a_2a_2$ 具有 B 功能，设其作用为 4 个单位；③杂合体 $a_1a_2$ 具有 A、B 两种代谢功能，可产生 10 个以上单位作用，超过最优亲本，即 $a_1a_2 > a_1a_1$；$a_1a_2 > a_2a_2$。

### （四）杂种优势的利用

由于杂种优势的表现是广泛而综合的，因此将杂交后代（$F_1$）作为生产品种（杂交种）种植，成为栽培植物特别是农作物产量、品质提高的重要因素。我国的杂种优势利用走在世界的前列，从 1976 年开始，袁隆平院士培育的杂交水稻在全国大面积推广，比常规稻平均每亩[①]增产 20%左右。2000 年，他主持的超级杂交稻第一期亩产 700kg 的目标得以实现；2004 年，第二期亩产 800kg 的目标提前实现。2014 年，在湖南省龙山县超级杂交稻示范片区，平均亩产 1004.5kg，达到了亩产 1000kg 的第四期目标。在攻克第四期目标后，袁隆平继续进

---

① 1 亩≈666.7m²

行超级杂交稻高产攻关研究,并分别在云南、四川、陕西、重庆、湖南、湖北、安徽、河南、河北、山东、江苏、浙江、江西、广东、广西、海南 16 个省(自治区、直辖市)建立了 42 个超级杂交稻百亩连片高产攻关示范点,取得了重大进展。其中,广西灌阳'超优千号'再生稻百亩片平均亩产 497.6kg,创华南稻区高产记录;'超优千号'一季加再生稻百亩片平均亩产 1448.2kg,创华南稻区一季加再生稻高产记录,同时创下世界高产记录。自国家设立超级稻新品种选育与示范推广项目以来,已确认在中国推广超级稻新品种有 71 个,其中超级杂交稻占 64.8%,该计划实施至今已进入大面积推广运行阶段,2009 年,种植面积超过 9000 万亩(600 万 $hm^2$),占全国水稻种植面积的 21.2%;截至 2009 年,超级稻累计推广种植面积已超过 52 500 万亩(3500 万 $hm^2$),按每亩增稻谷 60kg(每公顷增稻谷 0.9t),已累计增产稻谷超过 3000 万 t,创造经济效益超过 700 亿元。杂交水稻对我国乃至全世界粮食问题的解决起了不可估量的作用。

另外,在家禽、家畜及一些经济动物的品种改良和繁育方面,杂种优势理论也得到了成功的应用,培养出来多种繁殖速度快、产量高、品种好的优良品系。例如,三元杂交猪由于生长速度快(即日增重高)、抗病力高、生活力强、饲料转化率好(即耗料少、长肉多)、瘦肉率高而深受养猪场户的欢迎和消费者的喜爱。再如,马的速度快,但是没有耐力,驴的耐力好,但是没有速度。将马和驴杂交培育的驴骡(公马和母驴的杂交后代)或马骡(公驴和母马的杂交后代)都身强力壮,性格温顺坚韧,极具耐力,而且耐粗饲,易饲养。

**主要参考文献**

程罗根. 2013. 人类遗传学导论. 北京:科学出版社
戴灼华,王亚馥. 2008. 遗传学. 2 版. 北京:高等教育出版社
贺竹梅. 2011. 现代遗传学教程. 2 版. 北京:高等教育出版社
刘祖洞,乔守怡,吴燕华,等. 2013. 遗传学. 3 版. 北京:高等教育出版社
罗深秋. 2000. 医学遗传学. 上海:第二军医大学出版社
石春海. 2003. 遗传学. 杭州:浙江大学出版社
石春海. 2007. 现代遗传学概论. 杭州:浙江大学出版社
王培林,傅松滨. 2002. 医学遗传学. 北京:科学出版社
王亚馥,戴灼华. 1999. 遗传学. 北京:高等教育出版社
朱军. 2002. 遗传学. 北京:中国农业出版社
Bruce AB. 1910. The Mendelian theory of heredity and augmentation of vigor. *Science*,32:627-628
Jones DF. 1917. Dominance of linked factors as a means of accounting for heterosis. *Genetics*,2(5):466-479

## 思考题

1. 解释名词:
1)质量性状,数量性状
2)遗传力,广义遗传力,狭义遗传力
3)近交,近交系数
4)杂种优势

2. 在一个大麦品种中,粒重是由一对基因($Aa$)决定的,已知:$\overline{P_1}(AA) = 55g$,$\overline{P_2}(aa) = 20g$,$\overline{F_1}(Aa) = 48g$,请计算:中亲值 m、加性效应 da、显性效应 ha,并将结果绘一图示。

3. 在什么情况下遗传率表现高值?在什么情况下遗传率出现低值?

4. 控制数量性状的微效多基因的作用方式有累加和倍加两种。如果玉米穗长遗传由两对基因控制，短果穗亲本和长果穗亲本的基因型分别为 $a_1a_1a_2a_2$ 和 $A_1A_1A_2A_2$，表型值分别为 6.6cm 和 16.8cm。其 $F_1$ 基因型为 $A_1a_1A_2a_2$，表型值为 11.7cm。问：①基因的作用方式为何种？②在其 $F_2$ 中穗长为 9.1cm 果穗的基因型为何？

5. 计算下面系谱中 A 的近交系数。

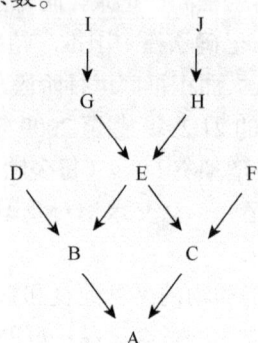

6. 下面是一个箭头式的家系。家系中 S 是 D 和 P 的子裔，D 是 C 和 B 的子裔等。问：
1）谁是共通祖先？
2）谁是近交子裔？计算这子裔的 $F$ 值。

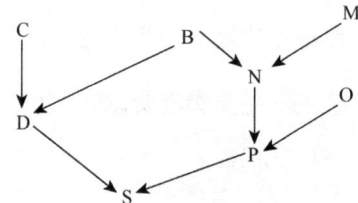

7. 杂种优势表现出哪些特点？

8. 假定有两对基因，每对各有两个等位基因 $Aa$ 和 $Bb$，以相加效应的方式决定植株的高度。纯合子 $AABB$ 高 50cm，纯合子 $aabb$ 高 30cm，问：①这两个纯合子之间杂交，$F_1$ 的高度是多少？②在 $F_1 \times F_1$ 杂交后，$F_2$ 中什么样的基因型表现 40cm 的高度？③这些 40cm 高的植株在 $F_2$ 中占多少比例？

9. 一连续自交的群体，由一个杂合子开始，需要经过多少代才能得到大约 97% 的纯合子？

10. 假定某资料的 $V_E = 20$，$V_A = 20$，$V_D = 20$，计算广义遗传力和狭义遗传力。

11. 根据对小麦抽穗期的研究，得到 $F_2$ 表型方差为 0.8，两个杂交亲本平均方差为 0.25，狭义遗传力为 60%。求①环境方差($V_E$)；②$F_2$ 表型方差中的累加性遗传方差($1/2V_A$)；③$F_2$ 表型方差中的显性遗传方差（$1/4V_D$）；④广义遗传力（$H_F$）。

12. 根据实验测出小麦各世代的抽穗期（开花时间）的表现型方差和平均值如下。

| 世代 | 表现型方差 | 平均值 |
| --- | --- | --- |
| $P_1$ | 11.04 | 12.99 |
| $P_2$ | 10.32 | 27.61 |
| $F_1$ | 5.24 | 18.45 |
| $F_2$ | 40.45 | 21.20 |
| $B_1$（$F_1 \times P_1$） | 17.35 | 15.63 |
| $B_2$（$F_2 \times P_2$） | 34.29 | 23.88 |

计算广义遗传力和狭义遗传力。

13. 约翰森从一个菜豆的纯系中随机选出一个样本称重，得到的豆粒重量（单位：cg）如下：19、31、18、24、27、28、25、30、29、22、29、26、23、20、24、21、25、29。①计算样本的平均数、方差、标准差；②这一群体的环境方差和遗传方差各为多少？③如果从其中选31cg、25cg和19cg的三粒种子分别种植得到后代植株，预期各株种子的平均粒重各为多少？

14. 比较超亲遗传与杂种优势表现的特点，并说明产生各自特点的遗传学原理。

15. 对15株同种植物的一个形态指标做了抽样检查，得到如下数据（数据单位略）：11、12、6、9、11、8、8、10、8、6、9、10、8、9、10。试求出这些数据的平均数、标准差、方差及标准误。

16. 作物品种甲比品种乙产量高15%，品种乙的含油量比品种甲的含油量高10%。产量与含油量这两个性状各由10对基因位点控制，彼此间没有显隐性关系。为了选育产量高、品质好的新品种，将甲、乙两品种杂交。试问在$F_2$中兼具双亲的产量和含油量两个优点的个体比例多大？

17. 两株30英寸（1英寸=2.54cm）高的同种植物杂交，后代有一株22英寸，8株24英寸，28株26英寸，56株28英寸，70株30英寸，56株32英寸，28株34英寸，8株36英寸，1株38英寸。请问亲本基因型是什么？（用A、B、C等字母表示。）

18. 计算一对等位基因杂合体在自交4代、6代和8代后后代群体中杂合体类型所占的比率。

19. 数量性状遗传和质量性状遗传有什么主要区别？

20. 设玉米籽粒有色是独立遗传的三显性基因互作的结果，基因型为 $A\_C\_R\_$ 的籽粒有色，其余基因型的籽粒均无色。有色籽粒植株与以下三个纯合品系分别杂交，获得下列结果：①与 aaccRR 品系杂交，获得50%有色籽粒；②与 aaCCrr 品系杂交，获得25%有色籽粒；③与 AAccrr 品系杂交，获得50%有色籽粒。试问这些有色籽粒亲本是怎样的基因型？

21. 预测双交种 $(A×B)×(C×D)$ 产量的最好方法是求4个单交种 $A×C$、$B×C$、$A×D$ 和 $B×D$ 产量的平均数，为什么？为了使双交种的杂种优势最强，在这6个可能的单交中，你将选哪两个单交种进行杂交，假如 $A$ 和 $D$ 是姐妹自交系，$B$ 和 $C$ 也是姐妹自交系。

# 第十三章 群体遗传与进化

孟德尔遗传是从个体的基因型或表型出发，研究两个个体交配后所产生的各种不同的基因型、表型及其概率。群体遗传学（population genetics）则是研究群体内基因的传递和基因频率变化的科学。它是用数学的方法和孟德尔遗传定律来研究群体内基因频率和基因型频率的科学。群体遗传学的目标是探索群体的遗传组成，以及决定并引起群体遗传组成发生变化的动力。

群体（population）或称为种群，在不同的研究领域具有不同的含义。在生物学的生态学研究领域，群体是指同一物种的所有成员，如地球上生活的全部人类个体，但是，这样的群体是很难研究的；在遗传学领域，群体是指同一物种生活在某一地区、能够相互交配并能产生具有生殖能力后代的个体群。该群体中基因的行为是以孟德尔遗传定律为基础的，因此这种群体称为孟德尔式群体（Mendelian population）。群体内所含的全部基因称为基因库（gene pool）。以后提到群体时，如果没有特别说明均是指孟德尔式群体。

## 第一节 群体中的遗传平衡

群体中的基因及基因型的种类和频率构成群体的遗传结构。虽然多种因素都影响着基因和基因型的频率，但是群体的遗传结构仍保持相对稳定。

### 一、基因频率和基因型频率

基因频率（gene frequency）是指在一个群体中某一基因在其等位基因的总数中所占的比率，任何一个基因座位上全部基因频率的总和等于 1。基因型频率（genotypic frequency）是指群体中某种基因型个体占该群体个体总数的比率，群体中某一基因座位上各种不同的基因型频率之和也等于 1。从群体调查中可以获得与某种基因型相对应的表型个体数量，计算基因型频率，由此再推算出相对应的基因频率。例如，人类的 MN 血型系统属于共显性遗传，基因 $L^M$ 和 $L^N$ 组成三种基因型 $L^M L^M$、$L^M L^N$ 和 $L^N L^N$，分别显示 M 型、MN 型和 N 型三种表型。通过对某一群体中新生儿血型的调查发现，200 个新生儿中 98 个是 M 型，84 个是 MN 型，18 个是 N 型。因此，该群体中 $L^M L^M$、$L^M L^N$ 和 $L^N L^N$ 三种基因型的频率分别计算如下。

$L^M L^M$ 基因型的频率为：$\dfrac{98}{200} = 0.49$

$L^M L^N$ 基因型的频率为：$\dfrac{84}{200} = 0.42$

$L^N L^N$ 基因型的频率为：$\dfrac{18}{200} = 0.09$

由于 MN 血型是由一对等位基因控制的，因此，200 个新生儿中总共有 400 个等位基因，其中：M 血型新生儿 98 人，有 $L^M$ 基因 $98 \times 2 = 196$ 个。

MN 血型新生儿 84 人，有 $L^M$ 基因 84 个；$L^N$ 基因 84 个。

N 血型新生儿 18 人，有 $L^N$ 基因 $18 \times 2 = 36$ 个。

所以，基因 $L^M$ 的频率为：$\dfrac{196}{400} + \dfrac{84}{400} = 0.49 + 0.21 = 0.7$。

基因 $L^N$ 的频率为：$\dfrac{84}{400} + \dfrac{36}{400} = 0.21 + 0.09 = 0.3$。

根据上面的计算，假设位于常染色体某基因座 A 有两种等位基因 A 和 a，该基因座的 3 种基因型 AA、Aa 和 aa 的频率分别为 D、H 和 R，则 A 基因的频率 p 和 a 基因的频率 q 与基因型频率 D、H 和 R 之间的关系为

$$p = D + \dfrac{1}{2}H, \quad q = R + \dfrac{1}{2}H, \quad 且 \; D + H + R = 1, \quad p + q = 1。$$

对于共显性遗传和不完全显性遗传，由于表型可以反映基因型，因此可以按照上面的方法，利用基因型频率直接推算出基因的频率。但是，如果等位基因之间在表型效应上有显、隐性之分时，群体中的纯合体和杂合体在表型上无法区别，就不能用上述的方法来计算基因频率。假如一个群体中的某对等位基因虽然在表型效应上有显、隐性之分，但是已经达到了遗传平衡，这时就可以根据遗传平衡定律来计算基因的频率。

## 二、群体的遗传平衡定律

### （一）Hardy-Weinberg 定律

群体遗传学首先面临的一个问题是：有变异的个体与正常个体交配时，由于等位基因之间的显、隐性关系，显性基因的作用把隐性基因的作用掩盖起来。当群体容量充分大，而且突变的等位基因频率很低时，是否会使隐性变异逐渐消失呢？

英国数学家哈迪（Godfrey Harold Hardy）于 1908 年，德国医生温伯格（Wilhelm Weinberg）于 1909 年分别用数学统计方法和孟德尔遗传定律对群体遗传结构的变化规律进行研究，两人不约而同地发表了相同的结论——如果一个群体满足下述所有条件：①群体容量无限大；②随机婚配，即群体内所有个体之间婚配机会完全均等；③没有突变，也没有来自其他群体的基因交流；④没有任何形式的自然选择，则群体的基因频率将代代相传，保持不变。而且，不论群体起始基因型频率如何，经过一代随机交配后，群体的基因型频率也代代保持不变，成为遗传平衡的群体。此即所谓的遗传平衡定律（law of genetic equilibrium）。这种基因或基因型频率随世代而处于平衡状态现象的发现，奠定了现代群体遗传学最重要的理论基础，被称为 Hardy-Weinberg 定律。这一发现阐明了生物群体一条最重要的遗传学性质，即基因的遗传机制本身并不影响群体中遗传变异保持的平衡机制。根据这条定律可以知道，虽然显性基因的作用可以掩盖隐性基因的作用，但是各基因型的比例不变，所以隐性变异不会因此而逐渐消失。

在一个遗传平衡群体中，若位于常染色体某基因座的两个等位基因 A 和 a 的频率分别为 p 和 q，则基因频率在世代相传中保持不变。基因型 AA、Aa 和 aa 的频率经随机交配后分别

为 $p^2$、$2pq$ 和 $q^2$，并在世代间保持平衡。

## （二）Hardy-Weinberg 定律的意义

Hardy-Weinberg 定律描述了群体遗传的基本原则，具有重要的理论和实践意义。

（1）揭示了物种遗传稳定性的原因

如果在群体内各个体之间一直保持随机交配（人类中的随机婚配），群体就会保持平衡，不发生改变。即使由于突变、选择、迁移等因素改变了群体的基因频率和基因型频率，只要这些因素不持续产生作用，而且进行随机交配，这个群体仍保持平衡。

（2）利用此定律可以探讨新物种形成的途径

群体内的平衡是有条件的，尤其在人工控制下通过选择、杂交或人工诱变等途径就可以打破这种平衡，促使生物体发生变异，再加上隔离等因素，就可以形成新的物种。

## （三）Hardy-Weinberg 定律的应用

（1）求隐性等位基因频率及其"携带者"的频率

如前所述，如果等位基因之间在表型效应上有显、隐性之分，群体中的纯合体和杂合体在表型上无法区别时，就不能应用公式 $p = D + \frac{1}{2}H$ 和 $q = R + \frac{1}{2}H$ 来计算等位基因的频率。

但是，如果群体处于 Hardy-Weinberg 平衡状态，则群体内 $AA : Aa : aa = p^2 : 2pq : q^2$。虽然 $AA$ 和 $Aa$ 不能从表型上进行区分，但是 $aa$ 的表型可以辨别。因此，只要已知 $aa$ 纯合子频率 $q^2$，就能算出 $a$ 基因的频率，再根据公式 $p + q = 1$，求出 $A$ 基因的频率。

在 Hardy-Weinberg 平衡状态下，杂合子的频率等于 $2pq$，即 $2q(1-q)$。所以杂合子在群体中占正常个体的比例为

$$H = \frac{2q(1-q)}{(1-q)^2 + 2q(1-q)} = \frac{2q}{1+q}$$

（2）检验一个群体是否处于 Hardy-Weinberg 平衡状态

根据 Hardy-Weinberg 平衡定律，子代的基因型频率是由亲代的基因频率决定的。在一个遗传平衡群体中，亲代和子代的等位基因频率相同，从子代计算的等位基因频率可当作亲代的等位基因频率，并以此来计算 Hardy-Weinberg 平衡状态下的各基因型的预期频率，再通过 $\chi^2$ 适合度检验，比较各基因型的实测值与预期值的符合程度，判断群体是否平衡。

## （四）Hardy-Weinberg 定律的扩展

### 1. X 连锁基因的遗传平衡

群体中 X 连锁基因的遗传比常染色体复杂。如果群体内雌性基因频率（$p_f$、$q_f$）和雄性基因频率（$p_m$、$q_m$）不同，则该群体内雌、雄两性基因频率在世代间波动。雌、雄两性基因频率在世代间变化过程中，基因频率在两性中波动的幅度逐渐递减，几代以后趋于平衡，雌性群体和雄性群体的基因频率相同，即 $p_f = p_m = p$；$q_f = q_m = q$，此后群体中的雌雄性基因的频率不再发生变化。

由于雌性有两条 X 染色体，因此在雌性群体中，基因频率和基因型频率之间的关系与常染色体相同，即

$$p_f = p^2 + \frac{1}{2}H \ ; \ q_f = q^2 + \frac{1}{2}H$$

但是，雄性个体只有一条 X 染色体，因此在雄性群体中，$p_m = p$；$q_m = q$。这就表明，在遗传平衡群体中，虽然雌雄两性的基因频率相同，但同一表型的个体在雌雄性中的比例是不同的。

在整个人群中 X 连锁的显性基因和隐性基因的频率可分别通过下列公式计算。

$$p = f(X^A) = \frac{(2X^A X^A 雌) + (X^A X^a 雌) + X^A Y(雄)}{2雌体数 + 雄体数}$$

$$q = f(X^a) = \frac{(2X^a X^a 雌) + (X^A X^a 雌) + X^a Y(雄)}{2雌体数 + 雄体数}$$

（1）X 连锁显性遗传的基因频率

在 X 连锁显性遗传（X-linked dominant inheritance，XD）中，女性患者有两种基因型 $X^A X^A$（$p^2$）和 $X^A X^a$（$2pq$），男性患者基因型只有 $X^A Y$（$p$）一种，所以在女性中患病个体的比例为 $p^2 + 2pq$，而男性中则是 $p$。男女性患者的比例则为：$\frac{p}{p^2 + 2pq} = \frac{1}{p + 2q}$。由于 $p + 2q = (p+q) + q = 1 + q \geq 1$，所以，男性患病率一般总是比女性低。

当罕见的 XD 遗传病致病基因的频率 $p$ 很低时，$p$ 可以忽略不计，$q \approx 1$，则男女性患者的比例为：$\frac{1}{p + 2q} \approx \frac{1}{2}$，即女性患者约是男性患者的 2 倍。例如，遗传性肾炎属 XD 遗传病，男性发病率为 1/10 000。因此，致病基因频率 $p$ = 男性发病率 = 1/10 000，女性发病率 = 2×男性发病率 = 2×1/10 000 = 1/5000。

（2）X 连锁隐性遗传的基因频率

X 连锁隐性遗传（X-linked recessive inheritance，XR）中，女性患病个体（基因型为 $X^a X^a$）的比例为 $q^2$，在男性中则是 $q$，男女性患者的比例为：$\frac{q}{q^2} = \frac{1}{q}$。由于 $0 \leq q \leq 1$，因此，男性患病率一般总是比女性高。随着致病基因频率（$q$）的降低，这种比例将明显升高。当 $q$ 很小，约为 0 时，$p \approx 1$，男性患者大大多于女性患者，女性携带者占 $2pq$，与男性患者的比例为：$\frac{2pq}{q} \approx 2p \approx 2$，相当于男性患者的 2 倍。例如，甲（A）性血友病为 XR 遗传病，男性发病率为 0.000 08，由于致病基因 $q$ 的频率 = 男性发病率 = 0.000 08，所以，女性发病率 = $q^2$ =（0.000 08）$^2$ = 64×10$^{-10}$，男性发病率是女性的 12 500 倍！

2. 复等位基因的遗传平衡

（1）等显性的复等位基因

这种情况与不完全显性的情况相类似，但由于等位基因较多，基因型种类也较多，计算较复杂。其基本的原则是：某一基因的频率是该基因纯合体的频率加上含有该基因全部杂合体频率的 1/2。

（2）并显性及有等级显隐性的复等位基因

人的 ABO 血型是受三个复等位基因 $I^A$、$I^B$ 和 $i$ 控制的，$I^A$ 和 $I^B$ 为并显性，在杂合状态下均可以得到表现，$i$ 对 $I^A$ 和 $I^B$ 均为隐性。设 $I^A$、$I^B$ 和 $i$ 的频率分别为 $p$、$q$ 和 $r$，那么随机婚配后，下一代的基因型及频率如表 13.1 和表 13.2 所示。

表 13.1  随机婚配群体中 $I^A$、$I^B$ 和 $i$ 的组合方式

| ♀ | | ♂ | | | | | |
|---|---|---|---|---|---|---|---|
| | | $I^A$ $p$ | | $I^B$ $q$ | | $i$ $R$ | |
| $I^A$ | $p$ | $I^A I^A$ | $p^2$ | $I^A I^B$ | $pq$ | $I^A i$ | $pr$ |
| $I^B$ | $q$ | $I^B I^A$ | $pq$ | $I^B I^B$ | $q^2$ | $I^B i$ | $qr$ |
| $i$ | $r$ | $I^A i$ | $pr$ | $I^B i$ | $qr$ | $ii$ | $r^2$ |

表 13.2  随机婚配群体中 ABO 血型的表现型与基因型频率

| 表现型 | 基因型 | 基因型频率 | 表现型频率 |
|---|---|---|---|
| A 型 | $I^A I^A$ | $p^2$ | $p^2 + 2pr$ |
| | $I^A i$ | $2pr$ | |
| B 型 | $I^B I^B$ | $q^2$ | $q^2 + 2qr$ |
| | $I^B i$ | $2qr$ | |
| AB 型 | $I^A I^B$ | $2pq$ | $2pq$ |
| O 型 | $ii$ | $r^2$ | $r^2$ |

随机婚配一代后,子代处于遗传平衡状态,ABO 血型的基因频率和基因型频率可以建立下列平衡公式。

$$(p+q+r)^2 = p^2 + q^2 + r^2 + 2pq + 2pr + 2qr = 1$$

由表现型频率推知基因频率。

首先从隐性个体频率计算 $i$ 基因的频率:$O = r^2$

∴ $i$ 频率:$r = \sqrt{r^2} = \sqrt{O}$  ∴ $r = \sqrt{O}$

∵ $A + O = p^2 + 2pr + r^2 = (p+r)^2 = (1-q)^2$

∴ $1 - q = \sqrt{A+O}$

$q = 1 - \sqrt{A+O}$

$p = 1 - q - r$

(3) 显隐性等级的复等位基因

决定兔毛色的基因中有 3 个等位基因,其中 $C$ 对 $C^h$ 和 $c$ 为显性,$C^h$ 对 $c$ 为显性,即 $CC$、$CC^h$ 和 $Cc$ 都表现为灰色,$C^h C^h$、$C^h c$ 都表现为黑色,$cc$ 表现为白化。

设 $C$、$C^h$、$c$ 的基因频率分别为 $p$、$q$、$r$,黑色和白化兔的频率分别为 $H$ 和 $A$。在随机交配的大群体中,各种配子随机结合如表 13.3 所示。随机交配后代的基因频率和基因型频率如表 13.4 所示。

表 13.3  复等位基因 $C$、$C^h$、$c$ 的随机组合

| ♀ | | ♂ | | | | | |
|---|---|---|---|---|---|---|---|
| | | $C$ $p$ | | $C^h$ $q$ | | $c$ $r$ | |
| $C$ | $p$ | $CC$ | $p^2$ | $CC^h$ | $pq$ | $Cc$ | $pr$ |
| $C^h$ | $q$ | $CC^h$ | $pq$ | $C^h C^h$ | $q^2$ | $C^h c$ | $qr$ |
| $c$ | $r$ | $Cc$ | $pr$ | $C^h c$ | $qr$ | $cc$ | $r^2$ |

表 13.4　各种基因型及表型频率

| 表型 | 基因型 | 基因型频率 | 表型频率 |
|---|---|---|---|
| 灰色 | $CC$ | $p^2$ | $p^2 + 2pq + 2pr$ |
|  | $CC^h$ | $2pq$ |  |
|  | $Cc$ | $2pr$ |  |
| 黑色 | $C^hC^h$ | $q^2$ | $q^2 + 2qr$ |
|  | $C^hc$ | $2qr$ |  |
| 白化 | $Cc$ | $r^2$ | $r^2$ |

因此，各等位基因频率可以通过下列方法计算。

$\because A = r^2$

$\therefore r = \sqrt{A}$

$\because A + H = r^2 + 2qr + q^2 = (r+q)^2 = (1-p)^2$

$\therefore 1 - p = \sqrt{A+H}$

$p = 1 - \sqrt{A+H}$

$q = 1 - p - r$

## （五）具有从性遗传复等位基因频率的计算

绵羊的角由 3 个等位基因控制：$P$ 决定无角，$P'$ 决定有角，$p$ 在公羊决定有角，在母羊决定无角。$P$ 对 $P'$、$p$ 为显性；$P'$ 对 $p$ 为显性，这样 $PP$、$PP'$ 和 $Pp$ 在公母羊都表现为无角，$P'P'$ 和 $P'p$ 在公母羊都表现为有角，$pp$ 在公羊表现为有角，在母羊表现为无角。

设 $P$、$P'$、$p$ 的频率分别为 $p$、$q$、$r$，有角公羊在全部公羊中的比率为 $T$，有角母羊在全部母羊中的比率为 $J$，各基因随机结合，组合方式与各基因型频率如表 13.5 所示。

表 13.5　$P$、$P'$、$p$ 基因的随机组合及其后代中各基因型频率

| ♀ |  | ♂ | | | | | |
|---|---|---|---|---|---|---|---|
|  |  | $P$ $p$ |  | $P'$ $q$ |  | $p$ $r$ |  |
| $P$ | $p$ | $PP$ | $p^2$ | $PP'$ | $pq$ | $Pp$ | $pr$ |
| $P'$ | $q$ | $PP'$ | $pq$ | $P'P'$ | $q^2$ | $P'p$ | $qr$ |
| $p$ | $r$ | $Pp$ | $pr$ | $P'p$ | $qr$ | $pp$ | $r^2$ |

由于控制绵羊角的基因在常染色体上，尽管在两性中的表现有差异，但是两性别中同一基因的频率是相等的。各等位基因的频率可按下列公式计算。

有角公羊的频率 $T = q^2 + 2qr + r^2 = (q+r)^2 = (1-p)^2$

$\therefore p = 1 - \sqrt{T}$

有角母羊的频率 $J = q^2 + 2qr = (q+r)^2 - r^2 = (1-p)^2 - r^2 = T - r^2$

$r^2 = T - J$

$r = \sqrt{T-J}$

$q = 1 - p - r$

# 第二节 影响群体中基因频率的因素

遗传平衡是在一定条件下建立的，即大群体、随机交配、无突变、无迁移、无选择等。但是，在自然界中这种理想的群体实际上是不存在的，无论是在自然条件还是栽培条件下，很多因素如突变、选择、迁移和遗传漂变等都影响群体的遗传平衡，这些因素都是使生物发生进化的原因。其中前三项因素能够导致基因频率的方向性变化，即发生可以预测增减的变化；遗传漂变能导致基因频率无方向性的变化。

## 一、突变

### （一）基因突变的作用

基因突变在自然界普遍存在，每个基因都有一定的突变率（mutation rate）。突变率通常用每代 100 万个配子中某一基因发生突变的次数来表示，即 $n \times 10^{-6}$ 配子/代。尼尔（James van Gundia Neel）根据多方面的资料，估计了人的某些疾病不同基因的突变率，发现人类基因的突变率跟果蝇的基因突变率基本相似，都为 $10^{-6} \sim 10^{-4}$ 配子/代。

基因突变对于群体的遗传组成有两个重要作用：①可以形成新的基因，即等位基因和复等位基因，为选择提供材料。如果突变与选择的方向一致，基因频率改变的速度就会更快。②突变本身就是影响基因频率的一种力量，突变直接改变了基因频率。例如，在一对基因中，当 $A \rightarrow a$ 时，$A$ 的频率减少，$a$ 的频率增加。若长期连续发生 $A \rightarrow a$ 突变，最后这个群体中的 $A$ 将被 $a$ 完全取代，这就是突变产生的突变压（mutation pressure）。

### （二）正突变与回复突变对基因频率的影响

自然条件下，自发突变的频率是很低的，但正突变与回复突变的频率往往不同，一般正突变大于回复突变。现有一对等位基因 $A$ 和 $a$，$A$ 基因频率为 $p$，$a$ 基因频率为 $q$。设：$\mu$ 为 $A$ 变为 $a$ 的突变率，$v$ 为 $a$ 变为 $A$ 的突变率。

$$\begin{array}{c} \mu \text{ 正突变的频率} \\ A \xrightarrow{\hspace{3cm}} a \\ a \xleftarrow{\hspace{3cm}} A \\ v \text{ 回复突变的频率} \end{array}$$

假设一个大的随机交配群体中，只存在突变这个因素，没有选择和迁移等发生，那么，$A$ 基因的减少量为

$$\mu p = \mu(1-q)$$

$a$ 基因的减少量为：$vq$

所以，每代 $a$ 基因的增加频率为

$$\Delta q = \mu(1-q) - vq$$

如果正突变与回复突变的个数相等，该群体就达到平衡，即

$$\mu p = vq$$

$$\therefore \mu(1-q) = vq$$

$$\mu - \mu q = vq$$
$$\mu = q(\mu + v)$$

所以，在有突变发生时，群体中的基因频率为

$$\hat{q} = \frac{\mu}{\mu + v} \quad \hat{p} = \frac{v}{\mu + v}$$

## 二、选择

选择（selection）是指在人类和自然界的干预下，某一群体的基因在世代传递过程中，某种基因型个体的比例发生变化的现象。选择是引起生物群体基因频率发生方向性变化的重要因素。在家畜育种中，选择是选种的重要手段，通过选择，把合乎人类要求的性状选留下来，使基因频率逐代增加，从而改变群体的遗传品质。

### （一）适合度和选择系数

选择的作用是增加或减少个体的适合度（fitness）。适合度是指某一基因型的个体在同一环境条件下生存并将其基因传递给下一代的能力，常用符号 $f$ 表示，适合度的大小一般用在同一环境中不同个体间的相对生育率（fertility）来衡量。

某一基因型个体在下一代淘汰的个体数占总后代数的比率，称为选择系数（selective coefficient）或淘汰率，用 $s$ 表示，$s$ 代表在选择作用下降低的适合度。因此，适合度（$f$）就等于 $1-s$，当淘汰率 $s = 0$ 时，即全部留种时，适合度就等于 1。

### （二）选择作用淘汰全部显性性状

由于显性个体的基因型包括 $AA$ 和 $Aa$，因此选择淘汰全部显性性状时，能迅速改变基因频率。若外显率为 100%，经过一代淘汰，隐性基因和隐性性状的频率就达到 1。其显性基因和显性性状就完全消除（表 13.6）。

表 13.6 淘汰全部显性个体时群体中基因型频率的变化

| 基因型 | $AA$ | $Aa$ | $aa$ | 合计 |
|---|---|---|---|---|
| 初级群频率 | $p_0^2$ | $2p_0q_0$ | $q_0^2$ | 1 |
| 适合度 | 0 | 0 | 1 | |
| 选择后频率 | 0 | 0 | $q_0^2$ | $q_0^2$ |

### （三）选择作用淘汰全部隐性性状

1. 一代选择的变化动态

在一对等位基因（$A$ 和 $a$）的 3 种基因型（$AA$、$Aa$ 和 $aa$）中，如果完全显性，则隐性基因常常受到显性基因的作用而表现不出来，所以淘汰隐性基因的速度相对较慢。设不利于 $aa$ 个体的选择系数为 $s$，经过一代选择后基因 $A$ 和 $a$ 的频率变化如表 13.7 所示。

表 13.7  选择作用淘汰隐性个体时群体中基因型频率的变化

| 基因型 | $AA$ | $Aa$ | $aa$ | 合计 |
|---|---|---|---|---|
| 初始群体基因型频率 | $P_0^2$ | $2p_0q_0$ | $q_0^2$ | 1 |
| 适合度 | 1 | 1 | $1-s$ | |
| 选择后频率 | $P_0^2$ | $2p_0q_0$ | $q_0^2(1-s)$ | $1-sq_0^2$ |

经过一代选择后，基因 $a$ 的频率为

$$q_1 = \frac{q_0^2(1-s)}{1-sq_0^2} + \frac{1}{2}\frac{2p_0q_0}{1-sq_0^2} = \frac{q_0(1-sq_0)}{1-sq_0^2}$$

2. 全部淘汰隐性个体后，群体中隐性基因频率变化的计算

假定完全淘汰隐性个体（如不育基因或致死基因的纯合体），即 $s=1$，适合度 $1-s=0$，经过一代选择，基因 $a$ 的频率为

$$q_1 = \frac{q_0(1-sq_0)}{1-sq_0^2} = \frac{q_0}{1+q_0}$$

同理，经过二代选择，基因 $a$ 的频率为

$$q_2 = \frac{q_1}{1+q_1} = \frac{q_0}{1+2q_0}$$

淘汰 $n$ 代后，隐性基因 $a$ 的频率为

$$q_n = \frac{q_0}{1+nq_0}$$

3. 使基因频率降到一定程度所需的代数（$n$）

由于 $q_n = \frac{q_0}{1+nq_0}$，从而得出

$$n = \frac{1}{q_n} - \frac{1}{q_0}$$

根据这个公式，只要知道 0 世代的基因频率，就能计算出达到某一基因频率所需的代数。例如，人类中某种隐性遗传病的发病率为 4/10 000，若采用禁婚的方法（即不让患者结婚）来降低致病基因的频率，需要多少代才可能使群体发病率降至 1/10 000？

已知：$q_0 = \sqrt{\frac{4}{10\,000}} = 0.02$，$q_n = \sqrt{\frac{1}{10\,000}} = 0.01$，$s=1$

所以，$n = \frac{1}{q_n} - \frac{1}{q_0} = \frac{1}{0.01} - \frac{1}{0.02} = 50$（代）

4. 选择对 X 连锁基因的作用与基因频率的计算

（1）选择对 X 连锁隐性基因的作用

在一个遗传平衡群体中，设某一罕见 XR 遗传病的致病基因 $X^a$ 的频率为 $q$，如果男性的发病率为 $q$，则致病基因频率也为 $q$。在选择作用下，只有基因型为 $X^aX^a$ 的女性和基因型为 $X^aY$ 的男性个体受影响，但是 $X^aX^a$ 的个体极为稀少，所以受到选择的几乎都是 $X^aY$ 的个体。由于男性细胞中的 X 染色体数只占人群全部 X 染色体的 1/3，另外的 2/3 位于女性细胞中而不被选择。所以，每代的淘汰率为 $1/3\,sq$，并且由 $X^A \to X^a$ 的新突变进行补偿。所以，X 连锁隐性基因 $X^a$ 的突变为：$\mu = \frac{1}{3}sq$。

例如，血友病 A 的男性发病率为 0.000 08，适合度 $f = 0.25$，选择系数 $s = 0.75$，因此，该病的隐性致病基因的突变率为

$$\mu = \frac{1}{3}sq = \frac{1}{3} \times 0.75 \times 0.000\,08 = 2 \times 10^{-5}/\text{代}$$

（2）选择对 X 连锁显性基因的作用

假设显性基因 $X^A$ 的频率为 $p$，选择系数为 $s$。由于基因型为 $X^AX^A$、$X^AX^a$ 和 $X^AY$ 的个体均受到选择作用，因此选择作用较明显。在 $p$ 很低时，$q$ 值接近 1，男性中被淘汰的基因为 $s \cdot \frac{1}{3}p$，女性中被淘汰的基因为 $2pq \cdot \frac{1}{3} \cdot s = s \cdot \frac{2}{3}p$，所以每代被选择作用淘汰的基因频率为：$s\left(\frac{1}{3}p + \frac{2}{3}p\right) = sp$，将由新的突变来补偿。因此，$v = sp$。

### （四）对杂合体有利的选择

自然选择是一种极为复杂的过程，选择的类型也十分繁杂。对杂合体有利的选择是一种平衡性选择，杂合体 $Aa$ 的适合度最高，而 $AA$ 和 $aa$ 纯合体都受到不同程度的选择。这种选择群体中各基因型频率的变化情况如表 13.8 所示。

表 13.8 选择对杂合个体有利时群体中基因型频率的变化

| 基因型 | $AA$ | $Aa$ | $aa$ | 合计 |
|---|---|---|---|---|
| 初始群体基因型频率 | $p_0^2$ | $2p_0q_0$ | $q_0^2$ | 1 |
| 适合度 | $1-s$ | 1 | $1-t$ | |
| 选择后频率 | $p_0^2(1-s)$ | $2p_0q_0$ | $q_0^2(1-t)$ | $1-sp_0^2-tq_0^2$ |
| 相对频率 | $\dfrac{p_0^2(1-s)}{1-sp_0^2-tq_0^2}$ | $\dfrac{2p_0q_0}{1-sp_0^2-tq_0^2}$ | $\dfrac{q_0^2(1-t)}{1-sp_0^2-tq_0^2}$ | |

经过一代选择后，基因 $a$ 的频率为

$$q_1 = \frac{q_0^2(1-t)}{1-sp_0^2-tq_0^2} + \frac{1}{2}\frac{2p_0q_0}{1-sp_0^2-tq_0^2} = \frac{q_0(1-tq_0)}{1-sp_0^2-tq_0^2}$$

选择前后 $q$ 的改变：

$$\Delta q = q_1 - q_0 = \frac{q_0^2(1-t) + p_0q_0}{1-sp_0^2-tq_0^2} - q_0 = \frac{p_0q_0(p_0s - q_0t)}{1-sp_0^2-tq_0^2}$$

由上面的推导可以看出，$\Delta q$ 的大小依 $sp_0$ 和 $tq_0$ 的关系而定，只有当 $sp_0 = tq_0$ 时，该群体才又达到平衡状态。所以当群体达到平衡时，则

$$q = \frac{s}{s+t} \quad p = \frac{t}{s+t}$$

此时，群体的基因频率由选择系数 $s$ 和 $t$ 决定，与原来的基因频率无关。

### （五）突变和选择的联合效应

前面从突变和选择的角度分别讨论了基因频率的改变。但是，在生物进化过程中，这两

种因素是分不开的，实际上突变和选择往往是同时起作用的，基因频率也总是因同时受这两个因素的影响而变化。不利的基因一方面由于自然选择而被淘汰，另一方面又由于不断产生新的突变而得到补偿，从而使群体维持某种平衡状态。所以同时探讨选择和突变对基因频率的影响更接近于实际。

如果突变和选择对基因频率的影响相同，那么基因频率的变化就大一些，如果两者的影响不同，方向相反，那么它们的效应就会相互抵消，最后成为一个稳定的平衡状态。

（1）突变与选择之间的平衡

如果每代突变改变的基因频率与选择改变的基因频率相当，方向相反，基因频率就会维持不变，处于一种平衡状态。

设 $A \to a$ 的频率为 $\mu$，$A$ 的频率为 $p$；$a \to A$ 的频率为 $v$，$a$ 的频率为 $q$。

对隐性不良基因 $a$ 来说，由于自然选择，它的频率每经一代将减少 $sq^2(1-q)$；由于突变，每经一代，基因 $a$ 的频率又将增加 $\mu(1-q)$。在平衡时，因选择被淘汰的基因数应同突变产生的基因数相等，即

$$\mu(1-q) = sq^2(1-q)$$

此时两种效应会彼此抵消，群体处于平衡状态，即 $q$ 就是平衡时的隐性基因频率，即当隐性基因频率等于 $\sqrt{\dfrac{\mu}{s}}$ 时，群体处于平衡状态。

（2）基因突变率的估计

由于 $q^2 = \dfrac{\mu}{s}$，因此 $\mu = sq^2$。

利用这一公式，只要测定出 $s$ 和知道群体中的 $q$，就可以估算基因的自发突变率。人类许多基因的自然突变就是根据此公式估计的。例如，人的全色盲是常染色体上的隐性突变。据调查，大约每 80 000 人中有一个是纯合体全色盲。这种人的子女数平均只有正常人的一半左右，即传留后代的概率是正常人的 0.5，或选择系数 $s = 0.5$，求人类中全色盲基因的突变率。

已知：$s = 0.5$，$q^2 = 1/80\ 000$

所以，$\mu = sq^2 = 0.5 \times 1/80\ 000 = 6.25 \times 10^{-6}$

## 三、迁移

迁移（migration）实际上就是两个基因频率不同群体的混杂。在一个大群体里，迁移引起的基因频率改变并不显著。如果两个群体的基因频率差异大，迁入后，就会明显地改变原群体的基因频率。

迁移产生的原因有混群、杂交和引种。

### （一）混群

设有 M 和 N 两个群体，分别以 $m$ 和 $n$ 个个体相混杂，M 群体的基因频率为 $p_m$，N 群体的基因频率为 $p_n$，混合群体的基因频率是 $p_{mn}$。则混合群体的基因频率就等于两个群体基因频率以各自群体个数为权的加数平均数，即

$$p_{mn} = \dfrac{mp_m + np_n}{m + n}$$

## (二)杂交

如果是两个群体的雌雄个体杂交所产生的杂种群体,其基因频率为两个亲本群体基因频率的简单平均数。

设甲群体为♂,某基因频率为 $p_1$。乙群体为♀,某基因频率为 $p_2$。那么,杂种群体基因频率为

$$p = \frac{p_1 + p_2}{2}$$

## (三)引种

假设有一个大群体,每代总有一部分是迁入者,令 $m$ = 迁入者的比率;$1-m$ = 原有个体的比率;$q_m$ = 迁入个体中的基因频率;$q_0$ = 原有个体中的基因频率;$q$ = 混合群体的基因频率。

则混合群体内基因 $a$ 的频率为

$$q = mq_m + (1-m)q_0 = m(q_m - q_0) + q_0$$

例如,在某一海岛中有 9000 人,N 血型占 9%,后从大陆迁去了 1000 人,在这些人中,N 血型占 16%。问:现在群体中 3 种血型的频率各是多少?

已知:$m = 1000/10\,000 = 0.1$,$q_m = \sqrt{0.16} = 0.4$,$q_0 = \sqrt{0.09} = 0.3$

所以,$q = m(q_m - q_0) + q_0 = 0.1 \times (0.4 - 0.3) + 0.3 = 0.31$

$P = 1 - 0.31 = 0.69$

混合群体中 3 种血型各占:

M 型:$p^2 = 0.69^2 = 0.4761$

MN 型:$2pq = 2 \times 0.69 \times 0.31 = 0.4278$

N 型:$q^2 = 0.31^2 = 0.0961$

迁入一代后,引起的基因 $a$ 频率的变化($\Delta q$)应该是迁入以前的基因频率与迁入后基因频率的差数,即经一代迁入,基因频率的变化率:$\Delta q = q - q_0 = m(q_m - q_0)$。迁入造成基因频率的改变量($\Delta q$)取决于两个因素:一个是迁移率($m$);另一个是迁入者群体与原群体之间基因频率的差异。

## 四、遗传漂变

### (一)概念

遗传漂变(random genetic drift)是指在一个小的隔离群体中,由于偶然事件而造成基因频率的随机波动现象。这种波动的结果会导致某些等位基因在群体中消失,另一些等位基因在群体中固定,从而改变群体的基因频率。遗传漂变的速度与群体的大小有关,群体越小,漂变的速度越快,甚至一代后就可出现某些基因的消失或固定;群体越大,漂变的速度越慢,甚至达到遗传平衡状态。

例如,假设有 16 个孤岛,每个岛上都有 $Aa$ 基因型的雌雄羊各一只,它们均能正常交配并繁殖后代,子一代的基因型就应该是 $1AA:2Aa:1aa$。如果每个岛上的子一代均只有雌雄羊各一只,则这 16 个岛上的各种基因型组合如表 13.9 所示。

表 13.9　16 个小岛上各种基因型的组合方式

| ♀ | ♂ | | | |
|---|---|---|---|---|
| | AA | Aa | aA | aa |
| AA | AA×AA | Aa×AA | aA×AA | aa×AA |
| Aa | AA×Aa | Aa×Aa | aA×Aa | aa×Aa |
| aA | AA×aA | Aa×aA | aA×aA | aa×aA |
| aa | AA×aa | Aa×aa | aA×aa | aa×aa |

从表 13.9 可以看出，在第一个小岛上只留下基因型为 AA 的雌雄个体，它们的后代就一直是 AA，即基因 A 的频率为 1，基因 a 的频率为 0；在第 16 个岛上，只留下基因型为 aa 的雌雄个体，即基因 a 的频率为 1，基因 A 的频率为 0；在其余的小岛上，基因 A 和 a 以不同的频率存在。

### （二）遗传漂变的方向

1）遗传漂变的方向是不定的，但趋势是频率高的基因容易向高频率漂变，频率低的基因容易消失，低频率基因向高频率基因漂变概率很小。

2）随着抽样群体的增大，遗传漂变趋于缓和，故群体越大，越难纯化。

### （三）漂变的原因

在自然界的某个局部地区，由于气候的剧变、地质构造的变迁、传染病的流行、天敌的危害等，动植物个体数量显著减少时，遗传漂变影响就相当明显，从而引起群体遗传组成的变化。

### （四）遗传漂变的范围

基因频率遗传漂变的范围为大于 0 而小于 1（0<漂变<1）。在基因频率为 $p=1$，$q=0$ 或 $p=0$，$q=1$ 的群体中是不会发生的。

## 五、随机交配的偏移

平衡群体的交配制度是随机交配，但在实际生物群体常常出现的是非随机交配，尤其在当今人工授精技术得到广泛应用的条件下更是如此。

### （一）非随机交配的 4 种类型

1）同型交配：指相同基因型个体间的交配，如 AA×AA、Aa×Aa 或 aa×aa 的交配。
2）异型交配：指不同基因型个体间的交配，如 AA×aa、AA×Aa 或 Aa×aa 的交配。
3）同质交配：指表型相同或相似个体间的交配。也就是说在体质、类型、生物学特性、生产性能及产品品质等方面相同或相似的个体间的交配。
4）异质交配：指不同表型个体间的交配。

### （二）非随机交配的遗传效应

同质交配和近交含有部分的同型交配，异质交配含有部分的异型交配，所以可归结为同型交配和异型交配两种情况来讨论。

如果有一对基因 A、a，可组成三种基因型 AA、Aa、aa，就是说会有三种同型交配，即 AA×AA、Aa×Aa 和 aa×aa。第一、第三种同型交配，子代与亲代基因型相同；第二种交配方式即 Aa×Aa，后代有三种基因型 AA、Aa、aa，它们的比率分别为 0.25、0.5 和 0.25。即每交配一代，杂合子的频率降低一半，增加了两种纯合子的频率。如果原始群体的基因型频率为 $D=0$、$H=1$、$R=0$，则连续进行同型交配，各代的基因型频率变化如表 13.10 所示。

表 13.10 连续同型交配各代的基因型频率变化情况

| 世代数（$n$） | 基因型 | | |
| --- | --- | --- | --- |
| | AA | Aa | aa |
| 0 | 0 | 1.0000 | 0 |
| 1 | 0.2500 | 0.5000 | 0.2500 |
| 2 | 0.3750 | 0.2500 | 0.3750 |
| 3 | 0.4375 | 0.1250 | 0.4375 |
| 4 | 0.4683 | 0.0625 | 0.4683 |
| 5 | 0.4844 | 0.0312 | 0.4844 |
| 6 | 0.4922 | 0.0158 | 0.4922 |

虽然同型交配中基因型频率代代变化，但基因频率却始终不变（表 13.11）。

表 13.11 同型交配中各世代的基因频率

| 0 世代 | $p = 0 + \frac{1}{2} = 0.5$ | $q = \frac{1}{2} + 0 = 0.5$ |
| --- | --- | --- |
| 1 世代 | $p = 0.25 + \frac{0.5}{2} = 0.5$ | $q = \frac{0.5}{2} + 0.25 = 0.5$ |
| 2 世代 | $p = 0.375 + \frac{0.25}{2} = 0.5$ | $q = \frac{0.25}{2} + 0.375 = 0.5$ |
| 3 世代 | $p = 0.4375 + \frac{0.125}{2} = 0.5$ | $q = \frac{0.125}{2} + 0.4375 = 0.5$ |
| ⋮ | ⋮ | ⋮ |

由此可以得出同型交配的效应如下。

1）纯合子的同型交配，基因频率和基因型频率世代不变。

2）杂合子的同型交配，基因频率不发生改变，但可改变基因型频率，即每经一代，杂合子频率减少一半。

3）同型交配只能改变基因型频率，不能改变基因频率。

近交和同质交配是不完全的同型交配，其效应程度不如完全的同型交配，但效应的性质是相同的，即能使杂合子逐代增加，群体趋向分化，而对基因频率则无影响。

异型交配的效应与同型交配的效应正好相反，它可以增加杂合子的频率，减少纯合子的基因型频率，但均不改变基因频率。

## 第三节 遗传负荷

遗传负荷（genetic load）是美国遗传学家马勒（Hermann Joseph Male）于 1950 年提出的概念，是指一个群体中致死基因或有害基因的存在使该群体适合度降低的现象。一个人群遗传负荷的大小，一般用群体中每个个体平均带有有害基因的数量来表示。据粗略估计，我国每个人平均带有 5~6 个有害基因，这就是遗传负荷。遗传负荷主要可分为以下三类。

### 一、突变负荷

突变负荷（mutation load）是指由于正常等位基因（$A$）突变成有害等位基因（$a$）形成在选择上不利的纯合体（$aa$），引起群体适合度下降的现象。例如，人类的一些代谢遗传病，像黑尿症、半乳糖血症等。如果是显性致死基因突变，突变发生后致死基因受选择的作用将随当代突变个体的死亡而消失，不会增加群体的遗传负荷。如果是隐性致死突变，突变基因能以杂合体状态在群体中保留许多世代，从而增加群体的遗传负荷。如果是 X 连锁隐性基因突变，在男性的表现与常染色体显性突变相同，并不增加群体的遗传负荷，而在女性中则与常染色体隐性基因突变相同，也可在一定程度上增加群体的遗传负荷。

### 二、分离负荷

分离负荷（segregation load）是指由于有较高适合度的杂合体（$Aa$）与杂合体（$Aa$）之间的婚配，后代中将分离产生一部分适合度降低的纯合体（$aa$），因而导致群体适合度的降低，造成遗传负荷的增加。在这种情况下，纯合子（$aa$）的选择系数越大，适合度降低越明显，群体遗传负荷的增加越显著。

### 三、置换负荷

置换负荷（substitution load）是由等位基因置换造成的遗传代价或损失（原占优势的个体由于适合度的降低而大量死亡）。例如，英国工业革命时期，由于大气污染，原来占优势的淡色桦尺蠖（Biston betularia）（$A_2A_2$）急剧减少（树干黑化，易被鸟类发现而被吃掉），而原来不占优势的黑色桦尺蠖（$A_1$）反而占优势。这样，由于其等位基因间的置换（这里是 $A_2$ 为 $A_1$ 所置换），可以从整体上引起群体的适合度下降。

近年来，人们很关注环境污染对遗传负荷的影响。由于环境污染中的一些因素如电离辐射、化学诱变剂、汽车尾气、吸烟等都可以诱发基因突变、畸形和癌的发生，从而增加群体的遗传负荷。所以，治理环境污染，保护生态环境，直接关系到人群遗传负荷的降低。

遗传负荷可随遗传与环境的变化而增减。群体的混合、群体间基因流动、突变率的改变，以及对杂合体有利程度不等的环境因子的更动等，都可以影响遗传负荷的增加或减少。遗传负荷虽然导致群体适合度的降低，但可使群体增加多样性，原来不利于生存的基因在环境改变之后可能成为有利于生存的基因。因此可以认为，遗传负荷是群体保持其多样性所付出的代价。

## 第四节 生物进化

在生物的个体发育中，遗传可使子代与亲代相似，从而保持物种的相对稳定性。在种族进化过程中，在一次次自然选择的基础上，遗传使生物的微小变异不断积累成显著的变异，进而产生生物新类型或新的物种。生物进化是一切生命形态发生、发展的演变过程。

生物进化的基本单位是种群而非个体。种内的个体和种群层次上的进化改变称为小进化。种和种以上分类群的进化称为大进化。

## 一、小进化

从小进化的角度来看，无性繁殖生物的进化单位是无性繁殖系（克隆）；有性生殖生物的进化单位是种群（有性生殖的基本单位）。小进化的具体表现是无性繁殖系或种群遗传组成的变化。突变、选择、迁移、遗传漂变等能引起种群基因频率变化的因素及个体之间的交配方式等是小进化的主要因素。

## 二、大进化

大进化可以看作在大的时空范围内，生物与地球环境之间关系的调整过程，即生物圈、生态系统通过其中物种的更替（物种形成和绝灭）和种间生态关系的改变来适应变化的环境。

### （一）物种形成

物种形成（speciation）是指一个物种内部分异而形成（产生）新种的过程。有性生殖物种有以下两种形成方式（图13.1）。

（1）渐进种形成（gradual speciation）

在物种内部分异之初，外界物理因素起着阻止种群间基因交流的作用，从而促进种群间遗传差异逐渐地、缓慢地增长，通过若干中间阶段，最后到达种群间完全地生殖隔离和新物种形成。

（2）量子种形成（quantum speciation）

种群内一部分（往往是少数）个体，因遗传机制或（和）随机因素（如显著的突变、遗传漂变等）而相对快速地获得生殖隔离，并形成新种。

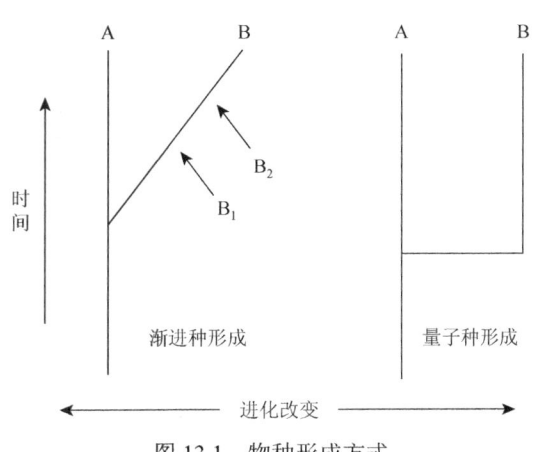

图 13.1 物种形成方式

渐进种形成：线系分支是渐进的，新种（B）的形成是通过亚种（$B_1$、$B_2$）等中间阶段达到与老种（A）的生殖隔离。

量子种形成：线系分支是突发的，新种（B）快速地达到与老种（A）的生殖隔离，不通过任何中间形式

## （二）绝灭

绝灭或灭绝是指一个或一族物种的消失。根据性质划分，绝灭可分为种系绝灭和终极绝灭。种系绝灭是从旧种演变出新种，系谱并未中断，并非真正的绝灭；终极绝灭是一个物种的所有群体都消失，系谱中断，是真正的绝灭。生物学上所讲的绝灭，通常是指终极绝灭。根据规模，绝灭又有大小之分。小规模的绝灭，速度较慢，一般属正常现象；大规模的绝灭，速度很快，许多"科"在较短的地质时期内全部消失。大规模的绝灭一般发生在地质时代交替期间。

（1）常规绝灭（normal extinction）

在整个生命史上，绝灭也如物种形成一样作为进化的正常过程，以一定的规模经常发生，表现为各分类群中部分物种的替代：新种产生和某些老种的消灭。

（2）集群绝灭（mass extinction）

在相对较短的地质时间，一些高级分类群整体消失了。迄今为止，生命史上曾发生过6次物种大绝灭：第一次生物大灭绝发生在4.4亿年前的奥陶纪末期，大约80%的物种绝灭；第二次生物大灭绝发生在3.65亿年前的泥盆纪后期，海洋生物遭受了灭顶之灾；第三次生物大灭绝发生在2.5亿年前的二叠纪末期，超过95%的地球生物灭绝；第四次生物大灭绝发生在2亿年前的三叠纪晚期，爬行类动物遭遇重创；第五次生物大灭绝发生在6500万年前后的白垩纪晚期，自侏罗纪以来长期统治地球的恐龙灭绝了；第六次生物大灭绝发生在1万年前，许多大型的哺乳动物和鸟类都消失了。集群绝灭及与之相继的大规模适应辐射，构成了生命史上大规模的物种替换。

## 三、生物进化的主要学说和主要论点

生物进化是生物在变异、遗传与自然选择作用下的演变发展、物种淘汰和物种产生的过程。生物进化论（theory of evolution）是关于生物由无生命到有生命、由低级到高级、由简单到复杂逐步演变过程的学说。生物进化的主要学说和主要论点有以下几种。

（1）拉马克学说

1809年，法国学者拉马克在其《动物学哲学》中提出了生物进化的两条法则：一是"用进废退"法则，生物经常使用的器官趋于发达、演化，经常不用的器官趋于衰亡、退化；二是"获得性状遗传法则"，生物通过用进废退获得或丧失的一切性状，只要为两性所共有或者为产生这两性的个体所共有，就能通过繁殖遗传给下一代。他用环境作用的影响、器官的用进废退和获得性的遗传等原理解释生物进化过程，创立了第一个比较完整的进化理论，为达尔文进化论的产生提供了一定的理论基础。

（2）达尔文自然选择学说

达尔文是英国博物学家。1831～1836年，他以博物学家的身份，参加了英国派遣的环球航行，进行了5年的科学考察，在动植物和地质方面进行了大量的观察、采集和综合分析，形成了生物进化的理论体系。1859年，达尔文发表了《物种起源》一书，论证了地球上现存的生物都不是上帝创造的，而是在遗传、变异、生存斗争和自然选择中，由简单到复杂、由低等到高等不断发展变化。形形色色的生物都由共同祖先发展而来，它们之间有亲缘关系，并提出自然选择学说以说明进化的原因，强调自然选择在物种形成过程中的创造性作用，否定了各种唯心的神造论和物种不变论，从而创立了科学的进化理论，揭示了生物发展的历史规律。

（3）综合进化学说

综合进化学说（synthetic theory of evolution）或新达尔文学说（neo-Darwinism）将达尔文的自然选择学说与现代遗传学、古生物学及其他学科的有关成就结合起来，以阐明生物的进化与发展。综合进化学说认为，突变（包括基因突变、染色体结构和数量变异）和基因重组是进化的原始材料，由于它对等位基因变化的影响小，在进化中作用很小；自然选择是生物进化的主要因素，决定进化方向；由于生物受到自然选择，不同环境下基因得到不同的固定，造成生殖隔离而形成新物种。综合进化学说彻底否定获得性状的遗传，强调进化的渐进性，认为进化是群体而不是个体的现象，重新肯定了自然选择的重要性，继承和发展了达尔文进化学说。

（4）中性学说

1968年，日本遗传学家木村资生（Motoo Kimura）根据分子生物学的研究资料，首先提出了分子进化的中性学说（the neutral theory of molecular evolution），简称"中性学说"（the neutral theory）。1969年，美国学者金（Jack L. King）和朱克斯（Thomas H. Jukes）又用大量分子生物学的资料肯定了这一学说。中性学说认为分子水平的大多数突变对于物种生存既无利也无害，在自然选择上是中性或近中性的，自然选择对它们几乎不起作用，这些突变通过一代一代的随机漂变而被保存或趋于消失，从而形成分子水平上的进化性变化或种内变异，因此中性学说又称为中性突变-随机漂变学说。

## 四、生物进化方式

生物界各个物种和类群的进化，是通过不同方式进行的。

（1）渐进式进化说

达尔文认为，在生存斗争中，由适应的变异逐渐积累就会发展为显著的变异，导致新种的形成，即由一个种逐渐演变为另一个或多个新种。渐进式进化说（gradual evolution）认为，各过渡类型之间的变化是持续的、渐进的，因而可以找到性状连续变化的化石，进化链中缺失的环节都是可以被发现的。

（2）间断跳跃进化说

间断跳跃进化说（punctuated evolution）则认为，表型改变是由长期的稳定不变与短期的巨变相互交替所造成的平衡—巨变—平衡构成了进化过程，变异之间是不连续的，根本不存在缺失的环节。对化石的研究发现，在进化史上，相当长的时间内处于进化较为沉寂的时期，新种的化石很少；有时大量的物种化石集中出现在较短的地质年代，如寒武纪大爆发（Cambrian explosion）。

（3）间断平衡说

该学说认为化石的不连续性是历史的真实反映，这正说明生物的进化是不连续的，新物种是短时间内迅速出现的，然后是长时间的进化停滞，直到另一次快速的物种形成。

总之，生物的进化既包含缓慢的渐进，也包含急剧的跃进；既是连续的，又是间断的。整个进化过程表现为渐进与跃进、连续与间断的辩证统一。

## 五、生物进化的遗传基础

### （一）染色体进化

通过倒位、易位、罗伯逊变化和其他的染色体畸变，在进化中染色体的结构和数目发生了广泛的改变。在通常情况下，两种生物体的亲缘关系越远，染色体的差别就越大。

人类染色体和现存的三个亲缘关系最近的生物——黑猩猩（chimps）、大猩猩（gorilla）和小猩猩（orangutan）的染色体在结构上很像，但可看到很多重排。1982年，尤尼斯（Jorge J. Yunis）比较了人类的1～3号染色体与上述3种猩猩染色体带型的异同，发现人类2号染色体的两条臂在巨猿中分开成两条染色体（在黑猩猩中为12号和13号染色体，在大猩猩和小猩猩中为11号和12号染色体）。通过带型比较可以认为，前述猿类两条完整的短着丝粒染色体经过着丝粒融合产生了人类的2号染色体（图13.2，图13.3），因此从一个共同的祖先到人科的进化中，人类系谱至少发生了一次罗伯逊变化（多半是着丝粒融合）。另外，人和黑猩猩的4号、5号、12号和17号染色体上有臂间倒位的差别。通过基因定位发现，在人类1号染色体短臂上的有些基因在绿猴（green monkey）中易位到6号染色体上，在人类1号染色体长臂上的一些基因仍留在绿猴1号染色体上。

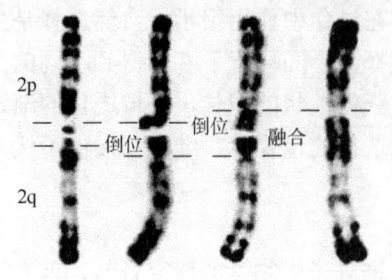

图13.2 人类2号染色体的种系发展
（G带分析结果）

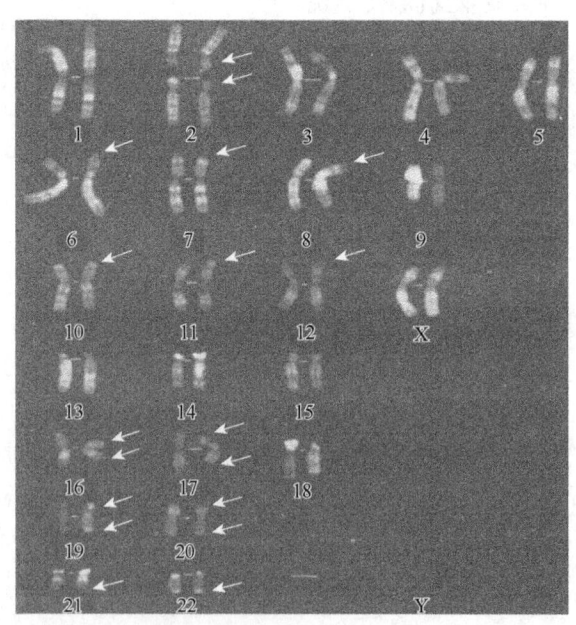

图13.3 黑猩猩（*Pan troglodytes*）核型（Q带）

显然缺少人类2号染色体的同源体，而代之以两对额外的近端着丝粒染色体。箭头指的末端Q带在人类（或猩猩）没有。数字相当于人类染色体号数

在高等植物中，多倍体在染色体组型的进化中发挥了重要作用。但是在动物界，多倍体非常稀少，染色体组型的进化主要是通过结构上的重新排列。不过也有人指出，多倍体曾发生于哺乳类早期的进化中。虽然并没有确实的证据，但是在某些哺乳类的物种中包括人类在内，有些非同源染色体在形态和染色体带型上的相似性支持了上述观点。例如，人的4号染色体和5号染色体之间极其相似就是其中的一个例子。

## （二）分子进化

随着分子生物学的发展，蛋白质的氨基酸序列分析和 DNA、RNA 的核苷酸序列分析等分子生物学技术提供了不依赖化石记录研究生物进化的新途径，了解这些序列在进化过程中发生的变化，可加深对进化过程的认识。

分子进化（molecular evolution）的研究包括两个紧密相关的研究领域：①大分子进化研究领域，其目的是阐明生物大分子自身的进化原因和结果；②基因和生物体进化史的重建，即将生物大分子用作工具，以重建有机体及其遗传组成的演化历史，即分子种系发生（phylogenesis）的领域，其目的在于运用分子生物学技术（如基因克隆技术、PCR 技术、DNA-DNA 杂交、蛋白质和 DNA 序列分析及限制性内切酶片段分析等），获得生物大分子的信息，推断生物进化历史，重建系统发生（系谱）关系，并以系统树的形式表示出来。数学和计算机软件科学刺激了遗传距离的测定和系统树构建方法的层出不穷，为种系发生的研究创造了十分便利的条件。

1. 基因组的进化

各物种单倍体基因组的 DNA 含量是恒定的，称为 $C$ 值。随着生物由简单到复杂、由低等到高等的进化，其 $C$ 值也逐渐增大。例如，φX174 病毒仅含 $6×10^3$bp，而哺乳动物的 $C$ 值达 $3.2×10^9$bp（表 13.12）。但是，$C$ 值的大小与生物进化的复杂性并没有一致的关系，$C$ 值的大小并不绝对地反映生物体结构和功能的复杂程度。例如，不同种类两栖类动物的 $C$ 值为 $10^9 \sim 10^{11}$bp，有些两栖类的 $C$ 值比哺乳类动物和人的 $C$ 值大近 100 倍！低等生物的 $C$ 值有时会大于高等生物的现象，称为 $C$ 值悖理（详见第九章）。这可能是因为这些低等生物的基因组中含有大量的重复序列，其数量之多，远超过高等生物。

表 13.12　各类生物的 DNA 含量

| 生物 | 每基因组的核苷酸对 | 生物 | 每基因组的核苷酸对 |
| --- | --- | --- | --- |
| 哺乳动物 | $3.2×10^9$ | 果蝇 | $0.1×10^9$ |
| 鸟 | $1.2×10^9$ | 玉米 | $7×10^9$ |
| 蜥蜴 | $1.9×10^9$ | 链孢霉 | $4×10^9$ |
| 蛙 | $6.2×10^9$ | 大肠杆菌 | $4×10^9$ |
| 大多数硬骨鱼 | $0.9×10^9$ | $T_4$ 噬菌体 | $2×10^9$ |
| 肺鱼 | $111.7×10^9$ | λ 噬菌体 | $1×10^9$ |
| 棘皮动物 | $0.8×10^9$ | φX174 | $6×10^3$ |

进化过程中，$C$ 值增大的途径之一是染色体数目的加倍。这种多倍化的结果是 $C$ 值以整数倍（2 倍、4 倍等）增长。这在植物进化中较普遍。动物中的多倍体较罕见，有研究认为，动物基因组大小的进化可能是通过 DNA 片段的重复、插入等途径实现的。

在进化过程中，核酸不仅发生量的变化，还发生质（即核苷酸序列）的变化。测定两个种间 DNA 序列差异一个常用的简易方法是分子杂交技术（molecular hybridization technique），将两种生物 A 和 B 的 DNA 加温变性（denaturation），再在适当温度下，把一个种的单链 DNA 与另一个种的单链 DNA 一起温育，形成杂种双链 DNA A-B，然后把这种双链提取出来，检验它们的同源性质。如果从两种生物 A 和 B 来源的 DNA 完全同源，则杂种 DNA A-B 解脱为单链的熔解温度（melting temperature）跟 A-A 或 B-B 相同；如果两个种间的 DNA 有差异，则杂种的 DNA 就比较容易解脱，熔解温度也较低。所以不同种间 DNA 的同源程度可以通过温度稳定性（thermal stability）来估计。两个种间的亲缘关系越近，核苷酸差异就越少，反之则差异就越大（表 13.13）。不过核苷酸顺序的差异不一定跟物种分化后所经历的年代成比例。

**表 13.13　根据 DNA 杂交技术估计的核苷酸替换率**

| 用于比较的 DNA | 核苷酸差异/% | 分歧后的年数 | 每年的替换率/($\times 10^{-7}$) | 世代时间/年数 | 每代的变换率/($\times 10^{-7}$) |
| --- | --- | --- | --- | --- | --- |
| 人—黑猩猩 | 2.5 | $3 \times 10^{7*}$ | 0.8 | 10 | 8.0 |
| 人—长臂猿 | 5.1 | $6 \times 10^{7*}$ | 0.8 | 10 | 8.0 |
| 人—绿猴 | 9.0 | $9 \times 10^{7}$ | 1.0 | 2~4 | 3.0 |
| 人—猕猴 | 9.3 | $9 \times 10^{7}$ | 0.9 | 2~4 | 2.7 |
| 人—卷尾猴 | 15.8 | $13 \times 10^{7}$ | 1.2 | 2~4 | 3.0 |
| 人—非洲狐猴 | 42.0 | $16 \times 10^{7}$ | 2.6 | 1~2 | 3.9 |
| 小鼠—大鼠 | 30.0 | $2 \times 10^{7}$ | 15.0 | 0.33 | 5.0 |
| 牛—绵羊 | 11.2 | $5 \times 10^{7}$ | 2.2 | 1~2 | 3.3 |

\* 关于这两个分歧时间有不同看法，可能比该处数据小得多

### 2. 线粒体 DNA 与人类进化

人类线粒体 DNA（mtDNA）编码 13 种线粒体氧化磷酸化呼吸链组成酶所必需的多肽、12S rRNA、16S rRNA 和 22 个 tRNA。由于其特有的遗传特性，人类线粒体 DNA 被用作研究人类系统进化、人群迁移历史的一个很有用的遗传标记。这些特征包括：①mtDNA 是单倍体，母系遗传，因此对 mtDNA 的系统分析可以直接反映出人群或种族的母系进化史。②由于 mtDNA 没有组蛋白的保护，它的突变率比核 DNA 高出 5~10 倍。因此，在相同的时间内能比核 DNA 积累更多的突变，这些突变大都对线粒体的氧化磷酸化功能并无影响，因此并不表现出临床症状。③mtDNA 比核 DNA 拥有更多的拷贝数，因此具有更高的灵敏性，适合应用于对古代 DNA 或化石 DNA 的分析。④mtDNA 在群体内变异大，分子结构简单，序列已完全清楚。⑤由于线粒体 DNA 只由母体遗传，因而它显示出来的差别，不是由于基因的重组合，而是由于基因的突变。因此可以通过对比 mtDNA 序列上的差异来推导从同一个祖先发生分化的时间，研究人类的起源和群体的分化。

1987 年，以威尔逊（Allan Charles Wilson）为首的伯克利研究小组，提取了祖先来自非洲、欧洲、亚洲、新几内亚及澳大利亚土著居民共 147 名妇女胎盘细胞的 mtDNA，通过 12 种高分辨率限制性内切酶图谱分析，发现不同类型的线粒体 DNA，有些相似，有些则差别很大。根据这些分析结果，他们建立了表示这些个体 mtDNA 类型相互关系的系统树，这个系统树具有 1 个共同的祖先，是大约在 20 万年（14 万~29 万年的平均数）前生活在非洲的一位妇女。她的一群后裔大约在 13 万年（9 万~18 万年的平均数）前离开了他们生活的非洲家乡，分散到了世界各地，代替了当地的土著居民，最后在全球定居下来，演化成了现代的不同人种（非洲起源说）。这一学说的提出，虽然在人类学和遗传学界引起了激烈的争论，

但却促进了分子生物学技术在人类起源研究领域中的应用。

3. 直线同源基因的进化

直线同源基因（orthologous genes）是指不同物种间结构相似、功能相同的基因。其进化趋异主要是通过点突变（包括碱基替换、缺失和插入）累积的途径实现的。它们的进化反映了这些基因所在物种的进化。在无法直接比较基因时，比较基因编码的产物——同源蛋白质的氨基酸序列也可间接提供直线同源基因进化的信息。最著名的是细胞色素 c（cytochrome c）的进化。

细胞色素 c 是真核生物线粒体中与细胞呼吸有关的一种蛋白质。对地球大气层成分的测定结果推断，随着氧含量的逐渐增加，细胞色素 c 编码的基因应是出现在约 15 亿年前。从对一些需氧生物所含的细胞色素 c 分子所作的比较可以看出，在这一分子中大约有一半的氨基酸具有相同的位置。由此推论所有现存物种的细胞色素 c 的基因及其蛋白质产物具有共同的起源。

在比较了从细菌到人类 89 种生物的细胞色素 c 的氨基酸序列后发现，在其全长 104 个氨基酸残基中有 37 个残基是所有生物都相同的（称为保守区），其余部分则发生了各种氨基酸替换（称为可变区）。进一步的研究指出，保守区的氨基酸残基都在细胞色素 c 的电子传递及形成三维结构中发挥重要作用；变异区的氨基酸替换大多发生在化学性质相似的同类氨基酸之间（如第三位的丙氨酸被同类的缬氨酸替换；第 43 位的缬氨酸被丙氨酸替换等）。而且，不同物种细胞色素 c 中的氨基酸替换数与物种之间的亲缘关系相一致，即物种之间的亲缘关系近者，其氨基酸替换数少，序列差异小；亲缘关系远者，氨基酸替换数多，序列差异大。

4. 平行同源基因的进化

平行同源基因（paralogous gene）是指基因组中来源相同、结构相似、功能相关的一类基因，它们起源于原始物种一个重复的原始基因。因此，平行同源基因既在不同物种间进化，也在同一物种内进化，相互之间的同源性被用于确定基因的系统发生，即在某个系谱内重复基因的进化历史。人类的血红蛋白基因家族是平行同源基因进化研究的著名例子。

人血红蛋白由珠蛋白和血红素结合而成。现代人的珠蛋白基因家族包括 2 个基因簇：位于 16 号染色体上的类 $\alpha$ 簇（5'-ξ-φξ-φα-α-3'）和位于 11 号染色体上的类 $\beta$ 簇（5'-ε-Gγ-Aγ-φβ-δ-β-3'）。根据对鱼类、两栖类和哺乳类动物的珠蛋白基因组织结构进行对比研究发现，珠蛋白祖先基因很可能是按照这样的途径进化的：单个珠蛋白基因→重复、趋异→连锁的单个 $\alpha$ 基因和单个 $\beta$ 基因→转座→不连锁的单个 $\alpha$ 基因和单个 $\beta$ 基因→多次重复、趋异→不连锁的类 $\alpha$ 基因簇和类 $\beta$ 基因簇。

5. 大突变：外显子重排

尽管基因重复和趋异提供了生物体在进化过程中获得新功能蛋白质的一条重要途径，但它显然不是唯一的途径。有许多证据表明，蛋白质结构域（domain）的对应物——基因外显子重排（exon shuffle），也是产生新基因和具有新功能基因产物的重要途径。

早在 1978 年，吉尔伯特（Walter Gilbert）曾指出，通过哺乳动物基因组的外显子重排，能够产生新的基因，从而产生新的基因产物，这种产物具有新的功能，从而使生物体能更加适应复杂的自然环境。而内含子就是这种外显子重排的历史痕迹，而且内含子的存在可能以某种方式促进了这种外显子重排过程。今天，大量的证据表明，在脊椎动物出现之前的 5 亿年中，外显子重排在基因构建过程中起着主要的作用。这方面最著名的例子就是类表皮生长因子（epidermal growth factor like），它的结构域散布在许多种功能各不相关的蛋白质中（图 13.4）：表皮生长因子前体、低密度脂蛋白受体、补体组分 9、组织胞浆素原激活物、尿激酶和凝血因子 X。这些蛋白质都是近 10 亿年内进化的产物。这些结构域外显子很可能是通过染色体重排，从一个蛋白质基因转移到另一个蛋白质基因。

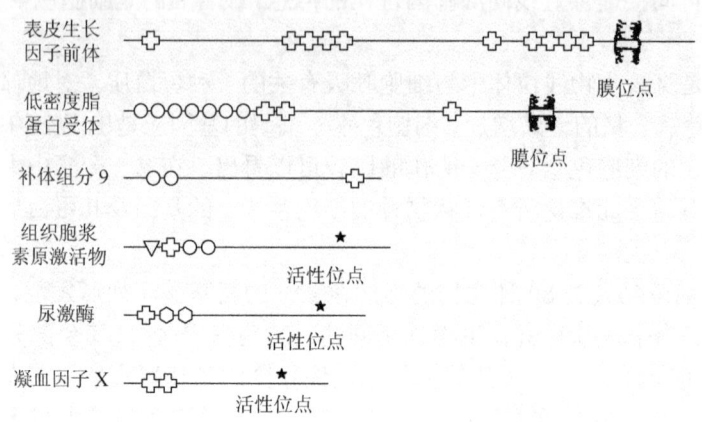

图 13.4　类表皮生长因子结构域在 6 种不同蛋白质中的分布（以✣型表示）

6. 调控突变

人类起源与进化问题是古生物学的传统课题，但是考古学家所依据的化石记录支离破碎、参差不齐，不能提供完整准确的信息，而且其中还存在很多的"缺环"，从而限制了研究工作的进展。现代分子生物学以全新的方法和理论介入这一领域，取得了引人瞩目的进展，特别是有关结构基因突变的研究大大丰富了人们对进化过程的认识。早在 1967 年，美国加州大学伯克利分校的分子生物学家威尔逊（Allan Charles Wilson）和萨里奇（Vincent Sarich）就提出了分子钟（molecular clock）的假设。他们比较了各种灵长类血液蛋白质的氨基酸差异，发现差异以稳定的速率积累，因此蛋白质分子就像以稳定速率运行的分子钟。通过分子钟可以推算各种灵长类系统的亲缘关系和分歧的时间。但是结构基因突变的研究仍不能完整地描绘出分子进化和生物体进化之间的联系。例如，现代人跟现代猿人在形态结构特征和生理特性上的差异如此明显，被分成不同的科，但在分子水平上的差异很小。根据蛋白质电泳分析的结果，人和巨猿在每 100 个基因座位中约有 35 个可检出替换；从黑猩猩的基因组图谱中取出 6.4 万个 DNA 片段与人的相应基因组图谱比较后发现,两者在碱基对序列排列上 98.77% 完全相同，人和黑猩猩在基因序列上的差距仅为 1.23%；人和黑猩猩的所有蛋白质仅有 1% 的氨基酸差异。在分子进化与生物体进化之间似乎很难建立起直接的联系。但是，许多学者通过研究后开始认识到，在生物进化过程中，分子进化与生物体进化之间的联系很可能是通过调控突变建立起来的。

调控突变（regulatory mutation）是指影响基因表达的突变，尤其是指能影响发育过程中某些特定基因启动或关闭的突变。有人指出，引起生物体适应进化的主要原因是调控突变影响了某种蛋白质的相对含量，而不是影响其结构。可以相信，随着分子进化研究的深入，对分子进化和生物体进化之间的联系一定会有更加深刻和全面的认识，对人类自身的起源和历史会有更多的了解。

## 主要参考文献

程罗根. 2013. 人类遗传学导论. 北京：科学出版社
刘祖洞，乔守怡，吴燕华，等. 2013. 遗传学. 3 版. 北京：高等教育出版社
罗深秋. 2000. 医学遗传学. 上海：第二军医大学出版社
圣约翰. 2014. 地球历史上的六次物种大灭绝事件. https://www.douban.com/note/330731004/[2017-2-15]
王培林，傅松滨. 2002. 医学遗传学. 北京：科学出版社
姚敦义. 1990. 遗传学. 青岛：青岛出版社
Gilbert W. 1978. Why genes in pieces. *Nature*，271（5645）：501
Kohne DE，Chiscon JA，Hoyer BH. 1972. Evolution of mammalian DNA. *Catalysis Communications*，38（15）：1-5

## 思考题

1. 解释名词：
1）孟德尔群体
2）基因频率
3）基因型频率
4）遗传平衡定律
5）适合度
6）选择系数
7）迁移
8）遗传漂变
9）近亲婚配
10）近婚系数
11）遗传负荷
12）直线同源基因
13）调控突变

2. 简要介绍遗传平衡定律的内容。

3. 影响遗传平衡的因素有哪些？

4. 在一个随机交配的群体中，所有显性表型的频率都是 0.19，问杂合子 $Aa$ 的频率是多少？

5. 人类中，色盲男人在男人中约占 8%，假定色盲是伴性隐性遗传，试问色盲女人预期在总人口中的比例应是多少？携带色盲基因但表现正常视力的女人应为多少？

6. 在一个大型随机交配的群体中，如果从 $A$ 到 $a$ 的突变率是 0.000 01，从 $a$ 到 $A$ 的回复突变率是 0.000 001，$A$ 和 $a$ 都没有选择上的优势，试问 $A$ 和 $a$ 在什么基因频率的水平上达到平衡？

7. 某一人类群体发现有 1/400 的个体对于决定镰状细胞贫血的基因是纯合的，因而致死。
1）假设在该群体中这种等位基因处于 Hardy-Weinberg 平衡中，计算经 10 代后隐性基因 $Hb^s$ 的频率。
2）经过多少代后，$Hb^s$ 的频率从 1/400 降低到 1/10 000？

8. 在玉米群体中，已知白化苗（$ww$）由于不能合成叶绿素，故全被淘汰。如果 $w$ 的频率原来是 0.4，50 代后，群体中杂合体的频率是多少？

9. 人类中某种隐性遗传病的发病率为 4/10 000，若采用禁婚的方法（即不让患者结婚）来降低致病基因的频率，问：需多少代才可能使群体发病率降至 1/10 000？

10. 人的全色盲是常染色体上的隐性突变。据调查，大约每 80 000 人中有一个是纯合体全色盲。这种人的子女数平均只有正常人的一半左右，即传留后代的概率是正常人的 0.5，或选择系数 $s = 0.5$。求人类中全色盲基因的突变率。

11. 何谓分子进化中性学说，你对它有何评价？

12. 请列出 4 种鉴定亲缘关系或进化关系的方法，并举例说明其中一种的原理。

13. 简述染色体重排对生物体的影响及其主要类型。

# 14

## 第十四章 发育的遗传控制

高等生物从受精卵开始，经过一系列的细胞分裂和分化长成新个体，这个过程通常称为个体发育。个体发育包括三个基本环节：①由单细胞到多细胞，通过有丝分裂增加细胞的数量；②由简单到复杂，通过细胞分化（cell differentiation）增加细胞的种类，形成不同的组织、器官或系统；③由基因到性状，完成整体发育过程。但是，在有丝分裂过程中，染色体和遗传组成是均等地分向两个子细胞的，从一个受精卵细胞分裂产生的子细胞，在遗传组成上都是相同的，为什么会分化成不同的细胞进而形成不同的组织呢？在细胞分化过程中基因起什么作用？细胞质又有什么影响？这些都是发育遗传学研究的内容。

## 第一节 细胞质在个体发育中的作用

动植物的卵细胞虽然是单细胞的，但它的细胞质内除显见的细胞器有分化外，还存在动物极、植物极、灰色新月体和黄色新月体等分化。这些分化的物质大体上已经确定将来发育成什么组织和器官了。

### 一、细胞质的不均一性与细胞分化

受精卵内的色素、卵黄粒和线粒体等的分布是不均一的。早期卵裂时，虽然每个分裂球（blastomere）得到的基因都是相同的，但是分到的色素、卵黄粒和线粒体等都是不均等的。这就有可能意味着，细胞质的变化控制了基因的活性，从而导致了细胞的分化。例如，柄海鞘（*Cynthia partita*）的卵质依据所含色素的不同分为4个区域：动物极的透明区、赤道处两个相对的灰色新月区和黄色新月区、植物极的灰色卵黄区。不同区域的卵质分别与未来胚胎特定的发育命运相联系。黄色新月区含有黄色细胞质，称为肌质（myoplasm），将来形成肌细胞。康可林通过跟踪海鞘卵裂球的发育命运发现，黄色新月区将来形成肌细胞，灰色新月区将来形成脊索和神经管，动物极将来形成幼虫表皮，灰色卵黄区将来形成幼虫消化道（图14.1）。

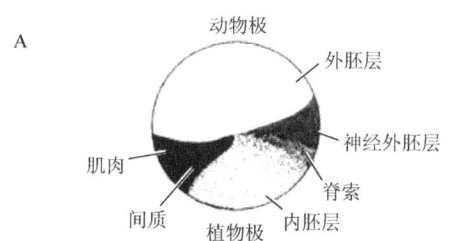

图14.1 受精时细胞质决定子的隔离

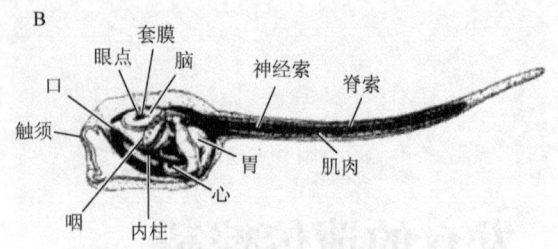

图 14.1 受精时细胞质决定子的隔离（续）

A. 海鞘受精卵细胞质不同区域具有不同的发育命运；B. 海鞘幼虫器官

## 二、海胆受精卵发育中的细胞质作用

海胆（*Echinoidea*）受精卵最初两次分裂沿着对称轴进行，形成的 4 个细胞所含的物质基本上一致。海胆受精卵的第一、二次分裂，都是顺着对称轴的方向进行的。如果将 4 个卵裂细胞分开，每个卵裂细胞都能发育成小幼虫，说明各个卵裂细胞中的细胞质是完全的（图 14.2）。第三次卵裂方向与对称轴垂直，分裂的 8 个卵裂细胞分开后，就不能发育成小幼虫了。

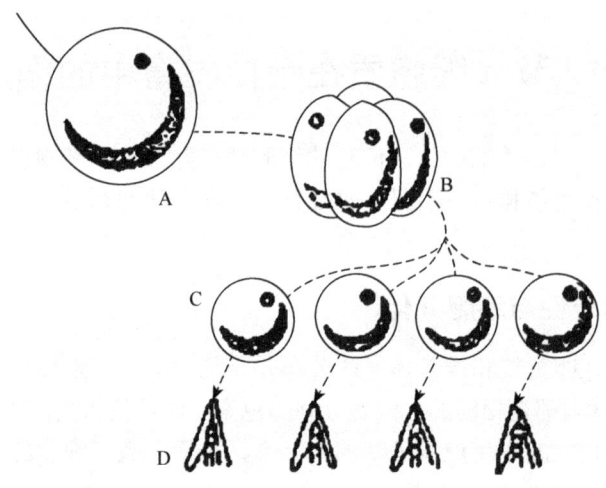

图 14.2 海胆的个体发育

在第二次卵裂形成 4 个卵裂细胞时，每一个卵裂细胞分开之后可以发育成正常的 1/4 大小的长腕幼虫。A. 卵子在接受精子；B. 受精卵经过两次卵裂，产生 4 个卵裂细胞；C. 卵裂细胞分开；D. 4 个长腕幼虫

如果在卵裂开始时，顺着赤道面把卵切成两半，带核的植物极一半受精后，发育成比较复杂但不完整的胚胎；带核的动物极一半受精后，发育成空心而多纤毛的球状物。两者都不能正常发育而夭折。如果在切割前用离心法将植物极的细胞质抛向动物极，使两者同处于一个半球内，然后进行切割，则含有细胞核的动物极半球在受精后能正常发育（图 14.3）。

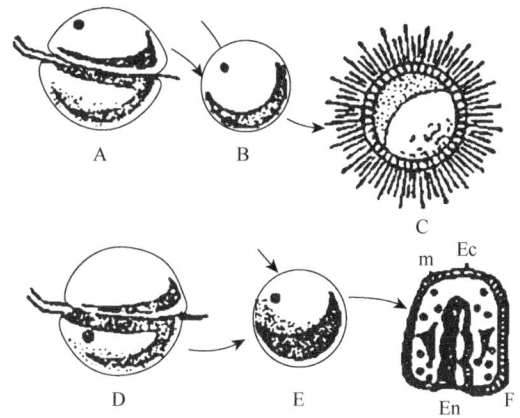

图 14.3 海胆卵的切割实验

A. 将海胆卵切割成两半。B. 让上部动物极半球受精。C. 发育成空心而多纤毛的球状物。D. 将海胆卵切割成两半。E. 让下部植物极半球受精。F. 发育成比较复杂而不完整的胚胎。Ec. 外胚层；En. 内胚层；m. 间质

## 三、角贝的个体发育

某些呈螺旋卵裂的胚胎（主要是软体动物和环节动物）在第一次卵裂时，卵子植物极部分形成一个胞质凸起，称为极叶（polar lobe）。第一次卵裂结束时，极叶缩回。第二次卵裂开始前，极叶再次凸起，第二次卵裂完成时，极叶再次缩回，此后极叶的出现就不明显了。例如，角贝（Dentalium）的卵细胞质分为 3 层，中间的大部分是含色素颗粒的一层，上下各有一个透明的细胞质层。在卵裂开始前，植物极方面的透明层向外突出形成极叶。分裂后，极叶被其中一个分裂球（CD）吸收。第二次卵裂前又形成极叶，这个极叶被 4 个卵裂球之一（D）吸收。此后，极叶的出现不明显（图 14.4）。极叶的形成是卵裂期间一种过渡性的形态变化，是卵内物质流动所引起的。

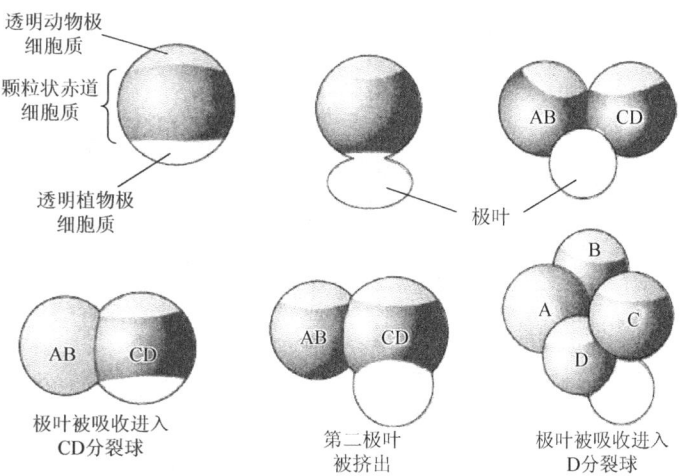

图 14.4 角贝卵裂过程中极叶凸出和吸收（各发生两次）

如果把分裂球一个一个地分离开来，让它们分别发育，结果 CD 分裂球和 D 分裂球可以长成完整的胚体，形成正常的担轮幼虫（trochophore larva）。但其他的分裂球只能长成有部分欠缺的胚体。若把极叶除去，卵也只能长成有部分欠缺的胚体，发育成缺乏中

胚层器官——肌肉、口、壳腺和足的幼虫。这说明极叶的细胞质在角贝的个体发育中发挥作用：含有极叶细胞质的细胞才能发育成完整胚体和正常个体，因此最后只有一个能发育成角贝。

使用角贝的近缘种 *Ilyanassa* 的卵做实验，得到了更为直接的证据。这种动物的卵跟角贝一样形成极叶，除去极叶后产生畸形胚。将这种胚与正常胚相比较，发现 RNA 合成的速率不同，进一步研究发现，是由于 mRNA 合成量降低了。因此，极叶细胞以某种形式影响基因的作用，从而诱导了细胞的分化。

## 四、小麦瘿蚊的个体发育

小麦瘿蚊（*Mayetiole destructor*）卵的后端也含有极细胞质（pole plasm）。核分裂时在细胞的一端出现极细胞质，当核分裂 3~4 次时，有两个核进入极细胞质中，然后卵裂，极细胞质中的核染色体不丢失，保持了全部 40 条染色体，有 40 条染色体的细胞不久分化为生殖细胞；位于其他细胞质区域的核丢失 32 条染色体，只保留 8 条，只有 8 条染色体的细胞继续增殖，将来成为体细胞（图 14.5，图 14.6）。如果用尼龙线把卵结扎，使核不向极细胞质移动，或用紫外线照射极细胞质，那么所有的核都把 32 条染色体放弃到核外，最后发育成为不育的瘿蚊，体内没有生殖细胞（图 14.6）。从这个事实看来，极细胞质可阻碍染色体的消减，继而使生殖细胞的分化成为可能。

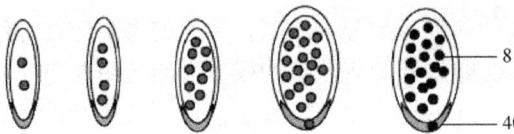

图 14.5　小麦瘿蚊的染色体丢失

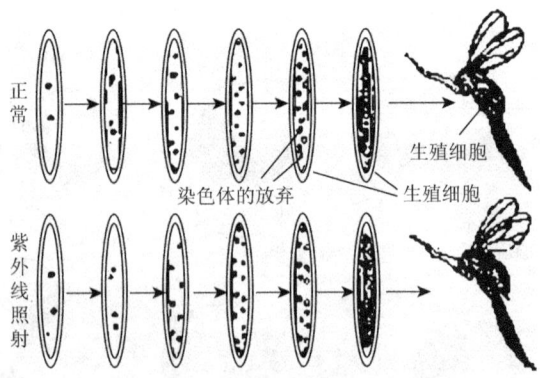

图 14.6　小麦瘿蚊的个体发育

正常情况下，在第 3 次分裂和第 4 次分裂之间，2 个核向极细胞质移动，最终发育成为生殖细胞，其余的核丢弃 32 条染色体，发育为体细胞；如果用紫外线照射细胞质，所有的核都放弃一部分染色体，发育成不育的小麦瘿蚊。

## 五、果蝇极质（生殖质）

果蝇的早期胚胎发育中，最初的一些有丝分裂并不伴有细胞分割，经过几次核分裂后，细胞核移到胚的表面，形成胚盘（blastoderm）。其中少数几个核位于卵后端的极细胞质中，在这些核的周围立即形成细胞膜，成为极细胞（pole cell）。这些极细胞与其他细胞不同，具有极粒（polar granules）。其余的核再经过几次分裂，才由细胞膜分割开来。以后极细胞中的某些细胞移入由体细胞构成的性腺中，成为原初生殖细胞。

1974 年，依洛门塞（Karl Illmensee）和马霍瓦尔德（Anthony Mahowald）用极细胞质进行移植试验，探讨这部分卵质在决定原初生殖细胞上的作用（图 14.7）。他们用突变基因标记不同配子核的来源，把卵后端极细胞质注入其他卵的前端或侧面，结果除后端原有的极细胞外，前端或侧面也形成了极细胞。把这些极细胞移植到第 3 个胚的后端后，它们就跟那个胚的极细胞聚合在一起，说明这些多余的极细胞是有功能的。到了原肠形成期，这些注入的极细胞参与成虫性腺中配子的形成，并把所带的遗传标记传给大约 4% 的后裔。对照表明，注入后端以外的卵细胞质，不能导致极细胞的形成。

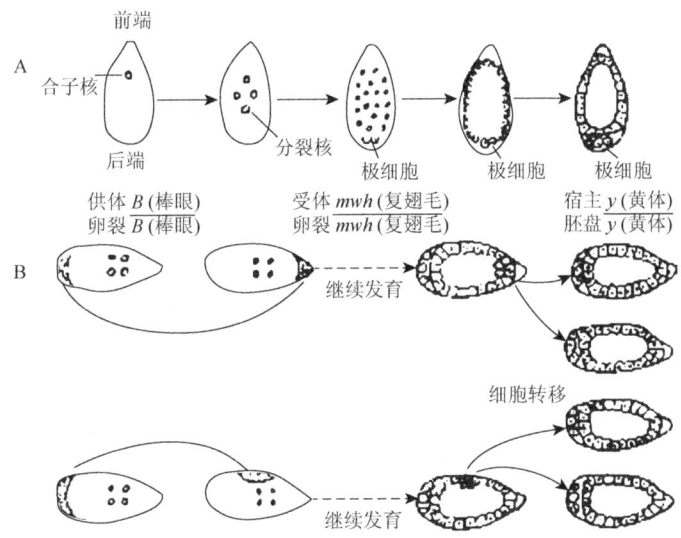

图 14.7 果蝇极细胞质移植试验

A. 果蝇胚在形成细胞胚盘以前，在后端形成极细胞，以后移到性腺中成为原初生殖细胞。B. 果蝇卵后端的卵细胞质中含有极粒。把供体的后端卵细胞质注射到受体卵的前端或侧面，在注入极细胞质的地方形成极细胞；然后再把受体卵前端或侧面诱导后形成的极细胞移植到宿主胚的后端，宿主胚发育成为成虫后，用隐性纯合体（yy 和 mwh mwh）测交，得知产生的配子中有些（自然不是全体）具有受体遗传标记（mwh mwh），而不是宿主自己的遗传标记（yy），说明后端卵细胞质可以诱导受体核形成原初生殖细胞，从而基因型为 mwh mwh

卵后端的细胞质有形成极细胞的功能，从另一些证据也得到了证实。果蝇卵子极粒已被分离出来，主要由蛋白质和 RNA 组成。生殖质（极质）的组分之一是 gcl（germ cell-less）基因转录的 mRNA。野生型 gcl 基因在果蝇卵巢的营养细胞中转录，通过环管（ring canal）运至卵子中。gcl mRNA 一旦进入卵子，便进一步迁移到卵子的最后端，定位于称为极质的细胞质中。生殖细胞决定子的另一种可能是 Nanos 蛋白。Nanos mRNA 蛋白位于卵子后端，Nanos 蛋白是果蝇形成腹部所必需的。缺乏 Nanos 蛋白的极细胞不能迁移到生殖腺中，因而不能发育成生殖细胞。oskar 基因在果蝇极质的形成和装配过程中起着极其重要的调控作用。oskar 基因将其 mRNA 定位于胚胎的后极。

### 六、核移植中的细胞质作用

把爪蟾囊胚期、原肠期、神经胚期、甚至肠上皮或脑的细胞核分别移入除去核的卵细胞质中,并观察这些移入核的变化情况,发现移入的细胞核的变化依卵细胞质所处发育时期的不同而异。如果把脑细胞的核移入发生期的卵母细胞,它会增大并合成 RNA;如果移入成熟期的卵细胞中,它不发生变化;如果移入卵裂期的细胞中,移入的核会增大并开始合成 DNA,说明移入的核是按照细胞质的状态而发生反应的,在卵的细胞质里有一些物质能调节基因的表达。

# 第二节　细胞分化的可逆性

一个受精卵可以发育成各种类型的细胞,说明它具有全能性(totipotency)。全能性是指个体某个器官或组织已经分化的细胞在适宜的条件下再生成完整个体的遗传潜力。但是一个生物体是由许多不同特征的细胞所组成的,也就是说,在受精卵的分裂过程中产生了细胞的分化。细胞分化(cell differentiation)是指在个体发育的过程中,细胞之间在形态结构、生理机能和生化特性上产生稳定差异的过程。或由一个细胞分裂产生许多形态、功能不同细胞的过程。关于分化的机制有两种观点:一是基因的丢失,即在不同的分化细胞中,保留着不同的基因;二是基因的选择性表达,即不同的组织细胞中起作用的基因(有活性的基因)不同。下面两个实验表明,分化通常并不包括不需要的基因的丢失,或它们的永久性改变,所以分化有时是可逆的。

### 一、植物组织培养

虽然在自然界中一个植物的体细胞并不能长成一个完整的植株,但植物组织培养的大量事实却证明,即使是一个高度分化的细胞也具有全能性。例如,胡萝卜(*Daucus carrot*)根韧皮部的单个细胞或烟草(*Nicotiana tabacum*)茎髓部愈伤组织的单个细胞在适当的条件下就能脱分化(dedifferentiation),并形成完整的植株。现在小麦、玉米、水稻等很多植物都可以通过组织培养获得愈伤组织(callus),愈伤组织又可以在再分化培养基上重新发育成一个完整的个体。

高等植物的再生能力比较强,把一个基因型的枝条接在另一基因型的植株上,以及用插枝和压条等方法进行的无性繁殖技术,已经在农业上被广泛应用。这些事例都表明,植物比较不受分化状态的约束,可以从高度分化的状态回复过来。植物的这种脱分化能力在生产实践中具有重要意义,用诱变剂处理培养中的细胞诱发突变,筛选出生产上极为需要的突变型,然后使突变细胞分化成为成熟的植株,大大缩短了育种周期,加快了育种进程。此外,还可以通过单体培养快速获得纯合个体。

### 二、非洲爪蟾的核移植

全能性在动物方面不像植物那样普遍和明显。虽然有些高度分化的动物体能再生新的组织和器官,如海星可再生失去的臂,壁虎可再生掉下的尾巴,人可再生部分切除的肝脏等,但能进行再生的动物组织和器官,就目前所知,在数目和种类上都是有限的。动物单个细胞的全能性又如何呢?

因为蛙卵比较大，又是体外发育的，所以是进行核移植试验、测定个体发育中核全能性的好材料。1952年，布里吉斯（Robert Briggs）和肯恩（Thomas J. King）用很细的玻璃吸管插入未受精的北方豹纹蛙（northern leopard frogs）蛙卵，把核吸出，成为无核蛙卵，然后从已分化的蛙胚细胞取得核，并注入无核卵中。这样就可以测定一个分化细胞的核在一个未受精卵的细胞质环境中的发育能力。Briggs 等发现，无核卵得到一个体细胞的核后可以分裂，从原肠形成（gastrulation）以前的胚取得的核是全能的，但从原肠形成以后的胚取得的核就不能完成正常的发育了。所以在豹蛙（Rana pipiens）中，原肠形成时，核已经开始分化，把分化了的核注入无核卵中，已不能支持正常的蛙胚发育，表明核已不能逆转了。

格登（John Gurdon）在非洲爪蟾（Xenopus laevis）中重复了这个实验。将爪蟾的未受精卵细胞用紫外线（对DNA 有很强的损伤作用）照射杀死细胞核，再将蝌蚪肠细胞的核放进去。至少有 20%的肠细胞核移植到去核卵后能够长成胚，在胚中可以观察到有功能的肌肉和神经细胞；有的发育成蝌蚪，7%正常发育为成体（图 14.8）。这说明植入的核可以去分化，又重新分化。蝌蚪肠细胞核是全能的，遗传物质没有发生不可逆的改变。

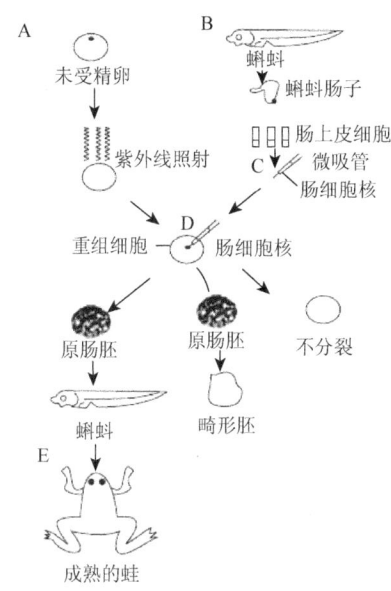

图 14.8 非洲爪蟾核移植试验

## 第三节 细胞核在个体发育中的作用

细胞核和细胞质是组成细胞整体必不可少的组分，在细胞的生存和发育过程中相互依存，缺一不可。细胞核内的遗传信息蕴含着个体发育的方向和模式，在个体发育中起主导作用。

### 一、伞藻的嫁接试验

伞藻（Acetabularia）是一种大型的单细胞海生绿藻，自顶端到基部长 6~9cm。伞藻成熟时，在顶部长出一个伞状的子实体（fruiting body）。不同种类的伞藻，子实体的形态也不同。地中海伞藻（Acetabularia mediterranea）的子实体边缘为完整的圆形。裂缘伞藻（Acetabularia crenulate）的子实体边缘裂成分瓣形。在伞藻的基部是假根，细胞核位于假根内。

嫁接试验表明，如果把地中海伞藻的子实体和带核的假根去掉，嫁接到裂缘伞藻带核的假根上，不久出现中间形的子实体；把这种中间形的子实体去掉，长出来的是裂缘伞藻的子实体（图14.9）。

嫁接后之所以先长出中间形的子实体，是因为嫁接的茎中还带有在地中海伞藻细胞核控制下合成的物质，同时也有裂缘伞藻细胞核控制合成的物质，从

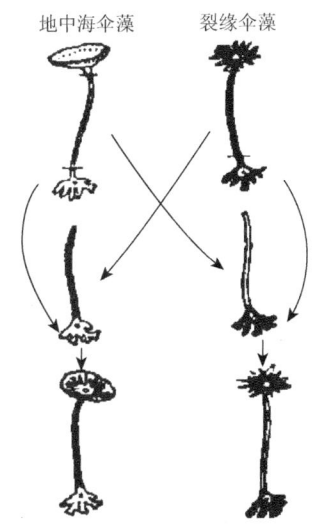

图 14.9 伞藻的嫁接试验

而长出中间形的子实体。等到茎中储存的地中海伞藻的物质消耗完之后，再生的子实体是在嫁接后的裂缘伞藻细胞核控制下形成的，因此长出来的子实体是裂缘伞藻的子实体。这个试验结果充分肯定了细胞核在伞藻个体发育中的主导作用。

分子生物学的研究表明，控制子实体形态的物质是 mRNA，在核内形成后迅速向藻体上部移动，编码决定子实体形态特殊蛋白质的合成。

## 二、克隆羊

1997 年，生物学界发生了一件轰动世界的大事，那就是克隆羊多莉（Dolly）的诞生。从一只 6 岁芬兰多塞特（Finn Dorset）白面母绵羊（A 羊）的乳腺细胞中取出细胞核，从一只苏格兰黑面母绵羊（B 羊）的卵巢中取出未受精的卵细胞，并立即将细胞核除去，留下一个无核的卵细胞，此细胞称为"受体细胞"，将 A 羊的细胞核与 B 羊的无核卵细胞融合，形成"融合细胞"，最后将形成的胚胎细胞转移到另一只苏格兰黑面母绵羊（C 羊）的子宫内（图 14.10），胚胎细胞进一步分化和发育，最后形成的小绵羊多莉与母羊 A 有相同的遗传物质，形态像 A 羊，而不像 B 羊和 C 羊。多莉于 1998 年 4 月生下了正常的后代（图 14.11）。多莉的诞生及其正常生育能力充分表明动物细胞核的全能性，分化和发育并不引起基因组中遗传信息的丢失，为人们研究高等动物细胞全能性揭开了新的一页。

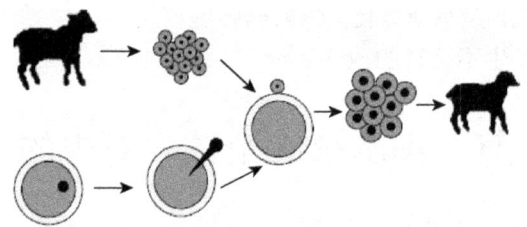

图 14.10  多莉羊的繁育过程

图 14.11  多莉和她的孩子

## 三、去核变形虫

用显微操作技术除去变形虫的细胞核,变形虫 5～10min 就丧失了它的表面张力而变成球形,并长出许多钝的伪足,运动缓慢不能消化食物,只能生存 20 天左右。如果在去核后三天再植入一个同种的核,变形虫便会伸展,并开始正常的运动,消化食物,甚至还会分裂,逐渐形成人工培养的群体;如果移入另一物种的核,也能激活细胞质,但细胞不会很快发生分裂甚至不分裂,在 121 个个体中只有 1 个存活。由此可以说明细胞核控制细胞质的代谢。

## 第四节 细胞核和细胞质在个体发育中的相互依存

在个体发育过程中,细胞核和细胞质是相互依存、不可分割的,但起主导作用的应该是细胞核。因为细胞核内的"遗传信息"决定着个体发育的方向和模式,为蛋白质(包括酶)的合成提供模板(mRNA)及其他各种重要的 RNA,从而控制了细胞的代谢方式和分化程序。

细胞质为细胞核提供发挥作用的环境,是蛋白质合成的场所,并为 DNA 的复制、mRNA 的转录及 tRNA、rRNA 的合成提供原料和能量。另外,细胞质中的一些物质又能调节和制约核基因的活性,使得相同的细胞核受不同细胞质的影响而导致细胞分化。细胞质的不等分裂对细胞的分化起着重要的作用。没有细胞质的不等分裂,其后果只能是细胞数目的增加,不会有细胞的分化。

细胞是由细胞核和细胞质组成的整体,虽然细胞核起主导作用,但是细胞核和细胞质相互依存、相互影响和相互制约。例如,叶绿体的 RuBP 羧化酶的 8 个小亚基和 8 个大亚基分别由核基因和叶绿体基因编码合成。呼吸链-氧化磷酸化系统的 80 多种蛋白质亚基中,mtDNA 仅编码 13 种,绝大部分蛋白质亚基和其他维持线粒体结构和功能的蛋白质都依赖于核 DNA (nuclear DNA, nDNA)编码,在细胞质中合成后,经特定转运方式进入线粒体。此外,mtDNA 基因的表达受 nDNA 的制约,线粒体氧化磷酸化酶系统的组装和维护需要 nDNA 和 mtDNA 的协调,二者共同作用,参与机体代谢的调节。

## 第五节 基因对个体发育的控制

体细胞的全能性表明,分化的体细胞中携带着生长发育的全部遗传信息,但是在分化的细胞中只表达了整个遗传信息的一部分,而且不同类型的细胞表达的遗传信息也不相同。细胞的分化并不是基因的丢失、突变或永久性地失去活性,而是通过基因表达的调控来实现的。

### 一、个体发育的阶段性

个体发育(individual development)是指多细胞生物体从受精卵开始,经过细胞分裂、组织分化、器官形成,直到性成熟等的过程。这一过程实际上包括了一系列连续的发育阶段,这些阶段按预定的顺序依次接连发生。上一阶段的趋向完成,"启动"下一阶段的开始。个体发育所经历的不同阶段,总是遵循预定的方向和模式,这是由个体的基因决定的。在发育的某个阶段,某些基因被激活而得到表达,另一些基因则处于被阻遏或保持阻遏状态。在发育的另一阶段,原来被阻遏的基因被激活而表达了,原来表达的基因却被阻遏了。例如,有些基因在胎儿早期并不表达，苯丙氨酸羟化酶只在肝组织中表达等。

### （一）噬菌体基因的阶段性表达

原核生物和单细胞的低等生物结构简单，其基因表达顺序性的研究结果对认识高等生物的分化和发育有很大的启发作用。噬菌体侵入大肠杆菌后，它的 DNA 利用宿主细胞中的 RNA 多聚酶合成自己的 mRNA。这些专化的 mRNA 在宿主的核糖体上进行翻译，合成能裂解宿主 DNA 的酶。

对突变体进行的研究表明，控制 $T_4$ 噬菌体各"部件"的合成和装配，大概需要 70 个基因。这些基因按其表达时间的顺序大致分成两类。

1）早期基因（early gene），主要控制早期侵染行为，产生早期的 mRNA，编码合成噬菌体 DNA 的酶等。

2）晚期基因（late gene），主要控制蛋白质"部件"的合成（包括头部外壳的蛋白质、尾部及各种附属结构的蛋白质），装配新的噬菌体并产生溶菌酶（lysozyme）。

无论是早期基因还是晚期基因发生突变，分化都会停止，不能形成完整的噬菌体。如果把具有不同突变体的裂解液混合，使它们进行体外装配，得到了有活性的噬菌体，说明噬菌体的繁殖是一个基因有序表达和程序性包装的过程（图 14.12）。

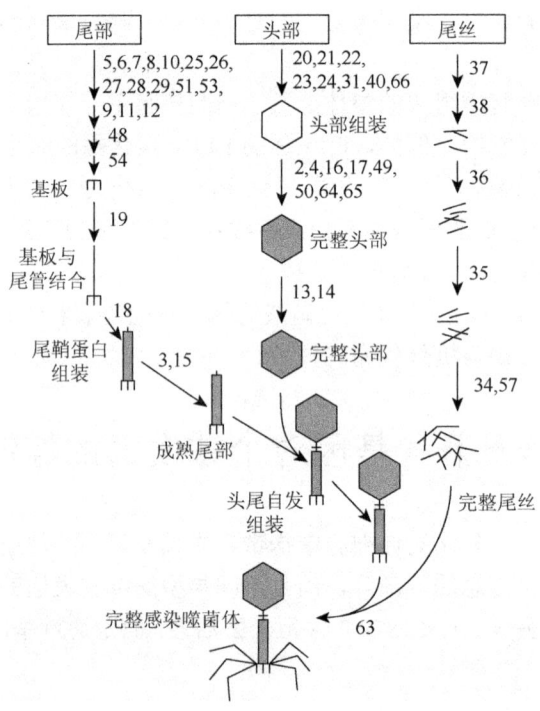

图 14.12　噬菌体的程序性包装过程

### （二）高等植物发育中基因的顺序表达

高等生物的结构复杂，其形态建成涉及一系列的新陈代谢过程。这些过程的完成有赖于不同蛋白质的及时合成，并按一定顺序组合到各种形态结构中去，使器官从小到大，从简单到复杂。

利用胚胎发育不同时期的 mRNA 进行差别杂交，研究表明，每一特定发育时期都有一些相应的特异基因高效表达。有的仅在胚胎发育早期表达，有的主要在发育中期表达，也有的在发育晚期才表达。在整个种子发育过程中都表达的基因约有 100 个。例如，大豆从子叶期至胚成熟中期（开花后 25~95 天），有 14 000~18 000 种不同的 mRNA 分子，表明有这么多基因在这段时期表达。在子叶期有两组 mRNA，第一组约有 180 种，它们在每个细胞中的拷贝数约有 1000 个；而绝大多数 mRNA 属于第二组，每种 mRNA 仅几个拷贝。在胚成熟中期，还出现一组新类型，有 6~7 种，其拷贝数高达 10 万个。这些 mRNA 是编码储藏蛋白质的基因转录的（图 14.13）。

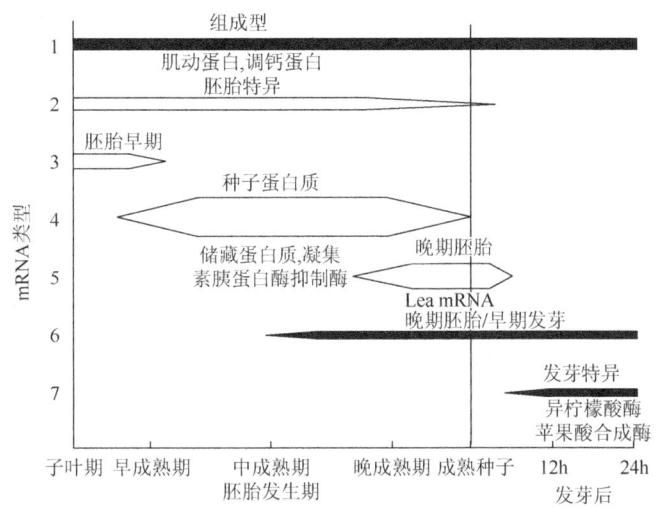

图 14.13 大豆种子发育过程中基因的阶段性表达

### （三）高等动物发育中基因的顺序表达

人的血红蛋白（hemoglobin）用于氧的输送，由两条相同的 α 链和两条相同的 β 链聚合成四聚体（tetramer），即 $\alpha_2\beta_2$。α 链和 β 链分别由独立遗传的两个基因簇（gene family）编码（图 14.14）。α 链基因簇分布在 16 号染色体上，位于长约 28kb 的 DNA 区段内，包括 1 个有活性的 ζ 基因、2 个有活性的 α 基因、一个 ζ 假基因（$\psi\zeta$）（假基因不编码蛋白质）、2 个 α 假基因（$\psi\alpha$）。β 链基因簇位于 11 号染色体上，长约 50kb，含有 5 个功能性基因（1 个 ε、2 个 γ、1 个 δ 和 1 个 β 基因）和一个 β 假基因（$\psi\beta$）。

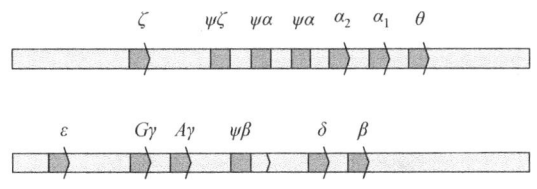

图 14.14 人类血红蛋白的 α 和 β 基因簇

在人体发育的各个阶段中，血红蛋白的组成各不相同（表 14.1）。在 8 周以内，α 基因簇中 ζ 链最先表达，然后是 α 基因表达，α 链取代 ζ 链。在 β 基因簇中，只有 ε、γ 链表达。两种 α 链及两种 β 链依次组成三种不同的胚胎血红蛋白。当胚胎 3~9 个月时，α 基因簇仅 α

链表达，β基因簇中ε链表达降低，被γ链取代，此期的胎儿血红蛋白仅一种类型。从胎儿后期到出生，β基因簇中的γ链合成下降，β链合成上升；从出生到成人期，则以β基因表达为主，伴随有少量δ基因的表达。α基因簇在这两个时期都只有α链表达。

表 14.1　人体发育过程中血红蛋白的组成

| 发育时期 | 血红蛋白的组成 |
| --- | --- |
| 胚胎期（8周前） | $\xi_2\varepsilon_2$，$\xi_2\gamma_2$，$\alpha_2\varepsilon_2$ |
| 胎儿期（3～9个月） | $\alpha_2\gamma_2$ |
| 成人期（自出生开始） | $\alpha_2\delta_2$，$\alpha_2\beta_2$ |

上述的研究结果表明，人类血红蛋白肽链的合成在发育期间呈现有规则的变化，而且有关基因的表达顺序与基因的排列次序一致。

## 二、同形异位基因

各种生物的器官具有相对稳定的形态特征和着生位置，但是在有些情况下，器官形态与正常相同，但生长的位置却完全不同，这种现象称为同形异位。同形异位现象是由同形异位基因（homeotic gene）控制的，通过调控其他重要的形态及器官结构基因的表达，影响个体的发育模式、组织和器官的形成。在果蝇、动物、真菌、植物及人类等几乎所有真核生物中都发现了同形异位基因。

### （一）果蝇的同形异位

果蝇幼虫及成虫由体节组成，包括一个头（head）、三个胸节（thoracic segment，$T_1$～$T_3$）和8个腹节（abdominal segment，$A_1$～$A_8$）。每节又分为前端（anterior，A）和后端（posterior，P）两部分。成虫的每个胸节带有一对脚。在第二胸节（$T_2$）上长出翅膀，在第三胸节（$T_3$）上生长平衡器。果蝇从胚胎分化发育至成熟个体，有两组同形异位基因簇参与调节形态构建。这两组同形异位基因位于第三号染色体上：①腹胸节基因（bithorax）。该基因簇位于一段300kb的区段内，共有3个编码基因：*Ubx*（ultrabithorax）、*abdA*（abdominal A）和 *abdB*（abdominal B）。其中 *Ubx* 控制第二胸节后端及第三胸节的结构，*abdA* 和 *abdB* 控制8个腹节的形成。腹胸节基因突变将第三胸节转变成第二胸节，平衡器转变成一对多余的翅膀（图14.15）。②触角脚基因（antennapedia）。该基因簇位于长约350kb的区段内，有5个编码基因，分别是控制头部的 Labial（*lab*）和 Deformed（*Dfd*）基因，控制前面两个胸节（$T_1$和$T_2$）的 Sex comb reduced（*Scr*）和 Antennapedia（*Ant*）基因，以及一个可能参与胚胎发生或保持成虫分化状态的 proboscipedia（*Pb*）基因。触角脚基因突变使头上的触角变成一对脚，这种脚与正常脚的形态相同（图14.16）。

图 14.15　果蝇的腹胸节基因突变

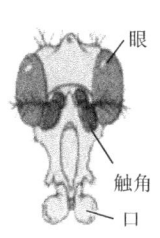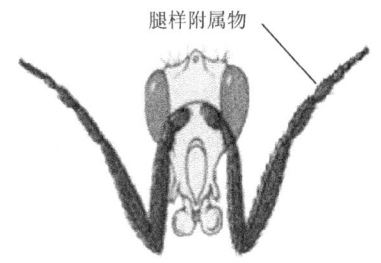

图 14.16 果蝇的同形异位现象

同形异位基因及其他控制个体发育的基因中，含有一段特异的、较短的 DNA 片段，长约 180bp，称为同形异位盒（homeotic box）。其主要特征是核苷酸的同源性很高。例如，爪蟾发育基因的同形异位盒与果蝇触角基因的同形异位盒所编码的氨基酸仅一个氨基酸差异；人的两个同形异位盒和果蝇的三个同形异位盒的结构相似程度高达 90%。

同形异位基因编码一组转录因子，通过调控其他重要的形态及器官结构基因的表达来控制生物发育及器官形成。这类转录因子都含有一段或几段十分保守的序列，能形成一定的空间结构。例如，许多同形异位基因编码的转录因子在羧基端有一段长约 60 个氨基酸的同形异位框，形成 α 螺旋-转角-α 螺旋（helix-turn-helix）结构，与特定的 DNA 序列结合。因此，同形异位盒对生物的个体发育和物种的进化有重要的意义。

### （二）植物的同形异位

拟南芥（*Arabidopsis thaliana*）和金鱼草（*Antirrhinum majus*）有三组同形异位基因控制花器的分化与发育。第一组基因控制初级花的分生组织，金鱼草的花序（inflorescence）突变长出的花序不形成花。这种突变只形成花序分生组织，不形成花的分生组织。第二组基因控制花的对称性。正常金鱼草花是两侧对称的，从中间对等将花一分为二，其中的一半正好与另一半镜像对称。有一种圆形基因（cycloidea）突变体形成非对称结构的花。第三组基因直接控制花器器官的形成。正常拟南芥的花具有 4 种花器，以同心圆方式排列，由外向里的顺序是萼片（sepal）、花瓣（petal）、雄蕊（stamen）和心皮（carpel）。

植物同形异位基因也编码转录因子，参与调控其他结构基因的表达。但是控制植物花序发育的同形异位基因不含同形异位框序列。与果蝇同形异位基因不同的另一个特点是，植物同形异位基因编码的有些转录因子在其氨基端具有一个长约 60 个氨基酸的 MADS 框，这类基因也称为 MADS 框基因。MADS 命名来源于下列 4 个基因的第一个字母：酵母菌决定交配型基因 *MCM1*（mini chromosome maintenance*1*，微小染色体维持）、拟南芥无配子基因 *AG*（agamous）、金鱼草缺失基因 *DEF*（deficiens）和人的血清反应因子（serum response factor）基因 *SRF*。MADS 框是转录因子中与 DNA 结合的区域。

## 三、基因突变对器官形成的影响

有性生殖生物的发育都是从受精卵开始，通过细胞的分裂和分化，形成不同的组织、器官和系统，在胚胎发育过程中，如果基因发生突变，则该基因控制的器官就会发生变异。大量的突变影响发育过程，从而表明控制这些过程的基因的存在，这些基因为发育过程提供必需的遗传信息，所以突变影响发育就是基因控制发育的例证。例如，在小鼠（*Mus musculus*）中发现一种突变，它的尾巴长度只有正常小鼠的一半。这种突变的尾巴性状是由于显性突变基因 *T* 引起的，纯合个体 *TT* 在胚胎发育的特定阶段死亡。

## 主要参考文献

程罗根. 2013. 人类遗传学导论. 北京：科学出版社
戴灼华，王亚馥. 2008. 遗传学. 2版. 北京：高等教育出版社
河南师范大学. 2010. 遗传学. http: //wendang. baidu. com/view/e51e188271fe910ef12df872. html[2017-10-16]
贺竹梅. 2011. 现代遗传学教程. 2版. 北京：高等教育出版社
刘祖洞. 1990. 遗传学. http: //www. csxsxx. com/zhuantiwang/ziranwang/kexueb/kexue g 2/co6 g 2/6 g 21/a08/014. htm [2007-12-21]
刘祖洞，乔守怡，吴燕华，等. 2013. 遗传学. 3版. 北京：高等教育出版社
石春海. 2005. 遗传学精品课程. http: //jpkc. zju. edu. cn/k/531/d13z/d2j. htm[2017-2-20]
石春海. 2007. 现代遗传学概论. 杭州：浙江大学出版社
唐正义. 2009. 遗传学网络课程. http: //jpkc. njtc. edu. cn/coursefile/yichuanxue_ wangluo__20090527/? action = content&m = 4194&a = 6061&todo = show [2017-3-25]
中山大学. 2006. 遗传学网络课程. http: //ch. sysu. edu. cn/hope/sites/inherite/course/g11/webtext/g11g1. html [2017-2-25]

## 思考题

1. 解释名词：
1）细胞分化
2）全能性
3）个体发育
4）同形异位
5）同形异位盒

2. 试述小麦瘿蚊（*Mayetiole destructor*）个体发育过程中的细胞质对染色体行为的影响导致不同细胞的形成。

3. 试述 Briggs 的豹蛙（*Rana pipiens*）卵核移植试验。该试验结果说明了什么问题？

4. 将变形虫切成两半，一半为有核的细胞部分，另一半为不含核的细胞部分。这两部分的命运如何？结果说明什么问题？

5. 请用海星设计一个试验说明分化细胞的细胞核还保持着全能性。

6. 以伞藻的嫁接试验为例说明细胞核在个体发育中起主导作用。

7. 如何理解细胞核和细胞质在个体发育中的相互依存关系？

# 第十五章 保护遗传学

保护遗传学（conservation genetics）是应用遗传学的原理和方法，研究生物多样性中的遗传多样性及其保护的新兴学科。其主要研究与灭绝风险相关的遗传因素，以及如何利用遗传学管理方法以降低物种灭绝风险，是保护生物学和分子遗传学的交叉学科。保护遗传学的主要研究目标是保护物种遗传多样性（genetic diversity）和保持物种进化潜力（evolutionary potential）。

## 第一节 保护遗传学的兴起和主要研究内容

目前世界上许多物种都面临着灭绝的危险，据最新估计，现有物种的灭绝速率是化石记录上的4~5倍，全世界每天约有75个物种灭绝，每小时有3个物种灭绝。因此，如何采取有效的保护措施，减缓物种灭绝的速度，是保护生物学（conservation biology）面临的一项重大课题。

### 一、保护遗传学的兴起

随着人口的快速增长，人类经济活动的不断加剧，盲目利用自然资源，大面积砍伐森林和延伸农业耕地等社会行为，已经严重地毁坏了自然资源和生态系统的平衡，使许多野生动植物因受到不同程度的胁迫而仅残存于片段化的生境之中。由于种群隔离、基因交流中断及严重的近亲繁殖，许多物种已处于严重濒危的境地。据估计，由于人为因素及环境变化，生物灭绝速度比历史上的自然灭绝率高1000倍。因此，最大限度地保护自然环境，保护野生生物，是人类迫在眉睫的共同任务，一门新的学科——保护生物学应运而生。

作为研究生物多样性保护的一门学科，保护生物学的主要研究内容是人类对生物多样性的影响及防止物种灭绝的有效途径。生物多样性（biodiversity）包括三个主要层次，即遗传多样性、物种多样性和生态系统多样性。其中，遗传多样性是指生物体内决定性状的遗传因子及其组合的多样性，是物种多样性和生态系统多样性的基础。任何物种只有具备一定的遗传多样性，才能抵御自然界中的各种生存压力，否则灭绝将是不可避免的。遗传学特别是分子遗传学在保护生物学研究的各个层次，包括个体水平和生态系统水平都起到极其重要的作用。研究物种的遗传与变异不仅能够了解该物种的进化历史，还能搞清楚其遗传多样性的现状。只有在弄清物种的进化历史、遗传结构和遗传多样性现状的前提下，才能够制订出切实可行的保护策略，否则，任何物种保护措施的实施都不会取得实质性的成效。濒危物种保护对策的制订必须将遗传因子和环境因子结合起来考虑。随着保护生物学和分子遗传学的不断发展和相互渗透，在 20 世纪 70 年代形成了保护遗传学这个分支学科，到 80 年代后期，保护遗传学已经成为具有很强理论框架和不断发展壮大的热门学科。

## 二、保护遗传学的主要研究内容

遗传变异对于种群能否适应变化的环境极为重要。保护遗传学研究的是影响物种灭绝的遗传因素及濒危物种的遗传管理，以降低物种的灭绝风险。

随着分子遗传学的快速发展，许多新理论和新技术不断涌现并被应用到保护生物学研究的各个领域，保护遗传学已经成为保护生物学研究的一个核心部分。保护遗传学的主要研究目标是保护物种遗传多样性和保持物种进化潜力，因此其内容主要包括种群遗传结构（population genetic structure）、近亲繁殖（inbreeding）、遗传变异（genetic variation）、基因流（gene flow）、杂交（hybridization）、迁移（migration）、亲系关系（kinship）、有效种群大小（effective population size，EPS）、种群的亚分化（population subdivision）和进化显著单元（evolutionary significant unit，ESU）的确定等方面。

在自然种群中，种群数量下降和生境片段化会明显地改变种群遗传结构，增加近亲繁殖和遗传漂变，导致遗传异质性和基因多样性一代代地丧失，从而使物种适应环境的能力下降。种群遗传结构的研究主要评估濒危物种种群间和种群内的遗传变异水平、分布及其产生的遗传多样性水平。因此，种群的遗传结构已成为保护遗传学中一个最主要的研究内容。通过评估遗传变异水平，判断近亲繁殖程度、有效种群大小、种群间迁移和基因流程度，进行亲系鉴定，检测种群间杂交和基因渗透等情况，以便制定合适的保护策略。

进化显著单元是指具有共同的进化祖先但在进化过程中形成并保持着各自不同遗传结构的一些分类单元。它被视为物种保护的基本单元，是保护遗传学研究中的另一个主要研究目标，对制订切实可行的保护对策有着重要的参考和应用价值。

# 第二节 保护遗传学的主要研究技术

保护遗传学的研究，一方面以种群遗传学理论为基础，研究物种（种群）遗传变异，探讨其在环境变化和人为活动影响下的变化过程；另一方面通过系统进化的理论和方法研究物种（种群）进化历史，为生物资源的保护和利用提供理论和实践依据。

## 一、遗传多样性

遗传多样性（genetic diversity）或称基因多样性（gene diversity），广义上是指地球上所有生物携带的遗传信息的总和，也就是各种生物拥有的多种多样的遗传信息。狭义的遗传多样性主要是指种内个体之间或一个群体内不同个体的遗传变异。遗传多样性代表有机种群之间遗传结构的变异，是表征群体内遗传结构的一个信息参数，为一定基因库（gene pool）内每个基因位上等位基因数目和频率的函数。

遗传多样性是生物多样性的重要组成部分。同一种群不同遗传差异的个体形成了种群内的遗传多样性；而各种群由于随机遗传漂变、自然选择和其他原因又造成各种群间的遗传差异，即某些种群具有另一些种群不具有的特殊等位基因，或不同种群拥有不同的等位基因频率。因此，种群内和种群间的遗传多样性构成了物种遗传多样性的总和。

### (一)确定种群保护和利用的优先级

为了合理和有效地开展物种保护遗传学研究,首要的一步是了解物种的遗传多样性并保护遗传多样性,因此遗传多样性大的种群是保护首选。当种群间出现较大的遗传分化时,代表了物种遗传多样性分散在各种群之中,此时更多的种群需要被保护。

如果种群的遗传多样性较低,而且不含新的等位基因,则该种群的保护价值小,保护的重点将放在保护遗传多样性大的种群上;如果种群有特殊等位基因,则该种群就很有必要进行保护,因为这些特殊等位基因可能和种群适应性相关,是保护和利用的潜在资源。

### (二)防止近交衰退和远交衰退

许多濒危动物在野外生存的个体数量已相当稀少,为保护这些珍稀物种不至于灭绝,对其进行人工饲养和繁殖是一种有效的途径。但实行人工繁殖后面临的新问题是种群过小所导致的近交衰退(inbreeding depression)。近交会提高同型杂合子的水平,从而使隐性有害突变基因得以表达;另外,近交会降低异型杂合子的水平,同时使稀有有害等位基因得以表达。所以,近交衰退的原因是近交增加有害等位基因的纯合,导致个体适合度下降。近交衰退受物种、环境等多因素的影响。例如,在人工环境中,近交衰退现象并不像自然环境那么明显,可能的原因是人为环境有优越的水、热、营养条件,竞争较少,害虫较少等。近交衰退的程度与交配制度有关。在典型的自交系统中,有害的隐性基因会因纯合而被淘汰。因此,长期近交的种群比远交种群表现出较为轻弱的近交衰退。另外,近交(自交)使得种群可以减小遗传负荷(genetic load),而人为增加遗传多样性反而可能增加遗传负荷,因此如何找到这之间的平衡点将是今后的研究重点。

远交(out breeding)是指亲缘关系远的两个个体之间的交配。远交衰退和近交衰退一样会产生较多问题。对于远交衰退,有两种解释:生态学解释认为,两个不同的种群分别适应了各自不同的环境,存在基因型与环境相互作用(genotype-environment interaction),而它们的交配将"稀释"这些适应基因;遗传学解释则认为,种群由于受不同的选择和遗传漂变的影响而拥有不同的遗传结构(genetic architecture),如上位效应、显性效应等,而两个种群的交配将打破这些组合,引起后代适应性的下降。有时这种适应性的下降可能不在 $F_1$ 代表现出来,反而造成杂种优势,但适应性下降将在 $F_2$ 代或更后的几代表现出来。

## 二、系统发育和地理系统发育

### (一)系统发育

系统发育是进化学研究的一个分支。通过遗传学手段进行物种系统发育的研究,可以帮助人们弄清那些在形态分类上模棱两可的"种",从而明确需要保护的物种,为制订合理的保护措施提供依据。为了确定种群的独特性,进化显著单元的概念被提出并被广泛应用。进化显著单元被定义为存在历史隔离、独立进化、应被单独处理(management)和优先保护的种群,主要通过遗传学方法(如在动物中可对线粒体 DNA 进行分析,在植物中对叶绿体 DNA 进行分析等)测定种群间等位基因频率变化、种群间的遗传分化及系统发育研究来判定。

## （二）地理系统发育

地理系统发育最初是艾维斯（Jonh C. Avise）等在研究动物线粒体 DNA 多态性时发现其多态型与种群的地理分布有关而提出的。这种相关性主要是与种群地理隔离和物种有限的扩散能力有关。

图 15.1 是一个简单的地理系统发育，从图 15.1 可以看出，如果物种（种群）的形成是由地理隔离引起时，则物种（种群）所在的地理分布区呈明显的单系分支（monophyletic clade），即 A 和 B、C 互为单系（reciprocal monophyly），B 和 C 互为单系；当物种（种群）形成是由扩散机制所引起时，这种单系分支状况就不存在了。因此在实际研究中，可以通过物种（种群）的系统发育关系并结合其地理分布来探讨物种（种群）进化历史。

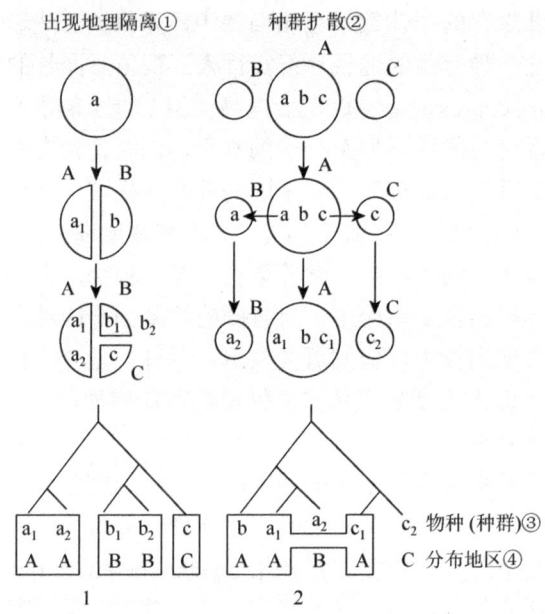

图 15.1 两种不同状况下（地理隔离和种群扩散）模拟的物种（种群）地理系统发育

## 三、分子生物学方法在保护遗传学研究中的应用

保护遗传学研究的是影响物种灭绝的遗传因素及濒危物种的遗传管理，以降低物种的灭绝风险。自 20 世纪 70 年代以来，随着分子生物学技术的发展和广泛应用，保护遗传学在 90 年代有了长足发展。保护遗传学主要是采用各种分子标记技术获得各种遗传参数，了解和分析种群关系、种群动态变化及其进化历史，为制订保护策略提供更为精确的科学依据。

### （一）遗传标记

随着生物学研究层次的提高和实验手段的不断改进，目前人们已用形态学标记、细胞学（染色体）标记、生物化学标记和 DNA 分子标记来分析遗传多样性。

1. 形态学标记

形态学标记是指与目标性状紧密连锁、表型上可识别的等位基因突变体的外部特征特性。典型的形态学标记用肉眼即可识别和观察；广义的形态学标记还包括借助简单测试即可识别的性状，如生理特性、生殖特性、抗病性、抗虫性等。形态学标记已被广泛用于保护遗传学研究。例如，张峰通过分析矮牡丹的开花和结实率、种子萌发率及其株高等形态学特征，不仅正确地分析了矮牡丹的致濒危原因，还提出了具体、科学的保护措施。

但是，表型性状是基因型与环境共同作用的结果，表型性状的变异往往并不能真实反映遗传变异。另外，形态标记数量有限，观测标准容易受到观测者的主观判断影响。因此，要更加准确、全面地了解物种的遗传多样性，仅依赖形态标记是远远不够的，还必须结合其他的标记技术，进行更深层次的研究。

2. 细胞学标记

细胞学标记主要是指染色体的核型和带型分析（详见第五章）。研究表明，在任何生物的天然种群中都存在或大或小的染色体变异。染色体的核型和带型等是表明某物种的系统演化位置及其和近缘种亲缘关系的重要依据，是探讨生物亲缘关系和进化趋势的一个重要途径。例如，李红等采用常规根尖压片法对 15 种珍稀濒危植物的染色体数目进行统计，并对其中的 5 种植物进行了核型分析。结果表明，12 种植物染色体属二倍体，3 种植物有四倍体、五倍体、六倍体现象。5 种植物染色体核型公式分别为：贺兰山岩黄芪（*Hedysarum petroviii*）$2n = 16 = 14m + 2sm$，内蒙古西风芹（*Seseli intramongolicur*）$2n = 16 = 14m + 2sm$，阿拉善黄芩（*Scutellaria alaschanica*）$2n = 10 = 8m + 2sm$，斑子麻黄（*Ephedra rhytidosperma*）$2n = 14 = 10m + 4sm$，西藏点地梅（*Andrwwe marine* Kunitz var. *tihetica*）$2n = 20 = 20m$，均属原始类型。此研究为上述几种濒危植物及其他濒危物种的保护提供了宝贵的理论依据。

随着染色体技术的发展，在染色体水平上将揭示出更加丰富的遗传多样性。但是有些物种忍受染色体结构和数目变异的能力较差而难以获得相应的标记材料，某些物种虽有标记材料，但常常伴随着标记对生物有害的表型效应，使观测和鉴定比较困难，而且大多数染色体的细胞学标记数目有限，导致该技术在较低分类阶元的应用受到限制。

3. 生物化学标记

生物化学标记是指利用生物代谢过程中具有特殊意义的生化成分或产物进行品种鉴定和遗传多样性研究的技术。许多蛋白质（包括非酶蛋白和酶蛋白）分子数量丰富，分析简单快速，能很好地反映遗传多样性，是比较理想的遗传标记。在非酶蛋白中用得比较多的是种子储藏蛋白；在酶蛋白中用得比较多的是同工酶（isoenzyme）。同工酶是指具有相同催化功能而结构及理化性质不同的一类酶，其结构的差异来自基因类型的差异，其电泳酶谱的多态性可能是由不同的基因引起的，也可能是由同一基因座位上不同等位基因引起的，后者特称为等位酶（allozyme）。

同工酶可以从蛋白质水平反映生物的遗传变异，广泛应用于种群遗传结构与交配系统的研究，种群内与种群间等位基因频率的估测及品种鉴定等方面。李晓红等采用同工酶电泳技术、聚类及主成分分析程序，对分布在井冈山的长柄双花木（*Disanthus cercidifolius* var. *longipes*）5 个种群在同工酶水平上的生态遗传分化进行了研究。结果表明，长柄双花木总体生态遗传分化程度很低，并提出如果其生境保护不当，该物种将有灭绝的可能。

同工酶在生物界普遍存在，以共显性方式表达，而且相对稳定。但是同工酶是基因表达的产物，具有组织特异性，易受发育阶段的影响；同工酶标记只能检测编码蛋白质的基因位点，不能检测非结构基因位点。因此在多数情况下，同工酶标记没有 DNA 标记敏感，其多态性也没有 DNA 标记高。

### 4. DNA 分子标记

DNA 分子标记是以个体间核苷酸序列差异为基础的遗传标记（详见第六章），是 DNA 水平上遗传变异的直接反映，能更准确地揭示种、变种、品种、品系乃至无性系间的差异。

各种 DNA 分子技术如限制性片段长度多态性（restriction fragment length polymorphisms，RFLP）、DNA 指纹分析（DNA fingerprinting）、微卫星（microsatellite）扩增、随机扩增多态 DNA（random amplified polymorphic DNA，RAPD）、主要组织相容性复合体（major histocompatibility complex，MHC）及 DNA 序列测定（主要是线粒体 DNA 上的一些基因片段）等，在保护遗传学研究中都得到了充分的运用，是鉴定稀有和濒危物种遗传多样性进而制订保护策略的重要方法。

然而在不同保护水平和研究内容上，各种方法在其应用范围和解决问题的能力上有所不同（表 15.1）。因此，研究者应根据研究内容的需要来选择不同的分子生物学方法。

表 15.1 不同分子生物学技术在保护遗传学有关问题研究中的应用程度

| 研究内容 | 同工酶 | RFLP | DNA 指纹 | RAPD | 小卫星或微卫星 | DNA 序列 |
|---|---|---|---|---|---|---|
| 亲缘关系 kin relationship | M | M | M | M | + | $ |
| 杂交 hybridization | + | + | – | + | M | $ |
| 系统发育历史 phylogenetic history | M | M | – | – | – | + |
| 遗传异质性 heterozygosity | + | + | M | – | + | M |
| 居群亚分化 population subdivision | + | + | – | M | + | + |
| 地理变异 geographic variation | + | + | M | M | + | + |
| 交配系统 mating system | + | M | – | M | + | $ |
| 基因流 gene flow | M | M | – | – | – | + |
| 近亲繁殖 inbreeding | M | – | + | M | + | – |
| 迁移 migration | – | M | – | – | – | + |
| 父系鉴定 paternity testing | M | M | + | M | + | $ |
| 进化显著单元 evolutionary significant unit | M | M | M | M | + | + |

注："–" 不太合适；"M" 勉强适合或在有限条件下应用；"$" 合适，但费用高；"+" 合适有效

### （二）基因组文库

基因组文库是指含有某种生物体全部基因随机片段的重组 DNA 克隆群体。这个文库像是一个储存有基因组全部序列的信息库，故称为基因组文库（genomic library），又称为人工

构建的基因"活期储蓄所"(gene bank)。基因组文库是进行分子克隆和基因组结构与功能研究的基础。建立濒危野生动植物的基因组文库，不仅为濒危生物的基因组及基因组学研究奠定遗传基础，也为保存其种质资源提供最为有效的实际手段和方法。将生物体全部基因的随机片段与载体相连，重组为 DNA 克隆群体来完整地保存其基因信息，使其全部的基因方便而且稳定地代代相传。与低温、甲醛溶液、种子库等传统保存种质的方法相比，基因组文库能够永久性地保存濒危野生动植物的基因资源。

## 四、遗传取样法

通过分子生物学技术获取动物的 DNA 并研究其遗传信息是遗传多样性研究的重要手段。常用的获取实验材料的方法有三种，即伤害性取样（destructive sampling）、非伤害性取样（nondestructive sampling）和非损伤性取样（noninvasive sampling）。

（1）伤害性取样法

伤害性取样法是通过杀死动物来获得新鲜的肌肉、肝脏和血液等组织样品。这种取样方法对于物种的破坏极大，特别是对于珍稀濒危物种而言，它的破坏力是毁灭性的。因此，这种取样方法对于非珍稀物种也许是可行的，但对珍稀濒危物种来说则既不科学也不现实。因此，许多研究者已经放弃了这种取样方法。

（2）非伤害性取样法

非伤害性取样法是通过捕获动物来抽取血液，拔取毛发或羽毛，采取耳、尾或趾等分析样品。虽然该方法不至于导致动物死亡，但对珍稀濒危动物均会或多或少地造成伤害。

（3）非损伤性取样法

非损伤性取样法是在不捕获、触及或伤害、甚至是在未亲眼见到野生动物本身的情况下，通过收集脱落的毛发或羽毛、粪便、尿液、食物残渣（含有口腔脱落细胞）、鹿角、鱼鳞、卵壳及馆藏标本等不同形式的分析样品，获取样品中的 DNA 而进行遗传分析的一种取样方法。在上述非损伤性取样法中，利用粪便内的肠壁脱落细胞、毛发毛囊所含有的细胞等是获得研究物种 DNA 的可靠途径。其优点主要表现在下列三方面：①在不伤害或不打扰野生动物的情况下获取 DNA 样品。②更适合于大多数大型野生动物研究。许多珍稀濒危动物的种群密度较低，通常比较警觉又生活在比较复杂的环境中。非损伤性取样法将能够在更广的范围内收集研究对象的样品。③样品来源丰富，采集简单易行，基于充足采样量的分析结果也更准确可靠。最早报告利用毛发获取 DNA 的方法来自于法医相关研究，人们发现人的发根中含有足量 DNA，能扩增出 mtDNA 和核基因的某些位点。随后这项技术在灵长类和熊类等珍稀濒危动物的研究中得到应用。粪便样品不仅可以用来研究稀有物种的种群遗传学，也能了解其部分取食行为。粪便中 DNA 的分析，在野生动物物种鉴定、性别确定、种群数量调查和保护管理单元的制订等方面均发挥着重要作用。

虽然非损伤性取样法具有不伤害野生动物、价格低廉等众多优点，但是也存在一些不足之处，主要表现在利用非损伤性取样法获得的 DNA 质量比较差，常常存在严重的降解，容易受外源基因污染。另外，利用非损伤性取样法采集的样品 DNA 量少，一般都仅含有微量的 DNA。在微卫星分析和序列测定中往往会出现假性等位基因等问题。

随着 PCR 技术的产生和不断发展及许多新 DNA 提取方法的出现，人们已经认识到馆藏标本在保护遗传学研究中的潜在价值。馆藏标本包括皮张、骨骼及浸泡在甲醛溶液或乙醇溶液中的软组织等，在这些标本中都或多或少地保留有部分 DNA，因此可以作为一些研究中野外标本收集不足的补充。例如，Wayne 和 Jenks（1991）通过比较红狼（*Canis rufus*）、丛林狼（*Canis latrans*）、灰狼（*Canis lupus*）及 20 世纪早期收集的红狼标本 mtDNA 的同源序列和核基因的微卫星位点发现，红狼是起源于灰狼和丛林狼的杂交种，而不是灰狼和丛林狼的祖先。

## 第三节 保护遗传学研究的意义

保护遗传学的研究，不仅对珍稀濒危物种保护管理策略的制订和实施具有重要的理论意义和科学的指导作用，也为农作物和畜禽等品种的遗传保护提供科学依据和技术手段，因此保护遗传学的研究具有重要的理论意义和应用价值，受到了保护生物学家的高度重视。

### 一、珍稀濒危生物的保护

保护遗传学的研究成果不仅在许多重要的珍稀濒危生物的保护计划和实施中得到了广泛应用，也对一些保护政策的制订和修改产生了重要影响。红狼保护地位的修改就是一个非常著名的例子。红狼是个独立种还是灰狼的一个亚种一直存在争论。形态学和分子遗传学的研究结果都证实，红狼是灰狼一亚种与丛林狼之间的杂交种。但是原有的保护政策规定杂交种不被保护，使得红狼得不到保护，其生存处于危险境地。为了保护这一珍稀类群，美国根据保护遗传学的研究结果对一些保护政策进行了调整，使红狼得到了很好的保护。

中国具有丰富的野生动植物资源和众多的珍稀濒危动植物，目前全国建立了 14 个野生动物救护繁育中心和 400 多处珍稀植物种质种源基地。实施了"中国大熊猫及其栖息地保护工程"，使大熊猫栖息地得到了较好保护，种群下降趋势得到有效遏制。但是，总体来说，中国的保护遗传学的研究才刚刚起步，还未得到足够的重视。为了加强对我国珍稀濒危野生动植物的保护和管理，提供经济有效的科学保护对策，我国应加强珍稀濒危动植物保护遗传学的研究。

### 二、作物遗传资源的保护

作物遗传资源是生物多样性的重要组成部分。由于气候变化、人口增长、自然环境条件恶化、外来种入侵和混杂等，一些重要的作物遗传品种及其野生近缘植物正在迅速减少，甚至灭绝。因此，作物遗传资源多样性保护和可持续利用问题已列为联合国《生物多样性公约》的主要内容。我国的作物遗传资源种类丰富，数量居世界前列，目前已经编入全国遗传资源目录的主要作物种类有 600 多种，数量为 37 万份以上，其中栽培品种 35 万份，占总数的 95%，起源于我国的有 292 种。但是，由于自然和人为的各种原因，目前我国自然物种正以每天 1 个的速度走向濒危甚至灭绝，作物栽培品种正以每年 15%的速度递减。新品种的推广，加快了原有地方品种的淘汰或绝灭。例如，20 世纪 50 年代初我国种植的小麦品种约 10 000 个，几乎都是地方品种，迄今推广的小麦品种全国仅有 400 多个，其中原有的地方品种几乎灭绝了。我国是大豆的原产国，世界 90%以上的野生大豆资源分布在我国，但是在美国的作物基因库中保存的大豆资源已达 20 000 多份，仅次于我国，很多原产我国的大豆资源成了美国的专利产品。如何保护这些珍贵的种质资源，使其不被混杂、不绝灭、不流失，是我国生物保护工作者面临的一项艰巨任务。

## 三、畜禽遗传资源的保护

畜禽遗传资源也称种质资源（germplasm resource），是指栖居在地球上改变或未改变环境条件下全部家畜及家禽品种的类型、变种和群体。畜禽遗传资源是培育新品种、保护生物多样性、实现畜牧业可持续发展战略的物质基础，是重要的生物资源。我国是世界上畜禽遗传资源最丰富的国家之一，畜禽遗传资源约占世界总量的1/6。农业部2004～2008年全国畜禽遗传资源调查结果显示，我国有畜禽品种、配套系901个，其中地方品种有554个。这些地方品种普遍具有繁殖力高、肉质鲜美、适应性强、耐粗饲等优良特性，有的还具有药用、竞技等价值，是培育新品种不可缺少的原始素材，是我国畜牧业可持续发展的宝贵资源。我国的畜禽遗传资源也对世界畜禽育种做出了重大的贡献。例如，德、法、美等国利用番禺猪改进猪肉的品质；法、英等国采用太湖猪提高猪的产子数；英国利用狼山鸡育成奥平顿鸡；英、美等国利用北京鸭育成樱桃谷鸭和枫叶鸭等。

但是自20世纪90年代以来，中国已有10多个畜禽品种绝迹，20多个品种濒危，百余个品种数量急剧下降。优秀物种资源的消失，给中国和世界的食物安全带来了不利影响。为了保护已有的优良畜禽种质资源，国家组织实施了畜禽良种工程和种质资源保护项目，先后投入5亿元资金，建设了一批重点畜禽保种场、保护区和基因库；初步建立了畜禽遗传资源保护体系；采取活体保种和遗传物质保存相结合，抢救了五指山猪、矮脚鸡等一批濒临灭绝的畜禽品种，使100多个珍贵、稀有、濒危的畜禽品种得到了重点保护。

### 主要参考文献

陈珉，张恩迪，李冰. 2007. 虎的保护遗传学研究进展. 四川动物，26（1）：216-220
程罗根. 2013. 人类遗传学导论. 北京：科学出版社
戴灼华，王亚馥. 2008. 遗传学. 2版. 北京：高等教育出版社
方德福. 1996. 医学分子生物学词典. 北京：北京医科大学，中国协和医科大学联合出版社
付玉明，李素萍，吴跃峰. 2008. 鸟类保护遗传学研究技术与进展. 河北师范大学学报（自然科学版），32（3）：397-403
贺俊英，杨美青. 2008. 国内有关遗传多样性分析在濒危植物保护遗传学中的应用进展. 内蒙古师范大学学报（自然科学汉文版），37（5）：650-655
贺竹梅. 2011. 现代遗传学教程. 2版. 北京：高等教育出版社
蒋志刚，马克平，韩兴国. 1999. 保护生物学. 杭州：浙江科学技术出版社
李红，燕玲，李佳桃. 2003. 15种珍稀濒危植物染色体数目及其核型分析. 内蒙古农业大学学报（自然科学版），24（3）：14-22
李明，魏辅文，饶刚，等. 2001. 非损伤性取样法在保护遗传学研究中的应用. 动物学报，47（3）：338-342
李明，魏辅文，谢菁，等. 2000. 保护生物学一新分支学科——保护遗传学. 四川动物，19（5）：16-19
李瑞彪，陈宏，倪忙生. 2002. 我国畜禽遗传资源保护利用方法的思考. 家畜生态，23（4）：52-55
李晓红，肖宜安，胡文海，等. 2005. 濒危植物长柄双花木生态遗传分化的同工酶分析. 井冈山学院学报（自然科学版），26（3）：34-38
廖秀健. 2010. 我国作物遗传资源保护现状与对策分析. 生态经济，221（2）：179-181
林翔，方盛国. 2005. 基因组文库构建及其在保护遗传学中的应用前景. 兽类学报，25（1）：86-90
刘祖洞，乔守怡，吴燕华，等. 2013. 遗传学. 3版. 北京：高等教育出版社
钱迎倩，马克平. 1994. 生物多样性研究的原理与方法. 北京：中国科学技术出版社
尚占环，姚爱兴. 2002. 生物遗传多样性研究方法及其保护措施. 宁夏农学院学报，23（1）：66-69
石春海. 2007. 现代遗传学概论. 杭州：浙江大学出版社

时明芝, 肖宜安, 李晓红. 2003. 保护遗传学及其在濒危植物研究中的应用. 世界林业研究, 16（4）: 13-16

王伯荪, 彭少麟. 1997. 植被生态学—群落与生态系统. 北京: 中国环境科学技术出版社

王峥峰, 葛学军. 2009. 不仅仅是遗传多样性: 植物保护遗传学进展. 生物多样性, 17（4）: 330-339

王峥峰, 彭少麟. 2003. 植物保护遗传学. 生态学报, 23（1）: 158-172

肖宜安, 时明芝, 李晓红, 等. 2003. 保护生物学研究进展及其与可持续发展的关系. 聊城大学学报（自然科学版）, 16（4）: 46-49

于福清. 2011. 加强畜禽遗传资源保护与利用思路建议. 中国牛业科学, 37（3）: 44-46

张峰. 2003. 濒危植物矮牡丹致濒原因分析.生态学报, 23（7）: 1436-1441

Avise JC. 2000. Phylogeography: The History and Formation of Species. Cambridge: Harvard University Press

Avise JC, Arnold J, Ball M, et al. 1987. Intraspecific phylogeography: the mitochondrial DNA bridge between population genetics and systematics. *Ann Rev Ecol Syst*, 18: 489-522

Avise JC, Hamrick JL. 1996. Conservation Genetics, Case Histories from Nature. New York: Chapman & Hall

Coates DJ. 2000. Defining conservation units in a rich and fragmented flora: implications for the management of genetic resources and evolutionary processes in south-west Australian plants. *Aust J Bot*, 48: 329-339

Crandall KA, Bininda-Emonds ORP, Mace GM, et al. 2000. Considering evolutionary processes in conservation biology. *TREE*, 15（7）: 290-295

Ferguson ME, Ford-Lloyd BV, Robertson LD, et al. 1998. Mapping the geographical distribution of genetic variation in the genus Lens for the enhanced conservation of plant genetic diversity. *Mol Ecol*, 7: 1743-1755

Frankham R, Ballou JD, Briscoe DA. 2002. Introduction to Conservation Genetics. Cambridge: Cambridge University Press

Haig SM. 1998. Molecular contributions to conservation. *Ecology*, 79（2）: 413-425

Hopper SD. 2000. How well do phylogenetics inform the conservation of Australian plants. *Aust J Bot*, 48: 321-328

Krauss SL. 2000. Patterns of mating in *Persoonia mollis*（Proteaceae）revealed by an analysis of paternity using AFLP: implications for conservation. *Aust J Bot*, 48: 349-356

May RM, Lawton JH, Stork NE. 1995. Assessing Extinetion Rates. Oxford: Oxford University Press: 1-24

Montalvo AM, Ellstrand NC. 2001. Nonlocal transplantation and out breeding depression in the subshrub *Lotus scoparius*（Fabaceae）. *Am J Bot*, 88: 258-269

Moran GF, Butcher PA, Glaubiz JC. 2000. Application of genetic markers in the domestication and utilization of genetic resources of Australasian tree species. *Aust J Bot*, 48: 313-320

Nei M, Maruyama T, Chakraborty R. 1975. The bottleneck effect and genetic variability in populations. *Evolution*, 29: 1-10

O'Brien SJ, Maryr E. 1991. Bureaucratic mischief: recognizing endangered species and subspecies. *Science*, 251: 1187-1188

Oostermeijer JGB, Berholz A, Poschlod P. 1996. Genetic aspects of fragmented plant populations. *In*: Settle J, Margules C, Poschlod P, et al. Species Survival in Fragmented Landscapes. Dordrecht: Kluwer Academic Publishers: 93-101

Rieger R, Michaelis A, Green MM. 1991. Glossary of Genetics. 5th ed. Berlin: Springer-Verlag

Rosseto M, Harriss FCL, Mclauchlan A, et al. 2000. Interspecific amplification of tea tree（*Melaleuca alternifolia* Myrtaceae）microsatellite loci-potential implications for conservation studies. *Aust J Bot*, 48: 367-373

Ryder OA. 1986. Species conservation and systematics: the dilemma of subspecies. *Trends Ecol Evol*, 1: 9-10

Sambrook J, Fritsch EF, Maniatis T. 1992. 分子克隆实验指南.2 版. 北京: 科学出版社

Schmidt K, Jenson K. 2000. Genetic structure and AFLP variation of remnant populations in the rare plant *Pedicularis palustris*（Scrophulariaceae）and its relation to population size and reproductive components. *Am J Bot*, 87: 678-689

Wayne RK, Jenks SM. 1991. Mitochondrial DNA analysis implying extensive hybridization of the endangered red wolf *Canis rufus*. *Nature*, 351: 565-568

Wolf AT, Howe RW, Hamrick JL. 2000. Genetic diversity and population structure of the serpentine endemic *Calystegia collina* (Convolvulaceae) in northern California. *Am J Bot*, 87(8): 1138-1146

Wright S. 1931. Evolution in Mendelian populations. *Genetics*, 16(2): 97-159

Zhang DY, Jiang XH. 1999. Progress in studies of genetic diversity and conservation biology of endangered plant species. *Chin Biodiver*, 7(1): 31-37

**思考题**

1. 解释名词：
1) 保护遗传学
2) 遗传多样性
3) 同工酶，等位酶
4) 基因组文库
2. 简述保护遗传学的主要研究内容。
3. 近交衰退的可能原因有哪些？
4. 在大熊猫的遗传保护方面，你有什么样的建议与措施？

# 第十六章 遗传工程

遗传工程也称遗传操作，从广义上讲，遗传工程是指将一种生物的遗传物质转移到另一种生物的细胞中去，并使这种遗传物质所携带的遗传信息在受体细胞中表达。它包括细胞水平、染色体水平、分子水平等几个层次的遗传操作，即细胞工程、染色体工程、细胞器工程、基因工程等。狭义的遗传工程就是指基因工程。本章重点介绍基因工程。

## 第一节 细胞工程

细胞工程（cell engineering）是遗传工程的一个重要方面，是利用细胞的全能性，采用组织与细胞培养技术对动植物进行修饰，为人类提供优良品种、产品和保存珍贵物种。当前细胞工程所涉及的主要技术领域包括细胞培养、细胞融合、核移植、细胞器摄取和染色体片段的重组等。

### 一、细胞培养

细胞工程的核心技术是细胞培养与繁殖。从动物体内取出组织或细胞，模拟机体内生理条件，在体外建立无菌、适温和一定营养条件等平台，使之生长和生存，并维持其结构和功能的技术，称为细胞培养。细胞的体外培养包括原代培养（也称初代培养）（primary culture）和传代培养（也称继代培养）（subculture）两种方式。原代培养是指将机体取出的组织或细胞进行初次培养的过程。初次培养的细胞大约增殖 10 代，这样的细胞称为原代细胞（primary cell）。从原代培养的细胞继续转接培养称为传代培养。在体外（*in vitro*）条件下持续传代培养的细胞称为传代细胞（subculture cell）。原代培养物经首次传代成功后即细胞系（cell line），其中能够连续传代的细胞称为连续细胞系或无限细胞系（infinited cell line），不能连续培养的称为有限细胞系（finited cell line）。大多数二倍体细胞是有限细胞系。从原代培养物或细胞系中获得具有特殊性质或标志物的培养物称为细胞株（cell strain）。培养的细胞生长到一定密度后转移到新的容器中培养或需要更换到新的培养液称为传代（passage）或传代培养。

早在 1885 年，德国学者劳斯（Wilhelm Rox）最先尝试离体培养，将鸡胚神经在温热的盐水中维持了若干天，首次采用"组织培养"一词；1907 年，美国胚胎学家哈里森（Ross Harrison）将蛙胚神经管区的一片组织移植到蛙的淋巴液凝块中，这些细胞不仅存活了若干周，还长出了轴突，哈里森被公认为动物组织培养的鼻祖；1934 年，荷兰的植物学家温特（Fritz Warmolt Went）发现了生长素，并证实了其对植物细胞培养的作用；1951 年，葛瑞（George Gay）建立了第一个人体细胞系——人体宫颈癌 HeLa 细胞系；1960 年，法国学者巴斯基（G.

Barski）等首先在两种不同的细胞混合培养物中发现了细胞的自发融合现象。细胞融合技术可广泛应用于种内、种间、科间乃至动植物之间杂种细胞的构建，在农、医、药等方面具有广泛的应用。

## 二、细胞融合

细胞融合（cell fusion）是在离体条件下用人工的方法把不同种的细胞通过无性方式融合成一个杂合细胞的技术。人工诱导的细胞融合是 20 世纪 60 年代作为一门新兴技术发展起来的，细胞融合不仅可以发生在同种细胞，也可以发生在种间细胞。根据不同的细胞来源和不同的融合方式，融合细胞主要有同核体、异核体、多核体和异胞质体 4 种类型。基因型相同的细胞融合成的杂交细胞称为同核体（homokaryon）。来自不同基因型的杂交细胞则称为异核体（heterokaryon）。含有双亲不同比例核物质的融合体称为多核体（polykaryon）。异胞质体（heterocytosome）是具有不同胞质来源的融合细胞。例如，用射线或细胞松弛素 B 处理某一亲本细胞，使其选择性地丢失核基因而形成一个无核的亚原生质体，再与另一个有核的原生质体融合，即可获得一个完整的原生质体与另一亲本的细胞质融合的异胞质体。

同种细胞在培养时，2 个靠在一起的细胞会自发合并，称为自发融合；异种间的细胞必须经诱导剂处理才能融合，称为诱发融合。细胞融合的诱导物种类很多，常用的主要有灭活的仙台病毒（Sendai virus）、聚乙二醇（polyethyleneglycol，PEG）、电脉冲、振动、离心、电激等。

通过不同亲本细胞的融合，有望打破远缘生物不能杂交的屏障，从而提供了创造新物种的可能途径。如今已经在动物间实现了小鼠和田鼠、小鼠和小鸡，甚至小鼠和人等许多远缘和超远缘的体细胞杂交。人与小鼠杂种细胞的无性细胞系曾在人类基因染色体定位研究中发挥了重要的作用。植物间的体细胞融合已达到了完整的植株水平，获得了新的杂交植物，如"西红柿马铃薯"、"拟南芥油菜"和"蘑菇白菜"等。

## 三、核移植

核移植（nuclear transplantation）是应用显微操作技术，将一种动物细胞的细胞核移入同种或异种动物的去核成熟卵内，使后者不经过精子穿透等有性过程即可被激活、分裂并发育成一个新的胚胎，培养一段时间后，再把发育中的胚胎移植到人或动物体内的方法。依据核供体细胞的来源，核移植分为胚胎细胞核移植和体细胞核移植两种类型。前者的核供体细胞来自多细胞阶段的胚胎，后者的核供体细胞来自动物体细胞。

核移植技术是德国著名胚胎学家 Hans Spemann 在 1938 年提出的，其实验的目的是检验部分分化或完全分化细胞的全能性。他通过头发结扎将蝾螈的受精卵一分为二，有核的部分可以正常发育和卵裂，并发育到 16 细胞期，无核的部分当移入另一个卵裂球的细胞核时，也能发育成为正常的幼虫，从而证实了蝾螈未分化的卵裂球具有发育的全能性。1952 年，美国科学家布里吉斯和肯恩首创了核移植的方法，将已发生了分化的豹蛙（*Rana pipiens*）胚细胞核注入去核的豹蛙卵，构建核移植胚，最后发育出了完整的蝌蚪（详见第十四章）。随着核移植技术的不断成熟与完善，通过核移植进行动物无性繁殖的技术逐步建立并不断取得突破，动物克隆技术在小鼠、兔、绵羊、牛、猪、狗、马等中均获得成功，以至引发了克隆人问题的争议与担忧。

## 四、细胞器摄取

细胞器摄取主要是指叶绿体和线粒体的摄取。例如,用白化型原生质体摄取正常的叶绿体,进而发育成正常的绿色植物;用抗药型草履虫的线粒体植入其他草履虫细胞,使后者获得抗药性。

## 五、染色体片段的重组

染色体片段的重组是利用染色体替换来改变生物遗传特性,如利用染色体的易位、缺体等方法,获得新的染色体组合(详见第五章)。

# 第二节 染色体工程

染色体工程(chromosome engineering)是人们按照一定的设计,有计划地消减、添加或替换同种或异种染色体,从而实现定向改变遗传特性和选育新品种的一种技术。染色体工程是物种间遗传转移最传统的方式,也是目前广泛进入生产应用的遗传工程。其研究内容和应用范围主要包括人工多倍体诱导、雌核发育、雄核发育、染色体结构的改造和人工染色体构建等。

## 一、人工多倍体诱导

人工创造多倍体是现代育种的一种重要手段,在生产实践中具有广泛的应用,主要表现在如下方面:①克服远缘杂交不孕。在育种工作中,为了获得兼具两个种特性和特征的杂种后代,常需要将一些亲缘关系较远的植物杂交,但是往往会遇到杂交不孕的现象。为了克服这种障碍,可以在杂交之前将某一亲本加倍成同源多倍体,然后再与另一亲本杂交。例如,当以白菜($2X = 20 = 10\,\mathrm{II}$)为母本,与甘蓝($2X = 18 = 9\,\mathrm{II}$)杂交时,122 朵杂交花没有得到一粒种子,反交获得的 70 朵花也没有得到一粒种子。后来将甘蓝的染色体数加倍成为同源四倍体($4X = 36 = 9\,\mathrm{IV}$),然后用四倍体甘蓝与白菜进行正反交,当四倍体甘蓝作父本时,得到 155 朵杂交花,结出了 209 粒种子,长出了 127 棵杂种植株;当四倍体甘蓝作母本时,得到 131 朵杂交花,结出了 4 粒种子,全部长出了杂种植株。②克服远缘杂种不育。远缘杂交时,亲本染色体组之间的差异一般比较大,杂交 $F_1$ 进行减数分裂时,胞母细胞内的染色体不能配对联会而出现大量的单价体,造成不育。如果将 $F_1$ 细胞的染色体加倍,则各染色体组的各个染色体在减数分裂时都能联会成二价体,于是就可育了。例如,野生种粘毛烟草($2X = \mathrm{GG} = 24$)与普通烟草($4X = \mathrm{TTSS} = 48$)杂交 $F_1$ 代($3X = \mathrm{TSG} = 36$)是不育的,如果将 $F_1$ 的染色体数加倍成异源六倍体就可育了。③创造远缘杂交育种的中间亲本。远缘杂交的 $F_1$ 代通过染色体加倍可以形成一个新的异源多倍体物种,由于其具有两个原始亲本种的性状特征,因此可以作为再次杂交的亲本之一,将原始亲本种的某些性状特征转移给再次杂交的另一亲本。例如,在上述的例子中,野生种粘毛烟草带有抗普通花叶病的显性基因 $N$,普通烟草与野生种粘毛烟草杂交的 $F_1$ 得到野生种粘毛烟草的 $N$ 基因,但不育。将 $F_1$ 加倍成异源六倍体($6X = \mathrm{TTSSGG} = 72$),则既可育又抗病,但是具有粘毛烟草的野生性状,被定义为一个新种:*Nicotiana digluta*。普通烟草多次回交这个新种,最终获得抗普通花叶病的普通烟草品种。④育成作物新类型。通过染色体加倍获得的同源或异源多倍体具有产量高、生活力强、营养更丰富等诸多优点，在生产实践中具有越来越广泛的应用，无籽西瓜、小黑麦等都是多倍体育种的成功典范（详见第五章）。

## 二、雌核发育

雌核发育（gynogenesis）也称假受精，是指精子虽正常进入激活卵子，但其染色体很快消失，并不参与卵球的发育，胚胎的发育仅受母体遗传控制，遗传物质完全来自雌核。因此，雌核发育产生的后裔一般为雌性。例如，在美洲，有一种亚马逊花鳉，全部是雌性，在达到生殖年龄时，通过寻找其他种族的雄性鳉类来完成生殖过程，但是这些异族雄性个体的精子只能促进亚马逊花鳉的卵子孵化，而不能将其遗传物质传给后代。20世纪70年代中期，在云南滇池及其水系发展起来的一个优势种群——滇池高背鲫，也是雌核发育，群体中没有雄性个体。雌核发育可以自然发生，也可以人工诱导。天然的雌核发育的卵母细胞，在进一步分裂中通常会受到限制而使染色体数目减半受阻，从而使通过雌核发育的个体不是单倍体而是多倍体。人工诱导雌核发育是指用紫外线、X射线或γ射线等处理精子，然后用失活的精子来"受精"，再在适当时间施以冷、热、高压等物理处理，以抑制第二极体的排放，使卵子发育为正常的二倍体动物。目前，在两栖类、鱼类甚至哺乳类都有雌核发育的研究。

## 三、雄核发育

雄核发育（androgenesis）是指与精子结合的卵子失去遗传活性，胚胎的发育仅受父本遗传控制的发育现象。通常用放射线照射等方法完全破坏卵核遗传物质，再在适当时间施以冷、热或高压等物理处理，使进入卵子内的精子染色体加倍，发育成完全为父本性状的二倍体。鱼类间的人工杂交会自发产生极少量的雄核发育个体，目前尚未报道天然雄核发育鱼类。

## 四、染色体削减、添加或代换

染色体的操纵可以是整条染色体的附加、消除或代换。在种间杂种及其双二倍体基础上，人们设计了许多染色体操作方案，以导入外源目的基因，并尽可能避免导入对受体有害的遗传物质。理想的情况是只掺入目的基因，而排除外源物种的其他基因。由于遗传重组可能性有限，因此导入整条染色体（异附加系、异代换系）是利用外源基因的一种重要方式。通过染色体操纵，已经培育出许多优良品种。例如，小麦附加天蓝冰草的异附加系能抗秆锈病和叶锈病；冰草染色体替代小麦染色体 3D 的异代换系能抗 15 种秆锈病的生理小种；有黑麦 6R 的小麦异代换系能抗白粉病；具有两个偃麦草染色体的小麦易位系小偃 6 号，能抗各种锈病、耐干热风、丰产，已在生产上大面积推广应用。通过染色体的消减，可以获得单体和缺体，单体系统和缺体系统是染色体工程和基因定位的重要材料（详见第五章）。

## 五、染色体改造

### （一）染色体片段的删除和重排

通过染色体片段的删除和重排，产生携带特定染色体区片段缺失突变的动物，有助于在特定的染色体区实现系统的基因定位和功能分析，并进而建立疾病的动物模型，为肿瘤抑制基因的识别和疾病的诊断治疗寻找捷径。

## （二）染色体片段的易位

利用染色体添加或代换导入外源基因时，外源染色体上连锁的不利基因往往极大地限制异附加系（alien addition line）和异代换系（alien substitution line）的利用价值，可以采用辐射、遗传、单体附加等方式诱导外源染色体与栽培物种染色体易位，使异源染色体上携带的有益基因通过易位整合到栽培植物的染色体上，建立相应的易位系，从而减少或消除不利基因的作用。通过建立易位系，已经成功地将小伞山羊草、中间冰草及黑麦的抗病基因成功地转入普通小麦的染色体。

## 六、染色体微切割

### （一）染色体分离

染色体分离是通过流式分拣仪分离染色体或在显微镜下对特定染色体或染色体的特定区段进行分离的技术。哺乳动物细胞和人体细胞的染色体分离，对于研究染色体超微结构和染色体的化学性质很有意义。通过分离的染色体介导的基因转移到受体细胞，借以研究哺乳动物和人体染色体的基因定位、基因调控等均是目前体细胞遗传学中十分活跃的领域。

### （二）目前常用的染色体微切割方法

染色体微切割（chromosome microdissection）是一种对特定染色体进行显微切割和分离的技术，最常用的方法有以下两种。

（1）微细玻璃针切割法

采用特细的玻璃针（尖端直径约为 0.17μm）在倒置显微镜下对目的基因所在染色体区段进行切割与分离。

（2）显微激光切割法

将染色体标本在底部贴有特殊薄膜的培养皿上制作，利用激光共聚焦扫描显微系统，依靠高能量激光照射非选择细胞或染色体，使其受热蒸发，最后只留下目的染色体。

### （三）染色体微克隆

染色体微克隆（microcloning）是一项特异性基因克隆技术。其是将微切割获得的特异染色体或区段进行 PCR 扩增，扩增产物插入载体，构建染色体或染色体区段特异性 DNA 文库，通过筛选分离出染色体或染色体区段特异性的 DNA 位点标记（STS sequence tagged site）、DNA 多态片段和相关基因，再用染色体步行法分离得到目的基因。

## 七、人工染色体

人工染色体（artificial chromosome）是指人工组建的具有染色体功能的 DNA 分子。天然染色体要在细胞分裂中保持稳定，就必须能自我复制并向子细胞中平均分配。染色体有自我复制序列（autonomously replicating sequence，ARS）、着丝粒 DNA 序列（centromere DNA sequence，CEN）和端粒 DNA 序列（telomere DNA sequence，TEL）三个关键序列。将这三个关键序列用分子生物学方法拼接起来就得到人造微小染色体（artificial minichromosome），在大片段 DNA 分子的克隆、基因组分析、基因功能鉴定、基因治疗及染色体结构与功能关系等研究中具有重要意义,被广泛应用。

ARS、CEN 和 TEL 是线性染色体稳定的功能序列,利用这些序列构建载体,重组后的 DNA 以线性状态存在,不但大大提高了插入外源基因的能力,而且稳定,可以像天然染色体一样在寄主细胞中稳定复制和遗传,称为人工染色体。目前已成功构建并得到应用的有酵母人工染色体(yeast artificial chromosome,YAC)、细菌人工染色体(bacterial artificial chromosome,BAC)和哺乳动物人工染色体(mammalian artificial chromosome,MAC)。

## 第三节 基 因 工 程

基因工程(genetic engineering)也称基因操作、遗传工程或重组体 DNA 技术,是指在分子水平上,根据分子生物学和遗传学原理,把一个生物体中有用的目的 DNA(或基因)转入另一个生物体中,使后者获得所需的新遗传性状或表达所需产物,最终实现该技术的商业价值。基因工程包括上游技术和下游技术两大组成部分。上游技术是指基因重组、克隆和表达的设计与构建(即重组 DNA 技术);而下游技术则涉及基因工程菌或细胞的大规模培养及基因产物的分离纯化过程。本章仅介绍上游技术。

### 一、基因工程研究发展史

#### (一)基因工程的准备阶段

1. 理论基础

1944 年,埃弗里等通过肺炎双球菌的转化实验,证明遗传物质是 DNA 而不是蛋白质。1952 年,赫尔歇等用同位素示踪法(isotopic tracer method)在研究噬菌体感染细菌的实验中,再次确认 DNA 是遗传物质,从而明确了遗传的物质基础问题。1953 年,沃森和克里克发现 DNA 分子的双螺旋模型,这一理论为 DNA 的分子结构、自我复制、相对稳定性和变异性,以及 DNA 作为遗传信息的储存和传递等提供了合理的解释。在 20 世纪 50 年代末期和 60 年代,相继提出了"中心法则"和操纵子学说,并成功地破译了遗传密码,从而阐明了信息的流向和表达问题。

但是,基因工程是一门内容广泛、综合性强的生物技术学科,在 20 世纪 60 年代科学发展的水平下,真正实施基因工程还存在许多问题,特别是在技术方面。生物有机体,尤其是具有复杂结构的真核生物,其 DNA 含量十分庞大。每个基因都被认为编码一种蛋白质分子,单基因的结构与功能的关系受到重视。所以,基因的分离、基因结构和功能的研究等问题,成为基因工程的关键所在。

2. 技术基础

20 世纪 60 年代初和 70 年代末,在遗传的分子理论不断发展的同时,分子生物学的研究技术也在不断创新。例如,在 60 年代发展起来的琼脂糖凝胶电泳(agarose gel electrophoresis)和 DNA 印迹法,对于 DNA 片段的分离、检测十分有用,并很快被应用于基因操作实验。1972 年,首次构建了一个重组 DNA 分子,并提出了体外重组的 DNA 分子进入宿主细胞的过程,以及在其中进行复制和有效表达等问题。这些技术的建立和应用为基因工程奠定了技术基础。

## （二）基因工程的问世

应用内切核酸酶和 DNA 连接酶对 DNA 分子进行体外的切割与连接，是 20 世纪 60 年代末和 70 年代初发展起来的一项重要的基因操作技术。有人甚至说它是重组 DNA 的核心技术。1967 年，世界上有 5 个实验室几乎同时发现了 DNA 连接酶，到 1972 年底，人们已经掌握了好几种连接双链 DNA 分子的方法。1971 年，美国的史密斯等利用从细菌中分离的一种限制性内切酶，可切割病毒的 DNA 分子，标志着基因工程或 DNA 重组时代的到来；1972 年，伯格等实现不同酶切 DNA 片段的体外连接，他们用一种限制性内切酶去分别切割猿猴病毒 DNA 和 λ 噬菌体 DNA，再将这两种 DNA 片段放在一起，用 DNA 连接酶连接，结果得到了一种新的 DNA 分子；1973 年，科恩（Sarah Cohen）等将非洲爪蟾（$Xenopus\ laevis$）含核糖体基因的 DNA 片段与质粒 pSC101 重组，构建成一个重组质粒（recombinant plasmid）转化大肠杆菌，转录出相应的 mRNA。这些开创性的工作为基因工程建立了一套完整的方法和体系，科恩等建立的 DNA 重组技术标志着基因工程技术正式诞生。1976 年，世界上第一家基因工程公司"Genetech"注册登记，意味着基因工程的实际应用已跨入商业运作的门槛。

## （三）基因工程的迅速发展阶段

基因工程技术自问世以来，由于其在工业、农业、医疗、国防、环保等领域的广阔应用前景，该技术迅速进入快速发展阶段，不但发展了一系列新的基因工程操作技术，构建了多种供转化（或转导）原核生物和动物、植物细胞的载体，获得了大量转基因菌株，而且培育出了转基因小鼠、多莉羊、转生长激素基因猪、抗猪瘟病转基因猪、转基因烟草、抗虫棉等动植物新品种。基因工程基础研究的进展，推动了基因工程应用的迅速发展。用基因工程技术研制、生产贵重药物，目前已研制成功 100 多种基因工程药物和疫苗，其中销售额较大的是红细胞生成素（erythropoietin）、人胰岛素（insulin）、人生长激素（human growth factor）、干扰素（interferon）、粒细胞集落刺激因子（granulocyte colony stimulating factor）、粒细胞-巨噬细胞集落刺激因子（granulocyte-macrophage colony stimulating factor）等，每种药品的年销售额高达数亿美元甚至数十亿美元。如果说 20 世纪八九十年代是基因工程基础研究趋向成熟、应用研究初露锋芒的阶段，那么 21 世纪初将是基因工程应用研究的鼎盛时期，农、林、牧、渔、医的很多产品上都会打上基因工程的标记。

## 二、基因工程的主要步骤

基因工程是在分子水平上对基因进行操作的复杂技术，是将外源基因通过体外重组后导入受体细胞内，使这个基因能在受体细胞内复制、转录和翻译表达的操作。因此，基因工程包括目的基因的获取、重组 DNA 的构建、导入及表达、筛选等 4 个主要步骤。

### （一）基因工程的工具酶

基因工程的工具酶（instrumental enzyme of gene engineering）是应用于基因工程各种酶的总称，包括核酸序列分析、标记探针制备、载体构建、目的基因制取、重组体 DNA 制备等所需要的酶类。

1. 限制性内切核酸酶

限制性内切核酸酶（restriction endonuclease）或称限制性内切酶（restriction enzyme）主

要存在于原核细菌中，识别双链 DNA 分子中的特定序列，并切割 DNA 双链，帮助细菌限制外来 DNA 的入侵。

(1) 限制酶的命名

限制性内切核酸酶的命名法，是在 1973 年由史密斯和内森斯提出来的。他们建议的命名原则如下。

1) 以寄主微生物属名的头一个字母（大写）和种名的前两个字母（小写）组成 3 个字母的略语表示寄主菌的物种名称。例如，大肠杆菌（*Escherichia coli*）用 *Eco* 表示，流感嗜血菌（*Haemophilus influenzae*）用 *Hin* 表示。

2) 第四个字母表示菌株（品系）。例如，从 *Bacillus amyloliquefaciens* H 中提取的限制性内切酶称为 *Bam* H。

3) 在同一品系细菌中得到的识别不同碱基顺序几种不同特异性的酶，可以编成不同的号，以罗马数字加以区分，如 *Hind* II、*Hind* III、*Hpa* I、*Hpa* II、*Mbo* I、*Mbo* I 等。

(2) 限制酶的种类

根据限制性内切核酸酶的活性、相对分子质量大小、酶蛋白结构、切割位点及限制作用需要的辅助因子等，目前已经鉴定出三种不同类型的限制性内切核酸酶，即 I 型酶、II 型酶和 III 型酶。这三种不同类型的限制酶具有不同的特性。

1) I 型限制酶：I 型限制酶一般都是大型的多亚基蛋白质复合物。酶蛋白的相对分子质量大，由三种不同的亚基组成，其中特异性亚基具有特异性识别 DNA 序列的活性，修饰亚基具有甲基化酶的活性，限制亚基具有内切核酸酶活性，是一类复杂的多功能酶。反应过程中除需要 $Mg^{2+}$ 外，还需要 *S*-腺苷-L-甲硫氨酸和 ATP。最早从大肠杆菌中发现的 *Eco* K、*Eco* B 就属于 I 型酶。虽然 I 型酶也能够识别 DNA 分子中特定的核苷酸序列，但由于它们的切割位点基本上是随机的，因此在基因克隆中没有什么实用价值。

2) II 型限制酶：II 型限制酶只有一种多肽，通常以同源二聚体（homodimer）形式存在，由两个彼此按相反方向结合在一起的相同亚单位组成，每个亚单位作用在 DNA 链的两个互补位点上。相对分子质量较小，是简单的单功能酶，作用时无需辅助因子或只需 $Mg^+$。II 型酶没有 I 型酶的那些异常特性，其内切核酸酶活性和甲基化作用活性是分开的。它能识别双链 DNA 上特异的核苷酸序列，底物作用的专一性强，识别序列与切割序列相一致，切割后形成一定长度和顺序分离的 DNA 片段。II 型酶对于 DNA 操作极为重要。

3) III 型限制酶：它是由两个亚基组成的蛋白质复合物，其中 M 亚基负责位点的识别与修饰，而 R 亚基则具有核酸酶的活性。III 型酶也需要在 $Mg^{2+}$ 及辅助因子 ATP 和 SAM 的条件下，才能呈现出对 DNA 分子的切割活性。在反应过程中也会沿着 DNA 分子移动，并从距识别位点一侧约 25bp 处单链切割 DNA 分子。III 型限制酶的识别序列是非对称的，它如同 I 型限制酶一样，在基因操作中没有什么实际的用处。

(3) 限制酶的切割类型

在基因操作中，一般所说的限制酶，除非特指，均指 II 型限制酶，能识别双链 DNA 分子中 4~8 对碱基的特定序列，最常见的为 6 个碱基。切割类型主要有以下两类。

1) 两条链上的断裂位置交错并对称围绕着一个对称轴排列，这种形式的断裂结果形成具有黏性末端的 DNA 片段。例如，*Eco*R I 和 *Hind* III 的识别序列和切割位置如下。

*Eco*R I　　G↓AATTC　　*Hind* III　　A↓AGCTT
　　　　　CTTAA↑G　　　　　　　　TTCGA↑A

2）两条链上的断裂位置处在一个对称轴的中心，这种形式的断裂形成具有平末端的 DNA 片段，如 HaeⅢ（GG↓CC）和 EcoRⅤ（GAT↓ATC）。产生平末端的 DNA 可任意连接，但连接效率较黏性末端低。

（4）位点偏爱

位点偏爱（site preference）是指某些限制性内切核酸酶对不同位置的同一个识别序列表现出不同的切割效率。λ 噬菌体 DNA 为 48 502bp，含 12bp 黏性末端，EcoRⅠ酶切割 λ 噬菌体中的 5 个位点时并不是随机的，靠近右端的位点比分子中间的位点切割快 10 倍。

（5）星号活性

在非理想的条件下，内切酶切割与识别位点相似但不完全相同的序列，这一现象称为星号活性（star activity），又称为星活性。一些限制性内切核酸酶在某些反应条件变化时，酶的专一性发生改变。例如，酶浓度过高、反应液离子强度过低、pH 改变、有机溶剂的影响等条件会导致限制酶的识别序列特异性发生改变，在 DNA 内产生附加切割，称为限制酶的第二活性，因能产生第二活性的酶常在酶名称的右上角加一星号"*"，故称为星活性。例如，EcoRⅠ*。EcoRⅠ通常的识别序列是 6 个核苷酸序列 GAATTC，被诱导星活性时为 4 个核苷酸 AATT。

星活性的产生虽然可能为酶提供新识别序列特异性，但星活性却严重干扰了限制酶在 DNA 重组中的正常应用。因此，为了防止星活性的出现，所有限制酶反应均在标准条件下进行，特别是要控制 pH、离子强度和二价离子的浓度等反应条件。

（6）同裂酶

有些来源不同的限制性内切核酸酶识别同样的核苷酸靶序列，产生同样的切割，形成同样的末端，这类酶称为同裂酶（isoschizomers）。例如，XmaⅠ和 SmaⅠ来源不同，但都识别和切割 CCCGGG 序列，它们属于同裂酶。国内外也有人认为同裂酶的切割位点可以相同也可以不同，识别和切割位点都相同的称为同序同切酶，识别位点相同但切割位点不同的称为同序异切酶。

（7）同尾酶

一些来源不同，识别的靶序列也各不相同，但都能产生相同的黏性末端的限制酶，称为同尾酶（isocaudarner）。常用的 BamHⅠ、BclⅠ、BglⅡ和 XhoⅠ就是一组同尾酶，它们切割 DNA 之后都形成由 GATC 四个核苷酸组成的黏性末端。同尾酶的 DNA 酶解片段能够通过其黏性末端之间的互补作用彼此结合，在连接酶的作用下，可以在体外重组得到嵌合 DNA。由一对同尾酶分别产生的黏性末端共价结合形成的位点，称为杂种位点。这类杂种位点的序列，一般不能再被原来的任何一种同尾酶所识别，有利于得到大量的重组 DNA 分子，因此在基因工程中非常有用。

2. DNA 连接酶

要将不同来源的 DNA 片段组成新的杂种 DNA 分子，必须将它们彼此连接并封闭起来。能将两段 DNA 拼接起来的酶称为 DNA 连接酶（DNA ligase）。DNA 连接酶需要在一条 DNA 链的 3′端具有一个游离的羟基（—OH），而在另一条 DNA 链的 5′端具有一个磷酸基（—P）的情况下，才能发挥其连接 DNA 分子的功能。而且 DNA 连接酶只有当 3′-OH 和 5′-P 是彼此相邻的，并且是各自位于与互补链上的互补碱基配对的两个脱氧核苷酸末端时，才能将它们连接成磷酸二酯键，产生重组 DNA 分子。另外，DNA 连接酶只能封闭双螺旋 DNA 上失去一个磷酸二酯键所出现的单链缺口（nick），而不能封闭双链 DNA 的某一条链上失去一个或数个核苷酸所形成的单链裂口（gap）。连接酶的发现，使两个 DNA 片段在体外连接形成重组 DNA 分子变为可能。它在 DNA 合成、DNA 复制、基因重组中的应用及对基因工程技术的创立与发展具有十分重要的意义。

3. DNA 聚合酶

DNA 聚合酶（DNA polymerase）是能够催化 DNA 复制和修复 DNA 分子损伤的一类酶，在基因工程操作中的许多步骤都是在 DNA 聚合酶催化下进行的 DNA 体外合成反应。这类酶大多数需要 DNA 模板，并且优先作用于 DNA 模板，也可作用于 RNA 模板，但效率较低。基因工程中最常用的依赖于 DNA 的 DNA 聚合酶主要有大肠杆菌 DNA 聚合酶Ⅰ（全酶）、大肠杆菌 DNA 聚合酶Ⅰ大片段（Klenow 片段）、$T_4$ 和 $T_7$ 噬菌体编码的 DNA 聚合酶、经修饰的 $T_7$ 噬菌体 DNA 聚合酶（测序酶）、耐热 DNA 聚合酶（$Taq$ DNA 聚合酶和 Ampli $Taq$ TM）和反转录酶等。

4. DNA 修饰酶

在进行 DNA 重组时，除了上述的工具酶之外，有时还需要一些修饰酶，主要包括以下几种。

（1）末端脱氧核苷酸转移酶

末端脱氧核苷酸转移酶（terminal deoxynucleotidyl transferase）简称末端转移酶或 TDT 酶，来源于小牛胸腺。在二价阳离子存在下，末端转移酶能催化 dNTP 加于 DNA 分子的 3′ 羟基端。与 DNA 聚合酶不同，它不需要模板就可以催化 DNA 分子发生聚合作用，而且 4 种 dNTP 中的任何一种都可以作为它的前体物。因此，当反应混合物中只有一种 dNTP 时，就可以形成仅由一种核苷酸组成的 3′ 同聚物尾巴。它的主要用途之一是分别给外源 DNA 片段及载体分子加上互补的同聚物尾巴，以使它们可以重组。例如，可以给用作克隆载体的线性 DNA 分子的 3′ 羟基端加上 poly（dG）尾巴，同时给待克隆的外源 DNA 片段的 3′ 羟基端加上 poly（dC）尾巴，于是这两条 DNA 分子便可以通过互补尾巴间的碱基配对作用彼此连接起来，最后再用连接酶将单短缺口封闭上。

（2）碱性磷酸酶

碱性磷酸酶能够催化核酸分子脱掉 5′ 磷酸基团，从而使 DNA（或 RNA）片段的 5′ 磷酸基端转换成 5′ 羟基端，主要用途是脱磷酸作用，其产物具有 5′ 羟基端，在 [γ-$^{32}$P]ATP 和 $T_4$-多核苷酸激酶的作用下，可以带上放射性的标记。碱性磷酸酶的这种功能，在 DNA 分子克隆时非常有用：①在 DNA 体外重组中，为了防止线性化的载体分子发生自我连接作用，提高重组效率，需要用碱性磷酸酶处理载体分子，除去 5′ 磷酸基，产生 5′ 羟基；②用 5′ 端标记法时，必须在标记之前先去除 DNA 分子末端 5′ 磷酸基，产生 5′ 羟基，再进行末端标记以制备 DNA 探针。

（3）$T_4$ 噬菌体多核苷酸激酶

$T_4$ 噬菌体多核苷酸激酶（polynucleotide kinase）是从 $T_4$ 噬菌体感染的大肠杆菌细胞中分离出来的，催化 γ-磷酸从 ATP 分子转移给 DNA 或 RNA 分子的 5′ 羟基端，这种作用不受底物分子链的长短大小限制，甚至是单核苷酸也同样适用。由于天然产生的核酸只具有 5′ 磷酸基端而不具有 5′ 羟基端，因此要先用碱性磷酸酶处理，使其发生脱磷酸作用而暴露出 5′-OH 基团，才能同多核苷酸激酶从 $γ^{32}$P-ATP 分子中转移来的 $γ^{32}$-P 基团键合，实现末端标记。

## （二）基因工程常用的载体

在基因工程操作中，目的基因 DNA 片段（外源 DNA）一般很难进入不同种属的细胞内，即使能单独进入细胞中，也不能进行复制增殖，它必须与具有自我复制能力的 DNA 共价键结合后才能被复制。能携带外源 DNA 进入受体细胞的 DNA 分子称为载体（vector）。理想的基因工程载体必须具有如下的基本条件：①在宿主细胞内能独立复制；②有选择性标记；③有一段多克隆位点，外源 DNA 插入其中不影响载体的复制；④分子质量小，拷贝数多；⑤容易从宿主细胞中分离纯化。根据不同功能，基因工程载体有三种主要类型：①克隆载体（cloning vector），主要是对目的基因克隆，建立 DNA 文库和 cDNA 文库，需要有复制子；②表达载体（expression vector），是能使目的基因在宿主细胞中表达的一类载体，这类载体既有复制子，更要有强启动子；③穿梭载体（shuttle vector），这类载体既可以在原核细胞中复制，也可以在真核细胞中扩增和表达。

1. 克隆载体

目前在基因工程制药中常用的克隆载体主要有 4 类，即质粒、λ 噬菌体、M13 噬菌体和黏粒。此外，动植物病毒也可作为目的基因引入动植物受体细胞的载体。

（1）质粒载体

用作克隆载体的理想质粒必须满足如下条件：①具有复制起始点，即具有复制子（replicon）功能，而且复制起始区中没有所需的限制酶的切割位点；②具有两种易被检测的选择性标记，以便为寄主细胞提供易于检测的表现性状作为选择标记，而且在插入外源 DNA 片段之后所形成的重组质粒中，至少仍要保留一个强选择标记，作为对重组与非重组转化体的选择记号；③具有多种限制酶的单一识别位点，在其中插入适当大小的外源 DNA 片段之后，应不影响质粒 DNA 的复制功能；④具有尽可能小的分子质量，在分离纯化等操作时，不易受到损伤，而且有利于克隆较长的外源 DNA 片段，对限制酶具有多重识别位点的概率也相应降低；⑤应属于松弛复制型（relaxed replication），松弛复制型的质粒载体 DNA 能在氯霉素存在下大量扩增其拷贝数，使细胞中克隆基因的剂量增加；⑥应为非传递性质粒，具有较小的宿主范围，且不为传递性载体所诱动。

天然存在的野生型质粒由于分子质量大、拷贝数低、单一酶切位点少、遗传标记不理想等缺陷，不能满足克隆载体的要求，因此往往需要以多种野生型质粒为基础进行人工构建。在基因工程中常用的质粒载体主要有 pBR322 及其衍生质粒、pUC 系列质粒及其衍生质粒、pACYC 及其衍生质粒、pSC101 及其衍生质粒、ColE1 等。

（2）λ 噬菌体载体

1974 年，戴维斯（Bernard D. Davis）发现当 λ 噬菌体失去总量 20%的 DNA 时仍不失活，缺失 DNA 后留下的空间正好用于运载外源 DNA，第一次证明了 λ 噬菌体作为基因无性繁殖载体的可能性，至今已经构建了 100 多种 λ 噬菌体载体，在重组 DNA 的研究中有着广泛的用途。

野生型 λ-DNA 上有 40%~50%的片段是复制和裂解非必需的。根据切除的多少，可将 λ-DNA 分成两大类载体：插入型载体和替换型载体。

1) 插入型载体：插入型载体（insertion vector）是指 λ-DNA 基因组中缺失部分非必要基因，只含有一个可供外源 DNA 插入的限制性内切酶位点的 λ-DNA 载体。例如，λgt10、λgt11、λBV2、λNM540、λNM641、λNM607 等都是属于这种类型的载体，它们都具有单个克隆位点。

2) 替换型载体：替换型载体（replacement vector）又称为取代型载体，是在 λ-DNA 的可替换片段两端具有两个限制性内切酶位点，酶切后替换片段与带有所有必需基因的左右双臂分开，由外源 DNA 片段取代。例如，Charon4、Charon10、Charon435 及 λ gtWES、λEMBL3

等都是很有用的替换型载体。

(3) M13 噬菌体载体

M13 噬菌体基因组由 6407 个核苷酸组成。已知在 M13 基因Ⅱ和Ⅳ之间（5498～6005 个核苷酸）有一个长度为 507 个核苷酸的基因间隔区段（intergenic space，IS），在这个间隔区段上存在着 M13 DNA 的复制起点，但该区段的完整性对噬菌体的发育功能并不重要。通过在这个基因间区段内插入外源 DNA 片段，对 M13 噬菌体进行改建，并因此成功地发展出了 M13 克隆载体系列。

(4) 黏粒载体

黏粒（cosmid）又称柯斯质粒，是一类由人工构建的含有 λ-DNA 黏性末端 cos 序列和质粒复制子的杂种质粒载体。它是为克隆和增殖真核基因组 DNA 的大区段而设计的，是组建真核生物基因文库及从多种生物中分离基因的有效手段。

2. 表达载体

表达载体就是在克隆载体基本骨架的基础上增加表达元件（如启动子、RBS、终止子等），使目的基因能够表达的载体。例如，表达载体 pKK223-3 是一个具有典型表达结构的大肠杆菌表达载体。其基本骨架是 pBR322 和 pUC 的质粒复制起点和氨苄西林抗性基因。在表达元件中，有一个杂合 Tac 强启动子（含有 trp 启动子的-35 顺序和 LacZ 启动子的-10 顺序）和终止子，在启动子下游有核糖体结合位点（如果利用这个位点，要求与 ATG 之间间隔 5～13bp），其后的多克隆位点可装载要表达的目标基因。

3. 穿梭载体

穿梭载体是指含有两个亲缘关系不同的复制子，能在两种不同的生物细胞（如真核细胞和原核细胞）中复制，能在两种宿主细胞之间运载目的基因，往返"穿梭"，因此又称为双功能载体（bifunctional vector）。这类载体不仅具有细菌质粒的复制原点及选择标记基因，还有真核生物的自主复制序列（autonomously replicating sequence，ARS）及选择标记性状，具有多克隆位点。穿梭载体通常在细菌中用于克隆、扩增克隆基因，在酵母菌中用于基因表达分析。

### （三）基因工程的主要步骤

基因工程包含四大步骤：①从合适的材料中分离或制备目的基因；②将带有目的基因的外源 DNA 片段连接到能够自我复制并具有选择记号的载体分子上，形成重组 DNA 分子；③把重组 DNA 分子引入受体细胞，并在其中扩增和表达，建立分子无性繁殖系或称克隆（clone）；④从受体细胞群体中筛选出带有目的基因的细胞，通过目的基因的表达改变受体细胞的遗传特性或使目的基因在受体细胞或个体中大量表达，以获得基因产物。

1. 目的基因的制取

基因的分离方法是根据基因的基本特性创建的，包括基因核苷酸顺序的特异性、基因在染色体上的位置特异性、基因编码的 mRNA 的特性和基因的差异表达等。目的基因的克隆战略分为两大类：一类是构建感兴趣的生物个体的基因文库，然后建立合适的筛选模型从基因组文库（genomic library）中挑出含有目的基因的重组克隆；另一类是利用 PCR 扩增技术甚至化学合成法体外直接合成目的基因，然后将之克隆表达。

(1) 目的基因的化学合成

较小的蛋白质和多肽的编码基因可以用人工化学合成法获得。但是通过化学合成法获得目的基因，首先必须知道目的基因的核苷酸排列顺序，或知道目的蛋白质的氨基酸顺序，再按相应的密码子推导出 DNA 的碱基序列。另外，人工合成基因时，遗传密码的简并性会为选择密码子带来很大困难，如果用氨基酸顺序推测核苷酸序列，得到的结果可能与天然基因不完全一致，易造成中性突变。

绝大多数目的基因的长度都大于一次人工所能合成的长度（最长 50～60bp），因此化学法合成目的基因时，先合成 DNA 不同部位两条链的寡核苷酸短片段，再退火成为两端形成黏性末端的 DNA 双链片段，然后将这些双链片段按正确的次序进行退火连接成较长的 DNA 片段，再用连接酶连接成完整的基因。

化学合成 DNA 的实质是按照序列要求将脱氧核苷酸单体一个个接上去，每接一个单体就是一个循环反应，包括基团保护、分离、缩合、分离、去保护五大操作单元。从反应机理上来讲，DNA 的化学合成有磷酸二酯法、磷酸三酯法、亚磷酸液三酯法；具体操作过程又有液相合成和固相合成两种形式。前者操作烦琐，基本上已淘汰；后者反应中间物的分离程序简便，DNA 合成仪就是根据固相亚磷酸液三酯法原理设计的。

（2）目的基因的分离

由于目的基因仅占染色体 DNA 分子总量极其微小的比例，必须经过扩增才有可能分离到特定的含有目的基因的 DNA 片段，故必须先构建基因文库（gene library），或称为 DNA 文库。

构建基因文库法又称鸟枪法（shotgun approach）或散弹射击法，是将染色体 DNA 酶切或超声波处理打断，与适当载体连接，转化受体细胞，筛选含有目的基因的目的重组子。当用上述方法制备的克隆数多到足以把某种生物的全部基因都包含在内时，这一组克隆 DNA 片段的集合体就称为该生物的基因文库。在理想的情况下，一个完整的基因文库应该含有染色体基因组 DNA 的全部序列。在基因工程早期曾是分离目的基因普遍应用的方法，特别适用于原核基因的分离。对于真核基因组则可获取真正的天然基因（兼有外显子和内含子）。此外，若研究控制基因表达活动的调控基因，或是在 mRNA 中不存在的某种特定序列，也能通过构建基因文库从染色体基因组 DNA 中获得。

2. 目的基因与克隆载体的体外重组

DNA 体外重组是将目的基因（外源 DNA 片段）用 DNA 连接酶在体外连接到合适的载体 DNA 上，这种重新组合的 DNA 称为重组 DNA（recombination DNA）。

DNA 体外重组技术主要依赖于限制酶和 DNA 连接酶的作用。在选择外源 DNA 同载体分子连接反应的程序时，一般需要考虑 3 个因素：①实验步骤要尽可能简单易行；②连接形成的接点序列，应能被某种限制酶重新切割，以便回收插入外源 DNA 片段；③对转录和翻译过程中密码结构的阅读应不发生干扰。

在连接反应中，DNA 的总浓度、载体 DNA 和外源 DNA 的比例及连接反应的温度等因素都会对连接效率、重组 DNA 分子的类型等产生影响。正确地调整载体 DNA 和外源 DNA 之间的比例，是能否获得高产量重组体转化子的一个重要因素。如果是使用质粒分子作为克隆的载体，重组体分子是由一个载体分子和一个目的 DNA 片段连接环化而成的，故当载体 DNA 与目的 DNA 的比值为 1 时，便有利于这类重组体分子的形成；若是应用 λ 噬菌体或黏粒作载体时，配制高比值的载体 DNA/供体 DNA 的连接反应体系，则有利于重组体分子的形成；DNA 的总浓度影响 DNA 分子类型的一般规律是，低浓度 DNA 分子间的相互作用机会少，有利于环化作用，高浓度的 DNA 则有利于形成长的多连体 DNA 分子。

3. 重组克隆载体引入受体细胞

带有外源目的 DNA 的重组体分子在体外构成之后，必须导入适当的受体细胞中进行繁殖，才能够获得大量的纯的重组体 DNA 分子，这一过程即基因的扩增。受体细胞是指在转化和转导（感染）中接受外源基因的宿主细胞。受体细胞可以是动物、植物或微生物细胞。作为基因工程的宿主细胞必须具备以下特性：①具有接受外源 DNA 的能力；②一般应为限制酶缺陷型，确保外源 DNA 进入宿主细胞后不被限制酶所降解或被修饰酶修饰；③一般应为 DNA 重组缺陷型，保持外源 DNA 在宿主细胞中的完整性；④不适于在人体内或在非培养条件下生存，保证一定的安全性；⑤它的 DNA 不易转移。

将外源重组 DNA 分子导入受体细胞的途径随载体种类和受体系统的不同而异，主要包括转化、转染、转导、显微注射、电穿孔等多种不同的方式。转化和转导主要适用于细菌一类的原核细胞和酵母这样的低等真核细胞，而显微注射和电穿孔则主要应用于高等动植物的真核细胞。把带有目的基因的重组质粒 DNA 引入受体细胞的过程称为转化（transformation）；将重组噬菌体 DNA 直接引入受体细胞的过程则称为转染（transfection）；若重组噬菌体 DNA 包装到噬菌体头部，使其成为有感染力的噬菌体颗粒，再以此噬菌体为运载体，将头部重组 DNA 导入受体细胞中，这一过程称为转导（transduction），通常称为感染。它比转染的克隆形成效率要高出几个数量级。显微注射是在显微镜下用注射器将重组 DNA 片段注入受体细胞（动物受精卵）。电穿孔法是将受体细胞置于脉冲电场中，在强大电场的作用下，细菌细胞壁和细胞膜产生缝隙，质粒或 DNA 重组分子便可进入细胞内。

4. 目的基因重组体的筛选、鉴定与分析

体外重组产生的 DNA 分子，通过转化、转染、转导等适当途径引入受体会得到大量的重组体细胞或噬菌体，需要采用特殊的方法才能筛选出可能含有目的基因的重组体克隆，也需要用适当的方法检测从这些克隆中提取的质粒或噬菌体 DNA 确实具有一个插入的外源 DNA 片段，最后还要证实这些重组载体所含有的外源 DNA 片段一定是所研究的目的基因的序列。

（1）重组体（菌）的筛选

目的基因与载体 DNA 连接时，限制酶切片段是大小不一的混合物，连接的产物除了带有目的基因的重组载体 DNA 外，还混杂有其他类型的重组载体 DNA。此外，在转化（或转导）子群体中还有仅由质粒 DNA 或染色体 DNA 转化而成的菌落。因此，为获得带有目的基因的重组体（即特定的目标重组体），需要对重组克隆进行筛选。目前已经发展和应用了一系列可靠性较高的重组体克隆检测法，包括核抗性基因插入失活法、显色筛选法、凝胶电泳筛选法、核酸探针杂交筛选法和免疫化学筛选法等。

1) 抗性基因插入失活法：很多质粒载体都带有 1 个或多个抗生素抗性基因标记，在这些抗药性基因内有酶的识别位点。当用某种限制酶消化并在此位点插入外源目的 DNA 时，抗药性基因不再被表达，称为基因插入失活（insertional inactivation）。例如，pBR322 质粒是 DNA 分子克隆中最常用的一种载体分子，带有四环素抗性基因（$Tet^R$）和氨苄西林抗性基因（$Amp^R$）。在四环素抗性基因内部有一个 $Bam$HⅠ限制酶切位点，在氨苄西林抗性基因内部有一个 $Pst$Ⅰ酶切位点（图 16.1）。当 pBR322 质粒与外源目的基因重组时，若用 $Bam$HⅠ限制酶切割，则外源目的基因插入后，造成 $tet^R$ 基因失活，转化后的受体细胞（重组菌）不能在含有 Tet 的培养基上生长，只能在含有 Amp 的培养基上生长，以此选择 $Amp^R$、$Tet^S$ 的重组细胞；若在重组时用 $Pst$Ⅰ酶切割质粒 pBR322，则目的基因插入后，$Amp^R$ 基因失活，转化后可选择 $Tet^R$、$Amp^S$ 的重组细胞。

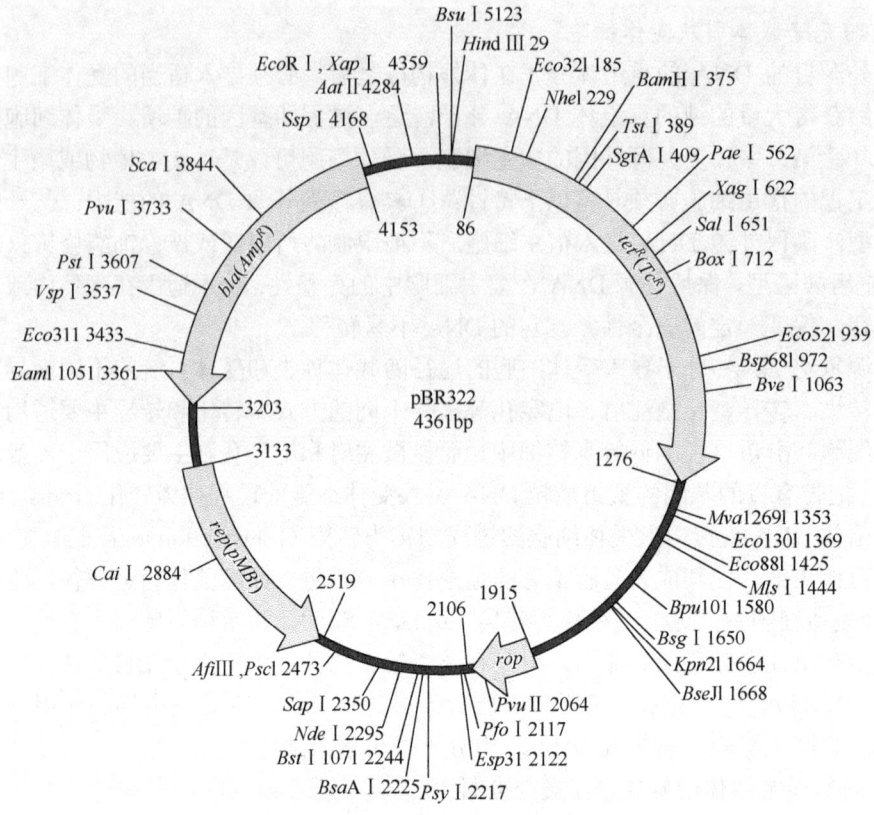

图 16.1 质粒 pBR322 物理图谱

2）显色筛选法：载体分子上携带某种显色酶基因，其表达产物能使细胞产生颜色反应，从而易于辨认和挑选。例如，大肠杆菌质粒 pUC18（图 16.2）携带一个 lac 操纵子的 DNA 区（lacZ'基因），该区段编码 β-半乳糖苷酶氨基端的一个片段，该片段能与宿主细胞所编码的缺陷型 β-半乳糖苷酶实现基因内互补。

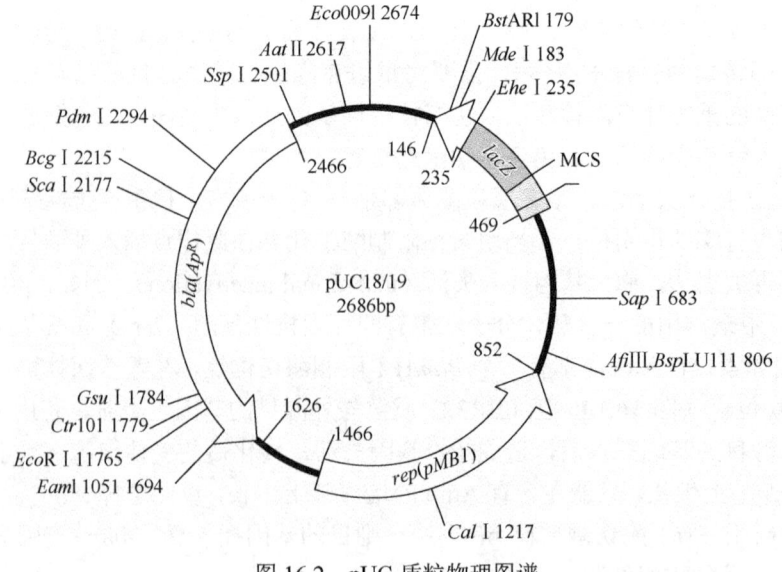

图 16.2 pUC 质粒物理图谱

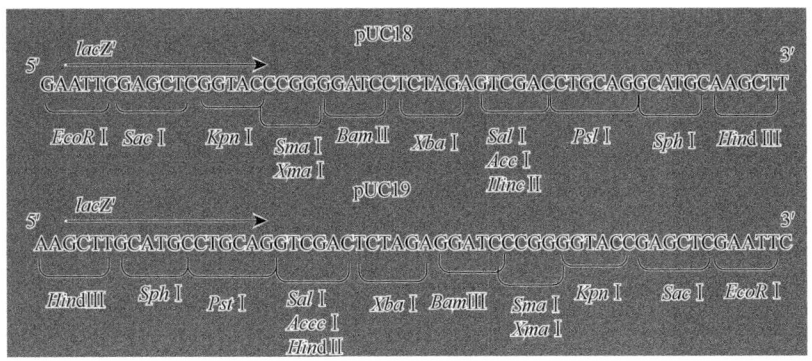

图 16.2 pUC 质粒物理图谱（续）

将 pUC 质粒转化的细胞培养在补加有 X-gal（5-溴-4-氯-3-吲哚基-β-D-半乳糖苷）和乳糖诱导物 IPTG（异丙基-β-D-硫代半乳糖苷）的培养基中时，由于基因内互补作用形成有功能的半乳糖苷酶，会把培养基中无色的 X-gal 切割成半乳糖和深蓝色的底物 5-溴-4-氯-靛蓝（5-bromo-4-chloro-indigo），使菌落呈现出蓝色反应。在 pUC 质粒载体 *lacZ* 序列中，含有一系列不同限制酶的单一识别位点［多克隆位点（multiple cloning site，MCS）］，其中任何一个位点插入外源 DNA 克隆片段，都会阻断读码结构，使酶的氨基端片段失活而破坏这种互补作用，导致带有重组质粒的细菌在含有诱导物 IPTG 和生色底物 X-gal 的培养基上产生白色菌落（图 16.3），从而可用肉眼鉴定重组克隆。

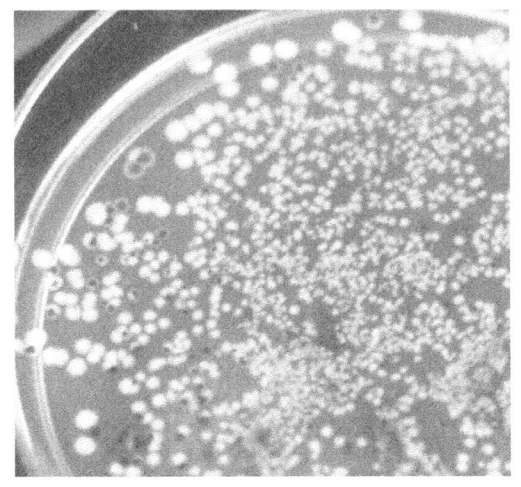

图 16.3 重组克隆的蓝白斑筛选

3）凝胶电泳：重组转化子中，外源目的基因片段已插入质粒载体，即重组质粒的相对分子质量比非重组质粒大。为了证明重组质粒在相对分子质量上的增加，就要对转化子中重组质粒 DNA 分子的大小进行测定，以便筛选出重组转化子。通常用比较简单的凝胶电泳进行检测。一些假阳性转化菌落，如自我连接载体、缺失连接载体、未消化载体、两个相互连接的载体及两个外源片段插入的载体等转化的菌落，都可以被电泳法淘汰。因为由这些转化菌落分离的质粒 DNA 分子的大小各不相同，和真正的阳性重组体 DNA 比较，前三种的 DNA 分子较小，在电泳时的泳动率较大，其 DNA 带的位置位于阳性重组 DNA 带的前面；相反，后两种重组 DNA 分子较大，泳动率较小，其 DNA 带的位置位于真阳性重组 DNA 带的后面。所以，电泳法能筛选出有插入片段的阳性重组体。

4) 核酸探针：若两种待杂交 DNA 之一（如目的基因 DNA 片段）是已知的并事先用放射性同位素（$^{32}P$ 或 $^{3}H$）标记的，则可用它作为分子探针来识别或探知另一种 DNA（如重组质粒 DNA）中与其同源的部分（插入质粒 DNA 中的目的基因），从而可筛选出带有特定 DNA 顺序（目的基因）的重组子。另外，在上述凝胶电泳检测法中，如果插入片段是大小相近的非目的基因片段，对于这样的阳性重组体，电泳法仍不能鉴别，只有用 DNA 印迹法杂交，即以目的基因片段制备放射性探针和电泳筛选出的重组体 DNA 杂交，才能最终确定真阳性重组体。

核酸分子杂交是广泛应用于分子生物学和遗传学的一种技术，它的优点是：①具有高度的特异性和敏感性，能够在几百万个基因的核酸序列中识别出一个特定的基因片段；②它不要求插入的外源基因表达，只要求提供合适的探针，就能用于测定任何插入序列的顺序。

5) 重组 DNA 的序列分析：为了确证所构建的重组 DNA 的结构与方向或对突变（如点突变和缺失）进行定位和鉴定，以便进一步对重组 DNA 进行分析，改造并提高目的基因的表达水平，必须对重组 DNA 中的局部区域（如插入片段）进行核苷酸序列分析。随着实验技术的不断发展，DNA 的测序方法也在不断改进，由第一代的 Sanger 法，第二代的循环阵列合成测序法，已经发展到了第三代的直接测序法。

6) 免疫化学检测：只要一个克隆的目的基因能够在大肠杆菌寄主细胞中实现表达，合成出外源的蛋白质，就可以采用免疫化学法检测重组体克隆。免疫化学法可分为放射性抗体检测法和免疫沉淀检测法，这两种方法都需要使用特异性的抗体。

A. 放射性抗体检测法。放射性抗体检测法（radioactive antibody test）的原理主要包括：①一种免疫血清含有好几种 IgG 抗体，它们识别抗原分子，并分别同各自识别的抗原相结合；②抗体分子或抗体的 Fab 部分能够十分牢固地吸附在固体基质（如聚乙烯等塑料制品）上，而不会被洗脱掉；③通过体外碘化作用，IgG 抗体便会迅速地被放射性同位素 $^{125}I$ 标记。在实际的测定中，首先把转化的菌落涂布在琼脂平板上，同时制备影印的复制平板。接着把平板放置在氯仿蒸汽中处理，使细菌菌落溶解，阳性菌落释放出抗原蛋白质。将连接在固体支持物（如聚乙烯薄膜）上的抗体缓慢地同溶解的细胞接触，以利于抗原吸附到抗体上，并且彼此结合形成抗原-抗体复合物。然后，将这种吸附着抗原-抗体复合物的固体支持物取出来，与用 $^{125}I$ 放射性同位素进行标记的第二种抗体一道温育，以便检出这种复合物。未反应的抗体可被漂洗掉，而抗原-抗体复合物的位置则可通过放射自显影技术被测定出来，并据此确定出在原平板中能够合成抗原的细菌菌落的位置（图 16.4）。

B. 免疫沉淀检测法。免疫沉淀检测法（immunoprecipitation test）是在生长菌落的琼脂培养基中加入抗某种蛋白质分子的特异性抗体。如果有些菌落的细菌会分泌出这种蛋白质，那么在它的周围就会出现由一种叫作沉淀素（precipitin）的抗体-抗原沉淀物所形成的白色圆圈。

（2）重组体的鉴定

为了淘汰非重组体，选出并确证为真正需要的重组体，有必要在筛选的基础上对选出的重组体作进一步的鉴定。鉴定重组体的方法有多种，因设计要求而不同，下面简单介绍常用的 4 种方法。

1) 酶切及凝胶电泳鉴定法：小规模培养重组转化细菌并制备重组质粒 DNA，用与构建重组 DNA 时相同的限制酶进行酶切消化，通过凝胶电泳进行酶切片段的分析，用同一限制酶切割的载体 DNA 和目的基因 DNA 片段或已知相对分子质量的 DNA 片段作对照。重组质粒经凝胶电泳后应有两条带：一条是泳动速度较慢、相对分子质量较大的带（相当于质粒载体 DNA），另一条是泳动速度较快、相对分子质量较小的带（相当于目的基因 DNA 片段）。

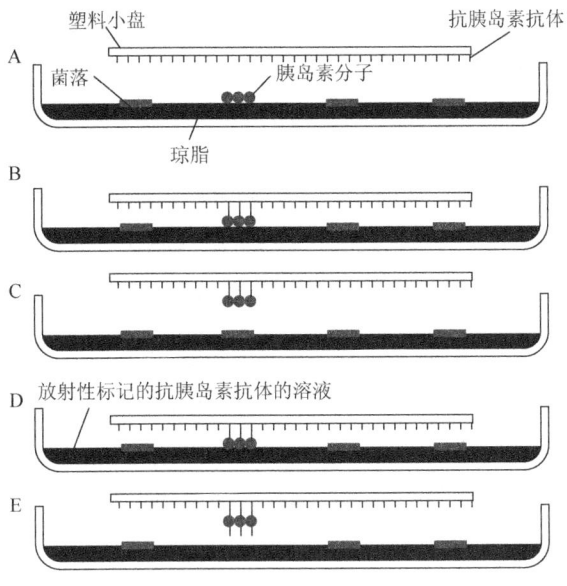

图 16.4 胰岛素基因表达的放射性抗体检测

A，B. 涂有抗胰岛素抗体的塑料盒同培养皿中的菌落作表面接触；C. 分泌胰岛素的菌落所含的抗原分子（胰岛素）同抗体接合；D. 塑料盒随后移放在放射性标记的抗胰岛素抗体的溶液中；E. 放射抗体粘着到塑料盒中相应于分泌胰岛素的菌落印迹位置上

2）DNA 印迹法：DNA 印迹法（Southern blotting）是 Edwin Southern 于 1975 年创立的。提取重组菌中的质粒 DNA，用合适的限制性内切核酸酶酶切，琼脂糖凝胶电泳分离，不同相对分子质量的 DNA 被定位在凝胶的不同位置，再用碱进行变性处理，使其双链 DNA 分开，凝胶中变性的 DNA 转移到硝酸纤维素膜（nitrocellulose filter membrane，NC 膜）上之后，用制备的标记探针溶液与 NC 膜充分混合接触，进行同源性 DNA 杂交。杂交后带有放射性的 DNA 留在 NC 膜上，经过放射自显影在 X 射线底片上出现黑色区带，证实该基因片段是目的基因片段（图 16.5）。胶片中黑色带的位置可与凝胶电泳照片中 DNA 区带位置进行比较，进一步确定基因片段的相对分子质量大小（与相对分子质量标记作对照）。

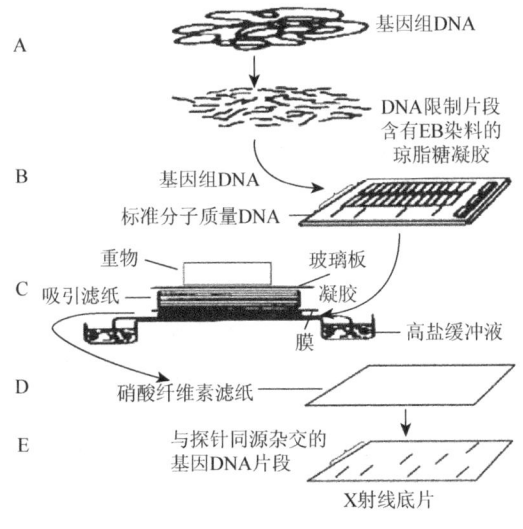

图 16.5 DNA 印迹法

3）电镜 R-环检测法：R-环（R loop）是指 RNA 通过取代与其序列一致的 DNA 链而与双链 DNA 杂交，被取代的 DNA 单链与 RNA-DNA 杂交双链所形成的环状结构。在临近双链 DNA 变性温度下和高浓度（70%）的甲酰胺溶液中，双链的 DNA-RNA 杂交分子要比双链的 DNA-DNA 分子更为稳定。因此，将 RNA 及变性 DNA 的混合物置于这种退火条件下，RNA 便会同它的双链 DNA 分子中的互补序列退火，形成稳定的 DNA-RNA 杂交分子，而使被取代的另一链处于单链状态，形成 R-环。R-环结构一旦形成就十分稳定，而且可以在电子显微镜下观察到。所以，应用 R-环检测法可以鉴定出双链 DNA 中存在的与特定 RNA 分子同源的区域。

4）基因产物鉴定法：常用体外转译法对基因产物进行鉴定。从细胞中提取的天然 mRNA 或克隆化的 DNA 在体外转录产生的 mRNA，在无细胞提取液中能被翻译而合成蛋白质，这些体外翻译反应产物可通过免疫沉淀或 SDS-PAGE 加以分析鉴定。对原核生物的基因产物进行鉴定，常用大肠杆菌或枯草杆菌无细胞系统，而对真核生物基因产物进行鉴定，则常用兔网织红细胞裂解液或麦胚提取物，这两种翻译药盒均有厂商出售。

## 三、基因工程的主要应用

基因工程技术是按照科研或生产实际的需要，利用遗传学的原理和分子生物学的技术手段对生物进行遗传改造，使之产生出符合人们需要的产品或创造出生物的新性状，因此基因工程具有广泛的应用价值。

### （一）基因工程与农业

随着城镇化速度的加快、道路交通的快速发展及自然灾害和污染等因素导致可耕地面积在不断减少，而世界人口在不断地增长，如何解决越来越多人口的粮食问题是人类社会面临的重大课题。虽然通过改进耕作方式、加强田间管理等措施能够提高农作物的产量，但是这种增长的潜力是很有限的，解决人类粮食问题的唯一出路是通过遗传学的手段改造现有品种、创制新的品种，使农作物的产量和品质不断提高、抗逆性和抗病虫害的能力不断增强。

传统的杂交育种虽然能集中位于不同品种中的优良性状获得新品种，但是只能利用已有的基因组，不能产生新的基因，而且杂交进程缓慢，过程烦琐；诱变育种虽然能够提高变异的频率，加速育种进程，大幅度地改良某些性状，但是难以控制突变方向，无法实现多个优良性状的组合。因此，虽然常规育种技术所培育的优良作物品种为解决世界粮食问题做出了重大贡献，但是常规育种技术在继续提高粮食产量方面的潜力有限。基因工程技术的诞生和发展，为作物进行遗传改良开辟了新途径。采用基因工程技术将某些生物完整的优良基因转移到其他物种中去，改造生物的遗传物质，使其在性状、营养品质、消费品质等方面向人类所需要的目标转变，因此在农业上具有广阔的应用前景。

（1）抗病虫害农作物

联合国粮食及农业组织的研究结果表明，农作物病虫害自然损失率在37%以上，给农业生产造成了巨大损失。目前病虫害防治仍然以农药防治为主，但是农药的使用，不但污染水质、土壤和农副产品等，进而威胁人类的健康，而且会毒杀害虫的天敌及传粉昆虫等益虫，从而打破了自然界生物间相互制约、互相依赖的生态平衡，导致新的害虫猖獗。利用基因工程技术提高农作物的抗病虫害能力是绿色农业的一项重要工程，目前也取得了可喜的进展。赫尔德（Vaughan Alan Hilder）等将 cpti 基因（豇豆胰蛋白酶抑制剂基因）转入烟草，从中选出了高抗虫性的转基因植株，对测试的烟草夜蛾、棉铃虫、黏虫、烟草天蛾有明显的抗性；自美国 Agrocetus 公司首次将 *Bt* 基因导入棉花以来，国内外已培育出的转 *Bt* 基因棉品种不仅对某些鳞翅目害虫有较强的抗性（图 16.6），对产量、纤维品质等农艺性状也无不利影响，甚至有的还优于其亲本品种；1986 年，阿贝尔（Powell Abel）等将烟草花叶病毒（tobacco mosaic virus，TMV）外壳蛋白（coat protein，CP）的基因导入烟草，得到了能够稳定遗传的抗病毒转基因植株，开创了植物抗病毒育种的新纪元，至今世界各地科学家已在 15 个病毒组的 30 多种病毒中，证实了由病毒外壳蛋白介导的抗病性，许多抗性工程植物相继进入大田试验，并显示了与实验室相似的抗病效果（图 16.7，图 16.8）。

图 16.6 抗虫棉（A）与普通棉花（B）

图 16.7 抗病毒白菜　　　　图 16.8 抗卷叶病毒转基因马铃薯

（2）抗胁迫农作物

冷（冻）害、干旱、盐碱等是制约植物生长的重要因素，不仅影响农作物的产量与质量，也限制了作物的栽培格局。所以，有关农作物抗寒、抗旱及耐盐的研究是植物学领域的研究热点之一。但是植物的耐胁迫性大多属于数量性状，现有可利用的种质资源匮乏，采用常规育种技术改良植物胁迫耐性的难度相当大，培育出真正的耐胁迫品种就尤为困难。基因工程技术的发展给抗胁迫农作物的培养工作提供了新的途径。柯达玛（Hiroaki Kodama）等将 ω23 脂肪酸去饱和酶（fatty acid desaturase）的基因（*FAD*7）转入烟草中，转化植株的抗冷能力得到了提高；Liu 等（1998）从玫瑰中分离得到脱水反应因子结合蛋白（dehydration-responsive element-binding protein）DREB1A 的 cDNA 并转入拟南芥，大大提高了拟南芥的抗寒能力；赵恢武等（2000）将海藻糖-6-磷酸合酶（trehalose-6-phosphate synthesis）的基因（TPS）整合到烟草基因组中，发现 TPS 基因的表达受干旱胁迫的诱导，转基因烟草的耐旱性得到增强；李银心等（2000）将山菠菜的甜菜碱醛脱氢酶（betaine aldehyde dehydrogenase，BADH）的基因转入豆瓣菜，获得了耐盐的转基因植株，在盐胁迫下膜结构所受损伤小于对照；刘凤华等将来源于耐盐性很强的藜科植物山菠菜 BADH 的 cDNA 转入水稻、草莓和烟草中，其抗盐性较对照均大大增强。

（3）提高作物的产量与品质

利用基因工程技术不仅可以通过调控光合作用、淀粉合成、氮素同化和水分利用等代谢途径提高作物产量，也可以改良口味、口感、营养成分、欣赏价值等品质性状。

作物中 90%以上的生物干重直接来源于光合作用，核酮糖-1,5-二磷酸羧化酶/加氧酶（ribulose-1,5-bisphosphate carboxylase/oxygenase，RuBisCO）是固定 $CO_2$ 的限速酶，$O_2$ 与 $CO_2$ 竞争结合 RuBisCO 的活性位点，由此产生光呼吸过程。光呼吸在消耗能量的同时还降低碳固定效率，损失羧化反应中固定的 20%～50%的有机碳。因此，减少光呼吸是提高光合作用的一条重要措施。Kebeis 等（2007）将 Escherichia coli 中的乙醇酸分解途径引入拟南芥，减少了乙醇酸通过过氧化物酶体和线粒体进行光呼吸的量，提高了植物的光合效率，进而提高了植物产量。Ku 等（2001）将两个 $C_4$ 循环酶基因分别连同上游的特异性启动子同时导入水稻，获得的转基因植株的光合性能和产量分别比对照提高了 35%和 22%。Regierer 等（2002）报道，通过转基因提高马铃薯块茎中腺苷酸水平使淀粉含量增加了 60%，块茎产量增加了 39%。Molvig 等（1997）将富含 Met 的向日葵种子白蛋白基因导入狭叶羽扇豆以改良其营养价值。与未转化植株相比，转基因植株中 Met 含量提高了 94%。一般而言，直链淀粉含量越高，稻米口感越差。Shimada 等（1993）将水稻蜡质基因的部分编码区构建成反义 Waxy 基因，并通过电击法将其导入水稻，在转基因后代植株中发现部分植株种子中的直链淀粉含量明显降低。

## （二）基因工程与工业

（1）制药工业

基因工程药物是医药生物技术应用得最成功的领域，基因工程新药不断地进入商品市场，创造了巨大的经济效益和社会效益。20 世纪 90 年代以后，全球生物技术药品销售额以年均 30%的速度增长，大大高于全医药行业年均不到 10%的增长速度。

迄今，已研制成功 100 多种基因工程药物和疫苗，还有几百种基因工程药物及疫苗正处于临床验证的不同阶段。计算机辅助设计疫苗等新技术的应用使得新疫苗的开发速度正在加快，抗艾滋病的疫苗正在进行临床试验，抗肝炎的可食马铃薯疫苗已进入了临床研究阶段，抗多种不同致病菌株感染多价疫苗的研究获得了重大突破。

（2）生物能源和燃料

生物燃料是指通过生物资源生产的燃料乙醇和生物柴油。其可以替代由石油制取的汽油和柴油，是可再生能源开发利用的重要方向。受石油资源、价格、环保和全球气候变化的影响，自 20 世纪 70 年代以来，许多国家日益重视生物燃料的发展，并取得了显著的成效。作为目前应用最广泛的两种生物燃料，生物柴油和燃料乙醇尽管比化石燃料更加优越，但不可能完全替代化石燃料。因为作为粮食作物，玉米和大豆首先要满足粮食、饲料和其他经济需求，另外，农业是一个高度耗水的行业，每年农业消耗掉的水资源占全球用水量的70%。所以，如果大量使用生物能源可能会得不偿失。

此外，基因工程在酿酒、食品、酶制剂和造纸等工业的应用也越来越广泛，在产品质量和品质的提高、环境保护等方面发挥越来越大的作用。

### （三）基因工程与医学

（1）基因诊断

基因诊断开始于20世纪90年代。它是运用特定基因的探针从基因中寻找病根，为一些"不治之症"寻找新的诊断渠道。基因诊断的特点是特异性非常强，只要检测出该病变基因的存在，就能确诊。基因诊断不仅可以检测肿瘤和遗传病，还用于罪犯甄别、感染性疾病的检测和产前诊断等。

（2）基因治疗

基因治疗（gene therapy）是指将人的正常基因或有治疗作用的基因通过一定方式导入人体靶细胞以纠正基因的缺陷或者发挥治疗作用，从根本上修复、矫正基因功能性障碍，从而达到治疗疾病目的的生物医学高技术。基因治疗目前主要是治疗那些对人类健康威胁严重的疾病，包括遗传病（如血友病、囊性纤维症、家庭性高胆固醇血症等）、恶性肿瘤、心血管疾病和感染性疾病（如艾滋病、类风湿等）。

基因治疗有两种形式：一种是改变体细胞的基因表达，即体细胞基因治疗（somatic gene therapy），另一种是改变生殖细胞的基因表达，即种系基因治疗（germline gene therapy）。从理论上讲，若对缺陷的生殖细胞进行矫正，不但当代可以得到根治，而且可以将正常的基因传给子代。但生殖的生物学极其复杂，且人们尚未完全弄清楚，一旦发生差错将给人类带来不可想象的后果，涉及一系列伦理学的问题，目前还不能用于人类。

基因治疗的方式（type of gene therapy）主要有三类：第一类为基因矫正或置换。对缺陷基因精确地原位修复，或以正常基因原位置换异常基因，目前尚无体内成功的报道。第二类为基因增补。不去除异常基因，而是通过外源基因的导入使其表达正常产物，从而补偿缺陷基因的功能。1991年，美国批准了第一个对人类遗传病进行体细胞基因治疗的方案，即将腺苷脱氨酶（adenosine deaminase）的基因（ADA）导入一个4岁患有严重复合免疫缺陷综合征（serious combined immunological deficiency disease，SCID）的女孩，1~2个月治疗一次，8个月后，患儿体内ADA水平达到正常值的25%，未见明显副作用。第三类为基因封闭。有些异常基因如癌基因或病毒基因，过度表达可导致疾病，可用反义核酸技术、核酶或诱饵（decoy）转录因子来封闭或消除这些有害基因的表达。

### 主要参考文献

崔峰, 徐洪富, 许永玉, 等. 2002. 抗虫棉研究的进展、问题与对策. 植物保护学报, 29（4）：371-376
范士靖, 李建粤, 程磊, 等. 2002. 基因工程改良作物营养品质的研究. 生物工程学报, 18（3）：381-386
何聪芬, 辛志勇, 马有志. 2000. 染色体微切割、微克隆技术及其研究进展. 生物技术通报, 1：26-32
李德山. 2010. 基因工程制药. 北京：化学工业出版社
李立家, 肖庚富. 2004. 基因工程. 北京：科学出版社
李盼, 梁慧媛. 2005. 外壳蛋白介导的病毒抗性. 生物学通报, 40（5）：61-62
李银心, 常凤启, 杜立群, 等. 2000. 转甜菜碱醛脱氢酶基因豆瓣菜的耐盐性. 植物学报, 42（5）：480-484

米福贵，云锦凤，逯晓萍. 1999. 植物染色体工程与育种. 中国草地，2：64-67，78

沈亚欧，李淑君，林海建，等. 2011. 通过转基因手段改善作物产量性状. 农业生物技术学报，19（4）：753-762

苏杰，丛靖宇，刘国军. 2009. 植物抗非生物胁迫基因工程研究进展. 安徽农业科学，37（25）：11877-11881

谢平，宋惠萍. 2000. 基因工程的发展及其医学意义. 医学与社会，13（4）：3-5

杨汝德. 2003. 基因工程. 广州：华南理工大学出版社

章青. 1995. 人工诱导多倍体的应用. 生物学教学，2：45-46

赵恢武，陈杨坚，胡鸢雷，等. 2000. 干旱诱导性启动子驱动的海藻糖-6-磷酸合酶基因载体的构建及转基因烟草的耐旱性. 植物学报，42（60）：616-619

Boulter D, Edwards GA, Gatehouse AMR, et al. 1990. Additive protective effects of different plant derived insect resistance genes in transgenic tobacco plants. *Crop Protect*, 9：351-354

Hilder VA, Gatehouse AMR, Sheerman SE, et al. 1987. A novel mechanism of insect resistance engineered in to tobacco. *Nature*, 330：160-163

Kebeis R, Niessen M, Thiruveedhi K, et al. 2007. Chloroplastic photorespiratory bypass increases photosynthesis and biomass production in *Arabidopsis thaliana*. *Nature Biotechnology*, 25（5）：593-599

Kodama H, Hamada T, Horiguchi G, et al. 1994. Genetic enhancement of cold tolerance by expression of a gene for chloroplast ω-3 fatty acid desaturase in transgenic tobacco. *Plant Physiology*, 105（2）：601-605

Ku MS, Cho D, Li X, et al. 2001. Introduction of genes encoding C4 photosynthesis enzymes into rice plants: Physiological consequences. *Novartis Foundation Symposium*, 236：100-116

Liu Q, Kasuga M, Sakuma Y, et al. 1998. Two transcription factors, DREB1 and DREB2, with an EREBP/AP2DNA binding domain seperate two cellular signal transduction pathways in drought and low temperature responsive gene expression, respectively, in *Arabidopsis*. *Plant Cell*, 10：1391-1406

Molvig L, Tab LM, Eggum BO, et al. 1997. Enhanced methionine levels and increased nutritive value of seeds of transgenic lupins (*Lupinus angustifolius* L.) expressing a sunflower seed albumin gene. *Proc Natl Sci USA*, 94（16）：8393-8398

Regierer B, Fernie AR, Springer F, et al. 2002. Starch content and yield increase as a result of altering adenylate pools in transgenic plants. *Nature Biotechnology*, 20（12）：1256-1260

Shimada H, Tada Y, Kawasaki T, et al. 1993. Antisense regulation of the rice waxy gene expression using a PCR-amplified fragment of the rice genome reduces the amylose content in grain starch. *Theor Appl Genet*, 86（6）：665-672

## 思考题

1. 解释名词：
1) 基因工程，染色体工程，细胞工程
2) 雌核发育，雄核发育
3) 位点偏爱
4) 星号活性
5) 同裂酶，同尾酶
6) 载体，克隆载体，插入型载体，替换型载体，表达载体，穿梭载体
7) 黏粒
8) 转化，转染，转导
9) 基因治疗

2. 简述基因工程的主要步骤。

3. 作为基因工程的宿主细胞必须具备哪些特性？

4. 在目的基因与载体 DNA 的连接产物中，除了带有目的基因的重组载体 DNA 外，还混杂有其他类型的重组载体 DNA，在转化（或转导）子群体中还有仅由质粒 DNA 或染色体 DNA 转化而成的菌落，因此必须进行筛选。请问有哪些方法可以分离出带有目的基因的重组体？

5. 为了淘汰非重组体，选出并确证为真正需要的重组体，有必要在筛选的基础上对选出的重组体作进一步的鉴定。请简述鉴定重组体的常用方法。

6. 基因工程在医学方面有哪些具体应用？

7. 如果 DNA 分子的 4 种碱基排序是随机的，用一种可识别 6 个碱基位点的酶去切一个 32 768bp 的线状 DNA 分子，可能有几个切点？

8. PKU 是人类一种常染色体隐性遗传病，可根据有病基因与 RFLP 的连锁关系对胎儿进行诊断，请对下列家系的 A 个体做出诊断，并说明原理（23、19 为 *Msp*I 的酶切片段）。

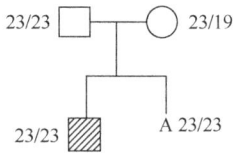

9. 用下列数据画一个环状 DNA 分子的酶切图谱。
1) *Eco*R I 酶切得到一 12.5kb 的线状分子。
2) 该线状分子用 *Sal* I 酶切，得到 5kb 和 7.5kb 两个片段。
3) 该线状分子用 *Bam*H I 酶切，得到 5.5kb、4kb 和 3kb 三个片段。
4) 该线状分子用 *Sal* I 和 *Bam*H I 双酶切，得 4.5kb、4kb、3kb 和 1kb 四个片段。

10. 简述利用双脱氧末端终止法（Sanger 法）测定 DNA 一级结构的原理与方法。

11. 简述 DNA 印迹法的原理与主要步骤。

# 专业词汇中英文对照表

## A

ABO blood type  ABO 血型
acridine orange  吖啶橙
acriflavine  吖啶黄素
activating protein  激活蛋白
activator，Ac  激活因子
active cassette  活性暗盒
additive effect  累加效应
additive gene  累加基因
additive genetic variance  加性遗传方差
additive medium  补充培养基
adenosine deaminase  腺苷脱氨酶
agamous  无性的，无性生殖
agarose gel electrophoresis  琼脂糖凝胶电泳
alien addition line  异附加系
alien substitution line  异代换系
alkaptonuria  尿黑酸症
allele association  等位基因关联
allele specific oligonucleotide，ASO  等位基因特异的寡核苷酸
allelic form  等位形式
allopolyploid  异源多倍体
allozyme  等位酶
Alzheimer disease  阿尔茨海默病
aminopterin  氨基蝶呤
amplified fragment length polymorphism，AFLP  扩增片段长度多态性
amylase  淀粉酶
amyotrophic lateral sclerosis，ALS  侧索硬化症
androgenesis  雄核发育
aneuploid  非整倍体
animal genetics  动物遗传学
antennapedia  触角脚基因
AP endonuclease  AP 内切核酸酶
apurinic  无嘌呤的
apyrimidinic  无嘧啶的
artificial chromosome  人工染色体
artificial minichromosome  人造微小染色体
attachment site，att  附着位点
attenuator  衰减子
autonomously replicating sequence，ARS  自主复制序列
autopolyploid  同源多倍体
autosome  常染色体
auxotroph  营养缺陷型
average inbreeding coefficient，$a$  平均近婚系数

## B

back mutation，reverse mutation  回复突变
bacterial artificial chromosome，BAC  细菌人工染色体
balanced lethal system  平衡致死系
band  带
band pattern  带型
Barr body  巴氏小体
base analog  碱基类似物
base deletion  碱基缺失
base insertion  碱基插入
base pair，bp  碱基对
base substitution  碱基替代
betaine aldehyde dehydrogenase，BADH  甜菜碱醛脱氢酶
bifunctional vector  双功能载体

biochemical marker 生物化学标记
biodiversity 生物多样性
bioinformatics 生物信息学
biological mass spectrometry, BMS 生物质谱技术
bithorax 腹胸节基因
blastoderm 胚盘
blastomere 分裂球
blending inheritance 融合遗传
blood type 血型
brachydactyly, BD 短指症
branch method 分支法
breakage-fusion-bridge 断裂—融合—桥
breakage-reunion model 断裂和重接模型
broad-sense heritability 广义遗传力

## C

C band C 带
*C* value C 值
*C* value paradox C 值悖理
calcitonin 降钙素
callus 愈伤组织
Cambrian explosion 寒武纪大爆发
capillary eletrophoresis, CE 毛细管电泳
capping site 加帽位点
catabolite gene activator protein, CAP 分解代谢物基因激活蛋白
cell differentiation 细胞分化
cell engineering 细胞工程
cell fusion 细胞融合
cell strain 细胞株
cell-map proteomics 细胞器蛋白质组学
centimorgan, cM 厘摩
central dogma 中心法则
centric fusion 着丝粒融合
centromere 着丝粒
centromere DNA sequence 着丝粒 DNA 序列
centromere mapping 着丝粒作图
cerebral amyloid angiopathy, CAA 脑动脉淀粉样变性

character segregation 性状分离
character/trait 性状
chi square test $\chi^2$ 检验
chiasmata type hypothesis 交叉型假设
chimera 嵌合体
china terminal mutation 链终止突变
chromatin fiber 染色质线
chromatid 染色单体
chromatid conversion 染色单体转变
chromatid interference 染色单体干涉
chromatin 染色质
chromatin remodeling 染色质重塑
chromosomal elimination 染色体消减
chromosomal interference 染色体干扰
chromosome 染色体
chromosome aberration 染色体畸变
chromosome engineering 染色体工程
chromosome microdissection 染色体微切割
chromosome of bacteria 细菌染色体
chromosome set 染色体组
chromosome walking 染色体步移
*cis*-acting element 顺式作用元件
*cis-trans* test 顺反测验
cistron 顺反子
cleaved amplified polymorphic sequence, CAPS 酶切扩增多态性序列
clone 克隆
clone panel 克隆分布板
cloning vector 克隆载体
coat protein, CP 外壳蛋白
coding region 编码区
coding SNP 编码区内的 SNP
coding strand 编码链
codominance 共显性
coefficient of coincidence 并发（符合）系数
collagen 胶原蛋白
colony 菌落
comparative gene mapping 比较基因作图
comparative genomics 比较基因组学
comparative physical map 比较物理图谱

competent cell  感受态细胞
complement effect  互补效应
complete dominance  完全显性
complete linkage  完全连锁
complex disease  复杂疾病
composite transposon，Tn  复合转座子
condensation  凝缩
conditional mutation  条件型突变
conidia  分生孢子
conjugation  接合
conjugation tube  接合管
continuity of germ plasm  种质连续学说
consanguineous matrriage  近亲交配
consensus sequence  共有序列
conservation biology  保护生物学
conservation genetics  保护遗传学
conservation transposition  保守型转座
conservative recombination  保守性重组
constitutive gene expression  组成性基因表达
constitutive heterochromatin  结构异染色质,组成性异染色质
constitutive mutation  组成型突变
contig  重叠群
contrasting character  相对性状
controlling element  控制因子
coordinate expression  协调表达
coordinate regulation  协调调节
core sequence  核心顺序
cosmid  黏粒，柯斯质粒
co-transduction  共转导
coupling phase  相引相
cri du chat syndrome  猫叫综合征
crisscross inheritance  绞花式遗传
crossing over  交换
cross over suppressor  交换抑制因子
crossing over value  交换值
cystic fibrosis，CF  囊性纤维化
cytochrome c  细胞色素 c
cytogenetics  细胞遗传学
cytological marker  细胞学标记

cytoplasmic inheritance  细胞质遗传
cytoplasmic male sterility  细胞质雄性不育

# D

daltonism，red-green colorblindness  红绿色盲
damage of DNA  DNA 损伤
dark repair  暗修复
deamination  脱氨基
dedifferentiation  脱分化
deficiency heterozygote  缺失杂合体
deficiency homozygote  缺失纯合体
degree of freedom  自由度
dehydration-responsive element-binding protein  脱水反应因子结合蛋白
deletion  缺失
deletion mapping  缺失定位，缺失作图
demethylated  去甲基化
denaturation  变性
depurination  脱嘌呤
developmental character  发育性状
developmental genetics  发育遗传学
differential display  差异显示
dihydrofolate reductase，DHFR  二氢叶酸还原酶
diploid  二倍体
direct repeat sequence，DR  正向重复序列
direct suppressor mutation  直接抑制突变
displaced duplication  异位重复
dissociation，Ds  解离因子
distal element  远端因子
DNA fingerprinting  DNA 指纹分析
DNA glycosylase  DNA 糖基化酶
DNA ligase  DNA 连接酶
DNA methylation  DNA 甲基化
DNA methyltransferase，Dnmts  DNA 甲基化转移酶
DNA microarray  DNA 微阵列
DNA polymerase  DNA 聚合酶
DNA rearrangements  DNA 重排
DNA repair  DNA 修复
DNA-binding domain，DNA-BD  DNA 结合域

domain 结构域
dominance genetic variance 显性遗传方差
dominance hypothesis 显性假说
dominant character 显性性状
dominant epistasis 显性上位
dominant inheritance 显性遗传
dominant lethal 显性致死
donor 供体
dosage compensation effect 剂量补偿效应
dosage effect 剂量效应
double crossing over, DCO 双交换
double infection 双重感染
double monosomic 双单体
double stranded RNA mediated interference, RNAi 双链 RNA 介导的干涉, RNA 干扰
double trisomic 双三体
downstream 下游
duplicate effect 重叠作用
duplicate gene 重叠基因
duplication 重复
duplication heterozygote 重复杂合体
duplication homozygote 重复纯合体
dynamic mutation 动态突变
dystrophy myotomic, Dm 强直性肌营养不良症

## E

early gene 早期基因
effective population size, EPS 有效种群大小
elongation mutation 延长突变
enhancer gene 强化基因
enhancer 增强子
enzyme linked immunosorbent assay, ELISA 酶联免疫分析
epidermal growth factor like 类表皮生长因子
epigenetic inheritance 表观遗传
epigenetics 表观遗传学
episome 附加体
epistatic effect 上位效应
epistatic gene 上位基因

equal crossing over 对等交换
error-prone repair 倾向差错修复
erythrocyte acid phosphatase 红细胞酸性磷酸酶
erythropoietin 红细胞生成素
ethyl methylsulfonate, EMS 甲基磺酸乙酯
euchromatin 常染色质
eukaryote 原核生物
euploid 整倍体
evolutionary potential 进化潜力
evolutionary significant unit, ESU 进化显著单元
excisionase 切出酶
exclusive event 互斥事件
exon shuffle 外显子重排
exon, extron 外显子
expected value 理论值
expressed sequence tag, EST 表达序列标签
expression proteomics 表达蛋白质组学
expression vector 表达载体
expressivity 表现度
extranuclear inheritance 核外遗传

## F

F pilus F 菌毛
facultative heterochromatin 兼性异染色质
fatty acid desaturase 脂肪酸去饱和酶
fertility factor 致育因子
fertility gene 致育基因
fertility 生育率, 繁殖力
finited cell line 有限细胞系
first filial generation, $F_1$ 杂交第一代
first-division segregation 第一次分裂分离
fitness 适合度
florescence *in situ* hybridization, FISH 荧光原位杂交
forward mutation 正向突变
fragile site 脆性部位
fragile X chromosome metal retardation syndrome 脆性 X 染色体病智力障碍综合征
fragile X syndrome, fra X 脆性 X 染色体综合征

frame shift mutation 移码突变
fruiting body 子实体
functional genome 功能基因组
functional genomics 功能基因组学
functional proteomics 功能蛋白质组学

## G

G banding G 带
gamete 配子
gas chromatography, GC 气相色谱法
gas liquid chromatography, GLC 气液色谱法
gene 基因
gene amplification 基因扩增
gene bank 基因"活期储蓄所"
gene chip 基因芯片
gene conversion 基因转换
gene cytoplasmic male sterility 核质互作型雄性不育
gene diversity 基因多样性
gene dosage 基因剂量
gene expression 基因表达
gene family 基因簇
gene flow 基因流
gene frequency 基因频率
gene mapping 基因定位
gene mutation 基因突变
gene pool 基因库
gene rearrangement 基因重排
gene theory 基因学说
gene therapy 基因治疗
generalized recombination 普遍性重组
generalized transduction 普遍性转导
genetic architecture 遗传结构
genetic bottleneck 遗传瓶颈
genetic distance 遗传距离
genetic diversity 遗传多样性
genetic engineering 基因工程，遗传工程
genetic load 遗传负荷
genetic map 遗传学图
genetic marker 遗传标记

genetic mosaic 遗传嵌合体
genetic variation 遗传变异
genetics 遗传学
genic male sterility 细胞核雄性不育
genome 基因组，染色体组
genome analysis 基因组分析
genomic imprinting 基因组印记
genomic library 基因组文库
genomics 基因组学
genotype 基因型
genotypic frequency 基因型频率
germ plasm 种质
germline gene therapy 种系基因治疗
germplasm resource 种质资源
glucose effect 葡萄糖效应
goodness of fit 好适度
gradual evolution 渐进式进化说
gradual speciation 渐进种形成
grandfather method 外祖父法
granulocyte colony stimulating factor 粒细胞集落刺激因子
granulocyte-macrophage colony stimulating factor 粒细胞-巨噬细胞集落刺激因子
gynogenesis 雌核发育

## H

half chromatid conversion 半染色单体转变
haploid 单倍体
Hardy-Weinberg equilibrium 遗传平衡定律
helix-turn-helix, HTH 螺旋-转角-螺旋
hemoglobin 血红蛋白
hemolytic disease of newborn 新生儿溶血症
hemophilia 血友病
hereditary alopecia 遗传性早秃
hereditary genius 天才遗传
heredity 遗传
heritability 遗传力
heterochromatin 异染色质
heterochromatinization 异染色质化

heterocytosome 异胞质体
heterogametic sex 异配子性别
heterogeneous nuclear RNA, hnRNA 核内不均一 RNA
heterokaryon 异核体
heteroplasmy 异质性
heterosis/hybrid vigor 杂种优势
heterothallism 异宗配合
heterozygote 杂合体
high frequence recombination, Hfr 高频重组
high performance liquid chromatography, HPLC 高效液相色谱技术
high resolution banding 高分辨显带
histocompatibility-Y, H-Y Y染色体组织相容性
histone acetyltransferase, HAT 组蛋白乙酰转移酶
histone code 组蛋白密码
histone deacetylase, HDAC 组蛋白去乙酰化酶
histone methyltransferase, HMT 组蛋白甲基转移酶
holandric inheritance 限雄遗传
Holliday model 霍利迪模型
holocentromere 弥散着丝粒
homeotic box 同形异位盒
homeotic gene 同形异位基因
homocystinuria 同型胱氨酸尿症
homodimer 同源二聚体
homogametic sex 同配子性别
homogentisic acid, HGA 尿黑酸
homokaryon 同核体
homologous recombination 同源重组
homologous-special recombination 同源特异重组
homoplasmy 同质性
homozygote 纯系,纯合体
homozygous genotype 纯合基因型
housekeeping gene 管家基因
human genetics 人类遗传学
human genome project, HGP 人类基因组计划
human growth factor 人生长激素
human leukocyte antigens 人类白细胞抗原
Human Proteome Organization, HPO 人类蛋白质组研究组织
Human Proteome Project, HPP 人类蛋白质组计划
hybrid dysgenesis 杂交劣育
hybridization 杂交
hyperploid 超倍体
hypervariable control region, HVR 高度变异控制区
hypoploid 亚倍体
hypostatic gene 下位基因
hypothesis of pangenesis "泛生论"假说
hypoxanthine-guanine phosphoribosyl transferase, HGPRT 次黄嘌呤鸟嘌呤磷酸核糖基转移酶

# I

identified mutation 已知突变
ideogram, idiogram 组型
immune genetic marker 免疫学标记
immunoglobulin, Ig 免疫球蛋白
immunoprecipitation test 免疫沉淀检测法
*in situ* hybridization 原位杂交
*in vitro* 体外
inbreeding 近交,近亲繁殖
inbreeding coefficient 近交(婚)系数
incomplete dominance 不完全显性
incontinentia pigmenti 色素失调症
independent event 独立事件
indirect suppressor mutation 间接抑制突变
individual development 个体发育
induction 诱导
infinited cell line 无限细胞系
inherited factor/determinant, hereditary determinant/factor 遗传因子
initiator, Inr 启动元件
insertion sequence, IS 插入序列
insertion vector 插入型载体
insertional inactivation 基因插入失活
instrumental enzyme of gene engineering 基因工程的工具酶
insulator 绝缘子
insulin 胰岛素
insulin-like growth factor 2, Igf2 胰岛素样生长因子2

insulin-like growth factor 2 receptor, Igf2r　胰岛素样生长因子 2 受体
integrase　反转录酶或整合酶
interaction of genes　基因互作
interaction variance　互作方差
inter-chromosomal recombination　染色体间重组
interferon　干扰素
intergenic space, IS　间隔区段
intergenic suppressor mutation　基因间抑制突变
interrupted mating experiment　中断杂交试验
intersex　间性
interstitial deletion　中间缺失
intervening sequence　间隔序列
intra-chromosomal recombination　染色体内重组
intrachromosomal shift　染色体内易位
intragenic suppressor mutation　基因内抑制突变
intron　内含子
intron homing　内含子归巢
inversion　倒位
inversion loop　倒位圈
inverted repeat sequence, IR　反向重复序列
isocaudarner　同尾酶
isochromosome　等臂染色体
isoelectric focusing, IEF　等电聚焦
isoenzyme　同工酶
isoschizomer　同裂酶
isotopic tracer method　同位素示踪法

## J

jumping gene　跳跃基因

## K

karyotype　核型
karyotype analysis　核型分析
kinship　亲系关系
Klinefelter syndrome　克兰费尔特综合征

## L

lactose operon　乳糖操纵子

landmark　界标
large segment damage　大段损伤
late gene　晚期基因
law of genetic equilibrium　遗传平衡定律
law of independent assortment　自由组合定律
law of linkage and crossing over　连锁与交换定律
law of segregation　分离定律
leaky mutation　渗漏突变
lesch-nyhan syndrome, LNS　自毁容貌综合征
lethal allele　致死基因
lethal mutation　致死突变
leucine zipper　亮氨酸拉链
leukemia　白血症
linkage　连锁
linkage disequilibrium　连锁不平衡
linkage group　连锁群
linkage map　连锁图
linker DNA　连接 DNA
liquid chromatography, LC　液相色谱法
liquid liquid chromatography, LLC　液液色谱法
liquid solid chromatography, LSC　液固色谱法
long interspersed repeat segment　长分散重复序列
long non-coding RNA, lncRNA　长链非编码 RNA
long single copy sequence, LSC　长单拷贝序列
long terminal repeat, LTR　长末端重复序列
looping out　环出
low frequency recombination, Lfr　低频重组
lyonization　Lyon 化
lysogeny　溶原性
lysozyme　溶菌酶

## M

maintainer line　保持系
major gene　主基因
major histocompatibility complex, MHC　主要组织相容性复合体
male sterile line　雄性不育系
male sterility　雄性不育
mammalian artificial chromosome　哺乳动物人工染

色体
map-based cloning  图位克隆
mass extinction  集群绝灭
mass spectrometry，MS  质谱
maternal effect  母性影响
maternal inheritance  母系遗传
mating type  交配型
mean  平均数
medical genetics  医学遗传学
melting temperature  熔解温度
Mendel's laws of inheritance  孟德尔遗传定律
Mendelian population  孟德尔式群体
methotrexate，MTX  氨甲蝶呤
methyl methanesulfonate，MMS  甲基磺酸甲酯
methylation  甲基化
microbial genetics  微生物遗传学
microchip electrophoresis  微芯片电泳
microcloning  微克隆
microRNA，miRNA  微小 RNA
microsatellite DNA，MS  微卫星
mid-parent value  中亲值
migration  迁移
mini chromosome maintenance  微小染色体维持
minimal medium  基本培养基
minisatellite  小卫星
minor gene  微效基因
mismatch repair  错配修复
missense mutation  错义突变
mitochondrial DNA，mtDNA  线粒体 DNA
mixed infection  混合感染
modifier gene  修饰基因
molecular clock  分子钟
molecular evolution  分子进化
molecular genetics  分子遗传学
molecular hybridization technique  分子杂交技术
molecular genetic marker  分子遗传标记
monophyletic clade  单系分支
monoploid  一倍体
monosomic  单体
morphological marker  形态标记

mosaic dominance  镶嵌显性
multidimensional liquid-phase separation system  多维液相分离系统
multifactorial inheritance，MF  多因子遗传
multigenic effect  多因一效
multiple allele  复等位基因
multiple allelism  复等位现象
multiple cloning site，MCS  多克隆位点
multiple point mutation，multiple mutation  多点突变
multiple sequence alignment  多重序列比对
multivalent  多价体
mutant  突变体
mutation load  突变负荷
mutation of initiation codon  起始密码子的突变
mutation pressure  突变压
mutation rate  突变率
mutational hot spot  突变热点
muton  突变子

## N

narrow-sense heritability  狭义遗传率
negative interference  负干扰
negative regulation  负性调节
neo-Darwinism  新达尔文学说
neuropeptide  神经肽
neutral mutation  中性突变
nitrogen mustard，NM  氮芥
nitrosoguanidine，NG  亚硝基胍
nitrous acid，NA  亚硝酸
no crossing over，NCO  非交换
non-chromosomal inheritance  非染色体遗传
non-conditional mutation  非条件型突变
non-Mendelian inheritance  非孟德尔式遗传
non-parental ditype，NPD  非亲二型
non-replicative transposition  非复制型转座
nonsense mutation  无义突变
non-viral superfamily  非病毒超家族
norm of reaction  反应规范
normal extinction  常规绝灭

nuclear DNA, nDNA　核DNA
nuclear inheritance　细胞核遗传
nuclear transplantation　核移植
nucleoid　类核，拟核
nucleolus organizing region, NOR　核仁组织区
nucleosome　核小体
nullisomic　缺体

## O

observed value　实测值
one gene-one enzyme hypothesis　一个基因一种酶
open reading frame, ORF　可读框
operon　操纵子
ordered tetrad　顺序四分子
orthologous gene　直线同源基因
over dominance hypothesis　超显性假说
overlapping deletion　重叠缺失
overlapping gene　重叠基因
ovotestis　卵睾

## P

pairing region　配对区
pangen　泛子/泛生粒
paracentric inversion　臂内倒位
paralogous gene　平行同源基因
parental combination　亲组合
parental ditype, PD　亲二型
parental generation　亲本
partial diploid　部分二倍体
partial linkage　不完全连锁
particulate inheritance　颗粒遗传
passage　传代
pedigree analysis　系谱分析
penetrance　外显率
pericentric inversion　臂间倒位
permanent hybrid　永久杂种
petite colony　小菌落
phenocopy　拟表型

phenotype　表（现）型
phenylalanine hydroxylase, PHA　苯丙氨酸羟化酶
phenylketonuria, PKU　苯丙酮尿症
photoreacting enzyme　光激活酶
photoreactivation　光复活
phylogenetics　系统发生学
physical map　物理图
plant genetics　植物遗传学
plaque　噬菌斑
plasmid　质粒
pleiotropism　一因多效
point mutation　点突变
polar granule　极粒
polar lobe　极叶
polaron　极化子
pole cell　极细胞
pole plasm　极细胞质
polyadenylation site point mutation　poly（A）加合位点突变
polygene hypothesis　多基因假说
polygenic inheritance　多基因遗传
polykaryon　多核体
polymorphism　多态性
polynucleotide kinase　多核苷酸激酶
polyploid　多倍体
population genetic structure　种群遗传结构
population genetics　群体遗传学
population subdivision　种群的亚分化
population　群体
position effect　位置效应
positional cloning　定位克隆
positive interference　正干扰
positive regulation　正性调节
post genome era　后基因组时代
post meiotic segregation　减数分离
post transcriptional gene silencing　转录后水平的基因沉默
predetermination　前定作用
preinitiation complex, PIC　前起始复合物
primary cell　原代细胞

primary constriction 初级缢痕（主缢痕）
primary culture 原代培养
probability 概率
proband, propositus 先证者
proflavine 原黄素
progressive myoclonia epilepsy, PME 进行性肌阵挛性癫痫
prokaryote 原核生物
promoter 启动子
promotor down mutation 启动子减效突变
promotor mutation 启动子增效突变
prophage 原噬菌体（或前噬菌体）
proteasome 蛋白酶体
protein array 蛋白质芯片
protein recognition module 蛋白识别模块
proteome 蛋白质组
proteomics 蛋白质组学
prototroph 原养型
pseudoallele 拟等位基因
pseudodominance 拟显性或假显性
pseudogene 假基因
pseudohermaphrodism 假两性畸形
pseudolinkage 假连锁
pulsed field gel electrophoresis, PFGE 脉冲场凝胶电泳
punctuated evolution 间断跳跃进化说
punnet square 棋盘法

## Q

Q band Q带
qualitative character 质量性状
quantitative approach 定量研究方法
quantitative character 数量性状
quantitative trait loci, QTL 数量性状基因位点
quantum speciation 量子种形成

## R

R band R带

R loop R-环
radiation hybrid, RH 放射杂交
radioactive antibody test 放射性抗体检测法
random amplified polymorphism DNA, RAPD 随机扩增多态 DNA
random genetic drift 遗传漂变
reactive oxygen specie, ROS 活性氧类
reading frame 阅读框
receptor 受体
recessive character 隐性性状
recessive epistasis 隐性上位
recessive inheritance 隐性遗传
recessive lethal 隐性致死
reciprocal cross 反交
reciprocal translocation 相互易位
recombinant plasmid 重组质粒
recombination frequency 重组率
recombination mapping 重组作图法
recombination repair 重组修复
recombination 重组
recon 重组子
region 区
regulation 调节子
regulatory mutation 调控突变
regulatory protein 调节蛋白
relaxed replication 松弛复制型
replacement vector 替换型载体
replicative transposition 复制型转座
replicon 复制子
representative difference analysis, RDA 代表性差异分析
repression 阻遏
repressive protein 阻遏蛋白
restriction gene 限制基因
repulsion phase 相斥相
resistance 抗药型
restricted fragment length polymorphism, RFLP 限制性片段长度多态性
restricted transduction 局限性（特异性）转导
restriction endonuclease 限制性内切核酸酶

restriction enzyme 限制性内切酶
retinoblastoma 视网膜母细胞瘤
retrotransposon, retroposon 反转录转座子
reverse band 反带
reverse duplication 反接重复
reverse transcriptase 反转录酶
ribosome binding site, RBS 核糖体结合位点
ribulose-1, 5-bisphosphate carboxylase/oxygenase, RuBisCO 核酮糖-1,5-二磷酸羧化酶/加氧酶
ring chromosome 环状染色体
RNA editing RNA 编辑
RNA interference, RNAi RNA 干扰
RNA-induced silencing complex, RISC RNAi 沉默复合物
Robertsonian translocation 罗伯逊易位

## S

satellite 随体
second filial generation, $F_2$ 杂交第二代
secondary constriction 次缢痕
second-division segregation 第二次分裂分离
segregation load 分离负荷
selection 选择
selection medium 选择培养基
selective coefficient 选择系数
selective restriction fragment amplification, SRFA 限制片段选择扩增技术
self-incompatibility, SI 自交不亲和性
semisterility 半不育性
sensitive 药物敏感型
sequence characterized amplified region, SCAR 特征序列扩增区域
sequence map 序列图
sequence retrieval system, SRS 序列查询系统
sequence tagged site, STS 序列标签位点
sequencing 测序
sequencing genome 测序基因组
serial analysis of gene expression, SAGE 基因表达序列分析

serious combined immunological deficiency disease, SCID 严重复合免疫缺陷综合征
serum response factor 反应因子
sex chromosome 性染色体
sex chromosome disease 性染色体病
sex determination 性别决定
sex index 性指数
sex linked inheritance 性连锁遗传，伴性遗传
sex reversal 性反转
sexduction 性导
sex-influenced inheritance 从性遗传
sex-limited inheritance 限性遗传
sex-related inheritance 性相关遗传
short interfering RNA, siRNA 小干涉 RNA
short interspersed repeat segment 短分散重复序列
short non-coding RNA, sncRNA 短链非编码 RNA
short single copy sequence, SSC 短单拷贝序列
short tandem repeat, STR 短串联重复序列
short-term regulation 短期调节
shotgun approach 鸟枪法
shotgun sequencing strategy of human genome 全基因组鸟枪战略
shuttle vector 穿梭载体
sickle cell anemia 镰状细胞贫血
silencer 沉默子
silent cassette 沉默暗盒
silent mutation 无声突变或沉默突变
simple sequence DNA 单纯 DNA 序列
simple sequence length polymorphism, SSLP 简单序列长度多态性
simple translocation 单向易位
single crossing over, SCO 单交换
single nucleotide polymorphism, SNP 单核苷酸多态性
single point mutation, point mutation 单点突变
sister chromatid 姐妹染色单体
sister chromatin exchange, SCE 姐妹染色单体交换
site preference 位点偏爱
site specific recombination 位点特异性重组
somatic cell hybridization 体细胞杂交

somatic crossing over, mitotic crossing over 体细胞交换
somatic gene therapy 体细胞基因治疗
somatoplasm 体质
Southern blotting DNA 印迹法
spatial specificity 空间特异性
speciation 物种形成
splicing signal point mutation 剪接信号点突变
split gene 割裂基因
spontaneous mutation 自发突变
stable position effect 稳定位置效应，S 型位置效应
stage specificity 阶段特异性
standard deviation, SD 标准差
standard error 标准误
star activity 星号活性
striped iojap trait 埃型条斑
structural gene 结构基因
structural genomics 结构基因组学
structural proteomics 结构蛋白质组学
subculture 传代培养，继代培养
subculture cell 传代细胞
substitution load 置换负荷
subtractive hybridization 减法杂交
supercritical fluid chromatography, SFC 超临界流体色谱法
superdominance 超显性
superinfection 超数感染
supernumerary chromosome 超数染色体
suppression gene 抑制基因
suppressor mutation 抑制突变
synonymous mutation 同义突变
synthetic theory of evolution 综合进化学说

## T

T banding T 显带
tanden duplication 顺接重复
TATA binding protein, TBP TATA 结合蛋白
telomerase 端粒酶
telomere 端粒

telomere DNA sequence 端粒 DNA 序列
temperate phage 温和噬菌体
temporal specificity 时间特异性
terminal deletion 末端缺失
terminal deoxynucleotidyl transferase 末端脱氧核苷酸转移酶
terminator 终止子
testicular feminization syndrome 睾丸女性化综合征
testis determining factor, TDF 睾丸决定因子
tetrad 四分子
tetrad analysis 四分子分析
tetraploid 四倍体
tetrasomic 四体
tetratype, T 四型
the index of relative length, I.R.L 相对长度系数
the law of Haldane 霍尔丹定律
the neutral theory of molecular evolution 中性学说
thermal stability 温度稳定性
three point test cross 三点测交
thymidine kinase, TK 胸苷激酶
tissue specificity 组织特异性
totipotency 全能性
*trans*-acting factor 反式作用因子
transcript map 转录图
transcript profile 转录组
transcription activating domain, DNA-AD 转录激活域
transcription factor, TF 转录因子
transcription inhibitor 转录抑制因子
transcription termination mutation 转录终止点突变
transcriptome 转录组学
transduction 转导
transfection 转染
transformation 转化
transition 转换
translocation 易位
transposable element 转座因子
transposition recombination 转座重组
transversion 颠换

trehalose-6-phosphate synthesis 海藻糖-6-磷酸合酶
triploid 三倍体
trisomic 三体
trp operon 色氨酸操纵子
true hermaphroditism 真两性畸形
Turner syndrome 特纳综合征
two factor transduction 两因子转导
two-dimensional capillary electrophoresis, 2D-CE 二维毛细管电泳
two-dimensional electrophoresis, 2-DE 双向电泳
two-dimensional liquid chromatography, 2D-LC 二维色谱
two-dimensional polyacrylamide gel electrophoresis, 2D-PAGE 二维聚丙烯酰胺凝胶电泳

## U

ubiquitin 泛素
unequal crossing over 不等交换
unit character 单位性状
unordered tetrad analysis 非顺序四分子分析
untranslated region, UTR 非翻译区
upstream 上游

## V

variable number of tandem repeat, VNTR 可变数目的串联重复
variance 方差
variation 变异
variegated position effect 花斑位置效应, V型位置效应
vector 载体
viral superfamily 病毒超家族

virulent phage 烈性噬菌体
vitamin D resistant rickets, VDRR 抗维生素D佝偻病

## W

whole arm translocation 整臂易位
Williams syndrome, WS 威廉姆斯综合征

## X

X inactivation center, XIC X失活中心
X-heterochromatin body X异染色质（小）体
X-linked dominant inheritance, XD X连锁显性遗传
X-linked recessive inheritance, XR X连锁隐性遗传

## Y

yeast artificial chromosomes, YAC 酵母人工染色体
yeast two-hybrid system, Y2H 酵母双杂交系统
Y-linked inheritance Y连锁遗传

## Z

zinc finger 锌指
zygotic induction 合子诱导

## 其他

2-aminopurine, 2-AP 2-氨基嘌呤
5' nontranslate region point mutation 5'端非翻译区点突变
5-bromouracil, 5-BU 5-溴尿嘧啶